Verlag Ilona Hupe – Reisen in Mosambik

Ein Reiseführer von
Ilona Hupe und Manfred Vachal

REISEN IN

Mosambik

Ein Reisebegleiter für Natur und Abenteuer

mit allen Nationalparks
GPS-Daten
Allradrouten

Ausführliche Reiseinformationen, detaillierte Streckenbeschreibungen, Landeskunde und aktuelle Reisetipps

Mit 36 Landkarten und Plänen, 62 hochwertigen Farbbildern sowie 251 s/w-Fotos

ih Ilona Hupe Verlag

> Reiseführer aus dem Ilona Hupe Verlag sind **werbefrei** und werden **unabhängig** und **neutral recherchiert**. Unsere Autoren und Mitarbeiter genießen keinerlei Vorteile aus positiven Beurteilungen.

4. aktualisierte Auflage August 2006

Impressum

© **2002-2006** Ilona Hupe Verlag, München

Volkartstraße 2, D – 80634 München
Tel. 089/16783783 Fax 089/1684474
e-mail: ilona@hupeverlag.de
Internet: www.hupeverlag.de

Text: Ilona Hupe, Manfred Vachal
Fotos: Manfred Vachal, Jürgen Tiefenthaler
Karten & Grafiken: Manfred Vachal
Layout, Satz: Ilona Hupe
Druck: Grafik + Druck, München

Alle Angaben ohne Gewähr
Alle Rechte vorbehalten

Printed in Germany

ISBN 3-932084-29-2 [2390]

Inhaltsverzeichnis

In eigener Sache 11

Teil 1: Geschichte und Landeskunde

Geschichte
Ursprung des menschlichen Lebens 12
Araber gründen Handelsposten an der afrikanischen Ostküste 13
Großreiche im Inneren Afrikas: Great Zimbabwe und Mwene Mutapa 14
Die Portugiesen tauchen auf 16
Jesuiten stoßen ins Landesinnere vor: Der Mord an Goncalo da Silveira 19
Portugals Rachefeldzug scheitert kläglich 20
Langsamer Niedergang von Mwene Mutapa 21
Bedrohung durch neue Seemächte 23
Das 17. Jh.: Epoche der Glücksritter & Prazos 23
Das 18. Jh.: Das Jahrhundert der Sklaverei 25
Das 19. Jh: Europa teilt Afrika wie einen Kuchen unter sich auf 28
Das 20. Jh.: Der lange Weg zur Unabhängigkeit 32

Bevölkerung & Gesellschaft
Die Bevölkerung Mosambiks 42
Sprachen, Religion 44
Gesundheitswesen 45
Traditionelles Heilwesen 46
Bildung & Schulwesen 47

Traditionen in der afrikanischen Gesellschaft
Die Großfamilie 48
Die Rolle des Regulos 48
Der Alltag der Menschen 48
Frauen in Mosambik 50

Kultur
Kunsthandwerk und Malerei 52
Musik und Tanz 53
Literatur, Sport 55
Mosambik im Überblick 55

Wirtschaft
Allgemeine Situation 56
Erwerbstätigkeit 57
Landwirtschaft 58
Viehwirtschaft, Fischerei 59
Bergbau und Industrie 59
Wasser und Energie 60
Verkehr und Transport 61
Tourismus 62
Flüchtlings- und Entwicklungshilfe 63
Ökologie 64
Landminen 66

INHALTSVERZEICHNIS

Naturraum Mosambik
Topographie des Landes 68
Vegetationsformen 69
Aktuell vorgestellt: Wunderwelt Mangroven 75

Die Tierwelt Mosambiks
Pflanzenfresser 78
Raubtiere 88
Primaten 94
Kaltblüter und Reptilien 96
Leben im Meer 100
Faszinierend: Leben im Mangrovensumpf 102

Die Vogelwelt Mosambiks
Von Greifvögeln und anderen Fleischfressern 104
Wasservögel, Watvögel und Vögel im Uferbereich 105
Hühnervögel, Baumvögel 108
Weitere typische Vögel 109

Teil 2: Reisebeschreibungen

111 SÜD-MOSAMBIK

Provinz Maputo

Maputo   112
Stadtgeschichte 112
Erste Orientierung 116
Sehenswertes 119
    Tour 1: Altstadtspaziergang in der Baixa 119
    Tour 2: Der elegante Teil Maputos: Bairro Polana 122
    Tour 3: Entlang der Uferpromenade Avenida da Marginal 123
Hotels, Pensionen und Camping 128
Restaurants & Nachtleben 130
Wichtige Adressen von A bis Z 132
Einkaufen in Maputo 133
An- und Weiterreise 134
Verkehrsmittel innerhalb der Stadt 136

Ausreise: Von Maputo nach Südafrika 137
Ausreise: Von Maputo nach Swaziland 137

Ausflug zur Insel Inhaca 138
Ausflug nach Macaneta 139

Maputaland: Tour von Maputo nach Süden   140
Ponta do Ouro 142
Ponta Malongane 144

Reserva dos Elefantes do Maputo (Maputo Elephant Reserve)   145
Aktuell: Neuer Tiefseehafen im Süden des Landes geplant 149

Provinz Gaza

Streckenbeschreibung: Von Maputo nach Xai-Xai 150
Bilene, Praia do 151

Xai-Xai   **152**
    Das Landesinnere 154
    Streckenbeschreibung: Von Macai nach Chicualacuala 154

Gaza-Kruger-Gonarezhou (GKG) Transfrontier Park   **156**
Banhine Nationalpark   **158**
    Rückblick: Die Flutkatastrophe vom Februar 2000 160

FARBIGES KALEIDOSKOP **161**

Provinz Inhambane

Streckenbeschreibung: Von Xai-Xai nach Maxixe und Inhambane 177

Maxixe   **178**
Inhambane   **179**
    Sehenswertes 181
    Strände in der Umgebung: Barra 183
    Tofo 184

    Streckenbeschreibung: Von Maxixe zum Rio Save 185
    Massinga, Morrungulo und Pomene 186

Vilankulo   **187**
    Unterkunft 188
    An- und Weiterreise 190

    Inhassoro 190

Bazaruto Archipel   **191**
    Bazaruto, Benguerra 193
    Magaruque 194

Im Landesinneren: Zinave Nationalpark   **195**

MITTEL-MOSAMBIK   197

Provinz Sofala

Streckenbeschreibung: Von der Save-Brücke nach Beira 198

Beira   **200**
    Hotels und Pensionen in Beira 203
    Sehenswertes in Beira 203
    Wichtige Adressen von A bis Z 206
    Die Umgebung von Beira 208
    Streckenbeschreibung: Von Beira nach Caia 208

INHALTSVERZEICHNIS

Zwischen Sambesi und Gorongosa NP — 210
    Vila de Sena 210
    Marromeu 213
    Das Sambesidelta 214

    Streckenbeschreibung: Von Beira nach Chimoio 216
    Streckenbeschreibung: Von Inchope nach Caia via EN 1 216

Parque Nacional da Gorongosa — 217

Provinz Manica

Chimoio — 222
    Streckenbeschreibung: Von Chimoio nach Mutare 223
    Streckenbeschreibung: Von Chimoio nach Dombe und Espungabera 225

    Peace Park Project: Nationalpark in den Chimanimani-Bergen 229
    Streckenbeschreibung: Von Chimoio nach Tete 230

Provinz Tete

Tete — 231
    Streckenbeschreibung: Von Tete nach Songo 235

Cahora Bassa Stausee — 236

    Streckenbeschreibung: Von Tete nach Cassacatiza 240
    Streckenbeschreibung: Von Tete nach Zóbuè und Calómuè 241
    Blick in die Geschichte: D. Livingstones Expedition 242

243 NORD-MOSAMBIK

Provinz Zambézia

    Streckenbeschreibung: Von Caia nach Quelimane 244

Quelimane — 244
    Zalala, Praia do 248

    Streckenbeschreibung: Von Quelimane nach Alto Molócuè 249
    Tour an die Küste: Praia de Pebane und Reserva do Gilé 250
    Tour ins Landesinnere: Milange und Gurué 253

Provinz Nampula

    Streckenbeschreibung: Von Alto Molócuè nach Nampula 256

Nampula — 256
    Wichtige Adressen von A bis Z 258
    An- und Weiterreise 260
    Abstecher: Angoche 261

Streckenbeschreibung: Von Nampula nach Cuamba	262
Streckenbeschreibung: Von Nampula nach Nacala	263

Nacala — 264
Mossuril, Cabaceira & Chocas Mar 265

Ilha de Moçambique — 266
Geschichtlicher Abriss 267
Besuch der Insel 270
Sehenswertes 271
Unterkunft 277
Informationen von A bis Z 278
Streckenbeschreibung: Von Namialo nach Pemba 279

Provinz Cabo Delgado

Pemba — 281
Stadtgeschichte 281
Sehenswertes 282
Unterkunft in Pemba 284
Wichtige Adressen von A bis Z 285
Wimbe Beach 286

Ibo und das Quirimba Archipelago — 288
Ilha Ibo 288
Streckenbeschreibung: Von Pemba nach Moçimboa da Praia 293
Moçimboa da Praia 294
Streckenbeschreibung: Von Moçimboa da Praia nach Mtwara 295

Das Hinterland: Mueda und das Makonde Plateau — 296
Aktuell vorgestellt: Die Makonde 298
Streckenbeschreibung: Von Mueda nach Montepuez 299

Provinz Niassa

Streckenbeschreibung: Von Mandimba nach Lichinga 300

Lichinga — 301
Unterkunft 302
Restaurants 302
Wichtige Adressen von A bis Z 302
An- und Weiterreise 303

Lago Niassa — 304
Streckenbeschreibung: Von Lichinga nach Cóbuè 306
Cóbuè 308
Abstecher: Likoma Island 310
Streckenbeschreibung: Von Mandimba nach Cuamba 312

Cuamba — 312
Streckenbeschreibung: Von Lichinga nach Marrupa 314
Streckenbeschreibung: Von Marrupa zum Niassa Wildreservat 317

Reserva do Niassa — 318

INHALTSVERZEICHNIS

Teil 3: Service-Teil: Reisetipps & Infos

Planung vor der Reise .... S. 324
Klima S. 324, Reisezeit S. 325,
Reiseart / Verkehrsmittel: Mietwagen S. 327, Motorrad/Fahrrad S. 330,
 Öffentliche Verkehrsmittel S. 330
Reiseagenturen: Europäische Reiseveranstalter und örtliche Anbieter S. 331
Unterkünfte: Hotels, Pension oder Camping S. 332
Reiseroutenplanung S. 333
Reisen mit Kindern S. 334, Frauen allein unterwegs S. 334
Touristen-Informationsstellen S. 334
Ausrüstung: Dokumente, Kleidung, Sonstiges S. 335

Gesundheitsvorsorge .... S. 336
Malaria und andere tropische Krankheiten S. 336, Schlangenbisse S. 339
Wie man auf Reisen gesund bleibt S. 340
Notfall-Vorsorge S. 341, Reiseapotheke / Tropeninstitute S. 341

Rund ums Geld .... S. 342
Reisekosten und Preisgefüge S. 342
Landeswährung, Devisen und Zahlungsmittel S. 343
Geldwechsel in Mosambik S. 344, Handeln: die Kunst des Feilschens S. 345

Wichtige Hinweise und Adressen .... S. 346
Einreisebestimmungen S. 346, Diplomatische Vertretungen S. 347
Gefahren auf Reisen – die persönliche Sicherheit S. 348

Anreise nach Mosambik .... S. 350
Internationale Flugverbindungen S. 350, Anreise auf dem Landweg S. 351
Öffnungszeiten der Grenzübergänge S. 352
Anreise per Mietwagen S. 353, Anreise auf dem Seeweg S. 353

Transport vor Ort .... S. 355
Inlandflugnetz / Bahn / Bus S. 355

Reisetipps für den Alltag in Afrika .... S. 356
1) Begegnung mit den Mosambikanern S. 356
2) Die sprachliche Verständigung / Glossar S. 358
3) Essen und Trinken in Mosambik, Buschküche: Kochen am offenen Feuer S. 360
4) Tipps & Infos für Autofahrer: Besondere fahrtechnische Anforderungen,
 Verkehrskontrollen, Tiere auf der Fahrbahn, Buschbrände S. 364
5) Wie gefährlich sind die Landminen in Mosambik? S. 369
6) Wie verhält man sich in der Wildnis?, Begegnung mit Wildtieren S. 370
7) Mosambiks Strände im Direktvergleich S. 371

Informationen von A bis Z .... S. 372

Literaturverzeichnis .... S. 378

Index .... S. 379

IN EIGENER SACHE

Liebe Afrikafreunde, liebe Leser,

seit der Erstauflage dieses Reiseführers im Jahre 2002 hat sich in Mosambik vieles verändert. Vielerorts verbesserte sich die touristische Infrastruktur, und stetig steigende Besucherzahlen belegen eine erfreuliche Entwicklung.

Die neuen Ferienresorts beschränken sich allerdings zumeist auf die Küstenregion. Nicht nur im Hinterland ist eine Reise durch Mosambik immer noch eine Herausforderung. Land und Menschen werden trotz aller Erfolge noch lange mit dem mühsamen Wiederaufbau nach den Jahren des Bürgerkriegs kämpfen. Reisende stoßen hie und da auf kleine Hindernisse und Schwierigkeiten, die wir in diesem Buch offen ansprechen. Eigene Erfahrungen und die Rückmeldungen unserer Leser bestätigen, wie hilfreich unsere genauen Orts- und Routenbeschreibungen und die reisepraktischen Informationen sind. Wer sich vorher schon gründlich vorbereitet, wird entspannter durch dieses faszinierende, gastfreundliche und sehr kontrastreiche Land reisen.

"**Mosambik – Moçambique – Mozambique**": Wir haben uns bei der Schreibweise für die deutsche Variante entschieden. Eigennamen nennen wir in portugiesischer Originalschreibweise.

Alle Angaben in diesem Reiseführer wurden auch für diese 4. Neuauflage wieder mit größtmöglicher Sorgfalt zusammengetragen und recherchiert. Preise und Fahrpläne ändern sich jedoch gerade in Mosambik sehr häufig, und sollten deshalb als Richtwerte angesehen werden (siehe dazu auch S. 342f).

Die 6 Stärken der Hupe-Reiseführer

- **Wissensvorsprung:** 23 Jahre des Reisens und Arbeitens in Afrika lassen eine Menge Detailwissen und Erfahrung in unsere Bücher fließen. Wir verzichten auf eine "Lodge-zu-Lodge-Recherche", bereisen alle Landesteile stets selbständig, unabhängig und intensiv (rund 400 000 Kilometer afrikanische Pisten und Straßen haben wir inzwischen "auf dem Buckel").

- **Spezialisierung:** Wir beschränken uns auf wenige afrikanische Länder, die wir dafür hervorragend kennen und regelmäßig bereisen.

- **Echte Neutralität:** Wir werden nicht gesponsert und vertreten auch keine fremden Interessen. Sie dürfen unsere Angaben, Tipps und Infos daher als wirklich neutral und ehrlich ansehen. Aus dem gleichen Grund verzichten wir auch auf Werbung in unseren Büchern.

- **Höchste Aktualität:** Wir berücksichtigen bis wenige Tage vor dem Druck eines Reiseführers alle Neuigkeiten. Anschließend veröffentlichen wir die wichtigen News auf unserer Website www.hupeverlag.de.

- **Alles aus einer Hand:** Recherche, Manuskript, alle Grafiken und Fotos – alles wird vom gleichen Team erstellt. Ohne den "Wasserkopf" großer Verlage gehen uns auch keine wichtigen Informationen an den Schnittstellen verloren.

- **Service & Kommunikationsbereitschaft:** Im Gegensatz zu vielen Großverlagen sind wir kein anonymes Unternehmen ohne orts-und fachkundige Ansprechpartner. Bei uns stehen Ihnen die Autoren direkt Rede und Antwort. Bei Fragen, die unser Reiseführer nicht klären kann, geben wir gerne Rat und Informationen. Auch für ergänzende Anregungen, Verbesserungsvorschläge und Berichtigungen haben wir stets ein offenes Ohr (Kontaktadresse siehe Seite 4). Mit unserem Internetauftritt **www.hupeverlag.de** bieten wir einen **kostenlosen News-Service**, veröffentlichen umgehend alle Neuigkeiten und Updates zu unseren Büchern, nennen sinnvolle Links zu anderen Websites, liefern diverse Reiseberichte, Beiträge zu Fachthemen und vieles mehr.

GESCHICHTE

Ursprung des menschlichen Lebens

Die Geschichte der Menschheit beginnt in Afrika

Ein altes Vorurteil besagt, Schwarzafrika sei bis zur Ankunft der Europäer ein weitgehend geschichtsloser und vom Weltgeschehen unberührter Kontinent gewesen. Diese Annahme trügt und ist längst durch die moderne Geschichtsforschung widerlegt worden. Gerade weil in Afrika zumeist schriftliche Überlieferungen fehlen, steht die Wissenschaft hier vor der schwierigen Herausforderung, zahlreiche Fundstücke, Relikte und historische Berichte wie Puzzlestücke zu einem klaren Bild zusammen zu setzen. Dabei offenbaren sich faszinierende Erkenntnisse: Machtvolle Königreiche, die blühenden Goldhandel mit Arabien und Asien betrieben, Stadtburgen aus gehauenem Stein, riesige Völkerwanderungen. Doch nur langsam lichtet sich die Dunkelheit über der afrikanischen Geschichte.

Abenteuer Entwicklung: der lange Weg zum modernen Menschen

Nach heutiger Erkenntnis gilt der schwarze Kontinent als Wiege der Menschheit. Hier scheint sich der entscheidende Evolutionsschub vom Affen zum Menschen vollzogen zu haben. Vor fast 6 Mio. Jahren spalteten sich die Vorfahren der Hominiden von denen der Schimpansen ab, es entstanden der noch eher affenähnliche „Millenium-Mensch" (*Orrorin tugensis*) und nachfolgend der erste sog. Vormensch (*Australopithecus*). Aus diesem ging im südlichen Afrika vor rund 2,5 Mio. Jahren der Frühmensch der Gattung „Homo" hervor, der sich durch zunehmende Gehirngröße, die Fortbewegungsart am Boden und seine Werkzeugkultur auszeichnete. *Homo habilis* war **der erste Frühmensch** und breitete sich in mehreren geographischen Varianten bis Ostafrika aus (z. B. *Homo rudolfensis*). Die Weiterentwicklung der Hominiden, u. a. die Kräftigung und Vergrößerung von Skelett und Schädelknochen, schufen vor 2 Mio. Jahren den „aufgerichteten Menschen" *Homo erectus*. Spätestens ihm gelang eine Ausbreitung von Afrika bis nach Asien und Europa, wobei ihm seine anatomischen Veränderungen, wie der starke Knochenbau, behilflich waren. Gleichzeitig setzten Entwicklungsschritte ein, die für eine erfolgreiche Auswanderung notwendig sind: Die Nutzbarmachung des Feuers und der Einsatz von Jagdtechniken. Vor etwa 500 000 Jahren, als im eiszeitlichen Europa der kräftige Neandertaler (*Homo neandertalensis*) in Erscheinung trat, schlug in Afrika die Geburtsstunde des **„modernen Menschen"** (*Homo sapiens*), unseres direkten Vorfahren. Biologisch betrachtet war er vor 200 000 Jahren ausgereift und hielt sich im südlichen und östlichen Afrika auf. Von hier aus eroberte er schließlich in einem beispiellosen Feldzug die restliche Welt. Die Auswanderung nach Indien und Europa begann vor etwa 120 000 Jahren. Homo sapiens traf dort auf den Neandertaler. Es folgte eine 50 000 Jahre währende Periode der Koexistenz beider Gattungen, ehe Homo sapiens den Neandertaler endgültig verdrängte.

Die ersten Menschen erobern die afrikanische Savanne

Erlauben wir uns nun einen weiten Sprung bis ins **Paläolithikum**. In dieser Zeit, ab 50 000 v. Chr., waren vor allem die fruchtbaren Flusstäler besiedelt. Allmählich drangen die nomadisch umher ziehenden Bewohner in höher gelegene Gebiete vor, wo sie in Höhlen und unter Felsvorsprüngen Schutz fanden. Nur wenig ist über diese frühe Epoche bekannt und noch immer ist unklar, ob die damaligen Bewohner eher ein Buschmannvolk oder negroid waren. Im **Neolithikum** (ca. 10 000 vor Chr.) wurde bereits Jagd mit Pfeil und Bogen betrieben und die Menschen lernten, aus Stein und Knochen nützliche Werkzeuge herzustellen. Diese Kulturstufe wird in der Regel als direkter Vorläufer der Khoisaniden (Buschleute) angesehen.

Auf dem Gebiet des heutigen Staates Mosambik waren diese Jäger und Sammler spätestens vor 3000 Jahren weit verbreitet. In kleinen Gruppen und Familienverbänden durchstreiften sie das weite Land und entwickelten über die Jahrhunderte eine Art Halbnomadentum mit beginnendem Ackerbau. Kurz vor Christi Geburt, etwa zeitgleich mit der **Entdeckung** und Verwendung **des Eisens**, wanderten in mehreren Wellen Bantu sprechende Volksgruppen aus Zentralafrika ein. Diese Angehörigen einer höheren Zivilisationsstufe beschleunigten die kulturelle Entwicklung. So brachten sie verbesserte landwirtschaftliche und handwerkliche Kenntnisse mit, waren in größeren Verbänden organisiert, betrieben Ackerbau und Viehzucht. Die Neuankömmlinge assimilierten sich mit ansässigen Volksgruppen oder verdrängten diese in unwirtlichere Siedlungsräume. Wenige Jahrhunderte nach ihrer Ankunft stellten die dominanten **Bantu** bereits die Mehrheit im Lande.

Oben: Mahlsteine wie diesen findet man im südlichen Afrika an vielen Stellen

Auch die Außenwelt hatte zu diesem Zeitpunkt längst Kenntnis von Ostafrika. Als Handelsplatz für exotische Luxusgüter, wie Tierfelle und Elfenbein, war die ostafrikanische Küste schon den alten Ägyptern ein Begriff, und auch die Phönizier und Römer betrieben **Goldhandel** mit den Küstenvölkern. Der Mittelmeerhandel war vermutlich bereits seit dem 4. Jh. vor Chr. mit Ostafrika verknüpft. Doch durch den Niedergang des Römischen Reiches gerieten die alten Handelswege in der europäischen Welt später vollkommen in Vergessenheit.

Araber gründen Handelsposten an der afrikanischen Ostküste

Dies sollte sich erst wieder im 7. Jh. ändern, als die erstarkten Araber den lukrativen Handel wieder aufnahmen. Am Persischen Golf waren zu dieser Zeit mächtige, reiche Sultanate entstanden, die mit gierigem Griff ihre Macht bis nach Ostafrika ausdehnten. Vor allem die **Khalifen von Bagdad** schufen ein dichtes Handelsnetz zur afrikanischen und indischen Küste und gründeten dort etliche Stützpunkte.

Araber an der ostafrikanischen Küste

Ihre **Hafenstationen** an der afrikanischen Küste trugen wohlklingende Namen: Sansibar, Pemba, Mafia, Kilwa, Moroni und schließlich Sofala, weitab im Süden, nahe dem heutigen Beira an der Mündung des Púngoe gelegen. **Sofala** gilt gemeinhin als südlichster fester Stützpunkt der Araber, obwohl diese nach manchen Quellen bis zu den Bazaruto-Inseln und Inhambane vordrangen. Über ihre Küstenstützpunkte bauten die Araber den Handel mit Innerafrika auf.

Die neuen Handelswege basierten hauptsächlich auf der geschickten **Nutzung der Monsun-Winde**. Zwischen November und März führte der Nordost-Monsun die arabischen Segelschiffe vom Persischen Golf oder Indien nach Ostafrika; mit dem Südwest-Monsun kehrten die Handelsschiffe zwischen April und August wieder zurück.

Geschicktes Segeln mit den Tradewinds, den "Handelswinden"

Geschichte — GREAT ZIMBABWE

Kilwa mächtige Handelsmetropole an der afrikanischen Küste

Das Segeln mit den Monsun-Winden erlaubte den Arabern allerdings kaum, bis in mosambikanische Gewässer vorzudringen. Daher fungierte insbesondere Kilwa (heute Südtansania) als Sammelplatz für die Waren aus südlicheren Teilen Afrikas. Zwischen dem 9. und 12. Jh. wuchsen die meisten Handelsplätze zu mächtigen Küstenstädten heran, deren Wohlstand auf der Funktion als Schnittstelle zwischen den begehrten Waren Innerafrikas und den Handelsschiffen nach Arabien und dem fernen Asien basierte. Gold und Elfenbein wechselten hier ihre Besitzer, im Gegenzug gelangten auf den gut erschlossenen Handelsrouten Glasperlen, edle Stoffe, chinesisches Porzellan, Ton- und Metallwaren zu den Menschen im Hinterland.

Gold und Elfenbein

Aufstieg der Handelsstadt Sofala

Durch wohlhabende persische Zuwanderer und seine Monopolstellung beim Goldhandel wurde Kilwa im 12. Jh. so mächtig, dass sich die Küstenstadt kurzerhand gegen die Araber auflehnte und den Goldhandel von Sofala an sich riss. Prächtige Moscheen aus Korallenstein und eigens geprägte Goldmünzen drückten selbstbewusst den Reichtum und Stolz Kilwas aus. Während ihrer Blütezeit im 13. Jh. gründeten die Swahili-Araber aus Kilwa rund 30 bis 40 Stützpunkte entlang der Küste zwischen Somalia und Zentralmosambik. Über Sofala, das damals rund 10 000 Einwohner zählte, lief der Handel mit Gold, Elfenbein, Kupfer, Eisen und Baumwolle. Mit großer Wahrscheinlichkeit bereisten die Swahili-Araber damals auch den Sambesi flussaufwärts bis zu den Cahora-Bassa-Stromschnellen und gründeten dort Handelsposten. Ein arabisches Dokument aus dem 12. Jh. beschreibt die Siedlungen Seyouna und Dendema geographisch derart genau, dass es sich um die Orte Sena und Tete (von denen die Portugiesen später behaupteten, sie 1531 gegründet zu haben) handeln müsste.

Großreiche im Inneren Afrikas: Great Zimbabwe und Mwene Mutapa

Bilder rechts: Die Ruinen von Great Zimbabwe legen eindrucksvoll Zeugnis einer hochstehenden Kultur ab

Während die gesamte afrikanische Küstenregion sukzessive unter starken islamisch-arabischen Einfluss geriet, förderte der intensive Tauschhandel mit fernen Zivilisationen gleichfalls die kulturelle Entwicklung im afrikanischen Hinterland. Die Goldvorkommen auf dem Gebiet des heutigen Staates Zimbabwe sicherten den ansässigen Shona-Volksgruppen über viele Jahrhunderte fortgesetzten Wohlstand. Im zentralen Hochland gelegen, dem fruchtbaren Gebiet nahe bestehenden Handelsrouten, wuchsen ansässige Kalanga-Shona-Gruppen zu blühenden Kulturzentren heran. Mit Hilfe ihrer zentralistischen Machtstruktur gelang einer dieser Gruppen nahe der heutigen Stadt Masvingo (Zimbabwe) rasch die Bildung eines wirtschaftlich unabhängigen Staates. Geschickt nutzte sie die strategisch günstige Lage zwischen den Gold-Produktionszentren und den Handelsstädten an der Ostküste, um eine Monopolstellung aufzubauen. Etwa ab 1100 n. Chr. wurde mit der Befestigung von Wohnsiedlungen aus Steinen begonnen. Diese steinernen Anlagen, heute als die Ruinen von **Great Zimbabwe** bekannt, bezeugen eindrucksvoll die Größe dieser Hochkultur. In der gewaltigen Anlage – Sitz des Königs, der Oberschicht und religiöses Zentrum zugleich – lebten zu Spitzenzeiten bis zu 17 000 Menschen. Damit war Great Zimbabwe seinerzeit die größte Stadt südlich der Sahara. Ihre Staatsmacht basierte auf der Kontrolle des Handels und den Einnahmen

GREAT ZIMBABWE

aus der verarbeitenden Industrie, wie der Herstellung von Tonwaren, Schmuck und Werkzeugen. Während der Blütezeit vom 13. bis frühen 15. Jh. beherrschte das Großreich Zimbabwe den gesamten Gold- und Elfenbeinhandel der Region. Der Niedergang des Reiches setzte plötzlich ab 1450 n. Chr. ein, und im 16. Jh. wurde das Zentrum endgültig verlassen. Die Ursachen dieses raschen Untergangs konnten bislang nicht zweifelsfrei geklärt werden. Eine weitgehend anerkannte Theorie besagt, dass sich die Bewohner selbst ihrer Lebensgrundlage beraubten: durch Überbevölkerung, extensive Überweidung, zügellose Abholzung der Umgebung und damit einher gehendem Wassermangel.

Mit dem Niedergang von Great Zimbabwe schlossen sich die Shona-Gesellschaften zu neuen staatenähnlichen Gebilden zusammen. Überlieferungen zufolge geht die Reichsgründung von **Mwene Mutapa** auf Nyatsimba Mutota zurück, der im frühen 15. Jh. am mittleren Sambesi herrschte und sich Mwene Mutapa bzw. Monomatapa (König Mutapa, Herr der Minen, Herr der Bergwerke) nennen ließ. Nyatsimbas Sohn Matope soll das väterliche Reich durch erfolgreiche Feldzüge und Eroberungen bis an den Indischen Ozean und im Westen bis an den Rand der Kalahari vergrößert haben. Nach Matopes Tod um 1480 bestieg sein Sohn Nyahuma den Thron. Zehn Jahre später erhob sich Changa – nach manchen Quellen ein unehelicher Sohn Matopes – gegen den Herrscher. Changas Rebellen töteten Nyahuma und übernahmen vorübergehend die Macht im Mutapa-Staat, konnten jedoch auf Dauer nur einen Teil des Reiches, nämlich die Provinz im zentralen Hochland, halten. Changa und seine Nachfolger bezeichneten sich fortan als **Changamire-Dynastie**. In Mwene Mutapa kehrte ebenfalls wieder Ruhe ein; der Staat stand in seiner machtvollen Blütezeit, als die Portugiesen erstmals in Ostafrika auftauchten und von dessen legendären Goldschätzen hörten.

Zwischen dem fruchtbaren, goldreichen Hochland und den arabischen Küstenstädten durchzogen zahlreiche Handelswege den klimatisch ungünstigen und daher nur dünn besiedelten Tieflandbereich. Im Gegensatz zu den straff geführten Großreichen im Hochland waren die Gesellschaftsstrukturen im Lowveld von einer dezentralistischen Lebensweise geprägt. Das „Chieftainship" bildete die traditionelle

Geschichte — PORTUGIESEN

*Bilder rechts:
Fortanlage
auf Ilha de
Moçambique:
prunkvolles
Eingangstor
und
Schmucksäule*

Hierarchie, die sich in der Macht des Dorfhäuptlings begründete. Den Norden des heutigen Mosambik besiedelten die mutterrechtlich ausgerichteten, kunstsinnigen Makua. Ackerbau in den fruchtbaren Flusstälern und der Handel entlang des Sambesi bildeten die Lebensgrundlage der patrilinearen Tonga im Bereich zwischen Sambesi und Inhambane. Südlich davon lebten Ngoni-Volksgruppen, deren Wohlstand wiederum auf Rinderzucht und -besitz basierte. Diese Tieflandbewohner standen unter dem wechselseitigen Einfluss der swahili-arabischen Küste und der Hochlandstaaten.

Die Portugiesen tauchen auf

Zeitalter der Portugiesen

Das 15. Jh. gilt als Zeitalter der portugiesischen Entdeckungen: Das kleine Königreich störte sich gewaltig am Handelsmonopol der Araber, die auf den europäischen Märkten mit ihren exotischen Waren aus dem fernen Osten ein Vermögen verdienten. Um den vielversprechenden Handelsweg zu den tropischen Produktionsstätten zu finden, wurden unermüdlich Entdeckungsfahrten ausgeschickt. Portugiesische Seefahrer, die den Seeweg um Afrika erkunden sollten, erreichten 1446 den Gambia-Fluss in Westafrika und standen 1485 an der Mündung des Kongo. 3 Jahre später umrundete **Bartholomäo Diaz** das Kap der Guten Hoffnung. Im Januar 1498 erreichte der Seefahrer **Vasco da Gama** mosambikanische Gewässer, ankerte in der Bucht von Delagoa (Maputo) und gelangte anschließend bis nach Indien. Der erste Portugiese an der Küste Mosambiks war da Gama dennoch nicht. **Pedro da Covilhão** gelangte auf abenteuerliche Weise bereits 1497 inkognito bis nach Sofala. Mit königlichem Auftrag, den Seeweg von Arabien nach Ostafrika auszukundschaften, segelte da Covilha mit einer Dhau von Arabien über Indien nach Ostafrika. Dort hörte er von Mwene Mutapas Goldreichtum, doch noch bedeutsamer für die portugiesische Seefahrt war seine Entdeckung des Segelns mit den Monsun-Winden.

Die Gier der Europäer erwacht

1501 sandte der portugiesische König als ersten offiziellen Gesandten **Sancho de Toar** zur Visite nach Sofala. Als ihm der Scheich von Sofala eine edle Goldperlenkette zum Geschenk machte, entfachte er damit sogleich die portugiesische Gier nach dem Gold von Mwene Mutapa. Portugal erwartete nichts Geringeres, als in Sofala, dem „Tor zum Goldland" auf die „Goldminen von König Salomon" zu stoßen. Spanien hatte soeben im südamerikanischen Bolivien den Silberberg Potosi entdeckt; da hoffte Portugal in Afrika das legendäre *Eldorado* zu finden. Vier Jahre später tauchte denn auch eine portugiesische Streitmacht unter Dom Francisco d' Almeida in Sofala auf. Die Portugiesen rangen dem inzwischen blinden, greisen Scheich das Zugeständnis ab, ein Fort zu errichten. Dies konnte den swahili-arabischen Händlern nicht gefallen, sahen sie doch die portugiesischen Absichten klar voraus. Mit Rückendeckung des offensichtlich wankelmütigen Scheichs griffen sie die Portugiesen an, die sich jedoch unter dem Schutz ihres Forts und dank der überlegenen Feuerwaffen zur Wehr setzten und die Angreifer in die Flucht schlugen. Sie betrieben rücksichtslose Rache, töteten den alten Scheich und ersetzten ihn durch einen Marionettennachfolger. Damit begann – schon so kurz nach ihrer Ankunft – der lange Weg brutaler, blutiger Auseinandersetzungen zwischen

Die Portugiesen kamen nicht als Entdecker, sondern als Eroberer

Portugiesen und den ansässigen Händlern. Die Swahili-Araber verließen nach der Besetzung Sofalas den Ort und bildeten rasch ein neues florierendes Handelszentrum weiter nördlich in **Angoche**. Die Situation sollte symbolhaft werden für das portugiesische Engagement in Mosambik: Zwar hatten sie einen militärischen Erfolg errungen und Sofala, die mächtige Handelsmetropole, erobert; diese lag nun jedoch verlassen in Trümmern und die Eroberer hatten keinerlei Kenntnis von den bestehenden Handelsrouten. Die lukrativen Geschäfte liefen fortan einfach an den Portugiesen vorbei nach Angoche und anderen Küstenplätzen. Die Eroberer blieben isoliert und die erwarteten Handelsgewinne aus. Die ganze Aktion drohte im finanziellen Desaster zu enden. Das kleine Mutterland Portugal hatte sich mit seinen Expansionsgedanken und Entdeckungsreisen verausgabt und daher nur ein vordergründiges Anliegen: die neuen Eroberungen sollten so rasch wie möglich Geld einbringen. Der arabische Handel sollte angezapft und kontrolliert werden, ohne eine aufwändige Verwaltung zu installieren. Die Politik Portugals während der nächsten Jahrzehnte war denn auch von **Grausamkeit und Gesetzlosigkeit** gekennzeichnet. Militärische Gewalt und hartes Durchgreifen sollten fehlende Diplomatie und die Unfähigkeit, sich in die bestehenden Strukturen einzugliedern, überspielen; Selbstjustiz und Gewinnsucht die schlechte Organisation und fehlende Verbündete ausgleichen. 1507, zwei Jahre nach dem Desaster von Sofala, gründeten die Portugiesen eine dauerhafte Ansiedlung auf der **Ilha de Moçambique**, die sich rasch zum portugiesischen Zentrum in Ostafrika entwickelte. Von hier aus eroberten und plünderten sie 1511 die neue Handelsmetropole Angoche und trieben damit Araber und Afrikaner, die sich nach Lebensart und Religion nahe standen, in die offene Opposition. Bis 1530 eroberten die Portugiesen dennoch mit enormem Aufwand alle arabischen Küstenstädte, wo sie nach brutalen Gewaltaktionen gegenüber der meist nur schwach bewaffneten Bevölkerung Fortanlagen errichteten. Überall schufen sie sich Feinde und lösten Fluchtwellen der Händler aus. Bald wurde deutlich, dass ihr Gebaren geradezu zum völligen Erliegen des Handels, an dem sie schließlich durch hohe Zölle verdienen wollten, führte. Portugal steckte in der Zwickmühle. Neben dem Gold- und

Geschichte — PORTUGIESEN

Oben: Innenhof mit Kasematten im Fort auf Ilha de Moçambique

Elfenbeinhandel waren die ostafrikanischen Stützpunkte als Versorgungsplätze für den langen Seeweg zu den neuen ostindischen Besitzungen von größter Bedeutung. Der Hass gegen die zahlenmäßig keinesfalls starke portugiesische Einheit führte aber immer wieder zu Revolten und Unruhen, deren Niederschlagung ein größeres Kontingent an Soldaten bedurft hätte, als das kleine Mutterland aufbieten konnte. Neben den eroberten arabischen Küstenstädten und den einzigen Posten im Landesinneren in Tete und Sena am Sambesi, gab es bis 1531 praktisch keine portugiesischen Besitzungen in Mosambik. Weil sie die arabischen Händler nicht ersetzen konnten und wollten, sahen sich die Portugiesen gezwungen, den militärischen Druck wieder zu lockern, um die Mohammedaner zum Bleiben zu bewegen. Die Europäer blieben auch weiterhin nur an der Küste und beschränkten ihre militärische Präsenz auf lediglich einige Hundert Mann. Ruhe im Landesinneren sicherten sie sich durch verschiedene Schutzbündnisse mit örtlichen Dorfhäuptlingen und arabischen Mittelsmännern. Als einziger Versuch, im Hinterland nach den unbekannten Handelswegen und der Herkunft des Goldes zu forschen, sind die drei Reisen des Antonio Fernandez bekannt; ein verurteilter Verbrecher, der auf diese Weise seine Freiheit wiedererlangen konnte. Nach seinen Expeditionen zwischen 1511 und 1514 schlief das portugiesische Interesse am Erkunden des Landesinneren zunächst wieder ein.

Kein Interesse für das Landesinnere

Man kann davon ausgehen, dass etliche Waren weiterhin an den Portugiesen vorbei über die bestehenden swahili-arabischen Kontakte geschmuggelt wurden. Und selbst von den offiziellen Einnahmen fanden nur Anteile davon ihren Weg nach Lissabon. Korruption und Selbstsucht waren verbreitet, sowohl in Mosambik als auch beim Generalgouverneur von Goa, dem die ostafrikanischen Besitzungen unterstellt waren (rund ¾ des Goldes von Sofala, eigentlich ein königliches Monopol, verschwanden in dieser Zeit aus der Staatskasse).

Habgier und Korruption als Antrieb für das Engagement in Afrika

DIE JESUITEN

Jesuiten stoßen ins Landesinnere vor: Der Mord an Goncalo da Silveira

Erst in der zweiten Hälfte des 16. Jh. unternahmen die Portugiesen ernsthafte Ansätze, auch das Landesinnere zu erkunden, um die Handelsrouten selbst zu kontrollieren. Als Wegbereiter kamen ihnen dabei die Jesuiten durchaus gelegen. Der katholische Orden war bereits in Indien aktiv und drängte nun mit missionarischem Eifer auch in die afrikanischen Besitzungen Portugals.

1560 sandte man drei Pioniere von Indien zum Missionsdienst an die mosambikanische Küste, wo Bruder da Costa und Bruder Fernandes die Küstendörfer mühselig vom Christentum zu überzeugen versuchten. Der 34-jährige **Gonçalo da Silveira** dagegen trachtete nach größeren Taten. Er setzte sich in den Kopf, direkt im legendären Goldreich Mwene Mutapa zu missionieren und reiste in einem Boot den Sambesi flussaufwärts bis nach Sena. Hier musste er sechs Wochen auf die Genehmigung zur Weiterreise nach Mwene Mutapa warten, wobei er nicht untätig blieb und unterdessen 400 Sklaven zum Christentum bekehrte. Anschließend bewältigte er die 800 km lange, unbekannte Strecke zum Hof Mwene Mutapas ganz allein zu Fuß.

3 Jesuiten wollen Mosambik bekehren

Am Weihnachtstag 1560 erreichte er die Hauptstadt und wurde von seinem Landsmann, dem Abenteurer Antonio Caido empfangen, der als Hofberater Einfluss erlangt hatte. Zunächst stand Silveiras Mission unter einem glücklichen Stern. Er beeindruckte den Herrscher derart, dass sich dieser mit seiner Mutter taufen ließ und den Missionar dafür mit 100 Rindern beschenkte. Silveira ließ das Fleisch der geschlachteten Tiere an das Volk verteilen. Soviel Großzügigkeit machte Silveira äußerst populär und seine neue Religion bekam großen Zulauf. Dadurch wuchs der beliebte Priester aber auch zu einer Bedrohung für die arabischen Händler in Mwene Mutapa heran. Sie schützten ihre Interessen, indem sie bei den Afrikanern Misstrauen und Ängste schürten, bezichtigten Silveira der Spionage für eine geplante portugiesische Invasion und schrieben ihm dunkle Zauberkräfte zu. Ebenso schnell, wie Silveira die Herzen der Menschen gewonnen hatte, kehrte sich die Stimmung nun gegen ihn. Nicht einmal drei Monate nach seiner Ankunft plagten den feurigen Priester Todesahnungen. Bereitwillig fügte er sich in sein Märtyrerschicksal, obwohl er zu diesem Zeitpunkt noch hätte abreisen können. Er wehrte sich auch nicht, als vereinbart wurde, dass der Priester vor Sonnenaufgang des 16. März sterben müsse, sondern hielt eine letzte Messe und übergab seine Habseligkeiten Antonio Caido. Silveira wurde nachts in seiner Hütte erdrosselt und die Leiche in einen Fluss geworfen.

Silveira am Hof von Mwene Mutapa

Beginnendes Unheil

Der Priestermord

Mit diesem Mord siegten einmal mehr die Muslime über die Portugiesen, und mit einem verbalen Ansturm der Entrüstung begegnete Portugal der Bluttat. Für Jahrzehnte traute sich kein Priester mehr ins Landesinnere, und die Jesuiten mussten ihr Engagement – nachdem auch die Küstendörfer wieder zu ihrem traditionellen Glauben zurückkehrten – als gescheitert betrachten.

Portugals Rachefeldzug scheitert kläglich

Erst Jahre später mobilisierte das Mutterland einen Rachefeldzug. 1568 bestieg ein 14-jähriger den Thron, der einmal unter dem Namen "Sebastião der Afrikaner" in die Geschichte eingehen sollte. Dem jungen König gefiel die Vorstellung, mit der vermeintlichen moralischen Rechtfertigung gleich das gesamte legendäre Goldland von Mwene Mutapa zu erobern. Er träumte von blühenden Kolonien mit unermesslichem Goldreichtum und missionierten Glaubensbrüdern in Afrika. Rund 1000 goldhungrige Glücksritter verließen unter **Francisco Barreto**s Führung im April 1569 Lissabon, um nach langen Vorbereitungen und etlichen Verzögerungen am 17. Dezember 1571 in Sena am Sambesi einzumarschieren. Von hier aus wurden Unterhändler nach Mwene Mutapa gesandt. Während die Strafexpedition inmitten der heißen Regenzeit auf eine Antwort wartete, fielen die Soldaten und ihre Pferde reihenweise der Malaria und den Tsetsefliegen zum Opfer. Das rätselhafte Massensterben löste Panik aus, und schnell wurden die ansässigen arabischen Händler finsterer Machenschaften bezichtigt. Bald entluden sich Angst und Panik in roher Gewalt; die Soldaten überfielen ansässige Dörfer und nahmen die Muslime in Gefangenschaft. Jeden Tag töteten sie nun zwei Gefangene mit unvorstellbarer Grausamkeit. Die Opfer wurden gepfählt, zerstückelt, als lebende Zielscheiben verwendet. Als dieser grausige Zeitvertreib mit dem Tod der letzten Araber endete und die Unterhändler noch immer nicht zurückgekehrt waren, setzte sich die Expedition im Juli 1572 in Bewegung. Acht Monate hatten die Portugiesen in Sena gewütet, nun kämpften sie sich mühsam mit mehr als 2000 Trägersklaven und 30 Ochsenwagen den Sambesi flussaufwärts. Kaum mehr 650 Mann, darunter zahlreiche Kranke, zählte die einst 1000 Mann starke Truppe. Als sich der Weg vom Sambesi abwandte, wurden auch die Kranken zurückgelassen. Noch bevor die Portugiesen das Goldland erreichten, stellte sich ihnen eine 16 000-Mann starke Armee in den Weg. Trotz ihrer waffentechnischen Überlegenheit, mit der die Europäer 4000 Afrikaner töteten, kam ihr Vormarsch kläglich zum Erliegen. Eilig wurde zum Rückzug geblasen, und nur 180 Portugiesen kehrten lebend nach Sena zurück. Dort stieß Barreto auf die Unterhändler aus Mwene Mutapa und stellte trotz seiner eher misslichen Lage provokant die Forderung, Mwene Mutapa müsse sich den Portugiesen öffnen und den arabischen Einfluss reduzieren. Überraschenderweise stimmte der König zu. Hatte er die militärische Stärke der Europäer überschätzt oder wusste er nur zu gut, dass Barreto diese Zusage unmöglich würde kontrollieren können? Noch bis Dezember 1573 harrten portugiesische Soldaten in Sena aus, wo unterdessen Francisco Barreto verstarb, ohne einen Fuß in das mystische Goldland gesetzt und den Tod Silveiras gesühnt zu haben. Portugal rief schließlich die Strafexpedition zurück und musste wieder einmal einen schweren Misserfolg einräumen.

Noch einmal wurde nachgesetzt: Barretos Nachfolger **Vasco Fernandes Homem** stellte eine Truppe zusammen und folgte von Sofala dem Lauf des Buzi flussaufwärts. Von Anfang an gab es Schwierigkeiten. Regengüsse behinderten das Vorankommen, die ansässige Bevölkerung war feindlich gesinnt, zahlreiche Deserteure schmälerten die Einheit. Dennoch erreichte Homem die Goldfelder in den Bergen von Manicaland. Erstmals konnte ein Portugiese eigenständig afrikanische Goldabbaugebiete untersuchen. Doch Homem blieb kaum Zeit dazu, denn der Herrscher von Mwene Mutapa hatte seine Armee nach Manicaland ausgeschickt, was die Portugiesen zur unmittelbaren Flucht an die Küste veranlasste.

Oben: Portugiesische Inschrift von 1791

Die Erfolge auf Seiten Portugals waren nach all diesen Aktionen reichlich dürftig. Es war zu einer ersten, allerdings nichtssagenden Vereinbarung zwischen Mwene Mutapa und Barreto gekommen, und Homem hatte die Goldlager von Manicaland entdeckt. Dagegen standen Tausende Tote, keinerlei Machtausweitung, keine Sühne für den getöteten Priester, kein Erschließen von Handelswegen, keine Verbesserungen in den Beziehungen zu Afrikanern und Arabern. Ein einziges Desaster.

Langsamer Niedergang von Mwene Mutapa

Unverhohlen setzten die Portugiesen weiterhin alles daran, die Macht und Einheit von Mwene Mutapa aufzuweichen. Sukzessive dehnten sie nun ihren wirtschaftlichen Einfluss aus. Bereits 1575 trafen sie mit dem Herrscher über das Goldland eine Vereinbarung, die den Portugiesen Schürfrechte und den Zugang zum Handel sowie das Errichten von Kirchen in Mwene Mutapa zugestand. Verstärkt mischten sie sich in innenpolitische Entscheidungen ein, und als sich der schwache Herrscher Gatsi Rusere von afrikanischen Feinden bedroht sah, bezahlte er für den portugiesischen Beistand einen hohen Preis. Mit dem Vertrag von 1607 gingen die Gold-, Kupfer- und Eisenminen Mwene Mutapas in die Hände Portugals über. Außerdem verpflichtete sich der Herrscher, einen Teil seiner Kinder nach katholischem Glauben erziehen zu lassen. Spätestens von da an hielten sich die Portugiesen nicht mehr als Gäste am Hofe von Mwene Mutapa auf, sondern kontrollierten den afrikanischen Staat. Gatsi Ruseres Nachfolger **Kapararidze** (auch Capranzine genannt) kam 1628 an die Macht und stand den Europäern von Anbeginn an feindselig gegenüber. Die Fronten verhärteten sich, Portugal verweigerte die üblichen Tributzahlungen an den Herrscher, es kam zum offenen Bruch zwischen den Parteien. Am Ende verjagten die Portugiesen den aufmüpfigen Herrscher und ersetzten ihn 1629 durch den christianisierten **Marionettenkönig Mavura**. Doch die Ruhe hielt nicht lange vor, denn schon zwei Jahre später kehrte Kapararidze zurück, erkämpfte sich den Thron und führte einen fürchterlichen Vergeltungszug, der hunderten Portugiesen und Tausenden ihrer afrikanischen Gefolgsleute das Leben kostete. Dieses allgemeine Chaos nützten wiederum die an der Küste ansässigen Maravi, um die Hafenstadt Quelimane einzunehmen. Portugal sandte nun eiligst die dringend benötigte Verstärkung. 2000 Soldaten unter **Sousa de Menesis** eroberten

Portugal luchst Mwene Mutapa die Goldrechte ab

Intrigenspiel und Kampf um den Thron

CHANGAMIRE

Die Portugiesen setzen sich durch

Quelimane zurück und zogen landeinwärts. Sie zerschlugen Kapararidzes Armee, installierten anstelle des flüchtigen Herrschers erneut einen Marionettenkönig und gründeten eine ganze Reihe fester Handelsniederlassungen im Karangahochland. Damit stabilisierten sie die Region und festigten ihre erweiterte Macht, die für die folgenden rund 60 Jahre einen relativ friedlichen wirtschaftlichen Aufschwung brachte.

Der friedlichen Periode folgt neues Unheil

Nie waren Macht und Einfluss der Portugiesen größer gewesen. Mwene Mutapas Herrscher waren zu Vasallen degradiert worden, und die Changamire wurden durch Zölle ruhig gestellt. Erste Anzeichen heranziehenden Unheils zeigte die Inthronisierung von **Nyakambiro** als Nachfolger des 1669 gestorbenen Königs Mukombwe. Wunschnachfolger der Portugiesen wäre dessen Bruder Mhande gewesen. Nyakambiro misstraute den Portugiesen und suchte Bündnisse mit den Changamire. Mit einer gehörigen Portion Selbstüberschätzung stellten die Portugiesen mit einem Mal

Die Portugiesen provozieren die Changamire

provokativ die Abgabe von Zöllen an die Changamire ein. **Dombo**, der Herrscher über das Changamire-Reich, war erzürnt und sann auf Rache. Zunächst waren seine Kräfte gebunden, weil er sich im Westen das Torwa-Reich einverleibte und zusammen mit dem Changamire-Reich zum neuen **Rozwi-Staat** vereinte. Doch 1693 schlug er zu, indem er die portugiesischen Handelsplätze im Hochland attackierte. Die Portugiesen behaupteten später, ihre Niederlassungen, wie Dambarare nahe dem heutigen Harare (Zimbabwe), seien völlig zerstört, Kirchen geschändet und viele Bewohner

...und werden aus dem Hochland wieder vertrieben

grausam zu Tode gefoltert worden. Neuere Ausgrabungen und Untersuchungen der Ruinenstätten können diese Thesen allerdings nicht bestätigen. Dennoch führten die Berichte damals zur Massenflucht der Portugiesen aus dem afrikanischen Hochland. Die meisten suchten Zuflucht in den Siedlungen Tete und Sena am Sambesi. Die Changamire überrannten das Hochland und setzten den Fliehenden bis an die Stadtgrenzen von Tete nach. Zum Glück für die Bewohner Tetes starb dort unerwartet der Changamire-König und hinterließ eine uneinige Nachfolgerschaft, der herausragende Führungspersönlichkeiten fehlten. So verpuffte die Kraft der Changamire-Invasion vor den Toren Tetes.

Unrühmliches Ende des legendären Goldlandes Mwene Mutapa

Die unerwartete Schwäche der Changamire-Rozwi-Dynastie erkannte auch der zu kurz gekommene Anwärter auf den Thron Mwene Mutapas, **Mhande**. Erfolgreich verjagte er seinen Bruder Nyakambiro, musste jedoch akzeptieren, dass die Changamire diejenigen Teile seines Staatsgebietes, aus denen sie die Portugiesen vertrieben hatten, annektierten. Unter König Mhande verkümmerte der geschrumpfte Rest des einst mächtigen Goldlandes Mwene Mutapa zusehends, wurde schließlich in niedere Regionen am Sambesi abgedrängt und verfiel schließlich in völlige Bedeutungslosigkeit.

Die Changamire setzen sich durch

Die Changamire- bzw. Rozwi-Dynastie regierte dagegen für die nächsten 150 Jahre uneingeschränkt über das Hochland. Die damals etablierten Grenzen zwischen ihrem Einflussgebiet und dem der Portugiesen wurden später von den Kolonialmächten übernommen und gelten bis heute als westliche Landesgrenzen Mosambiks.

SULTANAT OMAN

Bedrohung durch neue Seemächte

Parallel zu den Ereignissen im Landesinneren Afrikas gerieten die Portugiesen auch vom Indischen Ozean her in Bedrängnis. Hatten sie bis zum Ende des 16. Jh. unangefochten die ostafrikanische Küste beherrscht, so sahen sie sich nun von den aufblühenden Seemächten Holland und England bedroht. Die Europäer lauerten darauf, den lukrativen Handel mit Ostindien an sich zu reißen und sandten ihre Flotten aus, um portugiesische Handelswege auszukundschaften und deren Überseebesitzungen zu annektieren. Die 1602 gegründete Niederländische Ostindiengesellschaft beraubte Portugal in wenigen Jahren um die meisten seiner asiatischen Besitzungen. Auch die Holländer hatten den Wert der afrikanischen Küstenniederlassungen als Stützpunkte für den langen Seeweg erkannt und überfielen sie der Reihe nach. Die schwachen portugiesischen Einheiten waren ihnen dabei meist unterlegen. 1607 versuchten die Holländer Ilha de Moçambique zu erstürmen. Sechs Wochen lang belagerten sie die wichtigste Siedlung der Portugiesen, waren aber trotz ihrer Übermacht nicht in der Lage, die mächtigen Fortanlagen zu erobern. Nach diesem Kräftemessen ließen sie von den portugiesischen Besitzungen in Mosambik ab, besetzten aber nördliche Handelsmetropolen, wie Mombasa, und zahlreiche Inseln im Indischen Ozean. Erst in den 1630er Jahren kehrte mit einer Reihe bilateraler Verträge, bei denen Portugals Ansprüche bestätigt wurden, die politische Stabilität am ostafrikanischen Küstenstreifen zurück.

England und Holland wollen auch einen Teil vom Kuchen

Vergebliche Belagerung

Die Ruhe währte allerdings nicht lange. Neue Bedrohung zog vom **Sultanat Oman** herauf, das wirtschaftlich aufblühte und sich ab 1652 zunehmend an der ostafrikanischen Küste engagierte. Jahrzehntelang rang Oman mit den Portugiesen um Macht und Einfluss in den Küstenstädten. 1671 hielt das massive Fort auf Ilha de Moçambique einer Belagerung der Omanis stand, während Mombasa fiel und 1000 Portugiesen dabei den Tod fanden. Portugal leitete damals den Rückzug auf Küstenregionen innerhalb der heutigen Grenzen Mosambiks ein und überließ den Norden dem Sultan von Oman. Diese Entscheidung wurde auch durch das portugiesische Engagement in Brasilien begründet, dem am Hofe Lissabons Vorrang gegenüber den afrikanischen Interessen eingeräumt wurde.

Die Omanis erobern Teile der ostafrikanischen Küste

Das 17. Jh.: Epoche der Glücksritter & Prazos

Mit der Zeit etablierten sich in den afrikanischen Besitzungen zwei unabhängige europäische Bevölkerungskreise. Zum einen gab es die offiziellen Streitkräfte und Verwaltungsbeamten, welche der portugiesischen Krone unterstanden. Daneben strömten zahlreiche Individuen ins Land, die den Kontakt zu ihren Landsleuten aus unterschiedlichen Gründen minimierten und sich geschickt über das Hinterland ausbreiteten. Unterschiedlichste Schicksale hatten sie an die mosambikanische Küste gebracht – mal waren es Abenteurer und Glücksritter, die hier große Reichtümer zu entdecken hofften, mitunter auch Kriminelle und Schiffbrüchige. Die meisten galten als kauzige Einzelgänger ohne Bildung und ohne hoch gesteckte Lebensziele. Sie waren des Lebens in Europa überdrüssig und suchten ein bequemes oder bescheidenes Auskommen in Afrika. Diese Männer heirateten in

Geschichte — PRAZOS

afrikanische Familien ein, wurden Teil dieser Gesellschaftsstruktur und fungierten oftmals als lokale Chiefs. Viele von ihnen waren weit gereist und kannten sich gut im Hinterland aus. Dieses Wissen galt als unschätzbarer kommerzieller Wert, weil es ihre Handelsmonopole und Machtstrukturen sicherte. So hütete ein jeder seine Landeskenntnisse wie ein Geheimnis. Forscher- und Entdeckerruhm, wie später in britischen Kreisen, waren diesen Desperados fremd. Ihre Nachkommen, die Mischlinge, bildeten später die Mittelschicht zwischen den rechtlosen Afrikanern und den entfremdeten portugiesischen Landesherren.

Prazos
Königliche Lehen mit machtvollen Befugnissen

Im 17. Jh. installierte Portugal ein in der Welt einzigartiges Feudalsystem, welches für rund 300 Jahre weite Gebiete Mosambiks prägen sollte. Hintergrund dieser königlichen, vererbbaren Lehen war der Versuch, eine Mindestverwaltung und infrastrukturelle Entwicklung ohne staatlichen Aufwand in Gang zu setzen, um das Landesinnere wirtschaftlich zu erschließen und politisch zu kontrollieren. Also vergab die portugiesische Krone so genannte **Prazos**, d. h. Bodenkonzessionen über unentwickelte Ländereien, an verdiente Staatsdiener, ehemalige Soldaten und deren Witwen, einflussreiche Händler und Mitglieder der Jesuiten und Dominikaner. Die Prazeiros

Manche Prazos waren bis zu 50 000 km² groß

(Besitzer der Prazos) verpflichteten sich offiziell, Wege und Fortanlagen auf ihren Besitzungen instand zu halten, Verteidigungsstreitkräfte bereit zu stellen und Verwaltungsaufgaben zu übernehmen. Im Gegenzug gestand die Krone den Prazeiros große Freiheiten zu. Das königliche Angebot galt als ausgesprochen attraktiv. In die afrikanische Gesellschaft fügte sich das dem traditionellen Chieftainship ähnliche System gut ein und sicherte die neuen Herren zugleich gegen etwaige Landansprüche der Afrikaner ab. Rasch sprossen die Prazos entlang der Küste und dem Sambesi wie Pilze aus dem Boden und schufen eine neue Gutsbesitzerklasse.

Die Prazos sollen junge Männer nach Mosambik locken

Ungewöhnlich war die Erbfolge der Prazos, konnten sie doch nicht vom Vater auf den Sohn, sondern nur mütterlicherseits auf die Töchter vererbt werden. Wohlhabende Witwen und Erbinnen sollten nämlich möglichst viele Einwanderer aus dem Mutterland anlocken. Insgesamt durfte ein Prazo auch nur für drei Generationen innerhalb einer Familie bleiben, um zu verhindern, dass einzelne Familien zu mächtig würden. Beide Absichten misslangen. Durch geschickte Ehebündnisse zwischen einflussreichen Familien entstanden einige unermesslich reiche Familiendynastien (z. B. die Pereiras und Bayaos). Ihre Verpflichtungen gegenüber Krone und Volk größtenteils missachtend, schufen die Prazeiros autarke Ministaaten und herrschten als korrupte, despotische Landlords. Ähnlich dem mittelalterlichen Adel in Europa beuteten sie das Volk schamlos aus.

Uneingeschränkte Herrschaft über ihre afrikanischen Ländereien

Die meisten Prazeiros lebten vom Handel und damit verbundenen Zöllen; Landwirtschaft wurde nur auf wenigen Prazos betrieben. Weit verbreitet waren Tributzahlungen, zu denen der Prazeiro grundsätzlich alle Personen, die sich auf seinem Prazo aufhielten, verpflichtete. Diese Zahlungen erfolgten meist in Naturalien, wie Elfenbein, Salz, Baumwolle und Öl. Anstatt die Landesentwicklung verantwortungsvoll voranzutreiben, residierten die Prazeiros auf ihren geschützten Gütern und pflegten den privilegierten Müßiggang.

Im Laufe der Zeit „afrikanisierten" sich die portugiesischen Landesherren. Nachdem europäische Frauen ausgesprochen selten blieben, hielten sich die Prazeiros zahlreiche afrikanische Konkubinen und Prostituierte. Mischlingskinder sahen die Portugiesen als ihre Nachkommen an, die afrikanischen Frauen wurden dagegen selten als gleichwertige Lebenspartner anerkannt. Die massive ethnische Vermischung blieb nicht folgenlos. Immer stärker legten die Portugiesen ihre europäischen Gepflogenheiten und Bräuche ab, und übernahmen als Mitglieder der afrikanischen Gesellschaft die Funktion von afrikanischen Chiefs bzw. Herrschern. Mitte des 19. Jh. sprachen die meisten von ihnen kaum noch fließend Portugiesisch. Entsprechend eigenmächtig wurden ihre Handlungen. Das offizielle Gesetz, wonach auf Prazos entdecktes Gold oder Silber der portugiesischen Krone gehört, wurde weitgehend ignoriert. Die Prazeiros errichteten regelrechte Festungsanlagen und hielten waffenstarke eigene Armeen. Ihrem Heimatland fühlten sie sich kaum mehr verbunden und ordneten portugiesische Interessen den eigenen unter. So widersetzten sie sich auch hartnäckig dem Ende der Sklaverei im 19. Jh. Ungefähr ab dieser Zeit versuchte Portugal das misslungene Modell abzuschaffen, was jedoch endgültig erst in den 30er Jahren des 20. Jh. gelang.

Das 18. Jh.: Das Jahrhundert der Sklaverei

Sklavenhandel wurde an der ostafrikanischen Küste bereits seit Jahrhunderten betrieben, allerdings in einem kleineren Umfang. Zu einem menschenverachtenden Mammutunternehmen pervertierten erst die Europäer den lukrativen Menschenhandel. Schon bald nachdem sie sich in Afrika festgesetzt hatten, begannen die Portugiesen mit der Deportation von Sklaven aus Westafrika. Um 1550 galt jeder 10. Einwohner Lissabons als Sklave. Die ostafrikanischen Besitzungen blieben aber wegen des langen Seewegs noch lange vom organisierten portugiesischen Sklavenhandel verschont. Dort setzte er erst um 1730 ein, als die Franzosen für ihre Plantagen auf Reunion und Mauritius billige Arbeitskräfte benötigten. Bis 1760 wurden schätzungsweise

Menschenfresser am Sambesi

Gruselige Menschenfresser-Geschichten entbehren in Afrika entgegen der landläufigen Ansicht zumeist jeglichem Wahrheitsgehalt. Es hat allerdings am Sambesi im 16. Jh. eine derartige Häufung von Berichten gegeben, dass dort vermutlich tatsächlich ein Volk namens Zimba Kannibalismus pflegte. Um 1560 sollen die Zimba erstmals die portugiesische Ansiedlung Tete attackiert haben, und auch in den folgenden Jahrzehnten immer wieder Dörfer überfallen und die überwältigten Opfer verspeist haben. Als grausiger Höhepunkt gilt die Schlacht bei Sena im Jahre 1592. Ein bedrohter Dorfhäuptling hatte die Portugiesen um Hilfe gerufen. Andre de Santiago, der mit einer kleinen Gruppe auszog, fand dort eine gut hinter Palisaden geschützte Zimba-Übermacht vor und sandte eilig um Verstärkung. Etwa 100 Portugiesen und Mulatten machten sich von Sena auf den Weg, wobei sie sich, wie damals üblich, in Machilas (Hängematten) tragen ließen. Unterwegs wurde die Karawane von den Zimba überfallen. Die Träger flüchteten in Panik, und die wehrlosen Portugiesen und Mulatten wurden ohne Gegenwehr niedergemetzelt. An diesem Abend sollen die Zimba ein ausgelassenes Festmahl genossen haben, während Andre de Santiago mit seinen Männern in auswegloser Lage einen verzweifelten nächtlichen Ausbruch aus ihrem Versteck wagte. Portugiesischen Berichten zufolge wurden sie dabei entdeckt, überwältigt und anschließend ebenfalls verspeist. 130 Portugiesen und Mulatten sollen den Zimba damals zum Opfer gefallen sein.

Im Nachhinein lässt sich kaum beurteilen, ob dieser Bericht der Wahrheit entspricht, oder ob den Portugiesen möglicherweise überzogene Gräuelgeschichten zweckdienlich waren, um Neugierige und Abenteurer fernzuhalten.

SKLAVENHANDEL

Sklavenhandel

1000 Sklaven jährlich von mosambikanischen Häfen abtransportiert. Danach schnellte die Zahl sprunghaft in die Höhe auf mindestens 20 000 Sklaven pro Jahr. Quelimane galt als größter Sklavenumschlagplatz an der Küste Ostafrikas. Neben den französischen Inseln im Indischen Ozean wurden auch die eigenen Landsleute in Brasilien beliefert. Das höchst einträchtige Geschäft wurde damals von Portugiesen, Indern und Arabern gleichermaßen abgewickelt.

England zwingt Portugal zur Abkehr von der Sklaverei

Auf Druck seiner humanistisch gesinnten Bevölkerung schaffte Großbritannien 1772 als erstes beteiligtes Land die Sklaverei auf seinem Staatsgebiet und 1807 in den britischen Kolonien ab. Um 1834 begannen die Briten mit der Rückführung befreiter Sklaven und gingen vehement gegen andere europäische Staaten vor, die weiterhin am Sklavenhandel festhielten. Zwei Jahre später sahen sich die Portugiesen gezwungen, die Sklaverei offiziell zu verbieten. Englische Schiffe patrouillierten entlang der mosambikanischen Küste, während die entrüsteten Händler keineswegs bereit waren, das Sklavengeschäft aufzugeben. Rasch verlagerten sie den Handel auf unbekannte Häfen, wie Inhambane und die Insel Ibo. Korrupte Staatsdiener halfen, ein dichtes Schwarzmarktnetz aufzubauen. Sklaven für französische Baumwollplantagen deklarierte man in den Listen fortan als „Auswanderer". Das grausame Geschäft lief weiter bis Ende des 19. Jh.; manche Quellen besagen, dass es nach dem offiziellen Handelsverbot erst seine größten Ausmaße annahm. Nach Hochrechnungen wurden allein im 18. Jh. rund 1 Million Sklaven aus Mosambik verschleppt. Im Übrigen waren auch im 20. Jh. noch Sklaverei-ähnliche Zustände in Mosambik verbreitet. Nur nannten die Portugiesen diese Zwangsarbeit nun Chibalo.

Die Händler umgehen das Verbot

Oben: Im Fortaleza von Maputo erinnert diese Reliefarbeit an die koloniale Vergangenheit

SKLAVENHANDEL

Neben dem Sklavenhandel zeichnete sich das Gebiet des heutigen Mosambik im 18. Jh. durch einen allgemeinen Verfall aus. Sowohl wirtschaftlich als auch moralisch war das Land nach zahlreichen Kriegshandlungen und Gebietsstreitigkeiten ausgezehrt. Chaos und Plünderungen zeigten ihre Wirkung; in diesen gewalttätigen Zeiten regierte das Gesetz des Stärkeren. In den ersten 30 Jahren des Jahrhunderts unternahm Portugal vergebliche Versuche, die an das Sultanat Oman verlorenen Küstenstädte im Norden wieder einzunehmen. Erst der arabisch-portugiesische Vertrag von 1752 legte die bis heute gültige Landesgrenze am Rio Rovuma in Cabo Delgado fest. Im selben Jahr löste Lissabon endlich die unselige Bindung an den Generalgouverneur von Goa, dem Mosambik bis dahin unterstand. Die afrikanische Kolonie wurde direkt der portugiesischen Krone unterstellt, als Gouverneur der durchsetzungsfähige Francisco de Melo de Castro eingesetzt und ein neuer Verwaltungsapparat aufgebaut. Böse Zungen sagen, nur die drohende Übernahme Mosambiks durch seine starken arabischen Nachbarn habe Portugal zu diesen Aktionen veranlasst.

Portugiesisch-Ostafrika wird eigenständige Überseeprovinz

Auf alle Fälle versuchte das Mutterland in den 1750er Jahren gegen die Schlamperei, Gesetzlosigkeit und Korruption in Mosambik vorzugehen. Dabei wurden auch die Jesuiten aus Mosambik vertrieben und ihre durch geschickten Gold- und Elfenbeinhandel angehäuften Reichtümer konfisziert. Dennoch blieb das Engagement in Mosambik für Portugal wirtschaftlich enttäuschend. Nachdem das Land die meisten seiner asiatischen Besitzungen an Holland hatte abtreten müssen, verlor Mosambik auch seine bisherige Bedeutung als Stützpunkt für den Seeweg. Vielversprechender schienen die Bemühungen im florierenden Brasilien, so dass Mosambik bald wieder ins Hintertreffen geriet. Die finanziellen Aufwendungen blieben minimal, und die bisherige Lethargie breitete sich wieder aus.

Lissabon engagiert sich vorübergehend, wendet sich dann aber Brasilien zu

Erst im letzten Jahrzehnt des 18. Jh. lenkten neue Machtverhältnisse Portugals Augenmerk wieder auf Mosambik und das Innere Afrikas. Es wuchs die Gefahr, die aufstrebenden Briten könnten von ihren Kolonien in Nordafrika und der südafrikanischen Kapprovinz einen Keil zwischen die beiden portugiesischen Besitzungen Angola und Mosambik treiben. Noch war Innerafrika gänzlich unerforscht, doch wollte Portugal möglichen britischen Ambitionen rechtzeitig durch eigene Entdeckungsreisen und Besitzansprüche zuvorkommen. Der neue mosambikanische Gouverneur Lacerda wurde mit einem ausdrücklichen königlichen Auftrag zur Ausweitung portugiesischen Einflussgebietes ausgestattet. 1798 tauchte in Tete der Händler Concalo Caetano Pereira auf, der in den Jahren zuvor mit seinem Sohn bis in das Lunda-Königreich Kazembe am Mwerusee (heute Sambia) gelangt war. Lacerda nahm Pereira als Führer und startete persönlich die erste portugiesische Expedition ins Landesinnere seit fast 300 Jahren. Das Ziel, auf dem Landweg nach Angola zu reisen, missglückte, weil Lacerda am Hof Kazembes verstarb. Pereira und die anderen Expeditionsteilnehmer wurden dort mehrere Monate festgehalten. Die Weiterreise nach Angola blieb ihnen verwehrt, aber sie konnten schließlich wohlbehalten nach Tete zurückkehren. Immerhin führte Lacerdas Expedition zu Handelskontakten (u. a. auch Sklavenhandel) mit den Herrschern von Kazembe.

Gouverneur Lacerda *und die Expedition zum Königreich Kazembe*

27

Geschichte — DIFAQANE

Das 19. Jh: Europa teilt Afrika wie einen Kuchen unter sich auf

Schwere Dürrejahre, die bereits 1794 einsetzten, lösten zu Beginn des 19. Jh. verheerende Hungersnöte und Flüchtlingswellen im mosambikanischen Tiefland aus. Tausende Menschen verließen ihre Heimat auf der Suche nach fruchtbarem Boden und Nahrung. Das weitflächige Chaos verschlimmerte sich mit dem Einsetzen einer neuen Dürreperiode zwischen 1817 und 1832. In diese Zeit fällt die als *Difaqane* oder *Mfecane* bezeichnete Epoche großer Umwälzungen und **Völkerverschiebungen** (ca. 1820 - 1840 n. Chr.), die von den Zulu aus Natal (Südafrika) ausgelöst wurde. Das Vordringen der Buren, die sich im Land der Zulu niederließen, führte zu Bevölkerungsdruck und Landknappheit. Was mit Plünderungen und Raubzügen um Vieh und Land begann, weitete sich 1818 zu einem großen Stammeskrieg der Ngoni-Zulu aus. Der grausame Herrscher **Shaka Zulu**, der als genialer Kampfstratege in die Geschichte einging, führte völlig neue Kriegstechniken und Waffen ein. Unter seiner Führung wurde der Zulustaat die mächtigste Militärmacht im südlichen Afrika, die sich allerdings bald aufspaltete und die ganze Region in ein blutiges Chaos stürzte. Vor diesem verheerenden Krieg flohen immer mehr Menschen nach Norden und Westen. Auf ihrer Flucht formierten sie sich zu neuen Einheiten, die Krieg und Plünderung weitertrugen. In mehreren Wellen fegten in den nächsten 20 Jahren verschiedene marodierende Volksgruppen über das südliche Afrika hinweg; die Ausläufer dieser Völkerverschiebung waren bis Ostafrika spürbar.

Difaqane — die größte bekannte gewaltsame Völkerverschiebung im südlichen Afrika

In das heutige Gebiet von Mosambik drangen die Zulu-Armeen aus dem Ndandwe- und Swazireich ein und trieben die wehrlose Bevölkerung vor sich her. 1824 attackierten Nxaba-Ngoni-Soldaten, die aus den Zuluverbänden hervorgegangen waren, die portugiesische Küstenstadt Inhambane. In den nächsten Jahren eroberten sie Manicaland im westlichen Hochland und zogen durch die Gorongosa-Region weiter nach Nordosten. 1836 plünderten sie Sofala, während sich die ansässigen Portugiesen in die Fortanlagen flüchteten. Bevor die Wucht ihrer Angriffe den Portugiesen ernstlich Schaden zufügen konnte, verwickelten sich die Afrikaner untereinander in Fehden und Kriegshandlungen. Der Ngoni-Führer **Soshangane** vertrieb die Nxaba nach Norden und ließ sich schließlich in Manicaland nieder, wo er um 1840 das **Gazareich** gründete. Die Portugiesen verließen ihren alten, isolierten Marktplatz Manica und flüchteten an die Küste. Unter Chief Manicusse fiel eine Gruppe der Gaza-Ngoni in die Sambesiniederungen ein und plünderte die Orte Sena und Shupanga. Die Prazeiros entlang des Sambesi flohen entweder vor den heran stürmenden Armeen oder nutzten die anarchischen Zustände, um fremde, zum Teil verlassene Prazos zu annektieren. Die Sklaverei, vor den Küsten Afrikas längst offiziell untersagt, blühte im chaotischen Landesinneren regelrecht auf. Der brutale Menschenhandel zwischen Portugiesen und Afrikanern, aber auch innerhalb der afrikanischen Volksgruppen, machte die beteiligten Prazeiros skrupellos und menschenverachtend, reich und mächtig. Moralisch gelangte die Kolonie in dieser Zeit vermutlich an ihren Tiefpunkt. Die auf den Prazos verbliebenen Portugiesen waren tief in die dunklen

Aus den chaotischen Kriegswirren geht das Gazareich hervor

Allerorten Verwüstung, Not und moralischer Verfall

BUREN & BRITEN

Geschäfte mit aufblühendem Sklaven- und Elfenbeinhandel verstrickt. Hier war das schnelle Geld zu machen. Nachdem die Machtstrukturen einmal geklärt waren – hier die Prazeiros und das selbstbewusste Königreich Gaza, an den Küsten die Soldaten und Verwaltungskräfte Portugals – kamen die Fluchtwellen und Kriegshandlungen allmählich zur Ruhe.

Neue Machtblöcke einstehen

Doch waren die beschaulichen Zeiten für Portugal endgültig passé, denn seine Besitzansprüche gerieten nun durch die aufstrebenden Buren in Gefahr. Diese hatten, ursprünglich vom Kap nach Norden ziehend, den Binnenstaat Transvaal gegründet und trachteten nach einem Zugang zum Meer, wie dem nahegelegenen Naturhafen in der Delagoa Bay (Bucht von Maputo). Den Buren folgten sozusagen auf dem Fuße die Briten aus der Kapprovinz. Sie hatten 1820 sogar Anspruch auf den Südteil der Delagoa Bucht erhoben, vor allem, um die Franzosen auf Madagaskar an einer weiteren Ausbreitung auf afrikanischem Festland zu hindern. Keine dieser Nationen schien die jahrhundertealten Ansprüche des schwachen, vor Ort kaum präsenten Portugal anzuerkennen. Der innere Verfall und die militärische Schwäche der Portugiesen in Mosambik war nicht zu übersehen. Doch der kleine Staat wehrte sich nach Kräften und riskierte heftige Dispute und Konfrontationen. Zu einer Klärung zugunsten Portugals kam es erst 1875.

Buren und Briten
Bedrohung für die Portugiesen

Im 19. Jh. interessierten sich erstmals Europäer anderer Nationen mit meist wissenschaftlichen Ambitionen für das mosambikanischen Gebiet. Die Berichte der britischen, italienischen und deutschen Naturforscher, die zwischen 1823 und 1847 das Land bereisten, betonen immer wieder die Gastfreundschaft der Portugiesen. Den größten Eindruck machten allerdings die Erzählungen von Dr. David Livingstone, der zugleich die skrupellosen Machenschaften der Prazeiros aufdeckte und massiv anklagte.

Oben: Kolonialgebäude der Gemeindeverwaltung von Milange

Geschichte

KOLONISIERUNG

David Livingstone *erforscht das Innere Afrikas und ist mehrmals zu Gast bei den Portugiesen*

David Livingstone, der schottische Missionar und größte Entdecker im südlichen Afrika, traf im März 1856 nach fast dreijähriger Reise, die ihn von Südafrika an die Westküste nach Angola und an die Viktoriafälle geführt hatte, in Mosambik ein. Bei seiner Ankunft in Tete eilte ihm der Ruf des ersten Afrikadurchquerers voraus. Obwohl dies nicht ganz der Wahrheit entsprach, brachte Livingstone zumindest als erster genaue Beschreibungen und Berichte aus Innerafrika. Damit lenkte er das öffentliche Interesse Europas auf diese unbekannten Regionen und die portugiesischen Gebiete. Nach seiner Heimkehr wurde er in London von den Massen gefeiert und vom Wirtschaftsadel hofiert. Livingstone war ein gläubiger, friedfertiger Ehrenmann, der sich Zeit seines Lebens dem Kampf gegen die Sklaverei verschrieb. Seine Landeskenntnis und sein naiver Eifer, durch britisches Engagement in Innerafrika die Sklaverei zu unterbinden und den Menschen Gutes zu tun, nutzten die Imperialisten geschickt aus. Als Führer der offiziellen britischen **„Zambezi Expedition"** kehrte Livingstone wenige Jahre später an den Sambesi zurück. Sein Auftrag war, einen schiffbaren Weg nach Innerafrika zu finden, der als Grundlage für den künftigen Handel angesehen wurde. Den Portugiesen waren die britischen Ambitionen keineswegs entgangen und so behinderten sie die Expedition so gut sie konnten, ohne dabei das gastfreundliche Wesen abzulegen. So war der Misserfolg dieser Expedition, bei der Livingstone zwar den Chire River bis zum Malawisee erforschte, jedoch auch eingestehen musste, dass der Sambesi wegen der Cahora Bassa Stromschnellen unschiffbar war, auch durch die Spannungen und Behinderungen seitens der Portugiesen begründet.

...die seinen Forschungsreisen skeptisch gegenüber stehen

Europa zerstückelt Afrika am fernen Verhandlungstisch

In Europa lösten die Entdeckungen der Afrikaforscher einen **Wettlauf um den schwarzen Kontinent** aus. Mit unerhörter Raffgier beeilten sich mehrere Nationen, riesige Gebiete, die ihnen in der Regel größtenteils vollkommen unbekannt waren, an sich zu reißen. König Leopold von Belgien annektierte das riesige Kongogebiet; die Deutschen drängten nach Südwestafrika und Deutsch-Ostafrika, England bohrte einen Keil zwischen die portugiesischen Besitzungen. Daneben tummelten sich die Buren, Italiener und auch Frankreich versuchte, Kolonien zu gründen. Die 1870er und 1880er Jahre standen ganz unter dem hartnäckigen Ringen um afrikanische Gebietsansprüche zwischen den Europäern. Dabei setzten sich am wirkungsvollsten die Briten durch und wuchsen für die trägen Portugiesen rasch zu einer Bedrohung heran. Portugals Chancen, seine beiden Besitzungen miteinander zu verbinden, sanken kontinuierlich. Das schwache Mutterland musste sogar um das eigene Überleben in Afrika bangen.

Epoche der größenwahnsinnigen Imperialisten

Mit Großbritannien war der jahrzehntelange Streit um die Delagoa Bucht, wo die Briten 1820 den Union Jack gehisst hatten, durch die Expansionsgelüste **Cecil Rhodes** erneut entfacht. Dieser hatte sich von der britischen Krone das Recht auf die Gebiete am Sambesi zusprechen lassen, und im Sturm die Kolonien Nord- und Südrhodesien erobert (Sambia und Zimbabwe). Dann stellte er den Portugiesen ein Ultimatum zum Verlassen der Sambesiregion, um den Zugang zum Meer zu erzwingen. Darüber kam es fast zum Krieg. Portugal schickte demonstrativ Kanonenboote den Sambesi hinauf. Sprichwörtlich in letzter Minute einigten sich die Kontrahenten

KOLONISIERUNG

darauf, die Sambesisiedlung Zumbo an der Mündung des Luangwa als westlichen Grenzpunkt des portugiesischen Einflussgebietes anzuerkennen. Im Zuge dieser Einigung gab England seine Ansprüche auf die Delagoa Bucht auf. Die Bucht blieb jedoch eng umschlossen von den Burengebieten. Daraufhin konterte Portugal mit der demonstrativen Verlegung seiner Hauptstadt nach Laurenço Marques (Maputo).

Laurenco Marques wird neue Hauptstadt

Das Shiretal und Nyasaland musste Portugal an Großbritannien abtreten, das dort seit Livingstones Expedition zahlreiche Missionsstationen gegründet hatte. Mit den Deutschen wurde als gemeinsame Grenze die historische Trennung zwischen arabischem und portugiesischen Gebiet, der Fluss Rovuma, festgelegt.

Grenzverhandlungen

Auf der **Berliner Kongo-Konferenz** 1884/85 behauptete Portugal nach zähem Ringen seine historischen Ansprüche auf die Kolonialgebiete. Allerdings verpflichteten die Verhandlungen die Mutterländer zur „sichtbaren Kolonisierung und Eroberung" ihrer Gebiete. Folglich konnte Portugal seine Kolonien nur behalten, wenn es diese tatsächlich als Kolonien verwaltete. Zu keiner Zeit während der ersten 300 Jahre in Mosambik hatten sich die Portugiesen um den Aufbau von Verwaltung oder Infrastruktur bemüht. Demzufolge übten sie auch keine tatsächliche Kontrolle über das Land aus, sondern sicherten sich ihre auf Küstengebiete und den Raum Tete beschränkte Vormachtstellung durch ihre waffentechnische Überlegenheit. Portugal sah sich mit massiven Problemen konfrontiert. Die im Landesinneren herrschenden gesetzlosen Prazeiros beugten sich der neuen Verwaltung teilweise erst nach mehreren Feldzügen.

Portugal behält seine Kolonien, muss aber eine Verwaltung einführen

Die Eroberung des **Königreichs Gaza** zählte zu den größten Herausforderungen für die Portugiesen. Thronfolger des Begründers von Gaza, Soshangane, wurde 1856 König Gungunhana. Zeitlebens hätte er sich lieber den Briten in Rhodesien angeschlossen und blieb den Portugiesen feindselig gesinnt. 1895 stellten diese dem selbstbewussten König ein Ultimatum, und als er darauf nicht einging, drangen drei Kompanien in Gaza ein. Die überlegenen Soldaten brannten die Hauptstadt Manjakazini nieder und sandten den gestürzten König als Gefangenen nach Lissabon, wo er dem Gespött der Öffentlichkeit ausgesetzt wurde. Nach der brutalen Niederschlagung Gazas eroberten die Portugiesen in zähem Kampf das gesamte Sambesi-Tiefland. Über die Yao, Makonde und Makua im Norden Mosambiks erlangten sie jedoch erst zu Beginn des 20. Jh. die Kontrolle.

Zerschlagung des Gazareichs

Nachdem die Einheimischen militärisch unterworfen waren, ging Portugal dazu über, an ausländische Gesellschaften großzügige Konzessionen zu vergeben, wie der Niassa Company, Mozambique Company oder die British Sena Sugar Estates. Die Region südlich des Save Flusses diente dagegen als unerschöpfliches Arbeitskräftereservoir für die Goldminen in Transvaal. An Portugal bezahlten diese Finanzgruppen Pachtgebühren, die sie durch **Zwangsarbeit** (Chibalo) und **Hüttensteuern** bei den Afrikanern eintrieben. Weil nur die Provinzen Gaza, Nampula, Inhambane und Laurenco Marques direkter portugiesischer Verwaltung unterstanden, profitierte das Mutterland auch durch den geringeren Verwaltungsaufwand.

Beginn der Industrialisierung und Monetarisierung, um die Menschen für höchste Profite auszubeuten

Geschichte — DIE WELTKRIEGE

Tausende Wanderarbeiter für die Bergwerke im Land der Buren

Erforderliche infrastrukturelle Maßnahmen, wie Brücken-, Bahn- und Straßenbau, führten die Portugiesen kostensparend durch Rekrutierung von Zwangsarbeitern durch. Und selbst an den rund 15 000 Wanderarbeitern, die jährlich aus Mosambik zu den Minen bei Johannesburg geschickt wurden, verdienten die Kolonialherren. Gesetzlich verankert hatte man diese Diskriminierung durch die 1899 verabschiedete koloniale Arbeitsverordnung, nach der fortan alle Eingeborenen – auch Frauen – zwischen 14 und 60 Jahren unter Arbeitszwang standen und Hüttensteuern bezahlen mussten. De facto lief dies auf moderne Sklaverei hinaus, und viele Afrikaner flüchteten damals aus Mosambik in Nachbarkolonien, die nicht ganz so restriktive Gesetze erließen.

Portugals militärische Schwäche blieb jedoch auch weiterhin augenscheinlich und riskant. Noch bis Ende des Jahrhunderts gab es geheime Verhandlungen zwischen England und Deutschland, in denen eine Aufteilung von Angola und Mosambik erwogen wurde.

Das 20. Jh.: Der lange Weg zur Unabhängigkeit

Portugal überlässt finanzkräftigen Konzessionsgesellschaften das Land

Zu Beginn des 20. Jh. hatte Portugal Mosambik nach seinen Vorstellungen kolonisiert. Nicht etwa die Entwicklung des Landes und seiner Bevölkerung standen dabei im Vordergrund, sondern wie seit Jahrhunderten die wirtschaftliche Ausbeutung mit geringstmöglichem Aufwand. Die wirtschaftlich aufstrebenden Regionen im Inneren Afrikas (Witwatersrand, Rhodesien), benötigten vor allem billige Arbeiter und kurze Transportwege zum Meer. Beidem wurden die Portugiesen in Mosambik willig gerecht. Der infrastrukturelle Ausbau beschränkte sich auf die Transitwege zu den Nachbarkolonien. Die eigene Bevölkerung wurde zahlungskräftigen Minengesellschaften als Billigarbeiter zur Verfügung gestellt. Das Verpachten riesiger Gebiete ersparte eigenes Engagement vor Ort und sicherte regelmäßige Einnahmen. So war die Kolonie ein Konglomerat aus zerpflückten portugiesischen Verwaltungsgebieten und riesigen Konzessionsgebieten in ausländischer Hand. Diese Gesellschaften wurden mit weitreichenden Rechten ausgestattet, wie dem Monopol auf Handel und Verwaltung, Eisenbahnbau und Hafenbetrieb.

Der 1. Weltkrieg

Portugal und seine Kolonien bleiben neutral

1914 brach in Europa der 1. Weltkrieg aus. Mosambiks Nordgrenze lag plötzlich an der Front gegen die befeindeten Deutschen aus Deutschostafrika (Tansania). Hier machte vor allen Dingen der Feldherr General von Lettow-Vorbeck von sich reden, der im November 1917 nach Nordmosambik vordrang. Seine Kriegsgegner, Engländer und Buren, waren den Deutschen 100-fach überlegen. Direkten Kämpfen ging der erfolgreiche Stratege daher aus dem Weg. Dennoch schmälerten mehrere Niederlagen und eine verheerende Grippewelle die Kompanie auf rund 200 Deutsche und 1500 Askaris. Im September 1918 verließen die Deutschen – gefolgt von den Briten – Mosambik in Richtung Nordrhodesien, wodurch in der portugiesischen Kolonie wieder Ruhe einkehrte.

Während der Aufbaujahre nach Kriegsende versuchte Portugal seinen afrikanischen Kolonien stärkere Freiheiten einzuräumen, um eine eigenständige Entwicklung zu fördern. So sollte eine finanzielle Autonomie ab

DIE WELTKRIEGE

1920 wirtschaftliche Anreize bieten, und die Kolonien konnten fortan Anleihen zur Entwicklung beantragen. Doch in den Kolonien fehlte die Finanzkraft. Mehr als die Hälfte der Haushaltseinnahmen kamen dort aus den Hüttensteuern. Die Landeswährungen verloren nun drastisch an Wert, und nur massive Subventionen des Mutterlandes konnten ein wirtschaftliches Debakel verhindern. Dann überschlugen sich die Ereignisse: Durch einen Militärputsch kam 1926 in Portugal der Faschist **Antonio Salazar** an die Macht und verstärkte sofort seine Kontrolle über die afrikanischen Kolonien. Salazar betrieb eine Politik der totalen Bindung („Was gut ist für Portugal, ist auch gut für Mosambik!") und drückte den Überseebesitzungen seinen Stempel auf. Das Mutterland erhielt fortan ein Handelsmonopol; die Kolonien unterlagen dem Exportzwang ins Mutterland; die Preise wurden staatlich festgesetzt. Erfolgreich löste Salazar die Konzessionen auf und entmachtete die Prazos. Er schickte einen Strom verarmter Bauern aus Portugal in seine Kolonien, um die Landwirtschaft und Leichtindustrie zu fördern. Jeder Frau, die damals aus dem unterentwickelten Portugal in die Kolonien zog, versprach er Vieh und Landbesitz. Die zumeist mittellosen Einwanderer wurden in hübsche Kolonialstädtchen angesiedelt. Gleichzeitig – um seine Vorstellungen vom erzwungenen Reis- und Baumwollanbau durchzusetzen, aber auch um die Einwanderer, die in direkte wirtschaftliche Konkurrenz zu den Afrikanern gerieten, zu bevorzugen – verankerte Salazar nun die Apartheid. So verdiente ein Portugiese bei gleicher Lohnarbeit bis zu 5 mal mehr. 1928 kam es zu einem Vertrag mit der Südafrikanischen Union über die Wanderarbeiter aus Mosambik. Zwei Jahre später beendete Salazars Kolonialakte offiziell die Zwangsarbeit, um sie jedoch gleichzeitig in ein landwirtschaftliches Pflichtprogramm umzuwandeln, nach dem alle Afrikaner zwischen 15 und 60 Jahren sich für sechs Monate pro Jahr zu Hungerlöhnen auf portugiesischen Plantagen verdingen mussten (auch die Charta von 1933 und die Verfassung von 1951 übernahmen später wesentliche Teile dieser diskriminierenden Akte).

Der Militärputsch im Mutterland

...wird zur Zwangsjacke für die Kolonien

Salazar verankert die Apartheid

Salazars Radikalprogramm zeigte Wirkung. Vor allem der bei der Bevölkerung verhasste **Zwangsanbau von Baumwolle und Reis** vervielfachte deren Produktion zwischen 1930 und 1950. Weil Portugal während des 2. Weltkriegs neutral blieb, erlebte Mosambik durch seine landwirtschaftlichen Exporte in diesen Jahren sogar einen wirtschaftlichen Aufschwung. Dabei litten dennoch große Bevölkerungsteile in den 1940er und 50er Jahren Hunger, weil der Zwangsanbau von „Cash Crops" die zur eigenen Versorgung notwendigen „Food Crops" verdrängt hatte.

Der 2. Weltkrieg

Das Ende des 2. Weltkriegs veränderte die politischen und ethischen Anschauungen der Europäer nachhaltig. Genauso stark prägte der lange Krieg die auf Seiten der Alliierten kämpfenden Afrikaner. Zu Tausenden hatten afrikanische Soldaten brüderlich mit den Europäern an der Front gedient. Nach ihrer Rückkehr sah diese Generation berechtigterweise keinen Grund, warum sie nun wieder Menschen zweiter Klasse werden sollten. Überall auf dem schwarzen Kontinent regte sich afrikanisches Nationalbewusstsein, und so wurden die 50er Jahre zum Zeichen der allgemeinen Öffnung und Lockerung in den Kolonien. Wie eine Welle

Neues Gedankengut in der Nachkriegszeit

schwappten die Freiheitsträume der Afrikaner von Kolonie zu Kolonie. Angola und Mosambik wurden auffallend spät und nur schwach von diesem Virus ergriffen. Das lässt sich mit dem extrem schlechten Bildungsniveau in den Kolonien erklären und mit der Tatsache, dass aufgrund von Portugals Neutralität keine Angolaner oder Mosambikaner im Krieg gedient hatten.

Um der UNO beizutreten, werden die Kolonien zu Überseeprovinzen

Auch das portugiesische Mutterland hatte sich nach dem Krieg verändert. Das „Armenhaus Europas" versuchte sich den europäischen Nachbarn anzunähern und der UNO beizutreten. Den Beitritt zu den Vereinten Nationen ermöglichte erst eine Verfassungsänderung, welche die portugiesischen Kolonien zu Überseeprovinzen deklarierte. Diesen musste Lissabon allerdings das Wahlrecht zugestehen. Portugal fand auch diesmal eine heuchlerische Umschreibung für seinen **praktizierten Rassismus**: Das Wahlrecht wurde allen Portugiesen und den Assimilierten in Mosambik und Angola zugestanden. Unter assimiliert fielen freilich nur Leute, die bestimmte Auflagen erfüllten. Darunter zählten ein europäischer sozialer Status und Lebensstil, Portugiesischkenntnisse in Wort und Schrift sowie durch Führungszeugnisse bescheinigte Loyalität gegenüber dem Mutterland. Kaum 1 % der Bevölkerung konnte diese Bedingungen erfüllen, zumal dafür eine Schulbildung erforderlich war und Portugal den Bildungssektor allein den Kirchen überlassen hatte. Assimilierte galten als eine Mittelklasse zwischen den Portugiesen und der breiten afrikanischen Masse. Sie hatten neben dem Stimmrecht ein Anrecht auf gleiche Bezahlung wie Portugiesen und durften sich ohne Passierschein frei im Land bewegen. Die Unterklasse, 99 % der Afrikaner, lebte auf erschreckend niedrigem Niveau und blieb nach wie vor der Ausbeutung durch Zwangsrekrutierung, Zwangsarbeit und zahlreichen Repressalien ausgesetzt. Portugal schreckte nicht vor dem Fälschen von Statistiken und geschönten Umschreibungen zurück, um sein Treiben in Afrika zu rechtfertigen. Da wurden **Zwangsrekrutierte** als freiwillig Angeworbene bezeichnet, so wie man früher Sklaven zu Auswanderern deklariert hatte. Beschränkung der Bewegungsfreiheit von Afrikanern und der Zwang zum Baumwollanbau galten als Erziehungsmodell für einen schrittweise angelegten, sanften Übergang vom ungebildeten Kleinbauerntum zum Bürger einer modernen Industrienation. Die Bildung der afrikanischen Massen wurde dennoch weiterhin vernachlässigt. Nach außen behauptete Portugal stets, in seinen Kolonien bzw. Überseeprovinzen keinen Rassismus wie in den Nachbarkolonien zu pflegen. Doch der einzige Unterschied zu Südafrika oder Rhodesien lag in der portugiesischen Bereitschaft zur Rassenmischung (ein Tabu in britischen Kolonien).

Geschickt kaschiert ein scheinbar großzügiges Zivilrecht die praktizierte Rassendiskriminierung

Auch in Mosambik regt sich nun der afrikanische Widerstand

Ende der 1950er Jahre zeigte das portugiesische Modell erste Brüche. Die schwerfälligen Portugiesen reagierten undiplomatisch auf den aufkeimenden Widerspruch der Afrikaner. Angestachelt durch die Freiheitsbewegungen in den Nachbarstaaten kam es zu ersten Krawallen und Unmutsbezeugungen, die auf nahrhaften Boden fielen. Wo Großbritannien Gespräche mit den afrikanischen Nationalisten aufnahm, da mauerte Portugal und zeigte sich demokratischen Ideen gegenüber unzugänglich. Zwar förderte Lissabon endlich den privatwirtschaftlichen Sektor und genehmigte Auslandsinvestitionen, die sozialen Bereiche fristeten aber weiterhin ein Schattendasein.

1960-1970

Im Juni 1960 ereignete sich in **Mueda** ein Massaker, welches im nachhinein als Beginn des Freiheitskampfes angesehen wird. Bei einem offiziellen Treffen zwischen friedlichen Demonstranten und dem portugiesischen Verwalter eröffnete die Kolonialmacht das Feuer und tötete 600 unbewaffnete Afrikaner. In Angola kam es wenig später zum Aufstand, der zwar brutal niedergeschlagen wurde, aber eine **Staatskrise** im Mutterland auslöste. Lissabon reagierte nach der gleichen Methode, mit der sich die Portugiesen schon vor Jahrhunderten alle Chancen zum Dialog verbaut hatten. Die Polizei ging vehement gegen mutmaßliche Widersacher vor, zu denen man vor allem die kleine gebildete Elite zählte. Zahlreiche Afrikaner wurden verschleppt, ein friedlicher Übergang in eine gemischtrassige Gesellschaft wurde von Tag zu Tag unwahrscheinlicher. Mit Gewalt versuchte Portugal zu verhindern, was nicht mehr aufzuhalten war: das aufkeimende Selbstbewusstsein der Afrikaner.

Mosambiks Provinzen

Mit Unterstützung durch Julius Nyerere, dem ersten Präsidenten im unabhängigen Tansania, schlossen sich drei Widerstandsgruppen 1962 zur **Frelimo** (Frente da Libertaçao de Moçambique/Front zur Befreiung Mosambiks) zusammen. Zum Vorsitzenden wurde **Eduardo Mondlane** aus der Gaza-Provinz gewählt, der nach seiner Schulausbildung bei protestantischen Missionaren in den USA studiert hatte. Die Frelimo durfte im Nachbarstaat Tansania Quartiere und Büros gründen. 1964 begann der bewaffnete Befreiungskampf mit dem Angriff auf eine Garnison in Chai (Cabo Delgado). Durch den starken Rückhalt bei der Bevölkerung und die Rückzugsmöglichkeit nach Tansania errangen die Freiheitskämpfer rasch Erfolge und lösten eine regelrechte Flucht der Kolonialherren in Nordmosambik aus. Die Frelimo ernannte die Gebiete zu „befreiten Regionen und Dörfern", in denen eigene Schulen und Gesundheitszentren eröffnet wurden. Portugal war nicht in der Lage, die Gebiete militärisch zurück zu gewinnen. Nachdem Eduardo

Gründung der Frelimo

Den Frelimo-Schlachtplan von Chai kann man im Revolutionsmuseum von Maputo sehen!

Geschichte — DIE UNABHÄNGIGKEIT

Tod Mondlanes und Machtergreifung Samora Machels

Mondlane 1969 von einer Briefbombe getötet wurde, übernahm nach heftigen inneren Streitigkeiten im Mai des folgenden Jahres der ebenfalls aus Gaza stammende **Samora Machel** die Führung der Frelimo. Zu dieser Zeit spitzte sich der Unabhängigkeitskrieg zu und wurde nicht zuletzt durch die Interventionen Chinas und der Sowjetunion ideologisch gefärbt. Als die Kämpfe Tete erreichten, gingen die Portugiesen zum Gegenschlag über. Bei der so gen. **„Operation Gordischer Knoten"** stellten sich 35 000 Soldaten den Widerstandskämpfern entgegen und setzten sogar Napalmbomben ein. Die Frelimo antwortete mit einem zermürbenden Partisanenkrieg und operierte im Untergrund. Die meisten Kämpfer setzten sich nach Norden

Verbissener Partisanenkrieg gegen die Kolonialmacht

ab, mit gezielten Aktionen bedrohten sie dabei den Beira-Korridor und blockierten den Bau des Cahora-Bassa-Staudamms. Längst war offenkundig, dass Portugal diesen weitflächigen Krieg nicht mehr gewinnen konnte. Außerhalb der Städte war Mosambik praktisch in der Hand der Frelimo. Außenpolitisch wuchs der Druck auf die angeschlagene Kolonialmacht beständig. Während zahlreiche inzwischen unabhängige afrikanische Staa-

Die drei Hauptgebiete der Frelimo: Lichinga und die Küste des Malawisees, Cabo Delgado und Tete bis Vila de Sena

ten offene Unterstützung für die Befreiungskämpfer betrieben, musste Portugal zeitweilig sogar das militärische Eingreifen des Apartheidregimes Südafrikas fürchten. Der längst verlorene Krieg wurde von Portugal aus immer starrsinniger und grausamer geführt. Massaker, wie jenes 1972 in Wiriamu (Tete-Provinz), bei dem hunderte wehrlose Zivilisten niedergemetzelt wurden, zeigten letztendlich die Ohnmacht der Kolonialherren. Dennoch wurde das Ende des langen Krieges nicht in Mosambik erreicht, wo die Frelimo zwar den Norden befreit hatte, aber im Süden erfolglos geblieben war, sondern durch die überraschenden Ereignisse im Mutterland selbst ausgelöst.

Nelkenrevolution im Mutterland: Sturz der Diktatur

Am 25. April 1974 kam es in Portugal zum **Staatsstreich**. Junge Offiziere um den Sozialisten Mario Soares stürzten in der so gen. „Nelkenrevolution" die Diktatur Caetanos. Nun ging alles ganz schnell. Die neue sozialistische Regierung wollte Demokratie fürs eigene Land, und ihre Kolonien schnellstens loswerden. Sofort wurden Verhandlungen mit der Frelimo aufgenommen und im September das „Abkommen von Lusaka" unterzeichnet, das eine **Übergangsregierung** unter Samora Machel bis zu den Unabhängigkeitswahlen vorsah. Daraufhin besetzten aufgebrachte weiße Siedler die Radiostation Mosambiks und verkündeten kurzerhand die Unabhängigkeit vom Mutterland. Die Aufrührer wurden jedoch rasch gestürzt,

Die ersten freien Wahlen des Landes führen zum Sieg der Frelimo

und die Tumulte in der Hauptstadt eingedämmt. Nach einer relativ friedlichen Übergangszeit von einem halben Jahr führte das Land am 25. Juni 1975 die ersten **freien Wahlen** seiner Geschichte durch. Der erwartete deutliche Wahlsieg Samora Machels und der Frelimo setzte unmittelbar eine Massenflucht der Portugiesen in Gang. Von den rund 200 000 Portugiesen im Lande verließen 90 % Hals über Kopf die Kolonie. Dabei zerstörten sie in einer beispiellosen Sabotagewelle mutwillig viele Einrich-

Massenflucht und Sabotage seitens der Portugiesen

tungen und ließen das Land in einem völlig desolaten Zustand ohne Fachkräfte und Bildungselite zurück. Die ohnehin schwache Wirtschaft Mosambiks, die ganz auf die europäischen Bedürfnisse ausgerichtet war, lag nach dem Wegfall dieser Bindungen orientierungslos am Boden.

1980ER JAHRE

Samora Machel und die Frelimo krempelten sogleich den Staatshaushalt nach ihren Idealen um. Die **Wende zum Marxismus** mit dem Bemühen, eine neue gebildete und politisch konforme, auf das Gemeinwohl bedachte Gesellschaft zu formen, galt als oberstes Ziel. Die freie Presse wurde ausgeschaltet, das Einparteiensystem eingeführt und die Wirtschaft, Schulen und Krankenhäuser verstaatlicht. Missionare verwies man des Landes, und die Überwachung der Bürger wurde durch die Geheimpolizei gewährleistet. Kritiker und Kriminelle landeten in Umerziehungslagern. Das Vakuum, welches nach der Massenabwanderung der Portugiesen entstand, füllten sofort die Sowjets. Sie schickten über 1000 Berater und Ausbilder, die sich rasch abgrenzten und eine neue, das Land ausbeutende Elite bildeten. Der allgemeine Bedarf an Facharbeitern und qualifiziertem Personal war so massiv, dass praktisch alle Uniabsolventen sofort verantwortungsvolle Posten bezogen.

Mosambik wird sozialistisch und bindet sich eng an die Sowjetunion

Noch deutlicher manifestierte der 3. Kongress der Frelimo 1977 den Weg zum sozialistischen Staat nach dem Vorbild der Sowjetunion. Die Frelimo stand unter direktem sowjetischen Einfluss und isolierte sich dadurch von seinen Nachbarn völlig. Weil so die bestehenden wirtschaftlichen Bindungen zugunsten der Ideologie gekappt wurden, manövrierte sich der Staat selbst ins Abseits. Außenpolitisch unterstützte Mosambik die afrikanischen Freiheitsbewegungen in den verbliebenen Apartheidregimen Rhodesien und Südafrika. Dies veranlasste die Rhodesische Regierung unter Smith, mit der **Renamo** (Resistencia Nacional Moçambicana/ Nationaler Widerstand Mosambiks) eine Terrorgruppe in Mosambik zu installieren. In Rhodesien herrschte zu dieser Zeit ein grausamer Bürgerkrieg, und der junge sozialistische Nachbarstaat Mosambik, der den schwarzen Unabhängigkeitskämpfern bereitwillig Unterschlupf bot, wuchs sich zur ernsten Gefahr für das Überleben der südrhodesischen Kolonialregierung aus.

Gründung der Renamo

Als Rhodesien 1980 unabhängig wurde, übernahm Südafrika als letzte Bastion weißer Vorherrschaft die Förderung der Renamo und baute die Terrorgruppe rigoros aus. Rund 8000 Aktivisten verübten in Mosambik Anschläge und Terroraktionen, um das Land zu destabilisieren und die von Zimbabwe genützten Transportwege zum Meer zu blockieren (Beira-Korridor). An sich war international bekannt, dass die Renamo in erster Linie eine von außen installierte und finanzierte Terrorgruppe war. Dass dennoch auch viele westeuropäische Staaten, wie die Bundesrepublik, die Renamo unterstützten, kann nur im Zusammenhang mit den harten Fronten im Kalten Krieg nachvollzogen werden. Der Konflikt wurde international gesteuert und auf beiden Seiten mit Waffen, Personal und Know-How genährt. Dabei stand die Renamo sozusagen für den „Westen, die Freiheit und die freie Marktwirtschaft" im erbitterten Kampf gegen „düsteren Bolschewismus, Staatsdoktrin und Unfreiheit".

Südafrika finanziert und fördert den Destabilisierungskrieg in Mosambik

Schon gewusst?
Zwischen 1980 und 1992 lebten ca. 20 000 mosambikanische Vertragsarbeiter in der DDR. Heute wohnen noch etwa 2800 Mosambikaner in Deutschland.

Die Regierung Mosambiks geriet immer stärker in Bedrängnis. Südafrikas Weigerung, Minenarbeiter aus Mosambik anzuheuern oder die mosambikanischen Transitwege zu nutzen, führte zu katastrophaler Arbeitslosigkeit. Die Militärschläge der Renamo erschütterten das innenpolitische

Geschichte — DER BÜRGERKRIEG

Oben: Ruinen ehemaliger Kasernen erinnern heute noch an den langen Bürgerkrieg

Klima und die heimische Infrastruktur. Doch trotz der wirtschaftlichen Talfahrt und dem offenkundigen Versagen des marxistischen Modells hielt die Frelimo noch starr an der Ideologie fest. Unterdrückung und Bürokratie ließen jedes Privatengagement verkümmern und das Volk abstumpfen. Sehr große Erfolge konnte die Partei dagegen in sozialen Bereichen, wie dem Gesundheitswesen und dem Bildungssektor, feiern. Die Gleichberechtigung von Frauen war praktisch in allen Lebensbereichen tief verankert. Ansonsten kämpften die desillusionierten und gegängelten Menschen jedoch um das tägliche Überleben in einem ausgezehrten, verarmten Staat. Die Makua und Makonde im Norden wichen immer stärker von der Frelimo ab und sympathisierten mit der Renamo.

1983 trieben die fortgesetzten Kämpfe und eine verheerende Dürre das Land an den **Rand einer Hungersnot**. Mosambik erklärte sich zahlungsunfähig und musste dem Westen die vorsichtige Öffnung signalisieren, um Lebensmittellieferungen zu erhalten. Am 16. März 1984 unterzeichnete Machel das „**Nkomati-Abkommen**" mit Südafrika, worin sich beide Staaten verpflichteten, die Unterstützung der Untergrundgruppen ANC bzw. Renamo einzustellen. Jahre später sollte sich herausstellen, dass sich nur Mosambik an die Vereinbarung hielt, während Südafrika weiterhin Renamo-Soldaten ausbildete. In Folge des Abkommens sollte Südafrika Strom von Mosambiks Cahora Bassa Kraftwerk abnehmen. Doch die Renamo, die sich keineswegs dem neuen politischen Wind fügen wollte, sprengte die Leitungen und verhinderte damit den Deal. Und so kehrte, auch nachdem der Renamo offiziell der Rückhalt entzogen war, keinesfalls Ruhe ein. Vielmehr startete die Renamo nun einen beispiellosen Terror gegen die Bevölkerung. Von ihrem Hauptquartier in Gorongoso fielen die schwer bewaffneten Soldaten über die Landbevölkerung her, rekrutierten durch Kinderentführungen junge Nachwuchskämpfer, zogen plündernd umher und zerstörten Straßen, Brücken, Schulen und Hospitäler. Massaker an

Die Renamo beginnt einen beispiellosen Terror gegen das Volk

DER BÜRGERKRIEG

unschuldigen Zivilisten und gezielte Exekutionen und Verstümmlungen von Lehrern, Ärzten und Beamten wurden zum Markenzeichen der Renamo. Aber auch unbezahlte Frelimo-Soldaten zogen plündernd durch die Dörfer. Das ganze Land war vom Bürgerkrieg erschüttert. Zimbabwe, das seit 1982 Soldaten zum Schutz der Transportroute Mutare-Beira nach Mosambik abstellte, erhöhte sein Kontingent bis 1985 auf 12 000 Soldaten. Nachdem der Versuch eines Waffenstillstands zwischen Frelimo und Renamo nach der „Pretoria-Erklärung" vom Oktober 1984

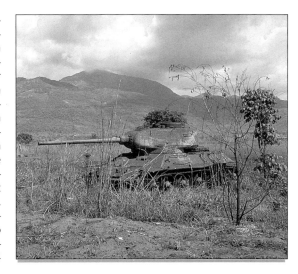

Oben: Mitten im Feld steht ein ausgebrannter Panzer

gescheitert war, rüsteten zimbabwische und Frelimo-Truppen gemeinsam zum großen Schlag gegen die Renamo und erstürmten am 28. August 1985 das Renamo-Hauptquartier in den Gorongosabergen. Dennoch führten die versprengten Renamo-Gruppen weiterhin ihren grausamen Guerillakrieg gegen Staatsmacht und Bevölkerung, und stürzten das Land immer tiefer ins Chaos.

Am 19. Oktober 1986, auf dem Höhepunkt der innenpolitischen Krise, kam Samora Machel bei einem Flugzeugabsturz ums Leben. Die näheren Umstände seines Todes konnten bislang nicht geklärt werden, ein Mordanschlag scheint sehr wahrscheinlich (siehe S. 40).

Rätselhafter Flugzeugabsturz

Der bisherige Außenminister **Joachim Alberto Chissano** trat die Nachfolge Machels an und setzte die allmähliche Umorientierung und vorsichtige Öffnung fort. Der deutsche Bundeskanzler Kohl besuchte als erster westlicher Regierungschef im November 1987 Mosambik. Einen Monat später erließ die Regierung eine **Amnestie für Renamo-Soldaten**, die ihre Waffen niederlegten. Schreckliche Massaker, wie im Juli 1987 in Homoine, bei dem 388 Zivilisten ermordet wurden, konnten den vorsichtigen Öffnungskurs Mosambiks zwar immer wieder behindern, aber nicht mehr aufhalten.

Chissano leitet die Wende ein

Als mit dem Ende des Kalten Krieges 1988 auch jegliche internationale Unterstützung für Frelimo bzw. Renamo versiegte, bot sich nun endlich die Chance auf eine Beendigung des Bürgerkriegs. Chissano bemühte sich engagiert um Verhandlungen mit der Renamo und versprach, den Sozialismus abzulegen sowie Wirtschaftsreformen einzuleiten. Er fügte sich einem ausländischen Wiederaufbauprogramm, schuf Anreize für Investoren, wertete die Landeswährung ab und setzte die Reprivatisierung in Gang. Mit der Renamo konnte nach zähen Verhandlungen 1990 ein Waffenstillstand ausgehandelt werden. Im gleichen Jahr garantierte eine neue Verfassung die Unabhängigkeit der Justiz, Wahrung der Menschenrechte und Einführung

Frelimo und Renamo nehmen den Dialog auf

Geschichte — DER FRIEDEN

> ### ▶ Tod des Präsidenten ◀
>
> Samora Machel befand sich mit 34 hochrangigen Begleitern auf dem nächtlichen Rückflug von einem Gipfeltreffen in Sambia, als sein Flugzeug bei Mbuzini nahe der südafrikanischen Grenze abstürzte. Nach Auswertungen der Black Box folgte der Pilot den Anweisungen einer Stimme, die er dem Tower von Maputo zuordnete. Nach diesen mysteriösen Kommandos stürzte er in einer fatalen Rechtskurve in die Berge von Mbuzini anstatt planmäßig zu landen. Noch heute bekräftigt die Regierung von Mosambik, dass Machel damals Opfer eines von außen gelenkten Terroranschlags wurde.

des Mehrparteiensystems. Obwohl die Renamo weiterhin als Terroristenvereinigung angesehen wurde, führten Joachim Chissano für die Frelimo und Afonso Dhlakama für die Renamo unter UNO-Aufsicht ernsthafte Friedensverhandlungen und unterzeichneten im Oktober 1992 – freilich unter Mithilfe hoher Geldzusagen an die Renamo – ein **Friedensabkommen**. Die internationale Friedenstruppe UNOMOZ stationierte ab April 1993 rund 5000 Blauhelme überall im Land und gewährleistete die friedliche Entwaffnung von etwa 110 000 ehemaligen Soldaten (davon 20 000 Renamo-Rebellen und 90 000 Regierungssoldaten). Diese entscheidende Hürde galt als Voraussetzung für die freien Wahlen im November 1994, bei der 14 Parteien mit 12 Präsidentschaftskandidaten antraten. Mit einer Wahlbeteiligung von 85 % wurde Chissano im Amt bestätigt.

Freie Wahlen im November 1994

Eine Zweidrittelmehrheit hatte die Frelimo allerdings nicht erreicht, weil die Renamo zur allgemeinen Überraschung 38 % der Stimmen gewann. In den Provinzen Nampula, Tete, Zambezia, Sofala und Manica hatte die Renamo die Mehrheit errungen. Obwohl internationale Beobachter erwarteten, Chissano würde nun eine Koalitionsregierung mit der Renamo eingehen, beteiligte der Präsident die Renamo nicht an der Regierung. Die Renamo akzeptierte das **Wahlergebnis** und ihre Rolle als Oppositionspartei. Somit konnte der Integrationsprozess der Renamo weiterhin erfolgreich verlaufen. 1995 verließen die letzten UNO-Soldaten Mosambik und 1,7 Millionen Flüchtlinge kehrten in der größten Rückführungsaktion Schwarzafrikas in ihre Heimatdörfer zurück. Der Schrecken des Renamo-Terrors hatte 1 000 000 Menschenleben gefordert und ein Drittel der Bevölkerung in die Flucht getrieben. 500 Schulen, 90 Gesundheitszentren und rund 140 Dörfer hatte die Renamo zerstört. Dennoch erfuhr sie keineswegs überall Ablehnung, sondern bekam Zulauf von den Gegnern der Frelimo.

Die tiefe Friedenssehnsucht führt zum Ende des Krieges

Die zarten Pflänzchen Demokratie, Toleranz und Frieden scheinen tatsächlich in Mosambik zu gedeihen

Trotz vieler Sorgen, in Mosambik könnten die Friedensbemühungen wie in Angola wieder scheitern, hat Mosambik den mühevollen Weg zu innerem Frieden, Demokratie und freier Marktwirtschaft konsequent und erfolgreich beschritten. Zögerlich nahmen beide Parteien ihre neuen Aufgaben wahr. Die Frelimo als gewandelte Kommunistenpartei löste sich vom Anspruch der Alleinherrschaft, die ehemalige Terrorgruppe Renamo mutierte zur friedlichen Oppositionspartei. Das geschundene Volk war kriegsmüde und trat allmählich selbstbewusster auf. Die Hinwendung zum Westen brachte die Wirtschaft wieder in Schwung und bescherte dem Land zahlreiche Entwicklungsprojekte. Als Zeichen des Neuanfangs feierte man 1997 die Wiedereröffnung des einstigen Vorzeigenationalparks Gorongosa nach der mühevollen Räumung aller Landminen und Rückführung von Wildtieren. 1998 stärkten weitere Reformen die Demokratie und

DER FRIEDEN

Oben: Nationalflagge Mosambiks als steinernes Denkmal in Gurué

Oppositionsparteien im Lande. Die Parlamentswahlen vom Oktober 1999 bestätigten die Machtverhältnisse im Lande. Bei einer Wahlbeteiligung von 68 % ging die Frelimo mit 48,5 % der Stimmen als Wahlsieger hervor gegenüber der Renamo mit 38,8 %. Bei den Präsidentschaftswahlen errang Joachim Chissano mit 52,2 % einen knappen Vorsprung vor Afonso Dhlakama mit 47,7 % der Stimmen. Obwohl internationale Wahlbeobachter und das mosambikanische Verfassungsgericht die Wahlen für fair erklärt haben, beschuldigte Dhlakama die Frelimo der Wahlmanipulation.

Im Februar 2000 brachte eine **Jahrhundertnaturkatastrophe** Mosambik weltweit in die Schlagzeilen. Nach wochenlangen Dauerniederschlägen waren im Süden des Landes die breiten Ströme Save und Limpopo zu reißenden Sturzfluten angeschwollen und hatten riesige Flächen überflutet. Weltweit löste das verheerende Unglück eine Welle der Hilfsbereitschaft aus. Rettungshubschrauber und Ärzte wurden geschickt, Notdienste mit Arznei- und Nahrungsmitteln halfen bei der Versorgung Obdachloser, Spendenkonten füllten sich (s. S. 160). Auch im Februar 2001 erlebte das Land eine Flut, diesmal vor allem in der Sambesi-Niederung.

Bei den jüngsten Wahlen im Dezember 2004 trat Chissano nach 18 Amtsjahren nicht mehr an. Sein Wunschnachfolger, der Generalsekretär der Frelimo und frühere Innenminister **Armando Guebuza**, errang mit 56% der Stimmen einen deutlichen Sieg über die Renamo (35 %). Obwohl zahlreiche Parteien zur Wahl angetreten waren, wurde es wieder ein Kräftemessen zischen Frelimo und Renamo. Internationale Beobachter, wie Jimmy Carter, überwachten die Wahl und äußerten sich zufrieden, wenn auch die Wahlbeteiligung mit knapp 50 % gering blieb. Gegenseitiges Misstrauen zwischen Renamo und Frelimo erschwert bis heute die parlamentarische Zusammenarbeit und die Bemühungen des Präsidenten, gegen die eklatante Korruption im Land – und bei den Beamten – vorzugehen.

Flutkatastrophe

Weltweite Hilfsbereitschaft

Nach jeder verlorenen Wahl wirft die Renamo der Frelimo Wahlbetrug vor

KULTUR & GESELLSCHAFT

Die Bevölkerung Mosambiks

Ein buntes Völkergemisch

Trotz seiner kolonialen Vergangenheit leben heute in Mosambik fast ausschließlich Afrikaner. Mit mehr als 5 Mio. Angehörigen aus mehreren Untergruppen stellen die **Makua** die stärkste ethnische Gemeinschaft im Land. Sie siedeln vor allem im Norden Mosambiks bis weit nach Tansania. In direkter Nachbarschaft leben rund 1,6 Mio. **Lomwe** und die eher kleine Gruppe der **Makonde**. Diese vor allem in Südtansania beheimatete Ethnie bildet in Cabo Delgado mit 360 000 Menschen die bekannteste Volksgruppe Mosambiks. Eigenständige, bis heute lebendige Traditionen und ein bemerkenswertes kunsthandwerkliches Geschick begründen die internationale Bekanntheit der Makonde. Von diesem freiheitsliebenden, eigensinnigen Volk ging in den 1960er Jahren der Unabhängigkeitskampf gegen die Kolonialmacht aus.

Ethnische Gruppen

Die Tieflandzone beiderseits des Sambesi ist die Heimat von 1 Mio. **Sena**, 400 000 **Nyanja** und 260 000 **Nyungwe**. In der Provinz Inhambane leben etwa 700 000 **Tswa** und 250 000 **Tonga**, in Sofala und Manica dagegen hauptsächlich **Shona** (800 000), **Ndau** (100 000) und **Manyika** (100 000). Nach Süden schließen sich 1,5 Mio. **Tsonga** und 800 000 **Chopi** an. Südlich von Maputo haben sich die **Ronga** (400 000) und versprengte Zulugruppen niedergelassen.

Portugiesen, Asiaten und Mulatten

Von den **Portugiesen** sind nur schätzungsweise 30 000 geblieben, die heute vor allem in Beira und Maputo leben. Außerdem stellen die rund 7000 **Chinesen** und 15 000 **Inder** eine asiatische Minderheit im Land. Durch die jahrhundertelange Vermischung der Portugiesen und Afrikaner haben die **Mischlinge** bzw. **Mulatten** heute einen erheblichen Anteil an der Bevölkerung. Ein ironisches Sprichwort der früheren Kolonialherren lautet denn auch: „Gott schuf den Weißen und den Schwarzen; den Mulatten schuf der Portugiese".

Der Fluss als kulturelle Barriere

Der breite Strom des Sambesi trennt zwei gegensätzliche ethnische Kulturkreise. Nördlich des Flusses haben die Volksgruppen traditionell eine mutterrechtliche Ausrichtung, während der Süden und die unter islamischem Einfluss stehenden Küstenvölker traditionell patriarchalisch geprägt sind.

Einwohnerzahlen

Die **Bevölkerungszahlen** sind nach den Wirren des Bürgerkriegs und der Rückkehr Hunderttausender Flüchtlinge reichlich ungenau. Man muss sich einmal vor Augen führen: mehr als 5 Mio. Menschen waren damals auf der Flucht, 1,7 Mio. davon im Ausland. Die meisten von ihnen sind inzwischen in ihre Heimatdörfer oder in neu ausgewiesene Siedlungen zurückgekehrt. Außerdem waren etwa 1 Mio. kriegsbedingte Todesopfer zu beklagen. 1995 gab die UNO als hochgerechnete Bevölkerungszahl Mosambiks 16 Mio. Bürger an und erwartete einen Zuwachs auf 19 Mio.

BILDUNG

Oben: Schulunterricht im Freien unter einem schattigen Baum bei Morrungulo

leichte chirurgische Eingriffe vornehmen, und gefährliche Verletzungen oder schwere Erkrankungen nicht behandeln. Sie können daher die Hospitäler und Krankenstationen nicht ersetzen, stellen aber eine wertvolle Bereicherung in der medizinischen Versorgung dar. In dünn besiedelten, ländlichen Regionen, wo Ärzte und Krankenhäuser fehlen, sichern sie mitunter die einzige schulmedizinische Versorgung der Bevölkerung.

Bildung & Schulwesen

Während der Kolonialzeit besuchten nur etwa 10 % der Afrikaner eine Missionsschule, allen anderen blieb die Schulbildung verwehrt. Nach der Unabhängigkeit begegnete die Regierung dem niedrigen Bildungsniveau mit der Einführung der kostenlosen Schulpflicht. Als Unterrichtssprache wurde Portugiesisch beibehalten. In den 1980er Jahren folgte eine engagierte Alphabetisierungskampagne für Erwachsene. Innerhalb einer Dekade sank so die Zahl der Analphabeten von 75 % auf 66 %. Allerdings fiel im gleichen Zeitraum kriegsbedingt die Einschulungsquote der Kinder von fast 100 % (1975) auf rund 60 %.

Das Bildungswesen leidet noch immer unter der Nachlässigkeit während der Kolonialzeit

Die aktuelle Situation ist bedrückend: Nur 10 % der Mädchen und 18 % der Jungen schließen die 7. Klasse an einer der knapp 8700 Grundschulen im Land ab. Ihre Lehrer sind schlecht ausgebildet; 44 % der Grundschullehrer haben gar keine Lehrerausbildung. Den etwa 312 000 Grundschulabsolventen (2005) stehen danach nur 156 weiterführende Schulen zur Verfügung. Noch beschränkter ist das Angebot an Schulen der zweijährigen Oberstufe (35 Schulen im Jahr 2005), der Voraussetzung für ein Studium, die daher nur noch 1 % der Schüler absolvieren. Studienplätze sind ebenso rar: 2006 gab es 16 000 Bewerber für nur 2200 Studienplätze an der Eduardo-Mondlane-Hochschule in Maputo, der Katholischen Uni in Beira, der Medizin-Hochschule in Nacala und der Landwirtschaftliche Hochschule in Cuamba. Überall herrscht chronischer Lehrermangel.

Die aktuelle Situation: nur Zweidrittel der Kinder besuchen die Grundschule und 10 % eine weiterführende Schule

Traditionen in der afrikanischen Gesellschaft

Die Großfamilie

Weil die Menschen bisher keinen vertrauenswürdigen Staat kennengelernt haben, ist die Familie so wichtig

Die afrikanische Großfamilie bedeutet für Mosambikaner Gesellschaftsmittelpunkt, strukturelle Basis und Zufluchtsort. Hier werden Sozialfälle abgefangen und moralische Werte gelebt. Der Einzelne identifiziert sich über seine Familie, die soziale Gemeinschaft bildet für ihn die wichtigste Institution. Familiäre Isolation wird als Horror und Schmach empfunden, und unter allen Umständen vermieden. So entsteht eine Verbindlichkeit, die den Einzelnen in eine feste, der Familie und dem "Clan" verpflichtete Rolle zwingt, ihm aber auch den Schutz und die Fürsorge derselben gewährt. Diese lebenslange Wechselbeziehung bestimmt alles private und öffentliche Handeln; sie zieht sich durch Politik und Wirtschaft, und ist die Ursache für mancherlei scheinbar unverständliche afrikanische Wesenszüge.

Ein guter Mensch ist, wer seine Ahnen und (Bluts)-Verwandten ehrt, schützt und alles mit ihnen teilt. Er darf also nicht wohlhabender als die Verwandten sein oder muss seinen Reichtum verteilen. Versäumt er dies, wird ihm von den Angehörigen rasch das schwere Vergehen der Hexerei vorgeworfen. Diese strenge familiäre Verpflichtung unterwandert jedes individuelle Streben nach wirtschaftlichem Fortschritt und Wachstum.

Die Rolle des Regulo (Chief)

Hierarchien innerhalb der Dorfgemeinschaften

Die traditionelle politische Struktur der Bantu-Ethnien beruht auf dem sog. *Chieftainship*, einer Einrichtung, die sich nur schwer beschreiben lässt. Jedes Volk hat mehrere Regulados oder Chiefs, die über verschiedene Regionen (auch Regulado genannt) regieren. Seinem Volk gegenüber strahlt ein Regulo mitunter eine größere Macht aus als selbst die Landesregierung. Er ist weit mehr als ein Dorfvorsteher, genießt enormen Respekt und Verehrung in seinem Volk, kann aber auch abgewählt werden, wenn seine Beschlüsse zu despotisch, unbefriedigend oder ungerecht werden. Seine Aufgaben sind vielfältig, im Grunde ist er eine Art Schiedsrichter für alle Alltagsprobleme und gemeinschaftlichen Entscheidungen, ein Hüter von Gesetz, Ordnung und Moral. Die Verteilung von Landflächen, Scheidungen, Streitigkeiten, Wohnungswechsel, Kriminaldelikte – alles wird vom Regulo geregelt und dann bedingungslos akzeptiert. Damit ein Regulo richtige Entscheidungen treffen kann, lässt er sich von Beratern, die häufig zu den älteren und gebildeten Männern im Dorf zählen, unterstützen. Die Geschicke eines Volkes hängen stark davon ab, wie diplomatisch, weise und umsichtig der Regulo handelt. In ländlichen Regionen ist die Macht der Regulo noch weitgehend erhalten, während sie in Ballungszentren aufweicht. Ferner haben die Jahre des strengen Marxismus die traditionelle Stellung der Regulados geschwächt bzw. ihre Autorität durch parteitreue Volkspolizisten ersetzt.

Der Alltag der Menschen

Rechts: Makua-Familie bei Mecula, Niassa Provinz

Die meisten Menschen leben von der Hand in den Mund. Etwas leichter als im kargen Hinterland, wo nur mühselig dem sandigen oder steinigen Boden Nahrung abgerungen werden kann, haben es die Küstenbewohner. Kokosnüsse, Papaya und Ananas wachsen dort praktisch von allein, und das fischreiche Meer sichert den Menschen ein Auskommen. Bargeld haben die meisten dennoch nur selten, z. B. nach der Erntezeit, wenn überschüssige Produkte auf den Märkten verkauft werden konnten. Vor allem im Hinterland ist Tauschhandel gang und gäbe.

17 Jahre schmutziger Buschkrieg und bittere Armut haben ein kollektives Trauma hinterlassen. Zu viele leere Versprechungen haben sich in Seifenblasen aufgelöst, als dass man hier euphorisch einer neuen Doktrin folgen möchte. Doch trotz der Resignation, die von Zeit zu Zeit spürbar wird, haben die Menschen ihre Neugier, Hilfsbereitschaft und Warmherzigkeit bewahrt. Dies zeigt sich vor allem im Hinterland, wo ausländische Besucher und Touristen noch so rar sind, dass sie in der Regel sofort die Dorfattraktion darstellen.

> ### Die Hungerstatistik
>
> Gemessen am Nahrungsmittelangebot zählt Mosambik nach einer Studie der FAO (Ernährungs- und Landwirtschaftsorganisation der Vereinten Nationen) zu den fünf ärmsten Ländern der Welt. Während in den Industriestaaten jedem Einwohner täglich Nahrung mit einer Energie von 3340 Kilokalorien zur Verfügung steht, sind es in Mosambik nur 1720 Kilokalorien. Der internationale Durchschnitt liegt bei 2720 Kilokalorien. Die Studie berücksichtigt dabei den Zeitraum von 1994 bis 1996. Nach Angaben der FAO benötigt eine 30-jährige Frau (55 kg Gewicht) bei leichter Arbeit täglich 2040 Kilokalorien bzw. 2380 Kilokalorien bei schwerer körperlicher Arbeit. Gleichaltrige Männer mit 65 kg Gewicht haben einen Energiebedarf von 2531 bzw. 3429 Kilokalorien. Feldarbeit und Holzhacken – der Alltag in Afrika – gehören dabei zu den schweren körperlichen Tätigkeiten. Die 22 Mio. Mosambikaner zählen damit zu den 828 Mio. Menschen weltweit, die chronisch unterernährt sind.

Gesellschaft — ROLLE DER FRAU

Oben: Schwere Lasten auf dem Kopf zu tragen – das lernen die Frauen in Afrika schon in Kindertagen

Frauen in Mosambik

Seit jeher gab es in der afrikanischen Gesellschaft eine klare geschlechtsspezifische **Arbeitsaufteilung**. Den Männern oblag die Jagd, das Roden der Felder, das Zäunebauen, Dachdecken und der Hausbau. Die Frauen waren verantwortlich für das Sammeln wilder Früchte und Wurzeln, das Hacken, Jäten und Ernten, das Holzsammeln, Wasserholen, Kochen und die Kindererziehung. Somit leisteten die Männer die periodisch anfallenden schweren Arbeiten, während die Frauen die alltäglichen, zeitraubenden Tätigkeiten ausübten.

Die Portugiesen und die anderen Kolonialmächte benötigten jedoch billige Arbeitskräfte. Da die Afrikaner zunächst wenig Interesse an der Lohnarbeit zeigten, wurden sie durch die Einführung von Kopf- und Hüttensteuern dazu genötigt. Um diese Steuern bezahlen zu können, mussten die Männer einer mit Geld bezahlten Arbeit nachgehen, was gravierende Auswirkungen auf das Familienleben hatte. Von nun an ging ein Großteil der Männer für Monate oder Jahre in Bergwerken, Minen oder auf Großplantagen der Lohnarbeit nach, während die Frauen mit versorgungsabhängigen Kindern und Alten zurückblieben. Dadurch wurden sie zum allein verantwortlichen Haushaltsvorstand. Noch stärker als in den afrikanischen Nachbarländern haben die Mosambikanerinnen Verantwortung übernehmen müssen und sich dabei emanzipiert. Chibalo, die Zwangsarbeit während der Kolonialzeit, hielten die Portugiesen bis in die 1970er Jahre aufrecht. Im Gegensatz zu anderen Kolonien wurden in Mosambik auch Frauen zur **Zwangsarbeit** verpflichtet. Während Tausende Männer zu den Minen in Südafrika und Rhodesien zogen, wurden die zurückbleibenden Frauen zum Anbau von Baumwolle gezwungen, anstatt auf ihren kleinen Feldern Nahrungsmittel für den eigenen Verbrauch zu produzieren. Nach der Unabhängigkeit, als die Männer aus den Minen zurückkehrten und alles besser werden sollte, zwang der Guerillakrieg viele Männer in den Krieg. 5 Mio. Menschen waren schließlich innerhalb des Landes auf der Flucht. Die meisten davon Frauen mit Kindern.

ROLLE DER FRAU

Die Frauen haben diese harten Jahre selbstbewusster gemacht. Sie helfen sich sehr stark untereinander und haben gelernt, unabhängig Entscheidungen zu fällen. Diese Entwicklung ging einher mit der progressiven Haltung der Frelimo-Regierung. Von Anfang an konnten Frauen Zutritt zu allen Lebens- und Verwaltungsbereichen erlangen. 13 % der Parlamentarier in Mosambik sind weiblich. Frauen treten auch mit einem Anteil von über 50 % im Handel auf. Afrikanische Märkte werden von Frauen bestimmt. Sie brauen Maisbier, flechten Matten oder verkaufen die Überschüsse aus der eigenen landwirtschaftlichen Produktion. Doch treten sie fast ausschließlich als sog. Kleinhändler auf und haben, selbst wenn sie sich organisieren und gemeinschaftlich agieren, kaum eine Chance auf größere Absatzmärkte oder Expansion. Vor allem schränkt die große **Armut** Frauen ein. Mädchen werden viel seltener zur Schule geschickt als Jungen und mit sehr jungen Jahren schon verheiratet. Noch immer existiert ein altes Gesetz, nach dem Witwen keinen Anspruch auf den Besitz des Verstorbenen haben.

Nur 15,6 % der Frauen auf dem Land sprechen Portugiesisch

Das traditionelle Kleidungsstück der Frauen ist ein Wickeltuch namens Capolana (Bild unten)

Allerdings wird dieser Brauch nur noch selten praktiziert. Insgesamt zeigt sich gerade bei den Frauen ein deutliches Gefälle zwischen Städten und ländlichen Regionen. Städterinnen sind freier, haben eher Zugang zu Informationen und Bildung, häufig durch Lohnarbeit ein eigenes Einkommen und können sich in der Gesellschaft stärker behaupten als die Frauen auf dem Land.

In vielen Regionen, insbesondere dem Küstenstreifen unter islamischem Einfluss, ist nach wie vor die **Polygamie** üblich. Die Frauen werden bereits während der Erziehung auf die künftige Mehrehe vorbereitet. Vielfach wird das Argument angeführt, dass die Polygamie die einzelne Frau entlaste. Die Ehefrauen teilen sich die tägliche Arbeit, wobei es eine Rangordnung zwischen der ersten und der oder den anderen Ehefrauen gibt.

Ein neuer Gesetzentwurf sieht vor, die **Heiratsfähigkeit** von 16 Jahren bei den Jungen und 14 Jahren bei Mädchen auf jeweils 18 Jahre heraufzusetzen.

Rechts: Maniok, Mais und Hirse werden noch per Hand gestampft

Kultur

Kunsthandwerk und Malerei

Mosambik hat im Vergleich zu den eher spartanischen, von Buren und Briten beeinflussten Nachbarländern eine erfrischend lebendige und verspielte Kunstszene, die sich vor allen bei Malerei, Schnitzkunst und Musik entfaltete. Besonders auffallend ist die Präsenz weiblicher Künstler in diesem Land. Nach Erreichen der Unabhängigkeit haben zahlreiche Künstler und Kunsthandwerker ein Auskommen durch staatliche Auftragsarbeiten und die generelle Förderung einheimischer Kunst und Kultur gefunden.

Plakatkunst
Stil einer politischen Epoche

Ein augenscheinliches Beispiel dafür ist die **Plakatkunst**, welche politische Motive, aber auch aktuelle Alltagsszenen auf öffentlichen Gebäuden, Hauswänden und Mauern abbildet. Sie hat sich zu einem eigenständigen, vom sozialistischen Zeitgeist geprägten Kunststil entwickelt. Bilder dieser Stilrichtung werden **Murals** genannt. Das bekannteste Werk der Plakatkunst (mit 95 m Länge) befindet sich am Heroe's Circle nahe dem Flughafen von Maputo (siehe rechts "Was ist ein Mural?").

Die darstellende Kunst Mosambiks hat internationale Anerkennung und Ruhm erfahren

Kein anderer Maler hat den mosambikanischen Kunststil stärker geprägt als **Malangatana Ngwenya**. Seine eindringlichen Motive klagen anschaulich Horror und Gewalt des Krieges an, ergreifen wie ein stummer Schrei den Betrachter. Bereits in den 60er Jahren stellte der 1936 Geborene seine Bilder aus, und als Frelimo-Anhänger wurde er 1970 von den Kolonialherren zu einer Gefängnisstrafe verurteilt. Nach der Unabhängigkeit stellte der überzeugte Sozialist sein ganzes Schaffen in den Dienst der marxistischen Idee. Seine bizarren, geschundenen Figuren in leuchtenden Farben drücken stets das Böse, Unglückliche und Schmerzvolle im Leben aus. Malangatana sagt von sich selbst, er "verbinde afrikanische und europäische Elemente zu diesem eigenen Stil", der ihm weltweit als bekanntesten zeitgenössischen Künstler Mosambiks Anerkennung brachte.

In diesem Zusammenhang sollte unbedingt auch der Kunstschnitzer **Alberto Chissano** Erwähnung finden, der ebenfalls seit den 1960er Jahren arbeitete, nachdem er eher zufällig zur Kunst gelangt war. Chissano gehörte einst zur Putzkolonne einer Kunstvereinigung, wo er sich eines Tages zum Schnitzen inspirieren ließ. Seine Objekte passen einfühlsam zum jeweiligen Charakter des verwendeten Holzes. Chissano starb 1994. Werke beider Künstler können im Nationalmuseum von Maputo besichtigt werden, für Alberto Chissano wurde in seinem Wohnhaus in Matola, einem Vorort Maputos, ein eigenes Museum eingerichtet (siehe S. 118).

Kunst der Makonde

Internationalen Ruhm genießt die **Schnitzkunst der Makonde**. Hierbei handelt es sich sowohl um Skulpturen mit verschlungenen Wesen als auch um Tanzmasken, Zeremoniestäbe, Hocker und Musikinstrumente. Die größte Bekanntheit als Sammlerobjekte erlangten die kunstvollen Holz- und Terrakottamasken. Typisch sind Helm- und Gesichtsmasken, die gerne mit Narbentätowierungen versehen und echten Haaren geschmückt werden. Durch die starke Nachfrage hat sich bei den Makonde früh die Produktion für Souvenir- und Kunstmärkte entwickelt. Echte Kunstwerke entdeckt

MUSIK & TANZ

zumindest der Laie nur schwer. Vielfach werden auch Kunstobjekte der benachbarten Makua und Mwera irrtümlich den Makonde zugeschrieben. Der Künstler Nkatunga gilt als der angesehenste Makonde-Schnitzer. Näheres zu diesem Thema finden Sie auch auf S. 298.

Musik und Tanz

Schon während der Kolonialzeit galt Laurenço Marques, wie Maputo damals hieß, als heißester Tipp für eine lebendige, spontane Musikszene im südlichen Afrika. Zwar hat sich vieles in den langen Kriegsjahren verändert, und die Musiker waren über Jahre hinweg von anderen musikalischen Entwicklungen und Trends abgeschnitten. Musik blieb für viele aber auch während der schwierigsten Jahre eine Art Ventil, ja vielleicht sogar eine Fluchtburg. Heute prägen Maputos Nachtleben wieder wie ehedem jazzige Life-Konzerte und spontane Sessions.

Traditionelle afrikanische Tänze sind auch heute noch sehr lebendig im kulturellen Leben enthalten und aufgrund der Völkervielfalt zahlreich und verschiedenartig, wie z. B. der Mapiko-Tanz.

Mapiko-Tanz

Der Mapiko-Tanz der **Makonde** ist allein den Männern vorbehalten. Die Tänzer verhüllen sich bis zur Unkenntlichkeit in phantasievolle Kostüme und tragen geschnitzte Holzmasken. Haarteile geben diesen Masken ein wildes Aussehen. Ein Mapiko-Tänzer darf nicht erkannt werden, denn es gilt, die Frauen und Kinder des Dorfes gehörig zu erschrecken und einzuschüchtern. Trommeln begleiten seine wilden Gebärden. Mapiko-Tänzer stellen den Geist eines Verstorbenen dar und werden sehr gefürchtet.

Oben: Ein Musiker mit seiner selbst gefertigten "vijola"

> ### Was ist ein Mural?
>
> Murals sind eine spezifische, populäre und sehr politische Kunstform im modernen Mosambik. Sie entstanden in ihrer Urform im Unabhängigkeitskampf gegen die Kolonialmacht. Revolutionäre Themen und Thesen wurden damals ähnlich den Graffiti-Bildern unserer Heimat auf Hauswände und Mauern gepinselt. Mit der Unabhängigkeit erlangte die Kunst ihren von der sozialistischen Regierung geförderten Höhepunkt der Schaffensperiode. Zahlreiche Murals entstanden damals hauptsächlich im Stadtgebiet von Maputo. Nationale Helden und wichtige Parteislogans wurden so der Bevölkerung nahegebracht. In der Folgezeit verschwanden die Texte nach und nach und die Murals entwickelten sich zu anspruchsvoll gestalteten Gemälden. **Malangatana** als berühmtester Vertreter dieser Kunstform schuf damals den Mural im Garten des Naturhistorischen Museums. Später wurden Murals ganz gezielt als Denkmäler zur Preisung der sozialistischen Revolution eingesetzt und an zentralen Stellen im Stadtgebiet aufgestellt, so auch der 95 m lange Mural gegenüber dem Heldendenkmal. Mit der Demokratisierung des Landes seit dem Friedensschluss haben sich die Murals, die immer eng an den Sozialismus geknüpft waren, überlebt.

Gesellschaft — MUSIK & TANZ

> **Aktuell: Henning Mankell**
>
> Der Schwede Henning Mankell, geboren 1948, ist einer der meistgelesenen Schriftsteller seiner Heimat und international als Bestsellerautor bekannt. Seine Kriminalromane „Die fünfte Frau", „Die falsche Fährte", „Hunde von Riga", „Mittsommermord", deren Hauptfigur Kommissar Wallander ist, wurden inzwischen in mehr als 20 Sprachen übersetzt und stehen auch in Deutschland auf den Bestsellerlisten. Doch was hat ein schwedischer Krimi-Schreiber mit Mosambik zu tun?
>
> Ganz einfach – Henning Mankell lebt den Spagat: „Ein Fuß im Schnee, ein Fuß im Sand", beschreibt er selbst seinen Lebensstil. Denn Henning Mankell lebt hauptsächlich in **Maputo**, wo er das „Abenteuer seines Lebens" fand. Der gelernte Regisseur leitet die Theatergruppe "Mutumbela Gogo" und das **Avenida Theater**, seit er 1985 dorthin eingeladen wurde, um beim Aufbau eines professionellen Theaters zu helfen. Erst blieb er eine Woche, dann pendelte er zwischen den Kontinenten, bis er sich ganz für Mosambik entschied, obwohl seine Ehefrau Eva, die Tochter Ingmar Bergmanns – in Schweden zurück blieb. Für sein Theater und die rund 70, zum größten Teil kaum geschulten Akteure, engagiert sich Mankell euphorisch und sieht im Theater vor allem ein Ausdrucksmittel, um die ungebildeten Massen, die vielfach nicht lesen und schreiben können, zu erreichen. Dass das Theater nun schon seit 20 Jahren arbeiten kann, verdankt es den finanziellen Mitteln Mankells durch die großen Publikumserfolge seiner Kriminalromane. Mankell ist von seinen Schauspielern begeistert: „Ich habe hervorragende Schauspieler, die problemlos Shakespeare in Europa spielen könnten", wirbt er und betrachtet seine Aufgabe in Mosambik als Lebenswerk (siehe auch S. 130).
>
> Neben den Krimis hat Henning Mankell vier bemerkenswerte, gesellschaftskritische Afrika-Romane geschrieben, z. B. über die **Straßenkinder Maputos** („Der Chronist der Winde", 1995 beim Paul Zsolnay Verlag in Wien erschienen) sowie die Titel "Kennedys Hirn" (spielt teilweise in Mosambik), "Die rote Antilope" und "Tea Bag".

Musik und Tanz haben in ganz Afrika eine besondere Bedeutung. Sie gehören zum Leben wie Essen und Trinken, dienen religiösen und profanen Zwecken gleichermaßen, sind Lebenselexier und Ausdruck ungebändigter Vitalität. Den meisten Tänzen liegen spirituelle Motive zugrunde, wie das Hoffen auf Regen, Dank für eine gute Ernte, Zurschaustellung militärischer Stärke oder das Abwenden eines Unheils. Meist soll dabei ein spiritueller Kontakt zu den Ahnen hergestellt werden, und viele Tänzer fallen durch den ausdauernden und eindringlichen Klang der Trommeln in Trance.

Die „Nationale Tanzgesellschaft" Mosambiks genießt seit der Unabhängigkeit des Landes staatliche Förderung und ist schon vielfach auf ausländischen Bühnen aufgetreten. Internationale wohlwollende Anerkennung hat das **Teatro Avenida** von Maputo erlangt, das mit wenig Geld, aber viel Engagement und talentierten Spielern von sich reden macht (siehe links). Dennoch kämpfen die meisten Künstler des Landes gegen die Härten und Unbill des Alltags in einem armen Drittweltland und können sich meist kaum von ihrer Kunst ernähren.

LITERATUR & SPORT

Literatur

Eine Literatur im modernen Sinne entwickelte sich in Schwarzafrika erst nach dem Auftauchen der Europäer und der Kolonisierung. Zuvor waren Geschichten und Erzählungen mündlich überliefert worden (Oralliteratur). Mit dem Unabhängigkeitsbestreben der Afrikaner entstand eine eigenständige Poesie. Nach der Unabhängigkeit förderte die neue Regierung die einheimische Literatur und seit 1982 sind die Schriftsteller in einem Berufsverband organisiert.

Die überragende Figur der mosambikanischen Literatur ist **Mia Couto**, 1955 in Beira geborener Journalist, der mit Gedichtbänden und Erzählungen berühmt wurde und 1986 den nationalen Literaturpreis erhielt (z. B. „Das schlafwandelnde Land" 1994 im dipa Verlag, Frankfurt). Die Autorin **Paulina Chiziane**, ebenfalls Jahrgang 1955, beschreibt im Roman „Wind der Apokalypse" (Brandes&Apsel Verlag) eindringlich die Kriegswirren ihres Heimatlandes. Weitere empfehlenswerte Titel: "Das siebte Gelöbnis" und "Liebeslied an den Wind".

Sport

Ballsportarten sind die Favoriten dieses sportbegeisterten Landes. Die Basketball-Nationalmannschaft gewann mehrfach afrikanische Meisterschaften. Eine weitere Leidenschaft gilt dem Fußball. Herausragende Leistungen auf internationalem Parkett gelang den mosambikanischen Sportlerinnen bei Kurz- bis Mittelstreckenläufen, wie dem 800-Meter-Lauf.

Human Development Index

Der HDI benennt den Entwicklungsstand eines Staates und wird jährlich von der UNO ermittelt. Er errechnet sich aus den Kriterien Lebensstandard, Schulbildung und mittlere Lebenserwartung. Die Skala reicht von 0,0 bis 1,0, wobei ein HDI von 1,0 die angestrebte Spitze indiziert, die bisher weltweit aber noch nicht erreicht wurde. Zum besseren Verständnis: Ein HDI von 1,0 würde ermittelt werden, wenn die mittlere Lebenserwartung der Bürger eines Staates bei 85 Jahren läge, Erwachsene zu 100 % alphabetisiert wären, 100 % aller Kinder Schulen besuchten und das reale Bruttoinlandsprodukt 40 000 US$ betragen würde. Dagegen indiziert ein HDI von 0,0 einen Staat mit Alphabetisierungs- und Einschulungsrate von 0 %, ein Bruttoinlandsprodukt von 100 US$ und eine mittlere Lebenserwartung von 25 Jahren. Alle Staaten dieser Welt liegen irgendwo zwischen diesen beiden Extremwerten. Zu den Schlusslichtern der Skala zählen seit Jahrzehnten vor allem Staaten Schwarzafrikas, wie Niger, Somalia, Sierra Leone – und Mosambik. Nach der UNDP-Listung erreicht Mosambik nämlich nur Rang 169 von 177 indizierten Staaten. Die westlichen Industrienationen liegen dagegen bei HDI-Werten von 0,9-0,95.

Mosambik im Überblick

Grunddaten

Staatsname:	Republik Mosambik
Staatsform:	Präsidiale Republik
Staatsoberhaupt:	Armando Guebuza (seit 2004)
Gesamtfläche:	799 380 km², davon 786380 km² Landfläche
Nachbarländer:	Tansania, Malawi, Zimbabwe, Sambia, Südafrika und Swaziland
Bevölkerung:	ca. 20 Mio. Einwohner
Bev.-wachstum:	ca. 2,6 % pro Jahr
Bev.-dichte:	ca. 25 Einwohner pro km² im Vergleich: BRD 217 Einw./km²
Hauptstadt:	Maputo, ca. 1,9 Mio. Einwohner
Landessprache:	Portugiesisch

Bild links: Eingang zum Teatro Avenida in Maputo

WIRTSCHAFT

Allgemeine Situation

Von Beginn des 20. Jh. bis zur Unabhängigkeit hatte Mosambik eine ausgeprägte Dienstleistungsfunktion gegenüber Südafrika. Portugal führte Mosambik eher wie eine Krämerkolonie, scheute hohe Investitionen und Veränderungen. Die Bevölkerung war nur zur Verrichtung von Billiglohnarbeit vorgesehen. Zum einen schickte man die Männer in die Bergwerke der Nachbarkolonien, wo sie unter schlechten Bedingungen Schwerstarbeit verrichteten. Die Zurückgebliebenen wurden der **Chibalo** unterworfen, also zur Zwangsarbeit auf Plantagen oder dem Straßenbau gezwungen. Mitte der 1950er Jahre hatte Portugal obendrein mehr als eine halbe Mio. afrikanischer Bauern – bzw. zumeist Bäuerinnen, weil die Männer in den Minen schufteten – zum **Baumwollanbau** gegen festgesetzten Hungerlohn genötigt. Etwa zeitgleich wurden einige ehrgeizige wirtschaftliche Projekte eingeleitet, wie der Kohleabbau in Moatize bei Tete und der Bahnbau am Limpopo nach Rhodesien mit dem Limpopo-Stauprojekt. Dies entlastete Beiras Hafen und führte zum wirtschaftlichen Aufschwung in Laurenço Marques (Maputo).

Zwangsarbeit für alle afrikanischen Männer und Frauen

Der schwierige Übergang in die Unabhängigkeit

Auf die Unabhängigkeit Mosambiks reagierten die meisten ansässigen Portugiesen mit **Sabotage** – der Zerstörung ihre Fabriken, Maschinen und Gebäude – und der panikartigen Flucht aus dem Land. Sie hinterließen ein verheerendes Vakuum. Kapital, Know-How und Fachkräfte – alles fehlte dem jungen Staat. Die Frelimo versuchte sofort, einen neuen Weg zu gehen und lehnte sich dabei eng an den Marxismus sowjetischer Prägung an. Sie förderte die Landwirtschaft, verstaatlichte die meisten Betriebe und vernachlässigte den brachliegenden industriellen Sektor. Die enge Bindung zu den Ostblockstaaten isolierte Mosambik zusehends von seinen Nachbarn. Das marxistische Einparteiensystem entpuppte sich als massiver wirtschaftlicher Fehlschlag. Zusätzlich zerstörten die jahrelangen, blutigen Auseinandersetzungen mit der Rebellenfront Renamo weitgehend die Infrastruktur Mosambiks. Im Juni 1980 wurde der Metical als Landeswährung eingeführt. Wenige Monate später fand die erste Konferenz der SADCC in Maputo statt. Dennoch stand das Land unmittelbar vor dem Kollaps, drehte sich der Alltag der Menschen nur noch um das nackte Überleben. Gegen Ende der 1980er Jahre mutierte das Land zum traurigen Spitzenreiter als **„ärmstes Land der Welt"**. Die Not zwang die Regierung zu einer Wirtschaftsliberalisierung und Neuorientierung zum Westen hin. Internationale Interessen und die Kriegsmüdigkeit der Mosambikaner ermöglichten schließlich die politische Rückkehr zur Normalität, der Voraussetzung für eine Entspannung im wirtschaftlichen Bereich. Der Friedensschluss mit der Renamo 1992 und gezielte Wiederaufbauprogramme mit starker ausländischer Unterstützung setzten eine wirtschaftliche Erholung in Gang. Konsequent betreibt die Regierung seither alle Maßnahmen zur Strukturanpassung. Dennoch sind die Folgen jahrelanger Misswirtschaft und des Bürgerkriegs zu gravierend, als dass eine rasche Wendung erwartet werden könnte. Mehr als 20 % der Bewässerungssysteme waren durch den

Verstaatlichungen und enge Bindung an den Ostblock lähmen die Wirtschaft

Die Not zwingt zu Reformen

Rechts: Schnapsbrennerei, Zambezia

Krieg unterbrochen, fast 70 % der Staudämme zerstört, 36 % der Handelsniederlassungen vernichtet und rund 8000 km Straßen unpassierbar... Der Wiederaufbau gestaltet sich bis heute zum kräftezehrenden Gewaltakt. Das Land leidet unter Kriegsfolgen, wie der Wiedereingliederung von Flüchtlingen und Kriegsversehrten. Die **hohe Arbeitslosigkeit** von rund 70 % und eine erdrückende Staatsverschuldung zählen zu den größten Belastungen (in den 90er Jahren betrug die **Verschuldung** rund 500 % des BSP, wodurch Mosambik einen Spitzenrang weltweit einnimmt). So wird Mosambik trotz des engagierten Reformkurses noch viele Jahre von ausländischer Hilfe abhängig bleiben. Schuldenerlasse (wie zuletzt 2005) und eine Umverschuldung werden vermutlich unumgänglich sein. Positiv wird die konstante Reformbereitschaft der Mosambikaner gewertet sowie die Entwicklung in diversen Wirtschaftsbereichen, wie dem Tourismus und dem Transportwesen. Südafrika, die stärkste Wirtschaftsmacht der Region, drängt in jüngster Zeit immer mehr nach Mosambik. Fabriken, Minen, Brauereien, Hotels und Transportunternehmen werden Stück für Stück von reichen Südafrikanern aufgekauft. Kritiker fürchten, das Land könnte zum Satellitenstaat Südafrikas verkommen. In den letzten Jahren erreichte Mosambik aber immerhin mit Hilfe dieser Investitionen jeweils rund 10 % Wirtschaftswachstum.

SADCC und SADC

Die SADCC ist eine 1980 gegründete Konferenz zur Koordinierung der Entwicklung im südlichen Afrika. Neben Mosambik sind die Mitgliedsstaaten Botswana, Zimbabwe, Namibia, Malawi, Sambia, Angola, Lesotho, Swaziland und Tansania. Diese zehn Staaten ersetzten die SADCC im August 1992 durch eine neue Organisation mit neuen Zielvorgaben – die Entwicklungsgemeinschaft des südlichen Afrika SADC. Der große Unterschied der beiden Gemeinschaften besteht darin, dass nun im Gegensatz zur Zeit der SADCC ein gemeinsamer Markt im südlichen Afrika in enger Verbindung zu Südafrika aufgebaut werden soll. Die Erfolge beider Organisationen blieben jedoch eher bescheiden.

Erwerbstätigkeit und Löhne

Vier Fünftel der Einwohner sichern ihren Lebensunterhalt hauptsächlich durch die Subsistenzwirtschaft. 54 % leben unter der Armutsgrenze, wobei die Armut auf dem Lande ist viel krasser ist als in den Städten. Der Bürgerkrieg hat 1 Mio. Menschen zu seelischen und/oder körperlichen Krüppeln gemacht. Nach Kriegsende kehrten ebenso viele Flüchtlinge aus dem Ausland zurück, außerdem mussten 100 000 ehemalige Soldaten in die Gesellschaft reintegriert werden.

Dies sind extrem schwierige Voraussetzungen, unter denen das Land versucht, in die Normalität zurück zu finden. Den meisten Mosambikanern ermöglicht die Landwirtschaft das karge Überleben; Wohlstand lässt sich damit kaum erwirtschaften. Der soziale Sprengstoff ist groß, aber der kollektive Wunsch nach einem Leben in Frieden bisher ungebrochen. Der durchschnittliche Monatslohn der Arbeiter beträgt lediglich 50-70 Euro, Beamte im Niederen Dienst verdienen ca. 100 Euro, im Höheren Dienst etwa 300 Euro.

Wirtschaft — LANDWIRTSCHAFT

Landwirtschaft

In den Küstenzonen werden vor allem Cassava (Maniok), Mais, Hirse/Sorghum und Erdnüsse gepflanzt. Zuckerrohr, Reis, Weizen, Kartoffeln und Bananen gedeihen gut in Flusstälern und den breiten Deltamündungen; an der Sambesimündung auch riesige Kokospalmwälder. Baumwolle findet man noch immer vor allem in den Provinzen Cabo Delgado, Nampula, Zambezia und Inhambane. Das Bergland um Chimoio bietet sich für Tabakproduktion und Bohnenanbau an. Die wichtigsten landwirtschaftlichen Erzeugnisse für den Export sind Baumwolle, Cashewnüsse und Zuckerrohr. Mosambiks Cashewnüsse (S. 263) zählen zu den besten der Welt.

Oben: Maisankauf durch malawische Händler in grenznahen Dörfern wie hier in der Zambézia Provinz

Der Agrarsektor macht heute etwa 44 % des BSP aus, und 80% der Bevölkerung ernähren sich quasi von der Subsistenz als Bauern oder Fischer. Doch trotz der allgemein guten Bodenqualität, die einen weiteren Ausbau der Landwirtschaft erlaubt, wird Mosambik für Jahre auf Nahrungsmittelimporte angewiesen bleiben. Noch immer werden viel zu geringe Flächen landwirtschaftlich genutzt (weit unter 10 % der Landflächen), und hauptsächlich traditioneller Hackbau betrieben. Anreize im Privatsektor, Bildungsprogramme und die Gewährung von Krediten sollen die geringe Produktivität allmählich steigern. Die Dürre im südlichen Afrika hatte 2002 in Südmosambik schwere Ernteausfälle beim Mais, und im Landeszentrum Ausfälle bei Mais, Reis und Hirse zur Folge.

Rechts: Fingerhirse

VIEHWIRTSCHAFT

Bis 1996 vergab die Regierung bereits über 50 % des fruchtbaren Ackerlandes an ausländische Investoren (vor allem Südafrikaner), wobei vielfach Korruption und dramatische Zwangsenteignungen der ansässigen Einheimischen beteiligt waren. Seit 1997 sorgt ein verbesserter Schutz für fairere Verteilung, weil seither die Gemeinden und Regulos Mitspracherecht haben.

Ungleiche Landverteilung sorgt für Zündstoff

Viehwirtschaft

Die Viehhaltung bietet sich nur in wenigen Landesteilen an, denn zwei Drittel Mosambiks sind von der Tsetsefliegenplage betroffen. Tsetsefliegen können die Naganaseuche, eine tödliche Krankheit, auf Nutztiere übertragen. Außerdem gelten die Böden im Norden als ungünstige Weidegründe. Für den Eigenverbrauch ist die Kleinviehhaltung verbreitet. Am stärksten wird kommerzielle Viehwirtschaft – insbesondere Rinderzucht – in den Provinzen Maputo und Gaza betrieben. Insgesamt wurde der Rinderbestand seit Kriegsende von 280 000 auf über 1 Mio. erweitert.

Fischerei

Trotz reicher Fischgründe setzte erst nach der Unabhängigkeit der Aufbau einer eigenen Fischereiindustrie ein. Zur Kolonialzeit musste das Land vielmehr als Absatzmarkt für Fischprodukte aus Portugal und Angola herhalten. Heute betreiben rund 40 000 selbstständige Fischer traditionellen Fischfang je zur Hälfte zur Selbstversorgung und für die lokalen Märkte. In geringem Maße wird Fischfang für den Export betrieben. An kommerziellen Fischfangunternehmen sind meistens ausländische Firmen beteiligt, die insbesondere Garnelen und Langusten abfischen – trotz zunehmender **Gefahr der Überfischung**. So wurden die einst legendären Garnelenbestände in den 1980er Jahren von der Sowjetunion rigoros abgefischt und haben sich bisher nicht wieder erholen können. Süßwasserfischfang in Flüssen und dem Niassasee wird fast nur zur Selbstversorgung betrieben und macht kaum 13 % des Gesamtfangs aus.

Bergbau & Industrie

Abgesehen davon, dass Mosambik über Jahrzehnte hinweg als wichtigster Arbeitskräftelieferant für die Bergwerke und Minen der Nachbarländer fungierte, spielt der Bergbau in Mosambik kaum eine Rolle. Die eigenen Bodenschätze wurden sowohl von der Kolonialregierung als auch später von der Frelimo vernachlässigt. Lediglich in Moatize bei Tete wird seit langem Kohle im Tagebaulager gefördert.

▶ Bodennutzungssysteme ◀

Brandrodung

Das Brandrodungssystem wird hauptsächlich im Landesinneren auf mageren Böden praktiziert. Dabei wird ein Stück Land abgeholzt und anschließend abgebrannt. Die Asche bleibt als Dünger zurück. Es wird entweder direkt in die Asche oder mit einem Pflanzstock gesät. Nach ein bis zwei Ernten ist der Boden erschöpft und muss für bis zu 25 Jahre brachliegen, ehe er erneut nutzbar wird. Dieses ökologisch bedenkliche System ist selbstverständlich nur bei einer sehr dünnen Bevölkerungsdichte möglich. Bei hohem Bevölkerungsdruck erfolgt heute dagegen häufig bereits nach 7 Jahren Brache der erneute Anbau, was den Boden dauerhaft schädigt und die Ernteerträge kontinuierlich schmälert.

Hack- und Pflugkultur

Dies ist die klassischen Anbaumethode in Regionen, wo fruchtbare Böden eine intensive Bearbeitung mit Hacke oder Ochsenpflug ermöglichen. Es wird das Prinzip der Fruchtfolge angewandt. Auf eine fünf- bis sechsjährige Kultivierungsperiode folgt eine gleich lange Brache.

Mineralvorkommen

Die meisten bekannten Mineralvorkommen, wie Kupfer, Eisenerz, Bauxit, Betonit und Titan, beherbergt die Provinz Zambézia. Vor der mosambikanischen Küste wurden verhältnismäßig gut zugängliche Erdgasvorkommen entdeckt, bisher aber noch nicht gefördert. Seit Beginn der Privatisierungswelle 1992 wird der südafrikanische Einfluss auf die Industrie in Mosambik immer stärker. Nach wie vor leidet das Land unter einem eklatanten Mangel an Fachpersonal, modernen Maschinen und fehlenden Ersatzteilen. Die Industriebetriebe erreichen daher kaum ihre Auslastungskapazitäten. Die **hohe Staatsverschuldung** bremst die Entwicklung nach wie vor vehement aufgrund des extremen Devisenmangels. Wichtigster Industriestandort ist Maputo, wo sich rund die Hälfte aller industriellen Anlagen befinden. Von Bedeutung sind außerdem Beira mit seinem Tiefseehafen und die Industriezentren Dono und Manga. Der industrielle Sektor hat mittlerweile ein Drittel des BSP erreicht.

Wasser, Energie

Dem Küstenstaat Mosambik führen zahlreiche Flüsse reiche Wasservorkommen aus Innerafrika zu. Die bedeutendsten Flüsse sind Sambesi, Limpopo und Save. Am Sambesi entstand während der Kolonialzeit ein ehrgeiziges Projekt: die Stauung der Stroms auf Höhe der Cahora Bassa Stromschnellen zum seinerzeit viert größten Stausee der Welt. Mit einer 171 m hohen Staumauer wurde der Sambesi dabei zu einem 270 km langen See mit 52 000 Mio. m³ Fassungsvermögen aufgestaut. Das riesige Wasserkraftwerk sollte nicht Mosambik mit Energie versorgen, sondern den Nachbarstaat Südafrika, wozu eine 1414 km lange Hochspannungsleitung nach Pretoria verlegt wurde. 1985

Bild unten: Cahora Bassa Staudamm in der Provinz Tete

brachen die Stromlieferungen ab, nachdem die Renamo rund 600 Strommasten zerstört hatte. Erst seit 1998 wird wieder Strom nach Südafrika und Zimbabwe exportiert. Eine Netzerweiterung nach Malawi ist geplant, ferner der Bau eines zusätzlichen Kraftwerks 80 km stromabwärts von Cahora Bassa.

Energie für Südafrika

Verkehr & Transport

Als klassisches Transitland für die Binnenstaaten im südlichen Afrika verfügt Mosambik über ein gutes Verkehrsnetz zwischen seinen großen Städten bzw. Häfen und den Grenzen der südlichen Anrainerstaaten. Auch das Bahnnetz gilt als überaus modern, da die Bahn kaum dem Passagierdienst, sondern als Frachtweg für den Schwertransport dient. Entlang der Nationalstraße zwischen Maputo und Beira sind alle Kriegsschäden repariert, in den nördlichen und abgelegenen Landesteilen stellen mitunter im Krieg gesprengte Brücken und Straßenschäden noch eine Behinderung dar. Die Bahnstrecke von Maputo nach Zimbabwe ist seit Oktober 2004 wieder in Betrieb. Neue Brückenprojekte sind für die beiden breiten Ströme Sambesi, bei Caja, und Rovuma, an der Landesgrenze zu Tansania, geplant. Bereits ausgebaut wird der Entwicklungskorridor von Nacala nach Malawi, der den Meereshafen an das sambische Fernstraßen- und Bahnnetz anschließen soll. Internationale Flughäfen bieten Maputo, Beira, Nampula und Vilankulo, ansonsten stehen zahlreiche Inlandflughäfen zur Verfügung.

Das Verkehrsnetz

Als nächst gelegener Hafen zur Industrie- und Bergbauregion um Johannesburg (400 km Entfernung) wurden einst 50 % der Exporte über Maputo abgewickelt. Bedingt durch den Krieg sank diese Zahl gen Null und hat bisher erst wieder 10 % der alten Exportmengen erreichen können.

Bild unten: Ein Lkw ist von der Straße in eine überflutete Senke gekippt

Wirtschaft — TOURISMUS

Tourismus

Oben: Junge Urlauber am Strand von Vilankulo feilschen um einen Barrakuda

Alle loben das hohe touristische Potential Mosambiks. Fakt ist jedoch, dass das früher so beliebte Ferienziel für Jahrzehnte von den touristischen Landkarten verschwand und heute erst wieder langsam entdeckt und entwickelt werden möchte. Es ist berechtigt, von der **2700 km langen Küste** mit Traumstränden und vorgelagerten Inseln zu schwärmen, vom Indischen Ozean und seinen Tauchgründen. 300 000 Auslandsgäste jährlich besuchten bis Anfang der 1970er Jahre Mosambik, um sich an eben diesen Stränden zu erholen, die lusitanisch anmutenden Küstenstädtchen zu genießen und herrliche Nationalparks zu besuchen. Doch dann wurde Mosambik unabhängig, die Portugiesen flohen in heller Aufruhr, und die Regierung wandte sich dem Sozialismus zu – das jähe Ende für den Tourismus, der seinen endgültigen Dolchstoß durch den Renamo-Guerillakrieg bekam. Besucher waren nicht mehr erwünscht (die Frelimo stellte keine Touristenvisa aus), und blieben sowieso freiwillig aus. Als Ferienziel geriet Mosambik in Vergessenheit. Nur wer in den 1980er Jahren in Südafrika unterwegs war, bekam allenthalben zu hören, wie herrlich es in Mosambik doch einst gewesen sei.

Alle hoffen auf die Rückkehr der Touristen

Mosambik hat den Friedensschluss von 1992 als Chance zur Neuorientierung genützt und sich dem Westen geöffnet. Gerade in einem so verschuldeten und verarmten Land wird der Tourismus als rettender Strohhalm für die breite Bevölkerung angesehen. In der Tat heißen heute die Regierung und das Volk seine Besucher ehrlich Willkommen. Überall im Land sind die **zarten Ansätze zur Entwicklung einer touristischen Infrastruktur** bemerkbar. So entstehen neue Hotels und Ferienanlagen an den endlosen Stränden, die Nationalparks werden wieder mit Wildtieren

TOURISMUS

aufgestockt, ein neu gegründetes Tourismusministerium versucht, das Land in zeitgemäßer Form zu präsentieren, und die Regierung bemüht sich sichtlich um eine Vereinfachung der Einreiseformalitäten. Ist man erst einmal im Lande, spürt man immer wieder das Anliegen, man möge sich wohl fühlen, positive Eindrücke sammeln und gerne einmal wiederkommen. Kaum ein anderes Land der Region hat ähnlich zuvorkommendes Grenzpersonal; fast scheint es, als gäben sich alle besondere Mühe, zu einem positiven Bild ihres Landes beizutragen. In gewisser Weise werden Touristen hier als **Vorboten einer besseren Zukunft** angesehen.

Mosambik soll wieder attraktiv werden

Auch internationale Investoren haben den frischen Wind und die touristischen Möglichkeiten in Mosambik erkannt und engagieren sich dort. Vor allem Südafrikaner dringen in alle Bereiche vor und häufen ihren Besitz im Lande. So stellen sie auch die stärkste Gruppe ausländischer Besucher, gefolgt von Portugiesen, US-Amerikanern und Deutschen. Insbesondere Badefreunde, Taucher und Sportfischer machen die rund 200 000 Besucher aus, die pro Jahr inzwischen wieder nach Südmosambik reisen. Denn die klassischen Touristenströme verlaufen entlang der Küste zwischen Ponta do Ouro im Süden und dem Bazaruto Archipel. Ins Hinterland und in den fernen Norden mit seinen Nationalparks verirren sich bisher nämlich noch recht wenige Besucher. Insgesamt besuchten im Jahr 2005 eine halbe Million Touristen das Land; bis 2010 soll diese Zahl sogar verzehnfacht werden.

2005 wuchs die Zahl der Touristen um 37 %

Woher kommt eigentlich der Name Mosambik?

Als die Portugiesen am Ende des 15. Jh. erstmals an den südostafrikanischen Küsten auftauchten, regierte auf der Ilha de Moçambique ein arabischer Sklavenhändler. Seine Macht reichte bis weit ins Landesinnere. Der Überlieferung nach nannte man ihn „Mussal A' l Bik" oder „Moussa Ben Mbiki". Dieser Ausdruck scheint sich schließlich leicht verändert als Ortsbezeichnung eingebürgert zu haben.

Flüchtlings- und Entwicklungshilfe

Eine ganze Reihe internationaler Agenturen und Gemeinschaften versucht mehr oder weniger erfolgreich, dem "ärmsten Land der Welt" auf die Beine zu helfen. Für die UNO bedeutete der Einsatz der **UNOMOZ** zur Befriedung des Landes und Entwaffnung der Kriegsgegner eine der wenigen wirklich erfolgreichen Aktionen auf dem afrikanischen Kontinent. Das UN-Flüchtlingshilfswerk **UNHCR** ist in Mosambik stark vertreten und hat viel geleistet für die Rückkehr und Wiedereingliederung der Millionen Flüchtlinge. Auch die **UNICEF** hat diverse Projekte im Land. Neben diesen UN-Hilfen findet man staatliche Hilfsaktionen, wie **USAID** aus den Vereinigten Staaten. Besonders aktiv und engagiert wirken jedoch die sog. **NGO's** (Non-governmental-Organisations). Mosambik wird vor allem von britischen, irischen, skandinavischen und finnischen Projekten unterstützt. Es haben sich im Land verschiedene einheimische NGO's entwickelt, wie z. B. **ADEMO** und **ADEMIMO**, die sich um Minenopfer kümmern, oder das Frauenförderprojekt **MULEIDE**. Auch die Räumung der verbliebenen Landminen verläuft mit ausländischer Unterstützung, vornehmlich aus Kanada und Großbritannien (**HALO**-Trust, siehe auch S. 66 und S. 369).

Zitat von Julius Nyerere: "Menschen können nicht entwickelt werden; sie können sich nur selbst entwickeln"

Ökologie

Rund 13 % des Landes stehen unter Schutz

Mosambik hat sechs **Nationalparks** mit insgesamt 26 150 km² Fläche (3,4 % der Landesfläche) und vier **Naturschutzgebiete** mit knapp 18 600 km² (2,4 % der Landesfläche). Zahlreiche Wildschutzgebiete machen zusammen weitere 7 % der Landesfläche aus. Diese Gebiete liegen zumeist in schwer zugänglichen, für die menschliche Besiedlung unattraktiven Regionen im Hinterland. Der Natur- und Wildschutzgedanke ist in Mosambik noch nicht sonderlich ausgeprägt. Schon die Portugiesen hatten der Fülle und Pracht der afrikanischen Natur weniger Interesse und Wertschätzung entgegen gebracht, als z. B. die Briten in benachbarten Kolonien. Erst spät und nachlässig haben sie Schutzgebiete ausgewiesen; Forschung und Pflege von Natur und Tierwelt aber kaum betrieben. Lediglich der viel besuchte Gorongosa Nationalpark galt als Stolz der Kolonie. Die unabhängige Frelimo-Regierung wendete sich mit marxistisch Idealen dem Ostblock zu, und man weiß heute, wie rigide und geringschätzig diese Regime mit ihrer Umwelt umgingen. Zur Katastrophe für die einheimische Tierwelt entwickelte sich der Buschkrieg gegen die Renamo. Und daran tragen alle Nationen ihren Anteil, der Westen ebenso wie der Osten. Denn beide Kriegsgegner, die Renamo wie die Frelimo, kauften jahrelang Waffen und Kriegsgerät für **Elfenbein**, und dem Horn der Nashörner. Erst diese Zeit, in der die Tiere als Nahrungs- und Finanzquelle in einem zerstörten Land über Jahrzehnte verfolgt wurden, hat ihren Bestand akut gefährdet. Sicherlich sind z. B. Elefanten im 18. und 19. Jh. massiv bejagt worden. Ihre Population konnte sich in den ausgewiesenen Schutzgebieten aber wieder auf rund 65 000 Tiere erholen. Doch während des Buschkriegs gab es keine Rückzugsgebiete mehr für die Wildtiere. Mitten im **Gorongosa Nationalpark**, der Perle Mosambiks, schlug die Renamo sogar ihr Hauptquartier auf. Anfang der 1990er Jahre schätzte man höchstens noch 15 000 versprengte Elefanten im Land.

Jagdgebiete machen 51 206 km² Fläche aus

Natur- und Tierschutz wurden lange Zeit vernachlässigt

Der Krieg forderte seinen Tribut

Das große Umdenken...

Seit 1992 hat es eine **scharfe Kehrtwendung** gegeben. Das Land will Touristen, und Touristen wollen Elefanten und Löwen. Mosambik möchte sich als attraktives Land mit intakter Natur und vielfältiger Tierwelt präsentieren. Der ideelle Wert ihrer natürlichen Umgebung soll nun in den Köpfen der Bevölkerung verankert werden. Wildtiere werden bislang nach ihrem Wert auf dem Fleisch- oder Trophäenmarkt bewertet, doch das soll sich ändern. Die Menschen sollen sensibilisiert werden für die Bedeutung einer ökologisch intakten Umgebung und dafür, dass sich damit bei Touristen Geld verdienen lässt (man hat errechnet, dass Ökotourismus und Jagdsafaris einer Region 5 x mehr Einkommen bringen können als Landwirtschaft oder Rinderzucht). Dies ist freilich ein langer Weg, und je größer die Armut, um so schwieriger ist er zu beschreiben. Ein sichtbares Zeichen sollte die Wiedereröffnung des Gorongosa Nationalparks setzen, nachdem mühevoll die Landminen entfernt und der Wildbestand wieder aufgestockt wurden. Weniger mit touristischen Ambitionen als dem Versuch, ein erfolgreiches Miteinander von Dörfern und Wildbeständen zu bewerkstelligen, engagiert sich der Tusk Trust im Niassa Reservat. Hier wurden die Dörfer zum Schutz vor den zahlreichen, frei umher ziehenden Elefanten mit Elektrozäunen umschlossen (siehe auch S. 319f).

Bild rechts: Straßenhändler mit frisch erlegter Rohrratte, einer Delikatesse in Niacuadala (Zambezia)

ÖKOLOGIE

Das Land kämpft aber auch mit anderen ökologischen Sünden, die dem Besucher vielleicht nicht sofort ins Auge stechen. So ist die rasante **Abholzung** der Wälder inzwischen zu einem der größten Probleme Mosambiks angewachsen. Es haben sich die Waldflächen seit 1971 um 16 % verringert und betragen heute kaum noch 17,5 % der Landesfläche. Der überwiegende Teil des Holzeinschlags dient allein der Energiegewinnung als Brennholz oder um Holzkohle zu produzieren. Um den verheerenden Raubbau und die massive Schädigung der bestehenden Waldbestände zu stoppen, bedarf es dringend alternativer Methode zur häuslichen Energiegewinnung. Bislang ist aber gerade die große Armut der Bevölkerung ein Hindernis für eine stärkere Verwendung von Gasöfen etc. Ein weiteres Problem stellt die zunehmende Zerstörung der Mangrovensümpfe vor Mosambiks Küsten dar. Sie führt unter anderem zu einem Rückgang der Krustentiere. Dies hat vor allem in der Region um Maputo die einst zahlreichen Garnelen verdrängt.

Massive ökologische Folgen dürfte auch die schwerste Naturkatastrophe Mosambiks seit 50 Jahren nach sich ziehen, als im Februar 2000 ungewöhnliche Unwetter riesige Gebiete im südlichen Tiefland überfluteten (siehe S. 160). Neben dem humanitären und ökonomischen Desaster wurde auch die Tierwelt dramatisch betroffen. In den Folgemonaten wurden von der Flut vertriebene Elefanten selbst noch weit im Norden in Malawi entdeckt, z. B. im Liwonde Nationalpark.

Mosambiks Nationalparks und Wildschutzgebiete
- Gorongosa Nationalpark: westlich von Beira
- Great Limpopo Transfrontier Park
- Zinave Nationalpark: am südlichen Saveufer
- Banhine NP: im Grenzgebiet zu Südafrika/Zimbabwe
- Bazaruto NP: Inselgruppe vor Vilankulo, Unterwasserpark
- Quirimba NP: Archipel nördlich von Pemba, Marinepark

- Reserva do Rovuma (Niassa): an der Grenze zu Tansania
- Reserva do Gilé: südöstlich von Nampula
- Reserva do Marromeu: im südlichen Sambesidelta
- Reserva do Pomene: zwischen Inhambane und Vilankulo
- Reserva Especial do Maputo: Elefantenreservat

Aktuell: TFCA, "Transfrontier Conservation Areas"

Zu den jüngsten Entwicklungen im südlichen Afrika zählt die Planung und Einrichtung von grenzüberschreitenden Naturschutzgebieten, auch **Peace Parks** genannt. Erstes erfolgreiches Modell ist die Zusammenführung von Gemsbok Nationalpark (Südafrika) und Kalahari Gemsbok Park (Botswana) zu einem gemeinsam geleiteten riesigen Naturraum in der Kalahari. Zahlreiche weitere ähnliche Projekte sind in Planung. Im Oktober 1999 unterzeichneten Mosambik, Zimbabwe und Südafrika die Vereinbarung zur Entwicklung eines solchen Transfrontier Parks im Bereich Kruger Nationalpark (Südafrika), Gonarezhou Nationalpark (Zimbabwe) und dem mosambikanischen **Banhine Nationalpark** in der Provinz Gaza. Der künftige Nationalpark soll mit 92 700 km² bis an den Save reichen (diverse Jagdgebiete werden integriert) und somit zu einem der größten Schutzgebiete weltweit werden. Wenn die bisherigen Grenzzäune entfernt werden, können Elefanten und Büffel auch wieder ihren traditionellen Wanderrouten nachgehen. Ein weiteres Projekt, das aber noch in den Kinderschuhen steckt, ist die Schaffung eines Landschaftsnationalparks in Mosambik, der an Zimbabwes Chimanimani Nationalpark anschließt.

Wirtschaft — LANDMINEN

Schon gewusst?
Ein Belgier bildet in Tansania erfolgreich Ratten aus, die Landminen erschnüffeln können

Aktuell: Landminen in Mosambik

Landminen sind heimtückische Waffen, die verdeckt unter der Oberfläche ruhen, bis ein Mensch oder Tier darauf tritt und sie zum Explodieren bringt. Sie verursachen schwere Verletzungen, die meist zum Tode führen, wenn nicht schnell genug ärztliche Hilfe geleistet wird. Laut UNICEF sterben in Mosambik 60 % der Minenopfer wegen der fehlenden Notfallversorgung. Einige Minentypen sollen ihr Opfer gleich töten, andere sind gezielt auf die Verletzung und Verstümmelung von Menschen ausgelegt. Weil Landminen so wenig kosten, werden sie weltweit bei kriegerischen Konflikten eingesetzt. Bis zu 40 Jahre bleiben solche versteckten Waffen wirksam und fordern weiter ihre unschuldigen Opfer, auch wenn der Krieg im Land vielleicht schon lange vorbei ist.

Man kennt **Antifahrzeug-Minen** und **Antipersonen-Minen**, worunter die Tretminen, Splitterminen und Springminen fallen. Je nach Modell und Herkunft kosten Antipersonen-Minen im Durchschnitt nur je 5-8 Euro und sind daher auch für arme Länder leicht zu erwerben. Bis zu 1000 Euro kostet es dagegen, um eine Mine sachgerecht zu beseitigen.

Eine Mine zu legen ist billig und einfach, sie jedoch sachgerecht zu bergen kostet sehr viel Mühe und Geld

Die humanitäre **Entminung** betroffener Gebiete – also ein 100%-iges Säubern der Region, um diese wieder sicher bewohnbar zu machen – ist immer eine Herausforderung für Jahrzehnte. Zunächst müssen die Minenfelder ausfindig gemacht und abgesteckt werden, anschließend muss jede einzelne Mine geortet und von Hand entschärft werden. Plastikminen sind besonders schwer aufzuspüren, weil die Metalldetektoren darauf nicht ansprechen. Hier können meistens Minensuchhunde hervorragende Arbeit leisten. Ansonsten müssen die Minenräumer das Gelände Zentimeter für Zentimeter vorsichtig absuchen. Rein statistisch kommt es bei jeder fünftausendsten geräumten Mine zu einem Unfall. Besonders zahlreich sind Unfälle bei zurückkehrenden Flüchtlingen, die selbst ohne Sachkenntnis zur Entminung schreiten, weil sie fürs eigene Überleben die verminten Felder wieder bestellen müssen.

Rund 10 000 Menschenleben haben die Landminen Mosambiks seit den 1960er Jahren gefordert

Während des Bürgerkriegs zwischen Renamo und Frelimo wurden zwischen einer halben und 1,5 Mio. Minen eingesetzt, verbindliche Zahlen liegen nicht vor. Die Minen wurden entlang wichtiger Straßen und Grenzen vergraben, um diese gegen den Feind zu verteidigen; breite Minenfelder sollten außerdem militärische Basen und Brücken schützen. Besonders heimtückisch war das Verminen von Schulen, Krankenstationen und landwirtschaftlichen Nutzgebieten, mit denen die Zivilbevölkerung getroffen und Handel und Alltagsleben beeinträchtigt werden sollten. In allen Provinzen Mosambiks waren Landminen eingesetzt worden, besonders aber entlang der Grenze nach Zimbabwe und in den Provinzen Maputo, Inhambane, Zambezia und Tete (hier sollen noch die meisten Landminen liegen).

Im Januar 1993 begannen die landesweiten **Räumungsaktionen** der UNOMOZ, die seit 1995 vom „UN Department of Humanitarian Affairs" weitergeführt werden. Die Landesregierung installierte zusätzlich die „National Mine Clearance Commission", die 1998 in das „National

LANDMINEN

Demining Institute" überging. Seither wird in ganz Mosambik intensiv geräumt. Bis Sommer 1999 waren 1815 erwiesene oder mögliche Antipersonen-Minenfelder entdeckt und abgesteckt worden, um sie der Reihe nach zu räumen. Die allermeisten Minenfelder sind kleiner als 5 ha. Besonders stark engagiert sich der britische HALO-Trust bei den Räumungsaktionen, doch auch viele andere europäische Nationen sind hier aktiv.

Die Statistik für Mosambik besagt, dass bei jedem Minenunglück durchschnittlich 1,45 Personen getötet und 1,27 Personen verwundet werden. 40 % der mosambikanischen Haushalte haben mindestens ein Minenopfer zu beklagen.

Die Zahl der Unfälle mit Landminen ist dank der intensiven Räumung stark rückläufig. Waren 1998 noch 133 Personen betroffen, sank die Zahl im Jahr 1999 auf 60 Verletzte oder Getötete. Die Betroffenen waren meistens Männer und Kinder; nur selten Frauen. Bis Ende 2004 wurden rund 100 000 Minen im Land geräumt.

Die Flutkatastrophe vom Februar 2000 hat verschiedenen Quellen zufolge weniger als ein Dutzend Minenfelder betroffen und möglicherweise weggeschwemmt.

Es ist das Ziel der Regierung, bis 2009 landesweit die Entminung abzuschließen. In den vergangenen 10 Jahren sind dafür rund 150 Mio. US$ aufgewendet worden.

Zur Info: Zur persönlichen Sicherheit auf Reisen in Mosambik bezüglich der Landminenproblematik haben wir einen eigenen Absatz im Serviceteil zusammengestellt, der auf S. 369 nachzulesen ist.

Oben: Ein Minensucher im Einsatz. Die gut bezahlte Arbeit erfordert stabile Nerven, größte Vorsicht und Genauigkeit. Viele Minensucher kommen aus Südafrika.

Unfälle durch Landminen 1999

Provinz	Unfälle	Verletzte/Getötete
Maputo	6	14
Gaza	3	3
Inhambane	7	7
Sofala	7	15
Manica	2	3
Tete	5	6
Zambézia	1	1
Nampula	3	8
Cabo Delgado	1	2
Niassa	1	1
Total 1999	**36**	**60**
Jahr 2003	14	14
Jahr 2004	13	30
bis 08/2005	20	20

NATURRAUM MOSAMBIK

Hibiskusblüte

Oben: Palmfarnzapfen

Unten: Papayastaude

Topographie des Landes

Der langgezogene Staat an der Südostküste Afrikas erreicht eine Nord-Süd-Ausdehnung von 1900 km bei 60 bis 600 km Breite. Mosambiks **Meeresküsten** erreichen 2700 km Länge. Während der Norden noch bis zu 100 m hohe Kliffküsten und Wattbereiche kennt, dominieren rund um das Sambesidelta und bis an den Save Mangrovensümpfe. Weiter südlich folgt eine Ausgleichsküste mit schlammigen, breiten Flussmündungen und Brackwasserlagunen hinter dem sandigen Dünenwall. Etliche Korallenriffe und Inselarchipele sind dem langen Küstengürtel an vielen Stellen vorgelagert.

Knapp die Hälfte der Landfläche liegt als **Tieflandbereich** unter 200 Höhenmetern. Diese Zone schließt sich an die Meeresküste an und gewinnt nach Westen allmählich an Höhe. Dieser flache Tieflandbereich dehnt sich von Norden – hier ist er etwa 60 km breit – nach Süden kontinuierlich aus. Auf der Höhe des Sambesi ragt das Flachland bereits rund 100 km ins Landesinnere und erfasst in etwa ab dem Rio Save schließlich die gesamte Landesfläche nach Süden.

Als nächste Höhenstufe folgt nach Westen das 200-500 m hohe **Niedere Plateau**. Diese Landschaftsform findet man besonders im Norden und sie macht ca. 16 % der Landesfläche aus. Hier sind vor allem die **Granit-Inselberge** mit nahezu senkrechten, abenteuerlichen Steilhängen in einer ansonsten flach gewellten Landschaft beeindruckend.

An dieses niedrige Plateau schließt sich mit 500-1000 m ein **Mittelplateau** an. Etwa 25 % des mosambikanischen Staatsgebietes wird diesen mittleren Lagen zugeordnet, vor allem im Norden und Zentrum. In Cabo Delgado reicht das Plateau mit dem Makondegebirge bis 70 km an die Meeresküste heran.

Als **Bergland** fasst man die Höhen über 1000 m zusammen, wie das Alto Niassa Gebirge, Alta Zambézia und Angonia mit Bergen über 1500 bis 2000 m. Mount Binga im Chimanimanigebiet an der Grenze zu Zimbabwe ist mit 2436 m der höchste Berg Mosambiks. Platz 2 nimmt der Namuli bei Gurué in der Provinz Zambézia ein. Markant sind ferner der Inselberg Gorongosa (1862 m) nahe dem gleichnamigen Nationalpark, der Chiperoni (2052 m) bei Milange an der Grenze zu Malawi und die Bergspitzen Jeci (1836 m) und Txitonga (1848 m) nördlich von Lichinga.

PFLANZEN

Vegetationsformen

Savannen bzw. offene Busch- und Strauchlandschaften sind die häufigste Landschaftsform Mosambiks. In Tieflandzonen und Küstennähe herrschen **Trockenwälder** vor. Die Meeresküsten werden vor allem durch den Wechsel von **Palmenwäldern**, dichtem Gestrüpp und **Mangrovengürteln** bestimmt. Das Sambesidelta bildet als riesiges Sumpfgebiet Lebensraum für Mangroven, Gräser und Borassuspalmen. Ähnliche **Sumpflandschaften** und Marschen mit Grasebenen prägen die Flutgebiete am Limpopo, Save und Pungue. Landeinwärts nehmen Akazien- und Mopanewälder zu, die typisch für heiße und regenarme Regionen mit sandigen Böden sind. Besonders im feuchteren Norden sind **Miombowälder** weit verbreitet, diese regengrünen, Laub abwerfenden Brachystegia-Wälder mit besonders schöner Verfärbung der Blätter und einer außergewöhnlichen Artenvielfalt.

Unter den mehr als 5600 verschiedenen Pflanzen Mosambiks sind 250 Spezies endemisch. Die Region Maputaland im äußersten Süden und die Chimanimani Bergwälder genießen wegen ihrer Vielzahl endemischer Pflanzenarten eine besondere Stellung.

Miombowald

Als Leitspezies des ausgesprochen attraktiven Miombowaldes gelten die Baumfamilien Brachystegia, Julbernardia und Isoberlinia. Als Gemeinsamkeit zeichnen diese Arten pilzförmige, ausladende Baumkronen und ein explosives Aufspringen der Samenkapseln aus. Besonders häufig ist der **Muombo** (*Brachystegia longifolia*) vertreten, dessen Plural „Miombo" bei der Namensgebung dieser Waldart Pate stand. In mittleren Höhenlagen um 1200 m trifft man auf den **Msasa** (*Brachystegia spiciformis*), dessen Samenkapseln sich nach dem krachenden Aufbrechen sofort spiralförmig eindrehen. In seiner Gesellschaft siedeln sich **Munondobäume** (*Julbernardia globiflora*) an. Die beiden bis zu 12 m hoch wachsenden Laubbäume unterscheiden sich an Blättern und Schoten: die sind beim Msasa haarlos, Munondoblätter und Samenkapseln dagegen samtweich und fein behaart.

In trockeneren Gebieten weicht der Msasa dem **Mfuti** (*Brachystegia boehmii*). Die meisten Miombowaldbäume sind periodisch Laub abwerfend, wobei der Austrieb neuer Blätter noch vor der Regenzeit stattfindet, da er durch den enormen Temperaturanstieg zum Ende der Trockenzeit ausgelöst wird. Dass Blüten und Früchte oft direkt aus dem Stamm und aus dicken Ästen wachsen, ist eine Besonderheit blühender Bäume in den Tropen. Die schattigen Miombowälder zeichnen sich in der Regel durch eine geschlossene Grasdecke aus.

Miombowald dominiert zwischen 5° und 20° südlicher Breite vor allem aufgrund seiner extremen Widerstandsfähigkeit gegenüber den häufigen Buschbränden und weil er auch auf steinigen Böden gedeiht, die für viele andere Bäume wertlos sind.

Gewässer

Aus der Küstenlage Mosambiks ergibt sich, dass sein Staatsgebiet von mächtigen **Flüssen** durchzogen wird, die vom zentralafrikanischen Hochland dem Indischen Ozean zustreben. Die breiten Flüsse durchströmen ausgedehnte, sandige Flussbette und bilden teilweise sehr schlammige Mündungen. Von Norden nach Süden sind die mächtigsten Ströme der Rio Rovuma an der Grenze zu Tansania, Rio Lúrio, Sambesi, Save und Limpopo. Das riesige **Sambesidelta** muss als drittgrößte Drainage Afrikas als ein eigenständiger Naturraum betrachtet werden. Seine 1 330 000 km² große Fläche dehnt sich 120 km entlang der Küste aus. Ferner zählt der **Cahora Bassa Staudamm** in der Provinz Tete noch immer zu den weltweit größten künstlichen Seen. Mit der Provinz Niassa beansprucht Mosambik rund 200 km Küstenlinie am Ostufer des **Lago Niassa** (auch Malawisee genannt). Das 575 km lange Gewässer gilt als drittgrößter See des Kontinents und vierttiefster See der Welt.

69

Mopanewald

Mopanewald bedeckt viele Gebiete in Tete und Gaza

Mopanewälder sind in regenärmeren Gebieten besonders im Süden Mosambiks weit verbreitet und unterscheiden sich deutlich von anderem Bewuchs. Die sandigen oder lehmig-weißen Böden sind nur spärlich mit Gras bewachsen; und in der Trockenzeit wirken die oft großflächig abgebrannten und schattenlosen Mopanewälder abweisend. Das Zirpen unzähliger Zikaden und bizarre Termitenhügel prägen ihre Atmosphäre. Ihr dominantester Baum **Mopane**, *Colophospermum mopane*, verleiht dieser Vegetationsform den Namen. Der schnell wachsende, anspruchslose Mopane kann bei günstigen Bedingungen bis zu 18 m Höhe erreichen, bleibt aber bei schlechten, alkalischen Böden oft nur ein Busch. Der Baum lässt sich leicht an seinen schmetterlingsförmigen Blättern erkennen, an denen man zu bestimmten Jahreszeiten den sog. „Mopanewurm" *Gonimbrasia Belina* findet. Viele Afrikaner sammeln diese bunten Raupen, um sie gekocht und geröstet zu verzehren.

Mopanefalter leben nur für zwei Tage

Oben: Mopaneraupe

Die Blätter des **Falschen Mopane** (*Guibourtia coleosperma*) sind denen des Mopane sehr ähnlich. Falscher Mopane ist jedoch ein weniger häufig vorkommender Baum mit einem rosaweißen Stamm.

Ein weiterer auffälliger Vertreter des Mopanewaldes ist die **Afrikanische Kastanie** (*Sterculia africana*). Ihre pelzige Fruchtkapsel hat Ähnlichkeit mit der des Baobab. Als Vertreter der Kakaofamilie steht sie gerne auf steinigen Böden und im Sambesital.

In den Niedrigzonen

Die trockenen Niederungen mit sandigen Böden und sehr hohen Temperaturen weisen eine spezielle Vegetation auf. Bizarre **Fieberbäume** (*Acacia xanthophloea*) prägen die Landschaft am Unterlauf des Sambesi, bei Vila de Sena. Ihre ungewöhnlich gelben Stämme heben sich während der blätterlosen Trockenzeit besonders stark hervor. Schon die ersten Forschungsreisenden und Missionare nannten diese anmutige Akazie Fieberbaum, weil sie sie für den Auslöser von Malaria hielten. In der Tat wächst sie in den besonders heißen, sumpfigen Niederungen, wo auch die Malaria wütet, hat ansonsten aber nichts mit der Krankheit zu tun. **Pod Mahogany** (*Afzelia quanzensis*) ist ebenfalls ein großer, schattenspendender Baum der Tieflagen. Seine mahagonifarbenen, bis zu 10 x 17 cm großen Baumkapseln sind ein beliebtes Andenken. Bei günstigen Bedingungen kann er bis zu 35 m hoch wachsen. In der traditionellen Medizin werden seine Wurzeln gegen Bilharziose eingesetzt. Der **Rote Mahagonibaum** (*Khaya nyasica*) kann sogar bis zu 60 m Höhe erklimmen und gilt als wichtiger Holzlieferant für Möbel. Seine Rinde enthält Quinin, einen bedeutsamen Wirkstoff gegen Malaria.

Blühende Sukkulente

An Flussufern

Flussufer und Bachbette weisen eine besonders große Vielfalt an Bäumen auf. Sehr markant ist der große **Red Milkwood** (*Mimusops zeyheri*), ein immergrüner Baum, der stattliche 1000 Jahre alt werden kann. Seine kleinen, ovalen, gelborangenen Samen enthalten besonders viel Vitamin C. Zu Beginn der Regenzeit trägt dieser Baumriese weiße Blüten. Größeres Glück braucht man, um ein Exemplar der **Holzbanane** (*Entandrophragma caudatum*) zu entdecken. Dieser eher seltene Baum steht bevorzugt an Gewässern auf steinigem Grund und trägt Fruchtkapseln, die im aufgesprungenen Zustand zu Beginn der Regenzeit wie geschälte Bananen am Baum hängen. Der **Matumi** bzw. **Wilde Oleander** (*Adina microcephala*) blüht in der Regenzeit weiß und trägt eine schöne immergrüne Krone mit langen Blättern. Befremdend wirkt der Stamm der **Blaurinden-Commiphora** (*Commiphora caerulea*) aus der Myrrhe-Familie, dessen milchig-blaue Rinde beständig abblättert. Man findet diese Exemplare vor allem am Sambesi und Cabora Bassa Damm in der Tete Provinz.

Der **Farbkätzchenstrauch** (*Dichrostachys cinerea*) ist als akazienähnlicher Busch in niedrigen Höhenlagen vor allem in Südmosambik verbreitet. Er gilt als Indikator für überweidete Böden, weil er eine typische Sekundärpflanze ist, und lässt sich leicht an seinen Samenhülsen erkennen, die wie verschlungene Knäuel am Busch hängen. Das Bild (oben) zeigt eine Blüte.

Akazien, Albizia und Combretum

Akazien bevorzugen offene Waldlandschaften in überwiegend trockenen Regionen, und sind daher vor allem in mittleren und niederen Höhenlagen anzutreffen. Weil diese Hülsenfrüchtler den Stickstoff aus der Luft wie einen Dünger nützen, wachsen sie auch noch auf sehr verkarsteten Böden. Eine recht auffällige Akazie ist die in der Tete Provinz vorkommende **Papierrindenakazie** (*Acacia sieberana*), deren hellfarbige Rinde sich wie Papierfetzen abschält. Ihre Samenhülsen sind ein begehrtes Futter für Elefanten, Büffel, Antilopen oder auch Rinder. Noch markanter ist der von unzähligen Noppen und Warzen übersäte Stamm der **Knopfdornakazie** (*Acacia nigrescens*), die ebenfalls in der Tete Provinz und am Limpopo heimisch ist. Der Baum bleibt oft monatelang ohne Blätter und gilt als Indikator für gutes Weideland. **Apfelringakazien** (*Acacia albida*), auch Winterdorn und Anabaum genannt, wachsen mit bis zu 30 m Höhe besonders an Flussufern in tief liegenden Gebieten, wie dem Sambesital, und bilden dort ein begehrtes Viehfutter. Ihre frischen Blätter treiben nämlich im südlichen Winter, wenn alle anderen Bäume noch kahl sind. Für den Nahrungszyklus der Wildtiere kommt ihnen daher eine besondere Bedeutung zu. Die Bäume der weit verbreiteten Albizia-Familie werden leicht mit Akazien verwechselt. Um sie zu unterscheiden, sollte man wissen, dass nur Akazien an den Ästen Dornen haben. Weit verbreitet in Misch- und Trockenwäldern sind afrikanische **Weiden**. Diese Langfadengewächse der *Combretum*-Familie tragen Früchte mit vier Flügeln in gelben, grünen, braunen oder violetten Farben. Typisch sind **Vierblattcombretum** (*Combretum ghasalense*), **Kudubusch** (*Combretum apiculatum*) und die **Rostbraune Buschweide** (*Combretum hereoense*).

Samenkapsel des Falschen Mopane

Natur & Tierwelt

Baobabs – in Mosambik nennt man sie "Bondero" – faszinieren durch ihr bizarres Aussehen

Brennende Baobabfrüchte verwenden Afrikaner zum Vertreiben von Kriebelmücken

▶ Zierbäume

*Im Laufe der Jahrhunderte wurde eine Reihe von Zierbäumen nach Mosambik eingeführt, von denen der lilablühende **Jacaranda** und der rotblühende **Flammenbaum** die bekanntesten sind.*

Siehe Bild . 74!

Baobab

Der berühmteste Baum Afrikas heißt Baobab bzw. Affenbrotbaum (*Adansonia digitata*). Er zählt zu den Wollbäumen und kommt nur in niedrig-heißen Regionen in Afrika vor (entlang des Sambesi, Limpopo, Save, Lúrio etc.). Dieser ungewöhnliche Baum gilt als extrem vital und zäh, manche Exemplare werden bis zu 3000 Jahre alt. Sein massiger Stamm fungiert als Wasserspeicher, der in Trockenzeiten von Elefanten angezapft wird. Er hat große, weiße Blüten, die nur für etwa zwei Tage im Oktober/November blühen, und ovale, samtige Früchte, die soviel Vitamin C enthalten, wie kaum eine andere bekannte Pflanze. Der Baobab wird fast vollständig verwertet, selbst seine jungen Blätter sind wie Spinat gekocht essbar. Unzählige Legenden und Mythen befassen sich mit dem Baobab, der in den meisten afrikanischen Kulturen sehr verehrt wird. Manche glauben, der Sud aus seinen Samen schütze vor Krokodilen, andere behaupten, Gott habe den Baum versehentlich verkehrt herum eingepflanzt – sozusagen mit den Wurzeln nach oben! Hohle Baobabs wurden früher als Versteck, Unterschlupf oder auch als Gefängnis verwendet.

Baobabfrucht

Leberwurstbaum

Zu den ungewöhnlichsten Bäumen Afrikas muss man den Leberwurstbaum (*Kigelia africana*) zählen, der in den niedrigen Zonen an Flussufern und in offenen Waldlandschaften anzutreffen ist (z. B. im Sambesital). Seine bis zu 1 m langen und bis zu 10 kg schweren Früchte enthalten sehr viel Wasser und hängen wie Leberwürste von den Ästen und Zweigen herab. Im unreifen Zustand sind sie giftig, später werden sie allerdings zum Bierbrauen verwendet. Ansonsten sind sie ein beliebtes Futter für Mangusten, Hippos, Paviane und anderes Wild. Die dunkelroten, trompetenförmigen Blüten (der Baum gehört zu den Trompetenbaumgewächsen) verströmen abends einen unangenehmen Duft, der Fledermäuse zum Bestäuben anlockt.

Kasuarine

Aus seiner Heimat im Fernen Osten brachten ihn die Portugiesen schon früh nach Mosambik, um die sandigen Küsten mit diesen Zweikeimblattgewächsen zu stabilisieren. Inzwischen haben sich die Kasuarinen (*Casuarina equisetifolia*) längst „selbständig gemacht" und weithin verbreitet. Vor allem an den von Portugiesenhand gepflegten Küstenorten, wie Pemba, Vilankulo oder vor Ilha de Moçambique trotzen diese merkwürdigen Bäume den

PFLANZEN

Meeresstürmen. Ihre Blätter erinnern an Kiefernnadeln und auch die kleinen zapfenähnlichen Früchte geben den Kasuarinen die irreführende Erscheinung von Nadelbäumen.

Afrikanischer Regenbaum
Besondere Erwähnung verdient der Regenbaum (*Lonchocarpus capassa*). Der mittelgroße, weitverbreitete Baum steht gerne an Flussläufen. Sein Namen verrät es schon: dieser Baum scheint gelegentlich zu regnen! Dafür ist allerdings ein kleines Insekt verantwortlich, das auf diesen Bäumen lebt. Um sich vor der starken Sonneneinstrahlung zu schützen, muss sich die Zikade (*Ptyelus grossus*) selbst mit sog. 'Kuckucksspucke' bedecken. Dazu saugt sie die Rinde an, produziert Spucke und scheidet sogleich fast reines Wasser aus, welches dann vom Baum zu tropfen scheint.

Mukwa
Wegen seiner großen runden Samenfrucht relativ leicht zu identifizieren ist der Mukwa (*Pterocarpus angolensis*). Die haarige Kugel weist außen herum einen weichen, wellenförmigen Ring von etwa 3 cm Breite auf. Diese Früchte hängen oft monatelang am Baum. Wenn man den Mukwa anschneidet, tritt eine blutähnliche Flüssigkeit aus, die zum Färben verwendet wird. Der Baum ist sehr feuerresistent und bietet hervorragendes Holz für Paddel, Kanus und Speere. Man findet ihn häufig in tiefliegenden Gebieten Zentralmosambiks, wie am Savetal.

Bambus
Als „Stahl der Tropen" lobten die Kolonialherren einst die Universalnutzpflanze Bambus (*Bambusae*). Seine jungen Triebe sind essbar (Bambussprossen), und die hohlen, knotigen Stengel als extrem stabiles Nutzholz begehrt. Sowohl zum Gerüstbau als auch für kunsthandwerkliche Flechtarbeiten lassen sich die Rohrstangen verwenden. Als botanische Besonderheit durchbrechen die Schößlinge bereits mit der endgültigen Stammdicke den Boden, wachsen fortan also nur noch in die Länge. Bambus ist wegen seines kieselsäurehaltigen Holzes äußerst feuerbeständig. In Niassa und Cabo Delgado gehören Bambusstauden zum typischen Landschaftsbild.

Sukkulenten
Zahlreiche Euphorbien aus der Gattung der Sukkulenten sind in Mosambik verbreitet. Die am häufigsten vorkommende ist die **Kandelabereuphorbie** (*Euphorbia candelabrum*). Sie wird bis zu 10 m hoch und blüht in der Regenzeit gelbgrün. Sehr oft steht sie in trockenen Regionen direkt an markanten Termitenhügeln. Wenn man Euphorbien verletzt, tritt ein giftiger Milchsaft aus (was beweist, dass es sich um ein Wolfsmilchgewächs und nicht um einen Kaktus handelt).

Kapokbaum
Ein weiteres, ursprünglich aus Amerika eingeführtes Wollbaumgewächs wird seit Jahrhunderten plantagenmäßig im tropischen Afrika angepflanzt: der Kapokbaum (*Ceiba pentandra*). Den bis zu 50 m hohen Baumriesen prägen vor allem die faltigen Brettwurzeln und seine länglichen Fruchtkapseln, die den Kapok, ein weißes, wollartiges Gewebe, der früher als Polstermaterial Verwendung fand, enthalten. Die attraktiven Bäume verschönern heute noch so manchen zentralen Mittelplatz kolonialer Ortschaften und bilden städtische Alleen.

Unten: Samenkapselring des Mukwa

Palmen

Delebpalme

Fächer- und Wilde Dattelpalmen sind besonders stark verbreitet

Flussufer, Sümpfe und die Küstenstreifen des Indischen Ozeans sind klassische Standorte von Palmen. Riesige Palmenhaine symbolisieren vor allem in Küstenzonen das Klischee vom tropischen Paradies. Am bekanntesten und durch ihre extrem gute Verwertbarkeit auch besonders häufig ist die **Kokospalme** (*Cocos nucifera*). Sie gilt als eine der ältesten Kulturpflanzen der Menschheit. Ohne feste Reife- und Erntezeiten wachsen in jedem Stamm alljährlich etwa 100 Nüsse heran. In frühem Reifezustand lässt sich von den Nüssen nur die Flüssigkeit genießen. Etliche Kokosnüsse fallen auch schon zu Boden, bevor sie nach ca. 15 Monaten die Vollreife erlangen. Dann allerdings besteht das innere Fruchtfleisch zu rund 50 % aus der Trockensubstanz Kopra, die herrlich schmeckt und sehr viel Kokosöl enthält.

Weiter im Landesinneren dominieren **Fächerpalmen** (*Hyphaene cariacea*). Sie bevorzugen Sandböden und Regionen mit salzhaltigem Grundwasser. Eine südmosambikanische Unterart ist die **Ilalapalme** (*Hyphaene natalensis*). Bis zu 2000 runde Früchte trägt eine einzelne Palme, die erst zwei Jahre reifen und nach weiteren zwei Jahren abfallen. Diese Früchte sind ein begehrtes Elefanten- und Affenfutter, wobei die Tiere zugleich als Samenverteiler dienen. Als Souvenirartikel werden die Früchte aufgesammelt und halbiert, denn ihr hartes, weißes Inneres erinnert an Elfenbein. Aus den Früchten einer Palme kann außerdem bis zu 70 l Palmwein gewonnen werden. Die Palme selbst wächst sehr langsam.

Früchte der Ilalapalme

Bild oben: Kasuarinenzweig, rechts: Frucht der Raffiapalme

Zum Verwechseln ähnlich sieht die **Deleb-** oder **Palmyrapalme** (*Borassus aethiopum*) aus, ebenfalls eine der nützlichen Fächerpalmen. Aus den orangegelben Früchten werden Wein, Arrak und Zucker hergestellt. In Elefantengebieten ist die Delebpalme besonders stark verbreitet, weil Elefanten die Samen unverdaut ausscheiden und auf diese Weise großflächig verteilen.

Die orangefarbenen Früchte der attraktiven **Wilden Dattelpalme** (*Phoenix reclinata*) erinnern stark an Datteln. An der Südküste sind **Kosipalmen** (*Raphia australis*) vertreten.

Aktuell vorgestellt: Wunderwelt Mangroven

Es ist schon erstaunlich, dass eine so faszinierende und nützliche Pflanze nicht stärker gewürdigt wird! Sicherlich – Mangrovensümpfe sind stickig, schwül, ein undurchdringliches, übelriechendes Gewirr voller Moskitos und wenig abwechslungsreich. Doch andererseits harren die **skurrilen Gewächse** in einem höchst unwirtlichen Lebensraum aus und schaffen ein Biotop für viele tropische Meeres- und Küstenbewohner. In Mosambik bedecken sie rund 400 000 ha Fläche, vor allem entlang der Küsten von Zambézia, Sofala und Nampula. Die häufigsten Mangrovenarten sind *Heritiera littoralis*, *Sonnaratia alba* und *Xylocarpus granatum*.

Mangroven wachsen dort, wo andere Pflanzen nicht mehr lebensfähig sind, nämlich im Gezeitenbereich tropischer Küsten. Eine **geniale Anpassungsfähigkeit** ermöglicht diesen unscheinbaren, immergrünen Tropengehölzen die Existenz in einer ständig wechselnden Umgebung. Alle sechs Stunden, mit jeder Ebbe und Flut, durchleben sie ein Wechselbad, liegen ihre langen Stütz- und Atemwurzeln frei bzw. unter Wasser. Dem enormen Salzgehalt, der alle anderen Bäume abtöten würde, begegnen Mangroven auf unterschiedliche Weise. Manche entwickeln Blattdrüsen, durch die mit Hilfe einer Flüssigkeit das Salz wieder ausgeschieden wird. Andere befördern das Salz durch ihre Wurzeln bis in die Blätter, die sie bald danach abwerfen.

Es gibt viele **verschiedene Mangrovenarten**, die sich zwar alle recht ähnlich sehen, aber nicht unbedingt miteinander verwandt sind. Rote Mangroven vermehren sich besonders effektiv. Aus den Früchten einer Pflanze sprießen pro Jahr einige Hundert Keimlinge, die bereits dort bis zu 50 cm lange Wurzeln bilden, bevor sie schließlich abfallen. Sie treiben im Wasser und verankern sich sofort bei der ersten Bodenberührung mit ihren langen Wurzeln. Sehr schnell entwickeln sie dann Seitenwurzeln, um sich gegen die starke Strömung zu schützen. Finden die Keimlinge keinen Nährboden, können sie bis zu ein Jahr lang im salzhaltigen Mündungsgewässer treiben, ohne abzusterben.

Da Mangroven lebenslang den **Gezeitenströmungen** ausgesetzt sind, bilden sie sehr starke, pfahlartige Stützwurzeln. Zwischen diesen Wurzeln lagert sich angeschwemmter Schlamm an. Dieser Schlamm, abgestorbene Wurzelteile und enorme Mengen abgeworfenen Laubes stabilisieren die Mangrovensümpfe und werden zu nährstoffreichem Morast, der wiederum das Wachstum der Mangroven beschleunigt. Wie ein bis zu 20 km breiter Gürtel umschließt das wuchernde Dickicht schließlich Küsten und Wasserwege, und schützt als natürlicher Filter die Uferzonen vor Brandung, Treibgut und Abfällen. Im Schutz dieser dichten, schlammigen Vegetation finden Schalentiere, Muscheln, Krabben und Austern einen hervorragenden Lebensraum. Viele Wasser- und Watvögel nisten in den Sümpfen; und Barsche, Welse und Langusten halten sich im brackigen Flachwasser auf.

Natur & Tierwelt

Oben: Fruchtgebilde des Cashew-Baums mit Scheinfrüchten und Cashewnüssen

Mangobaum

Mangobäume gehören zu den meisten afrikanischen Dörfern wie Lagerfeuerstellen und Hühner. Als einer der ältesten Fruchtbäume der Menschheit genießt der ursprünglich aus Südostasien kommende Mangobaum (*Mangifera indica*) überall tiefe Verehrung. Der immergrüne Laubbaum bildet kräftige schattenspendende Kronen, in denen zu Beginn der Regenzeit Tausende an Vitamin C+A reiche Früchte heranreifen. Vor dem Genuss der süßen Mangofrüchte sollte man ihre oft klebrige Schale gut abwaschen. Die Fruchtstiele enthalten nämlich ein langwirkendes Gift, das beim Pflücken austreten kann. Das Fruchtfleisch der Mango ist aber nicht nur köstlich, sondern auch gesund.

Cashew-Baum

In ganz Mosambik, vor allem jedoch in den Provinzen Nampula und Cabo Delgado, werden Cashewbäume in Plantagen kultiviert und zieren Dörfer und Straßen. Im Amazonasbecken heimisch, hat sich der rund 12 m hohe, weit ausladende Baum inzwischen über die Tropengebiete der Welt ausgebreitet. Grund dieser Popularität ist das eigenwilligste Fruchtgebilde, welches ein Tropenbaum je produziert hat: die Cashewnuss. Zunächst reift eine fleischige runde Frucht, die süßlich duftet, rötlich-gelb wie eine Birne aussieht und im reifen Zustand durchaus verspeist und zu feinen Chutneys etc. verarbeitet werden kann. Sie fungiert dennoch nur als Scheinfrucht, denn die eigentliche nierenförmige Cashewfrucht wächst aus diesem Birnengebilde hervor. Diese

Unten: Blühender Frangipani-Strauch, ein Zierstrauch der Tropen

Frucht kann man roh keinesfalls essen. Man öffnet vielmehr mühevoll die steinharte Schale und entfernt die öligen Samen. Diese werden anschließend geröstet und landen dann als nicht ganz billige Cashewnüsse in den Supermärkten der Welt. Die Herstellung erfolgt zumeist noch in Handarbeit und wird neuerdings auch wieder in Nordmosambiks Fabriken in der Nampula Provinz betrieben (siehe dazu S. 263).

Cassava bzw. Maniok

Die Cassavapflanze bildet bis zu 2-3 m hohe, verholzte Stengel und lange, schmale Blätter. Sie wird vorwiegend in Flusstälern und Sumpfgebieten angebaut und ist eine typische Pflanze des Wanderfeldbaus (Chitemene). Dazu werden zu Beginn der Regenzeit Ableger in die Erde gesteckt, die Pflanze wächst dann je nach Region in ein bis drei Jahren heran. Cassava bzw. Maniok ist eine stärkehaltige Wurzelknolle, ihre bitteren Sorten enthalten in der Schale ein der Blausäure ähnliches Gift. Erst durch mehrtägiges Wässern, Schälen, Pressen, Raspeln und Trocknen (dies verbreitet einen unangenehmen Geruch) werden die Knollen entgiftet. Die pflanzeneigenen Enzyme zersetzen dabei den Giftstoff Linamarin, der bei diesem Prozess schließlich als Zyanwasserstoff entweicht. Das zurückbleibende Cassavamehl kann nun unbedenklich verzehrt und zu Brot oder Kuchen weiterverarbeitet werden. Weicht man jedoch die Wurzeln zu kurz in Wasser ein, so kann das Linamarin nicht vollständig abgebaut werden und schädigt ab einer bestimmten Menge im menschlichen Körper Teile des Rückenmarks. Die Folge sind spastische Lähmungen und Gliedmaßenverformungen. Seit rund 10 Jahren wird diese als Konzo bezeichnete Krankheit vor allem in Äquatorialafrika und Mosambik registriert. Sie bricht dort aus, wo Frauen aus Not die seit vielen Generationen praktizierte Sorgfalt im Umgang mit der Cassavawurzel vernachlässigen und gilt daher als ein Indikator für wirtschaftlichen Zusammenbruch, Bürgerkrieg und Armut.

Cassava bzw. Maniok bildet für mehr als 100 Millionen Afrikaner das wichtigste Grundnahrungsmittel. Die starke Verbreitung dieser Knolle liegt in ihren offensichtlichen Vorteilen: Cassava benötigt nur wenige Nährstoffe im Boden, ist weitgehend dürreresistent, lässt sich mit wenig Arbeitsaufwand platzsparend anbauen und kann je nach Bedarf geerntet werden, weil ja sozusagen direkt im Boden gelagert wird. Diesen Merkmalen verdankt Cassava die abfällige Kolonialbezeichnung „Frucht des faulen Mannes" oder „Female crop". Nachteile von Cassava sind der geringe Nährwert, die mit drei Jahren lange Reifezeit und der hohe Arbeitsaufwand zur Zubereitung von Cassavamehl.

Oben: Cassava- bzw. Maniok-Stauden

Nachlässige Zubereitung der Wurzelknolle vergiftet und schädigt den menschlichen Körper

Kolonialeuropäer lehnten den Verzehr dieser bitteren Pflanze stets ab

Natur & Tierwelt

Verwendete Abkürzungen:

KL Körperlänge in cm
SL Schwanzlänge in cm
GL Gesamtlänge in cm
KH Körperhöhe in cm
H Hörnerlänge in cm
G Gewicht in kg
LR Lebensraum
LD Lebensdauer in Jahren
A Aktivität
m männliches Tier
w weibliches Tier

DIE TIERWELT MOSAMBIKS

Pflanzenfresser, Raubtiere und Primaten

Die Säugetiere werden wissenschaftlich in Pflanzenfresser, Fleischfresser und Herrentiere gegliedert. Die meisten Pflanzenfresser, wie Böcke und Antilopen, sind tagaktive Herdentiere, wobei sich das Weiden meist auf die kühleren Stunden beschränkt. An bedeckten Tagen und in mondhellen Nächten sind die Tiere aktiver; bei starker Bejagung können sich tagaktive Wildtiere auch zu reinen Nachttieren entwickeln. Die **Pflanzenfresser** werden in verschiedene Untergruppen gegliedert: Paarhufer (Giraffen, Schweine, Flusspferde, Ducker, Böcke, Kleinantilopen, Rinder), Unpaarhufer (Zebras, Nashörner), Schliefer, Rüsseltiere, Schuppentiere, Röhrenzähner, Hasen- und Nagetiere.

Raubtiere unterteilt die Wissenschaft in Katzen (Geparde, Panther- und Ginsterkatzen), Schleichkatzen, Hunde, Marder und Hyänen. Wildkatzen sind überwiegend scheue, nachtaktive Einzelgänger. Löwen bilden eine Ausnahme, denn sie leben und jagen als Rudel, wie auch die Hyänen und Hyänenhunde (Afrikanische Wildhunde). Beschreibung ab Seite 88.

Die dritte große Gruppe bilden die **Primaten**, die auch als Herrentiere bezeichnet werden. In Mosambik sind aus dieser Gruppe einige Hundsaffen (Meerkatzen, Paviane) und Halbaffen oder Loris (Galagos) vertreten. Beschreibung ab Seite 94.

Pflanzenfresser

Elefant

Elefant
(Elephant)
Loxodonta africana

KH m300-400, w240-300; **G** m4,5t-6t, w2,2t-3t; **GL** m700-730, w640-660;
SL 110-150; Rüssellänge 160-220 cm; Stoßzahnlänge m bis 350, w bis 80;
LR Feucht- bis Trockensavanne, Galeriewälder, heiße Niederungen, Berglandschaften;
A rund um die Uhr, mittags ruhend;
LD in Freiheit ca. 15 J., eigentlich bis 60 J.

Größtes Landsäugetier der Welt und das Symbol für Afrika schlechthin ist der Elefant. Er kann bis zu 4 Meter groß und 5000 bis 6000 kg schwer werden. Allein sein Herz bringt 25 kg auf die Waage!

Elefanten haben einst in ganz Afrika bis auf 5000 m Höhe gelebt. Aufgrund des enormen Futter- und Wasserbedarfs (300 l Wasser und 100-200 kg Grünzeug pro Tag) unternehmen Elefanten bis zu 500 km lange Streifzüge und beschäftigen sich rund 17 Std. täglich mit der Nahrungsaufnahme. Wilderei und die Zerstörung der jahrhundertealten 'Elefantenpfade' durch Straßen, Zäune und Ortschaften beschränkt ihren Lebensraum nahezu überall auf die ausgewiesenen Nationalparks und Schutzzonen.

Ein Elefant wird nach 22 Monaten Tragezeit geboren und wiegt bei seiner Geburt bereits 90 kg. Mit 10-12 Jahren wird er geschlechtsreif, interessanterweise aber bei starker Überpopulation erste viele Jahre später. Eine Elefantenkuh bringt in ihrem Leben etwa 10 Kälber zur Welt. Außer dem Menschen haben Elefanten keine natürlichen Feinde und können bis zu 60 Jahre alt werden. Dass ihre derzeitige durchschnittliche Lebenserwartung nur 15 Jahre beträgt, haben sie diesem einzigen Feind zu verdanken.

SÄUGETIERE

Des Dickhäuters wichtigstes Körperteil ist der Rüssel. Mit ihm atmet und riecht er, und er benützt ihn zum Trinken, Greifen und Schlagen. Elefanten hören und riechen ausgezeichnet, das Sehvermögen ist dagegen nur mittelmäßig, allerdings in der Dämmerung besser ausgeprägt als bei Tageslicht. Die Tiere baden gerne. Anschließend suhlen sie im Schlamm oder bespritzen sich mit viel Staub, den sie später an Bäumen oder Termitenhügeln abreiben. Dieser Vorgang schützt die Haut vor Austrocknung. Beim Fressen gehen die Tiere sehr verschwenderisch mit ihrer Umgebung um. Um an Zweige und Blätter zu gelangen, werden Bäume oft entwurzelt oder abgebrochen.

Fußabdruck eines Elefanten

Das beeindruckendste an den friedlichen Dickhäutern ist ihr ausgeprägtes Sozialverhalten. Die weiblichen Tiere und alle Jungtiere leben in geschlossenen Familienverbänden. Zumeist bilden mehrere Generationen von Müttern und Töchtern eine geschlossene Herde, die von einer erfahrenen, alten Leitkuh angeführt wird. In jungen Jahren bleiben auch die Bullen in kleinen, lockeren Gruppen zusammen, und sie treffen die weiblichen Herden nur zur Paarung. Alte Bullen werden Einzelgänger. Elefanten gehen auffallend friedlich, liebevoll und umsorgend miteinander um. Ihre Familienbande sind eng und bleiben lebenslang bestehen. Sie trauern um verletzte oder getötete Artgenossen, halten manchmal Totenwache und decken dann den Körper des toten Tieres mit Zweigen ab. Dieses Verhalten ist sogar schon gegenüber verletzten Menschen beobachtet worden. Die Leitkuh muss besonders erfahren und weise sein, um zu wissen, wo z. B. in Dürrezeiten nach Wasser gegraben werden kann, welche Pfade sicher sind, wo Gefahren lauern und wie sich die Familie dann verhalten muss. Dieses Wissen vermittelt sie im Laufe vieler Jahre an die Jüngeren. Der massive Abschuss gerade der älteren Tiere (wegen der längeren Stoßzähne) durch die Wilderei hat deshalb neben der allgemeinen Dezimierung der Elefanten auch eine besonders tragische Auswirkung auf die Überlebensfähigkeit des Nachwuchses. Wo früher alte Kühe 80 bis 100 Tiere anführten, müssen heute Kleingruppen aus 15 Tieren mit einer verschreckten, unerfahrenen, vielleicht erst 20-jährigen Leitkuh überleben.

Elefanten haben eine relativ deutliche **Körpersprache**. Aggression, Angriffslust und Erregung, wie sie z. B. bei Stress und während der „Musth" (sexuelle Stimulation der Bullen) auftreten können, zeigen sich durch ein feuchtes Sekret, welches aus den Drüsen an beiden Schläfen austritt. In solchem Gemütszustand kann es zu gefährlichen Angriffen kommen.

In Mosambik werden Elefanten im Maputo Elephant Reserve geschützt und sind auch im Gorongosa Nationalpark wieder angesiedelt worden. In den nördlichen, sehr dünn besiedelten

Natur & Tierwelt

Bilder rechts von oben: Giraffe, Warzenschwein mit Wurf, Pinselohrschwein und Flusspferd

Provinzen Niassa und Cabo Delgado durchstreifen noch einige Tausend Elefanten die Wildnis bis nahe an den Indischen Ozean. Unbekannt große Bestände gibt es im Great Limpopo Transfrontier Park, wohin aus dem südafrikanischen Parkanteil (Kruger NP) Elefanten umgesiedelt worden sind – die aber fast alle sogleich wieder zurückgelaufen sind.

Giraffe

(Giraffe) *Giraffa camelopardalis*
KH 270-500;
KL 300-400;
SL 90-110; **G** 500-900;
LR halboffene Savannenlandschaften;
A tagaktiv; **LD** bis 28 J.

In Mosambik besiedeln Giraffen ausschließlich den Großraum um den Banhine Nationalpark

Das höchste Lebewesen der Welt lebt seit 10 Mio. Jahren nur in Afrika. Giraffen bevorzugen Busch- und Baumsavannen, Miombo-Waldlandschaften und ganz besonders Akazienwälder. Nach etwa 440 Tagen Tragezeit wird ein 70 kg schweres Jungtier geboren, das bereits nach einer Stunde laufen können muss. Die Mutter-Kind-Beziehung ist nur sehr locker. Nach 10 Jahren ist das Jungtier ausgewachsen und hat nur noch wenige Feinde. Gegen Angreifer verteidigt sich eine Giraffe mit gezielten Hufschlägen oder entkommt durch Flucht (mit bis zu 50 km/h). Schutzlos und gefährdet ist sie allerdings während des Trinkens, weshalb sie oft sehr lange zögert, bevor sie sich zum Wasser niederbeugt. Sie trinkt dann bis zu 50 Liter und kann damit eine ganze Woche auskommen. Die durchschnittlich 4-5 Stunden Schlaf pro Tag verbringt eine Giraffe teilweise im Stehen, und nur wenn sie sich sicher fühlt, liegend. Giraffen können über einen Kilometer weit sehen und dabei auch Farben unterscheiden. Hängen die Ohren einer Giraffe nach unten, ist sie entspannt. Aufstehende Ohren signalisieren Aufmerksamkeit und Erregung. Kleine Hörner tragen sowohl männliche als auch weibliche Tiere.

Warzenschwein

(Warthog) *Phacochoerus aethiopicus*
KH 55-85;
KL 105-150; **SL** 35-50;
G m <150, w <75;
LR vielseitig, kein dichter Wald;
A tagaktiv; **LD** 18 J.

Warzenschweine leben in ganz Afrika südlich der Sahara in offenen Grasflächen und lichten Savannen, wurden aber in Mosambik auf dünn besiedelte Regionen und Wildschutzgebiete zurückgedrängt. Sie meiden dichten Wald oder felsige Steilhänge. Innerhalb des Familienverbands leben sie standorttreu in festen Wohn- und Schlafhöhlen. Das Weibchen wirft 2-4 Jungtiere, die 4 Monate gesäugt werden und bereits nach einer Woche der Mutter ins Freie folgen. Gerne suhlen Warzenschweine in Wasser- oder Schlammlöchern. Ihr Sehvermögen ist ausgezeichnet und ihren Feinden (Löwen und Leoparden) entkommen sie meist durch Flucht. Die bis zu 150 kg schweren Tiere verteidigen ihre Familie mutig mit den unteren Eckzähnen (Hauern). Ihre Hauptnahrung besteht aus Gräsern.

Pinselohrschwein

(Bushpig) *Potamochoerus porcus*
KH 55-80; **KL** 100-150;
SL 30-45; **G** m 45-120;
LR vielseitig; **A** nachtaktiv; **LD** 12-15 J.

Diese auch Buschschwein genannte Spezies hält sich in allen Lebensräumen außer lichten Savannen auf und bleibt doch meist unentdeckt. Die rotbraunen Allesfresser leben in Kleingruppen bis zu 12 Tieren. Sie sind bei den Bauern unbeliebt, gelten die Bodenwühler mit den auffallend langen Ohrpinseln doch als starke Ackerbauschädlinge. Im Maputo Elephant Reserve und dem Gorongosa NP hat man die besten Chancen, sie zu entdecken.

SÄUGETIERE

Flusspferd
(Hippo) *Hippopotamus amphibius*
KH 130-165; **KL** 280-420; **SL** 35-50; **G** 1300-3500;
LR Gewässer mit Flachufern u. Sandbänken; **A** tagsüber im Wasser, nachts weidend; **LD** 40-45 J.

Flusspferde leben in trägen Gewässern mit flachen Uferstellen und Sandbänken bei einer Wassertemperatur von 18-35°C. Man trifft sie bis auf 2000 m Höhe. Stark verbreitet sind sie in den Flüssen Sambesi, Rovuma, Lugenda, Save und deren Zuflüssen.

Ihre nackte Haut ist mit zahlreichen Schleimdrüsen übersät und an den Füßen bilden sie Ansätze von Schwimmhäuten. Gewöhnlich tauchen die geselligen Tiere 2-5 Minuten, doch können sie in Ausnahmesituationen bis zu 15 Minuten unter Wasser bleiben. Die meiste Zeit verbringen sie träge im Wasser oder ruhend auf Sandbänken und am Ufer. Hippos verhalten sich relativ laut, sie schnauben, brüllen und wiehern. Das Maulaufreißen ist ein Zeichen der Aggression. Ihr Lebensraum ist in strikte Territorien eingeteilt, die von der jeweiligen Gruppe streng verteidigt werden. Dazu zählen auch der Uferbereich und die fest ausgetretenen Wechsel (markierte Trampelpfade). Abends verlassen die Flusspferde das Wasser entlang dieser Wechsel, um an Land zu fressen. Pro Mahlzeit vertilgen sie bis zu 60 kg Gräser und legen dabei nicht selten 30 km lange Wanderungen zurück. Ihr Hauptfeind ist der Mensch. Nur gelegentlich werden einzelne Hippos von Löwen angefallen oder Jungtiere von Krokodilen erlegt.

Flusspferde gehen eher grob miteinander um. Die Rangkämpfe der geschlechtsreifen Männchen verlaufen nicht selten brutal. Die Tiere versuchen dabei, dem Gegner die Vorderfüße zu brechen, was den Hungertod zur Folge hat. Dringt ein Männchen unerlaubt in das Territorium der Mutter- und Jungtiere ein, wird es mit Gewalt vertrieben. Man vermutet, dass die recht rohe und grobe mütterliche Erziehung die Kleinen auf das kämpferische Leben vorbereiten soll. Hippos gelten als die für den Menschen gefährlichste Säugetierart in Afrika. Vor allem Boote und Kanus, die sich ihrem Territorium nähern, werden rückhaltlos attackiert.

Giraffe

Warzenschwein

Pinselohrschwein

Flusspferd

Natur & Tierwelt

Kronenducker
(Common Duiker)
Cephalophus grimmia
KH 45-55; **KL** 80-115;
SL 10-22; **H** 8-18;
G 10-20; **LR** vielseitig,
kein Regenwald/Wüste;
A Dämmerung **LD** 12 J.

Diese Kleinantilope ist im südlichen Afrika und ganz Mosambik weit verbreitet. Die Angewohnheit, bei Störung mit gesenktem Kopf fortzuschleichen, verlieh dem auch **Steppenducker** genannten Tier seinen Namen. Die scheuen Ducker halten sich stets im Dickicht oder Gehölz auf, sind ortstreu und bei Bejagung nachtaktiv. Sie fressen neben Blättern auch Kleintiere und Bodenvögel (Perlhühner). Entlang dem Savetal kann man auch die Unterart **Blauducker** aufstöbern; **Rotducker** dagegen in Küstennähe und Mosambiks Südregion.

Oribi
(Oribi) *Ourebia ourebi*
KH 50-65; **KL** 90-110;
SL 6-10; **H** 8-19;
G 12-22;
LR Buschlandschaften;
A Dämmerung
LD 8-12 J.

Oribis, sie werden auch **Bleichböckchen** genannt, besiedeln in Mosambik offene Grassavannen mit niedrigem Bewuchs zwischen den Flüssen Save und Sambesi. Dabei treten sie einzeln oder in Kleingruppen auf. Bei Störung oder Gefahr ducken sie sich zunächst, um dann plötzlich mit einem pfiffartigen Laut aufzuspringen und davon zu rennen. Ein Identifikationsmerkmal ist der schwarze Fleck hinter den Ohren. Nur die männlichen Tiere tragen Hörner.

Klippspringer
Oreotragus oreotragus
KH 47-60; **KL** 75-115;
SL 7-13; **H** <16;
G 10-18; **LR** felsiges,
bergiges Gebüsch; **A**
Dämmerung **LD** 15 J.

Mit kleinen Hufen, die den Klippspringer an einen Balletttänzer erinnern lassen, hat sich dieser Bock hervorragend an sein Terrain, die felsigen, zerklüfteten Berglandschaften der Provinzen Niassa, Tete und Gaza, angepasst. In der Regel werden die Weibchen größer als männliche Tiere, dafür tragen nur männliche Tiere kurze, gerade Hörner. Klippspringer treten paarweise auf, man vermutet, dass die Tiere lebenslang die Einehe praktizieren.

Steinantilope
(Steenbok)
Raphicerus campestris
KH 45-60; **KL** 70-90;
SL 5-10; **H** 7-19;
G 10-16;
LR Savannen und
Steppen; **A** Dämmerung; **LD** 10-12 J.

Offenes Fachland und lichte Savannen sind das Terrain von Steinantilopen. Die ortstreuen Einzelgänger glänzen durch ihr hervorragendes Gehör, das ihnen Gefahrenquellen meist frühzeitig verrät. Das ist überlebensnotwendig, denn die zierliche, flinke Antilope hat zahlreiche Feinde. Bei Störung oder Gefahr legt sich eine Steinantilope flach zu Boden und flüchtet erst spät mit einem jähen Satz. Männliche Steinantilopen identifiziert man leicht an ihren glatten, steil hochstehenden bzw. leicht vorgeneigten Hörnern.

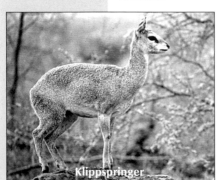
Klippspringer

Steinantilope

SÄUGETIERE

Vertreter der Böcke werden in die Unterfamilien Wald-, Pferde-, Ried- und Wasserböcke gegliedert. Die scheuen **Waldböcke** tragen alle in unterschiedlicher Ausprägung weiße Abzeichen auf dem Rumpf (als Linien oder Punkte). Sie haben ausgezeichnetes Seh-, Hör- und Riechvermögen und können über 2 Meter weit springen. Zu ihrer Gattung zählen im südlichen Afrika:

Waldböcke

Die rehartigen Schirrantilopen sind in Mosambik flächendeckend in Riedgräsern und Galeriewäldern nahe Gewässern beheimatet. Sie leben überwiegend als Einzelgänger oder in Kleingruppen, oft aber in Gesellschaft von Pavianen oder Meerkatzen und sind sehr ortstreu. Bei Gefahr verteidigen sie sich mutig und gelten als gute Schwimmer und Springer. Ihr größter Feind ist der Leopard. Nur männliche Tiere tragen die spiralförmigen langen Hörner.

Schirrantilope
(Bushbock)
Tragelaphus scriptus
KH 65-100; **KL** 115-150; **SL** 30-35; **H** <55; **G** 25-80; **LR** deckungsreiche Wassernähe; **A** tagaktiv; **LD** 12 J.

Nyalas leben in Kleingruppen stets in Wassernähe und sind durch ihre scheue Anmut und die quer über den Rumpf verlaufenden weißen Streifen eine imposante Erscheinung (vor allem die kräftigen männlichen Tiere mit ihren prächtigen Hörnern). In vielen Regionen sind Nyalas ausgerottet worden, und man kann sie in Mosambik heute nur noch in der Region des Banhine Nationalparks im Great Limpopo Transfrontier Park beobachten.

Tieflandnyala
Tragelaphus angasi
KH 80-120; **KL** 135-195; **SL** 40-55; **H** <80; **G** m100-140, w55-90; **LR** Buschwälder
A tagaktiv; **LD** <16 J.

Diese attraktiven Antilopen sind in den Wäldern und Buschlandschaften von ganz Mosambik verbreitet, verhalten sich aber sehr scheu. Kudus (auch **Großkudu** genannt) haben ähnlich den Nyala eine feine, weiße Linienzeichnung über dem Rücken, die Männchen tragen weit geschraubte Hörner. Sie leben in kleinen Gruppen in Akazienwäldern und in steinigem Berg- und Buschland und verlassen kaum jemals den schützenden Wald. In Gefahrensituationen fliehen Kudus frühzeitig und springen dabei mühelos über 2,5 m hohe Hindernisse. Wenn sie in Bedrängnis geraten, verteidigen sie sich jedoch nicht. Wegen ihres zarten Fleisches und des schönen Geweihs bilden Kudus ein begehrtes Objekt der Wilderer und Jäger.

Kudu
(Kudu) *Tragelaphus strepsiceros*
KH 120-150;
KL 185-245;
SL 30-55; **H** <180;
G 25-80; **LR** steiniger Busch, Berglandschaften; **A** tagaktiv;
LD in Freiheit etwa 8 J., in Gefangenschaft bis zu 23 J.

Schirrantilope

Kudu

Natur & Tierwelt

Elenantilope
(Eland) *Tragelaphus oryx*
KH m 140-180, w 130-160; **KL** m 240-340, w 210-270; **SL** 55-85; **H** m <120, w <65; **G** m 400-1000, w 300-600; **LR** Savannen, Halbwüsten; **A** Dämmerung **LD** 15-20 J.

Diese rinderähnliche Antilope ist der **größte Waldbock Afrikas** und wird bis zu 1000 kg schwer. Sie lebt in Herden ohne feste Territorien in offenen Savannen, ist scheu, meidet Menschen, verteidigt sich bei Gefahr aber sehr mutig. In fast allen Regionen Afrikas wurde sie wegen ihres Fleisches stark gewildert und ist heute kaum noch in freier Wildbahn zu entdecken. Die hellbraunen Tiere tragen eine schwache helle Linienzeichnung auf den Flanken. Männliche Tiere identifiziert man an den Hautlappen unter dem Hals.

Pferdeböcke

Pferdeböcke nennt man pferdegroße Antilopen mit langen bogenförmigen oder locker geschraubten Hörnern, die in offenen Buschwäldern verbreitet sind:

Rappenantilope
(Sable Antelope)
Hippotragus niger
KH m 130-145, w 130-145; **KL** m 210-230, w 190-255; **SL** 40-70; **H** m <165, w <100; **G** m 200-270, w 190-230; **LR** Buschwälder; **A** Dämmerung **LD** <17 J.

Männliche Rappenantilopen haben ein fast schwarzes Fell, die Weibchen sind dagegen mittelbraun. Durch ihre langen, säbelartig gebogenen Hörner wirken diese Tiere ausgesprochen majestätisch und zählen zweifellos zu den besonders attraktiven Antilopen Afrikas. Sie sind theoretisch in allen Landesteilen Mosambiks außer dem Süden beheimatet, jedoch nicht mehr sehr häufig anzutreffen. Jede Herde wird von einer erfahrenen Leitkuh angeführt, während die Bullen in der Regel allein umherstreifen. Bei Gefahr verteidigen sich Rappenantilopen selbstbewusst und mutig.

Pferdeantilope
(Roan Antelope)
Hippotragus aquinus
KH m 150-160, w 140-150; **KL** m 240-265, w 220-245; **SL** 60-70; **H** m <100, w <80; **G** m 260-300, w 220-275; **LR** Buschwälder **A** Dämmerung **LD** <17 J.

Pferdeantilopen leben in Mosambik nur noch in kleinen Gruppen in den Galeriewäldern des Great Limpopo Transfrontier Parks und vereinzelt in den Provinzen Tete und Niassa. Die nach den Elenantilopen zweitgrößten Antilopen Afrikas suchen auffallend gerne die Gesellschaft von Zebras, Büffeln oder Gnus. Bei Gefahr zeigen sie großen Mut und attackieren notfalls sogar selbst den Angreifer, bevor sie sich geschlagen geben. Ihre Hörner sind geringelt und leicht nach hinten gebogen. Pferdeantilopen sind reine Grasfresser.

Elenantilope

Rappenantilope

SÄUGETIERE

Bedeutendster Vertreter der Familie der **Kuhantilopen** in Mosambik ist die Lichtenstein-Kuhantilope. In den Schutzgebieten des Hinterlands ist sie noch heimisch in Steppen und Trockensavannen oder halboffenen Hügellandschaften. Ihr Verbreitungsgebiet sind der Norden des Landes und die Region zwischen Sambesi und Save. Dort sieht man sie mitunter auf Erhebungen wie Termitenhügeln „Wachestehen". Kuhantilopen haben eine auffällige starke Hörnerbiegung. Sie reagieren auch auf die Alarmrufe anderer Antilopenarten oder Perlhühner.

Lichtenstein-Kuhantilope
(Lichtenstein's Hartebeest)
Alcelaphus lichtensteini
KH 120-145;
KL 175-245; **SL** 40-70;
H <70; **G** 130-180;
LR Buschlandschaften;
A Dämmerung **LD** 18 J.

Auch Gnus zählen zu den Kuhantilopen und sind in offenen Savannen und Steppen zwischen Save und Sambesi beheimatet. Sie halten sich meist in lockeren Großherden auf. Da Gnus nur Gräser bis 10 cm Höhe fressen, wird vermutet, dass Buschbrände für ihr Überleben notwendig sind. Ihr größter Feind ist der Löwe, dem die ängstlichen Tiere nur durch frühzeitige Flucht entkommen können. Nach der Geburt müssen die Neugeborenen bereits nach 3-5 Minuten aufstehen und den Muttertieren folgen können. Gnus unternehmen in Großherden weite saisonale Wanderungen, wenn es der Lebensraum zulässt. Ihrem nasalen Blöken verdanken sie den Namen „Gnu".

Weißbart- oder **Streifengnu**
(Blue Wildebeest)
Connochaetes taurinus
KH m 125-145, w 115-140; **KL** m 180-240, w 170-230; **SL** 60-100;
H m bis 85, w <40;
G m 165-290, w 140-260; **LR** Grassteppen;
A tagaktiv; **LD** <18 J.

Ried- und Wasserböcke, wie der Großriedbock, sind etwa hirschgroße Schwemmlandbewohner, die nur in Wassernähe anzutreffen sind. In Mosambik beheimatet ist der Wasserbock.

Ried- und Wasserböcke

Wasserbockherden befinden sich immer in der Nähe von Gewässer, um bei Gefahr dorthin zu fliehen. Sie werden meist von Raubkatzen verschont, solange ausreichend anderes Wild vorhanden ist, denn ihr Fleisch ist faserig, zäh und strömt einen moschusartigen Duft aus. Auffälliges Erkennungszeichen des graubraunen Wasserbocks ist sein von einem weißen Kreis umrahmter Spiegel. Außer dem südlichen Drittel Mosambiks gilt das ganze Land als Verbreitungsraum.

Wasserbock
(Waterbock) *Kobus ellipsiprymnus*
KH <130; **KL** <220;
SL 25-45; **H** <100
G 170-230; **LR** wassernahe Galeriewälder **A** Dämmerung **LD** <18 J.

Wasserbock | Gnu

Natur & Tierwelt

Impala
Aepyceros melampus
KH 75-90; **KL** 120-160; **SL** 30-45; **H** <90; **G** m 200-270, w 190-230; **LR** Parklandschaften, Miombo- & Mopanewälder; **A** Dämmerung, teilw. auch nachts; **LD** <12 J.

Das Impala, auch **Schwarzfersenantilope** genannt, gilt als eigene Gattung unter den Paarhufern und ist in ganz Nordmosambik und im Westen des Landes von Tete bis in den Süden (außer in Bergregionen) anzutreffen. Die etwa hirschgroße Antilope bildet gesellige, große Herden bis zu 100 Tieren und hält sich gerne in Gesellschaft anderer Huftieren auf. Sie ist sehr ortstreu und bevorzugt dichte Mopane- und Miombowälder. Ihr Sehvermögen ist zwar schlecht, dafür riecht und hört sie ausgezeichnet. Auf der Flucht können Impalas bis zu 60 km/h schnell laufen und mit bis zu 3 m hohen und 10 m weiten Orientierungssprünge glänzen.

Kaffernbüffel
(Buffalo) *Syncerus caffer*
KH 100-160; **KL** 170-260; **SL** 50-80; **H** 75-100; **G** 250-800; **LR** Wald, Sumpf, Feuchtsavannen; **A** Dämmerung und nachts; **LD** <20 J.

Die Familie der Echtrinder wird durch die Kaffernbüffel vertreten. Die 800 kg schweren Büffel leben überwiegend in geschlossenen Herden in Wäldern, Savannen und Grassteppen, immer jedoch in Wassernähe. Sie sind in Mosambiks Nationalparks und Wildschutzgebieten verbreitet, allerdings sehr scheu. Büffel sehen und hören nur schlecht und müssen sich auf ihren Geruchssinn verlassen. Ihr Hauptfeind ist der Löwe. In der Herde neigen Büffel in vermeintlichen Gefahrensituationen zu überstürztem Fluchtverhalten. Bei einem Angriff verteidigt sich der einzelne Büffel allerdings mutig und nicht selten wird dabei der Löwe verletzt oder sogar getötet. Alte Einzelgänger und in die Enge getriebene Tiere greifen unter Umständen auch Menschen an.

Büffel

Klippschliefer

Schliefer
(Dassie) *Heterohyrax brucei*, *Procavia capensis*
KH 20-30; **KL** 40-60; **G** 2,5-4,5; **LD** bis 12 J.; **LR** und **A** siehe rechts

Die Familie der **Schliefer** umfasst die Baum-, Steppen- und Klippschliefer. Die possierlichen, kaninchenartigen Huftiere erinnern an Nagetiere bzw. übergroße Meerschweinchen mit kleinen, runden Ohren und kurzen Beinen. Doch sind die geselligen, wendigen Pflanzenfresser näher mit Elefanten verwandt als mit irgendeinem der Tiere, denen sie ähnlich sehen. **LR** Baumschliefer: Feucht- u. Galeriewälder, Steppenschliefer: Savanne, Steppe, Buschwald, Klippschliefer: Felsen, steinige Berghänge; **A** Baumschliefer nachtaktiv, Steppen- und Klippschliefer tagaktiv

SÄUGETIERE

Zur Gruppe der Unpaarhufer zählen Einhufer (Zebras) und Nashörner.

Die beiden friedlichen, plumpen Pflanzenfresser der Nashorngattung sehen sehr schlecht, können aber mehrere Kilometer weit hören und riechen. Es sind gemütliche Zeitgenossen, die allen Konfrontationen lieber aus dem Weg gehen. Ist die Fluchtdistanz aber überschritten oder das Nashorn irritiert, kann es zu kraftvollen Angriffen oder Scheinangriffen kommen. Dabei senkt das Tier den Kopf, schnaubt und prescht mit unerwarteter Geschwindigkeit (über 50 km/h) auf sein Ziel los. Die Tiere fressen sehr unterschiedliche, nahrhafte Blätter und Gräser. Sie können auch Pflanzen verdauen, die für den Menschen hoch giftig sind.

Unpaarhufer

Spitzmaulnashorn
(Black Rhino)
Diceros bicornis
KH 140-225;
KL 290-360; **SL** 60-70;
H (vorne) <120;
G 0,7 t-1,6 t; **LR** trockener Busch, Savanne, auch Wald;
A ganztags, bes. Dämmerung, bei Störung auch nachts;
LD <40 J.

Breitmaulnashorn

Nashörner haben außer dem Menschen fast keine Feinde. Spitzmaulnashörner werden gelegentlich von Löwen angegriffen. Die deutlich größeren und helleren Breitmaulnashörner werden eigentlich von allen Tieren in Ruhe gelassen.

Breitmaulnashorn
(White Rhino)
Ceratotherium simum
KH 175-210;
KL 360-380; **SL** 90-100; **H** (vorne) <150;
G 3,5t-4,7t;
LR deckungsreiche Buschlandschaften;
A Dämmerung und nachts; **LD** <40 J.

In Mosambik sind die natürlichen Bestände an Nashörnern durch Wilderei soweit dezimiert, dass nur noch sporadisch von Zeit zu Zeit die Sichtung eines Nashorns im Hinterland gemeldet wird.

Das Steppenzebra ist im östlichen und südlichen Afrika weit verbreitet und in zahlreiche Unterarten gegliedert. Zwischen Sambesi und Rovuma lebt das sog. **Böhmzebra**. Es hat schwarze Streifen auf weißer Grundfarbe, auch seine Beine sind gestreift. Noch enger und zahlreicher sind die Streifen beim **Selouszebra**, welches man in ganz Mittel- und Nordmosambik antrifft. Der Süden des Landes ist der Lebensraum des **Chapmanzebras**. Die ehemals flächendeckende Verbreitung im Land ist heute deutlich eingeschränkt auf geschützte Gebiete.

Zebras werden bis zu 350 kg schwer und leben in engen, harmonischen Familienverbänden. Sie gesellen sich gerne zu anderen Huftieren, wie Giraffen und Gnus. Ihr Gehör ist sehr gut, das Seh- und Riechvermögen dafür schwächer ausgeprägt. Ihr typischer Laut ist ein pferdeähnliches Wiehern. Neugeborene Fohlen erkennen ihre Mutter erst nach mehreren Tagen, bis dahin zeigen sie eine angeborene Nachfolgereaktion. Aus diesem Grund verjagen die Mütter in den ersten Tagen alle anderen Tiere aus der Nähe des Fohlens. Die Stuten werden in der Regel kräftiger und größer als Hengste.

Steppenzebra
(Zebra) *Hippotigris Equus burchellii*
KH m 120-140,
w 105-120;
KL m 200-245,
w 190-240; **SL** 45-60;
G m 220-350,
w 170-330;
LR Savannen, lichter Busch; **A** tagaktiv;
LD 20-30 J.

Natur & Tierwelt

Löwe
(Lion) *Panthera leo*
KH 75-110; **KL** 145-200; **SL** 65-100; **G** 120-200; **LR** offene Landschaften, Halbwüsten bis Feuchtsavanne; **A** sehr träge, aktiv eher morgens, abends und nachts; **LD** bis 30 J., meist aber nur 13-15 J.

Außer in dichten Wäldern sind Löwen praktisch überall lebensfähig, jedoch in den meisten Ländern, wie auch in Mosambik, auf abgelegene Regionen im Hinterland und Schutzgebiete zurückgedrängt. In den Provinzen Niassa, Cabo Delgado und Tete ist ihr Bestand noch recht stabil. Man vermutet, dass insgesamt noch zwischen 1000 und 2000 Löwen in Mosambik leben.

Als einzige Katzenart leben sie in festen Rudeln. Löwen können sehr gut schwimmen und klettern. Ihr tiefes, keuchendes Brüllen ist bis zu 8 km weit hörbar. Die männlichen Tiere tragen prächtige Mähnen um den Hals und benehmen sich sprichwörtlich wie Paschas. Der „König der Tiere" ruht träge bis zu 20 Stunden am Tag, während die Löwinnen für die Jagd, Aufzucht der Jungen und das Wacheschieben zuständig sind. Ihre Jagdmethode besteht aus vorsichtigem Anschleichen, dann folgt ein kurzer, schneller Ansprung (bis 70 km/h) und das Töten der Beute durch Kehlbiss oder Genickbruch. Der Jagderfolg von Löwen liegt nur bei 20 %. Sie fressen bevorzugt die Eingeweide der Beutetiere und bleiben mitunter mehrere Tage bei einem Riss. Allerdings herrscht wenig Familiensinn, denn nach einem Riss fressen immer zuerst die männlichen Tiere, dann die Weibchen, die in der Regel die Beute gerissen haben, und zuletzt die Jungtiere. In Extremfällen verhungert der Nachwuchs bei Futtermangel, auch Kannibalismus kommt vor. Im Durchschnitt überlebt nur jedes zweite Löwenkind die ersten Jahre. Ausgewachsene Löwen haben keine natürlichen Feinde, es kann allerdings passieren, dass sie von mutigen Beutetieren getötet (aufgespießt) werden. Verletzte und geschwächte Löwen greifen mitunter auch Menschen an.

Oben: Löwenspur im Sand

Fortpflanzung: Nach etwa 100 Tagen Tragezeit wirft eine Löwin 1-6 Junge, die ein halbes Jahr gesäugt werden. Nach 2 Jahren ist der Nachwuchs jagdfähig und nach 5-6 Jahre ausgewachsen. Junge Löwen erkennt man übrigens an rosafarbenen Schnauzen, bei alten Löwen ist die Schnauze dunkel.

Löwenpaar

SÄUGETIERE

Die muskulösen und geschmeidigen Pantherkatzen sind extrem scheue Einzelgänger, die ihre erlegte Beute auf Bäume schleppen, um sie dort nach und nach zu verzehren. Leoparden bewegen sich sehr gewandt in steinigem, steilen Gelände und gelten als ausgezeichnete Schwimmer. Besonders beliebte Beutetiere sind Affen, Schirrantilopen, Ziegen und Haushunde. Leoparden treten quasi flächendeckend in ganz Mosambik auf, sind jedoch überall sehr selten und scheu. Ihr Bestand gilt als nicht gefährdet, obwohl die Schleichkatzen wegen ihres Fells viel gewildert werden. Die meisten Tiere kommen durch Fallen zu Tode, seltener werden sie erschossen.

Leopard
(Leopard) *Panthera pardus*
KH 50-70; **KL** 130-190; **SL** 60-90; **G** 90-190; **LR** sehr vielseitig; **A** überwiegend nachts, teilweise auch morgens und abends; **LD** in Gefangenschaft bis 20 J.

Den Gepard kennzeichnet im Gegensatz zum kompakten, muskulösen Leopard eine windhundartige Gestalt mit sehr langen, dünnen Beinen und einem kleinen Kopf. Das drahtige Leichtgewicht lebt als Einzelgänger und weicht Begegnungen mit Artgenossen aus. Da der Gepard von Natur aus friedlich ist, kann er leicht domestiziert werden. Er bewohnt offene Landschaften bis in 2000 Meter Höhe, ist aber in ganz Afrika vom Aussterben bedroht und in Mosambik nur noch im Westen der Provinzen Gaza und Inhambane (im Grenzgebiet zum Krüger N. P.) und der südlichen Provinz Tete angesiedelt. Vereinzelt treten sie in Niassa und Cabo Delgado auf, doch scheint ihr Gesamtbestand in Mosambik nicht einmal mehr 100 Tiere auszumachen. Geparde benötigen großflächige Territorien. Ihre Gefährdung hängt auch mit den Risiken der Aufzucht zusammen. Etwa die Hälfte der Jungtiere wird in den ersten Lebensjahren von anderen Raubtieren, wie Löwen und Hyänen, gefressen. Eine **Weltrekordleistung** stellt der Gepard bei der Jagd auf: Er schleicht sich zunächst an die Beute heran und legt dann die letzten hundert Meter in einem atemberaubenden Sprint zurück. Dabei kann er einen halben Kilometer mit 80 km/h zurücklegen, erreicht Spitzengeschwindigkeiten von 110 km/h und macht über 7 Meter weite Sprünge!

Gepard
(Cheetah)
Acinonyx jubatus
KH 75-85; **KL** 110-140; **SL** 65-80; **G** 40-60; **LR** Wüsten, Trockensavannen, offene Landschaften; **A** tagaktiv, vor allem morgens und abends; **LD** max. bis 16 J.

Leopard

Gepard

Natur & Tierwelt

Schakal
(Jackal) *Canis*
KH 45-50; **KL** 70-90; **SL** 35-40; **G** 6-12; **LR** Savannen, Steppen; **A** überwiegend nachts und bei Dämmerung; **LD** 10-12 J.

Die fuchsähnlichen Schakale bewohnen Erdbauten in niedrig bewachsenen Savannen und Steppenlandschaften. Die nachtaktiven Tiere ernähren sich hauptsächlich von Aas, Früchten, Vögeln und Kriechtieren. Sie zeigen ein ängstliches Verhalten und verteidigen sich und ihr Revier nur schwach. Schakale gehen eine Lebensehe ein und ziehen die Jungen gemeinsam auf. Während Streifenschakale (Side-striped Jackals) in ganz Mosambik vereinzelt vorkommen, beschränkt sich der Lebensraum von Schabrackenschakalen (Black-backed J.) auf Landesteile südlich des Sambesi.

Hyänenhund oder Afrikanischer Wildhund
(Wild Dog, Hunting Dog, Painted Dog) *Lycaon pictus*
KH 70-75; **KL** 80-110; **SL** 30-40; **G** 18-28; **LR** Savannen, Steppen; **A** tagaktiv, vor allem morgens und abends; **LD** 10-12 J.

Hyänenhunde haben ein unverwechselbares Äußeres: Schmaler, windhundartiger Körper, lange, dünne Beine, große und rundliche Ohren, auffallend geflecktes Fell in den Farbvariationen weiß, gelb, braun und schwarz. Jedes Tier weist eine andere Färbung auf, nur am Schwanzende sind alle weiß. Trotz der hundeähnlichen Erscheinung und ihres Verhaltens sind sie nicht mit Hunden oder Hyänen verwandt. **„Wild Dogs"**, wie sie zumeist genannt werden, bilden lebenslang bestehende feste Rudel und leben in sehr engem Sozialgefüge miteinander. Nur das dominanteste Paar im Rudel bekommt Junge, die von der ganzen Gruppe gemeinsam aufgezogen werden. Auch verletzte Rudeltiere werden von allen anderen versorgt und verpflegt. Die Überlebenschance der Welpen ist gering, da sie sehr krankheitsanfällig sind und häufig von Löwen getötet werden. Außerdem ist der Mensch noch immer Feind Nr. 1, weil Farmer die Tiere rückhaltlos abschießen. Besonders problematisch ist ihr enormer Platzbedarf, denn Wild Dogs beanspruchen riesige Territorien. Immer häufiger geraten sie dabei mit den Menschen in Konflikt. Sie jagen Großwild, wie Kudus, Impalas und Ducker, gemeinsam in einer ausdauernden Hetz- oder Rennjagd mit Geschwindigkeiten bis zu 55 km/h. Dabei sind die Jäger extrem erfolgreich (sie haben zu 95 % Jagderfolg). Wo die natürlichen Beutetiere fehlen, reißen sie Nutztiere, wie Rinder und Ziegen. Die Rache der Farmer führte dazu, dass Wild Dogs heute stärker vom Aussterben bedroht sind als Nashörner. Ihr Bestand ist überall akut gefährdet. Man schätzt, dass in ganz Afrika nicht mehr als 3000 dieser faszinierenden Tiere überlebt haben. Wieviele davon in Mosambik existieren, ist derzeit nicht bekannt.

Tüpfelhyäne
(Spotted Hyaena) *Crocuta*
KH 70-90; **KL** 120-180; **SL** 25-30; **G** 55-85; **LR** Halbwüsten bis Feuchtsavannen; **A** Dämmerung und nachts; **LD** in Gefangenschaft bis 40 J.

Hyänen leben in Rudeln mit etwa 20 Tieren in markierten Territorien in den geschützten Gebieten Nord- und Zentralmosambiks. Die ortstreuen Nachtjäger zeichnet ein hervorragendes Seh-, Hör- und Riechvermögen aus. Innerhalb ihrer Gemeinschaft dominieren die Weibchen, die in der Regel auch größer und schwerer sind. Vor einem Angriff oder Beutezug hört man oft das typische Heulen der Hyänen: ein 2-3 Sekunden andauernder gezogener Heulton, der bis zu 15 mal wiederholt wird. Das schaurige Gelächter, das gelegentlich zu hören ist, ist ein Angst- und Erregungsruf der Hyänen. Bei der Jagd sind sie ausgesprochen ausdauernd und warten geduldig auf den günstigsten Augenblick, ehe sie ihr Opfer mit bis zu 50 km/h niederreißen. Die Beute wird mit Haut, Haaren und Knochen verschlungen; Aas und selbst tote Artgenossen verschmähen Hyänen auch nicht. Keineswegs fressen Hyänen nur die Reste eines Löwenkills, vielmehr verjagen ebenso oft Löwen die erschöpften Hyänen von ihrem frischen Riss. Einzelne Fußgänger sind schon von Hyänenrudeln attackiert worden.

Karakal (Caracal) *Caracal caracal*
KH 40-50; **KL** 65-90; **SL** 20-30; **G** 8-18; **LR** Trockensavannen bis Wüsten; **A** überwiegend nachts und bei Dämmerung; **LD** <17 J.
Der auch unter dem Namen Wüstenluchs bekannte Karakal ist an sich in Afrika und Zentralasien weit verbreitet, bleibt aber als vorsichtiger Einzelgänger meist unentdeckt. Seine Erscheinung ist luchsartig, das weiche Fell oberseitig einfarbig hellbraun, nur am Bauch mit gelblichen Flecken besetzt. Eindeutiges Erkennungsmerkmal sind die langen Haarpinsel an den spitzen Ohren. Er lebt in Felsspalten oder Erdlöchern, wo er seine Jungen aufzieht. Bei der Jagd nach Säugetieren von der Größe einer Maus bis zum Springbock oder nach Bodenvögeln schleicht er sich zunächst unbemerkt an und überwältigt seine Beute dann mit einem Blitzspurt.

Serval (Serval) *Leptailurus serval*
KH 45-55; **KL** 65-90; **SL** 25-35; **G** 6-15;
LR Deckungsreiche Savannen, Galeriewald; **A** meist nachtaktiv u. b. Dämmerung; **LD** <20 J.
Die hochbeinige Kleinkatze trägt einen verhältnismäßig kleinen Kopf mit breit angesetzten, großen Ohren. Das ockerfarbene Fell ist am Rücken mit schwarzen Flecken in Längsreihen besetzt. Das Revier des standorttreuen Serval liegt in Trocken- oder Feuchtsavannen, die gute Deckung und Wassernähe gewähren. Mit der Jagdtechnik einer Katze erbeutet er Bodenvögel, kleine Säugetiere und Eidechsen dank seines hervorragenden Seh- und Hörvermögens.

Schabrackenschakel

Afrik. Wildhund (Wild Dog)

Tüpfelhyäne

Natur & Tierwelt

Ginsterkatze
(Small-spotted Genet)
Genetta genetta
KH 15-20; **KL** 40-55;
SL 40-51; **G** 1-2,5;
LR Wald, Feucht-savannen, Sumpf;
A nachtaktiv; **LD** <9 J.

Die Gemeine Ginsterkatze, auch **Kleinfleckginsterkatze** genannt, ist von schlanker, niedriger Erscheinung: ein extrem langer Schwanz, kurze Beine, langer Rumpf und ein spitz zulaufender, fuchsartiger Kopf. Das strohfarbene Fell ist von dicken schwarzen Flecken übersät, die am Schwanz in breite Streifen übergehen. Die ähnliche **Großfleckginsterkatze**, deren schwarze Flecken noch dunkler erscheinen, kommt ebenfalls in ganz Mosambik vor. Die geschickten Kletterer flüchten bei Gefahr bevorzugt in die Bäume.

Zibetkatze
(African Civet)
Viverra civetta
KH 25-40; **KL** 80-95;
SL 40-53; **G** 9-20;
LR Wald, Feucht- und Trockensavannen;
A nachtaktiv; **LD** <14 J.

Die zur Familie der Ginsterkatzen zählende afrikanische Zibetkatze mit der Größe eines mittelgroßen Hundes trägt ein stark schwarz geflecktes Fell mit grauem Unterton. Der Schwanz ist buschig, die Hinterläufe wirken länger als die Vorderen, und den breiten Kopf hält die Zibetkatze meist flach geduckt. Tagsüber versteckt sie sich in hohem Gras. Sie verfügt über ein ausgezeichnetes Riech- und Hörvermögen sowie ein spezielles Dämmerungs- und Bewegungssehen. Auch bei Gefahr bleibt die Zibetkatze meist am Boden, nur selten springt sie auf Bäume. Ihre Revier markiert sie mit Duftdrüsen, die ein Sekret enthalten, das bei der Parfumgewinnung eine wichtige Rolle spielt.

Zebramanguste
(Banded Mongoose)
Mungos mungo
KH 18-20; **KL** 30-45;
SL 20-30; **G** 0,6-1,5;
LR Feucht- und Trockensavannen nahe Gewässer;
A tagsüber; **LD** <11 J.

Zahlreiche **Mangusten** und **Ichneumons** sind im südlichen Afrika beheimatet. Die gedrungene Zebramanguste ist ein typischer und zugleich leicht identifizierbarer Bewohner Mosambiks. Das oliv- bis graubraune Fell ist auf dem Rücken des Tieres von abwechselnd hellen und dunklen Querbändern besetzt.

Mangusten ziehen in Familientrupps bis 30 Tieren innerhalb eines Gebietes ständig umher, wo sie selbst gegrabene Erdhöhlen, hohle Baumstämme oder ausgehöhlte Termitenbauten bewohnen. Vor allem morgens und abends sind die munteren Gesellen aktiv, vormittags sonnen sie sich gerne ausgiebig. Ihren Feinden, größeren Raubtieren und Greifvögeln, entgehen die mutigen Kämpfer meist durch einen rechtzeitigen Warnruf und verteidigen sich notfalls auch gemeinsam gegen einen Angreifer. Sie können dabei selbst gefährliche Giftschlangen in die Flucht schlagen.

Honigdachs
KH 23-28; **KL** 65-75;
SL 18-25; **G** 8-16; **LR** sehr vielseitig; **A** überwiegend nachts und bei Dämmerung;
LD bis 24 J.

In Größe und Gestalt ähnelt er dem europäischen Dachs. Auffällig ist seine weißgraue Schabracke (Oberseite von der Stirn bis zur Schwanzwurzel), während der übrige Körper schwarz ist. Sprichwörtlich ist die Aggressivität, mit der der Honigdachs trotz seiner kleinen Körpergröße sogar büffelgroße Gegner angreift. Die meisten Tiere gehen dem kampfwütigen Honigdachs daher aus dem Weg. Er ernährt sich von Bienenhonig und kleinen Kerbtieren. Um an die begehrten Bienenwaben zu gelangen, lässt er sich von einem Vogel, dem Honiganzeiger, dorthin führen. Der Dachs zerstört die Waben und jeder der Beiden erhält seinen Teil vom Honig und den Bienenlarven (eine faszinierende Zweckgemeinschaft im afrikanischen Tierreich).

SÄUGETIERE

Zebramanguste

Honigdachs

Buschhörnchen

Unverkennbar wegen ihres langen Borstenkleides sind die größten Nagetiere Afrikas. Der plumpe Körper ist kaum zu erkennen unter der prächtigen Mähne aus bis zu 30 cm langen, schwarz-weiß geringelten Hohlstacheln, die vom Kopf bis zum Schwanz reichen. Stachelschweine sind nahezu überall in Afrika außerhalb der Sahara weit verbreitet. Meist deuten aber nur ausgefallene Stacheln am Boden auf ihre Anwesenheit hin. Die Tiere hausen in geräumigen Wohnhöhlen mit mehreren Ausgängen. Bei Dämmerung und nachts treten sie auf festen, bis zu 15 km langen Wechseln die Nahrungssuche an (Pflanzen aller Art, abgefallene Früchte, sie nagen aber auch Knochen ab). Bei Gefahr und Verfolgung bleiben sie plötzlich stehen und lassen den Feind in die aufgestellten Stacheln laufen. Die Stacheln werden übrigens nicht abgeschossen, fallen aber leicht ab.

Südafrika-Stachelschwein
(Cape Porcupine)
Hystrix africaeaustralis
KH ca. 25; **KL** 65-85;
SL 12-17; **G** 15-27;
LR vielseitig; **A** nachts und bei Dämmerung;
LD 20 J.

Der Springhase gilt als eigene Gattung in Afrika, gehört aber zu den Nagetieren (es handelt sich nicht um einen Hasen). Der kaninchengroße Nager ähnelt mit seinen stark verkürzten Vorderbeinen im Kontrast zu den langen Hinterbeinen und riesigen Füßen einem Känguruh. Ferner sind der dichtbuschige lange Schwanz, löffelförmige Ohren und große, runde Augen auffällig. Die putzigen Tiere graben in den Sandböden zahlreiche Gänge und Wohnhöhlen, deren Ausgänge sie vor dem Schlafengehen von innen mit Sand verstopfen. Jedes Tier hat mehrere solcher Bauten, die bei Gefahr sofort aufgesucht werden. Springhasen leben paarweise, jedoch oft in enger Nachbarschaft, so dass an einem Fressplatz mitunter mehrere Dutzend Tiere wohnen. Die friedfertigen Gesellen verzehren neben vegetarischer Kost auch Kerbtiere. Als Beutetiere fallen sie Ginster- und Wildkatzen, Schakalen, Schlangen und nachtaktiven Greifvögeln zum Opfer. In Mosambik sind sie nur im südlichen Landesdrittel heimisch.

Springhase
(Spring Hare)
Pedetes capensis
KL 35-43; **SL** 34-49;
G 3-4; **LR** Sandböden in Überschwemmungsland und Pfannen;
A nachts und bei Dämmerung; **LD** 7 J.

Die zierlichen, wendigen Buschhörnchen treten in variablen Farben von grau über braun und Ocker auf. Sie sind weit verbreitet, fressen am Boden, flüchten aber bei Gefahr in die Bäume. Zahlreiche Unterarten sind bekannt. Im westlichen Mittel Mosambiks sind vor allem **Ockerfuß-Buschhörnchen** (Smith's Bush Squirrel, *Paraxerus cepapi*) verbreitet.

Buschhörnchen
(Squirrel)
KL 13-20; **G** 120-250 g;
LR Busch- und Waldlandschaften
A tagsüber

Steppenpavian

(Baboon) *Papio cynocephalus*
KH 40-70; **KL** 50-120; **SL** 40-70; **G** 20-50;
LR Savannen, Galeriewälder, felsiges Gelände; **A** tagaktiv;
LD 30 J.

Paviane, die sich zumeist am Boden aufhalten, gliedern sich in zahlreiche Unterarten. Der ockerfarbene Gelbe Babuin bzw. Küstenpavian bewohnt Mosambik vom Sambesi nordwärts, der graue Große Tschakma ist dagegen südlich dieses Stroms vertreten. Paviane bilden große Gruppen von 20 bis 80 Tieren und festen Territorien in offenen Landschaften und felsigen Regionen. Ausgewachsene Männchen können bis zu 50 kg schwer und über einen Meter groß werden und verhalten sich ausgesprochen mutig und kampflustig. Paviane greifen Feinde als geschlossene Horde an und können sich Raubtieren dadurch meist gut widersetzen. Ihre kräftigen Reißzähne verursachen schwere Verletzungen. Die größte Gefahr droht ihnen durch Leoparden, aber auch Krokodile, Pythonschlangen, Hyänenhunde und Löwen zählen zu ihren Feinden. Als Warnlaut dient ein tiefes, kehliges Bellen. Paviane sind wenig wählerische Allesfresser, die ihren Speiseplan aus Grünzeug, Blattwerk und Samen gerne mit Frischfleisch anreichern. Alte Männchen fressen gelegentlich sogar Jungtiere aus der eigenen Horde.

Pavian

Grünmeerkatze

(Vervet Monkey) *Cercopithecus aethiops*
KL 40-80; **SL** 50-110; **G** 3-7; **LR** vielseitig, Parklandschaften; **A** tagaktiv; **LD** in Gefangenschaft <24 J.

Diese munteren, zierlichen Gesellen mit den langen, dünnen Schwänzen sind in zahlreichen Unterarten weit verbreitet und leben in Trupps bis zu 60 Tieren. Meerkatzen gelten als ausgesprochen neugierig und aktiv. Sie bewegen sich am Boden und auf Bäumen gleichermaßen geschickt, fliehen bei Gefahr aber immer in die Bäume. Meerkatzen sind ausgezeichnete Schwimmer, Springer und wahre Kletterkünstler. Anderen Horden gegenüber verhalten sie sich feindselig.

Bushbaby

Grünmeerkatze

SÄUGETIERE

Diese viel seltenere, auch **Samangoaffe** genannte Art kommt in Mosambiks Bergwäldern entlang der Grenze zu Zimbabwe sowie im gesamten Küstengebiet vor. Weißkehlmeerkatzen sind etwas kräftiger und viel dunkler gefärbt als die gräulichen Grünmeerkatzen. In Trupps bis 30 Tiere leben diese Meerkatzen sehr scheu und zurückgezogen, halten sich meist in Baumwipfeln und nur selten am Boden auf. Auch hier sind mehrere regional auftretende Unterarten bekannt.

Weißkehl-Meerkatze
(White Throated Guenon) *Cercopithecus erythrarchus*
KL 50-60; **SL** 60-90; **G** 4-7; **LR** schattige Wälder **A** Dämmerung

Riesengalago

Galagos aus der Familie der Loris sind kaum je zu sehen, da sie tagsüber eingerollt auf Bäumen schlafen und nur nachts (vor allem in den ersten Abendstunden) aktiv werden. Man erkennt sie an ihrem lauten, kleinkinderartigen Geschrei, hat jedoch nur selten Gelegenheit, diese scheuen und flinken Wesen zu beobachten. Dem eindringlichen Geschrei verdanken sie ihren englischen Name **Bushbaby**. Durch Wald- und Buschbrände werden immer wieder tagsüber tief schlafende Galagos getötet.

Riesengalago
(Thick-tailed Bushbaby) *Galago crassicaudatus*
KL 27-47; **SL** 30-50; **G** 1-2; **LR** Wald, Baumsavanne; **A** nachtaktiv; **LD** in Gefangenschaft <14 J.

Steppengalago
(Lesser Bushbaby) *Galago senegalensis*
KL 14-21; **SL** 20-30; **G** 150-300g; **LR** Küstenwald, Baumsavanne; **A** nachtaktiv; **LD** in Gefangenschaft <14 J.
(siehe Bild links unten)

Portugiesische Tiernamen

Deutsch	Portugiesisch
Elefant	elefante
Giraffe	girafa
Nashorn	rinoceronte
Büffel	búfalo
Löwe	leão, a leoa
Leopard	leopardo
Gepard	chita
Schakel	chacal
Krokodil	jacare
Schlange	serpente
Pavian	macaco-cão
Warzenschwein	facocero
Pinselohrschwein	porco-do-mata
Zebra	zebra
Kudu	cudo
Elen	elande
Wasserbock	inhacoso
Rappenantilope	pala-pala

Samangoaffe

Primaten

Natur & Tierwelt

Chamäleon

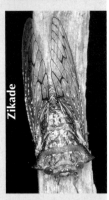

Zikade

Die faszinierenden Echsen haben Klammerfüße, Wickelschwänze und Augen, die unabhängig voneinander frei beweglich sind. Sie zählen zu den **Wurmzünglern**, da sie ihre Beute mit der blitzschnell herausschnellenden, langen Zunge ergreifen. Ein Chamäleon kann sich nicht verteidigen, seine Überlebensstrategie besteht aus perfekter Tarnung. Dazu verfügt die Echse neben den bedächtigen, wippenden Bewegungen über die einmalige Fähigkeit, ihre Körperfarbe der jeweiligen Umgebung anzupassen. Ein Chamäleon im Gebüsch zu entdecken, ist für Ungeübte fast unmöglich. Sehr viel leichter lassen sich Chamäleons beim langsamen Überqueren von Teerstraßen erspähen. Während und direkt nach der Regenzeit sind besonders viele Chamäleons unterwegs. Es kommen im südlichen Afrika sowohl eierlegende als auch lebend gebärende Arten vor. Weibliche Tiere werden in der Regel größer als männliche.

Faszinierende Termiten

Von den rund **3500** bekannten **Termitenarten** unserer Welt kommen etwa 400 in Afrika vor. Diese unglaublich raffinierten Insektenstaaten existieren seit mehr als 100 Mio. Jahren; ihre bis zu 6 m hohen Bauten sind somit die ältesten Wohnanlagen der Welt. In Mosambik kommen vor allem solche Arten vor, die rings um den Termitenbau Pilze kultivieren, die alles in der Umgebung verrotten lassen. Sehr vieles aus dem komplizierten Lebenszyklus der Vegetarier bleibt bis heute im Dunkeln. Wahr ist, dass Termiten massive Schäden anrichten und Möbel, Kleidung, ja sogar Häuser zerstören können. Dabei wird jedoch meist übersehen, dass ihr nützlicher Beitrag zur Verwertung von absterbenden Hölzern und der Auflockerung des Bodens weitaus größer ist. In Afrika werden Termiten auch „**White Ants**" genannt, obwohl sie näher mit Schaben und Kakerlaken, als mit Ameisen verwandt sind.

Termiten leben in Staatengemeinschaften mit bis zu 3 Mio. Tieren pro Kolonie und sind lebenslang für die Gemeinschaft aktiv. Die meisten Insekten gehören der blinden, halbentwickelten Arbeiterklasse an, die unentwegt schuftet, Gänge gräbt und Tunnel bis in 40 m Tiefe aushöhlt. Nur rund 5 % von ihnen sind Soldaten. Diese größeren Termiten werden von den Arbeitern gefüttert, wenn sie nicht gerade die Gesamtanlage gegen Gefahren von außen, vornehmlich Ameisen, zu verteidigen haben. Vor jeder Regenzeit wachsen Tausende Tiere heran, die von den Arbeitern umhegt und versorgt werden, wobei sie schließlich zierliche Flügel, feste Körper und Augen entwickeln. Eines Tages, meist nach den ersten Regenfällen, strömen diese behüteten jungen Termiten einer Region gleichzeitig aus ihren Bauten aus zu einem kurzen „**Hochzeitsflug**". Viele Gefahren und etliche Feinde, die sie als wohlschmeckende Proteinquelle schätzen, warten auf diese Termiteninvasion, und nur wenigen gelingt es, eine sichere und geeignete Landefläche auf dem Boden anzusteuern. Dort treffen je eine männliche und eine weibliche Termite zusammen und graben sich sogleich gemeinsam in den Boden, um eine neue Kolonie zu gründen. Die restliche Lebensaufgabe eines solchen Weibchens – rund 20 Jahre – wird nun ausschließlich das Produzieren Hunderttausender Eier sein (täglich etwa 30 000).

Chamäleon

Grashüpfer

Invasion der Stabheuschrecken!

München, im Frühjahr 2001: Der berühmte Botanische Garten wird von tropischen Insekten bedroht. Phasmatodea (Stabheuschrecken) haben das Kommando im Botanischen Garten übernommen! 1997 tauchten die ersten Exemplare im Palmen-Gewächshaus auf; inzwischen machen sich Tausende über die Pflanzenpracht her.

Die Gärtner gehen davon aus, dass ein Besucher heimlich einige dieser bis zu 30 cm großen Tarnkünstler, die in tropischen Gefilden heimisch sind, im klimatisierten Münchner Palmenhaus ausgesetzt hat. Seither legen die Weibchen alle 3 Monate 2000 Eier. Die Stabheuschrecken können sich ungehindert vermehren und richten katastrophale Schäden am wertvollen Pflanzenbestand an. Bis zu 50 Tiere sammeln die Gärtner täglich ein und eliminieren sie, doch handelt es sich dabei um nicht mehr als dem berühmten Tropfen auf dem heißen Stein. Schon wird erwogen, zur Bekämpfung der Stabheuschreckeninvasion deren natürliche Feinde im Gewächshaus auszusetzen; die **Drossel** oder den nachtaktiven **Gecko**, denn auf chemische Kampfmittel will man wegen der Besucher verzichten. Auf alle Fälle muss gehandelt werden, will man die Pflanzen im Botanischen Garten vor der Zerstörungswut der zierlichen Stabheuschrecken retten!

Stabheuschrecke

Natur & Tierwelt

Krokodil

Nilkrokodil
(Crocodile)
Crocodylus niloticus

Ob aus Krokodileiern weiblicher oder männlicher Nachwuchs schlüpft, entscheidet die Bruttemperatur: unter 30 °C wird das Geschlecht weiblich, über 30 °C männlich.

Bild oben: züngelnder Nilwaran
Bilder rechte Seite von oben: halbwüchsige Krokodile in einer Krokodilfarm, Puffotter

Krokodile besiedeln die warmen Zonen der Erde seit rund 200 Mio. Jahren und gehören damit zu den ältesten Lebewesen der Welt. Von ursprünglich 108 verschiedenen Spezies haben bis heute 22 Arten überlebt. In Afrika sind die besonders großen, bis zu 6 m langen Nilkrokodile beheimatet. Diese bis zu 700 kg schweren Echsen sind mit knöchernen Hautschilden gepanzert, weshalb man sie auch Panzerechsen nennt.

Krokodile leben in Gewässern mit flachen Uferstellen und Sandbänken. Ihrer Beute lauern sie oft stundenlang im seichten Uferbereich auf. Haben sie ihr Opfer entdeckt, gleiten sie unbemerkt heran, stoßen mit unglaublicher Energie aus dem Wasser und schnappen zu. Dann versuchen sie, die Beute unter Wasser zu ziehen und zu ertränken. Krokodile können nicht kauen. Durch Umherwirbeln um die eigene Achse reißen sie die Beute in Stücke, die sie herunterschlingen.

Aus Furcht vor Angriffen, zum Schutz der Fischernetze und wegen ihrer begehrten Haut sind Krokodile intensiv bejagt worden. In den meisten besiedelten Regionen gelten sie daher als ausgerottet. In Nationalparks, abgelegenen Regionen und an den Flüssen Sambesi, Save, Incomáti und Rovuma sind die Bestände an fossilen Panzerechsen aber noch gesichert.

Lauernde Krokodile im Wasser sind kaum von treibendem Gehölz zu unterscheiden, daher ist in Afrika generell an allen Uferzonen große Vorsicht geboten. Meist wird auch die Geschwindigkeit unterschätzt, mit der sich die Riesenechsen bei einem Angriff aus dem Wasser hieven.

REPTILIEN

Nilwaran (Nile Monitor) *Varanus niloticus*
Zur Familie der Echsen zählt auch der bis 2 m lange Nilwaran, der ein äußerst flinker Jäger ist, Menschen allerdings ausweicht und als ungefährlich gilt. Als **größte Echse Afrikas** lebt der Nilwaran amphibisch und ist ein ausgezeichneter Schwimmer. Der tagaktive Einzelgänger prescht blitzschnell davon, wenn man ihn aufschreckt. Er ernährt sich bevorzugt von Eiern und Jungvögeln der am Boden brütenden Vogelarten und hält sich fast immer nahe Uferzonen auf.

Steppenwaran (Rock Monitor) *Varanus exanthematicus*
Mit maximal 1,3 m Länge ist der Steppenwaran deutlich schmächtiger als sein Vetter Nilwaran. Seine Färbung ist von hellem graubraun. Der weit verbreitete Waran lebt in selbst gegrabenen Bodenlöchern.

Schlangen (Snakes)
Von den zahlreichen Schlangenarten Mosambiks sind etwa ein Viertel giftig. Dazu zählen vor allem die Gabun-Viper, Schwarze Mamba, Afrikanische Speikobra, Boomslang und die Puffotter. Eine ungiftige Riesenschlange ist der mehrere Meter lange Python. Er tötet seine Beute (Hühner, kleine Antilopen), indem er sie umschlingt und erdrückt. Schlangen haben Körper ohne Gliedmaßen und eine von Schuppen bedeckte Haut. Ihr Rachen, die Speiseröhre und der Magen sind weit dehnbar, um die Beute vollständig verschlingen zu können.

Schlangen sind scheu und weichen dem Menschen aus. Geräusche und das Vibrieren des Bodens schrecken sie auf, und sie ziehen sich meist sogleich zurück. Eine gefährliche Ausnahme bildet die hochgiftige **Puffotter** (*Bitis arietans*). Sie ist sehr träge, bewegt sich nur langsam und wird leicht übersehen. Die meisten Unfälle passieren deshalb mit diesen zickzack-gemusterten Vipernschlangen. Die Puffotter stellt bei der Fortpflanzung einen **Weltrekord** auf: Von allen Wirbeltieren der Welt gebärt sie die meisten Jungtiere mit bis zu 150 rund 15 cm großen Babyschlangen pro Wurf! Ihr größter Feind sind die truthahngroßen Kaffernhornraben, die gut und gerne ein Dutzend Puffottern pro Woche verschlingen.

Während der Trockenzeit sind Begegnungen mit Schlangen seltener als zur Regenzeit, wenn Erdlöcher und Spalten, in denen die Reptilien Unterschlupf suchen, voll Wasser laufen (s. auch S. 339).

Natur & Tierwelt

Dugong (Seekuh)
Dugong dugong
GL 250-320;
G 150-200;
LR Salzwasser in Küstennähe;
A tagsüber in tiefen Gewässern, nachts im Flachen weidend;
LD in Gefangenschaft bis 70 Jahre

Seekühe erreichen Spitzengeschwindigkeiten von 22 km/h und weiden bis zu 12 m tief

Sie sehen ein wenig aus wie Walrosse, gebären lebende Jungtiere und haben verschließbare Nasen- und Ohrlöcher. Ihre Vordergliedmaßen sind als Flossen einsetzbar, die Hintergliedmaßen kaum zu erkennen und die abschließende Schwanzflosse ist quer gestellt. Diese zur Sirenia-Familie zählenden sanften Säugetiere werden tatsächlich den Huftieren zugeordnet und sind vermutlich nahe mit Elefanten verwandt. Der wissenschaftliche Name Sirenia kommt aus dem Griechischen und nimmt Bezug auf die mystischen Fabelwesen Sirenen. Die Seefahrer vergangener Zeiten glaubten in diesen Meeresbewohnern jene Meerjungfrauen zu erkennen, die ihresgleichen ablenkten und ihre Schiffe auf Klippen auflaufen ließen. Bei säugenden Seekühen erinnern die prallen Brüste tatsächlich an solche Fabelwesen.

Als gesellige Wasserpflanzenweider ziehen sie in festen Familienverbänden in den flachen Küstengewässern umher. Von Haus aus eher zutraulich wurden die schwerfälligen Säugetiere um ihres Fleisches willen weltweit fast ausgerottet. Die verbliebenen Tiere sind äußerst scheu geworden. Sie halten sich gelegentlich an den Bazaruto Inseln, bei Inhambane und an den Küsten der Provinz Zambézia auf. Geraten sie versehentlich in Fischernetze, sterben die Tiere oft schon allein am psychischen Stress dieser Situation.

Delphin

Delfine halten sich ganzjährig vor den mosambikanischen Küsten auf, am besten beobachtet man sie von Juni bis August im Süden, z. B. Tofo

Delphine sind Zahnwale von 2-4 m Länge und können bis zu 200 kg schwer werden. Ihre Oberseite ist dunkel, am Bauch sind sie weiß, und die Flanken haben graue bis gelbe Streifen. Die Tümmler können zwar nicht sonderlich tief tauchen, aber mit bis zu 50 km/h unglaublich schnell schwimmen. Die Säugetiere haben eine Tragezeit von etwa 10 Monaten. Es wird immer nur ein Junges geboren, das die Mutter sofort zur Wasseroberfläche bringt, damit es atmen kann. Nach einiger Zeit lernt das Neugeborene zu tauchen und kann auch unter Wasser gesäugt werden.

Im Zusammenhang mit Delphinen wird immer wieder die Frage nach ihrer Intelligenz gestellt. Es ist schon mehrfach vorgekommen, dass Delphine Menschen in Seenot gerettet haben. Auch ihre eigenen Artgenossen werden mitunter bei Verletzung durch gegenseitiges Stützen vor dem Ertrinken bewahrt. Die Experten streiten darüber, ob es sich hierbei um bewusstes oder angeborenes Verhalten handelt. Herausragend ist auch ihre Bereitschaft zur Dressur und zum Erlernen synchroner Bewegungen. Ihrem freundlichen Wesen und Aussehen verdanken die Meeressäuger die große Sympathie, die ihnen nicht erst seit „Flipper" entgegen gebracht wird.

Wale

Juni - Oktober sind die besten Monate zur Walbeobachtung

Mehr als 30 verschiedene Walarten bewohnen die Ozeane des südlichen Afrika. Darunter fallen verschiedene Bartenwale sowie Pottwal, Buckelwal und als größter Vertreter der Blauwal. Man kann sie gut im Süden Mosambiks beobachten.

LEBEN IM MEER

Der Südafrikanische Seebär ist die einzige Robbenart des südlichen Afrikas und kommt dort an den Meeresküsten von Namibia, Südafrika und dem Süden Mosambiks vor. Er wird den **Pelzrobben** zugeordnet. Die größeren Männchen tragen ein dunkelbraunes Fell, während das Kleid der weiblichen Seebären silbergrau scheint. Die rundköpfigen Robben sind sehr gesellig und ortstreu. Sie bilden an bevorzugten Brutstellen regelrechte Kolonien, die sie alljährlich zur Paarung wieder aufsuchen. Die Weibchen gebären ihr Junges im November/Dezember und ziehen den Nachwuchs rund drei Monate lang auf, ehe sie gemeinsam ins Meer verschwinden. Sie ernähren sich von Kleinfischen, Kopffüßern und Krebsen.

Südafrikanischer Seebär
(Cape Fur Seal)
Arctocephalus pusillus
KL 150-240;
G 90-310;
LR Salzwasser in Küstennähe;

Die schutzlosen Meeresbewohner sind weltweit bedroht, denn sie stellen sowohl eine Nahrungsquelle als auch noch immer einen begehrten Souvenirartikel dar (der Handel mit Meeresschildkrötenpanzern ist strikt verboten). Die Tiere kommen jedes Jahr an bestimmte Strände, wie die Bazaruto Islands, um ihre Eier im Sand abzulegen. Dort stehen sie inzwischen unter Schutz. Meeresschildkröten zählen zu den Spitzenreitern unter den Tieftauchern. Lederschildkröten vermögen bis zu 1500 m tief zu tauchen, womit sie nach dem Pottwal den zweiten Platz beim Tieftauchen einnehmen. Diese bis zu 700 kg schweren Riesenschildkröten können stundenlang unter Wasser bleiben, ehe sie erneut zum Luft holen an die Oberfläche auftauchen. In Mosambik kommen 5 verschiedene Spezies der Meeresschildkröten vor, die Lederschildkröte allerdings nur in Südmosambik.

Meeresschildkröte

Die Weibchen werden erst mit 30 Jahren geschlechtsreif

Nur eines von 100 Jungen erreicht die Geschlechtsreife

Bild unten: Feuerrot leuchtender Seestern vor der Küste Mosambiks

Vielfältig: Leben im Mangrovensumpf

Ausgesprochen faszinierend ist die Vielfalt höchst eigenwillig anmutender Lebensformen, denen man im Schlick der Mangroven begegnen kann. Dem flüchtigen Betrachter bleiben die vielen krabbelnden und springenden Tiere meist verborgen, denn sie ziehen sich bei vermeintlicher Gefahr sofort in Sand- und Schlammlöcher zurück. Bleibt man dagegen eine Weile ruhig stehen, kommen die neugierigen Kleintiere schnell wieder zum Vorschein. Besonders auffällig sind die sogenannten **Winkerkrabben** aus der Familie der Reiterkrabben bzw. Zehnfußkrebse. Die männlichen Krabben tragen neben einer unscheinbaren Schere auch noch eine monströse, überdimensionale Schere, mit der sie heftig winken, um Weibchen zur Begattung anzulocken. Bei den weiblichen Winkerkrabben sind dagegen beide Scheren gleich ausgebildet. Winkerkrabben laufen und graben seitwärts. Sie leben in senkrechten Höhlen, die sie bei ansteigender Flut von innen mit einem Schlammbrocken verschließen. So bleibt genug Luft zum Atmen in der Höhle, und bis zur nächsten Ebbe harren die Krabben darin aus.

Die originellsten Bewohner im Mangrovenschlick sind sicherlich die amphibischen **Schlammspringer**. De facto handelt es sich um Fische in Grundelgestalt, die bei Flut schwimmen und sich bei Ebbe im feuchten Schlick aufhalten. An Land ziehen sich die 5-15 cm großen Tiere mit Hilfe ihrer langen Brustflossen vorwärts und können enorm weit springen. Die riesigen, froschartigen Augen vermögen sie rundum zu drehen. Sie ernähren sich von kleinen Krabben, Asseln, Insekten und Garnelen (s. Bild S. 161).

Wissenschaftlich betrachtet kommt den **Lungenfischen** die größte biologische Sonderstellung zu. Diese Knochenfische repräsentieren einen entscheidenden Schritt der Evolution, nämlich das Kunststück, vom Leben im Wasser zum Leben auf dem Lande überzuwechseln. Lungenfische besitzen noch Kiemen, aber auch schon Lungen. Sie leben bevorzugt im schlammigen Bodenbereich der Flüsse. Die afrikanische Art (Protopterus) zeichnet sich durch besondere Fähigkeiten während der Trockenzeit aus, wenn sie sich in den Schlammboden eingräbt und darin bis zu zwei Jahre Trockenheit überstehen kann. Während dieser Zeit atmet der Lungenfisch durch einen winzigen Gang, den er sich mit der Schwanzspitze freihält, und ernährt sich von körpereigenem Eiweiß, das er in seinen Muskelpartien abbaut. Durch den Stoffwechsel entstehen Stickstoffverbindungen, die der Fisch im Normalfall ausscheiden kann, während seines Trockenschlafes aber in wasserunlöslichen Harnstoff umwandelt – **ein kleines Wunder**, denn alle anderen bekannten Wirbeltiere würden sich dabei selbst vergiften. Afrikanische Lungenfische vertragen sogar die 1000-fache Menge an Harnstoff, ohne daran Schaden zu nehmen.

TIERSPUREN

Fährten afrikanischer Wildtiere

Länge der Spur

Wichtig: Bei Hyäne und Hyänenhund/Wildhund kann man die Krallen im Abdruck erkennen. Löwen- und Leopardenspuren weisen dagegen keine Krallen auf.

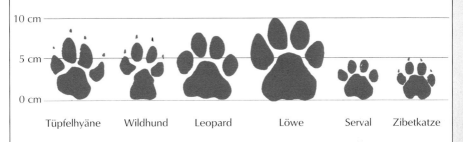

Tüpfelhyäne · Wildhund · Leopard · Löwe · Serval · Zibetkatze

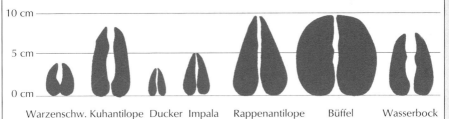

Warzenschw. · Kuhantilope · Ducker · Impala · Rappenantilope · Büffel · Wasserbock

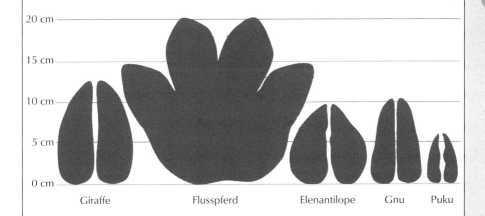

Giraffe · Flusspferd · Elenantilope · Gnu · Puku

Natur & Tierwelt

DIE VOGELWELT MOSAMBIKS

Etwa **800-900 Vogelarten** kommen in Mosambik vor (im Vgl: nur 314 Arten in der BRD)

Vor allem Mittel- und Nordmosambik sind wahre Schatzkammern für Ornithologen

Eine genaue Anzahl der verschiedenen Spezies Mosambiks ist nicht bekannt, sie dürfte jedoch bei etwa 800-900 Vogelarten liegen. Zu dieser beachtlichen Vielfalt kommt als Besonderheit, dass in Nordmosambik zahlreiche Spezies Ostafrikas vorkommen, die im südlichen Afrika nicht vertreten sind. Für Mosambik, dessen Tierwelt vom Bürgerkrieg stark beeinträchtigt wurde, ist die gesunde Artenvielfalt beim „Federvieh" besonders erfreulich. Einige Vogelarten, wie verschiedene Gänse, Enten, Stelzen und Fliegenschnäpper, kommen quasi nur als Besucher aus Europa oder Asien zum Überwintern nach Zentralafrika. Sie halten sich dort während der Regenzeit auf. Zu ihnen gehören z. B. Terekwasserläufer, Pfuhlschnepfen oder auch Wüstenregenpfeifer, die an den Meeresküsten brüten. Der überwiegende Anteil sind aber Vögel des tropischen Afrika.

Von Greifvögeln und anderen Fleischfressern

Zu den weit verbreiteten Greifvögeln zählen Adler, Geier, Habichte, Bussarde, Milane und Falken. In Bergregionen kann man den seltenen, schwarzen **Kaffernadler** (*Aquila verreauxii*) entdecken, der eine feine weiße Zeichnung auf dem Rücken trägt. Die braunen **Raubadler** (*Aquila rapax*) werden als Aasfresser gelegentlich in der Gesellschaft von Geiern gesichtet. Als typischer Vertreter an Afrikas Ostküsten gilt der **Kronenadler** (*Stephanoaetus coronatus*). Doch der auffälligste und sicherlich bekannteste Adler ist der markante **Schreiseeadler** (*Cuncuma vocifer*). Kopf, Brust, Rücken und Schwanz sind weiß, Bauch und Schultern braun gefärbt und die Flügel (Spannweite 50-60 cm) schwarz. Charakteristisch und seltsam eindringlich ist sein möwenartiger, weittragender Schrei, den er auch während des Fluges ausstößt. Die bis zu 75 cm großen Raubvögel siedeln paarweise an Binnengewässern und Flüssen, wie Sambesi, Save und Lago Niassa. Ihre Brutzeit fällt in die Monate Mai bis August. Beim männlichen **Gaukler** (*Terathopius ecaudatus*), einem sehr hoch fliegenden, mittelgroßen schwarzen Adler, sind Schnabel und Füße rot gefärbt. Die weiße Unterseite seiner Flügel ist beim Flug deutlich sichtbar. **Kampfadler** (*Polemaetus bellicosus*) ernähren sich von Affen, Schliefern und kleinen Antilopen, weshalb sie häufig in Nationalparks vorkommen. Ihr weißes Federkleid ist mit dunklen Flecken gemustert und sie haben einen dunklen Kopf.

Bild oben: Neugieriger Strauß
Bild unten: Palmengeier

VÖGEL

Der **Schmarotzermilan** (*Milvus migrans parasitus*) mit dem gegabelten Schwanz und dem gelben Schnabel trägt diesen Namen, weil er mit steilem Sturzflug nicht nur Beutetiere, sondern auch Lebensmittel aus den Camps und Dörfern stiehlt. Er hält sich während der sommerlichen Regenzeit in Mosambik auf und kreist dort häufig über Anwesen und Teerstraßen.

Aasfressende Geier kreisen ebenfalls oft hoch über Tierkadavern. Die großen Vögel mit den ausladenden Flügeln und kleinen nackten Köpfen haben ein eher abschreckendes Äußeres. In wildreichen Regionen sind **Kappengeier** (*Necrosyrtes monachus*), **Schmutzgeier** (*Neophron percnopterus*) und **Weißrückengeier** (*Gyps africanus*) vertreten. **Palmengeier** (*Gypohierax angolensis*) kommen dagegen ausschließlich entlang der Meeresküsten vor. Ein auffälliger Bodenvogel der offenen Grasflächen in Wildschutzzonen ist der zur gleichen Familie gehörende **Sekretärsvogel** (*Sagittarius serpentarios*). Dieser langbeinige, blassgraue Vogel mit dem weichen Schopf und den langen mittleren Schwanzfedern schreitet theatralisch langsam und würdevoll.

Wasservögel, Watvögel und Vögel im Uferbereich

An den Meeresküsten Südmosambiks tauchen in den Wintermonaten von Zeit zu Zeit **Albatrosse**, verschiedene **Sturmvögel** und vereinzelt auch **Kaptölpel** (*Morus capensis*) auf. Die gänsegroßen, ein wenig zigarrenförmigen Vögel segeln oft in langen Ketten hintereinander flach über dem Meer. Kopf und Hals sind gelb gefärbt, das am Rumpf zu weiß übergeht, die großen runden Augen leuchtend blau. Um Beute zu machen, stürzen die Vögel aus großer Höhe senkrecht ins Meer hinab (Stoßtauchen). Zwischen November und März halten sich migrierende **Sturmschwalben** an den Küsten auf. Sehr typisch ist die **Dominikanermöwe** (*Larus dominikanus*). Kopf, Hals, Bauch und Schwanz dieser mittelgroßen Möwe sind weiß, Mantel und Oberflügel rußschwarz, Beine und Schnabel gelb (mit einem roten Fleck auf dem Schnabel). Ihre Stimme wirkt klagend und eindringlich. **Graukopfmöwen** (*Larus cirrocephalus*) und **Rauchseeschwalben** (*Hydroprogne caspia*) prägen ebenfalls die Küstenzonen. Allerdings fallen sie weit weniger auf als die zierlichen **Flamingos** (*Phoenicopterus ruber*) und **Zwergflamingos** (*Phoenicopterus minor*) oder die eleganten **Rosapelikane** (*Pelecanus onocrotalus*). Die bis zu 1,75 m großen Pelikane, deren Flügelspannweite 3 m betragen kann, halten sich gleichermaßen an Süß- und Salzwasser auf. Die äußerst scheuen, weißen Vögel, deren Federkleid nur während der Brut ein rosaroter Hauch ziert, brüten zu Hunderten oder Tausenden an Flachgewässern. Ebenfalls in riesigen Kolonien brüten **Brillenpinguine** (*Sheniscus demersus*) auf den küstennahen Inseln im Ozean. Die Weibchen schaben dort kleine

Regionale Besonderheiten

Im äußersten Süden des Landes bis etwa Xai-Xai und dem **Limpopo** ist der Natalheckensänger beheimatet.

Etwas weiter nördlich bis auf die Höhe von **Inhambane** dehnt sich das Verbreitungsgebiet der Vangaschnäpper aus.

Entlang der Südküste, aber auch an den Stränden der **Bazaruto Inseln**, sind Reihenläufer typische Sommergäste.

Blaukehlnektarvögel besiedeln die Miombowälder südlich des **Save-Flusses**, der kleine Böhmspint dagegen das Sambesital.

Einen besonderen Ruf für spektakuläre Vogelbeobachtungen genießen die **Gorongosa-Berge**. In ihren Feuchtwäldern entdecken Kenner extrem seltene Arten, wie Grünkopfpirol und den Swynnertonrötel, der ansonsten nur noch bei **Mt. Selinda** an der Grenze zu Zimbabwe auftritt.

Nordmosambik hingegen gilt als Schmelztiegel süd- und ostafrikanischer Arten. Hier tauchen nun Kleiner Purpurastrild, Blassschnabeltoko, Brandweber, Barratbuschsänger, Fischers Laubbülbül und Braunbrustbartvögel auf.

Vertiefungen in den Boden, die sie mit Steinen, Federn und Hölzern auspolstern, bevor sie dort zum Brüten ihre beiden Eier ablegen. Nach dem Schlüpfen mausern sich die Pinguinjungen innerhalb von drei Monaten.

An Tümpeln, Uferzonen und Flussläufen tummeln sich besonders viele Vogelarten. In den Gewässern leben dunkle, langhalsige Kormorane, die schwimmend und tauchend Fische erbeuten. In Mosambik sind vor allem **Weißbrustkormorane** (*Phalacorocorax carbo*) und **Kapkormorane** (*Phalacorocorax capensis*) vertreten. Der Kapkormoran gilt sogar als häufigster Kormoran im südlichen Afrika. Er liefert das wertvolle Düngemittel Guano und hält sich nur an Salz- und Brackwasser auf. Etwas größer gewachsen ist der **Afrikanische Schlangenhalsvogel** (*Anhinga rufa*), der tief im Süßwasser schwimmt und – wie eine Schlange – nur den Kopf herausstreckt. Der **Hammerkopf** (*Scopus umbretta*), der die größten Einzelnester unter den afrikanischen Vögeln baut, trägt diesen Namen, weil sein Kopf dem Umriss eines Hammers ähnelt. Dieser braune, mittelgroße Vogel ist teilweise nachtaktiv und ernährt sich hauptsächlich von Fröschen (siehe Bild auf S. 161).

Die zahlreich vertretenen Reiher unterscheiden sich im Flug deutlich von Kranichen und Störchen, denn sie fliegen nicht mit ausgestreckten Hälsen, sondern mit zurückgezogenem Kopf. Aus ihrer Familie sind **Graureiher** (*Ardea cinera*), **Mittelreiher** (*Mesophoyx intermedius*), **Silberreiher** (*Casmerodius albus*) und die bis zu 1,5 m großen **Goliathreiher** (*Ardea goliath*) verbreitet. In Gesellschaft von Großwild oder Nutztieren halten sich gerne die nur 50 cm großen, weißgelblichen **Kuhreiher** (*Bubulcus ibis*) auf, um Parasiten vom Fell ihrer Wirtsträger zu picken. Eine auffällige, stolze Erscheinung in feuchteren Wildgebieten ist der bis zu 1,65 m große **Sattelstorch** (*Ephippiohynchus senegalensis*) mit seinem rot-schwarz-gelben Schnabel. Der **Abdim**- oder **Regenstorch** (*Ciconia abdimii*), ein Zugvogel, der sich etwa von Oktober bis März in Mosambik aufhält, pickt in dieser Zeit auf zahlreichen Äckern und Feldern nach Insekten. Auch der grauweiße **Marabu** (*Leptoptilos crumeniferus*) zählt zu den Störchen, kommt aber fast nur in Wildschutzgebieten vor und lebt von Aas, Fröschen und Heuschrecken. Häufig sieht man ihn in Gesellschaft von Geiern.

Zu den lautesten Vogelarten mit anhaltendem Geschrei zählen Ibisse, Kiebitze, Regenpfeifer und Gänse. Der olivgraue **Hagedasch-Ibis** (*Bostrychia hagedasch*) zeichnet sich durch ein charakteristisches, eindringliches Schreien aus, das besonders abends zur Dämmerung weithin zu hören ist. Auch den **Dreibandregenpfeifer** (*Charadruis tricollaris*), einen kleinen Watvogel, charakterisiert sein lang anhaltendes, klagendes Geschrei. Auf den Sandbänken des Sambesi lässt sich der **Langspornkiebitz** (*Xiphidiopterus albiceps*) beobachten. Auch **Senegalkiebitz** (*Afribyx senegallus*) und **Trauerkiebitz** (*Vanellus lugubris*) sind häufig vertreten. Der auffällig schwarz-weiß gezeichnete **Waffenkiebitz** (*Hoplopterus armatus*) bevorzugt Feuchtgebiete und Sumpfregionen. Unter den Watvögeln sind neben Stelzenläufern und Wasserläufern auch Schnepfen, die vielfach nur periodisch als Zugvögel auftreten, verbreitet.

Marsche, Sümpfe und Seen gelten als Heimat von **Afrikanischen Löfflern** (*Platalea alba*), etwa 90 cm großen weißen Vögeln mit rotem Gesicht und Beinen sowie auffälligen Löffelschnäbeln. Sieht man einen hübschen Vogel mit riesigen Füßen auf Seerosen und schwimmenden Wasserpflanzen umher stolzieren, handelt es sich um das Blaustirn-Blatthühnchen bzw. **Jacana** (*Actophilornis africanus*). Der Vogel ist kastanienbraun und an Schnabel und Stirnschild blauweiß. Kraniche bevorzugen Sumpfgebiete und Feuchtsavannen. Die überwiegend blassgrauen **Klunkerkraniche** (*Bugeranus carunculatus*) kommen praktisch nur im Gorongosa N. P. vor (kennzeichnend sind zwei vom Kinn herabhängende 'Klunker'). Weite Verbreitung findet dagegen der **Kronenkranich** (*Balearica regulorum*). Seine Oberseite ist schiefergrau, dazu trägt er weiße Flügel mit rostbraunen Armschwingen und auf dem Scheitel eine rostfarbene Federkrone. Kronenkraniche gehen eine lebenslange Einehe ein, und je ein Vogelpaar bezieht ein Revier mit 1,5 km² Radius. Ihre Brut verteidigen die anmutigen, großen Vögel vehement selbst gegen so gefährliche Feinde wie Löwen.

Auch die kleinen, leuchtend gefärbten Eisvögel sind zumeist direkt an Gewässer gebunden. Fische und Libellenlarven frisst der **Kobalteisvogel** (*Alcedo semitorquata*), der am Rücken blau und am Bauch rostrot gefärbt ist. Der bis zu 40 cm große **Riesenfischer** (*Ceryle maxima*) ernährt sich hauptsächlich von Süßwasserkrabben, während der winzige **Zwergfischer** (*Ispidina picta*) Insekten und Grillen erbeutet. Deshalb lebt er, wie der unauffälligere **Streifenliest** (*Halcyon chelicuti*), auch in Miombowäldern.

Silhuetten von Greifvögeln

Falke

Habicht/Weihe/Milan

Adler

Oben: Waffenkiebitz

Oben: Schlafende Eule

Bilder links: Hammerkopf und Sattelstorch

Die Nachtaktiven

Eulen, Uhus und Käuze gehören zu den Jägern mit nächtlicher Lebensweise. Typischerweise haben sie Hakenschnäbel, große Köpfe und direkt nach vorne blickende Augen. Ihr Flug ist geräuschlos und der Blick starr. Eine nahezu flächendeckende Verbreitung erlangte die **Schleiereule** (*Tyto alba*). In Trocken- und Buschsavannen kann man den **Perlkauz** (*Glaucidium perlatum*) mitunter auch am Tage beobachten. Der **Berguhu** (*Bubo africanus*) mit den auffälligen Federohren sitzt bei Dunkelheit manchmal auf den Straßen.

Hühnervögel

Rebhühner, Frankoline, Wachteln und Perlhühner werden gemeinhin als Hühnervögel zusammengefasst. Das **Helmperlhuhn** (*Numida meleagris*) ist in trockenem Buschland sehr weit verbreitet, während **Kräuselhaubenperlhühner** (*Guttera pucherani*) eher in Miombowäldern und dichtem Buschwald leben. Laufhühnchen, wie das **Hottentottenlaufhühnchen** (*Turnix hottentotta nana*), fühlen sich in feuchten Dambos wohl. Weitere klassische Vertreter dieser Gruppe sind **Rotschopftrappe** (*Eupodotis ruficrista*), **Natalfrankolin** (*Francolinus natalensis*), **Rotkehlfrankolin** (*Francolinus afer*) und **Harlekinwachtel** (*Coturnix delegorguei*).

Baumvögel

In den Bäumen und Wäldern lebt eine Vielzahl unterschiedlicher Vogelarten, zu denen Trogone, Spechte, Kuckucks-, Bart- und Mausvögel zählen. Der winzige **Grünastrild** (*Estrilda melanotis*), ein Prachtfink, lebt in den Bergwäldern nahe der Grenze zu Zimbabwe. Die auffälligen **Nashornvögel** – benannt nach den überdimensionalen, gebogenen Schnäbeln – zeigen ein ungewöhnliches Brutverhalten: Das Weibchen mauert sich zum Brüten in die Nesthöhle ein und wird durch eine kleine Öffnung vom Männchen gefüttert. Einige Nashornvogelmütter bleiben sogar in der Höhle, bis die Jungvögel ausfliegen. In Miombowäldern sind **Grautokos** (*Tockus nasutus*) beheimatet, in trockeneren Mopanewäldern dagegen **Rotschnabeltokos** (*Tockus erythrorhynchus*).

VÖGEL

Kaffernhornraben (*Bucorvus cafer*) gelten mit fast 4 kg Gewicht als die größten afrikanischen Nashornvögel. Die über 1 m großen Bodenbewohner sind schwarz gefiedert mit roten Gesicht.

Eine andere afrikanische Waldvogelfamilie sind die Turakos bzw. Lärmvögel. Am unscheinbarsten ist der **Graulärmvogel** (*Corythaixoides concolor*), der wegen seines lauten Geschreis jeden Eindringling verrät und den englischen Namen 'Go-away-Bird' trägt. Er lebt in trockenem Busch und Akazienwäldern. Der **Glanzhaubenturako** (*Tauraco porphyreolophus*) mit grünem Kopf, blauen Schwanzfedern, purpurschwarzer Haube und leuchtend roten Schwingen, die im Flug gut sichtbar sind, gilt als scheuer Waldbewohner. Auch der **Spitzschopfturako** (*Tauraco livingstonii*) Zentralmosambiks trägt ein grünes Gefieder, eine lange, spitze Haube und einen rötlichen Schnabel.

Weitere typische Vögel

Zu den Vögeln, denen Reisende häufig begegnen, zählen der recht zutrauliche **Graubülbül** (*Pycnonotus barbatus*) und zahlreiche Stare. Der **Messingglanzstar** (*Lamprotornis chloropterus*) gilt als geselliger Miombowaldbewohner in Gebieten nördlich des Save, während der **Mevesglanzstar** (*Lamprotornis mevesii*) nur die Trockenwälder entlang von Limpopo und Sambesi bewohnt. In Wildschutzgebieten sieht man gelegentlich **Rotschnabel-Madenhacker** (*Buphagus erythrorhynchus*) auf Großwild, wie Büffel und Kudus, sitzen, denn sie ernähren sich von deren Zecken

Nahe Gewässern hält sich die große, bräunlich gestreift und gefleckte **Bindenfischeule** (*Scotopelia peli*) auf.
Nachtschwalben – man nennt sie auch Ziegenmelker – sind nachtaktive Vögel mit sehr langen Flügeln, die bei Einbruch der Dunkelheit ihre schwingenden Kreise ziehen. Sie ernähren sich von Insekten, die sie während dieses lautlosen Fluges jagen. Tagsüber sitzen sie getarnt und unbeweglich im Gehölz. Mehrere Arten sind in Mosambik vertreten.

Bilder oben: Frankolin und Kaffernhornrabe

und Parasiten. **Schildraben** (*Corvus albus*) genießen den Ruf als klassische Müllfresser, die häufig bei menschlichen Siedlungen und Camps leben. Sie werden etwa 45 cm groß und sind schwarz gefiedert, mit weißer Brust und einem weißen Halsband.

Vielfältig und mitunter schwer identifizierbar sind die unterschiedlichen **Webervögel**. In Riedgräsern und immergrünen Wäldern werden **Weißstirnweber** (*Amblyospiza albifrons*) und **Waldweber** (*Ploceus bicolor*) heimisch. Weite Verbreitung oftmals auch nahe menschlicher Ansiedlungen finden **Dorfweber** (*Ploceus cucullatus*). Die schwarzroten **Oryxweber** (*Euplectes orix*) bewohnen hohe Gräser, Schilf oder auch Maisfelder. Eine Ähnlichkeit mit dem Oryxweber zeigt der **Stummelwida** (*Coliuspasser axillaris*), doch haben die Männchen einen deutlich längeren Schwanz.

In den Wäldern Zentralmosambiks kommen die großen **Kappapageien** (*Poicephalus robustus*) vor. Das kleinere **Erdbeerköpfchen** (*Agapornis lilianae*) tritt am Sambesi und nördlich davon in trockenen Laubwäldern auf. Viel Lärm machen die in Akazienwäldern heimischen **Braunkopfpapageien** (*Piocephalus crypto-xanthus*).

Oben: Dieser Rotschnabeltoko mustert den Fotografen skeptisch

Bezaubernd wirken die schlanken, leuchtend gefärbten afrikanischen **Bienenfresser**, wie der scharlachrote **Karminspint** (*Merops nubicoides*). Während der Regenzeit brütet dieser Zugvogel in großen Kolonien in sandigen Steilufern der Flüsse in Niedrigzonen. Ein weiterer, höchst attraktiver afrikanischer Migrant ist der **Paradiesschnäpper** (*Terpsiphone viridis*, siehe Bild auf S. 161).

Nektarvögel haben noch längere Schnäbel als Bienenfresser, um an den Blütennektar zu gelangen. Entlang der Südküste bis Inhambane hält sich der **Neergaards Nektarvogel** (*Nectarinia neergaardi*) auf. **Weißbauchnektarvögel** (*Nectarinia talatala*) sind dagegen im ganzen Land in Savannen, Akaziengebüsch und Uferwäldern heimisch.

Ein prächtiges Gefieder präsentieren die mittelgroßen Racken, die häufig einzeln oder paarweise auf trockenen Zweigen oder Stromleitungen sitzen. In offenen Baumlandschaften sind **Gabelracken** (*Coracias caudata*) heimisch, im Miombowald Südmosambiks lebt die **Spatelracke** (*Coracias spatulata*), während der **Zimtroller** (*Eurystomus glaucurus*) Galeriewälder bevorzugt.

Unten: Schildrabe

SÜD-MOSAMBIK

Den Süden Mosambiks bilden die Provinzen Maputo, Gaza und Inhambane. Die schier endlosen Sandstrände der Küsten Südmosambiks sind zum Teil touristisch gut erschlossen und stellen das größte Kapital dieser Region dar. Alljährlich zieht es eine wachsende Zahl sonnenhungriger Urlauber vor allem aus Südafrika an die Strände Südmosambiks, die als Tauch- und Badeparadies gelten. Die Hauptstadt des Landes, Maputo, wird als eine der faszinierendsten Metropolen im südlichen Afrika gerühmt.

TOP-Highlights in Südmosambik

Die Stadt Maputo
Inhambane–Tofo–Barra
Bazaruto Archipel

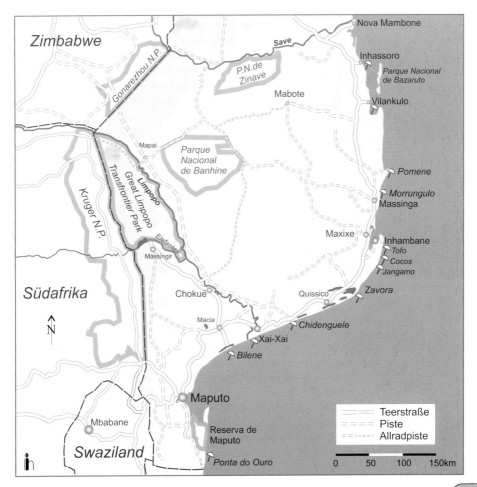

PROVINZ MAPUTO

Maputo Provinz, mit 23576 km² die kleinste und südlichste des Landes, grenzt an Südafrika, Swaziland und die mosambikanische Provinz Gaza. Die Bevölkerung setzt sich hauptsächlich aus Ronga und Nachkommen der Zulu zusammen und beträgt durchschnittlich 44 Einw. pro km². In der mediterranen, lebendigen Hauptstadt lässt es sich als Besucher leicht einige Tage aushalten. Weitere Sehenswürdigkeiten sind die Tauch- und Fischgründe von Ponta do Ouro und das Maputo Elephant Reserve.

Stadtgeschichte

Der erste Seefahrer "entdeckte" die Bucht vor mehr als 500 Jahren

1498 erkundete der Seefahrer Vasco da Gama den Seeweg nach Indien und ankerte dabei als erster Europäer in der schönen Bucht. Doch erst als 1545 der portugiesische Kaufmann Lourenço Marques hier auftauchte und die günstige Lage der Bucht im Mündungsgebiet der vier Flüsse Matola, Maputo, Tembe und Umbeluzi erkannte, nahm Portugal wirklich Notiz von diesem Naturhafen. Tausende Elefanten hielten sich in dem sumpfigen Gelände auf, das von einem Häuptling namens Maputa regiert wurde. Marques nannte die Bucht "Baia de Lagoa" (Lagunenbucht); ein Name, der sich als Delagoabucht bis ins 20. Jh. erhalten sollte. Die vielen Elefanten bestärkten ihn darin, hier einen kleinen Stützpunkt einzurichten und mit den Einheimischen in regelmäßige Handelskontakte zu treten. Für ein paar Ballen Stoff und bunte Perlen tauschte er riesige Mengen Elfenbein ein. Von da an lenkten portugiesische Kaufleute alljährlich ihre Handelsschiffe in die Bucht, ankerten vor Ilha Inhaca um Elfenbein, Nashorn-Hörner und gelegentlich auch Sklaven lukrativ aufzukaufen. Lange Zeit blieb es bei diesen Handelskontakten zwischen Einheimischen und Portugiesen, die sich damals noch nicht für das Land jenseits der Küste interessierten.

Europäische Handelsschiffe legen regelmäßig an

Ab Mitte des 17. Jh. geriet die Delagoabucht gegenüber den portugiesischen Handelsstützpunkten weiter im Norden etwas ins Hintertreffen und wurde nur noch sporadisch angelaufen. Das bemerkten auch die konkurrierenden europäischen Seemächte, denen die guten Handelskontakte zu den Afrikanern in der Delagoabucht nicht verborgen geblieben waren. 1721 wagte die niederländische **„Dutch East India Company"**, eigene Ansprüche durch den Bau eines kleinen Forts in der Bucht anzumelden, das heute als das erste feste Gebäude Maputos betrachtet wird. Die Niederländer hatten allerdings den Widerwillen der ansässigen Bevölkerung unter- und ihre Handelsprofite überschätzt. Innerhalb weniger Jahre scheiterten die niederländischen Ambitionen, und die Bucht wurde wieder verlassen. Anschließend versuchten auch die Briten hier Fuß zu fassen, doch abermals wehrten die ansässigen Ronga jede Besitznahme von Land heftig ab.

Erst 1781 gab es wieder Bautätigkeit in der Delagoabucht. Diesmal errichteten die Portugiesen eine Garnison auf Ilha Inhaca und ein kleines Fort an der Küste, um damit ihren Anspruch gegenüber anderen Seemächten kundzutun. Doch das Fort brannte kurz danach völlig nieder und das portugiesische Engagement reichte nicht aus, um es wieder komplett aufzubauen. Dafür befestigten sie 1784 den ersten Hafen in der Delagoabucht. Es wollte aber mit der Ansiedlung von Portugiesen und einer infrastrukturellen Entwicklung einfach nicht so recht klappen, weil ständige Scharmützel und Streitereien mit den einheimischen Ronga um die Vorherrschaft in der Region die Portugiesen schwächten. 1796 mussten die rund 80 Siedler von Lourenço Marques, wie man die Siedlung nun nannte, ins Landesinnere fliehen, als französische Kriegsschiffe die Bucht belagerten. Erst vier Jahre später hatte Portugal die Bucht wieder zurück erobert. Die kleine Siedlung an der Küste war kaum mehr als eine Anhäufung armseliger Hütten im Schutz eines unbedeutenden Forts. Die Lebensbedingungen waren primitiv und im sumpfigen Gelände grassierte die Malaria.

Über Jahrhunderte blieb die Siedlung unbedeutend

Und es sollte lange dauern, bis sich daran etwas änderte. Zu Beginn des 19. Jh. fegte die Difaqane über das südliche Afrika hinweg, eine Kriegswelle bisher ungeahnten Ausmaßes, das seinen Ursprung bei den Zulu in Natal hatte. 1833 fielen Ngoni-Zulu über Lourenço Marques her und zerstörten die Siedlung. Nachdem die Buren 1838 die Zulu-Streitkräfte geschlagen hatten, kehrte zwar wieder Ruhe ein, doch nun streckten die Buren ihre Hand nach der Delagoabucht aus. Zum ersten Mal drohte die Gefahr, nicht vom Meer, sondern aus dem Landesinneren annektiert zu werden. Die Buren waren auf der Flucht vom Kap nach Norden in die Region von Transvaal vorgestoßen und gründeten nun Republiken, deren Grenzen sie ausloteten. Als Binnenstaaten suchten sie nach einem Zugang zum Ozean. 1838 erreichte der **Ochsenwagentreck** von Louis Trichardt unter härtesten Reisebedingungen den Naturhafen von Lourenço Marques. Der Führer zahlreicher erschöpfter Burenfamilien starb im Anblick des Ozeans an Malaria und Entkräftung. Seine Schützlinge aber konnten sich gegen die ansässigen Portugiesen und Mischlinge nicht durchsetzen, der Treck scheiterte. Fürs Erste mussten sich die Buren geschlagen geben.

Unruhige Zeiten

In den 1860er Jahren mauserte sich die kleine Ansiedlung zu einer Stadt, die über den sumpfigen Bereich hinaus wuchs und langsam die dahinter liegende Hügellandschaft erklomm, in der es sich aus klimatischen Gründen gesünder und angenehmer leben ließ. Ab dieser Zeit geriet die Bucht erneut zum Spielball internationaler politischer Interessen: Der Präsident der Buren, Pretorius, erklärte seinen Anspruch auf einen Zugang zum Meer und drohte damit den Portugiesen. Im Gegensatz zum geschwächten Portugal prosperierte die **junge Burenrepublik**: 1867 wurden in Kimberley Diamanten entdeckt, 2 Jahre später Gold in Lydenberg. Nun setzte eine rasante wirtschaftliche Entwicklung an der Südspitze des afrikanischen Kontinents ein. Die Buren, als neue Wirtschaftsmacht in der Region, verlangten mehr denn je nach einem eigenen Hafen, um den Export ihrer Bergbauprodukte eigenständig abzuwickeln. Bisher waren sie auf die britischen Häfen in Kapstadt und Durban angewiesen. Die Versuchung war also groß, sich die nahe Delagoabucht einzuverleiben, zumal die Portugiesen weiterhin kaum Präsenz vor Ort zeigten. Erst nach zähen Verhandlungen und viel Säbelrasseln einigten sich Buren und Portugiesen auf den

Die Buren auf der Suche nach einem Anschluss an den Ozean

Provinz Maputo — STADTGESCHICHTE

Buren und Briten wollen die Bucht annektieren

noch heute gültigen Grenzverlauf und beschlossen einen gemeinschaftlichen Ausbau der Exportwege. Dies stieß nun den Briten auf, die keinesfalls zusehen wollten, wie ihre Felle davon schwammen und die Geschäfte künftig ohne sie gemacht werden sollten. Großbritannien besetzte daraufhin den südlichen Teil der Delagoabucht und die Insel Inhaca als vermeintliches Staatsgebiet von Natal. Und annektierte die Burenrepublik Transvaal. Als neuer Herr im Burenland verhandelte nun Großbritannien mit den Portugiesen über den Ausbau der Infrastruktur. Mit den immensen Goldfunden in Witwatersrand (bei Johannesburg) war klar geworden: Die Delagoabucht, der nächstgelegene Hafen, musste für den Bergbauexport erschlossen werden.

LM soll Hauptstadt werden

So wurden zwei Entscheidungen am Ende des 19. Jh. zu Meilensteinen in der Entwicklung der Stadt: Portugal und England einigten sich darauf, eine Bahn zwischen Johannesburg und Lourenço Marques zu verlegen. Und um den portugiesischen Anspruch deutlich zu dokumentieren, verlegte die Kolonialmacht 1897 nach fast 500 Jahren ihre Hauptstadt von Ilha de Moçambique nach Laurenço Marques.

Die goldenen Jahre einer aufblühenden Stadt

Damit begann **das goldene Zeitalter der Stadt**. Sie entwickelte sich mit dem Bahnbau nach Witwatersrand zu einer der lebendigsten und fröhlichsten Metropolen Afrikas. Kosmopolitisch, sinnenfreudig, attraktiv, lebensfroh und ausgelassen – Lourenço Marques hatte all das, was man in den puritanischen britischen und bibelfesten burischen Städten vermisste. LM, wie man die Stadt damals abkürzte, wurde in der ersten Hälfte des 20. Jh. in einem Atemzug mit Rio de Janeiro und Kapstadt genannt, so sehr beeindruckten ihre Schönheit, die imposante Lage und das sympathische Flair. Unter den rund 40 000 damaligen Bürgern von LM waren etwa 9000 Europäer. Über die Bahn und den Seeverkehr gelangten damals aber doppelt so viele Menschen – etwa 80 000 alljährlich – als Durchreisende in die Hafenstadt.

Ein Luxusleben nur für Weiße

Liberal und kosmopolitisch, großzügig und kunstvoll blieb die Stadt über viele Jahrzehnte, doch nur für ihre wohlhabenden weißen Bürger und Besucher. Die Schwarzen waren hier ähnlichen Diskriminierungen ausgesetzt wie in den Nachbarländern. In den 1950er und 1960er Jahre boomte Lourenço Marques als Feriendomizil für Europaportugiesen, Rhodesier und Südafrikaner. Hier fanden die weißen Kolonialisten, was ihnen in den eigenen puritanischen Ländern untersagt war: Kasinos, Nachtclubs und Prostitution in einer mediterranen, lockeren Umgebung.

Maputo und der Sozialismus

Nach der Unabhängigkeit Mosambiks gab Präsident Machel der Hauptstadt seines Landes den Namen Maputo in Erinnerung an den afrikanischen Häuptling, der bis zur Ankunft der Europäer hier regiert hatte. Die Stadt zählte damals etwa eine halbe Million Einwohner. Ihre glücklichen und fetten Jahre waren vorbei – sie erlebte den gleichen Niedergang wie das ganze Land. Der Tourismus brach augenblicklich zusammen, der junge Staat wurde von Südafrika geächtet, die meisten Weißen waren fluchtartig ausgereist. Zwar wurde Maputo während der Bürgerkriegs kaum beschädigt und geriet nie in die Hände der Renamo, doch lag sie wie eine Insel im blutigen Krieg und siechte vor sich hin unter dem Elend, das tagtäglich in die Stadtgrenzen einzog. Es fehlte das Geld für Neubauten oder

Reparaturen, die Lebensmittel wurden knapp, die Bewohner konnten ihre Stadt nicht mehr verlassen, weil vor ihren Toren der Krieg tobte. Und dennoch blieb Maputo auch damals eine auffallend saubere Stadt. In den 1980er Jahren sorgten freiwillige Arbeitsgruppen des Volkskommitees für tägliche Putz- und Müllsammelaktionen im Stadtgebiet und hielten sie damit makellos sauber. Gleichzeitig strömten die **Bürgerkriegsflüchtlinge** zu Tausenden in die sichere Hauptstadt. 1987 kletterte die Einwohnerzahl schon auf über 1 Mio. Menschen. Die Stadt reagierte mit einer eigentümlichen Form von **Stagnation**; alles Leben, das einst so vielfältig blühte, erstarb zum Minimum, zum nackten Überlebenskampf. Die alten lusitanischen Paläste verfielen, weil niemand sich eine Renovierung leisten konnte, die Kultureinrichtungen verkamen, die so oft beschworene Musikszene erstarb. Maputo drückte aus, was für das ganze Land zutraf: die Stadt war kriegsmüde, erschöpft und ausgemergelt. Ein Schatten seiner selbst.

Bild oben: Filigran und baufällig – so zeigt sich die Altstadt am Hafen

Der Friedensschluss zwischen Renamo und Frelimo und der anschließende Übergang zu einer Demokratie bescherten dem Land nicht nur lobende Zustimmung aus dem Ausland, sondern auch dollarschwere Aufbauhilfe. Die Hoffnung auf eine bessere Zukunft und die Finanzspritzen aus dem Ausland führten allerorten zu **rege**r **Bautätigkeit** und einer Wiederbelebung des privaten Handels. Auch die Weißen kehrten nun als Consultants, Auslandsvertreter, Bauherren oder Entwicklungshelfer zurück. Maputo erwachte sozusagen aus seinem Trübsinn. Die Stadt wurde nicht nur optisch aufgeputzt, sie füllte sich auch wieder mit dem Leben, das sie einst gegenüber anderen Hauptstädten so ausgezeichnet hatte.

Die vielseitige Musik- und Kunstszene, von der diejenigen schwärmen, die sie damals erleben durften, entwickelt sich langsam wieder. Das moderne Maputo ist nicht mehr so klassisch mondän wie zu Kolonialtagen, aber dafür sehr viel afrikanischer, als die Stadt jemals sein durfte. Sie unterscheidet sich noch immer deutlich von den anderen Metropolen im südlichen Afrika, wirkt mit ihren Prachtbauten und Straßencafés viel eher wie eine lateinamerikanische Großstadt. Die Lebensart, der Hang zum Strandbaden und Flanieren, die Bierfreudigkeit, der Körperkult und die Existenz einer sich freimütig zeigenden Mittelschicht geben Maputo tatsächlich ein eher südamerikanisches Flair. Heute leben hier wohl 2 Mio. Menschen, die genaue Anzahl vermag niemand zu ermessen. Maputo ist Museum und Moloch zugleich. Hier liegen Luxus und Elend direkt beieinander, finden Künstler und Bettler eine Heimat, treffen das 21. Jh. und uralte afrikanische Traditionen übergangslos aufeinander.

Die Vitalität kehrt zurück

Maputo ist eine Insel des Fortschritts innerhalb Mosambiks

ORIENTIERUNG

Erste Orientierung

Schon von weitem glänzt Maputo: Die moderne, von zahlreichen Hochhäusern geprägte Skyline auf der Landspitze am Ozean verrät noch nichts vom Verfall, der diese Stadt ergriffen hat, und dem nun mit Gegenmaßnahmen, wie dem Renovieren der kolonialen Prachtbauten, Einhalt geboten werden soll.

Einteilung in Ober- und Unterstadt

Keimzelle Maputos ist das Hafengelände zwischen dem Bahnhof und dem Praça 25 de Junho, von wo aus sich die Besiedlung in höher gelegene Gebiete zog. Das Stadtzentrum wird daher in die **Baixa**, die Unterstadt mit den Geschäftsvierteln, und die **Cima**, die koloniale Oberstadt mit Wohn- und Residenzvierteln, wie Polana und Sommerschield, gegliedert. Dahinter schließen sich wie gefräßige Geschwüre riesige, teilweise chaotische Wohnviertel für die afrikanischen Massen bis an die Stadtränder an. 2400 Straßen soll es in Maputo geben...

Info: Alle Häuser haben Nummernschilder, die nicht eine Gebäudenummerierung darstellen, sondern die Distanz zum Anfang der jeweiligen Straße in Metern. Deshalb gibt es auch so viele 4-stellige Nummern

Der erste Eindruck innerhalb der Stadt wird von den verschwenderisch breiten Avenidas geprägt, die Maputo fast schachbrettartig durchziehen. Baumalleen, Straßencafés und Palmen erzeugen vor den kolonialen Häuserzeilen fast einen Dejavue-Effekt. Dieses verspielte, leichte Ambiente kennen Europäer aus südländischen Städten. Wer die Großstädte der afrikanischen Nachbarländer kennt, wird sich der andersartigen Atmosphäre Maputos kaum entziehen können. Es scheint ein Duft von „Galinha piri piri" (Chicken piri piri) in der Luft zu liegen, die von den nächtlichen Samba-Rhythmen vibriert. Mit jeder Bar und jedem Restaurante, die wieder eröffnen und ihre Stühle auf das Trottoir stellen, kehrt die vergessene Vitalität der Stadt zurück. Niemand hat je die vielen Kneipen und Cafés gezählt, die Maputo bis heute wieder hervorgebracht hat.

Maputo ist tropisch grün, wo immer man hinsieht. Angeblich haben die Kolonialisten seit den 1920er 25 000 Bäume aus 50 verschiedenen Arten in dieser Stadt gepflanzt. Irgend etwas scheint hier stets zu blühen; am schönsten sind die im September/Oktober blau blühenden Jacarandabäume, die ganze Straßenzüge säumen.

Die wichtigsten Pracht- und Geschäftsstraßen

Der Innenstadtbereich wird durch die Avenida de Angola nach Westen und die Avenida Kenneth Kaunda nach Norden abgegrenzt. In Ost-West-Richtung verlaufen wichtige Geschäftsstraßen, wie die **Avenida 25 de Setembro**, in der das Postamt, der Zentralmarkt und etliche Banken ansässig sind, und die Prachtstraße **Avenida 24 de Julho** mit Restaurants und zahlreichen Boutiquen sowie die **Avenida Eduardo Mondlane**.

Von Norden nach Süden durchquert als prächtiger Boulevard die **Avenida Julius Nyerere** den vornehmen Teil Maputos. Parallel hierzu bildet die **Avenida da Marginal** die mit Kasuarinen, Pinien und Palmen gesäumte Küstenpromenade als Verlängerung der Avenida 25 de Setembro. Sie verläuft am Club Naval und vielen Strandlokalen vorbei stadtauswärts nach **Bairro Triunfo,** und weiter zum Badestrand und Ausflugsgebiet an der **Costa do Sol.** Hier endet nach dem gleichnamigen beliebten Lokal und den zahlreichen Souvenirständen der Teerbelag. Fährt man auf der Sandpiste weiter, gelangt man in das kleine Fischerdorf Aldeia dos Pescadores.

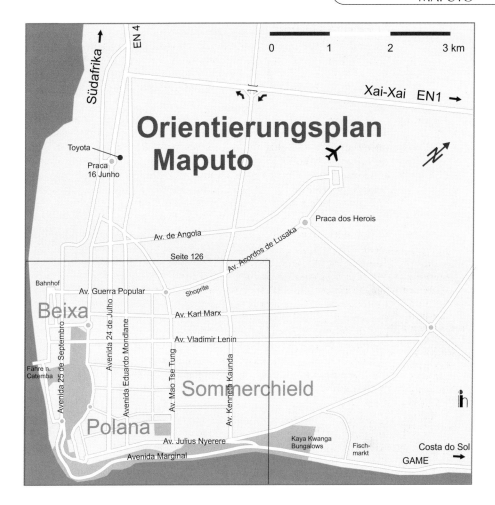

Die Strände von Maputo

Obwohl so herrlich am Indischen Ozean gelegen, bietet Maputo zwar kilometerlange, jedoch kaum besuchenswerte, saubere Badestrände. Der bekannteste an der **Costa do Sol** liegt nur 12 km außerhalb der Stadt und leidet unter der zweifelhaften Wasserqualität (das Wasser ist oft trüb und verfärbt) und dem sehr flachen Strand. Richtig schöne Strände zieren die vorgelagerten Inseln **Inhaca** und **Ilha Portuguese**, die aber beide nur per Boot erreichbar sind (s. S. 138). Ansonsten muss man schon bis **Macaneta**, rund 50 km nördlich von Maputo, fahren (S. 139). Alternativ darf man gegen Eintrittsgebühr in den meisten großen Hotels den Swimmingpool benützen (besonders tollen Ausblick gewähren die Pools der Hotels Cardoso, Polana und Holiday Inn).

Maputo ist kein Badeziel

Info: Detaillierter Innenstadtplan von Maputo siehe S. 126!

MUSEEN

Museen in Maputo

- **Museu de História Natural:** Hervorragendes Naturhistorisches Museum in gotischem Prachtbau am Praça da Travessia do Zambeze, Tel. 21491145. Große Skelettsammlung einheimischer Tiere, teilweise auch ausgestorbene Arten sowie ausgestopfte Affen, Antilopen und Raubtiere. Außerdem werden hier Elefantenföten in ihren verschiedenen Entwicklungsstadien ausgestellt (für diese Sammlung mussten 980 Elefanten sterben). Öffnungszeiten: täglich außer Montag von 09.00-11.30 h und 14.00-16.00 h. Eintritt: wochentags ca. 2,00 €, So 0,50 €.
- **Museu de Arte:** Av. Ho Chi Minh 1233, Tel. 21420264. Bekanntes Kunstmuseum mit den Werken zeitgenössischer Künstler Mosambiks, wie A. Chissano, Mucavele und Malangatana. Zumeist handelt es sich um Malereien und Skulpturen. Öffnungszeiten: Dienstag bis Sonntag von 14.00-18.00 h. Der Eintritt ist frei.
- **Museu da Moeda:** Rua Consiglieri Pedroso/Ecke Praça 25 de Junho, Tel. 21420290. Weltweite Münzsammlung im ältesten Gebäude Maputos mit viel Wissenswertem über die Geschichte des Geldes in Mosambik. Öffnungszeiten: Di/Mi/Do/Sa von 09.00-12.00 h und 14.00-16.00 h, Fr von 09.00-12.00 h, So von 14.00-17.00 h. Eintritt: ca. 2,00 €.
- **Museu de Revolução:** Av. 24 de Julho, Tel. 21400348. Geschichtsunterricht: Hier dreht sich alles um die Revolutionsgeschichte des jungen Staates (etwa 1960-77), die mit zahlreichen Fotografien, Karten, Waffen und anderen Dokumenten auf vier Stockwerken veranschaulicht wird (auf portugiesisch). Öffnungszeiten: Wochentags außer mittwochs von 09.00-12.00 h und 14.00-18.00 h, samstags 14.00-18.00 h, sonntags 09.00-12.00 h und 15.00-18.00 h. Eintritt: 0,50 €.
- **Museu de Geologia:** Av. 24 de Julho 355, Tel. 21498053. Mineralien- und Gesteinssammlung. Öffnungszeiten: Dienstags bis freitags von 15.00-18.00 h und samstags von 08.00-12.00 h und 15.00-18.00 h. Kein Eintritt, Spende erbeten.
- **Museu de Chissano:** Rua Torre de Vale, Bairro Sial, Matola. Tel. 21780705. Ein im westlichen Vorort Matola gelegenes Museum, das im ehemaligen Wohnhaus des Skulpturenkünstlers Alberto Chissano untergebracht ist (stadtauswärts entlang der Av. 24 de Julho fahren, ca. 10 km vom Zentrum). Das Museum ehrt Leben und Werk des 1994 durch Selbstmord Verstorbenen und stellt auch andere namhafte mosambikanische Künstler vor. Öffnungszeiten: Täglich außer Montag von 09.00-12.00 h und 15.00-17.00 h. Dem Museum angeschlossen ist ein Restaurant mit einheimischen Spezialitäten. Der Eintritt beträgt ca. 1 €.

Darüber hinaus zeigt die **Fortaleza** eine interessante Ausstellung zur Kolonialzeit (Bild oben).

MAPUTO

Sehenswertes

Wir empfehlen zwei Stadtteilspaziergänge und eine Fahrt entlang der Uferpromenade. Schwerpunkt der Besichtigungen bildet der Altstadtbereich in der Baixa, der Unterstadt, die man gut zu Fuß erkunden kann.

Info: Detaillierter Innenstadtplan von Maputo siehe S. 126!

Tour 1: Altstadtspaziergang in der Baixa

Wir beginnen unsere Tour am zentralen Platz der Unabhängigkeit, **Praça da Indépendencia** mit der weißen katholischen **Kathedrale** von Maputo. Sie wurde 1944 in diesem etwas nüchternen gotischen Stil mit hohem Spitzturm erbaut und formt aus der Vogelperspektive betrachtet ein Kreuz. Der Zugang liegt seitlich gegenüber dem Hotel Rovuma-Carlton. Südlich der Kathedrale schließt sich das filigrane Franko-Mosambikanische Kulturzentrum an (s. S. 130).

Die Nordseite des Unabhängigkeitsplatzes flankiert das neoklassizistische graue Rathaus **Conselho Municipal**. Fertiggestellt wurde das Palastgebäude 1945 während der Kolonialzeit; damals stand in großen, stolzen Lettern „Aqui é Portugal" (Hier ist Portugal) auf der vorderen Außenwand. Besucher dürfen die Lobby betreten, wo Miniaturmodelle die Stadt in ihrer Gründerzeit zeigen.

Unser Stadtspaziergang führt vom Praça de Indépendencia in südliche Richtung entlang der Avenida Samora Machel. Dort fällt sofort das überaus zierliche **Casa de Ferro** auf, ein zweistöckiges Eisenhaus nach dem Plan des berühmten Architekten Eiffel 1892 erbaut. Hier sollte eigentlich der damalige Gouverneur residieren, doch heizten sich die Stahlkonstruktion im afrikanischen Klima viel zu stark auf, als dass man dort komfortabel wohnen könnte. Der Gouverneur verzichtete also auf das Vergnügen, in einem Eisengestell zu residieren. Heute genießt dieses fragliche Privileg die Museumsverwaltung.

Gegenüber dem eigenwilligen Eisenbauwerk thront vor dem Eingang zum Botanischen Garten die **Bronzestatue von Samora Machel**, dem immer noch verehrten ersten Präsidenten Mosambiks. Der dahinter liegende öffentliche Park, eine herrliche Zuflucht während der heißen Mittagsstunden, trägt den Namen **Jardim Tunduru**. Als Botanischen Garten ließen ihn die Kolonialherren 1885 vom berühmten britischen Landschaftsarchitekten Thomas Honney anlegen. Die Parklandschaft mit ihren prächtigen, schattigen Bäumen erfreut sich großer Beliebtheit. An zahlreichen Exemplaren informieren kleine Plaketten an den Baumstämmen über die Spezies und Heimat der Bäume. Eine große Sammlung an Baum- und Palmfarnen

Bilder oben: Eingang des prächtigen Bahnhofs von Maputo; "Casa de Ferro", das Eisenhaus nach Eiffel

Provinz Maputo — SEHENSWERTES

Amüsiermeile von Maputo

beherbergt das Gewächshaus. Auf unserem weiteren Weg nach Süden entlang der Av. Samuel Machel bieten sich für eine Einkehr die Pastelaria Scala oder das Café Continental an der Avenida 25 de Setembro an, wo man von der Terrasse aus gemütlich die vorbei ziehenden Menschen und Fahrzeuge entlang dieser geschäftigen Hauptstraße beobachten kann. Drei, vier Häuserblocks weiter entlang der Av. 25 de Setembro liegt die **Feira Popular**, eine Art Jahrmarkt- und Amüsierviertel mit Dutzenden Kneipen, Bars und Bierstuben, das allerdings erst spät abends zum Leben erwacht.

Das Fortaleza wirkt heute unscheinbar und klein

Nur ein paar Schritte südlich des Café Continental mündet die Av. Samora Machel dagegen in den **Praça 25 de Junho**. Hier befinden wir uns schon mitten im ältesten Teil der Stadt. Jeden Samstagvormittag findet inmitten des Platzes ein Kunstmarkt statt (Mercado Artesanato, S. 125). Auf der Südostseite des Platzes, Ecke Av. Filipe Samuel Magaia, versteckt sich zwischen den Hochhäusern der Umgebung das portugiesische **Fortaleza da Nossa Senhora da Conceição**. In mächtigem rotem Sandstein haben die Kolonialherren in den Jahren 1851-67 das wehrhafte Fort an genau der historischen Stelle errichtet, wo 1781 das erste kleine Fort gestanden hatte. Das denkmalgeschützte Fortaleza strahlt die typische Atmosphäre portugiesischer Wehranlagen aus, wie sie zahlreich an der Küste Ostafrikas zu finden sind. Der Besuch lohnt sich, offenbart sich im Innenhof doch eine grüne Oase der Ruhe (offiziell geöffnet Sa/So von 07.00-17.00 h, oft auch wochentags offen, freier Eintritt). Im kleinen Militärmuseum finden

Im Inneren wird das Fort zur Oase der Ruhe

von Zeit zu Zeit Ausstellungen statt. Darüber hinaus werden historische Fotos und alte, verwitterte Inschriften ausgestellt sowie Kanonen, Tonkrüge und die Statuen ehemaliger Gouverneure.

Geldmuseum

Schlendern wir nun durch die ältesten Straßen Maputos zum Praça dos Trabalhadores, nicht ohne vorher das Museo da Mueda (S. 118) im ockergelb gestrichenen Flachbau **Casa Amarela** am Nordende des Platzes an der Rua Consiglieri Pedroso aufzusuchen. Dieses älteste Haus der Stadt wurde hübsch restauriert. Ob man nun der Rua Consiglieri Pedroso nach Westen folgt oder der Parallelstraße Rua do Bagamoio, die wegen der Spelunken und Nachtclubs als „Straße der Sünde" gilt, ist egal. Beide Straßen beherbergen schöne Beispiele alter Baukunst mit filigranen Veranden und stoßen auf die quer verlaufende Rua da Mesquita, die wegen des viktorianischen Hotels Central und der alten **Moschee** sehenswert ist (die Straße führt nach Norden außerdem direkt auf den **Mercado Municipal** zu, S. 125).

Baufällige Häuser mit filigranen Verzierungen und Veranden zieren die engen Gassen, die noch immer ein lebhaftes Bild aus der Gründerzeit vermitteln. Unser Ziel ist jedoch der **Praça dos Trabalhadores**, in dessen Mitte ein kolossales Monument der Gefallenen im Ersten Weltkrieg gedenkt. Zu Füßen der imposanten, 10 m hohen Granitstatue im Stil einer griechischen Athene schlängelt sich eine steinerne Kobra empor. Der Legende nach soll die Frau einst die Landbevölkerung von dieser terrorisierenden Giftschlange befreit haben, die in den auf dem Kopf getragenen Korb voll dampfend heißen Kassavabreis gesprungen und daran erstickt sei. Doch das prächtigste Augenmerk am Platz der Arbeiter, der ansonsten nicht gerade von ansprechenden Gebäuden gesäumt wird, ist der imposante

MAPUTO

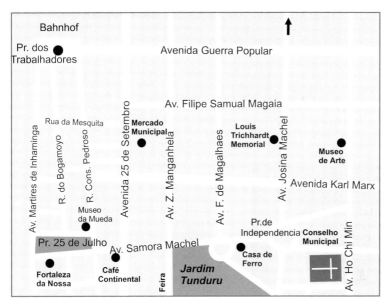

*Info:
Detaillierter
Innenstadtplan
von Maputo
siehe S. 126!*

viktorianische **Hauptbahnhof** (Caminho de Ferro de Moçambique). Auch dieser Prachtbau geht auf das Design von A. G. Eiffel zurück. Seit Fertigstellung der Bahnlinie nach Johannesburg 1895, die zum Eingangstor für Generationen von Neuankömmlingen aus Europa wurde, sind Hunderttausende Menschen durch diesen herrlichen Bahnhof gereist. Der große Kuppeldom lässt Licht und Luft durch den Bahnhof fluten. 1995 hat man das Gebäude liebevoll renoviert. Es strahlt heute noch den Glanz jener Tage aus, als die Eisenbahn den Rang einnahm, den wir heute der Luftfahrt beimessen. Ein Bahnhof als Tor zur Welt – hier ging der Anspruch weit über den der Zweckmäßigkeit hinaus. Viele Besucher zählen diesen Bahnhof zu den schönsten der Welt. Im Innern des Bahngeländes stehen noch zwei ehrwürdige, ausrangierte Dampflokomotiven aus dem 19. Jahrhundert.

*Der Bahnhof ist **die** Sehenswürdigkeit schlechthin!*

Folgt man nun der Avenida Guerra Popular vom Praça dos Trabalhadores nach Norden zurück ins Stadtzentrum und biegt an der Av. Ho Chi Minh nach rechts, so gerät man unversehens in ein von indischen Läden geprägtes Viertel und steht bald vor dem **Louis Trichardt Memorial**. Dieses kunstvoll gestaltete Denkmal erinnert an den Burentreck von 1835-38 unter der Führung von Louis Trichardt. Die beschwerliche Reise in Ochsenwagen kann auf den Mosaiken und Wandreliefs nachvollzogen werden. Louis Trichardt erlag nach seiner Ankunft in Lourenço Marques, wo die Buren eine neue Heimat gründen wollten, schon bald der Malaria (siehe Stadtgeschichte).

Schon gewusst?
Muhammed Ali drehte die Stadtszenen von Kinshasa für den Film "Ali" in Maputo!

Auf dem Rückweg zu unserem Ausgangspunkt an der Praça da Indépendencia kommen wir noch am Kunstmuseum vorbei (S. 118).

Tour 2: Der elegante Teil Maputos: Bairro Polana

Tour durch den mondänen Teil der Kapitale

Das elegantere Stadtgebiet erstreckt sich grob gesagt zwischen den Hotels Cardoso und Polana. Der Stadtteil Polana markiert das traditionelle Wohngebiet der (weißen) Wohlhabenden. Schräg gegenüber dem Hotel Cardoso am Praça da Travessia do Zambeze hat das naturhistorische Museum (**Museu de História Natural**, S. 118) seinen Sitz in einem ausladenden manuelinischen (portugiesisch-gotischer Stil) Prachtkomplex, dessen Besuch man sich nicht entgehen lassen sollte. Wer sich für die Geologie des Landes interessiert, findet ein liebevoll gestaltetes **Museu de Geologia** ein paar Straßenzüge weiter in der Av. 24 de Julho/Ecke Av. Martires da Machava.

Bild oben: Das Naturhistorische Museum im manuelinischen Baustil

Wenden wir uns nun der Prachtstraße **Avenida Julius Nyerere** zu, die manchmal als „Golden Mile" tituliert wird. Hier schlendert man durch den mondänen, wohlhabenden Stadtteil der Schönen und Reichen. Zahlreiche Straßencafés bieten sich für eine Einkehr an, um das geschäftige Treiben zu genießen. Die Av. Julius Nyerere ist die beste Adresse für Boutiquen und Souvenirläden. In Ihrem Umfeld haben sich viele Konsulate und Botschaften niedergelassen. Luxushotels, elegante Restaurants, Fluggesellschaften, Reisebüros, Mietwagenagenturen – was immer das Herz des Besuchers begehrt, hier wird er es finden. Ganz konträr zeigt sich dagegen die Avenida Friedrich Engels. Diese erhöht über dem Meer liegende Panoramastraße ist eine beliebte Flanier- und Joggingstraße mit zahlreichen Parkbänken, guter Aussicht und wenig Verkehr.

In der Av. Ahmed Sekou Touré kann man zwischen all dem modernen Großstadttreiben eine kleine, unauffällige **Griechisch-Orthodoxe Kirche** besichtigen. An der Av. Kwame Nkrumah steht die sternförmige Kirche **Santo Antonio da Polana** aus grauem Beton, deren Interieur von mächtigen Glasfenstern bestimmt wird.

Maputos feinste Adresse

Stolzestes Hotel der Stadt, ja geradezu eine Kampfansage gegen Armut und Verfall, ist das legendäre **Hotel Polana**. Erbaut in den 1920er wurden damals keine Kosten und Mühen gescheut, dieses Prunkhotel mit herrlicher Aussicht auf den Ozean zu errichten. Wenn auch nur die wenigsten Touristen – aus Kostengründen – dort residieren, so stehen Caféterrasse, Restaurant (Tipp: Jeden Sonntag mondänes Lunch-Buffet) und die sonstigen Läden doch auch Nicht-Hotelgästen offen. Spielernaturen finden hier auch ein Kasino.

Achtung!

Folgt man dagegen der Av. Julius Nyerere weiter nach Norden, liegt rechts in einer großzügigen Gartenanlage der **Präsidentenpalast**. Meiden Sie das Gelände, denn hier patrouillieren bewaffnete Soldaten. Es ist verboten, auf dem Teerweg vor dem Palast spazieren zu gehen oder mit dem Auto anzuhalten.

MAPUTO

Tour 3: Entlang der Uferpromenade Avenida da Marginal

Wir beginnen diese Tour am Praça Roberto Mugabe, wo die Avenida Marginal am „Clube Nautico" vorbei die Landzunge umfährt und sich schließlich nach Norden wendet. Dort liegt der Yachthafen mit dem weißen Sportklubhaus **„Clube Naval"** von 1913. In diesem Bereich ist Maputos "Waterfront" in Anlehnung an das erfolgreiche Konzept Kapstadts entstanden (siehe S. 130). Etwa 2 km weiter passiert man den kunsthandwerklichen Laden **Artedif**, der Erzeugnisse einer Behinderteninitiative vertreibt. Danach wird die Strecke lebendiger. Zahlreiche Straßenhändler reihen ihre Schnitzereien, Bilder und andere Kostbarkeiten zwischen den Palmen und Kasuarinen auf; etliche Strandlokale vom Mini-Container bis zum edlen Seafood-Restaurant werben um Gäste. Es geht nun am Restaurant „Club Marítimo" vorbei. Wer hier in die abzweigende Straße links einbiegt, sieht gleich danach rechts der Straße den offenen **Fischmarkt** „Mercado do Peixe", wo man sich ausgezeichnet mit dem vielseitigen frischen Fang des Tages eindecken kann. Kehren wir zurück zur Avenida Marginal und lassen die Großstadt hinter uns zurück. Die Straße führt uns nun durch **Bairro Triunfo**, ein ehemals kleines Fischerdorf, das inzwischen zu einem Vorort mit zahlreichen Wohnungen für die Städter angewachsen ist. Die Avenida führt entlang der Kasuarinen und Pinien, die einst gegen die starken Winde angepflanzt wurden. Der Ozean frisst dennoch unermüdlich den schmalen Strand, viele Kasuarinenwurzeln stehen abenteuerlich frei und wehren sich scheinbar vergeblich gegen den Griff der Wellen.

Nach einigen Kilometern gelangt man nach Bairro **Costa do Sol**. Einst galt dieser Flecken als stilles Ausflugsziel für einen gemütlichen Strandtag, doch um das alteingesessene Costa do Sol Restaurant haben sich längst andere Lokale, Unterkünfte und schließlich auch zahlreiche Straßenhändler, die den sonnenhungrigen Ausflügler eifrig von der Attraktivität ihrer Waren überzeugen möchten, angesiedelt. Von Costa do Sol kann man auf Piste noch weiter fahren bis zum kleinen Fischerdorf Bairro dos Pescadores.

Zwei Inseln sind der Küste im Mündungsgebiet des Rio Incomáti vorgelagert, von denen die größere **Ilha Xefina** schöne Strände bietet, die gerne zum Schnorcheln besucht werden. Nur ein paar genügsame Fischer bewohnen heutzutage diese Insel; doch Ruinen eines portugiesischen Forts und Kanonenreste aus der Mitte des 16. Jh. erinnern an die historische Bedeutung Xefinas, als hier Handelsschiffe stationiert waren. Am preiswertesten lässt man sich mit einem Fischerboot von Bairro dos Pescadores zur Insel übersetzen. Die Reiseagenturen in Maputo bieten auch einen Motorboots-Charter ab ca. 200 Euro pro Boot.

Tipp: Unternehmen Sie diese Tour morgens oder erst spät nachmittags!

Bild oben: Angler am Sonntagmorgen an der Uferpromenade

Vorgelagerte Inseln in der Bucht von Maputo

Heldenplatz & Mural am Praça dos Heróis

Bild rechts: der Junge verkauft Bananen an der Catembe-Fähre

Unweit des Flughafens liegt eine Sehenswürdigkeit, die wegen ihrer Lage am Praça dos Heróis an der Avenida Acordos de Lusaka keiner der vorab genannten Touren zugeteilt werden kann. Das verhüllte sternförmige Denkmal zu Ehren der Helden Mosambiks, in dem diese ihre letzte Ruhe finden, ist nur am 3. Februar jeden Jahres, dem Tag der Helden, der Öffentlichkeit zugänglich. Wer diese monumentale Selbstdarstellung sozialistischer Prägung zu anderen Tagen besichtigen möchte, kann im Informationsministerium in der Av. Eduardo Mondlane nach einer Besuchsgenehmigung fragen.

Bild unten: prächtiger Bahnhof von Maputo, ein Prunkstück des Viktorianischen Zeitalters

Auf der gegenüberliegenden Straßenseite steht ein Kunstwerk, das dem Heldendenkmal in der Gunst der Besucher längst den Rang abgelaufen hat: der 95 m lange „Mural" (siehe S. 53). Verschiedene bekannte Künstler des Landes haben auf dieser wellenförmigen Betonwand höchst eindrucksvoll und in bunten Farben den Befreiungskampf ihres Volkes gegen die Kolonialmacht gezeichnet. Vorsicht: Beim Heldendenkmal ist Fotografieren streng verboten, und auch beim Mural nicht gerne gesehen.

Architektonische "Zuckerl"

Bei einem Stadtrundgang durch Maputo zählen Gebäude unterschiedlicher Baustile zu den interessantesten Sehenswürdigkeiten. Ein schönes Beispiel kolonialportugiesischer Architektur ist der Luxusbau aus den 1920ern, in dem sich das **Hotel Polana** befindet. Das **Hotel Central** und der imposante, perfekt renovierte **Bahnhof** entstammen der viktorianischen Zeit. Als ältestes Gebäude der Stadt verdient die ehemalige Gouverneursresidenz Beachtung, in der heute das Geldmuseum untergebracht ist und das wegen seines ockergelben Anstrichs **Casa Amarela** genannt wird. Ein wenig märchenhaft wirkt das **Naturhistorische Museum** im sog. „Manuelinischen Stil" (gotischer Baustil portugiesischer Art). Das zweistöckige Stahl- oder **Eisenhaus** „Casa de Ferro" nahe dem Botanischen Garten ist nach den Plänen des französischen Architekten A. G. Eiffel erbaut worden, der sich bekanntlich in Paris mit seinem stählernen Eiffelturm verewigen durfte. An der Av. 25 de Setembro/Ecke Rua da Imprensa steht das höchste Gebäude der Stadt, das wegen seiner 33 Stockwerke nur *„Trinta e três andares"* genannt wird. Es gibt zwar optisch nichts her, bietet aber vom obersten Stockwerk den schönsten Blick über Maputo.

Märkte in Maputo

- **Mercado Central:** Avenida 25 de Setembro. Auf dem mehr als 100 Jahre alten Zentralmarkt Maputos werden Lebensmittel aller Art und viel Fisch angeboten. Der auffallend schöne Kuppeleingang wurde einst vom französischen Architekten Eiffel entworfen.
- **Mercado Xipamanine:** Rua dos Irmãos Roby (zweigt von der Av. De Angola links ab). Der größte Stadtmarkt Maputos bietet für europäische Augen ungeahnte visuelle Reize: Handwerker klopfen ihre Metalleimer und Blechöfen an Ort und Stelle, Fleischer und Gemüsehändler warten auf Kundschaft, Gebrauchtwarenhändler breiten ihre Waren aus: Korbwaren, Kleidung aus den Beständen von Altkleidersammlungen, geheimnisvolle Kräuter, Musikinstrumente, Kofferradios, Schuhe, Fahrradersatzteile – dazwischen köcheln Frauen in kleinen Garküchen, schneiden Friseure Haare und halten traditionelle Heiler ihre Sprechstunden ab. Ein Spaziergang über diesen bunten Markt gehört zu den eindrucksvollsten Erlebnissen für die Sinne. Hier findet man auch die breiteste Auswahl an Ingredienzen der traditionellen Medizin, wie Tierklauen und -schwänze, Schädel und Felle. Vorsicht: gerade in diesem Gedränge werden Touristen besonders gern Opfer von Taschendiebstahl!
- **Mercado Janeta:** Die Markthalle mit dem angeblich besten Obst- und Gemüseangebot der Stadt liegt am Ende der Av. Mao Tse Tung gegenüber der Kirche. U. a. werden hier auch Pflanzen aller Art und Keramikwaren feilgeboten.
- **Mercado Artesanato:** Jeden Samstagvormittag findet auf den Praça 25 de Junho ein großer Kunstmarkt statt. Touristen und andere zahlungskräftige Besucher finden hier traditionelles Handwerk und moderne Souvenirs, Kunst und Kitsch, Makonde-Schnitzereien und Batiken.
- **Mercado do Peixe:** Auf dem offenen Fischmarkt an der Avenida Marginal (gegenüber dem Clube Maritimo links abbiegen), bekommt man die mit Abstand beste und größte Auswahl an Fischen und Meeresfrüchten in der ganzen Stadt. Fische, Garnelen, Krabben, Tintenfische und Langusten in großen Mengen!

Maputos Straßenkinder

Zerlumpte Kinder gehören heute zu Maputos Straßenbild und sind ein alarmierendes Zeichen für das soziale Ungleichgewicht im Land. Tausende verwaiste oder verstoßene Kinder wurden durch ländliches Elend und Bürgerkrieg in die Hauptstadt geschwemmt, von denen kaum eines mehr als seinen Namen kennt. Sie bilden inzwischen eine eigene Bevölkerungsgruppe Maputos, schließen sich zu Gruppen zusammen, die ihr Revier heftig gegen andere Straßenkindergangs verteidigen. Tagsüber stromern sie durch „ihre" Straßen, suchen nach Nahrungsmitteln in den Abfällen, betteln, verdingen sich mit „Car Watching" (sie erwarten ca. 5000 Meticais für's Autobewachen) oder stehlen auch, wo sich die Gelegenheit dazu bietet. Nachts schlafen sie in Mauernischen oder Häuserruinen, Pappkartons ersetzten Decken, und ständig sind sie dem täglichen Kampf ums nackte Überleben ausgesetzt. Stadtverwaltung und Polizei werden ihrer schon lange nicht mehr Herr, und die überwiegend europäischen Hilfsprojekte, die Straßenkindern Heimplätze zuweisen, scheitern meistens, weil sie den verwahrlosten Kindern keine echte Lebensalternative bieten. Maputos Straßenkinder zeigen sich dem Fremden gegenüber sehr freundlich und mitunter charmant. Sie freuen sich über Lebensmittelgeschenke und ein Gespräch, sind auskunftswillig und haben ein hervorragendes Gedächtnis, weshalb sie „Gönnern" und „Bekannten" auch noch nach einiger Zeit grüßend zuwinken.

Provinz Maputo — STADTPLAN

MAPUTO

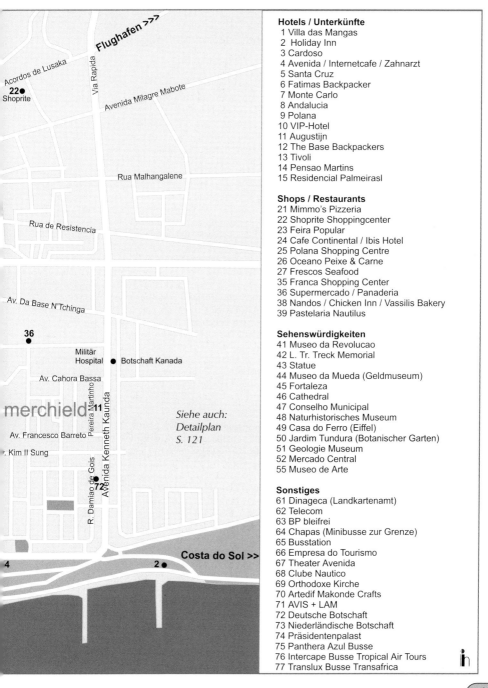

Hotels / Unterkünfte
1 Villa das Mangas
2 Holiday Inn
3 Cardoso
4 Avenida / Internetcafe / Zahnarzt
5 Santa Cruz
6 Fatimas Backpacker
7 Monte Carlo
8 Andalucia
9 Polana
10 VIP-Hotel
11 Augustijn
12 The Base Backpackers
13 Tivoli
14 Pensao Martins
15 Residencial Palmeirasl

Shops / Restaurants
21 Mimmo's Pizzeria
22 Shoprite Shoppingcenter
23 Feira Popular
24 Cafe Continental / Ibis Hotel
25 Polana Shopping Centre
26 Oceano Peixe & Carne
27 Frescos Seafood
35 Franca Shopping Center
36 Supermercado / Panaderia
38 Nandos / Chicken Inn / Vassilis Bakery
39 Pastelaria Nautilus

Sehenswürdigkeiten
41 Museo da Revolucao
42 L. Tr. Treck Memorial
43 Statue
44 Museo da Mueda (Geldmuseum)
45 Fortaleza
46 Cathedral
47 Conselho Municipal
48 Naturhistorisches Museum
49 Casa do Ferro (Eiffel)
50 Jardim Tundura (Botanischer Garten)
51 Geologie Museum
52 Mercado Central
55 Museo de Arte

Sonstiges
61 Dinageca (Landkartenamt)
62 Telecom
63 BP bleifrei
64 Chapas (Minibusse zur Grenze)
65 Busstation
66 Empresa do Tourismo
67 Theater Avenida
68 Clube Nautico
69 Orthodoxe Kirche
70 Artedif Makonde Crafts
71 AVIS + LAM
72 Deutsche Botschaft
73 Niederländische Botschaft
74 Präsidentenpalast
75 Panthera Azul Busse
76 Intercape Busse Tropical Air Tours
77 Translux Busse Transafrica

Hotels, Pensionen und Backpackerlodges

Firstclass-Hotels

- **VIP Hotel Maputo:** Av. 25 de Setembro 692, Tel. 21351000, Fax 21351001, E-mail: hotelmaputo@viphotels.com. Neues 5-Sterne-Luxushotel mit 204 Zimmern und allem erdenklichen Schnickschnack. Preise: B&B ab 85 €/DZ und ab 115 €/EZ.
- **Hotel Polana:** P.O.Box 1151, Avenida Julius Nyerere 1380, Tel. 21491001/7, Fax 21491480, www.serenahotels.com. Elegantestes 5-Sterne-Luxushotel der Serena-Gruppe mit viel Flair und kolonialer Tradition. Mondäner Pool, Fitnessbereich, Kasino, Restaurant, Bar und Café. Klimatisierte, sehr gediegene Zimmer. Preise: je nach Saison ab 60-150 €/DZ, 95-270 €/EZ.
- **Maputo Holiday Inn:** Av. Marginal, CP 4016, Tel. 21495050, Fax 21497700. 4-Sterne-Hotel von Southern Sun, vorrangig für Geschäftsreisende und Touristen. Strandlage, über 160 Zimmer, Fitnesscenter, Pool. Preise: B&B ab 50-80 €/DZ und ab 90 €/EZ. www.southernsun.com
- **Hotel Avenida:** 627 Avenida Julius Nyerere, Tel. 21492000, Fax 21499600. E-mail: general@hotelavenida.co.mz. Internet: www.hotelavenida.co.mz. Hotel der Luxusklasse mit Restaurant und Dachbar. Klimatisiertes, modernes Geschäftshotel mit Konferenzeinrichtungen direkt im modernen Zentrum. Preise: B&B ab 60 €/DZ und 110 €/EZ.
- **Hotel Cardoso:** Avenida Martires de Mueda 707, Tel. 21491071/5, Fax 21494054, 21491804, E-mail: hcardoso@iafrica.com. 4-Sterne-Hotel der Luxusklasse mit herrlichem Blick auf Altstadt und Hafen, da am Hang gelegen. Ansprechender Garten/Pool mit tollem Ausblick, Restaurants, Konferenzeinrichtungen. Preise: B&B ab 45 €/DZ und 80 €/EZ. www.hotelcardoso.co.mz
- **Hotel Rovuma:** R. da Sé, 114, Tel. 21420525/21305000, Fax 21305305, E-mail: rovuma@est.co.mz. Alteingesessenes Hotel der Luxusklasse mit Restaurant, Bars, Pool, Einkaufskomplex, Gesundheitszentrum, Konferenzeinrichtungen in der Baixa gelegen. Gehört nun zur Pestana Hotelgruppe. Preise: B&B ab 50 €/DZ und 90 €/EZ. www.pestana.com
- **Hotel Girassol Bahia:** Av. P. Lumumba 737, Tel. 21360350, Fax 21360330. Neue Hotelanlage im internationalen Stil mit 27 Zimmern und 7 Apartments, Pool, Internetzugang und Restaurant. Preise: 60 €/DZ und ab 105 €/EZ. www.girassolbahiahotel.co.mz

Mittelklassehotels

- **Hotel Terminus:** Avenida Francisco Orlando Mangumbue 587, Tel. 21491333, Fax 21491284, www.terminus-hotel.com. Beliebtes Hotel der Mittelklasse mit Restaurant, Pool, 47 klimatisierten Zimmern, und Mietwagenverleih. Preise: 35-65 €/DZ und 45-75 €/EZ.
- **Hotel Escola Andalucia:** Avenida Patrice Lumumba 508, Tel. 21323051, Fax 21422462/21423124. Charmantes Hotel mit nostalgischem Ambiente, in dem die Hotelfachschule ihre Nachwuchskräfte trainiert. 2 Restaurants, Bar, Café, Pool, klimatisierte Zimmer. Preise: 40-60 €/DZ und 50-80 €/EZ
- **Hotel Monte Carlo:** Avenida Patrice Lumumba 620, Tel. 21304048, Fax 21308959, E-mail: res@montecarlo-hotel.com, Internet: www.montecarlo-hotel.net. . Modernes Ambiente, beliebt bei Geschäftsreisenden, 36 klimatisierte Zimmer mit Bad/TV/Internetzugang. Bar, Restaurant und Pool vorhanden. Preise: ab 35 €/DZ und 50 €/EZ.
- **Hotel Tivoli:** P. O. Box 340, Avenida 25 de Setembro 1321, Tel. 21307600, Fax 21307609, E-mail: tivoli@teledata.mz. Internet: www.tivoli.odline.com. Klimatisiertes Mittelklassehotel modernen Stils, mit Konferenzeinrichtungen und À-la-Carte-Restaurant/Bar. 40 DZ und 32 Suiten mit TV, Bad, WC. Preise: an Wochenenden B&B ab 32 €/DZ und 55 €/EZ, wochentags plus 25%.
- **Hotel Ibis Maputo:** Avenida 25 de Setembro 1743, Tel. 21352200, Fax 21352220. Hotel aus sozialistischen Zeiten, grundlegend renoviert und von der Ibis-Gruppe übernommen. 167 Zimmer. Moderne, klimatisierte Einrichtungen. Zimmerpreis: ab 26 €/Nacht. www.accorhotels.com
- **Vilas das Mangas:** Avenida 24 de Julho 401, Tel. 21497078, Fax 21497507, E-mail: villadasmangas@hotmail.com. Klein aber fein: neues, gediegenes Hotel in Top-Lage im Zentrum mit Pool, Bar, Restaurant und klimatisierten Zimmern. Preise: B&B ca. 44 €/DZ und 70 €/EZ.

MAPUTO

- **Hotel Moçambicano:** Ave. Filipe S. Magaia 2961, Tel. 21310622, Fax 21423124, E-mail: mozhotel@isl.co.mz. Klimatisiertes Hotel mit Restaurant, Bar, Pool. Preise: ab 30 €/DZ und 55 €/EZ. www.imensis.co.za
- **Hotel Santa Cruz:** Avenida 24 de Julho 1417, Tel. 21303004, Fax 303066. Preise: ca. 20 €/DZ und 32 €/EZ. Eine sehr einfache Unterkunft.

Pensionen & Backpacker-Hotels

- **Augustijn Guesthouse:** 204 Pereira Marinho, Tel./Fax 21493693, www.augustijn.co.mz. Sehr persönlich geführte, kleine Pension mit 6 hübschen, klimatisierten Zimmern (mit TV/Telefon). Mit Pool, Internet. Beliebt bei Geschäftsleuten und Familien, empfohlen von unseren Lesern und der Dt. Botschaft. Preise: BB ab 35 €/DZ und 60 €/EZ.
- **Residencial Palmeiras:** Avenida Patrice Lumumba 948, Tel. 21300199, E-mail: carlos.pereira@tvcabo.co.mz. Ruhige, saubere und liebevoll eingerichtete Pension. Eine weitere Empfehlung unserer Leser. Preise: ca. 25 €/DZ und 32 €/EZ.
- **Mozaika Guesthouse:** Ave. Agostinho Neto 769, Tel. 21303939, Fax 21303956, E-mail: mozaika_guesthouse@hotmail.com. Klimatisierte Zimmer, Pool, Internetzugang und Bar in persönlich geführter, nett eingerichteter Pension. Preise: BB 35 €/DZ und 50 €/EZ.
- **Pensão Martins:** 1098 Avenida 24 de Julho, Tel. 21424930/21324926, Fax 21429645, E-mail: morgest@oasis.uem.mz. Klimatisierte Zimmer in Pension mit TV, beliebtem Restaurant, Pool und Bar in einer hübschen Gartenanlage. Preise: ca. 25-30 €/DZ und 30-50 €/EZ.
- **Hoyo Hoyo:** Avenida F. O. Magumbwe 837, Tel. 21490701, Fax 21490724. Zentrales, recht beliebtes Gästehaus mit indischem Restaurant. Preise: B&B 25 €/DZ und 35 €/EZ.
- **Residencial Sundown:** Rua 1301 de Sommershield 117, Tel. 21497543, Fax 21497546, E-mail: sunresidencial@teledate.mz. Familiäre Pension mit Zimmern für ca. 30 €/DZ und 40 €/EZ.
- **Fatima's Backpackers:** 1317 Avenida Mao Tse Tung, Tel. 21303345/21300036/21302994, Fax 21494462. E-mail: fatima@virconn.com. Klassische, beengte Backpackerlodge mit Kochgelegenheit, hübschem Innenhof, Gemeinschaftsschlafräumen für 7 € pP und Zimmern ab 13 €/DZ und 15 €/EZ. Beliebter Treffpunkt der Rucksackreisenden, gute Infoquelle. Sehr beengtes Zelten möglich für 5 € pP. www.mozambiquebackpackers.com
- **The Base Backpackers:** Avenida Patrice Lumumba 545, Tel. 21302723. Einfaches, gartenloses Stadthaus mit Mehrbettzimmern ab 8 Euro pP., Kochgelegenheit und Internetzugang.

Unterkünfte außerhalb von Maputo: Richtung Costa do Sol

- **Kaya Kwanga:** Verlängerung der Avenida Marginal, Tel. 21492215, 21492706, Fax 21492704, E-mail: kayakwanga@usa.net. Schöne Bungalowgartenanlage neben dem Minigolfplatz mit Pool, Spielplatz, Restaurant. Familiäres, freundliches Ambiente. Preise: ab 38 €/DZ und 48 €/EZ.
- **Maputo Backpackers:** Ave. Marginal, Bairro Triunfo an der Costa do Sol, Tel. 823206720/824672230, E-mail: sobantu@swaziplace.com. Sehr einfache Backpackerunterkunft in kleinem Privathaus rund 50 m vom Strand, aber außerhalb Maputos, etwa 800 m vor dem Restaurant Costa do Sol, gelegen. Mehrbettzimmer ab 9 € pP, im DZ 16 Euro pP.
- **Hotel Costa do Sol:** Avenida Marginal, Tel. 21455115, Fax 21455162. Mittelklassehotel mit klimatisierten Zimmern und Bungalows am Strand von Costa do Sol, das aber weniger wegen des Hotels, als des guten und beliebtes Restaurants wegen besucht wird. Viel Betrieb an Wochenenden. Preise: ca. 22 €/DZ und 30 €/EZ, Bungalows ab 45 Euro/Nacht.

Unterkünfte in Macaneta und Marracuene siehe S. 139, auf der Insel Inhaca S. 138.

Camping: Seit der städtische Campingplatz wegen dem Bau eines neuen Kongresszentrums schließen musste, besteht keine wirkliche Campinggelegenheit mehr in Maputo. Einzige Chance bietet der winzige Innenhof der Backpackerlodge Fatima's (laut und nur als Notcamping geeignet).

Restaurants & Nachtleben

Am besten macht man sich ohne Wertsachen und nur dem Geld, das es auszugeben gilt, auf den Weg

Im Vergleich zu anderen Großstädten im südlichen Afrika, wo mit Einbruch der Dunkelheit alles Leben erstirbt, bietet Maputo richtiggehend viel Nachtleben. Eine gediegene Atmosphäre bei entsprechenden Preisen bieten die Firstclasshotels der Stadt, allen voran das Hotel Polana. Hier kann man fast wie in alten Kolonialzeiten in gepflegter Manier speisen oder einen Drink auf der Aussichtsterrasse genießen. Das Ambiente ist durchaus angenehm, doch bleibt man hier unter seinesgleichen – den Weißen – und wenigen einheimischen Emporkömmlingen. Die berühmte Seele der Stadt mit ihrer Musik und Genussfreude dringt in diese Einrichtungen nicht ein.

Die **breiteste Auswahl** an Lokalen und Restaurants findet man in der Av. 24 de Julho und der Av. Julius Nyerere; Fast Food Ketten, wie Nandos, Chicken Inn oder Vassili's Bakery auch an der Av. Mao Tse Tung. Auf Seafood haben sich einige Restaurants an der Av. Julius Nyerere (z. B. Frescos) und an der Avenida Marginal spezialisiert (im Costa do Sol gibt es herrliche Seafood Dinner). Im Yachthafenbereich ist nun eine "**Waterfront**" entstanden, die der berühmten Schwester in Kapstadt nacheifert. Mittags treffen sich hier die Geschäftsleute, und donnerstags gibt es abends Live Jazz.

Viele Hotels und Restaurants bieten an den Wochenenden Buffets oder Barbecue, oft auch mit Lifemusik

Wie alle Hafenstädte der Welt beherbergt Maputo ein Rotlicht-Milieu, das man im **Hafenviertel**, vor allem in der Rua do Bagamoio, antrifft. Hier befinden sich zahlreiche Bars und Spelunken. Mitunter kann man fetzige Lifemusik in den Bars dieses Viertels genießen.

Später am Abend, denn das richtige Treiben fängt hier erst gegen 23 Uhr an, besucht man die **Feira Popular**. Auf rund 1 km² Fläche ist mitten im Zentrum am Ende der Av. 25 de Setembro eine Art Jahrmarkt- und Amüsierviertel entstanden, in dem Dutzende Bars und preiswerte Restaurants dicht an dicht stehen. Hier wird oft bis in den nächsten Morgen gefeiert.

Interessieren Sie sich für **Theater**? Vor allem das Teatro Avenida, Av. 25 de Setembro, Tel. 21424411, bietet an den Wochenenden unter der Leitung von Henning Mankell anspruchsvolle Unterhaltung (s. S. 54) mit renommierten Darstellern und Tanzgruppen.

Info: Fast ständig treten irgendwo in der Stadt Lifemusiker auf, die heiße Rhythmen, Jazz und Samba spielen. Am besten erkundigt man sich vor Ort beim Touristenbüro, der Hotelrezeption oder über die Tageszeitung und das Monatsmagazin „Que passa – What's on in Maputo".

Workshops und Foren für darstellende Kunst, Musik und Kunsthandwerk

Eine bekannte Adresse für kulturelle Events ist das **Franko-Mosambikanische Kulturzentrum** in der Av. Samora Machel gegenüber der Kathedrale (Mo-Fr von 08.00-12.00 h, 14.00-17.00 h) mit wechselnden Darbietungen, einer Bibliothek und einem Café. Nicht weit entfernt, in der Av. 25 de Setembro/Ecke Av. Karl Marx, bietet das „**Zentrums für brasilianische Studien**" (Di-Fr von 09.00-13.00 h, 15.00-19.00 h), Sprachunterricht, eine Bibliothek und freitagabends häufig Auftritte von Musikgruppen. Im **Casa de Cultura** an der Ecke Av. Ho Chi Minh und Av. Alberto Luthuli ist die nationale Musik- und Tanzgesellschaft (Companhia Nacional de Canto e Dança) ansässig. Interessierte können Unterrichtsstunden in traditionellem Tanz & Musik nehmen. Ein eigenständiger Künstlerkreis mit über 100 Mitgliedern ist **Núcleo de Arte** in der Rua da Argélia, wo Besucher die Werke direkt von ihren Erzeugern beziehen bzw. diese teilweise auch bei der Arbeit beobachten können. In der Av. Marianne N'gouabi 798 findet werktags ein ähnliches Zusammentreffen der **Makonde-Schnitzer** statt.

Allgemeines

Klima & Reisezeit

Das subtropische Klima Maputos ist durch die häufigen Winde fast ganzjährig angenehm. Die kühlsten und trockensten Monate von Mai bis August haben durchschnittliche Tagestemperaturen um 20°C bei deutlich kühleren Nächten. Im Juli können antarktische Stürme mitunter eiskalte Luft aus dem Süden bringen und die Luft für mehrere Tage auf nur mehr 6 °C absinken lassen. Die heißeste Zeit bringen die Monate Oktober und November, ehe mit dem Einsetzen der Regenzeit warme Temperaturen mit hoher Luftfeuchtigkeit einsetzen. Die Tagestemperaturen erreichen während der Regenzeit von Januar bis März gerne feuchtheiße 30-38 ° C.

Oben: An der Strandstraße Avenida Marginal

Kriminalität & Gefahren

Maputo dürfte für Touristen wohl das gefährlichste Pflaster des Landes sein. Hier sind Armut und Not so allgegenwärtig, dass Diebstahl und Raubüberfälle auf die vermeintlichen Reichen leider zur Tagesordnung gehören. Diese Entwicklung ist weltweit in Metropolen armer Länder auszumachen. Andererseits bewegen sich viele weiße Bewohner Maputos deutlich freizügiger als in anderen Großstädten im südlichen Afrika. Sie joggen sonntags an der Promenade, flanieren in der Stadt. Dennoch empfiehlt es sich, einige Sicherheitsmaßnahmen zu beachten: Niemals sollte man mit Wertsachen, wie einem großen Bargeldvermögen, zu Fuß unterwegs sein. Handtaschen können entrissen und Rucksäcke unbemerkt aufgeschnitten werden. Also immer nur mit wenig Bargeld und möglichst ohne andere Wertsachen losziehen. Grundsätzlich sind Stadtspaziergänge nach Einbruch der Dunkelheit zu meiden. Wer abends ausgehen will, lässt sich per Taxi ans Ziel bringen. Um einsame Plätze und Gärten macht man einen weiten Bogen. Erhöhte Vorsicht ist überall in dichtem Gedränge, wie in Bussen und auf Märkten, angebracht.

Gesperrte Zonen: Bitte beachten Sie, dass die Regierungsgebäude und der Präsidentenpalast im Stadtzentrum (nahe dem Hotel Polana) gesperrt sind – hier darf man nicht spazierengehen. Auch zu fotografieren ist streng verboten.

Autos sollte man nirgends unbewacht abstellen, sie werden allzu leicht aufgebrochen oder gestohlen. Am besten bleibt immer jemand beim Wagen oder man stellt ihn bei einem bewachten Firstclasshotel unter. Sichere, bewachte Parkplätze bieten die Hotels Polana, Cardoso, Holiday Inn und das Shoprite Einkaufszentrum.

Weiße Autofahrer werden inzwischen nur noch vereinzelt bei **Verkehrskontrollen** „heraus gepickt" und eingehend kontrolliert. Wenn alle Papiere in Ordnung sind und man immer schön freundlich bleibt, enden diese Kontrollen meist mit einem höflichen Gruß. Mitunter versuchen schlecht bezahlte Polizisten ihren Sold durch Bußgeldforderungen bei Touristen aufzubessern. Auch hier gilt (sofern die Papiere und das Fahrzeug in Ordnung sind): Immer freundlich und korrekt bleiben, aber standhaft. Zur Not anbieten, ins Polizeirevier zu fahren, um den „Comandante" zu sprechen oder Kontakt mit der eigenen Botschaft aufzunehmen. In der Regel darf man dann ganz schnell weiterfahren. Erstaunlich oft erhellen sich die Gesichtszüge des Gegenübers schlagartig, wenn man sich als Europäer outet.

Provinz Maputo — INFORMATIONEN

Wichtige Adressen von A bis Z

Banken & Geldwechsel
Zahlreiche Wechselstuben und Banken findet man in der Avenida 24 de Julho, der Av. Julius Nyerere und der Av. Mao Tse Tung. Wechselstuben haben meistens bis 17.00 h geöffnet, die Banken in der Regel nur vormittags bis 11.30 h. Sonntags haben alle geschlossen. Stellen Sie Vergleiche an zwischen den gebotenen Wechselkursen und berücksichtigen Sie die jeweilige Höhe der Kommissionsgebühren. Reiseschecks werden kaum noch von Banken und Wechselstuben akzeptiert. Die Wechselstube am Flughafen hat auch abends geöffnet, bietet aber schlechtere Kurse als in der Innenstadt. US-Dollar und südafrikanische Rand werden bevorzugt.

Botschaften
BRD: Rua Damiao de Góis 506, Tel. 21492714/21492996, Fax 21492888.
Schweiz: Av. J. Nyerere 1213, Tel. 21491877/21492474.
Österreich: Av. 24 de Julho Piso 4, Tel. 21423244, Fax 21425387.
Südafrika: Av. E. Mondlane/Ecke Av. J. Nyerere 745, Tel. 21496250, Fax 21493029.
Swaziland: Av. Nkwame Nkrumah, Caixa Postal 4711, Tel. 21492451.
Zimbabwe: Av. Martires Machava 1657, Tel. 21490404/21494630.
Tansania: Av. Martires Machava 852, Tel. 21490110/21490112.
Sambia: Av. Kenneth Kaunda 1286, Tel. 21492452.
Malawi: Av. Kenneth Kaunda 75, Tel. 21491468/21492676, Fax 21490224.

Fluggesellschaften
- **LAM:** Linhas Areas de Mocambique. Av. 25 de Setembro, Tel. 21326001, Fax 21465134; Av. Mao Tse Tung/Ecke Av. Julius Nyerere Tel. 21490590/21496101, Fax 21496105; am Flughafen Tel. 21465074. Reservierungen Tel. 21465810/8.
- **SAA:** South African Airways. Av. Samora Machel/Praça 25 de Junho nahe Café Continental, Tel. 21420740/21420742/21303927, Fax 21422481. Sowie Flughafen.
- **TAP:** Air Portugal. Av. 25 de Setembro 1373, Tel. 21420099.
- **Air Corridor:** Am Flughafen: Tel. 21465888, Av. Karl Marx 1242: 21355700.

Flugcharter
- **MEX:** Tel. 21466008, Fax 21465562, am Flughafen. www.mex.co.mz
- **LAM Air Charters:** Tel. 21465024, Fax 21465525, am Flughafen von Maputo.
- **Unique Air Charter:** Tel. 21465592, Fax 21465476, am Flughafen von Maputo.
- **Sabin Air:** Tel. 21465108, am Flughafen von Maputo.
- **SA Airlink:** Tel. 21465487, am Flughafen von Maputo.
Preise: Kleinmotorige Cessna (5 Passagiere) ab 400 Euro pro Stunde

Immigration
Das Büro der Migração, wo man Visaangelegenheiten klärt, liegt an der Av. Patrice Lumumba, gegenüber dem Hotel Girassol.

Krankenhaus

Notruf: 197 Ambulanz: 21422002
- **Clínica Especial:** Zentralkrankenhaus, Av. E. Mondlane, Tel. 21324633.
- **Clínica Cruz Azul:** Privatklinik, Av. Karl Marx 414, Tel. 21305151.
- **Clínica de Sommerchield:** Privatklinik in Sommerchield, 52 Rua Pereira do Lago (zweigt von der Av. Kim II. Sung ab), Tel. 21493924/5/6
- **Urgencias Médicas Domiciliárias:** Privatklinik mit Rettungswagen, Av. 24 de Julho 823, Tel. 21313000 und 21431736/8, Notfälle Tel. 222.

Zahnarzt
- **Denta-Med:** Av. Francisco O. Magumbwe, 954. Tel. 21493370. (dt. Zahntechniker)
- **Dente Feliz:** Beim Hotel Avenida/ Av. Julius Nyerere, Tel. 21491426.
- **Robert L. Hammer:** Av. Julius Nyerere 1380, Tel. 21491006
- **TM-Consultório Dentário:** Av. Mao Tse Tung 1386, Tel. 21499303

NP-Behörde
Direção Nacional de Fauna e Flora Bravia: Av. Zedequias Manganhela 333. Tel. 21431789

Polizei
Tel. 01-21422001, Notruf-Tel. 112

Post Office
Das Hauptpostamt – Correio Central – befindet sich in der Avenida 25 de Setembro Nr. 30. Das alte Gebäude liegt dem Café Continental schräg gegenüber. Öffnungszeiten: Mo-Fr von 07.45-12.00 h und 14.00-17.00 h, Sa von 07.45-12.00 h.

MAPUTO

- **Mextur:** Av. 25 de Setembro 1233, Tel. 21428429, und Airport, Tel. 21465120.
- **Tropical Air Tours:** Av. 24 de Julho 909, Tel. 21431006/21425078, Fax 21525082.
- **Mozambique Adviser:** Av. Ahmed Sekou Touré 1034. Tel. 21309477, Fax 21302054, E-mail: mozambique@adviser.co.mz, www.adviser.co.mz.
- **Dana Agency:** Av. Mao Tse Tung 729, Tel. 21497483/21494060, Fax 21494042, E-mail: info@danatours.net.
- **Euro Travel:** 645 Av. Armando Tivane (hinter Hotel Avenida), Tel. 21492446, Fax 21494462, E-mail: eutravel@virconn.com und eutravel@joafal.uem.mz

Reiseagenturen

Auf der Rückseite des Postamts liegt an der Av. Zedequias Manganhela das Telefonamt (**TDM**), wo täglich zwischen 07.30 und 22.00 h internationale Telefongespräche möglich sind. Im Stadtgebiet und am Flughafen gibt es weitere Telefonbüros. Der **Städtecode von Maputo** beginnt seit der Telefonumstellung 2005 mit '21', die auch innerhalb Maputos gewählt werden muss, und daher ein fester Bestandteil jeder nun 8-stelligen Nummer ist. **Internetcafés:** "Connection Time" im 1. Stock des Hotel Avenida; "Internet Café" in der Ave. Karl Marx 609; "TDM Café" beim Rovuma Hotel u. v. m. in den Shopping Centren der Stadt.

Telefon & Internet

Neu seit 2005!

- **Business Information Centre (BIP):** Av. Eduardo Mondlane/Ecke Av. F. O. Magumbwe, Tel. 21492622, 21490200, Fax 21492622. E-mail: bip@teledata.mz. Diese Informationsstelle bietet hauptsächlich Literatur zur politischen Bildung (portugiesisch) und wenig für den durchschnittlichen Touristen. Öffnungszeiten: Montag bis Freitag von 07.30-12.30 h und 14.00-15.30 h, Samstag von 08.00-12.00 h.
- **Empresa Nacional de Turismo (ENT):** Av. 25 de Setembro 1203, Tel. 21421792/ 21425011, Fax 21421795, E-mail: entur@virconn.com. Offizielles Touristenbüro (liegt rechts des Teatro Avenida), aber leider nicht allzu hilfreich. Man verteilt einige Prospekte, darunter das Gratis-Monatsmagazin "Que passa – What's on in Maputo".

Touristeninformation

Einkaufen in Maputo

Souvenirs

- **Artedif:** Av. Marginal., Tel. 21494702. Kooperative von Behinderten, die Kunsthandwerk herstellen und zu günstigen Preisen verkaufen. Täglich von 09.00-15.00 h geöffnet.
- **Núcleo de Arte:** Tel. 21492523. Künstlerzentrum mit Verkauf, Galerie und Restaurant an der Rua de Argélia 194, unter dem Erziehungsministerium. Täglich von 09.00-17.00 h.
- **Mercado de Artesanato**: Praça 25 de Junho, Künstlermarkt jeden Samstagvormittag (S. 125)

Lebensmittel & Alltagsbedarf

- **Shoprite Einkaufszentrum**: Av. Acordos de Lusaka, südafrikanische Supermarktkette mit sehr breitem Angebot und Apotheke, Boutiquen, Fast Food, bewachtem Parkplatz.
- **Interfranca (auch Franka):** Av. 24 de Julho 1550, großes Shopping Centre mit unterschiedlichen Läden inklusive Campingbedarf.
- **Supermercado Luz:** Av. Vladimir Lenine nahe der Praça da OMM. Teuerster Supermarkt mit sehr reichem Angebot an importierten Waren.
- **Oceano Peixe & Carne:** Av. 24 de Julho/Ecke Av. A. Tivane. Spezialisiert auf Frischfleisch und Fisch.
- **Pastelaria Nautilus** (Av. 24 de Julho) und **Vassili's Bakery** (Av. Mao Tse Tung) bieten ausgezeichnete Backwaren.
- **GAME und Supermare Supermarket:** Südafrikanische moderne Einkaufszentren mit ATM-Schaltern und sicherem Parken an der Straße nach Costa do Sol.

Landkarten & Bücher

- **Sencaçóes**: Av. Julius Nyerere 657/Ecke Av. E. Mondlane und im Hotel Rovuma.
- **DINAGECA:** Fax 21421804. Im Vermessungsamt an der Av. Josina Machel werden Detaillandkarten des Landes verkauft. (sprich: "dinaschegga")
- **Holiday Inn:** Im Hotel bietet der Zeitungsladen auch englischsprachige Literatur und diverse Broschüren und Karten zu Mosambik.

Provinz Maputo ANREISE

An- und Weiterreise

Flughafen und Flüge

Maputo International Airport liegt etwa 8 km vom Zentrum der Stadt an der Av. Acordos de Lusaka und wird von Minibussen (Chapas) regelmäßig angesteuert. Taxis befahren die kurze Strecke ins Zentrum für 8-10 Euro. Der Flughafen bietet keine Gepäckaufbewahrung, Fluginformation erhält man unter Tel. 21465074/21465829 oder 21465828.

Die Airporttax beträgt für Inlandflüge 10 U$, für internationale Flüge 30 U$ und für regionale Strecken 20 U$. Weil die meisten Flüge überbucht sind, sollte man seine Reservierungen unbedingt innerhalb von 72 Stunden vor Abflug rückbestätigen und rechtzeitig zum Einchecken kommen!

Es bestehen tägliche Verbindungen nach Johannesburg und mehrmals wöchentlich nach Beira, Lichinga, Pemba, Nampula und Tete. Touristische Ziele, wie Ponta do Ouro, Ilha Inhaca und Bazaruto/Vilankulo werden durch Sabinair angeboten. Die neue Air Corridor fliegt zwischen Nampula und Maputo via Quelimane, Beira und Pemba.

Mietwagen-agenturen

- **Avis:** Av. 24 de Julho 3549: Tel. 21407799. Av. Mao Tse Tung 19: Tel. 21495445. Am Flughafen: Tel. 21465140, 21465490, 21465497.
- **Hertz:** Av. 24 de Julho 2006: Tel. 21326078, 21303172. Am Flughafen Tel. 21465534. Im Hotel Polana Tel. 21494982.
- **Inter Rent:** Av. Mao Tse Tung 1516: Tel. 21418873. E-mail: info@interrent.co.mz
- **Europcar:** 1380 Av. Julius Nyerere im Hotel Polana: Tel. 21497338, Fax 21497334, E-mail: europcar@virconn.com. Am Flughafen: Tel. 21466172, Fax 21466163.
- **Expresso Rent-A-Car:** Av. Martires de Mueda 707: Tel. 21493619, Fax 21493620, E-mail: budget@virconn.com. Außerdem beim Hotel Cardoso.
- **Imperial:** Av. Mao Tse Tung 346: Tel. 21315343, Fax 21493540. Auch am Flughafen.

Oben: Bahnsteig in Maputo

MAPUTO

Täglich starten von Maputo brechend volle (Bummel-)züge nach Johannesburg, an der Grenze muss man umsteigen. Abfahrt gegen 08:00 h, Preis: ca. 12 Euro in der 2. Klasse. Unbedingt frühzeitig am Bahnhof sein! Es gibt keine durchgehenden Züge mehr, wie den früheren "Komati-Train". Info-Website: www.cfmnet.co.mz.

Zweimal wöchentlich verbindet der **Trans-Lubombo-Express** in 23-stündiger Fahrt Durban mit Maputo. Abfahrt Maputo jeden Donnerstag und Sonntag um 09.30 h, Ankunft Durban um 07.30 h am folgenden Tag. Abfahrt in Durban via Swaziland jeden Dienstag und Freitag um 19.30 h, Ankunft Maputo anderntags gegen 18.15 h. Vorausbuchung notwendig. Maputo Tel. 21431269, Durban Tel. 0027-31-3617621. Die Fahrt kostet pro Strecke ca. 25 €, wer nur bis Swaziland fährt (Mkaka), bezahlt 9 €.

Bahnhof und Bahnverbindungen
nach Südafrika und Zimbabwe
siehe auch Infos S. 351

Für **Fernstreckenbusse** gibt es in Maputo keinen gemeinsamen Terminus. Die Busse der verschiedenen Unternehmen fahren an unterschiedlichen Haltestellen ab. Abfahrten sind fast immer frühmorgens. Die Expressbusse bieten bequeme Sitze, Klimaanlage, Hostessenservice, Musik, Video und Getränke.

Busbahnhof und Busverbindungen
nach Südafrika

- **Panthera Azul:** Expressbusse nach Johannesburg; Nelspruit und Durban. Abfahrt & Reservierung: Av. Zedequias Maganhela 273, Tel. 21302077, Fax 21302098. Täglich um 08.00 h nach Johannesburg für 27 Euro (7 Std. Fahrt) bzw. Nelspruit (20 Euro). Jeden Di/Do/Sa um 07.00 h nach Durban zum gleichen Preis. Info & Reservierung Johannesburg Tel. 0027-11-3377438, Durban 0027-31-3097798, Beira 23326564/23323564.
- **Translux:** Expressbusse via Nelspruit nach Johannesburg/Pretoria und Kapstadt. Abfahrt & Reservierung: Transafrica, Av. 24 de Julho 1235, Tel. 21300622. Täglich um 07.45 h nach Nelspruit (20 Euro) und Johannesburg (30 Euro) sowie abends 18.15 h.
- **Intercape/Tropical Air Tours:** Expressbusse via Nelspruit nach Johannesburg, Abfahrt & Reservierung: Tropical Air Tours, Av. 24 de Julho 909, Tel. 21431007. Preisgleich mit Translux, bietet aber mehrere Abfahrten täglich zwischen 07.45 h und 17.30 h.
- **Greyhound:** Av. Karl Marx 1242, Tel. 21424341. Ebenfalls tägliche Verbindung nach Nelspruit und Johannesburg (30 Euro) mit Abfahrt um 07.45 h.

Die als **Chapas** bekannten mosambikanischen Minibusse sind an der Av. Albert Lithuli/Ecke Av. 25 de Setembro stationiert und starten ganztägig zu unregelmäßigen Zeiten (sobald sie voll sind). Die Fahrt nach Nelspruit kostet etwa 15 Euro, nach Durban oder Johannesburg je 25 Euro, nach Manzini/Swaziland 5 Euro.

Chapas
nach Südafrika und Swaziland

Bei Expressbusfahrten von Maputo in den ferneren Norden (Beira, Tete, Nampula) wird wegen des Nachtfahrverbots eine Übernachtung in Maxixe, Chimoio oder an der Savebrücke eingelegt. Den besten Ruf bzgl. der Fahrsicherheit genießt die Busgesellschaft Oliveiras. Großer Gepäckstücke kosten i. d. R. Aufpreis.

Busverbindungen
innerhalb Mosambiks

- **Oliveiras Transportes:** Avenida 24 de Julho, kurz hinter dem Praça de 16 Junho. Tel. 21400475/21405108/21732108. Hier gibt es zwei Schalter für den Ticketverkauf; der linke ist für die Expressbusse. Täglich um 06.30 h starten Expressbusse nach Vilankulo (10 Std. Fahrt, 12 Euro) mit Stopp in Bilene (2 Euro), Xai-Xai (4 Euro) und Inhambane (7 Std., 8 Euro).
- **Tricamo Express:** Die Busse von Tricamo starten ungünstigerweise ab "Junta", einer Haltestelle außerhalb Maputos (Taxisanfahrt notwendig). Fahrkarten kann man am Vortag beim kleinen Office am Xipamanine Markt kaufen. Abfahrt täglich um 06.00 h. Jeden Do/Sa für 22 Euro nach Beira (16 Std.), Di/Fr für 25 Euro nach Chimoio (15 Std.), sonntags nach Nampula (2 Tage, 60 Euro) und mittwochs nach Tete (30 Std., 30 Euro).
- **TSL-Busse:** Av. Angola, Busbahnhof, Tel. 21460502. Täglich nach Inhambane (15 Euro) und Vilankulo (22 Euro), mehrmals wöchentlich nach Tete (25 Euro mit Übernachtungsstopp in Chimoio) bzw. nach Beira (20 Euro mit Übernachtsstopp an der Savebrücke).

Info: Fähre nach Catembe
siehe S. 140

135

Provinz Maputo — VERKEHRSMITTEL

Verkehrsmittel innerhalb der Stadt

Busse & Chapas (Minibusse)

Busse — Innerhalb von Maputos Stadtgebiet fahren zahlreiche Busse zu sehr niedrigen Preisen. Busbahnhöfe liegen am Praça dos Trabalhadores vor dem Bahnhof, am Praça do Zambeze vor dem Naturhistorischen Museum, an der Av. 25 de Setembro/Ecke Av. Guerra Popular und an den zentralen Märkten der Stadt. Die Busse sind meist hoffnungslos überfüllt.

Chapas — Ferner befahren Chapas, private Minibusse, zu geringfügig höheren Fahrpreisen das Stadtgebiet ohne feste Routen und Abfahrtszeiten. Die Fahrtziele werden von den Kassierern an den Haltestellen ausgerufen. Man bezahlt einen Festpreis von rund 2 Euro und quetscht sich auf die überfüllten Sitze. Zentrale Haltestelle für Minibusse: Avenida 25 de Setembro/Ecke Avenida Albert Luthuli (für großes Gepäck Zusatzgebühren).

Taxis

- Shoprite: Av. Acordos de Angola, Tel. 21466095
- Piri-Piri: Av. 24 de Julho, Tel. 21307162, 823071620
- Polana Taxi: Av. Julius Nyerere, Tel. 21493255, 21491001
- Gelados Italianos: A. Mao Tse Tung, Tel. 21416497

Bild oben: Breite Avenidas prägen Maputos Stadtbild

Teilweise verwenden die Taxis Taxameter (stets darauf achten, dass die Einstellung bei Fahrbeginn zurückgestellt ist). Bei Taxis ohne Taxameter sollte der Fahrpreis vorab ausgehandelt werden. Fahrten innerhalb der Stadt kosten in der Regel zwischen 4 und 6 €. Man kann ein Taxi unterwegs heranwinken oder eine der Taxihaltestellen aufsuchen (Mercado Central, Bahnhof, Hotels Polana, Cardoso, Rovuma und am Flughafen).

MAPUTO

Ausreise: Von Maputo nach Südafrika

Eine mehrspurige Mautstrecke der Trans Africa Concession führt durch eintönige Landschaft zur lebhaften "Lebombo Border". Unterwegs sind an den Mautstellen Maputo Plaza und Moamba Plaza Gebühren in Mtc., Rand oder US$ bar zu entrichten (ins. ca. 5 US$, Wechselgeld gibt es stets in Mtc.).

Am mosambikanischen Grenzposten ist eine Tankstelle, ein ATM-Schalter, ein Versicherungsbüro, Übernachtungs- und Einkaufsgelegenheit.

4 km weiter liegt die südafrikanische Grenze, und direkt dahinter Komatipoort mit vielen touristischen Einrichtungen, Tankstellen, Supermärkten Chalets und Campingplätzen. Deutsche, Österreicher und Schweizer benötigen für die Einreise nach Südafrika kein Visum.

Casa do Campo: Tel. 827656460. Restaurant mit Zimmervermietung (22 Euro/Nacht) und Notcamping im Hof (9 Euro pP) 6 km vor der Grenze.

Maputo–Ressano Garcia

Gesamtstrecke: 92 km
Fahrzeit: ca. 1-1,5 Std.
Zustand: gut ausgebaute Teerstraße
Vorsicht: Mautpflicht; Radarkontrollen

Grenzöffnungszeiten: täglich von 06.00-22.00 h. Einreisende Touristen können hier das Touristenvisum erhalten (25 US$).

Ausreise: Von Maputo nach Swaziland

Entlang der Av. 24 de Julho verlässt man das Stadtzentrum und erreicht nach etwa 10 km den Industrievorort Matola und 20 km weiter Boane. Kurz nach der Ortschaft geht es an einer Straßengabelung links weiter nach **Namaacha** (beschildert). Die schmucke Kleinstadt kurz vor der Grenze liegt bereits in den Bergen und galt zu Kolonialtagen als Naherholungsgebiet der Hauptstädter. Wer es sich leisten konnte, hielt sich im kühleren, bewaldeten Namaacha ein Ferienhaus. Knapp 4 km außerhalb des Ortes bietet sich ein kleiner Wasserfall zum Picknicken an (direkt vor dem Ortseingang rechts abbiegen). Außerdem besteht im Ort eine gute Übernachtungsgelegenheit für Durchreisende (Libombos Hotel, siehe rechts).

Libombos Hotel
Hotel mit Kasino, Pool, Bar und Restaurant an der Hauptstraße im Ortszentrum gelegen. Rua Principal, Namaacha, Tel./Fax 21960099. Preise: ca. 40 Euro/DZ und 52 Euro/EZ.

Maputo–Lomahasha

Gesamtstrecke: 77 km
Fahrzeit: ca. 1 Std.
Zustand: gut ausgebaute Teerstraße
Besonderheit: rege befahren; Radarkontrollen

Die Grenzstation Lomahasha/Namaacha ist täglich von 07.00-20.00 h geöffnet und relativ modern mit Tankstelle, Bank und Versicherungsagentur ausgestattet. Der Grenzverkehr ist ziemlich bunt und chaotisch. Info für Einreisende nach Mosambik: Touristenvisa sind erhältlich, Carnet wird akzeptiert.

Deutsche, Österreicher und Schweizer benötigen für die Einreise nach Swaziland kein Visum. Autofahrer müssen eine „Road Tax" (Straßenbenützungsgebühr) von ca. 3 Euro entrichten. Etwa 20 km nach der Grenze erreicht man eine Barriere mit „Food and Mouth Control". Um einer etwaigen Übertragung von Maul- und Klauenseuche vorzubeugen, dürfen keine lebenden Tiere und kein rohes Fleisch von Mosambik nach Swaziland eingeführt werden. Kurz danach passiert man den Zugang zum Hlane National Park, in dem man an einem kleinen Damm campieren kann. In Swaziland werden südafrikanische Rand überall als Zahlungsmittel anerkannt.

Infos zu Swaziland

Alternativ gibt es seit 2005 in Goba einen weiteren Grenzübergang nach Swaziland

137

Ausflug zur Insel Inhaca

Wie eine Wächterin versperrt die Insel Ilha Inhaca (sprich: injaka) den Eingang zur Bucht von Maputo. Ein gleichnamiger Chief wurde im 16. Jh. zum Namensgeber der 72 km² kleinen Insel, die seither ungezählten Handelsschiffen als sicherer Ankerplatz diente. Auf Inhaca haben nie viele Menschen gelebt, erst die letzten Bürgerkriegsjahre spülten Flüchtlinge und Heimatlose an, so dass die Bevölkerung bis heute auf rund 5000 Insulaner kletterte.

Vor Jahrtausenden war Ilha Inhaca Teil des afrikanischen Festlands, wurde aber durch ein Ansteigen des Meeresspiegels und Strömungsveränderungen abgetrennt. Großwild gibt es auf der Insel nicht, aber eine beachtliche Vogelvielfalt von mehr als 250 registrierten Arten. Und weil hier einige der sehr gefährdeten Dugongs und Meeresschildkröten brüten, wurde ein Teil der Insel mit Uferzonen zum Naturschutzgebiet erklärt. Ein **Biologiemuseum** mit Forschungsstation und Insektensammlung gibt Aufschluss über die Inselbesonderheiten (liegt südlich des Dorfes im Westen der Insel; von 08.30-11.30 h und 14.00-15.30 h geöffnet, Sa/So erst ab 09.30 h, kein Eintritt).

Die Insel besticht in erster Linie durch ihre abwechslungsreiche Landschaft mit sanften Hügeln, hohen Sanddünen an der Küste, palmenbestandenen Wegen, zahlreichen Vögeln und idyllischen Fischerhütten. Im Norden bilden Mangrovensümpfe Nistmöglichkeiten für viele Küstenvögel, wogegen der Westseite kleine Riffe vorgelagert sind, die zum Schnorcheln und Tauchen einladen. Man kann stundenlange einsame Strandwanderungen im Angesicht der Hauptstadt unternehmen; Spaziergänge zum einsamen Leuchtturm an der Nordspitze der Insel oder einen Ausflug zur unbewohnten Nachbarinsel **Ilha dos Portugueses** (bei extremer Ebbe kann man zu Fuß dorthin laufen, ansonsten fahren Boote). Alles ist ruhiger und entspannter als auf dem Festland. Der Hauptort „Inhaca" ist nur als Dorf zu bezeichnen und besitzt neben ein paar Hütten und Restaurants einen kleinen Fischmarkt. An Wochenenden ist hier oft viel los, denn etliche Besucher unternehmen nur einen Tagesausflug zur Insel, für die Übernachtungsgäste bestehen folgende Einrichtungen:

- **Inhaca Island Lodge:** Pestana Hotels, Tel. 21760003/21760010, www.pestana.com. Ferienressort mit internationalem Standard: 40 Klimatisierte Zimmer in einem tropisch begrünten Garten, schöner Poolbereich, viele Palmen. Preise: BB je nach Saison ab 65 €/DZ, 80 €/EZ.
- **Coconut Lodge:** Campingplatz und einfache Chalets beim Dorf Inhaca. Einfache, saubere Sanitäreinrichtungen, leider nur brackiges Wasser vorhanden. Ca. 3 € p. P.
- **Santa Maria Campsite:** Campingplatz in Santa Maria an der Südspitze der Insel. Sehr spartanisch, auch nur brackiges Brauchwasser vorhanden. Ca. 3 € p. P.

Außerdem darf man bei ähnlichen Bedingungen am Leuchtturm im Norden von Inhaca campieren. Campinggäste sollten alle benötigten Lebensmittel mitbringen, denn mit Ausnahme von frischem Fisch ist auf der Insel nur wenig zu bekommen.

An der Inhaca Island Lodge bietet das Unternehmen Dive Africa Watersports allerlei Wassersportaktivitäten an, wie Windsurfen, Schnorcheln im Riff, Tauchen zu einem Schiffswracks, Hochseefischen und Kayaking. E-mail: mozambique@diveafrica.com

Anreise

Bequem sind die **Charterflüge** von Maputo zur Insel, die Sabinair mehrmals wöchentlich bei einer Mindestpassagierzahl von 6 Personen anbietet (Hin- und Rückflug kosten ca. 55 € p. P.). Alternativ kann man sich innerhalb einer Stunde von den **Schnellbooten** der Reiseagenturen, wie Polana Tours, zur Insel bringen lassen. Doch auch hier bestehen Mindestgruppengrößen. Die Preise variieren je nach Anbieter zwischen 35 und 60 € p. P. für Hin- und Rückfahrt. Preisbewusste reisen dagegen mit der öffentlichen **Fähre** (batelão) an. Libonda Ferries (Tel. 21743139) legt am Landungssteg an der Av. 10 de Novembro ab (wo die Fähre nach Catembe startet). Die etwa dreistündige Fahrt kann bei stürmischem Wetter reichlich ungemütlich werden. Die Fahrzeiten sind leider sehr unregelmäßig, der Fahrpreis liegt bei ca. 6 € p. P. Fatimas Backpackers organisiert an manchen Wochenenden preiswerte Bootstransfers zur Insel.

MAPUTO

Ausflug nach Macaneta

Rund eine Fahrstunde nördlich von Maputo wird eine schmale Landzunge durch den Rio Incomáti vom Festland abgetrennt. Hier liegt Macaneta, ein kleines Fischerdorf und zugleich ein Naherholungsziel der Hauptstädter, weil Macaneta so schöne Sandstrände hat (aber Vorsicht: teilweise entsteht hier eine starke Strömung).

Die Zufahrt erfolgt über die große Nationalstarße EN1, die an der Avenida de Mocambique beginnt. Nach 31 km erreicht man die Ortschaft **Marracuene**, einst ein kolonialer Ferienort, der in den Bürgerkriegszeiten besonders gelitten hat (Beschreibung mit Unterkünften siehe S. 150).

Für die Weiterfahrt nach Macaneta zweigt man direkt in der Linkskurve der EN1 nach rechts in den Ort, fährt an der Moschee vorbei und biegt am Ende der Straße nach links ein. Eine Piste führt hier über die Bahnlinie und weiter direkt zur Fähre (batelão) am Incomáti (GPS S 25.43.98 O 32.40.88). Sie verkehrt täglich zwischen Sonnenauf- und -untergang, die Überfahrt dauert 5 Minuten. Dafür sind allerdings pro Fahrzeug mit Passagieren ca. 10 Euro zu berappen. An Wochenenden bilden sich an der Fähre mitunter lange Warteschlangen. Am gegenüberliegenden Flussufer geht es auf Sandpiste weiter ins 10 km entfernte **Macaneta** (Allrad zu empfehlen, viele Gäste lassen daher ihre Pkws an der Fähre zurück und werden von den Lodges abgeholt). In Macaneta liegen die Ferienanlagen zwischen dem Fluss und dem offenen Meer.

Camping in Marracuene

- **Marracuene Lodge**: Tel. 21314163, E-mail: marracuene@adviser.co.mz. Einfache Chalets und Campinggelegenheit einsam im Gebüsch am Rio Incomáti gelegen (kein Blick auf den Fluss). Zufahrt: Kurz vor dem Ort rechts in die Piste einbiegen, nach 2,2 km links beschildert. Preise: Camping ca. 5 €, Chalets mit BB ab 25 €/DZ.

Oben: Beliebtes Lokal an der Fähre über den Incomáti

Lodges in Macaneta

- **Jays Beach Lodge:** Tel./Fax 823001430. Hochwertige Strandanlage mit Chalets und Camping. Die Campingplätze liegen hinter den buschbestandenen Dünen mit privatem Wasseranschluss, Grillstellen und Schattendächern. Heiße Duschen, Toiletten. Die Selbstversorger-Chalets sind komfortabel ausgestattet, es gibt einen Pool und am Strand das für seine Fischgerichte berühmte Restaurant und eine Beach Bar. Preise: Chalets kosten zwischen 80 und 130 €, je nach Größe (2-6 Betten). Camping 20 € pro Einheit, Tagesbesucher zahlen 6 € pro Fahrzeug.
- **Complexo Turistico Macaneta:** Tel./Fax 835192855, E-mail: kamelesh@emil.moz.com. Mittelklasseanlage mit riedgedeckten Rundbungalows (ab 30 €/DZ) und Campingplatz (6,50 Euro) am Strand. Anbei Restaurant und Strandbar.
- **Incomáti River Camp:** Fernando Rodriguez/Richard Fair. Tel. (SA) 0027-82-305368. E-mail: inkomati@bilene.virconn.com. Fax Maputo 21720947. Das naturnahe Camp direkt am Ufer des Incomáti bietet einfache, aber komfortable Schilfgrashütten mit kleiner Veranda zum trägen Fluss, der hier bei jeder Flut stark ansteigt (der Incomáti erhält 30 km Rückstau aus dem Ozean). Strom per Generator. Meeresfrüchte-Restaurant, Bootsfahrten, viele Vögel. Preise: ab 80 €/DZ.
- **Tsakane Resort:** Kleines Buschcamp mit Camping und Grashütten, aber derzeit geschlossen. Allradzufahrt

139

Provinz Maputo — CATEMBE

Maputaland: Tour von Maputo nach Süden

Maputo – Ponta do Ouro

Gesamtstrecke: 117 bzw. 155 km (je n. Strecke)
Fahrzeit: je ca. 3-4,5 Std.
Zustand: Schotterpiste, kurzer Asphalt, danach lange Tiefsandpisten
Versorgung: unterwegs keine Tankstellen
Besonderheit: Allrad unbedingt erforderlich

Um in das Gebiet südlich von Maputo zu gelangen bestehen zweierlei Fahrtoptionen. Entweder fährt man entlang der Maputo Bay über Matola auf der EN 2, bis nach 22 km die Piste nach Süden abzweigt. In Mungazine (Porto Henrique) gabelt sich die Straße erneut, es geht links weiter nach Bela Vista (bis dahin insgesamt 87 km).

Tipp: siehe Map auf S. 146!

Catembe

Dorthin gelangt man aber auch über die deutlich kürzere und schnellere Direktverbindung aus Maputo, wenn man die Fähre nach Catembe am Südufer der Maputobucht benützt. Catembe liegt direkt gegenüber dem Zentrum Maputos an der Südseite der Maputobucht. Eine große Motorfähre hält den regen Verkehr aufrecht. Der Landungssteg der Fähre von Tromar Ltd. liegt an der Av. 10 de Novembro. Die Fahrt dauert nur eine Viertelstunde und bietet einen phantastischen Ausblick auf die Skyline Maputos. Fußgänger bezahlen für eine Überfahrt je 0,20 €, Pkws und Geländewagen kosten wochentags 4 €/5 € und am Wochenende 5 €/7 €.
Abfahrtszeiten ab Maputo: 05:00, 06:00, 07:00, 08:30, 10:30, 12:30, 14:30, 16:30, 17:30, 18:30, 20:30, 23:15. Abfahrtszeiten ab Catembe: 05:30, 06:30, 07:30, 09:30, 11:30, 13:30, 15:30, 17:00, 18:00, 19:30, 21:30, 23:25

Autofähre nach Catembe

Oben: Fußgänger betreten die Catembefähre

Unterkunft mit Blick auf Maputo bieten das Gallery Hotel (siehe rechts) und die Ovahimba Lodge (südafrikanische Leitung, beliebt bei Fischern, www.catembe.com). Von Catembe führt die ruppige Schotterstraße direkt nach Süden. Nach 42 km trifft man bei **Bela Vista** auf die Straße aus Boane. Hier beginnt ein Streifen guten Asphaltbelags, der jedoch nur bis **Salamanga** am Ostufer des kleinen Rio Maputo reicht (18 km).

Ab dieser Stelle führen nach Süden ausschließlich Tiefsandstrecken weiter, die unbedingt Allrad und gute Bodenfreiheit erfordern. Die Fahrspur führt unmittelbar durch dichten, einsamen Buschwald. Nach 8 km liegt links des Weges der „Wexwela Craft Centre", 500 m weiter überquert man den schmalen, von Papyrus umsäumten Rio Futi. Er bildet die Grenze des Maputo Elephant Reserves. 3 km weiter zweigt links die 2,5 km lange Zufahrt ins Reservat ab (GPS S 26.31.79 O 32.43.23; s. S. 146).

Geradeaus quält sich die tiefe Spur weitere 28 km durch den einsamen, engen Wald und Eukalyptusforste bis in das Dorf **Zitundo** (GPS S 26.45.06 O 32.49.53). Hier setzt nun eine ziemliches Wegegewirr ein. Wer sich links hält, kommt in den Genuss, für 10 km auf Teer zu fahren und landet 2 km nach dem Teerende in der Bucht von Ponta Mamóli (S. 144). 4 km vor der Bucht verlässt eine unbeschilderte Piste die Straße (GPS S 26.43.14 O 32.53.03) und führt über Ponta Malongane (8 km, S. 144) nach Ponta do Ouro (15 km, S. 142). Die Strecke führt aber über mehrere Dünenzüge und erfordert dringend Allrad!

Wer sich in Zitundo dagegen rechts hält, gelangt nach 16 km direkt an die südafrikanische Grenze Ponta do Ouro – Kosi Bay. 5 km vor der Grenze erreicht man eine Kreuzung, an der es direkte Zufahrten nach Ponta Malongane bzw. Ponta do Ouro gibt. Alternativ führt von den Grenzgebäuden auch ein Weg direkt nach Ponta do Ouro; die Steigungen durch Sanddünen entlang dieser 9 km langen Strecke haben zahlreiche Umfahrungen. Die welligen Dünenzüge sind mit niederem Buschwerk und einem sehr vielseitigen Küstenwald bewachsen.

Oben: Der Junge schneidet geschickt Kokosnüsse auf, um sie Passanten zum Trinken anzubieten

Catembe Gallery Hotel
Am Strand von Catembe liegt ein kleines, sehr individuell eingerichtetes Hotel mit 5 Zimmern im Haupthaus (BB 53 €/DZ) und einer Pension mit Mehrbettzimmern und Gemeinschaftsbad (BB 17 € pro Person). Tel. 21380050.

Maputaland
Der geographische Begriff Maputaland bezeichnet die Region, die einst unter dem Regiment von Chief Maputa gestanden hatte. Sie reicht in etwa vom heutigen Maputo nach Süden bis an den St. Lucia Nationalpark in Südafrika.

Im modernen Sprachgebrauch bemisst sie den kleinen mosam-bikanischen Landesteil südlich der Hauptstadt, der fast ausschließlich aus flachen Sumpfmarschen, Dünen- und Sandwäldern, Küstenschwemmland und Süßwasserseen besteht, die eine einzigartige, von der WHO als Wild- und Naturschutzzone ersten Ranges eingestufte Landschaftsform darstellen.

Provinz Maputo — PONTA DO OURO

Ponta do Ouro

Hochsaison ist hier an fast allen Wochenenden (vor allem den verlängerten) und in den Monaten April und Dezember

"Goldspitze" tauften die portugiesischen Seefahrer die weite Dünenlandschaft von Ponta do Ouro am Südende Mosambiks, obwohl hier niemals das begehrte gelbe Metall gefunden worden ist. Ein einsamer Leuchtturm erinnert noch an die vergangen Zeiten, ansonsten steht der Name Ponta do Ouro heute für ein Surf- und Tauchparadies (besonders Haifischtauchen und Delfinschwimmen) und brandungsreichen Badespaß an kilometerlangen Sandstränden. Das Meerwasser von Ponta do Ouro zählt zu den klarsten und saubersten der gesamten Ostküste Afrikas, dank des feinen Sandstrandes ohne Algen und Steine. Mit etwas Glück entdeckt man hier sogar Wale auf dem offenen Meer.

Tipp: siehe Karte auf S. 146!

Nach der langen Fahrt über tiefsandige Spuren, die sich kreuz und quer über die eigenwillige Dünenlandschaft dieser Region ziehen, empfängt den Reisenden in Ponta do Ouro eine schmucke Kleinstadt voller neuer Häuser im südafrikanischen Baustil, die sich an die halboffene Bucht schmiegen (GPS S 26.50.41 O 32.53.07). Es ist ein reiner Ferienort, der neben den Apartments und Ferienhäusern auch eine Tankstelle, Supermarkt, Tauchschule, kleine Boutiquen und ein Strandrestaurant bietet. Wochentags ist es außerhalb der Ferienzeiten ziemlich ruhig in Ponta do Ouro, doch von Donnerstag bis Sonntag herrscht Hochsaison, wie auch durchgehend von Mitte Dezember bis Mitte Januar. In dieser Zeit schnellen überall die Preise um mind. 30 % in die Höhe und der kleine Ort wirkt wie eine südafrikanische Enklave (man spricht sowieso Afrikaans und rechnet praktisch alles in Rand ab). Die Tauchschulen und Dolphin Encouters („Schwimmen mit den Delfinen") holen

Bilder oben: die Bucht von Ponta do Ouro

donnerstags südafrikanische Gäste mit Geländewagen von der nahen Grenze ab, die ihre Pkws dort unterstellen. Typisch ist ein 3-Nächte-Paket mit Vollpension, Riedhütten-Unterkunft und Tauchgängen oder Delfin-Bootstouren für ca. 200-250 € p. P.

Strände und Fisch

Ganz klar, dieser Strand und das extrem klare Wasser zählen zu den schönsten des Landes. Die Atmosphäre ist sehr locker und entspannt. Aber es ist auch eine mitunter überfüllte Touristenenklave ohne Fischerdörfer und Einheimische am Strand. Daher kann man hier auch kaum frischen Fisch erstehen (höchstens tiefgefroren im Supermarkt), denn die meisten Besucher gehen ja selbst auf Hochseefischfang.

Anreise

Der kleine Airstrip einige Kilometer landeinwärts wird mehrmals wöchentlich ab Maputo von Sabinair angeflogen (ab 5 Passagieren, jeweils ca. 90 € p. P. für Hin- und Rückflug).

Unterkünfte in Ponta do Ouro

- **Motel do Mar Beach Resort:** Tel. (SA) 0027-12-3482690 oder (MZ) 21650002, www.pontadoouro.co.za. Große, etwas nüchterne Mittelklasseanlage am Strand mit zweistöckigem Gebäude, Selbstversorger-Chalets (ab 70-140 €). Restaurant, Bar, Bootsverleih. Hochseefischen/Tauchen möglich. Preise: B&B ab 60 €/DZ.

- **Centro Turistico Campismo (Ponta do Ouro Campsite):** Tel. 092581-650006. Reservierung in Südafrika: Tel. 0027-11-8495184. Am Ortsrand am Südende der Bucht gelegener Campingplatz mit zahlreichen Chalets und Ferienhäusern. Der Platz liegt schattig unter Kasuarinen direkt am Strand, der Generator stört ein wenig die Ruhe. Auf dem Gelände haben eine Tauchschule und Dolphin Encounters ihren Sitz. Preise: Chalets mit 2 Betten ab 35 €, mit 4 Betten ab 75 €, Camping 10 €. Vorsicht: Diebstahlgefahr auf dem Platz.

- **Café del Mar:** Mediterranes Restaurant im Ort mit 12 Riedchalets. Preise: HP ab 50 €/DZ.

- **O Lar do Ouro:** Tel. 827761280, Fax 21650038. Nicht direkt am Strand gelegenes Gästehaus mit Pool und Bar. BB ab 60 €/DZ.

- **Planet Scuba:** Tel. 828097971, www.planetscuba.co.za. Gästehaus im Ort vor allem für Taucher. Preise: VP ab 42 €/DZ und 50 €/EZ.

Die meisten Urlauber reisen nach Ponta do Ouro von Südafrika aus, wo man auf Teerstraßen bis an die Grenze Manguzi bei Kosi Bay gelangt.

Tipp: Der deutsche Reiseveranstalter Spillmann, spezialisiert auf Tauchreisen, bietet eine 11-tägige Reise ab/bis Deutschland via Durban nach Ponta do Ouro mit Zeltcamp und 10 Tauchgängen ab 1900 Euro an.

Tauchen in Maputaland

Nur wenige Küsten können sich in Punkto Klarheit des Wassers mit Ponta do Ouro messen

Maputaland ist für seine herrlichen Korallenriffe und fischreichen Gewässer berühmt. Es gibt hier kaum Saumriffe, die die Wellen abhalten, daher herrscht meist eine kräftige Brandung. Die vorgelagerten Riffe liegen zwischen 4 m und 12 m tief und beherbergen sowohl Weichkorallen (*Octocrallia*) als auch Steinkorallen (*Zoantharia*). Sie bilden die Heimstatt Tausender Fische, Krustentiere und Meeresschildkröten. Walhaie, Mantas, Barrakudas, Schwertfische, Hochseehaie, Sambesihaie und Riesenzackenbarsche können hier in ihrer natürlichen Umgebung beobachtet werden. Ferner sind Delphine häufig, mitunter tauchen auch Wale und die seltenen, geschützten Dugongs auf. Die beste Tauchsaison ist von November bis April; am wenigsten eignen sich die wind- und sturmreichen Monate August und September. Maputaland bietet aufgrund seiner flachen Gewässer eine ganzjährig warme Wassertemperatur. Zwischen Mai und November herrschen ca. 22-27°C, von Dezember bis April 28-30°C warme Meerestemperaturen. Die üblichen Tauchtiefen betragen 15-30 m. Aufpassen sollte man hier übrigens vor den blauen sog. „Blue-bottle Jellyfish", einer Quallenart, die unangenehme Hautreizungen hervorruft.

Ponta Malongane

7 Kilometer nördlich von Ponta do Ouro wartet Ponta Malongane mit einem herrlichen, üppigen Riff auf. Hier findet der Tauchfreak und Hochseefischer folgende Ferienanlagen:

- **Parque de Malongane:** Tel. in Südafrika 0027-12-3481251, Fax 3481252, E-mail: malongan @mweb.co.za. Riesige, parzellierte Ferienanlage mit Rondaveln zur Selbstversorgung, Camping, Tauchschule, Restaurant, Bar. Preise: Chalet ab 80 €, Rondavel ab 20 €, Camping ab 8 €
- **Tartaruga Maritima:** Tel. SA 0027-11-7284942, Fax 7282517, E-mail: tartaruga @mweb.co.za. Luxuszeltcamp zur Selbstversorgung nördlich der o. gen. Anlage. Mit Bar auf Stelzen. In der Nebensaison ab 50 €/DZ.

Ponta Mamoli

- **Ponta Mamoli Resort :** Tel. (SA) 0027-11-4443260, www.pontamamoli.com. Tauchresort mit 15 hölzernen Stelzenchalets (Ventilatoren, Mossi-Netze) und einem Pool, 17 km nördlich von Ponta do Ouro einsam in einer Sandbucht gelegen (siehe Beschreibung S. 141). Preise: BB ab 85€/DZ und 130 €/EZ.

Der Grenzposten nach Südafrika: Ponta do Ouro – Kosi Bay

Der kleine Grenzposten liegt zehn tiefsandige Kilometer südlich von Ponta do Ouro, einsam in der bewachsenen Dünenlandschaft und wird hauptsächlich von Touristen frequentiert (sehr viel Betrieb an den Wochenenden). Er ist täglich zwischen 08.00 und 17.00 h geöffnet, die Abwicklung verläuft sehr freundlich und unproblematisch. Ein Versicherungsbüro von EMOSE ist vorhanden.

Bei der Anreise ab Südafrika bitte beachten: In Südafrika führen gute Asphaltstraßen direkt bis an die Grenze bei Kosi Bay. Doch in Mosambik geht es dagegen ausschließlich auf sehr tiefsandigen Wegen weiter, die Allrad erfordern. Es wäre unsinnig, diese Grenze mit einem nicht geländegängigen PKW zu passieren!

GPS-Daten des Grenzpostens:
S 26.51.85 O 32.49.77.

Reserva dos Elefantes do Maputo
(Maputo Elephant Reserve)

Die Gründung des 1040 km² großen Elefantenschutzgebietes geht in die 1960er Jahre zurück, als deutlich wurde, dass die einst so zahlreichen Elefanten Maputalands vom Aussterben bedroht waren. Zum Erhalt der letzten frei lebenden und ihren Wanderungen nachgehenden Dickhäuter hat man ein großes Gebiet südlich der Maputobucht ausgewählt, das vom Ozean, der Bucht und dem Rio Maputo nahezu eingekeilt wird. Landschaftlich dominieren hier flache Marschen und Sumpfgelände, an den Küsten auch buschbestandene Dünenzüge und Mangrovenwälder. Mehrere Süßwasserseen liegen ebenfalls im Schutzreservat. An der Westgrenze des Parks fungiert der Rio Futi als **Futi-Channel**, einer Art Korridor für die Elefantenwanderungen zwischen der Bucht und den Schutzgebieten in Südafrika, vor allem dem Tembe Elephant Reserve und dem Ndumu Game Reserve (siehe auch S. 148).

Anfang der 1970er Jahre schützte das Maputo Reservat mehrere Hundert Elefanten, bot zahlreichen Antilopen und Schleichkatzen Unterschlupf und bildete für 65 aus Südafrika importierte Nashörner eine neue Heimat. Dann brach der Bürgerkrieg aus, in dem die Tiere zu den größten Opfern gezählt werden müssen, und so ergaben die Zählungen von 1994, als sich die Kontrahenten endlich zu einem Friedensschluss durchrangen, nicht einmal 60 überlebende Elefanten. Alle Nashörner waren Wilderern zum Opfer gefallen, vermutlich auch die Raubkatzen ausgerottet, und was an Antilopen und anderen Säugetieren überlebt haben mag, ließ sich kaum

Das Reservat bereitet eher ein stilles, beschauliches Vergnügen

Bild oben: Bezaubernde Landschaft im Reservat

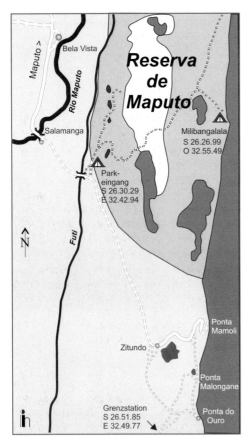

einschätzen. 1998 nahm sich der US-Multimillionär John Blanchard des desolaten Schutzgebietes an, der ironischerweise jahrelang den Kampf der Renamo unterstützt hatte. Der Geschäftsmann erkannte das enorme touristische Potential der gut erreichbaren Region und stellte Millionen an Dollars in Aussicht, um entsprechende Hotels, ein Kasino und das Aufstocken des Tierbestands zu realisieren. Auch die Weltbank und Naturschutzorganisatoren griffen die Pläne begeistert auf, deren Realisierung sich jedoch erst einmal in die Länge ziehen sollte. Parallel dazu stieg eine neue düstere Wolke über dem Elefantenschutzgebiet herauf: Wirtschaftsmagnaten in Südafrika und die Regierung Mosambiks gewichten das Potenzial der Region als Industriegebiet und potentieller Tiefseehafen höher als den Schutz von Naturraum und Tierwelt und planen einen gigantischen Ausbau der Gebietes (siehe S. 149). Das Projekt steht zur Stunde still. Auch die Pläne, an der nördlichen Küste des Schutzgebiets einen Yachthafen zu bauen wurden bisher erfolgreich bekämpft. Dazu wurde 2001 eine riesige Schneise für die Errichtung einer Stromleitung in das Reservat gezogen, musste aber auf halber Strecke durch den Druck der Gegner und Umweltschützer gestoppt werden.

Anreise

72 km südlich von Catembe bzw. knapp 12 km von Salamanga beginnt die beschilderte Zufahrt zum Parkeingang (GPS S 26.31.79 O 32.43.23, siehe bis hierher die Beschreibung auf S. 141).

Nach 2,5 km Piste erreicht man das Wildhütercamp am Haupteingang (GPS S 26.30.29 O 32.42.93). Wichtig: Ab Salamanga sind für die Anreise und alle Strecken innerhalb des Reservats Allrad und eine hohe Bodenfreiheit absolut notwendig!

Links: Beschilderung an der Zufahrt zum Reservat

MAPUTALAND

Allgemeines
Das Schutzgebiet hat täglich von 07.00-17.00 h geöffnet. Der Eintritt beträgt pro Person und Tag 10 US$, für Camping und für Fahrzeuge bezahlt man ebenso je 10 US$, Kinder zwischen 10 und 18 Jahren kosten die Hälfte des Eintrittspreises. Einen ortskundigen Führer kann man für 5 US$ pro Tag engagieren. Alle Gebühren sind auch in Rand zahlbar.

Info

Im Reservat wird für Übernachtungsgäste derzeit nur einfache Campinggelegenheit angeboten. Das Milibangalala Camp liget recht schön direkt am Meeresstrand (38 km ab dem Eingang), und man steht hier ganz allein in einiger Entfernung zum kleinen Wildhüterdorf. Es bietet Buschlatrinen und kalte Duschen. Wasser nimmt man aus dem Schöpfbrunnen, Trinkwasser muss man unbedingt selbst mitbringen.

Camping beim Hauptcamp oder am Ozean

Bis vor einigen Jahren führte Incomati Tours ein Touristencamp (Msala Bush Camp) beim Milibangalala Camp, engagierte sich dort im Kampf gegen die Wilderei und bekam postwendend die Konzession entzogen. Die Betreiber hoffen seither vergeblich, irgendwann wieder ein Camp im Reservat eröffnen zu dürfen.

Msala Bush Camp nun geschlossen

Seit 1998 ist die Peace Parks Foundation, die sich um die Einrichtung grenzüberschreitender Schutzgebiete bemüht, in Mosambik aktiv. Das „Forum Natureza en Perigo" als Untergruppe des internationalen Endangered Wildlife Trust arbeitet seit 1989 im Maputo Reservat. Unter anderem läuft hier ein Projekt für Schutz und Erforschung der drei am 40 km langen Strandabschnitt des Reservats brütenden Meeresschildkrötenarten (siehe folgende Seite).

Schutzprogramme

Natur & Tierwelt
Das kleine Reservat beeindruckt die Besucher durch seine herrlich liebliche Landschaft mit zahlreichen sanften Hügeln, die überwiegend wellenförmig in Nord-Süd-Richtung verlaufen. Dazwischen liegen klare Seen und Riedsümpfe, umrahmt von Grasflächen, denen sich dann wieder dichte Waldinseln anschließen. Zum indischen Ozean hin fällt diese Landschaft mit hoher Sanddünung ab zu einem einsamen gelben Sandstrand. Ein Riff ist dem Strand vorgelagert, das Wasser ist sehr klar und hat meist starken Wellengang.

Vegetation und Landschaftsform

Die im 2-jährigen Rhythmus stattfindenden Tierzählungen aus der Luft offenbaren alarmierende Zahlen: Ergab die Zählung von 2000 noch 308 Elefanten, sank die Zahl 2002 auf 150 Tiere, und im Juli 2004 konnten nur 90 Dickhäuter entdeckt werden. Allerdings können die Tiere im Reservat und den umliegenden Gebieten frei umherziehen, und es besteht Hoffnung, bei Zählungen seien die wandernden Tiere nicht ermittelt worden. Nur entlang des Futi markiert ein Zaun zwischen Bela Vista und dem Parkeingang die Reservatsgrenze. Ansonsten ist das Schutzgebiet nach allen Seiten hin offen. Speziell entlang des Futi Kanals werden die Wildtiere aber durch anhaltende Wilderei bedroht und durch den fortgesetzten Holzeinschlag und die Ausweitung des Farmlandes eingeschränkt. Die meisten Wildtiere sind scheu und lassen sich nur aus der Ferne beobachten.

Tierwelt

Futi Kanal

Provinz Maputo — ELEPHANT RESERVE

Peace Parks Projekt: Lubombo-Schutzgebiet

Eines der weitreichenden drei Projekte der Peace Parks Foundation, die Mosambik betreffen, ist die Einrichtung der Lubombo-Schutzzone. Unter diesem Namen fassen die Initiatoren die kleinen südafrikanischen Parks Ndumo und Tembe mit dem Hlane Nationalpark und 2 weiteren Naturreservaten Swazilands und das Maputo Elephant Reserve Mosambiks zusammen. Hierbei handelt es sich um einen ökologisch einheitlichen und höchst schützenswerten Naturraum, der mehrheitlich aus Schwemmlandflächen, Süßwasserlagunen und Sandwäldern besteht. Neben dem Erhalt der besonderen regionalen Flora soll das drei Länder übergreifende, fast 4200 km² große Schutzgebiet vor allem den rund 350 Elefanten freie Wanderungen und angemessenen Lebensraum bieten. Die Weltbank hat 2005 einen millionenstarken Kredit freigegeben, um die Realisierung des Projekt zu ermöglichen. Vorbild wird das bereits umgesetzte Peace Parks Projekt Great-Limpopo-Transfrontier-Park (S. 156) sein.

In den dichten, verschlungenen Urwaldabschnitten hat man gute Chancen, einen prächtigen **Rotducker** vorbei flitzen zu sehen. Auch Meerkatzen, Kudus und Haubenperlhühner halten sich hier auf. Die weiten, hügeligen Grasflächen sind mit kurzen, sehr widerspenstigen Gräsern bewachsen. In diesem Terrain sind Gackeltrappen, Steinantilopen und Riedböcke zuhause. In den Riedsümpfen staken verschiedene Reiher, Kormorane, Enten und Blaustirnblatthühnchen umher. Auch Elefanten kann man hier entdecken und natürlich Raubvögel, wie den Schreiseeadler. Die **Vogelwelt** gilt als ausgesprochen artenreich mit mehr als 350 verschiedenen registrierten Spezies. Flusspferde bewohnen die Lagunen und Seen, darüber hinaus leben Nyalas, Schirrantilopen und eine recht stattliche Anzahl **Pinselohrschweine** im Reservat.

Aktuell: Neuer Tiefseehafen im Süden des Landes geplant

Zwischen der mosambikanischen Regierung und mehrheitlich südafrikanischen Investoren wurde im Sommer 2000 eine Vereinbarung unterzeichnet, die den Bau eines neuen Industriehafens bei Ponta Techobanine vorsieht. Die Meldung entfachte augenblicklich einen weltweiten Sturm der Entrüstung bei Naturschützern, Wissenschaftlern und Tourismusmanagern. Die ausgewählte, 22 000 ha große Zone liegt etwa 70 km südlich von Maputo an der Grenze zu Natal/Südafrika, eingekeilt zwischen dem Maputo-Elefanten-Reservat und den südafrikanischen Schutzgebieten Ndumu G. R. und Tembe Elephant Reserve. Die Investoren des „Ponta-Dobela-Consortiums" wollen über den neuen Hafen vor allem Südafrikas Kohleexporte abwickeln, die per Bahn – eine Verlängerung der Bahnverbindung ist vorgesehen – direkt von den Kohlebergwerken hierher transportiert werden sollen, und argumentieren daher mit dem wirtschaftlichen Aufschwung für die Region. Der neue Hafen soll Transportschiffe bis zu 300 000 Tonnen Gewicht bedienen können. Allein die Konstruktion schaffe 2500 Arbeitsplätze, die vorgesehene angrenzende Industriezone noch einmal 10 000 Jobs. Dagegen stehen massive Einwände der Gegner. Zum einen ist die Region wegen ihrer herrlichen Strände und Tauchgründe eine **beliebte Touristenattraktion**. Große Sorgen bereitet auch die erwartete Wasserverschmutzung, die womöglich bis zum südafrikanischen St. Lucia Nationalpark, der seit 1999 als **Weltnaturerbe** geschützt wird, die Fische und Wasservögel verseuchen könnte. Außerdem würde die Industriezone mit ihren Schwertransporten den „**Futi-Corridor**" zerstören. Entlang des Rio Futi engagiert sich aber ein Naturschutzprojekt, welches Wildtierwanderungen zwischen den naheliegenden, eher kleinen Schutzgebieten fördert. Über 300 Elefanten, die größte verbliebene Population im südlichen Mosambik, leben in dem Gebiet, das von der Weltbank als einmaliger Naturraum ersten Ranges eingestuft und gefördert wird (mit den welthöchsten bewachsenen Küstendünen und einer entsprechenden Flora und Fauna). Der Plan, einen Tiefseehafen mit Industriezone ausgerechnet in diesem ökologisch sensiblen und touristisch vielversprechenden Gebiet zu konstruieren, spaltet die Gesellschaft in beiden Ländern. Auch gibt es viele Stimmen, die Südafrikas Politik kritisieren, ökologisch fragwürdige Aktionen seinen wirtschaftlich abhängigen Nachbarn aufzudrängen, während die Natur im eigenen Land unangetastet bleibt. Im Augenblick sieht es danach aus, dass der Tiefseehafen seinen Planungszustand nie verlässt, und sich die Idee vom grenzüberschreitenden Naturschutz und sanften Tourismus durchsetzen wird.

Bild links: Typisches Wegegewirr im Tiefsand Maputalands, hier auf der Zufahrt zur Grenzstation

PROVINZ GAZA

Die 75 450 km² große Provinz Gaza grenzt an Südafrika, Zimbabwe, die mosambikanischen Provinzen Maputo, Inhambane, Manica und für 150 km an den Indischen Ozean. Die schönen Meeresstrände sind der Hauptanziehungspunkt Gazas.

Fahrtstrecke: Von Maputo nach Xai-Xai

Casa Lisa: Tel. 823041990, (SA) Tel. 0027-13-7449412, Email: buckland@teledata.mz. Schöne Chalets, Restaurant und Campingplatz 48 km nördlich von Maputo bzw. 18 km nach Marracuene. Liegt 1 km westlich der EN1. Preise: Camping 7 €, Chalets ab 20 €/DZ.

Maputo – Xai-Xai

Gesamtstrecke: 204 km
Fahrzeit: ca. 2-3 Std.
Zustand: sehr gut ausgebaute Teerstraße, viel Verkehr
Tankstellen: zahlreich, z.B. in Marracuene, Manhiça, Macia

Zongoene Protea Lodge: Tel. 28242000, Fax 28242001, (SA) Tel. 0027-12-3461286, www.zongoene.com. Exklusive Ferienanlage mit riedgedeckten Chalets, Camping, Pool, Restaurant. Tauchen, Fischen, Quad Bikes. Preise: HP 90-110 €/DZ, 110-140 €/EZ, Camping 12 € pP plus 7 € pro Stellplatz.

Man verlässt Maputo entlang der Ave. de Moçambique, die in die Nationalstraße EN 1 übergeht und allmählich aus den überfüllten Vororten der Hauptstadt in eine ländlichere Umgebung führt. Nach 30 km durchquert man die Kleinstadt **Marracuene** (Macaneta-Abstecher siehe S. 139). 2 km vor dem Ort hat die neue Anlage "Rogers" eröffnet: eine gepflegte Campingwiese (7 € pP) mit Pool und klimatisierte Chalets á 22 €/Nacht. 18 km hinter Marracuene besteht eine weitere Übernachtungsgelegenheit bei Casa Lisa.

Die viel befahrene Strecke führt durch landwirtschaftliche Nutzflächen mit intensivem Mais- und Reisanbau. Man durchquert **Manhiça**, eine Kleinstadt mit Internetcafé (Telecentro im Zentrum gegenüber des PEP). Wenig später senkt sich die Straße am Ortsende von Palmeiras in das breite, brettebene Schwemmland des Incomáti hinab. Erst 42 km weiter verlässt man die Incomati-Tiefebene in Magul und befindet sich nun in der Provinz Gaza. Bei KM 143 liegt die Kleinstadt **Macia**. Sie bietet Supermärkte, Tankstellen und ein breites gastronomisches Angebot (z. B. Restaurant Sao Cristavao). Ferner zweigen in Macia die Straßen nach Bilene (siehe rechts) und Chokué/Massingir (S. 155) ab. Nach Xai-Xai sind jetzt noch 61 km zu fahren. Rund 15 km vor Xai-Xai weist ein Schild zur Zongoene Lodge (36 km Allradpiste zur Mündung des Limpopo).

Dahinter folgt der Abstieg ins breite Tal des Limpopo. Erst nach 10 km Fahrt durch das Schwemmland erreicht man die ausladende Limpopobrücke. Fahrzeuge in Richtung Norden befahren die Brücke gratis, der Gegenverkehr muss für die Brückenbenützung eine Mautgebühr von rund 1,50 € entrichten. Direkt nach der Brücke beginnt die Stadt Xai-Xai (siehe Seite 152).

Links: Kneipen am Straßenrand sind typisch für den Süden des Landes

BILENE

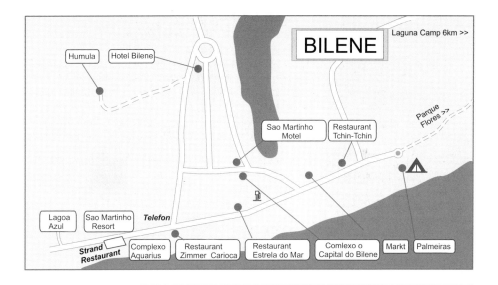

Praia do Bilene und Lagune: Pensionen, Ferienhäuser, Campingplätze

- **Motel Bilene:** Tel. 28259014, 282464202. Ein im Vergleich überteuertes Hotel mit afrikanischem Ambiente am Ortseingangskreisel. Mit Restaurant, Bar, Disko. Zimmer ca. 30 €/Tag.
- **Complexo Palmeiras:** Tel./Fax 28259019, in Südafrika Tel. 0027-13-7552257. Beliebte Ferienanlage mit Restaurant und Bar direkt am flachen Strand. 2-Bett-Rondavel kosten 55-80 €/Nacht, Camping hinter der Düne 4 € pP plus 6 € pro Stellplatz. Tipp: Die Sanitäreinrichtungen bei den Chalets sind gepflegter als im Campingbereich. Oft überfüllt, sehr viel Sicherheitspersonal.
- **Complexo Parque Flores:** Die einst schöne Anlage ist reichlich verfallen und nun in staatlichem Besitz (Kontakt via Lagoa Azul). Die Rondaval für 17-30 € und Camping für 10 € sind überteuert.
- **Complexo Turístico Lagoa Azul:** Tel. 28259006, 21421794. Staatlich geführte Anlage, etwas zurück versetzt in Strandnähe, ein wenig vernachlässigt. 4-Bett-Chalets ab 65-75 €.
- **Complexo o Capital:** Tel. 282417870. Südafrikanisches Motel mit gepflegten Zimmern (TV, Aircon., Bad), ansprechendem Restaurant, Supermarkt. Zimmerpreis ab 35 €.
- **Complexo Aquarius:** Beliebtes Restaurant und neue Ferienhäuser direkt an der Bucht. Tolle Lage, preiswerte Küche, ansprechender Pool und Garten. Ferienhäuser á 50 €/Nacht.
- **Complexo Humula:** Tel. 28259020 oder 21415766, E-mail: humula@sortmoz.com. Abgeschottete, gepflegte Anlage mit Pool, Tennisplatz und Ferienhäusern mit eigenen Gärten. Preise: Ferienhaus ab 90 €, Doppelzimmer ab 76 €/Nacht (wochentags billiger als am Wochenende).
- **São Martinho Resort:** Tel. in Südafrika 0027-13-7528227, Fax 7522526, E-mail: ingwelod@global.co.za. Bungalowanlage und Lokal direkt am Strand, von Südafrikanern übernommen. 26 renovierte Chalets mit 4 Betten und Ventilator á 120 €/Nacht.
- **São Martinho Motel:** Tel./Fax 28259002 oder 0027-11-4251051, E-mail: dixie1@global.co.za. Größere Mittelklasseanlage mit Motelcharakter. Zimmer ab 25 €/Tag, Chalets 75 €/Tag.
- **Praia do Sol:** Tel. 2823193040, www.pdsol.co.za. Ansprechende A-Frame-Chalets mit Tauchbasis und Restaurant. Preise: HP ab 70 €/DZ und 80 €/EZ.
- **Laguna Camp:** Tel. 826377510, www.laguna-camp.com. Campingplatz einsam auf einer Düne an der Lagune gelegen. 6 km Pistenzufahrt. Preise: 45 € pro Stellplatz.
- **Mahelane Lodge:** Tel. 843996080, Fax 21721777, www.mahelane.co.za. An der Westseite der Lagune erhöht gelegen, daher sehr isoliert und ruhig. Nicht direkt am Meer.
- **Girassol Lodge:** Tel. 28259071, Fax 28259072, www.girassolhoteis.co.mz. Luxushotelanlage ebenfalls einsam an der Westseite der Lagune gelegen. Chalets mit HP ab 55 €/DZ, 75 €/EZ.

Praia do Bilene

Bilene ist der am schnellsten zu erreichende Strand ab Johannesburg

Oben: Gemütlicher Strand im Complexo Palmeiras

In Macia zweigt die 33 km lange, geteerte Stichstraße nach Bilene ab, an der Honig und Cashewnüsse feilgeboten werden. Der bedeutendste Ferienort zwischen Maputo und Inhambane gilt als familienfreundliches Badeparadies. Doch Vorsicht: Zu Ferienzeiten und an Wochenenden verwandelt er sich in ein quirliges, überteuertes Ferienlager.

Die Kleinstadt hat durchaus historische Bedeutung: Im 19. Jh. lag hier das Machtzentrum des Königreichs Gaza, wo Staatsgründer Soshangane sein Domizil bezog und seine letzte Ruhe fand. Die Portugiesen nannten die Ortschaft São Martinho, und am Martinstag finden hier noch immer Festlichkeiten zu Ehren des Heiligen statt.

Bilene liegt **nicht am offenen Meer** sondern an der **Lagoa Uembje**, einer 20 km langen und 5 km breiten Lagune, die durch zahlreiche Inseln und Sandbänke vom Ozean getrennt wird. Die flachen Sandstrände und die ruhige Lagune ohne hohe Wellen gelten als kindersicher und ziehen daher vor allem Familien mit Kleinkindern an (im Gegensatz zu Praia do Xai-Xai). Bei starkem Wind ist Bilene ein Windsurfer-Paradies. Umrahmt wird die große Lagune von dicht bewachsenen Sandhügeln.

Einkaufstipp: Etwas versteckt im hinteren Teil des Marktes findet man den besten frischen Fisch und Garnelen.

Anreise mit öffentlichen Verkehrsmitteln:
Man verlässt die Fernstreckenbusse zwischen Maputo und dem Norden in der Ortschaft Macia. Von dort geht es mit den kontinuierlich zum Strand von Bilene pendelnden Chapas weiter.

Xai-Xai

Vorsicht: Häufige Verkehrskontrollen bei ausländischen Fahrzeugen (Geschwindigkeit, Anschnallpflicht etc.)!

Die Hauptstadt der Provinz Gaza liegt auf einer kleinen Anhöhe über dem trägen Flussbett des Limpopo. Die Hauptstraße der gemütlichen Stadt offenbart noch etliche Häuser aus der Kolonialzeit. Xai-Xai (sprich: scheischei) bietet einerseits eine gute Versorgung mit Supermärkten, kleinen Läden, Markt, Bank, Verwaltungsgebäuden, Polizei (Tel. 28222079), Hospital (Tel. 28225111) und Tankstellen, macht aber dennoch einen provinziellen Eindruck. In der Nähe des Bahnhofs gibt es eine Zweigstelle des Lebensmittelgroßhändlers Handling; die beste Bäckerei findet man schwieriger: Vor der Mobil-Tankstelle rechts und dort die nächste Straße wieder rechts einbiegen. Mehrere Restaurants und Gästehäuser bieten dem Durchreisenden ihre Gastfreundschaft, doch eigentlich zieht es die meisten Besucher direkt zum gleichnamigen Strand, der 12 km entfernt liegt.

Zum Strand von Xai-Xai

Die Abzweigung der asphaltierten Stichstraße ist am nördlichen Stadtrand von Xai-Xai ausgeschildert, doch am Kreisel von Praia do Xai-Xai fehlt jede Beschilderung. Fahren Sie hier links zur Uferzone hinab und gleich wieder scharf links in die Piste, dann kommen Sie direkt zum Strand.

Busfahrpreis von Xai-Xai nach Maputo: ca. 2,50 Euro, nach Inhambane: 4 Euro

Anreise mit öffentlichen Verkehrsmitteln: Alle Fernstreckenbusse zwischen Maputo und Maxixe halten in Xai-Xai. Der Bushaltplatz liegt direkt vor dem Restaurante Por do Sol in der Hauptstraße. Busse von Oliveiras halten weiter nördlich gegenüber der katholischen Kirche. Für Chapas gibt es eine Haltestelle beim Kreisverkehr im Ortszentrum. Von hier pendeln sie auch zum Praia do Xai-Xai.

Praia do Xai-Xai

Schier endlose Sandstrände mit hohem, kräftigem Wellengang sind die Besonderheit dieses Strandes. Für reine Badefreaks oder Kinder/Nichtschwimmer ist dieser unruhige Küstenabschnitt wenig geeignet. Bei Flut entsteht neben den ungestümen Wellen eine gefährliche Strömung. Baden ist weniger riskant bei Ebbe, wenn das schützende Riff freigelegt wird. Direkt in der Bucht im Ort (südlicher Teil) ist es dann harmlos, doch auf Höhe des Campingplatzes warnen Schilder vor dem Schwimmen, weil die **unberechenbare Brandung** zusammen mit einer seitlichen Strömung gefährlich werden kann. Hier brechen die Wellen voller Kraft ans Ufer und zurück. Die meisten Besucher kommen daher wegen des Hochseefischens. Barrakudas und Schwertfische zu jagen gilt hier als Königsdisziplin. Wer dafür nichts übrig hat, fühlt sich zwischen den südafrikanischen Gruppen fröhlicher Hobbyfischer, die gerne mit vollständiger Bootsausrüstung anreisen und Wagenburgen bauen, ein wenig verloren. Die kilometerlangen Sandstrände laden Individualisten dagegen zum Spazierengehen ein. Hinter dem Sand schließen sich sofort dicht verbuschte Dünenzüge an. Leider gibt es hier, vielleicht wegen des dichten Buschgesträuchs, eine regelrechte Moskitoplage – unbedingt abwehrende Hautschutzmittel mitbringen! Wie auch in anderen Strandorten Südmosambiks ist der Tourismus hier fest in südafrikanischer Hand und der Rand das gängige Zahlungsmittel.

Unterkünfte am schmalen Strand von Praia do Xai-Xai

- **Halley's Hotel:** Tel. 282350030, 282236003. Einfaches, alteingesessenes Strandhotel mit Restaurant und Diskothek, wenig einladend. Zimmerpreise je nach Lage ab 13 €/DZ und 20 €/EZ.
- **Xai-Xai Caravan Park/Parque do Campismo:** Tel. 28235022. Campingplatz am Strand unter Kasuarinen, die ein wenig vor dem strammen Wind schützen sollen. Wegen der angrenzenden Uferpiste ist der Platz meistens recht unruhig, laut und außerdem oft überfüllt. Camping kostet 7 € pP, Unterkunft in einfachen 2-Bett-Bungalows ab 20 €/Nacht, in den hölzernen „Wendy Houses" 40 €/Nacht. Auf dem Platz befindet sich ein Strandrestaurant mit Bar.
- **Xai-Xai Beach Hotel:** Tel. (22) 35038, Fax 35012, in Südafrika Tel. 0027-31-3045977, E-mail: xaixaibeachhotel@teledata.mz, www.oasisxai-xai.co.mz. Sehr ansprechende Hotelanlage mit eleganten Stelzenbungalows 3 km jenseits des Campingplatzes entlang der Strandpiste. Liegt erhöht am Steilhang. Preise: B&B 60 €/EZ, 48 €/DZ, am Wochenende 25% Zuschlag.
- **Montego's Campsite:** Noch 1 km hinter dem Xai-Xai Beach Hotel besteht auf einem sehr kleinen Campsite die Möglichkeit, dem Trubel ein wenig zu entkommen. Die beengten Stellflächen liegen hinter großen Küstendünen zwischen dem buschigen Dünenbewuchs. Kein Restaurant, nur für kleinere Zelte geeignet. Camping 8 € pP plus 7 € pro Stellplatz.

Bilder oben: Das elegante Xai-Xai Beach Hotel, Fischer kehren an die Küste zurück

Oben: Kinder beim Wasserschöpfen auf der Strecke nach Mapai

Das Landesinnere:
GKG Transfrontier Park und Banhine Nationalpark

Das Landesinnere der Provinz Gaza, das mehrere Hundert Kilometer weit bis an die Grenzen Südafrikas und Zimbabwes reicht, ist touristisches Neuland und weitgehend unerschlossen. Nur zwei Straßen führen tief in diese Region. Wer hier reisen möchte, benötigt ein Allradfahrzeug und gute Grundausstattung, denn jenseits von Chokué ist man ganz auf sich allein gestellt. Die Längsachse durchzieht das flache Limpopotal, eine sumpfige, heiße Niederung, die im Februar 2000 von einer verheerenden Jahrhundertflut heimgesucht worden ist (siehe S. 160).

Aktueller Konfliktstoff: Südafrikas Farmer leiten zu viel Wasser aus dem Limpopo ab; in Mosambik kommt nur mehr ein Rinnsal an

Entlang des **Rio Limpopo** liegen zahlreiche Dörfer, deren rund 8000 Bewohner die fruchtbaren Schwemmlandschaften landwirtschaftlich nutzen. Ungefähr 10 000 Menschen siedeln an den Ufern des Rio Elefantes. Während der Küstenstreifen Gazas Feuchtigkeit und Regen vom Ozean erhält, verirren sich nur selten dicke Regenwolken ins trockene Landesinnere. Hier werden vor allem Baumwolle, Zuckerrohr, Reis und Mais angebaut bzw. Cashewnüsse gepflanzt. Jenseits der breiten Flussbette mit ihren Sandbänken und Uferbäumen ist das Flachland nur dünn besiedelt (durchschnittlich 16 Menschen bewohnen einen Quadratkilometer der Provinz). Chopi, Tsonga und Changana bilden die stärksten Volksgruppen der einsamen Region. Aus ihren Reihen kamen die meisten der Tausenden Wanderarbeiter, die im 20. Jh. das Gold in den Minen Südafrikas abbauten. Afrikaans wird hier deshalb besser verstanden als Portugiesisch.

DAS HINTERLAND

Fahrtstrecke: Von Macia nach Chicualacuala

63 km nördlich von Macia liegt das landwirtschaftliche Zentrum Chokué. Die Teerstraße führt durch ein dicht besiedeltes und intensiv landwirtschaftlich genutztes Gebiet, folgt für viele Kilometer dem Limpopo-Bewässerungskanal, und mündet schließlich direkt in die quirlige Stadt voller Verkaufsstände, Restaurants, Bars, Supermärkte, Banken und Tankstellen. Von **Chokué** geht es entlang einer schwer beschädigten Teerspur durch das Limpopo-Schwemmland, wo sich bereits eine Piste neben den Asphaltresten gebildet hat, zum 29 km entfernten Ort **Majangue**. Hier wurde der Limpopo gestaut, die 700 m lange Staumauer dient seither als Brücke zum Ostufer des Flusses. Es geht weiter auf Piste. 4 km weiter liegt auf einer kleinen Anhöhe das Dorf Chinhacanine mit den Abzweigungen nach Guijá bzw. Chigubo und Chibote. Nun wird die Strecke eintönig, flach und kerzengerade. Rechts verläuft die Bahnlinie, die einzige Abwechslung bringen vereinzelte Stationshäuschen. Zunächst durchfährt man Mopanegestrüpp. Bei KM 165 wird Mabalane (in manchen Karten Maalamba) durchfahren. Eine Straßenbeleuchtung und verlassene portugiesische Einfamilienhäuser erinnern an vergangene blühende Zeiten, heute ist die Kleinstadt nur mehr ein Schatten seiner Geschichte. Die fürchterlich eintönige und gerade Strecke bekommt nun eine makabre Abwechslung durch unzählige Eisenbahnwaggons, die achtlos im Graben liegen, dem Rost und der wuchernden Natur preisgegeben. Viele dieser Waggons und Loks dürften Rebellenanschlägen und Minen zum Opfer gefallen sein. 48 km nach Mabalane kommt der Marktflecken Combomune in Sicht, der zumindest eine gesicherte Grundwasserversorgung hat. Dann weicht der Mopane endgültig zurück, um Aufforstungen von Lebombo-Eisenholz Platz zu machen. **Mapai** bei KM 310 ist die letzte Ortschaft (kein Brunnen, kein Sprit) und Bahnstation vor dem Grenzposten Chicualacuala.

Die restlichen 82 km von Mapai zur Grenze nach Zimbabwe in **Chicualacuala** bleiben ohne Besonderheiten. Die Grenze ist täglich besetzt. Ein Güter- und Personenzug befährt die Strecke von Maputo zur Grenze einmal wöchentlich. Auf zimbabwischer Seite besteht ebenfalls Eisenbahnanbindung zur Grenze.

Jenseits von Chokué leben die Menschen rückständig und in sehr einfachen Verhältnissen

Macia–Chicualacuala

Gesamtstrecke: 392 km
Fahrzeit: ca. 5 Std.
Zustand: bis Majangue Asphalt, danach gute Schotterstraße
Tankstellen: nur in Chokué

Von **Mapai** führt eine Piste zum Limpopo, den man während der Trockenzeit durchqueren kann, und weiter zur **südafrikanischen Grenze** bei Pafúri (täglich von 08.00-16.00 h). Eine andere Piste zweigt 2 km südlich von Mapai nach Osten ab und führt am Nordrand des Banhine NP entlang nach **Machaila** (127 km einsame Schotterpiste, siehe auch S. 158).

Rechts: Bahnschienen auf der einsamen Strecke nach Mapai

Great Limpopo Transfrontier Park (GLTP)

Vor einigen Jahren haben sich Naturschutzorganisationen, wie die Peace Parks Foundation, mit den Regierungen und Naturschutzbeauftragten im südlichen Afrika zusammengesetzt und ihre Ideen von grenzüberschreitenden, gemeinsam verwalteten und zusammen gefassten Nationalparks zu Papier gebracht: Dort, wo bisher Staatsgrenzen räumlich nah beieinander liegende Schutzgebiete trennen, sollen **Naturräume ohne Grenzzaun und Sperren** die ökologische Einheit wieder herstellen. Wildtiere sollen ihren uralten Wanderzyklus wieder aufnehmen können und alle beteiligten Länder vom gesteigerten touristischen Interesse profitieren. Für viele klangen diese Pläne wie naive Träume. Doch im Jahr 2000 wurde der erste Park nach diesem Grundsatz eröffnet, der Kgalagadi Transfrontier Park in Südafrika und Botswana. Ein noch größeres Projekt entsteht nun im Dreiländereck Südafrika, Zimbabwe und Mosambik: die Zusammenfassung des südafrikanischen Kruger NP mit seinen umliegenden Wildgebieten (ca. 22 000 km²), des zimbabwischen Gonarezhou NP mit angrenzenden Wildgebieten (ca. 10 000 km²) und der Teile der mosambikanischen Provinz Gaza, die Nationalparks Banhine und Zinave samt deren Umland (etwa 66 000 km²) zu einem annähernd 100 000 km² großen Schutzgebiet – das wird dann die Größe Portugals haben, und 72 % davon sollen auf mosambikanischem Staatsgebiet liegen.

Tatsächlich wurde ein trilaterales Komitee auf Ministerebene gegründet, um die politischen Richtlinien für einen solchen Schritt zu ermitteln. Eine ganze Reihe Probleme stehen an: Die Angleichung der nationalen Gesetze und Verfügungen im Wildschutzbereich, der Abbau der Grenzzäune, die Ausbildung von Personal und Rangern, der Aufbau gemeinsamen Managements in Wildschutz betreffenden Fragen, die Räumung von Landminen in Mosambik, die Umsiedlung kleiner Dörfer und der Aufbau einer ausgeglichenen Infrastruktur (Wegenetz und Camps in Mosambik). Doch der politische Wille scheint ungebrochen. Am 10. November 2000 haben die Regierungschefs der drei Länder feierlich einen Vertrag unterzeichnet und den Gaza-Kruger-Gonarezhou Transfrontier Park offiziell beschlossen (Enthusiasten sprachen von einem historischen Tag). Fest integriert wurden in diesen neuen Park der Kruger NP, Gonarezhou NP und ein bisher als **„Coutada 16"** bekanntes, 10 000 km² großes Jagdgebiet in Mosambik, das zwischen Rio Elefantes und Rio Limpopo direkt an den südafrikanischen Kruger NP anschließt. Die beiden Nationalparks Banhine und Zinave und deren Umgebung sind dabei fürs Erste nicht berücksichtigt, sollen aber möglicherweise später integriert werden. Der jetzige Park, inzwischen als Great Limpopo TP bezeichnet, erreicht immerhin eine Ausdehnung von ungefähr 35 000 km².

Aspekte des modernen Ökotourismus stehen im Vordergrund der Betrachtungen. Menschen sollen auch weiterhin in Teilen des neuen Schutzgebietes leben dürfen. Der mosambikanische Sektor Coutada 16 wurde in drei Bereiche gegliedert: ein Touristengebiet, eine Wildlife Area im Grenzgebiet zu Südafrika und ein Jagdbereich im Osten. Im Herbst 2001 begann man damit, den fast 400 km langen Zaun im Osten des Kruger NP zu öffnen und die ersten Elefanten nach Mosambik zu transportieren. Haben die Umsiedlungsaktionen Erfolg, **sollen rund 1000 der 9000 Dickhäuter Südafrikas in Mosambik ein neues Zuhause finden**. Die Elefanten könnten nach Jahrzehnten erstmals wieder ihren traditionellen Wanderungen nachgehen. Zum zimbabwischen Gonarezhou NP, der nicht unmittelbar an die anderen Bereiche des Parks angrenzt, soll ein Korridor durch bewohntes Gebiet ebenfalls freie Tierwanderungen ermöglichen. Insgesamt wurden seither mehrere Tausend Wildtiere umgesiedelt, doch nicht alle bleiben freiwillig in der neuen Heimat. Vor allem die Elefanten kehren in der Mehrzahl immer wieder in den Kruger NP zurück.

Auf mosambikanischer Seite stehen noch große Veränderungen an. Hier fehlt es immer noch an Straßen und Touristenunterkünften. Südafrika hatte seinen Beitrag zum Bau des neuen Grenzpostens Giriyonda pünktlich erfüllt, doch wegen der Verzögerungen in Mosambik konnte der Grenzübergang erst im Dezember 2005 eröffnet werden. Am Massingir-Stausee, dem künftigen touristischen Zentrum, entstehen inzwischen die ersten Camps und Lodges. Noch sind nicht alle Landminen geräumt, und die ansässige Bevölkerung nicht wirklich vom Nutzen des Parks überzeugt. **Optimisten schwärmen** dennoch von den 147 Säugetierarten, 116 Reptilien, 505 Vogelarten und über 2000 Pflanzenarten dieses neuen Wildschutzgebietes. Und Mosambik hofft, von den 1,1 Millionen Touristen, die den Kruger NP jedes Jahr besuchen, künftig etwa 200 000 in den eigenen Teil des neuen Schutzgebiets locken zu können.

LIMPOPO NP

Anreise: Das Headquaters der Parkverwaltung liegt in der Ortschaft **Massingir**, die auf Teerstraße erreichbar ist (193 km ab Macia via Chokué und Majangue, s. S. 155). Das Büro der NP-Behörde befindet sich im weißen "Administração"-Gebäude.

Eintritt: Der Parkeintritt für den mosambikanischen Limpopo Park beträgt 50 Rand pP plus 50 Rand pro Fahrzeug täglich.

Wenige Kilometer hinter Massingir liegt der gleichnamige Stausee (auch "Lagoa Nova"), der den aus dem Kruger NP fließenden Olifants Rivier/Rio Elefantes staut. Der Fluss bildet die Grenze des Transfrontier Parks.

Übernachtung: Das rund 12 km vom Ort mit hübschem Seeblick gelegene, ausgeschilderte Community-Project "**Covane Community Lodge**" bietet saubere 4-Bett-Chalets á 50 Euro/Nacht und Campinggelegenheit. Mahlzeiten sind für die Gäste bei Vorbestellung erhältlich, außerdem werden traditionelle Tänze vorgeführt.

Das neue **Machampane Camp** liegt nur etwa 20 km Luftlinie vom südafrikanischen Letaba-Camp entfernt, und wird von National Parks of South Africa vermarktet. Max. 10 Gäste kommen in den Safarizelten unter. Preise: 230 € pP bei VP, ohne Game Walks (je 30 € extra). Buchbar mit Transfer ab Massingir über www.sanparks.org und www.dolimpopo.com.

GPS-Koordinaten
↑202 S 23.55.09 E 32.09.68
↑203 S 23.52.09 E 32.08.84
↑204 S 23.48.65 E 32.02.61
↑205 S 22.51.44 E 31.56.05
↑137 S 22.26.94 E 31.18.94
Pafuri - Xikumbani 89 km
Xikumbani - Mawoze 158 km

Unterwegs im Park (im umzäunten Auswilderungsbereich): Vom Parkbüro bis zum Gate in den neuen Park sind 6 km zu fahren. Hinter dem Gate hält man sich links und erreicht nach 14 km das kleine Dorf Mawoze, wo sich der Weg gabelt (unterwegs kommt man an einem markierten Aussichtspunkt mit Blick über den Stausee vorbei). Nach links erreicht man ein weiteres Dorf (Alt-Massingir) und das Tor zur "Protected Wildlife Area" (46 km nach Massingir), die bisher nur mit bewaffneten Scout betreten werden darf (in Massingir arrangieren). Pirschfahrten sind oft unergiebig, denn die Tiere sind noch ausgesprochen scheu.

Furt durch den Limpopo: In regenreichen Jahren ist selbst im Oktober die Durchquerung des Limpopo noch ein Abenteuer

Grenzübergang Giriyonda: Am 07.12.05 öffnete der lange angekündigte neue Grenzposten endlich seine Pforten. Es ist eine touristische Grenze, an der nur Privatverkehr in Fahrzeugen bis max. 4 Tonnen erlaubt ist. Keine Visa-Vergabe für Einreisende nach Mosambik. Auf mosambikanischer Seite erfordert die Zufahrt Allrad. Öffnungszeiten: 01.04.-30.09.: 08:00-15:00 h, 01.10.-31.03.: 08:00-16:00 h. Der Grenzposten liegt 75 km von Massingir und 95 km von Phalaborwa (SA) entfernt.

Parkdurchquerung nach Pafuri: Hinter Mawoze, wo man nach Norden fährt, wird es sehr einsam. Die 158 km lange Längsdurchquerung des Parks bis Xikumbani wird bisher nur selten befahren und ist bei Regen definitiv unpassierbar. Landschaft und Strecke sind jedoch viel interessanter als die eintönige Piste von Chokué nach Mapai. Totzdem fuhren bisher die meisten Reisenden von Mapai über die Limpopofurt und Xikumbani nach Pafuri. Bei Xikumbani treffen diese Zufahrt und die Piste aus Mawoze aufeinander. Bis Pafuri an der Landesgrenze führt die Piste nun parallel zum Limpopo durch eine Wald- und Buschlandschaft. Der kleine **Grenzübergang** ist täglich von 08.00-16.00 h geöffnet. Es gibt weder eine Tankstelle, noch die Möglichkeit, Geld zu wechseln.

Grenzposten Pafuri
nach Südafrika

Banhine Nationalpark

Wenn die Recherche zum Detektivspiel wird...

Der Banhine Nationalpark (sprich: „banjine") war in kolonialen Tagen ein beliebtes Touristenziel, ist heute aber ein vergessener Park, an den sich niemand erinnert. Schon die Recherchen vor Ort gestalteten sich reichlich schwierig. Niemand wusste, wo ein möglicher Zugang in den Park existiert und ob es noch ein Wildhütercamp gäbe. Wir haben den Park damals also fast umkreist, um sein Geheimnis zu lüften:

Es gibt nur einen Zugang in den Park und der liegt auf der Ostseite zwischen Machaila und Chigubo. Zwar ist es theoretisch möglich, den Nationalpark nach Westen zu durchqueren, doch ist dies in der Praxis wohl schon seit vielen Jahren unterblieben, auch haben wir am Westrand des Parks keinen Zugang oder Hinweis auf ein Durchkommen zum Haupteingang finden können.

Natur und Tierwelt

Der Banhine NP liegt zwischen den Flüssen Limpopo und Changane in einer **flachen**, **sumpfigen Landschaft**. Die Grasebenen werden von dichten Wäldern durchzogen. Der typische Lebombo-Ironwood (Eisenholzbaum), begehrt wegen seines extrem harten Holzes, bildet immer wieder dichte Wälder mit undurchdringlich anmutenden Rändern. Vereinzelt stehen Lebombo-Euphorbien dazwischen, auch Mukwabäume, dichte Dornbuschfelder und seltener einzelne Baobabs. Das Gebiet liegt in einem Sandfeld, welches von etlichen, meist nur sehr periodisch fließenden Bächen durchzogen ist. Natürlicher Buschwald wechselt mit hochstehendem Gras; fast könnte man es eine **attraktive Savannenlandschaft** nennen. Da gibt es Mopanegebüsch, abschnittsweise junge Fächerpalmen, dazwischen Ponds und Tümpel, nasse Senken und sandige Flussbette. Eine Landschaft, die für Großwild, wie Elefanten und Giraffen, prädestiniert scheint. Aber nur die Vogelwelt ist reichhaltig. Da und dort springt vielleicht ein Ducker davon oder eine Steinantilope, Schirrantilope und ein scheues Kudu. Doch nur wenige Wildtiere haben die langen Kriegsjahre überstanden und zeigen nun eine tiefe Scheu vor dem Menschen. Das Potenzial des Parks ist enorm, denn es leben so wenige Menschen in dieser gottverlassenen Region – zumeist Shangaan – dass einer Rückführung von Wildtieren nichts im Wege stünde. Im Bereich des Wildhütercamps sollen noch 8 Elefanten umherziehen. Zebras, verschiedene Böcke und Antilopen sowie Paviane kann der seltene Besucher dort fast regelmäßig entdecken.

Nur wenige Tiere haben den Bürgerkrieg überlebt

Anreise

Der Parkzugang liegt zwischen Machaila (sprich: „maschaila") und Chigubo an der Ostseite des Nationalparks. Die Anreise von Süden nach Chigubo (ab Chokué) erfolgt über eine schmale, sehr einsame und ruppige Allrad-Sandpiste. Nach Machaila führt eine 127 km lange, breit ausgebaute Schotterstraße ab Mapai (s. 155). Von Osten ist Machaila ebenfalls zugänglich über eine sehr einsame, wellige und sandige Waldpiste ab Mabote (178 km, Allrad empfohlen, zumindest hohe Bodenfreiheit, ca. 5 Std. Fahrzeit). Eine Weiterfahrt von Machaila bis Massangena am Rio Save ist möglich, doch geht es von dort nicht mehr weiter (keine Brücke/Fähre).

DAS HINTERLAND

Ab Machaila (GPS S 22.15.23 O 32.54.92) fährt man 71 km in Richtung Chigubo, ehe man in einer offenen Graspfanne einen 90°-Knick nach rechts macht. 5 km weiter kommt man zur ersten kleinen Ansiedlung: Tchai-Tchai – ein Brunnen, ein Kiosk, eine Bar und ein Silo. Hier befindet sich eine Gabelung. Links geht es nach Chigubo, rechts dagegen zum 8 km entfernten Wildhütercamp und Parkeingang. Diese 8 km lange Piste gabelt sich unterwegs. Beide Strecken sind sandig und führen direkt zum Gate, die rechte Spur verläuft entlang eines schilfrigen Sumpfsees mit vielen Wasservögeln.

Allgemeines
Beim Scout Camp darf man kampieren und einige kurze Pirschfahrten können von hier aus auch unternommen werden. Eintritt wird zur Zeit noch nicht berechnet. Besucher sind derart selten, dass die Wildhüter eher überrascht reagieren, wenn plötzlich jemand auftaucht.

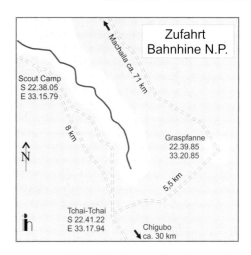

Unten: Eine der sumpfigen Lagunen des flachen Nationalparks, an denen man vor allem Wasser- und Raubvögel beobachten kann. Die meisten dieser Seen und Tümpel liegen unberührt und fast unzugänglich im Buschwald

Provinz Gaza — DIE GROSSE FLUT

Rückblick: Die Flutkatastrophe vom Februar 2000

Die Provinz Gaza, am 26. Februar 2000. Abends um 21.00 Uhr meldet der staatliche Rundfunk Mosambiks erstmals herannahende Überschwemmungen des Rio Limpopo, ohne die Gefahr richtig einzuschätzen. Eine Evakuierung der Bevölkerung wird nicht erwogen und die Menschen in Gaza gehen, wenn sie diese Nachricht überhaupt vernommen haben, unbesorgt zu Bett. Doch Stunden später ist das Wasser da, überflutet in Windeseile ganze Landstriche. Die Menschen erwachen im Hochwasser, es bleibt keine Zeit, die Habseligkeiten zu packen, man rettet sich schnellstens auf Hausdächer, Baumkronen oder kleine Anhöhen. Der Fluchtweg ist den meisten längst abgeschnitten, versunken in den Wassermassen, die nun über Gaza hereinbrechen. Das Land wird praktisch über Nacht von einer **Naturkatastrophe ungeahnten Ausmaßes** betroffen. Die Regierung schickt Hilfsappelle in die Welt, während sich Tausende an die versinkenden Gebäude und Bäume klammern. Tagelanger Dauerregen erschwert die mühsam anlaufenden Hilfsaktionen. Die schnellste Reaktion zeigt Südafrika dank des Einflusses von Graça Machel, Nelson Mandelas Ehefrau und Witwe des ersten mosambikanischen Präsidenten. Die Nachbarrepublik sendet umgehend Rettungshubschrauber, die in den ersten Tagen der Jahrhundertkatastrophe Tausenden Ertrinkenden das Leben retten. Gleichzeitig schicken die Medien Bilder des Horrorszenarios um den Globus und rütteln die Weltbevölkerung auf. Erst dieser öffentliche Druck lässt auch die westlichen Regierungen Tage später aktiv werden. Hilfe kommt aus Großbritannien, Malawi und den USA. Die BRD braucht bis zum 3. März, ehe auch nur ein Voraus-kommando in Mosambik erscheint und schickt zwei Tage später einen Großraumtransporter mit drei Hubschraubern ins Katastrophengebiet. Noch immer harren dort die Überlebenden auf Baumwipfeln aus. Straßen, Brücken, Bahnlinien und Dörfer – alles ist versunken im riesigen See, zu dem Rio Limpopo und Rio Save angeschwollen sind. **Das Binnenmeer erreicht zeitweilig die Größe Hollands.** Etwa 11 000 m³ Wasser pro Sekunden stürzen allein den Limpopo hinab. Am schlimmsten betroffen sind die Gebiete zwischen Chokué und Xai-Xai, obwohl die gesamte Region zwischen Save und Limpopo mehr oder weniger unter Wasser steht.

Rund 45 000 Menschen können von Bäumen, Dächern und Inseln gerettet werden. 250 000 Flüchtlinge werden in den Sammellagern aufgefangen, die zum größten Teil nur aus der Luft mit Nahrungsmitteln, Trinkwasser und Zelten versorgt werden können. Seuchen und Hunger – die Folgen solcher Massenlager sind verheerend. In der Folgezeit treten 12 000 Choleraerkrankungen auf, die in 161 Fällen zum Tode führen.

Sintflutartige Regenfälle gehen zur gleichen Zeit auch über Botswana, Zimbabwe und Südafrika nieder, unbedeutende Bäche schwellen zu Sturzfluten an. Doch nirgends ist die Lage so verheerend wie in Mosambik, wo alle Gewässer aus dem Inneren des Kontinents zum Ozean hin abfließen.

Anfang März weicht die Flut langsam zurück. Nun zeigt sich das ganze Ausmaß der Zerstörung. Die landwirtschaftlichen Felder sind unbrauchbar, eine ganze Ernte wird ausfallen; abgesteckte, markierte Landminen sind möglicherweise von der Flut weiter gespült worden und stellen nun wieder eine Gefahr dar. Straßen und Brücken, die gerade erst nach dem Bürgerkrieg wieder aufgebaut waren, sind zerstört. Die Wohnhütten sind unbrauchbar, persönliches Hab und Gut mit den Fluten versunken. Überall nur Verwüstung und Verwesung. Wer nach der großen Flut, als das Wasser absinkt und im schlammigen Morast versickert, sein Dorf und seine Hütte wieder aufsucht, findet dort alles vermodert oder unter Schlamm begraben, was nicht inzwischen Plünderern zum Opfer fiel. Hunderte Leichen bleiben ebenfalls im Schlick zurück.

Am Ende der Rettungsaktion haben die 80 deutschen Bundeswehrsoldaten mit 7 Hubschraubern in 500 Flugstunden rund ein Drittel der im nördlichen Flutgebiet verteilten 900 Tonnen Hilfsgüter in die Ortschaften und Sammellager gebracht. Rund 25 Mio. Euro stellte die BRD dafür zur Verfügung, hinzu kamen beachtliche Summen privater Spenden. In Machanga, das nördlich der Save-Mündung liegt, haben Deutsche ein Versorgungszentrum erbaut, von dem aus viele der Hilfseinsätze starteten. Doch mit der Rettung der Überlebenden ist die Katastrophe für Mosambik noch lange nicht bewältigt. Allein der Wiederaufbau der Infrastruktur verschlingt Millionen, die das arme Land nicht besitzt. Von den rund 2 Mio. unmittelbar Betroffenen wurden 1 Mio. von Nahrungsmittelhilfen abhängig, weil sie nach dem Verlust ihrer Felder und aller Habseligkeiten völlig mittellos sind. Im Nachhinein wird die Zahl der Todesopfer auf mehr als 700 geschätzt.

Hammerkopf

Farbenprächtiger Schmetterling

Vorsicht: Qualle!

Winkerkrabbe im Meeresschlick

Szene am Strand von Vilankulo

Bemalte Häuser in der Provinz Niassa

Iglu-Hütte im Sambesi-Tiefland

Die Skyline von Maputo

Kapelle in Gurué

Gepflegtes Stadthaus in Maputo

So residierten die portugiesischen Kolonialherren (renovierter Palast auf Ilha de Moçambique)

Hotel Polana: Luxusbau im Kolonialstil

Dorfladen in klassischer Lehmhütte, Prov. Manica

Dorf am Chilwasee, Provinz Niassa

Rio Luambala, Provinz Niassa (inzwischen mit Brücke)

Ruhige Meeresbucht in Bilene, Provinz Gaza

Lebhafte Ortschaft an der EN 1, Provinz Inhambane

Strandleben in Mosambik: Backpackerlodges mit Robinson-Crusoe-Ambiente und legere Strandlokale

Ein kühles "Manica" oder "Laurentina" gefällig?

Typische Strandanlage in Mosambik

Traumstrand mit Palmenwald: Barra

Märchenhafte Kulisse: Fieberbäume am Rio Missicadzi im Gorongosa NP

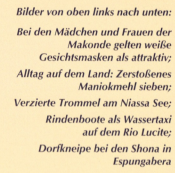
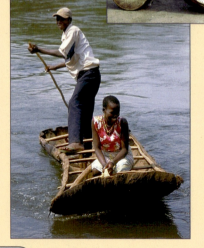

Mosambik ist reich an kulturellen Schätzen und lebendigen Traditionen

Bilder von oben links nach unten:

Bei den Mädchen und Frauen der Makonde gelten weiße Gesichtsmasken als attraktiv;

Alltag auf dem Land: Zerstoßenes Maniokmehl sieben;

Verzierte Trommel am Niassa See;

Rindenboote als Wassertaxi auf dem Rio Lucite;

Dorfkneipe bei den Shona in Espungabera

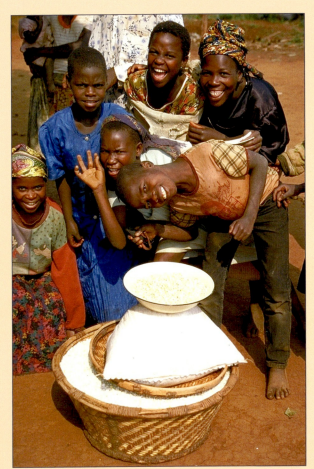

Auf einem Dorfmarkt bei den Shona

Trommeln ist Männersache!

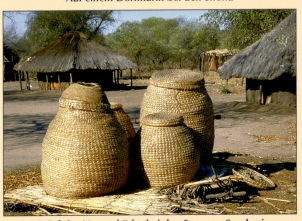

Prächtige Vorratskörbe bei den Sena am Sambesi

Vorratshaltung für Erdnüsse

Einmal nicht aufgepasst, schon ist's passiert:

Ein rostiges Abwasserrohr bricht durch...

Typische Beschilderung im Landesinneren

Asphalt heißt noch lange nicht gute Straße!

Völlig zugewachsene Bahnschienen in Sofala

Immer wieder Schlaglöcher und Straßenbaumaßnahmen

Verlässt man die Hauptstraßen, ist man schnell ganz allein in der Wildnis unterwegs

Mandao-Mädchen aus Dombe

Mischling in Ilha de Moçambique

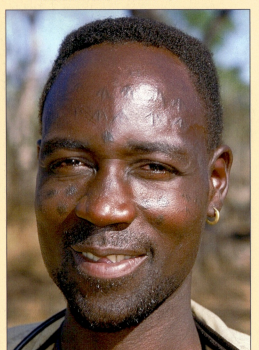
Musiker der Njungwe

Mandao-Mädchen der Provinz Manica

Makua aus der Provinz Zambezia

Makonde-Mädchen mit weißer Gesichtsmaske

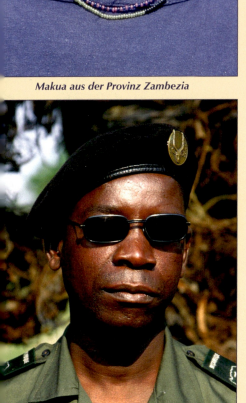
Wildhüter im Gorongosa NP

Achawa der Provinz Niassa

Ein Unkraut, aber sehr attraktiv

Blühende "Impala Lily"

Neugierige Grünmeerkatze

PROVINZ INHAMBANE

Inhambane ist die **Provinz der 2 Millionen Kokospalmen**. Nirgendwo sonst in diesem Land reihen sich derart endlose Palmenhaine aneinander und geben der Küste ein klischeehafteres tropisches Ambiente. Lange Sandstrände mit vorgelagerten Riffen und die für Wassersport aller Art berühmten Bazaruto Inseln locken Touristen in Scharen hierher. Jenseits der Küste ist das flache Hinterland dagegen nahezu unbekannt. Die Chope und Tsonga dieser mit 19 Personen/km² dünn besiedelten Region leben hauptsächlich vom Anbau von Tangerinen, Cashew- und Kokosnüssen.

Infos zur Provinz
Durch die Neuregelung von Campinglizenzen seit April 2004 mussten hier zahlreiche Resorts ihre bis dahin mit angeschlossenen Campingflächen aufgeben.

> **Fahrtstrecke: Von Xai-Xai nach Maxixe u. Inhambane** <

Nach etwa 40 km Strecke führt eine 10 km lange Piste zum Strand Praia de **Chizavane**. 19 km nördlich führt eine weitere Abzweigung zum 5 km entfernten Feriengebiet von **Chidenguele** (siehe Unterkünfte rechts). Abwechslungsreicher wird es ab Quissico nach 131 km Fahrt. Mit der ersten Tankstelle seit Xai-Xai ist **Quissico** ein wichtiger Versorgungspunkt an der EN1 und eine Haltestelle der Expressbusse auf Überlandfahrten. Schon die erhöht liegende Kleinstadt genießt einen tollen Blick auf die von Kokoswäldern umstandene Lagune. Auf der Weiterfahrt mehren sich die tropischen Kokospalmwälder mit idyllischen kleinen Dörfern unter Mango- und Cashewbäumen. Nach 42 km überquert man einen riesigen Süßwassersee und erreicht am Nordufer **Inharrime** (Tank- und Versorgungsmöglichkeiten). 12 km weiter liegt die Abzweigung zum einsamen Strand von Závora.

Závora Lodge und Camping
Große, familiäre Ferienanlage. Erhöht auf der steilen Stranddüne liegt das Restaurant, die Selbstversorger-Chalets und der Campingplatz dagegen teilweise windgeschützt hinter der Küstendüne an einem Riedgewässer. Die Preise variieren stark nach Saison und Lage: Bungalows ab 25 € pP., Camping ab 10 €. 17 km Allradzufahrt. Tel. 847022660, ww.zavoralodge.com.

Malerisch liegen die wenigen Basthütten in den zierlichen Palmenhainen, am Straßenrand werden bergeweise Kokosnüsse feilgeboten. Bei Gesamt-KM 231 gabelt sich in Lindela die Aspahltstraße: Rechts geht es über eine schmalere Teerstraße nach Inhambane (33 km, S. 179). Die EN1 führt dagegen geradeaus weiter nach Maxixe (28 km).

Xai-Xai – Maxixe / Inhambane

Gesamtstrecke: 261 bzw. 266 km
Fahrzeit: ca. 4-3 Std.
Zustand: Asphaltstraße mit Straßenschäden
Tankstellen: in Quissico, Inharrime, Cumbana

Praia de Chizavane
10 km Piste zu den Ferienhäusern von "Nascer do Sol", Tel. 28264500.

Praia de Chidenguele
(Steilküste, einsame, breite Sandstrände, viel Brandung, Riff vorgelagert)
- **Sunset Beach Resort:** 2005 im lusitanischen Stil eröffnete Chalets mit Camping und Restaurant. Recht idyllisch und einsam, aber oft stürmisch. Preise: ab 50 €/Nacht.
- **Paraíso de Chidenguele:** Tel./Fax 28267001, www.chidbeachresort.com. Südafrikanische Sportfischerlodge mit Selbstversorger-Bungalows, sehr einsame Lage (5 km Allradzufahrt). Preise: ab 30 € pro Chalet.
- **Nkwazi Lodge:** Hübsche Anlage an einer Süßwasserlagune, nicht am Meer. E-mail: nkwazi@webmail.co.za.
- **Nhambavale Lodge:** Knapp 10 km Allradzufahrt zu diesem einsamen Fischercamp.

Inharrime
- **Complexo Poelela Turismo:** direkt an der EN1 liegt an der Lagune vor dem Ort ein neues Community Camp mit Camping, gemauerten Bungalows und Bar. Leider dem häufigen Sturm frei ausgesetzt.

177

Maxixe

Die lebhafte Kleinstadt Maxixe (sprich: "Maschisch") ist Verkehrsknotenpunkt, Versorgungsstation und Ausgangspunkt für Dhaus nach Inhambane gleichermaßen.

Die Ortschaft an der Baia de Inhambane ist auch die einzige Stelle zwischen Maputo und Beira, an der die EN1 der Meeresküste so nahe kommt, dass sie bis an die Meeresküste heran reicht.

Alle Fernstreckenbusse halten in Maxixe; die Bushaltestelle liegt hinter dem Hotel Golfinho Azul (Busse nach Vilankulo fahren um 12.00 h ab). Tankstellen, Supermärkte, ein südafrikanischer Metzger, Werkstätten sowie mehrere Unterkünfte und Restaurants bieten dem Reisenden eine sehr gute Versorgungslage. Gleich neben dem Campingplatz und dem netten Lokal "Stop" liegt die Abfahrtsstelle der Dhaus, die als Wassertaxis zwischen Maxixe und dem gegenüber liegenden Inhambane hin und her pendeln.

Kokospalmen in der Inhambane Provinz

Schätzungsweise 2 Mio. Kokospalmen reihen sich an dieser Küste aneinander zu einer Bilderbuchlandschaft. Die wertvollen Palmen finden hier ein ideales Klima und so tragen sie in Inhambane schon nach 5 Wachstumsjahren Früchte (üblicherweise sonst erst nach 7 Jahren). Die attraktiven Palmen können 80 Jahre alt werden und produzieren bis zu 40 Jahre lang rund 22 kg Kokosnüsse jährlich. Auch wenn die Palmen scheinbar wie wild wachsend beiderseits der Straße gedeihen, so gehören sie doch alle jemandem in den umliegenden kleinen Dörfern.

Unterkunft in Maxixe:

- **Campismo de Maxixe:** Tel. 29330351, Fax 29330434. Campingplatz in Ortsmitte direkt an der Bucht gelegen mit reizvollem Blick auf Inhambane und die Dhaus (der Strand ist zum Baden ungeeignet). Begrünte, schattige Stellflächen, saubere Sanitäreinrichtungen, Holzbungalows und Restaurant. Preise: Camping 2,50 €, Bungalows ab 20 € pP., Mietcaravan 7 €.
- **Golfinho Azul:** Tel. 29330071/ 29330228. Hotel, Restaurant und Campingplatz im Ort mit einfachen Zimmern ab 10 €.
- **Pousada de Maxixe:** Tel. 29330199 /29330780. Einfache Zimmer ab 7 €, ebenfalls im Ort gelegen.

Bilder links: Dhau-Anlegestelle in Maxixe, Szenerie mit Palmen

INHAMBANE

Inhambane

Die Provinzhauptstadt an der Mündung des kleinen Rio Matumba gehört mit den umliegenden Traumstränden zu den schönsten Sehenswürdigkeiten des Landes. Inhambanes arabischer Einschlag ist unverkennbar und zeigt sich immer wieder zwischen den alten lusitanischen Villen und den kleinen indischen Läden. Hier paaren sich die Einflüsse des alten Europa, Indiens und Arabiens mit der afrikanischen Kultur und geben Inhambane diese einzigartige, kosmopolitische und doch sehr verschlafene Atmosphäre.

Bild oben: Altstadt von Inhambane

Schon im 11. Jh. lag an diesem Naturhafen eine arabische Handelsstation, die regelmäßig von den persischen und arabischen Dhaus angelaufen wurde (als südlichster Punkt an der ostafrikanischen Küste, der mit einer Dhau erreicht werden konnte). Vor allem Tuchwaren wurden damals gehandelt. Die Portugiesen ließen sich ab dem 16. Jh. in der Bucht blicken. 1560 wurde Inhambane von den Jesuiten als erste Missionsstation ihres Ordens ausgewählt. Zwei der drei Ordensbrüder ließen sich hier vorübergehend nieder, um in den Fischerdörfern zu predigen. Der dritte Priester, Goncalo da Silveira, reiste ins Landesinnere weiter, wo er im Königreich Mwene Mutapa eines gewaltsamen Todes starb (siehe Geschichte S. 19). Während der folgenden 200 Jahre prosperierte die kleine Siedlung zu einem bedeutenden Umschlagplatz für Elfenbein aus dem Landesinneren. Im 18. Jh. kamen indische Händler nach Inhambane. 1727 entdeckte der portugiesische Kommandant Soares, dass die afrikanische Bevölkerung Handel

Stadtgeschichte

Vorsicht: Frauen sollten im ganzen Bereich Inhambane/ Tofo und Barra nicht allein am Strand spazieren gehen!

INHAMBANE

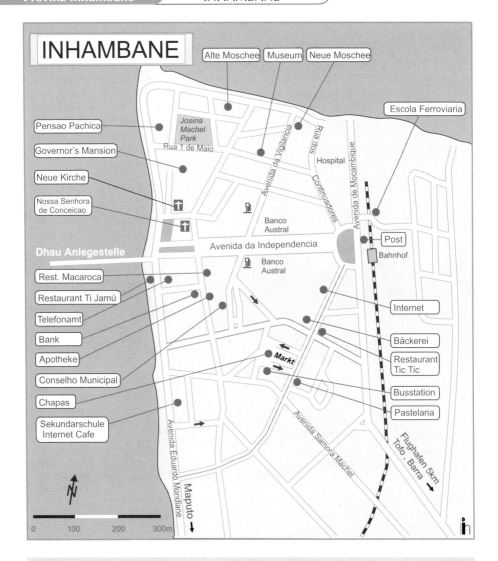

Unterkunft in der Stadt Inhambane

- **Pensão Pachiça:** Tel. 29320565. Backpackerunterkunft mit 8 Zimmern á 33 Euro/Nacht bzw. Übernachtung im Schlafsaal für 10 Euro pP. Bar/Restaurant vorhanden. Die Pension ist ein Treffpunkt der Rucksackreisenden, während Selbstfahrer eher den Light House Campsite in Barra aufsuchen (S. 183), der vom gleichen Besitzer betrieben wird.
- **Escola Ferroviária de Moçambique:** Tel. 29320712. Herberge neben dem Bahnhof, die zur Bahngesellschaft gehört. Für 5 Euro übernachtet man in sauberen, nüchternen Mehrbettzimmern.

Die meisten Touristen wählen eine Unterkunft an den Stränden von Barra und Tofo (S. 183f).

mit niederländischen Handelsschiffen betrieb und rächte diesen „Verrat" mit der mutwilligen Zerstörung von Dörfern und der Hinrichtung ihrer Chiefs. Als er dann auch noch ein kleines Fort zur Bekräftigung seiner Ansprüche errichten ließ, zogen sich die Niederländer aus der Region zurück. Als Stadt bestätigt wurde Inhambane 1763, zu einer Zeit, als der Sklavenhandel aufblühte. Inhambane war einer der ersten Häfen, in denen die menschliche Fracht für die amerikanischen Kolonien zusammengeführt und verkauft wurde. Rund 15 000 Sklaven pro Jahr verschleppten die Portugiesen damals allein aus Inhambane. **Elfenbein** und **Sklaven** – das weiße und schwarze Gold Afrikas – begründeten den Wohlstand der Stadt. 1834 zogen die Soldaten von König Soshangane, dem Begründer des Gazareichs, plündernd durch die Hafenmetropole, die sich danach jedoch erholte und zur drittgrößten Stadt der Kolonie wuchs. Der wirtschaftliche Höhenflug geriet zu Beginn des 20. Jh. aber ins Stocken, als Lourenço Marques zur Hauptstadt erklärt und ausgebaut wurde. Inhambane hatte die Güter, die ihren Wohlstands begründeten, verloren und konnte nicht so recht Anschluss finden an die Moderne. Während der langen Bürgerkriegsjahre blieb Inhambane von Zerstörungen verschont. Und so erlebt die Hafenstadt heute mit der einzigen südmosambikanischen historischen Altstadt eine Renaissance als Touristenziel.

Einst eine Handelsmetropole und wichtiger Hafen

Heute nur noch von touristischer Bedeutung

Am besten lässt man sich in dieser alten Handelsstadt einfach treiben und schlendert durch die Häuserzeilen. Inhambane erscheint sehr ruhig und verschlafen, die meisten seiner Gebäude warten noch verfallen auf eine Restaurierung. Erst wenige Kolonialhäuser, wie das weiße Conselho Municipal, strahlen wieder den alten Glanz aus.

Sehenswertes

Am **Landungssteg**, wo die Dhaus Passagiere nach Maxixe bringen, sieht man noch einige Bootsbauer am Strand ihrer handwerklichen Arbeit nachgehen. Die **Uferpromenade** (Avenida Eduard Mondlane und in ihrer Verlängerung die Rua de Fevereiro) bietet beschauliche Ausblicke auf arabische Segelboote, deren dreieckige, etliche Male geflickte Segel einen verwegen Eindruck machen. Die Bucht bietet ihnen einen sicheren Ankerplatz und Schutz vor den verheerenden Zyklonen. 1840 haben Muslime hier eine kleine **Moschee** gebaut, die heute noch steht. Nahe dem Landungssteg steht die katholische **Kathedrale** „Nossa Senhora de Conceição" aus dem späten 18. Jh. Eine Besonderheit der kleinen Kirche ist ihr mit Schießscharten besetzter Wehrturm. Das stark in Verfall begriffene Gotteshaus wird derzeit mit irischer Finanzierung renoviert. In den Straßen hinter der Kathedrale erinnern niedrige Einfamilienhäuschen an die koloniale Vergangenheit, dazwischen haben sich kleine indische Läden niedergelassen. In der Rua 1 de Mayo wartet ein kleines **Museum** auf Besucher (Di-Fr 09.00-17.00 h, Sa 10.00-17.00 h). Am Ende der Av. Independência, dem Zentrum Inhambanes, liegt der alte **Bahnhof**, vor dem einige ausrangierte Zugmaschinen unbeachtet vor sich hin rosten. Versäumen Sie nicht einen Besuch des ausgesprochen bunten, lebhaften Markttreibens auf dem **Mercado Municipal**, wo man neben Nahrungsmitteln, allerlei Hausrat und Möbeln auch viele Korbflechtwaren angeboten bekommt, die in Inhambane gefertigt werden. Schon das Marktgebäude und sein Eingang sind sehenswert.

Für Taucher: Delfine sind rund um Inhambane am besten zwischen Juni und August zu beobachten, Buckelwale von Juni bis Oktober, Walhaie dagegen von November bis in den April

Tipp!

Bilder S. 182: Szenen aus Inhambane

INHAMBANE

Info
Die Provinzhauptstadt bietet ein gutes **Versorgungsnetz** und ist mit Banken, Internetcafé, Versicherungsbüro, Tankstellen, Telefonamt und Post Office ausgestattet. Tel. Polizei: 29320457, Krankenhaus 29320345. Banco Austral und BIM verfügen über ATM-Automaten (Visa-Bargeldabhebung).

Inhambanes **Strände** sind kaum zum Baden geeignet; dafür liegen in der Umgebung herrliche Sandstrände mit einem breiten Übernachtungsangebot.

Klima: Die Provinz liegt im Zyklonbereich der südlichen Hemisphäre. Zwischen Januar und März brauen sich über dem Indischen Ozean immer wieder gewaltige Wirbelstürme und Herbstorkane zusammen, die schließlich über Madagaskar und die mosambikanische Küste hinweg fegen. Inhambane weist ein verhältnismäßig schwüles Klima auf und erhält mehr Regen als Vilankulo oder Maputo. Die Luftfeuchtigkeit liegt meist über 75%.

Dhau-Fahrten: Am Dhauhafen kann man Rundfahrten oder Tagesausflüge unternehmen, z.B. nach Linga-Linga für 24 Euro pro Dhau.

An- und Weiterreise
5 km östlich der Stadt in Richtung Tofo liegt der **Flughafen** (wird aber nur von Chartergesellschaften angeflogen).

Expressbusse von Oliveiras und TSL fahren frühmorgens zwischen Maputo und Inhambane (6-7 Stunden, ca. 8 Euro). Der Busbahnhof liegt hinter dem Mercado Municipal. Fernstreckenbusse von Maputo in den Norden (nach Vilankulo, Beira, Tete) befahren die EN1 mit Stopp in Maxixe (S. 178), ohne die Inhambane anzusteuern. Mit einer **Dhau** kommt man vom Landungssteg in Inhambane nach Maxixe (20 min.). Minibusse, **Chapas**, verkehren permanent zwischen Inhambane und Lindela an der EN1 bzw. nach Barra und Tofo.

Strände in der Umgebung Inhambanes
Ponta da Barra

Die nördliche Landspitze an der Inhambanebucht heißt Ponta da Barra. Die Zufahrt von Inhambane führt zuerst als Teerstraße durch dichte Palmenhaine in Richtung Tofo. Nach 15 km zweigt die 7 km lange Wellblechpiste nach Barra von dieser Straße ab. Ruhig und beschaulich wirkt Barra im Vergleich zu Tofo. Durch seine dem Meer nicht unmittelbar zugewandte Lage sind die Strände von Barra flach-sandig (hier gibt es einen ulkigen „Quietsch"-Sand), das Wasser herrlich klar und zum Baden auch bei Ebbe prima geeignet. In der Nähe des Leuchtturms liegt das Riff der Küste so nah, dass man dort gut schnorcheln kann. Die **idyllischen Palmenstrände** von Barra wirken wie exotische Kalenderbilder. Papageienschwärme und Mangroven, der sanfte Ozean in türkisblauen Tönen. Den Hintergrund säumen raschelnde Palmen, während auf dem Meer die Dhaus von Inhambane lautlos vorüber gleiten.
Von den Unterkünften in Barra können wir folgende empfehlen:

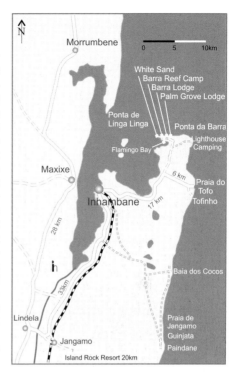

- **Palm Grove Lodge:** Tel. 0027-13-7449110, E-mail: palm-grove@mweb.co.za. Geräumige Bungalows (8 Betten, zur Selbstversorgung), Camping, Pferdekoppel, Tauchen, Segeln, Restaurant, Bar. Unter Palmen hinter kleinem, sandigen Dünenwall. Preise: 24-32 €/DZ und 40-67 €/EZ.
- **Barra Lodge:** Tel./Fax 29320561, (SA) 0027-11-3143355, Fax 3143239, www.barralodge.co.za. Hotelähnliche Ferienanlage, gute Mittelklasse, großer Pool, Restaurant (siehe Foto), Bar, Strandbar, kleinen Läden, Fernsehraum und Tauchschule. Unter Palmen liegen die 2-Bett-Bungalows (HP ab 82 €/DZ und 103 €/EZ, dahinter Bunk Houses mit Stockbettzimmern (10 € pP). Camping wird auf Anfrage gestattet.

- **Flamingo Bay Water Lodge:** Luxuslodge mit Stelzenchalets im Gezeitenbereich der Mangroven (Baden ungeeignet). Preise: ab 150 €/DZ und 200 €/EZ. Kontakt via Barra Lodge.
- **Barra Reef Resort:** Tel./Fax 29356035, www.barrareef.co.za. Strandanlage mit Flair. Bar/Restaurant am Strand, unter Palmen stehen Casitas (2-Bett-Hütten) und gemauerte Villas (schöne Bungalows mit 5 Betten). Preise: Villas ab 62 €/Tag, Casitas ab 12 € pP. Tiefsandige Zufahrt.
- **White Sands Camp:** Tel./Fax 825909280. Das Camp liegt der Inhambanebucht zugewandt, so genießt man von drei Seiten das Meer. Unter Palmen stehen Chalets ab 92 €/Nacht, Mehrbettzimmer kosten 13€ pP, Camping 12 € pP. Zufahrt: extrem tiefsandig und nur bei Ebbe möglich!
- **Lighthouse 4x4 Camping:** Tel. 29320565, www.barralighthouse.com. Extrem tiefsandiger und einfacher Campingplatz á 10 € pP am alten Leuchtturm. Tolle Lage, aber sehr stürmisch.

Praia do Tofo und Tofinho

Tofo ist der bekannteste Strand in der Umgebung von Inhambane und über eine 23 km lange Teerstraße mit der Stadt verbunden (0,60 Euro/Chapa). kosten. Zu Ferienzeiten und an Wochenenden herrscht in Tofo viel Trubel.

Trotz des hohen Bekanntheitsgrades erweist sich das **Aussteigeridyll** Tofo als unscheinbares Fischerdorf mit Kasuarinen entlang des schmalen Strands. Neben der umfangreichen Auswahl an Backpackerunterkünften haben sich in der kleinen Bucht Strandlokale und Souvenirstände aufgereiht, dazwischen wird nachmittags der frische Fang vom Fischer persönlich verkauft. Die kleine Bucht schirmt Tofo zwar einigermaßen gegen die starken Meereswinde ab, dennoch herrscht hier meist eine stärkere Brandung und Strömung als in Barra. Als Highlight unternehmen die Tauchschulen Ausflüge ins Manta Reef (ca. 45 Euro), bieten Tauchkurse ab 320 Euro, oder gehen mit ihren Gästen zum "Schnorcheln mit Walhaien".

Zum Essen empfehlen wir das Restaurant "Casa de Comer" im Ortskern.

Bild oben: Strandlokal von Bamboozi

Unterkünfte in Tofo in grober Süd-Nord-Richtung:
- **Casa Barry:** Tel. 29329007, Tel./Fax in Südafrika 0027-31-9043524, www.casabarry.com. Große südafrikanische Anlage mit riesigen Chalets zur Selbstversorgung (75 €/Tag) sowie kleinen Hütten ohne Ausstattung (35 €/Tag). Liegt am südlichen Rand der Bucht, mit Tauchschule, Bar und Restaurant. Mehrbettübernachtung und Camping (je 6 €) möglich, aber schattenlos.
- **Hotel Marinhos:** Tel./Fax 29329015. Renoviertes nettes Strandhotel aus der Kolonialzeit, direkt am Strand von Tofo. B&B ab 42 €/EZ und 35 €/DZ.
- **Nordin's Lodge:** Tel. 29329009. Am nördlichen Ortsrand direkt am Strand unter Kasuarinen. Beliebte, komplett ausgestattete Ferienhäuser mit Meerblick. Preise: Ferienhaus 78 €/Tag, 2-Bett-Zimmer 53 €/Tag, Mehrbettübernachtung für Backpacker 5 € pP.
- **Fatimas Nest:** Tel. 827975020, E-mail: fatima@virconn.com. Ableger der Backpackerlodge Maputos für junges Publikum. Einfache Mietzelte (16 €/Nacht), Casitas (20 €/Nacht), Mehrbettzimmer (7 €/ pP), Camping (4 € pP). Alles reichlich lieblos und nachlässig.
- **Bamboozi Backpackers:** Tel. 29329040, E-mail: bamboozi@teledata.co.mz. Unsere Empfehlung für Tofo: Beliebtes Backpacker-Paradies 1,8 sandige KM nördlich von Tofo in einem Palmenhain. Durch hohe Düne windgeschützte Mehrbettchalets (10 € pP), Bambushütten (15€ pP) und Chalets (70 €/Nacht). Bar & Restaurant liegen auf der Düne mit tollem Meerblick, der ruhige Strand ist Wind und Wellen ausgesetzt.
- **Albatroz:** Tel./Fax 29329005, E-mail: restalbatroz-@teledata.mz. Gemauerte Ferienhäuser (ab80 €/Nacht) mit Rieddächern auf einem Hügel über Tofo gelegen. Mit gutem Restaurant.

TOFO

Baia dos Cocos & Praia de Jangamo: die Tauchstrände südlich von Tofo

An der Straße von Lindela nach Inhambane zweigt nach 26 km eine tiefsandige Allradpiste rechts ab zum 17 km entfernten Ferienresort **Baia dos Cocos/Coconut Bay Resort** mit Chalets, Camping, Restaurant, Hochseefischen und Tauchen im vorgelagerten Manta Reef. Tel. 29320882 und 823117250, www.coconutbay.co.za. Sehr starke Seewinde und Strömung.

Südlich davon und über die selbe Zufahrt in 24 km erreichbar liegt der Strand von Jangamo. Hier befinden sich das **Paindane Beach Camp** (Tel. 822782990, E-mail: dolfish@hixnet.co.za. Camping für 6 €, Chalets ab 60 €) und **Jangamo Beach** (Tel. 0027-15-5160229, www.jangamobeach.com, mit Cabanas ab 94 €/Nacht, Zimmern ab 40 €/Nacht, Tauchbasis und Restaurant). Neu hinzu gekommen ist das **Island Rock Resort** mit Casitas ab 25 €/Nacht und Camping ab 6 €.

Guinjata Beach Camp: Tel. Südafrika 0027-83-2836918, Fax 013-7413149, www.guinjata.com. Campingplatz (mit Stromanschluss), große Chalets mit 6 Betten, Schlafsaal und Restaurant. Tauchen und Hochseefischen möglich. Preise: Camping je Lage und Saison 10-24 €, Selbstversorger-Chalets ab 70 €/Tag, VP in Chalets ab 75 €/DZ. Anreise: 30 km nach Lindela zweigt man von der Straße nach Inhambane rechts ab (beschildert) und folgt der 22 km langen Tiefsandspur.

Fahrtstrecke: Von Maxixe zum Rio Save

Die Fahrt bis zur aufstrebenden Kleinstadt **Massinga** (69 km, Versorgungs- und Tankgelegenheit) verläuft durch herrliche Palmenhaine. 9 km nördlich der Ortschaft zweigt die Zufahrt zum Strand von Morrungulo ab (S. 186). Auf der immer einsamer werdenden Fahrt nach Norden knickt die Straße von der Küste ins Landesinnere ab. Schlagartig verändert sich dadurch auch die Landschaft. Es geht durch trockenes Buschland und bald tauchen Cashewbäume und knorrige Baobabs auf, die zu den südlichsten auf dem afrikanischen Kontinent zählen. Bei KM 196 ist in Mapinhane der Zinave Nationalpark ausgeschildert (S. 195). 30 km weiter zweigt in Pambara die asphaltierte Stichstraße nach Vilankulo ab (S. 187). Die EN1 wendet sich nach der Inhassoro-Abzweigung (58 km) endgültig von der Küste ab. In Pande passiert man eine Anzahl von Flüchtlingscamps, die nach dem Hochwasser von 2000 entstanden und erreicht nach weiteren 40 km die **Brücke über den Rio Save**. Vor der Brücke sind eine handbetriebene Tankstelle, ein kleiner Markt, ein altes Kirchlein und eine Bar (außerdem ein Hotel in Bau). Für das Befahren der imposanten, über 800 m langen Brücke wird bei Fahrtrichtung von Süden nach Norden ein Brückenzoll erhoben (Pkw 0,70 €, Lkw 1,00 €).

Nördlich von Massinga hat die Straße viele Schlaglöcher

Maxixe – Brücke am Rio Save

Gesamtstrecke: 348 km
Fahrzeit: ca. 4-5 Std.
Zustand: Asphaltstraße mit Bauarbeiten
Tankstellen: in Morrumbene, Massinga, Save-Brücke, Mapinhane, Inhassoro-Abzweigung

Bei Vilankulo endet ziemlich abrupt der touristisch entwickelte Teil des Landes. Bis hierher fahren noch viele der südafrikanischen Touristen, doch spätestens in Inhassoro, wenn sich die EN1 vom Meer abwendet, kehren fast alle wieder um. Ab hier beginnt der ursprünglichere Mittelteil Mosambiks.

Weiterführende Streckenbeschreibung ab S. 198!

185

Massinga, Morrungulo und Pomene

Massinga liegt 69 km nördlich von Maxixe an der EN1 inmitten anmutiger Palmenhaine. Die Ortschaft ist als Bushaltestelle mit Tank- und Einkaufsmöglichkeiten von Bedeutung. Vor allem bei Fahrten in den Norden gilt sie als letzte Stadt mit gesicherter Versorgungslage entlang der EN1. 9 km nördlich von Massinga zweigt die beschilderte Sandstraße zum breiten, sandigen Strand von **Morrungulo** ab, in dessen flachen Gewässern ganztägiges Baden möglich ist. Nur 13 km liegt der Küstenstreifen mit den dichten, idyllischen Palmenwäldern von der EN1 entfernt (Sandpiste, ohne Allrad befahrbar).

• **Ngulane Resort:** Tel. 824156790, E-mail: matthewsg@xsinet.co.za. Südafrikanische Ferienanlage mit Casitas, Strandlokal und Campinggelände 18 km südlich von Massinga (beschilderte Abzweigung).
• **Sylvia Shoal Lodge:** Tel. (SA) 0027-82-9004886, www.africaninvitation.co.za. Camping (8 € pP plus 7-17 € pro Stellplatz), 2-Bett-Bungalows (65-82 €/Nacht), Tauchschule und Restaurant unter Palmen direkt am Strand von Morrungulo.
• **Morrungulo Beach Resort:** (auch Nelson's Bay genannt) Tel. (SA) 0027-13-7900726, www.morrungulo.co.za. Direkt am Strand auf begrünter Wiese mit tropischem Palmenhain liegt dieses große, abgeschottete Resort. Die Strandqualität ist gut, doch es herrscht eine starke Strömung. Preise je nach Saison: Strand-Chalets zur Selbstversorgung mit 4 Betten 95-125 €, kleine Bungalows mit 2 Betten 54-67 €, Camping 7-10 €. Tauchschule.
• **Baobab Lodge:** Tel. 82309260 oder 21455010, E-mail: cjhill@zebra.uem.mz. Oberhalb des Beach Resort mit weitem Blick über die Bucht, aber nicht am Strand, liegt diese kleine Anlage mit Dorfanschluss. Es werden einige Zimmer mit Moskitonetz und Doppelbetten vermietet (27 €/Nacht, im Dez./Jan. 60% Zuschlag), Camping ist möglich für 4 €. Das Restaurant bietet einen guten Ausblick und lokale Küche.

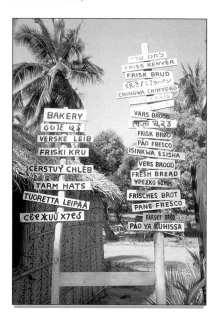

Praia de Pomene

Nur 200 m nach der Morrungulo-Abzweigung beginnt die 54 km lange Allradzufahrt nach Pomene. Zur Kolonialzeit lag an der einsamen Landzunge ein beliebtes Strandresort in direkter Nachbarschaft zum Pomene Reservat, einem 1972 gegründeten Schutzgebiet für 20 000 ha Mangroven- und Dünenwälder und zum Schutz der gefährdeten Dugongs. Heute kann man hier wieder in einer traumhaften, einsamen Umgebung Urlaub verbringen.

• **Pomene Bay Lodge:** Tel. (SA) 0027-11-3143227, www.pomene.co.za. Das isolierte Camp voller Palmen und Kasuarinen ist nur mit Allrad erreichbar. Die Strandchalets zur Selbstversorgung kosten je nach Ausstattung und Saison ab 30 €/DZ bzw. ab 70 € pro Nacht, idyllisches Camping kostet ab 12 € pP. Mit Restaurant direkt am Strand. 5 km landeinwärts liegt erhöht im Wald die **Pomene View Lodge** mit Ferienhäusern á 80-120 €/N.

VILANKULO

Vilankulo

Zur Kolonialzeit hieß die Küstenstadt Vilanculos; ein Name, der heute immer noch kursiert, manchmal auch in der Abwandlung Vilanculo. Die Aussprache ("Wilank*u*lo") ist in allen Fällen identisch, als neue Schreibweise ist "Vilankulo" richtig.

Vilankulo liegt 21 km abseits der EN1 und ist mit der Nationalstraße durch eine asphaltierte Zufahrt verbunden. Für eine Kleinstadt weist Vilankulo bemerkenswert gute Versorgungseinrichtungen auf (Internationaler Flughafen Tel. 29382322, Bank, Tankstelle, Hospital Tel. 29382062, Hafen, viele Hotels). Ein Resultat seiner touristischen Bedeutung als Tor zu den in Sichtweite vorgelagerten Bazaruto Inseln (S. 191f).

Wie kaum eine andere Stadt Mosambiks hat sich Vilankulo in wenigen Jahren gemausert. Man findet hier inzwischen eine gut funktionierende städtische Infrastruktur und spürt den engagierten Aufbau, der noch nicht seinen Abschluss gefunden hat. Es scheint, die Kleinstadt bemühe sich, eine neue Art Kapitale für die Mitte des Landes zu werden. Während Beira und Quelimane einer Stagnation verfallen, blüht das kleine Vilankulo auf.

Das Städtchen selbst ist ohne Besonderheiten. Nur wenige Straßen durchziehen das Zentrum, dem sich gleich danach einfache Palmgrashütten an sandigen Pisten anschließen. Hier leben die Fischerfamilien und Bootsbauer noch direkt am Strand zwischen den Touristenanlagen und Backpacker-Unterkünften. Am Ufer hat Vilankulo einen ständig schmaler werdenden Strand, mit Palmen und Kasuarinen bewachsen, der bei Ebbe auf weite Flächen frei gelegt wird. Frauen und Kinder sammeln dort Krabben auf,

Info

Ein aufstrebender Küstenort

Bild oben: Dhau vor Vilankulo bei Ebbe, Bilder links: Zufahrt nach Morrungulo; Ein Bäcker wirbt in allerlei Sprachen; Palmen so weit man blicken kann

dazwischen suchen Urlauber nach bunten Muscheln. Türkisblau schimmert das flache Meer zwischen den frei liegenden Sandbänken. Die Inseln des Bazaruto Archipels liegen in Sichtweite, die Insel Magaruque ist auch nur 10 km entfernt. Außerhalb von Vilankulo beginnen rasch Mangrovenwälder. Bei Ebbe zieht sich der Ozean weit zurück und ermöglicht malerische Strandwanderungen im weichen, weißen Sand.

Unterkunft: Camping, Pensionen und Ferienresorts

- **Vilanculos Campsite:** Tel. (SA) 0027-15-5161427, www.vilanculoscamping.co.za. Hochwertiger Campingplatz direkt am Strand unter schattigen Kasuarinen. Steiniger Strand. Jeder Stellplatz mit Strom/Wasser/Wiese. Je nach Saison 9-12 € pP, Selbstversorgerchalets ab 30 € pP. Viel Security-Personal.
- **Baobab Beach Camp:** Tel. 827315420, 29382202. Backpacker-Platz direkt am feinsandigen Strand (zum Baden gut geeignet). Riedhütten werden ab 18 € pP angeboten, Camping kostet 4 €. Abends sind Bar und Restaurant kitschig illuminiert. Campingbereich oft überfüllt mit Overländern. Einfache Sanitäranlagen (nur 3 kalte Duschen und 3 Toiletten). Mit Tauchschule.
- **Zombie Cucumber:** Tel. 828049410, www.zombiecucumber.com. Neuere typische Backpackerlodge für junges Publikum. Übernachtung in Mehrbettzimmern 6 € pP bzw. pro Chalet 18 €/Nacht.
- **Casa de José e Tina:** Tel. 823114200. Hübsche kleine Anlage mit Gästehaus (10 €/DZ) und Camping auf einer Wiese (3 €) am Strand von Vilankulo.
- **Vilanculos Backpackers:** Tel. 29382051, www.vilanculosbackpacker.com. Neue Backpackerlodge unter deutscher Leitung nahe dem Hospital gelegen. Übernachtung in Mehrbettzimmern 6 € pP bzw. pro Chalet 20 €/Nacht. Restaurant/Küche vorhanden.
- **The Smugglers:** Tel. 29382253. Gepflegte, begrünte Anlage mit beliebter Bar und Zimmern für 24 €/DZ und 33 €/EZ.
- **Na Sombra:** Tel. 29382090, E-mail: nasombra@go.to. Restaurant mit Zimmervermietung unter belgischer Leitung im Ort. Zimmerpreis 9-15 €.
- **Palmeiras Lodge:** Tel. in Südafrika 027-21-7060517, Fax 7060515, E-mail: palmeiras@vilanculos.co.za (gehört zur Vilanculos Beach Lodge). Liebevoll begrünte Gartenlodge mit ansprechenden Chalets (Ventilatoren, Moskitonetz, Bad) und Pool. Die Uferpromenade ist zum Baden wenig geeignet. Preise: B&B 52 €/DZ, 65 €/EZ, Selbstversorgung pro Chalet mit 3 Betten ab 40 € pP.
- **Vilanculos Beach Lodge:** siehe Palmeiras Lodge. Die erste Adresse am Platze bietet fast ein Firstclass-Safarilodge-Flair. Sehr ansprechende Holzchalets auf Stelzen, die stimmungsvoll zwischen hohen Bäumen stehen. Großes Restaurant mit Bar, kleiner Pool, dafür liegt diese Anlage nicht direkt am Strand. Preise: BB ab 83 €/DZ und 105 €/EZ, zur Hochsaison plus 25%.
- **Casa Rex:** Tel. 29382048, www.casa-rex.com. Gediegenes Gästehaus, schweizerisch-dänische Leitung. Kleine Anlage im spanischen Stil mit Rundbögen und dunklen Holzmöbeln. Liegt erhöht mit Hafen- und Meerblick. Preise: B&B 75 €/DZ und 95 €/EZ.
- **Aguia Negra:** Tel. 29382387, E-mail direkt: 01@bushmail.net, Tel. (SA) 0027-21-8471160, Fax 8471169. Ansprechende, erhöht gelegene Anlage mit sehr großen A-Frame-Schilfchalets, wo man in den offenen Dächern schlafen kann. Schöner Pool, lockere Atmosphäre, regelmäßig steigen hier die Drifters-Gruppen ab. Preis: B&B 35 €/DZ und 45 €/EZ.
- **Blue Waters Beach Resort:** Tel. 082-8075750, www.vilanculosresorts.com. Das Resort liegt 8 km westlich der Stadt. Von Vilankulo kommend 2,3 km westlich der Abzweigung zum Flughafen zweigt die neue Zufahrt nach links ab (beschildert). Gemauerte Rondavel und Camping in ruhiger Hanglage am Meer. Selbstversorger-Chalet 115 €/Tag, 2-Bett-Rondavel 40 €/Tag, Camping 8 €.
- **Casa Guci:** Tel. 828686540, www.casaguci.com. Hinter Blue Waters Beach Resort liegt dieses Ferienresort unter engagierter deutscher Leitung, in dem Ferienhäuser mit 2-4 Betten zur Selbstversorgung (50-60 €/DZ) oder mit BB (58-68 €/DZ) bzw. VP (75-85 €/DZ) angeboten werden. Das Restaurant ist für seine Pizza nach italienischer Art bekannt.

VILANKULO

· Infos ·

Einkaufen: Backwaren bieten zwei Bäckereien im Ort, die Padaria Bento am Markt und die kleine Pastelaria gegenüber dem Getränkegroßhändler Handling, die gute Brötchen verkauft. Obst und Gemüse ersteht man am besten direkt auf dem Markt. Für Fleisch- und Wurstwaren empfiehlt sich der Supermarkt gegenüber der BIM-Bank. Wer frischen Fisch und Meeresfrüchte sucht, sollte am späten Nachmittag zur Padaria Bento kommen, wo die Fischer ihre Waren ausbreiten (grobe Richtlinie für Fisch: pro Kg 1,30 €). In Vilankulo findet man kleinere Fische, wie Red Snapper sowie Barrakudas und Tintenfische. Garnelen kommen meist aus Inhassoro und werden hier teuer verkauft.

Straßenjungs: Vilankulo hat eine Vielzahl an Straßenjungs, die sich hauptsächlich rund um den Markt aufhalten. Die Knirpse treten an Neuankömmlinge augenblicklich heran und versuchen, mit mehr oder weniger guten Englischkenntnissen, als Helfer, Dolmetscher oder Schlepper für Touristenunterkünfte zu dienen. Die meisten der Kinder sind sehr aufmerksam, freundlich und geschickt. Sie hoffen auf ein Taschengeld oder Lebensmittelgeschenke und erhalten auch von den Lodgebetreibern ein paar Münzen, wenn sie neue Gäste bringen. Leider haben Taschendiebe und Betrüger, z. B. bei Dhaufahrten, die Jungs in schlechten Ruf gebracht. Daher möglichst wachsam sein.

Ausflüge und Bootstouren: Es existiert ein breites Angebot an Bootsausflügen aller Art, z. B. Dhaufahrten zur Insel Magaruque (12 €), zum Schnorcheln oder Tauchen (30 €), Speed-Boat-Fahrten (motorisierte Dhaus) zu den Inseln, eine Yacht chartern (ab 55 €), mit Delfinen schwimmen (25 €)... Die Anbieter wechseln dabei fast so schnell wie das Wetter. Wir empfehlen einen genauen Preisvergleich oder sich bei Mitreisenden nach ihrer Zufriedenheit umzuhören (s. S. 192).

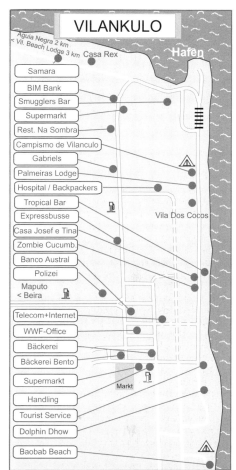

Bild links: Palmeiras Lodge, Vilankulo

Bild rechts: Fisch und Garnelen direkt am Strand einkaufen

VILANKULO

An- und Weiterreise

Flug: Mehrmals wöchentlich landet Sabinair auf ihren Flügen zwischen Maputo und dem Bazaruto Archipel auf dem Internationalen Flughafen von Vilankulo. Von Johannesburg und Nelspruit/Kruger NP fliegen regelmäßig Charterflüge.

Busse & Chapas: Die 21 km lange Straße zur EN1 wird tagsüber permanent von privaten Minibussen frequentiert. Der zentrale Halteplatz der Chapas liegt an der Padaria Bento vor dem Markt. Weiter nördlich halten die Expressbusse nach Maputo und in nördlicher Richtung nach Chimoio und Beira (Oliveiras Transportes). Alle diese Strecken haben eine Fahrzeit von 10-12 Stunden und kosten je ca. 12 €, Abfahrten morgens 05.00 h. Darüber hinaus befahren zahlreiche weitere Fernstreckenbusse die EN1, bei denen man an der Abzweigung nach Vilankulo zusteigen kann.

Um von Vilankulo zu den Inseln des Bazaruto Archipels zu gelangen, wählen die meisten Reisenden den **Motorboote**, die man an den Strandanlagen und Hotels buchen kann. Die Überfahrt zur Insel Benguerra kostet etwa 115 €, nach Bazaruto 195 €. Viel preiswerter, aber auch mühseliger und abenteuerlicher lässt sich die Überfahrt mit einer Dhau gestalten (Hin und zurück nach Magaruque 12 €, nach Bazaruto 30 €). Einheimische, die Touren mit einem „Speed Boat" anbieten, verstehen darunter eine motorisierte Dhau (ab 8 € p. P. und Strecke). Alternativ werden auch **Tagesausflüge** per Schnellboot zum Archipel angeboten. Inklusive Lunchpaket und Getränken muss man hierfür mit 400 € pro Boot rechnen. Wer eigenständig ein Motorboot mietet, bezahlt etwa 130 € Mietgebühr pro Tag plus die anfallenden Spritkosten.

Inhassoro

Inhassoro, nördlich von Vilankulo gelegen, ist der letzte touristische Strand bis Beira. Die kleine Ortschaft liegt 15 km östlich der EN1 und wird täglich von Fernstreckenbussen nach Maputo (via Vilankulo) angesteuert. Dem Fischerort vorgelagert sind die Inseln Santa Carolina und Bazaruto, weshalb die Transfers zu diesen beiden Inseln hier günstiger sind als in Vilankulo (per motorisierter Dhau nach Sta. Carolina für ca. 8 € pP).

Das Besondere an Inhassoro ist seine entspannte, zeitlose Atmosphäre. Der Ort steckt noch nicht in den Klauen des Tourismus, sondern geht seinen Alltagsgeschäften nach, bei denen sich der Fremde als willkommener Gast fühlt. Der schöne Strand eignet sich auch bei Ebbe zum Baden, allerdings wird hier manchmal viel Seetang angespült. So ist Inhassoro eher ein Geheimtipp der Einheimischen, als auf den touristischen Landkarten verzeichnet. Allradfreaks fahren bei Ebbe direkt am Strand entlang (bis zum Bartholomäo-Diaz-Punkt möglich), um von den Fischern und einheimischen Frauen Garnelen, Krabben und Fische zu kaufen. Noch vor wenigen Jahren wurden hier viele Fischernetze ausgebracht und bei Ebbe per Traktor an Land gezogen. Garnelen, Sardinen, Barrakudas und Krabben waren typische Beute der Fischer von Inhassoro, doch heute liegt die Fischerei brach, weil alles abgefischt worden ist.

- **Hotel Seta:** Tel. 29391000. Ein auf liebenswerte Weise gemütliches Strandhotel, noch aus der Kolonialzeit stammend. Hübsche Gartenterrasse im Restaurant, gute Küche. Der parzellierte Campingplatz liegt direkt am Strand (24 große, teilschattige Stellflächen). Preise: Camping kostet 7 € pP, Übernachtung in den neuen Chalets 23 €/Nacht.

Bazaruto Archipel

Eine Reihe verträumter Inseln inmitten azurblauen Meeres, mit endlosen weißen Sandstränden, idyllischen Buchten und Palmen, die sich in der leichten Brise wiegen – so stellen sich viele ein tropisches Paradies vor. Und das ist so ziemlich genau das, was die Bazaruto Inseln bieten. Strandliebhaber und Tauchfreaks haben das kleine Archipel zum besten Tauchspot an der ostafrikanischen Küste und zum größten Highlight Mosambiks erklärt. Das Wassersportangebot ist tatsächlich hervorragend, und wer dem Robinson-Crusoe-Gefühl auf der Spur ist, und tagelang selig zwischen sanften Dünen dösen möchte, wird hier bestimmt fündig. Eine artenreiche Fauna zu Lande und im Ozean, und die Spezialitätenküche in den Hotelanlagen, wo man sich darauf versteht, mit frischem Fisch und Meeresfrüchten delikat den Gaumen zu verwöhnen, lassen die Inseln wie Perlen im Indischen Ozean erscheinen.

Wer nichts als Ruhe, Sonne, Einsamkeit und grandiose Tauchgründe sucht, ist hier genau richtig

Bekannt sind die Inseln seit Jahrhunderten wegen der Perlen, die hier geerntet wurden. Eine befestigte Station errichteten die Portugiesen aber erst Mitte des 19. Jh. auf der Insel Santa Carolina. 1971 erklärte die Kolonialmacht die großen Inseln Bazaruto, Benguerra und die umliegenden Riffe zum 1400 km² großen **Marine-Nationalpark**. Der WWF engagiert sich für die Inseln, und die EU finanziert das Projekt kräftig. Es ist im Gespräch, das Archipel für eine Einstufung zum Weltnaturerbe bei der UNESCO vorzuschlagen.

Geschichte

Die rund **4000 Insulaner** haben immer vom Fischen gelebt. Nachdem die Regierung in den letzten Jahren mehr als 200 Lizenzen an Fischfangunternehmen vergeben hat, die mit Riesentrawlern die reichen Fischgründe vor der Küste abfischen, verlieren jedoch die einheimischen Fischer ihre Erwerbsgrundlage und bangen um ihre Existenz.

Schon gewusst?
Vier der fünf Meeresschildkrötenarten Mosambiks legen hier ihre Eier ab

5 Inseln bilden das Archipel: Bazaruto, Benguerra (früher Santo António), Magaruque (früher Santa Isabel), Santa Carolina und Bangué. Sie liegen zwischen 10 und 25 km vor der mosambikanischen Küste. Bis vor rund 10 000 Jahren waren die größeren Inseln noch an der Landzunge Ponta São Sebastião mit dem Festland verbunden. Außer Bangué, die nur 30 m² groß ist und erst seit Mitte der 1990er Jahre existiert, sind alle Inseln bewohnt (Bangué ist ein Produkt angeschwemmten Sands).

Allgemeines

Das **Verwaltungszentrum** der Nationalparkbehörde liegt in Zenguelema an der Westküste von Ilha Bazaruto. Hier wird u. a. überwacht, dass alle Besucher die einmalige Zutrittsgebühr von 10 US$ pP bezahlen, die patrouillierende Ranger einkassieren (unbedingt quittieren lassen). Auch für Hobbyfischer und die Mitnahme eigener Boot sind Lizenzgebühren fällig.

Info: Man kann den Eintritt auch im WWF-Büro in Vilankulo bezahlen

Die Inseln sind ganzjährig bereisbar. Im Südwinter genießt man hier warme Tage mit abendlicher Abkühlung. Die heißesten Monate sind November, Dezember und Januar, die aber durch eine ständige Meeresbrise gemildert werden. Zwischen Januar und März ist "Zyklonzeit", in der mitunter dramatische Stürme über die kleinen Inseln hinweg fegen. Deswegen liegen die meisten Lodges auch an den windgeschützten Westküsten der Inseln, wo das Meer ruhiger ist und weniger Strömung aufweist. Das Bazaruto Archipel erhält insgesamt weniger Regen als z. B. Inhambane und Xai-Xai. Hier ziehen die feuchten Luftmassen meist vorbei, ohne sich abzuregnen.

Klima

BAZARUTO ARCHIPEL
Provinz Inhambane

Anreise

Gäste der exklusiven Strandlodges reisen in der Regel per Charterflug ab Maputo, Durban oder Johannesburg an. Alle bewohnten Inseln verfügen über Landepisten, die einzige wetterfeste befindet sich auf Magaruque. Regelmäßig angeflogen wird aber nur der Flughafen von Bazaruto. Flüge mit Pelican Air Lines von Johannesburg via Vilankulo nach Bazaruto kosten etwa 370 € (Hin- und Rückflug).

Schon gewusst?
Zwischen November und März ziehen 60 000 Zugvögel über die Inseln hinweg, vor allem Wattvögel und Seeschwalben

Die Alternative bilden Motorboote und Dhaus ab Vilankulo und Inhassoro. Die Insellodges sind mit Schnellbooten ausgestattet, mit denen sie ihre Gäste vom Festland abholen können (Hin und zurück für ca. 120 € pP). Für das **Chartern einer Dhau** bezahlt man rund 30 € pro Tag. Man sollte die Entfernungen im Verhältnis zu den Windverhältnissen berücksichtigen, denn mit einer Dhau kann die Fahrt von Vilankulo nach Bazaruto je nach Wind zwischen 2 und 8 Stunden dauern. Empfohlen wird das südafrikanische Unternehmen "Sailaway", Tel. 823876350, www.sailaway.co.za.

Natur & Tierwelt

Saline Tidebecken, Süßwasserseen, Mangrovensümpfe und weitläufige Sandstrände bestimmen die Inseln

Die artenreiche Fauna des Archipels war ausschlaggebend für die Einrichtung des Nationalparks. Mehr als 150 Vogelarten sind bisher registriert worden, außerdem 45 verschiedene Reptilien und zahlreiche seltene Schmetterlinge und Amphibien. Rotducker, Schirrantilopen und die kleinen Suni leben in den Dickichten und Wäldern der Inseln. Die Sumpfniederungen auf Bazaruto und Benguerra beherbergen Krokodile. Ihre Anwesenheit ist nur möglich, weil sich die Inseln erdgeschichtlich betrachtet so spät vom Festland abgespalten haben. Eine Besonderheit stellen die rund 100 **Dugongs** dar, die als einer der größten noch vorhandenen Bestände entlang der gesamten afrikanischen Küste gelten. Obwohl die vom Aussterben bedrohten, rund 200 kg schweren Meeressäuger unter strengem Schutz stehen, werden sie von den Einheimischen als Fleischlieferanten geschätzt und immer wieder gewildert. Manchmal verfangen sich die friedvollen Vegetarier aber auch in Fischernetzen und sterben dabei allein am psychischen Stress dieser Situation. Während des Südwinters besuchen weibliche **Meeresschildkröten** die Inseln, um nachts ihre Eier im Sand zu vergraben (z. B. an der Nordküste von Benguerra). Auch diese geschützten Tiere, die der Kraftakt, an Land zu robben und tiefe Löcher in den Sand zu graben, völlig erschöpft, sind durch den Menschen stark gefährdet. Immer wieder fallen sie Jägern zum Opfer. Hier zeigt der Endangered Wildlife Trust (EWT) großes Engagement zum Schutz der gefährdeten Tierarten im Bazaruto Archipel.

Die Inseln

Bild rechts: Dhaus sind das typische Verkehrsmittel entlang der Küste und den Inseln

Santa Carolina (Paradise Island)

Die kleinste der bewohnten Inseln misst nur 0,87 km² Fläche (etwa 3 km mal 0,5 km). „Pérola do Indico", die Perle des Indischen Ozeans, tauften die Portugiesen dieses Kleinod, das im schützenden Windschatten von Bazaruto liegt. Heute kennt man sie eher unter dem Namen „Paradise Island". Auf dieser kleinen Insel hatten die Kolonialherren 1855 eine feste Station mit kleiner Kapelle errichtet. Sie ist die einzige Felseninsel, alle anderen Schwesterninseln liegen auf Sand. Das einst weithin bekannte Hotel lag seit dem Krieg verfallen in Ruinen. Inzwischen sind die Renovierungsmaßnahmen angelaufen, die Eröffnung ist für 2006 angekündigt.

BAZARUTO ARCHIPEL

Bazaruto

Mit 30 x 5 km Ausdehnung (103 km² Fläche) ist Bazaruto die mit Abstand größte Insel des Archipels. Mehr als 2000 Menschen leben auf dem langgezogenen Eiland, dessen Westküste von dichten Mischwäldern bis an die Meeresküste bewachsen ist. Im Inneren der Insel bildet sich durch einen fortschreitenden Absenkungsprozess sumpfiges Marschland mit Inlandseen, in denen Krokodile leben. Ein alter Leuchtturm aus dem Jahre 1890, der „Farol do Bazaruto", gilt am Nordende der Insel als Sehenswürdigkeit. Früher wies der Turm mittels Paraffinlampen den Seeleuten den rechten Kurs; heute wird der renovierte Turm mit Solarenergie betrieben. Ganz in der Nähe liegt zu Füßen der höchsten Düne Bazarutos das älteste Hotel der Inselgruppe, die Bazaruto Lodge.

- **Bazaruto Lodge:** Pestana-Hotelgruppe, Tel. Maputo 21305000/21307280/21425224, Fax 21305305. Ansprechende A-Frame-Chalets an einer schmalen Bucht gelegen. 18 Bungalows unter Palmen, Pool, mitten im Restaurantbereich steht ein beachtlicher alter Milkwoodbaum. Die Transfers von/bis Vilankulo werden mit dem hoteleigenen Helikopter unternommen. Preise: VP ab 170 €/DZ und 200 €/EZ.
- **Indigo Bay Island Resort:** Tel. (SA) 0027-11-4671277, Fax 4659623, www.raniafrica.com. Luxuriöse Hotelanlage von Rani Resorts im Südteil der Insel. 24 klimatisierte Holzchalets, 2 Restaurants, Pool. Preise: HP ab 140 €/DZ und 185 €/EZ. Das 5-Tage-Paket ab/bis Johannesburg kostet inklusive VP ab 1650 €/DZ und 2100 €/EZ.
- **Zenguelema Campsite:** Einfaches Campinggelände ohne Versorgung und Trinkwasser beim HQ der Wildhüter.

Benguerra

Knapp 1000 Menschen bewohnen die 11x5 km (25 km²) große Sandinsel, die von Ilalapalmen, Milkwood- und Cashewbäumen bewachsen ist. Im Zentrum der Insel leben ein paar Krokodile in Süßwasserlagunen. An der Küste türmen sich hohe Dünen auf. Die Nordspitze der Insel ist ein Brutgebiet der Meeresschildkröten.

- **Benguerra Lodge:** Tel. 29382127 und in Südafrika 0027-11-4520641, www.benguerra.co.za. Die luxuriöse, geschmackvolle Anlage gilt als beste der Insellodges. Die 13 riedgedeckten Chalets sind von hohen Bäumen umgeben, das Haupthaus auf Stelzen errichtet. Insgesamt wird eine offene Bauweise eingehalten. Mit Pool, Restaurant, Bar und großem Freizeitprogramm (Fischen, Tauchen, Schnorcheln, Wasserski). All-Inclusive-Preise: ab 290 €/DZ und 400 €/EZ.
- **Marlin Lodge:** Tel. in Südafrika 0027-12-5432134, Fax 5432135, www.marlinlodge.co.za. 18 schöne riedgedeckte Chalets mit ausladenden Terrassen um ein Hauptgebäude auf Stelzen, Restaurant und Pool arrangiert. Neben Fischen und Tauchen kann man hier auch Quad Bikes fahren. Die Lodge liegt rund 2 km südlich der Benguela Lodge. All-Inclusive-Preise (ab/bis Vilankulo) ca. 210 €/DZ und 320 €/EZ.
- **Gabriel's Lodge:** Als einzige preiswerte, aber dennoch übertuerte Alternative zu den Luxusanlagen des Archipels bietet der Mosambikaner Gabriel hier einfache Rondavel für 30-35 €/Nacht und Campinggelegenheit für 7 € an (Taschenlampe und Moskitonetz nicht vergessen). Kleines Restaurant anbei. Die Leserzuschriften reichen von Begeisterung bis Verriss. Wer tauchen möchte, sollte dies vorab schon arrangieren, weil Gabriels nicht dergleichen anbietet, und die Luxuslodges Fremdtouristen nicht mitnehmen. In Vilankulo lässt sich Gabriels Lodge beim gleichnamigen Office reservieren, das der Bruder führt (Tel. 29382230, dort kann man auch ein Zimmer beziehen).

Magaruque

Sandbänke und Lagunen

2,5 km² misst die idyllische Insel, die noch die Reste eines alten Forts beherbergt. Eine einzige Hotelanlage befindet sich am palmengesäumten Sandstrand, dem das Riff direkt vorgelagert ist. Hier befindet sich die einzige geteerte Fluglandebahn des Archipels. Weil Magaruque nur wenige Kilometer der Stadt Vilankulo vorgelagert ist und an der Ostseite herrliche Tauch- und Schnorchelgründe bietet, wird sie von Tagesausflüglern stark besucht. Eine Besonderheit dieser Insel sind auch die vielen Sandbänke, die in ihrer Umgebung bei Ebbe freigelegt werden. Stundenlange Spaziergänge zwischen zurückbleibenden, klaren Pools und Lagunen sind dann möglich.

Bild oben: Die Hotels informieren täglich über Ebbe- und Flutzeiten

- **Magaruque Island Lodge:** Tel. Maputo 2129606/2134096. Reservierung in Harare/Zimbabwe 00263-4-796411, Fax 706148. Ansprechende Anlage mit Holzchalets direkt am Strand, die jedoch kaum vermarktet wird bzw. oft geschlossen ist.

Tauchen und Fischen

Zu den besten Tauchgründen der afrikanischen Ostküste zählen die Bazaruto Inseln sicherlich. Bei einer durchschnittlichen Sicht von 15 bis 35 m und extremen Tauchtiefen (wegen eines 300 m tiefen Unterwassergrabens) öffnet sich dem Taucher hier eine herrliche Unterwasserwelt. Am bekanntesten ist das „**Two Mile Reef**" vor Benguerra. Der Artenreichtum unter Wasser ist spektakulär. Mehr als 200 verschiedene Fische leben in diesem tropischen Gewässer und seinen Korallenriffen, darunter Haie, Mantas, Barrakudas und Schwertfische. Delfine sind regelmäßige Besucher vor den Küsten der Inseln, viel seltener lassen sich dagegen die stark gefährdeten Dugongs erspähen.

Vilankulo offeriert ein breites Angebot zum Hochseefischen, Schnorcheln und Tauchen

Beim Sportfischen setzt sich unter umsichtigen Hobbyfischern erfreulicherweise immer stärker die Devise „Catch and Release" durch: der Fang wird gewogen, ausgemessen, auf einem Foto verewigt – und dann schnell wieder vom Haken gelöst und in die Freiheit entlassen.

ZINAVE NP

Im Landesinneren: Der Zinave Nationalpark

Das Landesinnere der Provinz Inhambane ist ein touristisch unbeflecktes Neuland. Wenige Straßen, von denen die meisten nur sandige Pisten sind, durchziehen dieses weite, karge Hinterland. Es herrscht eine typische Lowveld-Vegetation vor; in den heißen Niederungen gedeihen vor allem Baobabs und Trockenbuschwälder.

Kaum ein Tourist reist bisher ins Landesinnere

Im Nordwesten der Provinz Inhambane schmiegt sich der Zinave NP an den Rio Save. Massive Wilderei während des Bürgerkriegs und eine brachliegende Verwaltung haben von diesem Park kaum mehr als den Namen erhalten. Doch seit die Peace Parks Foundation in Mosambik aktiv ist, richten die Naturschützer ihr Augenmerk auf diese abgelegene Wildnis. Schließlich ist langfristig geplant, den Zinave NP zusammen mit dem Banhine NP in den neuen grenzüberschreitenden Gaza-Kruger-Gonarezhou Transfrontier Park einzugliedern. Bis dahin versucht das sog. Zinave-Bindzo-Projekt (FNP) die ansässigen Dorfbewohner für den Tierschutz zu sensibilisieren.

Zukunftsmusik 1 Es gibt Pläne für einen neuen "Touristenhighway" zwischen Pafuri und Mapinhane

30 km südlich der Vilankulo-Abzweigung weist ein großes Schild in Mapinhane den Zinave NP aus. Hier verlässt man die EN1, um auf breiter Piste nach Mabote zu fahren (115 km). Unterwegs lohnt bei KM 29 ein kurzer **Abstecher** zu den **„Zimbabwe da Manyikeni"**. Die Steinruinen aus der Zimbabwe-Epoche liegen 3 km rechts der Straße. Verfallene Steinwälle und einige Schautafeln sind zu entdecken. **Mabote** ist ein bedeutendes Zentrum im Landesinnern und verfügt über mehrere Läden, Restaurants, Polizei, Landepiste und Schulen. An der Kreuzung mitten im Ort biegt man rechts ab, kommt nach 1,1 km am Markt vorbei und darf auf keinen Fall die unscheinbare Gabelung nach weiteren 200 m übersehen (GPS S 22.01.76 O 34.07.92). Hier unbedingt links fahren, sonst landet man auf der alten Zufahrt in den Park, einem kaum noch benützten Wegegewirr! Nun geht es 29 km in nordwestlicher Richtung durch einsame, teilweise tiefsandige Buschlandschaft. Bei GPS S 21.54.93 O 33.55.38 biegt man rechts in die kleinere Piste ein und erreicht 22 km weiter das Dorf Maculuve (diese Strecke ist fürchterlich wellig und lässt sich nur langsam befahren). Halten Sie sich in Maculuve stets nördlich und fahren Sie auf nun wieder weicher Sandpiste noch 10 km bis zum Eingang in den Park (61 km von Mabote). Vom Parkeingang liegt das Camp am Rio Save noch 30 km entfernt.

Anreise

Siehe Bild S. 196!

Zukunftsmusik 2 Der Zinave NP soll wieder aufgestockt und die Dörfer im Park umgesiedelt werden

4 km vor dem Camp führt eine Stichstraße zur Lagoa Manyemba, die 24 km entfernt ist. Dort endet die Piste, eine Weiterfahrt bis Massangena ist nicht möglich. Die Lagune hält stets Wasser und zieht somit viele Vögel an.

Die Lagune Manyemba

Von Camp Zinave kann man östlich am Fluss entlang bis nach Covane fahren, nicht jedoch weiter bis Jofane, weil dazwischen eine Brücke fehlt. Einzige mögliche Anreise in den Park ist also die Strecke ab Mabote.

Weiterfahrt am Rio Save

Derzeit ist der Besuch des Parks noch kostenlos. Das Camp Zinave (sprich: „sina̱we") entpuppt sich als Dorfgemeinschaft mit Familien, Hühnern und regem Einbaumverkehr auf dem Save. Seit der verheerenden Flut vom Februar 2000, die die alten Campruinen bis in Fensterhöhe überspülte, liegt das neue provisorische Camp auf einer Anhöhe, von der aus der Fluss nicht sichtbar ist (GPS S 21.25.25 O 33.51.81). Trost- und schattenlos liegt

Allgemeines

195

Provinz Inhambane — ZINAVE NP

Bilder von oben: Wegweiser zum Zinave NP an der EN1; Das verfallene, alte NP-Camp am Rio Save; Ruinen Zimbabwe da Manyikeni an der Straße nach Mabote

es nun auf der Anhöhe, bietet keinerlei Rundblick, und schlimmer noch – man weiß um den nahen Fluss und kann ihn nur erahnen. Ein Besuch des alten Camps gestaltet sich zum **Trauerspiel**: Zinave Camp war einst ein mosambikanisches Mana Pools (das zimbabwische Camp am Sambesi hat Traumlage). Hohe Schattenbäume schirmten die gemauerten Rondavel gegen glühende Sonnenstrahlen ab, deren Fenster zur sandigen, breiten Save-Flussschleife zeigten. Hier müssen Elefantenherden durchgezogen sein, Antilopen im Gebüsch gegrast haben, Flusspferde gegrunzt und Affen durch die Baumwipfel gesprungen sein. Ein afrikanisches Paradies mag dieser Flecken gewesen sein, verwöhnt von der Natur. Das Camp war groß – da gab es Verwaltungsgebäude, Gesundheitsposten, Ausstellungsräume… Heute klettert man über die verfallenen, von hohen Gräsern verdeckten Mauern, betritt da und dort ein Gebäude, erkennt Einrichtungsmerkmale; unwillkürlich drängen sich Phantasiebilder auf von einem einst blühenden Camp. Dann steht man plötzlich vor dem verblassten Schild des Wildlife Office. Darin am Boden schön aneinander gereiht die Schädel, Knochen, Hörner und Gebisse von Tieren. Elefanten, Giraffen, Gnus, Wasserböcke. Ein Eindruck, der nachdenklich macht, ja traurig, wenn man bedenkt, wie dieses Camp heute völlig verwahrlost und verfallen ist, die Wildtiere ausgerottet oder vertrieben wurden, der letzte Besucher 6 Monate vor unserer Recherche hier vorbei kam.

Natur & Tierwelt

Der Park flacht zum Save hin von 190 m auf unter 80 Höhenmeter ab. Ein halb offener Wald bedeckt dieses flache Gebiet, der wohl zur traumhaften Baumsavanne würde, wenn Wildtiere regelmäßig das hoch stehende Gras und Buschwerk abfressen könnten. Munondobäume (Julbernardia Globiflora) und Strychnos-Arten sind typische Vertreter dieser Wälder, ebenso Combretum, Sukkulenten und zahlreiche Baumflechten. In Flussnähe stehen zarte Fieberbäume.

Nyalas, Ducker, Zebras, Impala, Kudus, Stein- und Schirrantilopen kommen in kleinen Populationen vor, auch Leoparden, Hyänen und einzelne Löwen. Trotz des Logos des Zinave NP gibt es keine Giraffen, und auch die Elefanten sind längst ausgerottet. Paviane und Pinselohrschweine sind heimisch. Rund 100 Hippos leben im Rio Save, nicht jedoch nahe dem Camp. Besucher müssen sich also mit Kurzsichtungen von Antilopen und Meerkatzen begnügen.

MITTEL-MOSAMBIK

Die Provinzen Sofala, Manica und Tete bilden die Landesmitte. Im Westen Mittelmosambiks liegen nahe der Grenze zu Zimbabwe die höchsten Berge des Landes, im Osten säumen endlose Mangrovensümpfe die sandigen Meeresküsten. Badestrände findet der Tourist nur wenige. Das hügelige Landesinnere ist mit markanten Granitkuppen und dichten Miombowäldern bedeckt. Die Lebensader dieser Region ist der mächtige Sambesi, der rund 1000 km durch das Land fließt, ehe er sich in ein Delta von der Größe Schleswig-Holsteins verzweigt und in den Indischen Ozean ergießt.

TOP-Highlights in Mittelmosambik

Gorongosa NP
Berge von Chimanimani
Cahora Bassa Stausee
Sambesidelta

PROVINZ SOFALA

Sena und Ndau bilden die stärksten Volksgemeinschaften dieser 67 218 km² großen Provinz. Ein Drittel der Bevölkerung lebt in der Hafenstadt Beira. Sofala gilt als Renamo-Hochburg, in der die Oppositionspartei damals wie heute starken Rückhalt findet. Das Abfischen von Garnelen, Holzwirtschaft und der Zuckeranbau bilden neben dem Hafenbetrieb von Beira die wirtschaftlichen Grundpfeiler.

Fortsetzung der Streckenbeschreibung von S. 185

Fahrtstrecke: Von der Save-Brücke nach Beira

Save-Brücke – Beira

Gesamtstrecke: 393 km
Fahrzeit: ca. 6-7 Std.
Zustand: Asphaltstraße, teilweise Straßenschäden und Bauarbeiten
Tankstellen: Muxungue, Namatanda, Dondo

Flut 2001

Im Februar 2001, genau 1 Jahr nach der Jahrhundertflutkatastrophe in Südmosambik hat die Öffnung der Schleusen im Karibadamm und Cahora Bassa Damm zu einer Überflutung der Landstriche am Unterlauf des Sambesi geführt. Auch die Flüsse Rio Púngoe und Rio Save führten Hochwasser und setzten weite Landstriche, Dörfer und Straßenabschnitte unter Wasser. Fast 100 000 Menschen waren betroffen und mussten vorübergehend ihre Dörfer verlassen bzw. evakuiert werden. Zwar fiel die Flut lange nicht so schlimm aus wie im Februar 2000, doch forderte sie mehr als 60 Todesopfer und zerstörte viele infrastrukturelle Einrichtungen und bestellte Felder.

Die Streckenbeschreibung beginnt an der Hängebrücke über das breite, sandige Flussbett des Rio Save. Das Hochufer lässt erahnen, wie stark der zumeist gemächlich dahin fließende Save in der Regenzeit anschwellen kann (bei der Flutkatastrophe im Februar 2000 stieg der Save bis 2 m unter die Brücke). Für das Befahren der Brücke wird bei Fahrtrichtung von Süden nach Norden ein Brückenzoll erhoben (Pkw 0,70 €, Lkw 1,00 €). Die Gegenrichtung ist gratis.

Nördlich des Save beginnt die Provinz Sofala. Die ersten 80 km der Straße durch diese einsame, halboffene Savanne voller Fächerpalmen und Baobabs wurden bei der Flutkatastrophe besonders stark beschädigt und daher vollkommen neu gebaut. Das Gebiet ist fast menschenleer, nur ein paar Paviane sitzen gelegentlich auf der Straße. Nach 112 km besteht in **Muxungue** (alte Karten verzeichnen noch den Namen Nova Golegã) die erste Gelegenheit, Sprit aufzutanken (Achtung: Entlang der EN1 gibt es ab hier für die nächsten rund 630 km bis Niacuadala keine Tankstelle mehr). Muxungue ist eine Hochburg des Cashew-Straßenverkaufs; ein Kilo der köstlichen gerösteten Nüsse kostet drei bis vier Euro. Ab hier besteht die Möglichkeit, auf Piste über Machaze nach Espungabera zu fahren (Beschreibung siehe S. 227).

Die EN1 gerät nun allmählich in hügeligen Miombowald. 50 km weiter zweigt direkt nach der Brücke über den **Rio Buzi** im Dorf Goonda die Straße nach Dombe und Espungabera ab (155 km, S. 225). An der Buzi-Brücke endet der gute Asphalt, danach kämpft man sich zunächst über die vielen

INCHOPE

Schlaglöcher weiter bis zur Brücke des breiten Rio Revue, anschließend wurde der Teer abgetragen und man fährt auf staubiger Piste. Auch die Besiedlung hat gewechselt: Mit einem Mal siedeln die Menschen praktisch in einem endlosen Reihendorf entlang der Straße. Es sind armselige Dörfer, die fast ausschließlich vom Holzkohleverkauf und Ananasanbau existieren. Nach insgesamt 258 km stößt man in der Ortschaft **Inchope** (siehe S. 216) auf die zwischen Mutare/Zimbabwe und Beira verlaufende EN 6. An diesem wichtigen Verkehrsknotenpunkt befindet sich häufig eine Polizeikontrolle.

In Inchope besteht Weiterreisemöglichkeit entlang der EN1 nach Gorongosa und über die neue Fernstraße nach Caia am Sambesi (S. 216), zum Gorongosa NP (S. 217) bzw. entlang der EN 6 nach Chimoio (siehe S. 216). Um nach Beira zu fahren, biegen Sie in Inchope nach rechts auf die EN 6, die auch als „Beira Korridor" bekannt ist.

Wichtige Fernstraßenkreuzung

Sofort fällt die Straße von 270 m auf nur mehr 80 Höhenmeter ab. Nach 33 km (KM-Stand 291) wird die Ortschaft **Namatanda** durchquert (Tankstelle vorhanden, Versorgung aber nicht gesichert). Ab jetzt geht es durch das flache, nahezu baumlose Púngoe-Tiefland, parallel zur Eisenbahnlinie. Man kommt durch die Bahnstation Tica und wenig später in das sumpfige Mündungsgebiet des Rio Púngoe, der bei KM-Stand 331 überquert wird. Als hoher Fahrdamm wurde die Straße in dieser weiten Flutebene aufgeschüttet; doch zahlreiche Schlaglöcher belegen, dass die Überflutungen dennoch Schäden anrichten. Nach heftigen Regenfällen im Hinterland kommt es hier immer wieder zu schweren Überschwemmungen und macht die Straße mitunter tagelang unpassierbar. 26 km nach der Brücke zweigt unbeschildert und wenig auffällig die EN 213 nach Caia ab (siehe S. 208). Kurz danach liegt **Dondo**, ein florierender Vorort mit guter infrastruktureller Versorgung, einer großen Zementfabrik und unzähligen, achtlos vor sich hin rostenden Bahnwaggons. Die letzten 32 km führen nun direkt nach Beira hinein.

Oben: Verlassene Bahnstation von Dondo, wo zahlreiche Eisenbahnwaggons vor sich hin rosten

Beira

Erste Orientierung

Unser erster Eindruck bei den Recherchen: alle verfügbaren Stadtpläne sind vollkommen falsch! Da sind Straßen verzeichnet, die offensichtlich über den stadtplanerischen Zustand nie hinaus gekommen sind. Wir sahen uns zu grundlegenden eigenen Vermessungen gezwungen. Der zweite Eindruck: In Beira herrscht "Rotunden-Begeisterung"; keine andere Stadt des Landes hat so viele (unbeschilderte) Plätze mit Kreisverkehr zu bieten. Hat man erst einmal die chaotischen, schäbigen Vororte Beiras überwunden, offenbart das Zentrum eine eigenwillige Mischung aus kolonial geprägten, meist dem Verfall preisgegebenen Straßenzügen und architektonisch streng sozialistischen Verunstaltungen. Die Innenstadt liegt zwischen der Mündung des Rio Púngoe und dem Leuchtturm, das unmittelbare, pulsierende Stadtzentrum zwischen Praça do Município und Praça do Maquininio. Die Altstadt an der Púngoemündung verläuft vom Hafen bis zur Kathedrale. Die ältesten Kolonialgebäude waren zumeist auf Stelzen gebaut und mit hübschen Veranden und Blechdächern ausgeschmückt. Renoviert sind die wenigsten, aber alle sind bewohnt. Selbst in den abenteuerlich eingestürzten Häusern mit herab hängenden Balkonen und morschen Dachkonstruktionen wohnen Familien mit einer stoischen Gelassenheit. Ein paar schöne Beispiele dieser unbedarften Ignoranz gegenüber dem **Niedergang der Architektur** findet man in der Avenida Mondlane, einem der ältesten Straßenzüge der Stadt. Der Teil dieser Alleestraße zwischen Av. Samora Machel und dem Praça do Município hat uns spontan zum Ausdruck "Straße des Verfalls" verleitet.

Oben: Leerstehende Hochhäuser, die nackten Betonwände kunstvoll mit Werbung versehen

Der historische Teil Beiras verkümmert zusehends, dazwischen ragen hässliche Betonhäuser im Stil der Ostblock-Plattenbauten in den Himmel. Beiras Atmosphäre ist die einer gemütlichen, nur regionalen Metropole, nicht die einer Großstadt. Das Modernste an Beira ist der neue Shoprite-Supermarkt.

Größte Hauptstraße Beiras ist die Avenida S. Machel, ein breiter Boulevard mit Mittelstreifen, der mit Bäumen bepflanzt wurde. Entlang der Uferstraße zum Leuchtturm hin säumen Kasuarinen und einzelne Schiffswracks den Strand.

Stadtgeschichte

Arabische Handelsbeziehungen mit den Völkern an der Púngoemündung gehen bis auf das 9. Jh. zurück. Über Jahrhunderte gingen die Dhaus vor allem im 50 km südlich gelegenen Sofala vor Anker, um edle Stoffe, Gewürze, Perlen und Gold zu handeln. Im frühen 16. Jh. tauchten die Portugiesen auf und versuchten, den florierenden Handel an sich zu reißen. Daraufhin verließen die Swahili-Araber den Standort und lenkten die Handelsrouten über Angoche, das viel weiter nördlich liegt. Damit geriet die Region ins Hintertreffen. Dennoch verteidigten die Portugiesen die breite Mündung des Rio Púngoe bis weit in das 17. Jh. mit einer Garnison.

1878 bekam Joaquim Carlos Paiva de Andrada große Ländereien am Nordufer der Púngoemündung zugesprochen. 6 Jahre später ließ sich der reiche Prazeiro hier nieder und gilt seither als Gründer von Beira. Seiner winzigen Siedlung maß die portugiesische Krone genug Bedeutung bei, um sie 1887 zu Ehren des jüngsten Thronfolgers Dom Luis Filipe, auch „Prince of Beira" genannt, offiziell unter dem Namen Beira anzuerkennen und durch eine Garnison zu schützen. Zu dieser Zeit belasteten heftige Querelen um Gebietsansprüche das anglo-portugiesische Verhältnis. Cecil Rhodes, der imperialistische Haudegen, hatte mit seiner Privatpolizei BSAC weite Gebiete Innerafrikas überrannt und die Kolonie Rhodesien gegründet. Sein Machthunger blieb ungestillt. Er forderte den Zugang zum Meer für seine Kolonien, und der kürzeste Weg führte geradewegs nach Beira. Erst 1891 legten die gegnerischen Parteien per Vertrag die noch heute gültigen Landesgrenzen fest. Rhodes akzeptierte die portugiesischen Ansprüche nur, weil ihm im Gegenzug der Bau einer Bahnlinie zum Indischen Ozean zugesichert wurde sowie das Monopol, die portugiesischen Gebiete nördlich des Sambesi wirtschaftlich auszubeuten (anhand von Konzessionen). Mit dem Bahnbau begannen die Briten 1898. Seit dieser Zeit

Die Briten hätten sich Beira und Umgebung gerne einverleibt

STADTGESCHICHTE

Oben:
Catedral de
Nossa Senhora
Rosário

bestand in Beira ein großer britischer Bevölkerungsanteil. Die Banken hielten damals sogar Bargeldbestände in britischen Pfund bereit. Der starke angelsächsische Einfluss prägte die Ortschaft für Jahrzehnte.

Der Eisenbahnbau brachte viele Neuankömmlinge in die armselige, stickige Hafensiedlung. Das schwüle Klima und die nachlässigen Hygienebedingungen machten den Aufenthalt in Beira höchst unangenehm. 60 % der Bahnarbeiter sollen in den ersten beiden Jahren seit Beginn der Baumaßnahmen der Malaria und anderen Krankheiten zum Opfer gefallen sein. Rund 4000 Einwohner zählte Beira zu Beginn des 20. Jh., aber auch 80 Bars und Hafenspelunken. Die Umgebung war noch völlig unerschlossen und äußerst wildreich; es wird von Löwen berichtet, die damals durch die Straßen Beiras liefen. Zahlreiche Inder gelangten durch die Bahnarbeiten nach Beira und begründeten die spätere Händlergemeinschaft. Jahrzehntelang prägten indische Rikschas das Stadtbild Beiras. Das Leben war in Beira damals sehr männlich orientiert.

Als 1903 die Eisenbahn fertiggestellt war, und der Transport über den Hafen von Beira ins Innere Afrikas zu den aufstrebenden britischen Kolonialstädten in vollen Zügen anlaufen konnte, erlebte die Hafenstadt einen raschen Aufschwung. Bei der Volkszählung von 1928 belegte Beira mit 23 694 Einwohnern (darunter 2153 Europäer) den zweiten Platz hinter der jungen Hauptstadt Laurenço Marques, die 43 000 Einwohner zählte. Bis Ende der 1960er Jahre verdoppelte sich die Bevölkerungszahl, der Anteil der Weißen stieg sogar auf 10 000.

Schon gewusst?

Die Hafenstadt Beira ist die Aids-Hochburg des Landes

Nach der Unabhängigkeit Mosambiks und Zimbabwes, das 1980 aus der britischen Kolonie Südrhodesien hervorging, vertieften die beiden Staaten das Erbe der Kolonialherren: Gemeinsam wurden die Straße und die Bahnverbindung ausgebaut sowie der Hafen vertieft und modernisiert, um Container- und Ölverladung zu ermöglichen. Trotz des destabilisierenden Bürgerkriegs, der besonders in Zentralmosambik wütete, hielten Soldaten aus Zimbabwe den **Beira Korridor** frei, und so blieb Beira immer zugänglich. Heute ist die zweitgrößte Stadt des Landes auf 488 000 Einwohner angewachsen und noch der wichtigste Hafen Mosambiks.

Klima

Die Provinzhauptstadt liegt auf Meereshöhe im sumpfigen Mündungsgebiet des Rio Púngoe. Das Klima ist ganzjährig stickig und schwül.

Hotels und Pensionen in Beira

- **Hotel Tivoli:** Av. de Bagamoyo, Tel. 23320300, Fax 23320301, E-mail: h.tivoli-beira@isl.co.mz. Kleineres, sehr modernes Hotel. Elegantes Ambiente, viele Geschäftsreisende. 63 Zimmer und 10 Suiten mit Satelliten-TV und Klimaanlage. Preise: B&B 55 €/DZ und 80 €/EZ.
- **Hotel Embaixador:** Rua Major Serpa Pinto, Tel. 23323121, Fax 23323788. Gehobener Standard, sehr groß und wenig heimelig, aber renoviert und klimatisierte Zimmer/Apartments. Preise: BB ab 55 €/DZ und 85 €/Nacht pro Apartment.
- **Hotel Moçambique:** Ave. de Bagamoyo, Tel. 23325011 Fax 23325060, E-mail: mozambhotel@teledata.mz. Einst das beste Hotel von Beira, heute eher verblichener Stolz und sozialistischer Mief. Blaues Hochhaus in zentraler Lage. Mit Pool, Satelliten-TV und klimatisierten Zimmern. Preise: B&B 34 €/DZ und 50 €/EZ.
- **Hotel Miramar:** Av. Mateus Sansão Muthemba, Tel. 23322283, Fax 23329558. Einfaches Hotel an der Uferpromenade; klimatisierte, große Zimmer mit Meerblick, ordentliches Restaurant und bewachter Parkplatz. Preise: ab 13 €/DZ und 18 €/EZ.
- **Hotel Infante:** 218, Rua Jaime Ferreira, Tel. 23323041/2, Fax 23327781/23323041. Lebhaftes Hotel der unteren Mittelklasse mit teilweise klimatisierten Zimmern & Restaurant, mitten im Zentrum gegenüber dem Nachtklub Aquario. Preise: ca. 16 €/DZ und 25 €/EZ.
- **Pensão Moderna:** Rua Travessa da Igreja 263, Tel. 23329901. Gästehaus am Platz mit dem alten Flugzeug. Preise: ab 13 €/DZ und 20 €/EZ.
- **Hotel Savoy:** Av. Samora Machel, Tel.23326855/23320300, Fax 23328871. Stark verfallenes Hotel á ca. 12 €/DZ.

Camping

- **Biques:** Avenida das FPLM, Tel. 23312451/23312853. Beliebtes und gemütliches Strandlokal direkt am Strand im Vorort Macúti gelegen, wo man im Hinterhof Campieren kann (keine Privatsphäre, einfache Sanitäreinrichtungen, beengt). Chalets in Bau.

Sehenswertes in Beira

Beginnen wir unseren Stadtrundgang beim Hafen, der Keimzelle Beiras. Hier thront das **Casa Infante de Sagres**, der renovierte neoklassizistische Sitz der Manica Frachtgesellschaft. Der Kolonialbau zählt zu den größten architektonischen Leistungen der Stadt. Vom Hafen führen mehrere schmale Straßenzüge ins Zentrum beim Praça do Metical, jede für sich ein verfallenes Relikt der Gründerjahre. In der Avenida Poder Popular kommt man dabei an **Johnny's Place** vorbei – Hafenspelunke, Altstadtkneipe, In-Lokal, alles in einem. Man kann vom Hafen aber auch entlang der Promenade zum Praça do Metical fahren und kommt dabei zum **Schiffsfriedhof**. Hier liegen zahlreiche seeuntüchtige Metallkolosse und rosten als hässliches Mahnmal vor sich hin. Nur zum Teil sind die Schiffe altersbedingt oder durch nachlässige Wartung fahruntüchtig geworden, ein beschämend großer Teil wurde 1975 beim Übergang in die Unabhängigkeit von frustrierten, das Land verlassenden Portugiesen als Sabotageakt zerstört. In einigen der Wracks haben heute Straßenkinder Unterschlupf gefunden. Auf dem Weg zum **Praça do Metical** ragt das rote BIM-Bankgebäude aus der grauen Häusereinheit hervor. Das renovierte Haus gilt als typisches Beispiel der Kolonialarchitektur des ausgehenden 19. Jh. und ist allgemein als Casa Portugal bekannt. Wie sein Name schon vermuten lässt, ist der Praça do Metical das wirtschaftliche Herz der Stadt, an dem sich ein Bankhaus ans andere reiht. Einen Katzensprung weiter beherbergt der **Praça do Município** noch viele Kolonialgebäude,

Im Vergleich zur Hauptstadt wirkt Beira eher blass und konturlos

SEHENSWERTES

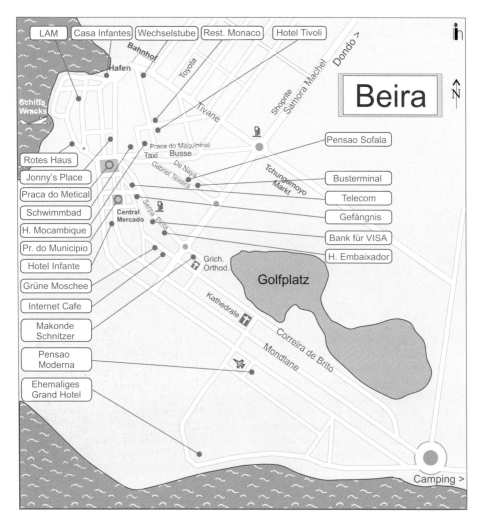

die diesem Platz ein fast europäisches Ambiente geben. Cafés stellen ihre kleinen Tisch unter schattige Bäume und laden zu einer Rast ein, davor werden Tageszeitungen auf dem Trottoir ausgelegt. Schräg hinter der Post fällt ein mittelalterlich anmutender Bau mit vergitterten Fenstern auf, der seit vielen Jahrzehnten als städtisches Gefängnis dient. Die Angehörigen der Inhaftierten bringen untertags Nahrungsmittel für die Häftlinge in das **Prisão da Beira**. Einen Straßenzug weiter verrät das Menschengewirr den **Mercado Central**, einen der buntesten und vielseitigsten Stadtmärkte Mosambiks. Nun geht es weiter entlang der Avenida Correira de Brito. Hier steht in hellgrünen Tönen gestrichen die Moschee Beiras, wenig später passiert man Worldeyes, den Schreibwaren- und Videoladen, der zugleich als Internet-Café fungiert. Dann überquert man die Avenida S. Machel und sieht bald danach links das unscheinbare griechisch-orthodoxe Kirchlein, in deren Nähe eine Kooperative Makonde-Schnitzkunst verkauft. Folgt man der Straße weiter, erreicht man schließlich die **Catedral de Nossa Senhora Rosário**, deren Eingang an der Avenida E. Mondlane liegt. Für den Bau dieses 1925 fertiggestellten Gotteshauses trug man Steine vom verfallenen Fort in Sofala ab. Die Frontseite ist schon frisch weiß gestrichen, die Seiten aber noch grau.

Die Avenida Mateus Sansão Muthemba verläuft als Uferstraße entlang der Meeresküste nach Osten. Zunächst führt sie am ehemaligen **Grande Hotel** vorbei, einst eine Luxusherberge, die schon seit Jahrzehnten verkommt und von verarmten Familien „besetzt" wurde. Im Luxus-Pool wird heute Wäsche gewaschen. Viel weiter im Osten, die Straße heißt hier Avenida das FPLM und verläuft entlang des städtischen Strandes, erreicht man das Viertel Macúti. Zwischen dem Clube Nautico und dem rot-weiß gestreiften **Leuchtturm** „Farol de Estoril", der zugleich das offizielle Ende der Stadt markiert, liegt der **Badestrand** von Beira (teilweise starke Strömung). An den Wochenenden füllt sich dieser Strandabschnitt mit Leben. Auf Höhe des Clube Palmeiras kann man direkt aus den Fischerbooten frische Garnelen kaufen. Nachts sollte man sich am Strand jedoch nicht alleine aufhalten.

*Bild links: Schiffsfriedhof von Beira,
Bild rechts: Ein marodes Haus mit
Autowrack in der "Straße des Verfalls"!*

Restaurants & Nachtleben

Das Nachtleben von Beira ist nicht so vielfältig wie in Maputo, doch findet der Reisende auch hier eine stattliche Auswahl an Bars und Restaurants mit schmackhafter Küche.

Tagsüber laden die Cafés am Praça do Município zur Einkehr, z. B. Café Capri. Viele Restaurants bieten köstliche Seafood-Gerichte an, wie z. B. das Restaurant **Estrela Vermelha** in der Avenida Samora Machel (Tel. 233224095), der **Clube Náutico** (Tel. 23313093), einem familiären, legeren Restaurant mit Bar und Pool direkt am Strand.

Empfehlenswert ist auch das bekannte Strand-Restaurant **Biques** mit der Campinggelegenheit (siehe Beschreibung S. 203), wo man am Besten gemütlich den Sonnenuntergang zelebriert.

Einkaufen in Beira

Der große südafrikanische Shoprite Supermarkt liegt in der Avenida Armando Tivane und bietet die breiteste Auswahl im Lebensmittelbereich. City Stores im Zentrum neben dem Café Capri ist ebenfalls gut sortiert. In der Altstadt sind allerlei indische Läden, dort befindet sich auch der Getränkegroßhändler Handling. Obst und Gemüse ersteht man am besten auf den Märkten.

Tageszeitungen findet man am ehesten bei den Straßenhändlern vor der Post am Praça do Município.

Wichtige Adressen von A bis Z

Banken & Geldwechsel Im Hafengebiet findet man die Wechselstuben "Multi Cambios" und "786 Cambio". Bankfilialen aller mosambikanischer Bankhäuser gruppieren sich um den Praça do Metical. Unkompliziert lässt sich Bargeld auch bei der BIM-Filiale im Shoprite wechseln (bewachter Parkplatz, bis 16.00 h). Bargeldbeschaffung mittels Kreditkarten (Visa, Mastercard) ist dagegen bei der „Banco de Fomento e Exterior" neben dem Hotel Embaixador möglich, und bei der Banco Austral. Reiseschecks wird man hier dagegen praktisch überhaupt nicht mehr los.

Fluggesellschaften LAM: Tel. 23324142/23325619, Fax 23328632. LAM-Büros befinden sich im Hafenviertel sowie am Flughafen Tel. 23301021/4.
Air Corridor: Tel. 23302222, Büro am Flughafen.
Sabinair: Tel. 23301392, Fax 23301393, Charterfluggesellschaft mit einem Büro in der Rua Costa Serrão.

Hospital & Apotheke Central Hospital: Tel. 23312071 in Macúti, Avenida das FPLM.
Macúti Housing Complex: Tel. 23311925, Avenida Martires da Revolução. Die Clinica Avicena in der Av. P. Popular bietet 24-Stunden-Notdienst (Tel. 23327990).
Eine Apotheke befindet sich im Shoprite-Komplex (Tel. 23328108).

Polizei Tel. 23213094, Notruftelefon Nr. 199

Post Office Das Hauptpostamt von Beira befindet sich am Praça do Município. Öffnungszeiten: Montags bis freitags von 07.45-12.00 h und 14.00-17.00 h, samstags von 07.45-12.00 h.

Reisebüros Mehrere Reiseagenturen befinden sich im Bereich des Praça do Metical.

Telefon & Internet Das Telefonamt für internationale Gespräche und ein **Internetcafé** liegen neben der Post in der Rua Major Serpa Pinta und haben täglich von 08.00-21.00 h geöffnet.

Tourist-Info Fehlanzeige! In Beira gibt es kein Büro der Touristeninformation.

Märkte in Beira
- **Mercado Central:** Der zentrale Stadtmarkt erstreckt sich zwischen der Rua Correira de Brito und der Rua Jaime Ferreira. Hier bekommt man Lebensmittel aller Art, von Gemüse und Obstwaren über Fleisch- und Fischprodukte. Für Touristen wird auch Kunsthandwerk angeboten.
- **Mercado do Goto (auch Chungamoio):** In der Avenida A. Tivane bietet dieser große Markt vor allem Haushaltswaren und Second-Hand-Kleidung.
- **Mercado do Maquinino:** Der Markt im Vorort Maquinino bietet neben Obst und Gemüse eine reichhaltige Auswahl an Utensilien der traditionellen Medizin sowie lebende Tiere.

Tipp!
- **Mercado da Praia Nova:** Direkt am Strand verkaufen die bei Flut heimkehrenden Fischer ihren frischen Fang. Hier gibt es die beste Auswahl an Fisch und Meeresfrüchten (etwa auf Höhe des Clube Palmeiras).

BEIRA

Oben: Der Praça do Município bildet das Herz Beiras

An- und Weiterreise

Flughafen & Flüge:
Der Internationale Flughafen von Beira liegt 7 km nordwestlich der Stadt im Vorort Estoril. Es besteht keine Busverbindung in die Innenstadt, eine Taxifahrt kostet ca. 8 €. Die Flugauskunft erreicht man unter Tel. 23301908/23301071. Der Flughafen bietet keine Gepäckaufbewahrung.
   Nach Maputo bestehen tägliche Flugverbindungen, außerdem mehrmals pro Woche nach Johannesburg (rund 230 Euro), Kruger-Mpumalanga, Harare, Nampula, Quelimane, Vilankulo und Tete. Sabinair bietet eine tägliche Charterverbindungen zum Bazaruto Archipel.

Mietwagenagenturen:
Avis Rent-a-Car: Tel. 23301263, Fax 23301265, am Flughafen.
Imperial Car Rental: Tel. 23302650, Fax 23328394/23302651, Rua Correira de Brito
Hertz: Tel. 23322315, Fax 23322415, am Flughafen und an der Ave. Armando Tivane.
Lobato Transport: Tel. 23302521, Fax 23312981

Bahnhof & Bahnverbindungen:
Es besteht eine tägliche Verbindung nach Chimoio (3 Std. Fahrt, etwa 4 Euro), und neuerdings auch wieder weiter bis Mutare in Zimbabwe. Allerdings unregelmäßig und mit sehr vielen Stopps unterwegs. Info & Reservierung: Tel. 23321051.

Busbahnhof & Busverbindungen sowie Taxi:
Der Busbahnhof und ein Taxistand (Tel. 23322921) liegen an der Avenida Artur Canto Resenda am Praça do Maquininio. Fernstreckenbusse halten zusätzlich am Mercado do Goto an der Avenida A. Tivane. Die Oliveiras-Expressbusse starten täglich frühmorgens nach Maputo (ca. 22 €). Die Busgesellschaft TSL bewältigt die lange Strecke mit einer Übernachtung in Save (nicht empfehlenswert). Jeden Mi und So startet der Tricamo Expressbus um 06.00 h am Police Maion Station und erreicht Maputo spät abends. Mit Panthera Azul kann man sogar direkt bis Johannesburg durchfahren (Tel. 23326564/23323564). Nach Westen, in Richtung Chimoio und Tete, bestehen ebenfalls tägliche Busverbindungen, die Strecke wird außerdem von Chapas befahren. Nur Tricamo bedient auch Strecken in den Norden, nach Nampula und Quelimane (Wer ohne eigenem Fahrzeug in den Norden reisen möchte, ist ansonsten auf Minibusse und Trucks angewiesen).

Die Umgebung von Beira

1) Tour zum Rio Savane Camp

An der schmalen Landzunge zwischen der Mündung des Rio Savane und dem Indischen Ozean liegt das Rio Savane Camp. Hier stehen Riedchalets und Campingstellflächen zur Verfügung, und zur Anlage gehört ein Restaurant mit Bar. Die meisten Gäste kommen zum Fischen; es ist möglich, sowohl im Meer als auch im Mündungswasser des Savane zu baden. Viel Wind! Info + Reservierung: Tel./Fax 23323555 oder 823857660, in Südafrika Tel. 0027-11-8931768 und Fax 9162099. Preise: Bungalows kosten 90 €/Nacht, einfache Hütten 30 €/Nacht, Camping 7 € pP. Anreise: Die Piste ER432 zweigt 500 m westlich der Airport Road von der Haupteinfallstraße nach Beira in entgegengesetzter Richtung ab. Achtung: wer stadtauswärts fährt, kann wegen des Mittelstreifens nicht in die Piste einbiegen. Die Piste führt 32 km durch Schwemmgebiet (nach Regenfällen evtl. vorübergehend unpassierbar) und endet auf dem bewachten Parkplatz des Camps, direkt am Savane, wo die Besucher ihre Fahrzeuge zurücklassen. Das Camp liegt genau gegenüber auf der nördlichen Flussseite. Per Boot werden die Gäste hinüber gebracht.

2) Sofala

Als der portugiesische König 1501 den ersten offiziellen Gesandten an die Küste Ostafrikas schickte, residierte ein greiser Scheich in der arabischen Handelsmetropole Sofala. Die Küstenstadt war durch den Goldhandel mit dem Königreich Mwene Mutapa reich geworden. Für die Portugiesen symbolisierte sie das ersehnte „Tor zum Goldland". Vier Jahre nach der ersten Begegnung rangen die Portugiesen dem Scheich von Sofala die Genehmigung ab, ein Fort zu errichten, das zur Keimzelle der portugiesischen Kolonie werden sollte. Die swahili-arabischen Händler lehnten sich gegen die Neuankömmlinge auf und verließen Sofala, um den Goldhandel an den Portugiesen vorbei in andere Küstenorte zu lenken. So verlor Sofala, kaum dass Portugal die Handelsstadt erobert hatte, seine Bedeutung. Bis Mitte des 18. Jh. blieben zwar Soldaten im Fort stationiert und einige portugiesische und arabische Händler in Sofala, dann aber verfiel die alte Bastion an der südlichen Trichtermündung des Rio Púngoe und geriet in Vergessenheit. 1904 trug man zum Bau der Kathedrale von Beira die Steine des verfallenen Forts ab. Wer glaubt, in Sofala heute noch Zeugnisse der Geschichte zu finden oder gar durch alte Stadtanlagen zu wandeln, erlebt eine herbe Enttäuschung. Erosion und Sanddünen haben die Ruinen längst abgetragen und verdeckt. Eine kleine Allradpiste führt nach Sofala. Leichter erreicht man die verfallene Stadt über die Personenfähre, die unregelmäßig von Beira nach Buzi fährt. Von dort geht es die letzten 75 km per Buschtaxi weiter. Das alte Sofala lag rund 1 km von der heutigen Siedlung entfernt.

Vor der Fahrt nach dem Straßenzustand erkundigen, der von frisch gegradet bis unbefahrbar rangieren kann!

Fahrtstrecke: Von Beira nach Caia

Zunächst fährt man die EN 6 von Beira nach Dondo (32 km), wo 5 km weiter unsere Straße EN 213 nach Norden abzweigt. Dann geht es über Muanza, wo früher eine inzwischen unpassierbare Zufahrt in den Gorongosa NP bestand, nach **Inhaminga** (KM 188, Campinggelände mit einfachen Bungalows im Ort vorhanden), der einzigen größeren Ortschaft dieser Strecke. Die Überschwemmungen der letzten Jahre haben dieser Flachlandstraße fürchterlich zugesetzt. Sie ist wellig und unruhig, so dass man nur mit langsamer Fahrt voran kommt. Dieser Abschnitt entlang der Küstenstraße in Mosambik ist berüchtigt und eine Tortur für die Nerven, weshalb viele Fahrer den Umweg über Inchope in Kauf nehmen, um entlang dem neuen Highway EN1 via Gorongosa nach Caia zu fahren (S. 216). Die Fahrt

Beira – Caia (Sambesi)

Gesamtstrecke: 266 km
Fahrzeit: ca. 5-6 Std.
Zustand: Erdstraße, tw. Straßenschäden durch Überflutungen zw. Dondo und Inhamitanga
Tankstellen: nur in Dondo

ist einsam, die Gegend flach, bewaldet und sehr wildreich (Stachelschweine, Galagos, Böckchen und Meerkatzen). 13 km nördlich von **Inhamitanga**, einer Wegkreuzung nach Marromeu mit Schule und Verkaufsbuden, mündet von links die neue Fernverbindung EN1 aus Gorongosa in unsere Straße (GPS S 18.11.64 O 35.09.30). Gute 40 km weiter liegt die Abzweigung nach Caia (keine Tankstelle, nur sehr einfache Versorgung). Bis zur Fähre über den Sambesi sind es nochmal 5 km (Fortsetzung der Strecke nach Quelimane s. S. 244).

Die Sambesifähre bei Caia

Die altersschwache Motorfähre von Caia hält tapfer, wenn auch mit manch einer Unterbrechung, den Verkehr zwischen beiden Ufern des breiten Sambesi aufrecht. Regelmäßige Zwangspausen wegen Motorschäden, Dieselengpässen oder unerwarteten Sandbänken, auf die man auflaufen kann, haben dieser Fähre einen Ruf weit über die Landesgrenzen hinaus eingebracht. Seit Jahren ist diese Schwachstelle für die wirtschaftliche Entwicklung des Nordens von Mosambik bekannt und soll durch eine Brücke ersetzt werden. Im Februar 2006 wurde endlich ein Vertrag für den 80 Mio. US$ teuren, etwa 2 km langen Brückenbau unterzeichnet, dessen Fertigstellung für 2009 angepeilt wird. Bis dahin müssen sich aber alle noch mit der Fährüberfahrt – einem Erlebnis! – abfinden. Die Fähre fasst sechs Pkws und einen Lkw (als Pkw-Fahrer fährt man an den manchmal kilometerlangen Lkw-Schlangen vorbei zur Anlegestelle). Sie verkehrt von Sonnenauf- bis Sonnenuntergang mit einer Stunde Mittagspause. Für Pkws kostet die Überfahrt ca. 3,50 € inklusive aller Passagiere. Fußgänger bezahlen einen sehr kleinen Betrag. Nichtmotorisierte können sich auch mit einem der Kanus und Einbäume ans gegenüberliegende Ufer bringen lassen. Auf beiden Uferseiten, die bei Hochwasserstand 2,2 km voneinander entfernt liegen, haben sich die Fähranlegestellen zu quirrligen, lebhaften Dörfern entwickelt. Autowäscher wittern ihr Geschäft bei den gelangweilt wartenden Autofahrern. Kleine Restaurants und Bars reihen sich in garagengroßen Schilfhütten aneinander, es spielt Musik, Frauen waschen ihre Babies und Wäsche im Brackwasser, Kinder spielen in verrosteten Containern, Sammeltaxis lesen Fahrgäste auf, Hühner wechseln ihre Besitzer. Alles läuft geruhsam ab bis zu dem Moment, wenn die Fähre auftaucht und jeder nervös auf den richtigen Augenblick wartet, um sich geschickt vorzudrängen und einen Platz auf dem Stahlgefährt zu ergattern.

Bilder oben: Die Fähre bei Caia und die Anlegestelle am Nordufer

Weiterfahrt in Richtung Quelimane: Seite 244

Tipp: Ist die Fähre nicht fahrbereit, gibt es eine Alternative über die Brücke bei Vila de Sena, S. 210

Abstecher: Das einsame Gebiet zwischen Sambesi und Gorongosa NP

Tipp: Vila de Sena und die Sambesibrücke

Vila de Sena liegt 60 km entlang einer ruppigen Lateritpiste stromaufwärts von Caia. In der historischen Ortschaft, einer der ältesten Siedlungen am Sambesi, spannt sich eine 3,660 km lange Brücke über den Strom. Die „Dona Anna Brücke", damals die **längste Eisenbahnbrücke der Welt**, war 1925-1934 von Tausenden schwarzen Arbeitern erbaut worden. Wegen der hohen Sterberate nannte man sie "Brücke der zum Tode Verurteilten". Die Bahnschienen sind seit 1983, als die Renamo die Brücke sprengte, unbefahrbar, dafür bietet die reparierte Brücke Pkws kostenlose Überfahrt. Allein der langen Oneway-Brücke wegen lohnt sich die Fahrt hierher! Beide Zugänge sind mit Wärtern besetzt, die Fahrzeuge nach gegenseitiger Funkabsprache passieren lassen. Es gibt Pläne, die Schienen der Brücke wieder herzustellen (während der Baumaßnahmen wird der Pkw-Verkehr dann über eine Autofähre abgewickelt).

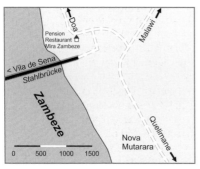

Am Nordufer, dem Dorf **Mutarara**, gibt es drei Möglichkeiten zur Weiterfahrt: Die Piste in Richtung Quelimane ist ausgeschildert. Sie verläuft über Chipanga und einer Motorfähre über den Rio Chire (5 US$). Von Mutarara kann man auch über Doa und Moatize nach Tete weiterreisen. Wer dagegen nach Malawi ausreisen möchte, durchquert das dicht besiedelte, mit Baobabs durchsetzte Tiefland des Rio Chire und gelangt nach 38 parallel zur Bahnlinie verlaufenden Kilometern an den sehr unscheinbaren **Grenzposten** in **Vila Nova de Fronteira**. Nach freundlicher und korrekter Ausreiseprozedur erreicht man 3 km weiter die Grenzstation Malawis (täglich von 06.00-18.00 h geöffnet).

Mutarara ist auf alle Fälle sehenswert. Hier stehen leicht erhöht noch Fabrikgebäude, verfallene Häuser und Bahnhofsanlagen aus der portugiesischen Zeit. Mit Blick auf den breiten Fluss und die Brücke lädt das Terrassenlokal "Mira Zambeze" zu einer Rast ein. Die Bar fungiert zugleich als Lebensmittelladen, und im Hinterhof werden Zimmer vermietet (5 €). 2 km östlich der Brücke liegt Nova Mutarara, das heutige Zentrum des Ortes.

Von Vila da Sena über Tambara nach Mungári

Abenteuerlustigen Reisenden in Allradfahrzeugen bietet sich in **Vila de Sena** die Gelegenheit zur Weiterreise entlang dem Sambesi an (Vorsicht: nach Regenfällen teilweise unpassierbar). Die Strecke führt durch sehr abgelegene, einsame Gegenden, alte Alleen und verfallene Kolonialstädtchen, und mit etwas Phantasie lässt sich hier noch das selbstherrliche Leben der mächtigen Prazeiros nachempfinden.

Die malerische 42 km lange Alleenstraße von Vila de Sena nach Chemba gibt immer wieder den Blick frei auf die fernen Berge von Malawi (Shire Highlands). **Chemba** strahlt den Glanz einer ehemals blühenden Kolonialstadt aus, deren Prachtstraße und gepflegte Plätze noch erkennbar, die Häuser aber starkem Verfall preisgegeben sind. Nur eine Minimalversorgung bietet diese vergessene Ortschaft, keinen Sprit und keine Unterkunft. Sie liegt direkt am Sambesi, der sich hier in mehrere Arme verzweigt und sanft einige Inseln umspült. Die Vegetation ist umwerfend, vor allem im Hinterland, das hier von richtigen Fieberbaumwäldern bewachsen ist. Diese gelben, bizarren Bäume geben der Landschaft einen eigentümlich märchenhaften Anstrich. Viele Menschen dieser ursprünglichen Gegend sind am ganzen Körper tätowiert und haben Schmucknarben.

Von Chembe führt eine schmale Piste landeinwärts sozusagen von hinten zum Gorongosa NP. Die Piste führt zunächst nach Canxixe (90 km) und als Allradstrecke weiter nach Maringuè (42 km), dem ehemaligen Hauptquartier des Renamo-Führers Afonso Dhlakama, in dem heute die UNO ein kleines Camp hat. 41 km von Maringuè landet man auf der neuen Fernstraße EN1 zwischen Gorongosa und Matondo (siehe S. 216).

Unsere Strecke folgt jedoch von Chemba dem Sambesi flussaufwärts nach **Chiramba**. Diese Straße ist im Schwemmlandbereich teilweise durch die große Flut so weit zerstört worden, dass man sie neu und sehr viel breiter ausgebaut hat. Dann verlässt man den Überflutungsbereich und fährt wieder auf der alten, malerischen Sandpiste entlang dem Sambesiufer. Nach 45 km gilt es, die sandige, aber mit Ästen ausgelegte Furt des Rio Pompué zu meistern (GPS S 17.09.76 O 34.53.55) und sich danach an der Gabelung rechts zu halten. 2 km weiter hat man das Hospital von Chiramba erreicht. In dieser weltvergessenen Gegend soll sich ein hohler Baobab befinden, in den David Livingstone am 16.09.1858 seine Initialen in das Innere gravierte. Doch alle unsere Versuche, dem Nationaldenkmal auf die Spur zu kommen, scheiterten. Kaum jemand hatte je davon gehört, es hieß – vielleicht um die Fragerei zu beenden – der Baum sei wohl schon längst gefällt oder verbrannt worden. (Anmerkung der Red.: Wer immer diesen Baobab entdeckt, möge es uns bitte wissen lassen!).

Die Sandspur wird auf der Weiterfahrt nach **Tambara** noch schmäler, bleibt aber stets befahrbar, und entschädigt mit einer märchenhaften Landschaft voller Baobabs und kleinen Fächerpalmen, Sukkulenten, Kastanien, Fieberbäumen und Dornbüschen. In den wenigen kleinen Dörfern stehen Grasiglus, teilweise mit kleinen Vordächern, die in ihrer Art an moderne Zelte erinnern. Von Zeit zu Zeit tauchen verwitterte und umgestürzte Meilensteine aus dem Jahr 1956 auf, als diese Straße befestigt wurde. Die

Genuss für echte Afrikafans

Fahrt durch ein Gebiet, das noch weitgehend von der Moderne unberührt ist

Chemba bis Gorongosa

Schon gewusst?
Am Ortsende in Richtung Chemba steht rechts der Straße inmitten der Wohnhütten noch das alte "Tor von Sena" als einziges Relikt des alten Forts

Bilder links von oben: Alte Wegzeichen in Vila de Sena; Die Sambesibrücke: Einspurig mit freiem Blick in die Tiefe

AM SAMBESI

Menschen dieser Gegend, Njungwe, Matonga und Masena, gehören zu den freundlichsten des Landes. Nach 51 km eindrucksvoller Fahrt gelangt man an eine T-Kreuzung. 1,5 km rechts von hier liegt Tambara am Sambesiufer. Auch dieses alte Kolonialstädtchen ist heute nur mehr ein verlassenes Dorf mit Schule und Verwaltungsgebäuden. Hier verlassen wir den Sambesi und wenden uns landeinwärts. Nach 36 km liegt unter einem Bergrücken das Dorf Lundo. 17 km weiter folgt eine sandige Furt durch den Rio Muira (GPS S 16.57.10 O 33.47.64). Die Piste steigt nun stetig an, die Vegetation ist trocken. Nach 47 km hält man sich an der Gabelung in einem Dorf rechts und 8 km weiter an der nächsten Gabelung links, um 4 km danach **Mungári** zu erreichen. Die größte Ortschaft seit Vila da Sena ist nur noch 22 km von der Asphaltstraße EN 102 zwischen Guro und Changara entfernt (54 km bis Changara, S. 230). Die Gesamtstrecke Vila de Sena – Changara beträgt somit 274 km.

Bilder links: Sambesibrücke bei Vila de Sena;
Ortseingang von Mutatara;
Ungewöhnliches Haus in Tambara

Abstecher: Marromeu und das Sambesidelta

In Inhamitanga (S. 208) sowie an der EN1 rund 5 km vor Caja zweigen Pisten ab, über die man via Lacerdónia und Chupanga nach Marromeu, dem letzten Ort vor dem Sambesidelta, gelangt. Ihre historische Bedeutung hat die Strecke längst verloren. Nur noch ein verwittertes Grab erinnert in **Chupanga** an den einsamen Tod von Mary Moffat, der Ehefrau David Livingstones, die 41-jährig am 17.4.1862 am Sambesiufer der Malaria erlag, und im Schatten eines Baobabs auf dem Missionsgelände ihre letzte Ruhe fand.

1910 ließ sich die britische Sena Sugar Company in **Marromeu** nieder. Die Konzessionsgesellschaft führte die Zuckerindustrie zum wichtigsten Wirtschaftszweig am Unterlauf des Sambesi. Bis Marromeu 1947 Bahnanschluss nach Beira erhielt, mussten alle Transporte per Raddampfer über den Chinde-Kanal zu den Frachtschiffen geliefert werden. Als die Renamo im Bürgerkrieg 1983 die Bahnlinie zerstörte, kehrte man auf diesen Wasserweg zurück. Heute ist die Zuckerfabrik wieder in Betrieb. Der kleine Airstrip wird nur selten angeflogen. Das Gästehaus der Zuckerfabrik bietet einfache Notunterkunft. Eine Weiterfahrt per Auto ins Delta ist nicht möglich. Von Beira lassen sich Charterrundflüge über das Sambesidelta mit Flugsafari über dem Büffelreservat arrangieren, und zwei- bis dreimal wöchentlich fährt ein Fährboot zwischen Marromeu und Chinde.

Reserva de Marromeu (Büffelreservat)

Büffel, Wasserböcke und Rappenantilopen weideten einst zu Hunderttausenden im Sambesidelta, aber auch Riedböcke, Elefanten, Flusspferde, Nashörner und Paviane waren zahlreich. Löwen und Leoparden ernährten sich vom großzügigen Angebot der Natur. Das Frischwasserlabyrinth des Deltas gewährte den Wildtieren optimalen Schutz. Doch seit den 1930er Jahren fanden durch die populären und genehmigten Jagden viele Tausend Büffel und Krokodile den Tod. Der Wildbestand diente den Arbeitern in der Zuckerfabrik von Marromeu als Fleischlieferant, ihre Felle und das Horn von Elefanten und Nashörnern waren begehrtes Handelsgut. Die Jagd nahm schließlich derart verheerende Züge an, dass sich die Regierung zum völligen Stopp der unkontrollierten Jagden entschloss und statt dessen durch Lizenzen reglementierte Jagdsafaris einführte. Nach der Unabhängigkeit Mosambiks sprach sich die neue Regierung für einen behutsamen Umgang mit den natürlichen Ressourcen aus und ging engagierter gegen die Wilderei vor. Die 1981 gegründete Zambezi Wildlife Utilisation Area (ZWUA) mit mehr als 20 000 km² Fläche schloss das Marromeu Reservat ein. Zunächst zeigten die Maßnahmen große Erfolge. Ein Korridor zum Gorongosa Nationalpark ermöglichte freie Wanderungen zwischen den Schutzgebieten. Die Kontrolle der Jagden blieb allerdings stets schwach und die Wilderei nahm groteske Züge an. Bis 1988 haben etwa 1500 Elefanten überlebt, doch innerhalb der nächsten beiden Jahre wurden bis auf 300 Dickhäuter alle niedergeschossen. Auch die veranschlagten 5000 Flusspferde, 4000 Wasserböcke und 3500 Rappenantilopen zu Beginn der 1980er Jahre sind in weniger als einer Dekade um rund 90% reduziert worden. Mitte der 1990er Jahre zeigte sich das düstere Ausmaß der Ausrottung während des Bürgerkriegs: Nur 2000 Büffel hatten überlebt – von ehemals rund **130 000 Büffel**n. Aus der größten Büffelherde Afrikas war eine scheue, gefährdete Gruppe geworden. Inzwischen sei ihre Zahl auf kaum 350 Tiere gesunken, weil vor allem im nördlichen Delta weiterhin gejagt wird. Auf diesem niedrigen Niveau muss der Tierschutz im Reservat nun wieder ansetzen – eine schwierige Aufgabe, und es ist nicht erkennbar, ob die Regierung sie anpacken will.

Das Sambesidelta

Das Sambesidelta markiert jenen Küstenabschnitt, an dem sich dieser faszinierende, **viertgrößte Fluss Afrikas** (nach Nil, Kongo und Niger) nach 2700 Flusskilometern in den indischen Ozean ergießt. Das Delta – es gilt als das drittgrößte Afrikas – weist eine dreieckige Form mit rund 18 000 km² Fläche auf. Schon 100 km vor dem Meer deutet sich das Delta an und 40 km vor dem Ozean verzweigt sich der Sambesi in mehrere, dem Meer träge zustrebende Arme. Die flachen Grasebenen voller Borassus- und Ilalapalmen werden immer häufiger von Wasserläufen durchzogen, teilweise überflutet, und gehen allmählich zu Mangrovensümpfen und schlickigen Küstenwäldern über. Die Küstendünen werden gegen den eisernen, beständigen Griff des offenen Meeres durch die dichten Mangrovenwurzeln geschützt. Die Küstenlinie des Deltabereichs dehnt sich schließlich 120 km weit aus. Man kann nicht mehr erkennen, wo der Fluss endet und das Meer beginnt, denn die salzige Flut drängt bis zu 50 km weit ins Land hinein. Die Kanäle und Inseln verändern sich dabei ständig; der Fluss schlängelt sich kurvenreich und meandert. Beiderseits des Deltas folgen bis über Quelimane im Norden und Beira am Süden **endlose flache Sandküsten** mit **dichten Mangrovenwäldern**. Diese schützen nicht nur die sandigen Küsten vor Erosion, sondern bilden auch den Lebensraum für Garnelen. Weil die Küste hier so flach ist, weist das Delta die stärksten Gezeiten ganz Afrikas auf: 6,4 m Differenz zwischen Ebbe und Flut.

Das nahezu undurchdringliche Labyrinth aus Wasserwegen, Sandbänken und Mangrovensümpfen bildete ein wahres Paradies für Wasserböcke und Büffel. Schätzungen gehen von 130 000 Büffeln aus, die einst im Delta gelebt haben sollen, die mit Abstand **größte Büffelherde ganz Afrikas**. Ihr sagenhafter Bestand blieb bis in die 1930er Jahre unangetastet, als organisierte Jagden eingeführt wurden, um einerseits die Felle zu vermarkten, aber auch die Arbeiter in der Zuckerfabrik von Marromeu mit Fleisch zu versorgen. Die Auswirkungen waren verheerend und schon 1960 sah sich die Regierung gezwungen, die professionelle allgegenwärtige Jagd nach Fleisch, Fellen und Elfenbein zu verbieten. Statt dessen führte man kontrollierte Jagdsafaris ein. Südlich des Sambesi konnte sich der Tierbestand im neu eingerichteten Marromeu Büffelreservat wieder erholen; am Nordufer, das wegen der fruchtbaren Böden viel stärker besiedelt war, hatten die Wildtiere keine Chance mehr.

Großen Schaden nahm das Ökosystem auch durch die mehrfache Stauung des Sambesi. Früher schwemmte der Sambesi bei Hochwasser wertvolle Schlämme aus dem Inneren Afrikas in das mosambikanische Tiefland. Die Dämme Kariba und Cahora Bassa lassen dem Deltagebiet kaum noch fruchtbaren Schlamm zukommen, weil dieser in den Stauseen abgefangen wird und die natürlichen Überschwemmungen ausbleiben. Heute ist der Fluss gezähmt, das Delta schrumpft und die Vegetation verändert sich zusehends. Riedbänke breiten sich aus, der Fischbestand reduziert sich und die fruchtbaren Anbauflächen in den Schlemmlandflächen sind verschwunden. Gleichzeitig wird das Grasland überbeansprucht, das früher durch die Überflutungen Schutz und Regeneration fand.

SAMBESIDELTA

Auch heute noch liegen die meisten Dörfer der Region am Nordufer des Sambesi. Fischfang im Delta und auf hoher See, Kokosnuss- und Cassavaanbau bilden ihre Erwerbsgrundlage. Die Lebensbedingungen sind hart und bescheiden. Bei Tagestemperaturen von durchschnittlich 34-36 °C, teilweise auch auf 45 °C steigend, und einer Luftfeuchtigkeit von 80 % ist das Klima höchst belastend und das Delta eine Brutstätte der Malaria.

Blick in die Geschichte: Chinde

1890 erkannte der Engländer Daniel J. Rankin den Chinde-Kanal als direkten, unkomplizierten Zugang zum Sambesi. Die Bedeutung dieser Entdeckung wird erst klar, wenn man sich vorstellt, dass bis dahin die Schiffskapitäne mitunter tagelang vor der Küste nach dem richtigen Zugang zum Sambesi suchten. Durch diese Wasserstraße blieb den Schiffen also die konfuse Passage durch das verschlungene Labyrinth des Sambesideltas erspart. Großbritannien beanspruchte sogleich einen Teil des Landes an der Bucht von Chinde, um dort seine Waren in die Binnenkolonie Nyasaland (Malawi) zu befördern. Also verpachtete Portugal den Briten 10 ha Land mit 400 m Küstenlinie am 01.01.1892. Dies gilt als Gründungsdatum von Chinde, das sich trotz seines schlechten Images – die tiefliegende Siedlung auf einer Sandbank inmitten der Mangrovensümpfe galt als extrem ungesund und unattraktiv – rasch zu einem wichtigen Einfallstor nach Innerafrika mauserte.

Zu Beginn des 20. Jh. hatten es sich die Ansässigen so bequem wie möglich gemacht; trotzten der öden Lage und dem Malariaklima mit einem Tennisplatz und zweistöckigen Häusern. Tausende Passagiere kamen in jenen Jahren durch Chinde, für die diese kleine Siedlung der erste Kontakt mit dem afrikanischen Festland bedeutete. Die Bodenerosion war so stark, dass Chinde mehrmals verlegt werden musste. Die Eröffnung der Bahnverbindung von Beira über Sena nach Nyasaland im Jahre 1922 lenkte die Verkehrsroute abrupt von Chinde nach Beira. Die Zeit der langsamen Dampfschiffe wurde durch die Eisenbahn allerorten abgelöst. Am 24.02.1922 fegte auch noch ein verheerender Zyklon über Chinde hinweg, bei dem 55 Menschen ertranken, zahlreiche Gebäude zerstört wurden und mehrere Schiffe im Hafen sanken oder an Land geschleudert zerbarsten. Ein Wiederaufbau der zerstörten Hafenstadt schien wenig interessant. So erlosch 1923 die britische Konzession und Chinde versank in Bedeutungslosigkeit. Heute unterhält die Welthungerhilfe in Chinde ein Projekt, weshalb LAM Flüge von Quelimane anbietet (Straßenverbindung existiert dagegen nicht).

Provinz Sofala — BEIRA KORRIDOR

Fahrtstrecke: Von Beira nach Chimoio

Beira – Chimoio

Gesamtstrecke: 199 km
Fahrzeit: ca. 3 Std.
Zustand: Asphaltstraße
Tankstellen: in Dondo, Namatanda

Die Straße führt durch die Púngoe-Tiefebene bis Inchope (KM 135), wie auf S. 199 beschrieben. In Inchope zweigt die EN1 in Richtung Gorongosa bzw. nach Süden zum Rio Save ab. Wir halten uns geradeaus und befinden uns nun in der Provinz Manica. Die als Beira Korridor bekannte Straße schlängelt sich die ersten Berge hinauf und erreicht bei KM 199 die Provinzhauptstadt Chimoio (S. 222).

Beira Korridor

Der Beira Korridor beinhaltet die Fernstraße, die parallel verlaufende Eisenbahnlinie und eine Ölpipeline zwischen der Hafenstadt Beira und Zimbabwe. 1980 entstand dieser etwa 300 km lange Verkehrsweg aus dem Bedürfnis des soeben unabhängig gewordenen Zimbabwe, alternative Transitrouten zu den südafrikanischen Verkehrswegen zu erschließen. Damals herrschte am Kap noch das Apartheidregime und die unabhängigen Staaten im südlichen Afrika versuchten sich von der Wirtschaftsmacht Südafrika zu lösen. Die Prognosen für den Beira Korridor waren durchaus vielversprechend, doch der Bürgerkrieg setzte den Plänen ein jähes Ende. 1982 musste der Eisenbahntransport nach Sabotageakten der Renamo eingestellt und die Verschiffung von Steinkohle aufgegeben werden. Um die strategisch so wichtige Verbindungsstraße offen zu halten, sandte der zimbabwische Präsident Soldaten nach Mosambik, die fortan in Militärkonvois die Fahrzeuge entlang des Beira Korridors gegen Angriffe der Renamo schützten. Bis Kriegsende galt der Beira Korridor als eine der ganz wenigen „sicheren" Straßen Mosambiks, im Gegensatz zum sog. „Tete Run", der Transitstrecke zwischen Zimbabwe und Malawi, wo trotz Militärkonvois regelmäßig Fahrzeuge überfallen wurden.

Fahrtstrecke: Von Inchope nach Caia via EN 1

Inchope – Caia (EN 1)

Gesamtstrecke: 309 km
Fahrzeit: ca. 4 Std.
Zustand: neue Asphaltstraße
Tankstellen: keine!
Kein Sprit von hier bis Quelimane!

Übernachtungsgelegenheit 15 km nördlich von Inchope an der EN1: Complexo Arco Iris, Tel. 825565200

Die seit Jahren projektierte Fernverbindung von Gorongosa nach Caia ist im Jahr 2003 endlich fertiggestellt worden und ermöglicht die Passage in angenehm zügigem Tempo. Von **Inchope** geht es zunächst 33 km bis zur mächtigen Brücke über den Rio Pungoé. 9 km weiter ist die Abzweigung zum Gorongosa NP. Die erhöht gelegene Kleinstadt **Gorongosa** erreicht man schließlich nach weiteren 32 km. Außer einem prächtigen Ausblick auf den Monte Gorongosa und dem kleinen Markt bietet die Stadt nicht viel. Früher lag hier eine Hochburg der RENAMO, und die Straßenbautrupps haben etliche Landminen entdeckt. 199 km nach Gorongosa stößt die neue Straße auf die EN 213 zwischen Beira und Caia. Bis Caia sind noch 44 km zu fahren, zur Fähre über den Sambesi weitere 5 km (Beschreibung s. S. 209). Anschlussstrecke Caia - Quelimane: s. S. 244.

Übernachtungstipp: 32 km südlich der Sambesifähre, bei KM-Markierung 925, liegt mitten im einsamen Buschwald die idyllische Anlage **"Catapu M'phingwe"**. Holzchalets (17-35 Euro/Nacht), Mietzelte, Camping, gute Sanitäreinrichtungen und ein kleines Restaurant. Sehr liebevoll und kunstsinnig errichtet. Tel. 23302161.

Parque Nacional da Gorongosa

Bis in die 1970er Jahre galt der Gorongosa Nationalpark in Zentralmosambik als einer der schönsten Parks im südlichen Afrika und erfreute sich rund 11 000 Besuchern pro Jahr. Seine ansprechende Landschaft und artenreiche Tierwelt bezauberte Kolonialisten und Besucher des Landes gleichermaßen. Die berühmten „Big Five" (Elefant, Löwe, Leopard, Büffel und Nashorn), die seinerzeit eine gelungene Safari ausmachten, waren zahlreich im Gorongosa NP vertreten.

Früher ein Vorzeigepark

Der Niedergang dieses herrlichen Parks gehört zu den dunklen Kapiteln des Bürgerkriegs. Die Renamo hatte in dem an natürlichen Deckungen reichen Gebiet zwischen Monte Gorongosa und dem Nationalpark ihr strategisches Hauptquartier eingerichtet. Die Rebellen sollen sich auch in der unzugänglichen Flutebene aufgehalten haben. Wildtiere dienten den hungrigen Soldaten als Fleischquelle, wurden durch Landminen in Stücke gerissen oder flohen in Panik. 1983 wurde der Park offiziell geschlossen. Zwei Jahre später eroberte die Frelimo nach heftigen Kämpfen das Renamo-Quartier „Casa Banana" im Park. Der Nationalpark lag also mitten in der Kriegsfront.

Für die Soldaten und Rebellen galt der Park als Selbstbedienungsladen

Großflächig vermint und nahezu leer gewildert, ohne Infrastruktur und Verwaltung, das alte Camp zerschossen – derart „kriegsversehrt" erlebte das ehemalige Schmuckstück des Landes das Bürgerkriegsende. Dennoch fanden sich rasch Befürworter für eine vollständige Reanimierung des Nationalparks. Mit enormem Engagement und kräftigen EU-Finanzhilfen ging es 1995 an den mühseligen Wiederaufbau. Niedergerissene Zäune mussten wieder aufgestellt werden, Scouts angelernt und vor allem die Landminen geräumt werden. Anschließend haben viele Tiere aus anderen Parks und Schutzgebieten im Gorongosa NP eine neue Heimat gefunden.

Parkgeschichte

1921 wurde an dieser Stelle ein erstes, rund 1000 km² großes Wildschutzgebiet eingerichtet und 14 Jahre später auf 3200 km² Fläche ausgeweitet. In den 1930ern lag das Besuchercamp "Casa das Leoes" am Rande der Flutebene (benannt nach den vielen Löwen der Gegend). Dort wurde es regelmäßig überschwemmt und so verlegte man das Camp von dieser exponierten Position an einen vor Überschwemmungen sicheren, aber wenig Ausblick bietenden Platz im Gebüsch. Den Status eines Nationalparks erhielt das Schutzgebiet im Jahre 1960. 1967 folgte eine Flächenerweiterung auf 5370 km². Der Bürgerkrieg zwang 1983 zur Schließung des Parks. Nach intensiver Minenräumung wurde er 1998 wieder eröffnet. Im Internet: www.gorongosa.net.

Allein im Jahr 1973 zählte der beliebte Park 11 000 Besucher

Die Wildhüter freuen sich über jeden Besucher, der nach so langer Zeit wieder den Park aufsucht. Die Männer haben zwar ein paar Ideen für den Park, aber da zur Zeit keine Entwicklungsgelder in den Park fließen, haben sie eine abwartende, passive Haltung eingenommen. Die Ruinen und zerschossenen Mauern aus dem Camp zu räumen, sollte mit Hilfe der Traktoren und Allradfahrzeuge, die zur Verfügung stehen, zwar auch ohne internationalem Engagement möglich sein. Aber alle warten irgendwie auf

Die Situation heute

Provinz Sofala — GORONGOSA NP

Geld und Antrieb von außen. Dabei haben sich die Besucherzahlen nicht gerade vervielfältigt. Im Gegenteil, es scheint sich eine merkwürdige Stagnation über den eigentlich so schönen Park gelegt zu haben.

Eintritt: Ausländische Besucher bezahlen pro Tag je 200 000 Mtc. (knapp 7 Euro) für den Eintritt und für ein Fahrzeug. Camping kostet 100 00 Mtc (3,40 Euro) pP/Tag, die renovierten 2-Bett-Chalets werden für 650 000

Eintritt und Unterkunft

Mtc. (etwa 22 Euro) angeboten. Bevorzugt werden die Gebühren in US$ kassiert, es wird aber auch eine Zahlung in Meticais oder SA-Rand akzeptiert. Man sollte den Betrag passend haben, denn das Wechselgeld ist notorisch knapp. Die Bar und das kleine Restaurant haben geöffnet.

Chitengo Camp war einst ein autarkes Riesencamp, ja fast eine Kleinstadt. Hier gab es stattliche Rundbungalows, zwei Schwimmbäder, eine Tankstelle, ein großes Restaurant, Verwaltungsgebäude etc. Seit dem Bürgerkrieg liegt es verfallen und desolat darnieder. Die Häuser zerschossen, etliche Mauern eingestürzt, überall Ruinen. Seit der Wiedereröffnung des Nationalparks kampieren die Besucher auf einer baumbestandenen Wiese (Ziziphus-Mucronata-Bäume) zwischen den verfallenen Gebäuden. Sanitäreinrichtungen (Toiletten, kalte Duschen) wurden neu errichtet und eine durchgehende Wasserversorgung ist gewährleistet (kein Trinkwasser). Abends bis 21.00 h lässt ein Generator schwaches Licht im Camp scheinen. Ansonsten befinden sich die Gäste aber noch inmitten eines Mahnmals gegen den verheerenden Krieg. Wir haben den Eindruck, mit Chitengo wieder einmal ein WWF-Projekt zu erleben, das den hohen Zielen der Organisation nicht gerecht wird. Alles

Bilder von oben: Die Zufahrt zum Park ist deutlich markiert; Chalets im Chitengo Camp

wirkt konzept- und rastlos. Die Ähnlichkeit zum Lochinvar NP Sambias drängt sich auf: Viel zuviele Leute wohnen im Camp (Kinder, Frauen, Nutztiere), die Angestellten wirken unmotiviert, und von den investierten Millionen ist wenig zu erahnen. Es ist ein Jammer, weil dieser Park so ein enormes Potenzial besitzt. Um mehr Touristen hierher zu locken, sollte man das Camp in die reizvollere Flutrandzone oder an den phantastischen Rio Missicadzi verlegen, die Chitengo-Siedlung auflösen, das gezielte Abbrennen der Vegetation einstellen, und den Tierschutz deutlich aktivieren.

GORONGOSA NP

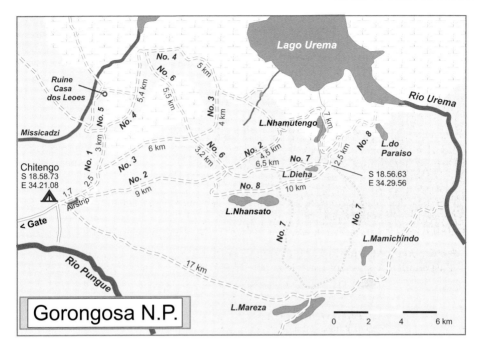

Zu Beginn der Saison, von Mai bis Juli, steht das Gras derart hoch, dass die Sicht stark eingeschränkt wird. Außerdem sind noch nicht alle Wege befahrbar. August und September eignen sich daher viel besser für einen Besuch des Parks. Ab Oktober fordern die hohen Temperaturen, die auch nachts nur wenig absinken, eine robuste Konstitution von den Besuchern. In manchen Nächten zwischen Juli und September zieht vom Meer ein nasser Nebel ins Landesinnere und bedeckt den Park am nächsten Morgen mit einer extrem feuchten Nebelluft (96% Luftfeuchtigkeit). Erst Stunden später dringt die Sonne wieder durch.

Beste Reisezeit

Wer möchte, kann mit den Scouts Walking Safaris unternehmen

Die Anreise in den Nationalpark erfolgt von der EN1 zwischen Inchope und Gorongosa. Die deutlich markierte Abzweigung in den Park liegt 42 km nördlich von Inchope bzw. 32 km südlich von Gorongosa (s. S. 199).

Die Parkzufahrt erweist sich als ruppige, aber gut befahrbare Waldpiste. Nach 4,4 km markiert ein Schild den Beginn des Nationalparks, aber erst nach weiteren 7,2 km erreicht man das Eingangstor (theoretisch liegt hier eine Gabelung nach Namatanda, doch ist der Weg nicht mehr befahrbar). Am Gate wird man registriert und die Parkwächter teilen die Ankunft per Funk dem Hauptcamp mit. Dann geht es weiter, ohne Eintritt bezahlt zu haben. Parkverwaltung und Campingplatz befinden sich beim 18 km entfernten Chitengo Camp.

Achtung: Dies ist die einzige Zufahrt in den Park. Eine Durchquerung und Ausreise nach Osten in Richtung Muanza ist nicht mehr möglich, da der Rio Urema nicht überquert werden kann.

Anreise

Nur eine mögliche Zufahrt in den Park

Infos für Autofahrer

Allrad ist innerhalb des Parks empfehlenswert, wenn auch die Zufahrt bis Chitengo problemlos ist und einige Wege im Park keinen Allradantrieb erfordern. Je mehr man sich dem Flutgebiet nähert, um so tückischer werden die Wege und können plötzlich feucht-sumpfige Bereiche haben. Alle Wege im Park sind in der Regenzeit auch mit Allradfahrzeugen nicht mehr passierbar. Zwischen Ende November/Mitte Dezember und April/Mai – je nach Wasserstand – ist der Gorongosa NP daher geschlossen.

Die maximal erlaubte Geschwindigkeit im Park beträgt 40 km/h. Es ist verboten, die Wege zu verlassen. Im öffentlich zugänglichen Teil des Parks sind die Minen geräumt worden. Weil aber nie 100 %ige Gewissheit besteht, dass alle Landminen entdeckt worden sind, sollte man stets auf ausgewiesenen Spuren bleiben. Nachtfahrten sind nicht erlaubt und Tiere haben Vorfahrt.

Die Wege im Park sind nummeriert, die Beschilderung ist relativ gut. Als besondere Wegstrecken, die sich durch landschaftliche Schönheiten auszeichnen und/oder gute Tierchancen bieten, empfehlen wir die Wege Nr. 1, 4 und 5. Nr. 5 verläuft entlang des malerischen, von Fieberbäumen gesäumten Rio Missicadzi, Route Nr. 4 führt direkt in das weite Flutgebiet. Wege Nr. 2, 7 und 8 gelten als Elefantengebiete.

Natur & Tierwelt

Der Nationalpark wird in drei Vegetationszonen gegliedert, die ihn landschaftlich vielseitig und attraktiv gestalten. Als Randgebiet liegt der Park in einem Ausläufer des **Rift Valleys**, jenes ostafrikanischen Grabenbruchs, der den Kontinent der Länge nach durchzieht. Vor allem im Westen, der dem Monte Gorongosa zugewandten Seite, dominieren Miombo-

GORONGOSA NP

wälder. Im Norden findet man die Vegetation des unteren **Sambesitals**, mit Baobabs, Dornbüschen und einzelnen Leberwurstbäumen. Diese Landschaftsform geht schließlich in die niedere **Küstenebene** über. Sehr hoch stehende Grasflächen und Fächerpalmen sind hier typisch. Entlang von Flussläufen wachsen Fieberakazien, Tümpel und Lagunen sind mit Wasserhyazinthen bedeckt. Am markantesten tritt die **baumlose Flutebene** in Erscheinung. Ein Wort zur Oberflächengestalt des Parks: Das Gelände flacht kontinuierlich von Westen nach Osten ab. Der Parkeingang liegt auf 170 m Höhe, Chitengo Camp nur noch auf 54 m.

Landschaftsformen

Schon gewusst?
Eulen gelten in Afrika meistens als Unglücksboten

Die **Tierwelt** muss sich dagegen erst langsam erholen. Zwar wurde die stark dezimierte Tierwelt in den letzten Jahren wieder aufgestockt, doch sind noch immer viel zu wenig Tiere im Park. Die Tiere sind außerdem noch recht scheu gegenüber den allmählich wieder auftauchenden Touristen.

Tierwelt

Das Ausmaß an Zerstörung und Ausrottung während des Bürgerkriegs wird erst durch diese über die Jahre im Gorongosa Nationalpark ermittelten Bestandszahlen deutlich (Angaben des Parkmanagers):

Tierart/Jahr der Zählung	1971	1979	1994	1997
Elefanten	2200	3000	110	120
Büffel	14000	18000	20	30
Flusspferde	3000	4500	10	30
Wasserböcke	2500	700	130	200
Kuhantilopen	800	900	30	40

Sorge um den Wildbestand (aktuellere Bestandsaufnahmen liegen uns nicht vor)

Derart geringe Bestände an Büffeln, Elefanten und Kuhantilopen können sich von allein nicht auf einer gesunden Basis erholen. Zum Erhalt dieser Tiere sind dringend Maßnahmen, wie die Einführung weiterer Tiere dieser Spezies, erforderlich. 2004 spendete Botswana dem Park **500 Elefanten**, die auf dem Landweg transportiert werden sollen – ein Großprojekt, das bis Redaktionsschluss aber noch immer nicht stattgefunden hat.

Auf allen offenen Flächen, wie dem Airstrip, weiden Oribis

Heute bestehen guten Chancen, Pinselohrschweine, Wasserböcke, Impala, Oribis, Steinantilopen und Schirrantilopen zu entdecken, mit etwas Glück vielleicht auch einen der rund 120 Elefanten zu erspähen. Hippos und Krokodile sind in den Flüssen beheimatet. Besonders auffällig sind die unglaublich großen Pavianherden und viele extrem stämmige Warzenschweine. Unserer Ansicht nach ist die Natur im Park mit ihren "**Märchenwäldern**" und der besonderen Atmosphäre **einen Besuch wert**.

Der Park gilt bei Ornithologen als große Besonderheit, da sein Artenreichtum grandios ist und hier, wie auch am Monte Gorongosa, mitunter sehr seltene Spezies gesichtet werden, wie Grünkopfpirol und Swynnertonrötel. Im Camp hüpft auch der seltene Morgenrötel durchs Gebüsch. Darüber hinaus ist er vor allem für Raub- und Wasservögel bekannt. In den Flutebenen halten sich an kleinen Tümpeln Purpurreiher, Schlangenhalsvögel, Nilgänse und Blaustirnblatthühnchen auf. Größere Gruppen Pelikane und Marabus sind ebenfalls nicht selten.

*Bilder links von oben:
Marabus am Rande der Flutebene;
Kleines Restaurant im Chitengo Camp;
Fahrspur zwischen dem Parkeingang und Chitengo*

PROVINZ MANICA

Feuchtmildes Klima begünstigt den Anbau von Zitrusfrüchten, Tabak, Gemüse und sogar von Wein!

Mit 61 661 km² Fläche ist Manica die zweit kleinste Provinz Mosambiks. Hier dominieren abwechslungsreiche, hügelige bis bergige Landschaften. An der Grenze zu Zimbabwe liegt der höchste Berg des Landes, Monte Binga mit 2436 m. Im Durchschnitt wohnen nur 11 Einwohner pro Quadratkilometer in diesem Gebiet, die meisten davon Shona und Sena. Hauptanbauprodukte sind Zitrusfrüchte, Gemüse und Tabak, daneben spielt der Fluorit- und Goldabbau eine Rolle.

Chimoio

Die Provinzhauptstadt macht einen eher unscheinbaren, etwas gesichtslosen Eindruck. Die alten Gebäude im Stadtzentrum ähneln stark dem kolonialen Baustil in Zimbabwe, ein Resultat des damals hohen britischen Bevölkerungsanteils in Chimoio (sprich "Schimojo"). Auch das milde, regenreiche Klima und die Umgebung mit markanten Granitdomen und sanften Hügeln geben dieser Ansiedlung auf 750 m Höhe eine an Zimbabwe erinnernde Atmosphäre. Heute stellt die fünft größte Stadt Mosambiks ein wichtiges landwirtschaftliches Zentrum dar mit guter städtischer Infrastruktur. Aus Mangel an Sehenswürdigkeiten wurde der „Cabeça do Velho", ein Granitberg 5 km östlich der Stadt, zum Aussichtspunkt erklärt.

Unterkunft
- **Hotel Executivo Manica:** Tel. 25123135, Fax 25123129. Das Mittelklassehotel mit dem kolonialen Touch gilt als beste Unterkunft in Chimoio. Die klimatisierten Zimmer kosten bei B&B 38 €/DZ und 69 €/EZ. Pool vorhanden und Restaurant (kein Alkoholausschank) mit Bar.
- **Motel Moinho:** Bairro Muzingaze, Tel. 25124762, Fax 25122550. Das Motel „Die Mühle" liegt 2 km außerhalb von Chimoio (Richtung Beira) und bietet neben sauberen Zimmern á 20 € auch Campinggelegenheit (4 €) und ein beliebtes Restaurant mit Bar.
- **Pensão Flor de Vouga:** Tel. 25122027/25122169. Einfache Unterkunft im Stadtzentrum mit Bar, Café. Zimmer ab 14 €, Gemeinschaftsbad.
- **The Pink Papaya:** Tel. 822372980, E-mail: helenmlarge@hotmail.com. Kleine Backpackerlodge in der Rua Pigivide/Ecke Rua 3 de fevereiro. Übernachtung im Mehrbettzimmer 7 €pP, Doppelzimmer kosten 20 €/Nacht. Mit Küchenbenützung.

Restaurants
Die kulinarische Auswahl ist groß. Sowohl im Ortskern, als auch in der Feira Popular, dem Messegelände, findet man Restaurants, wie z. B. das „Rufara".

Info
Man erreicht das städtischen Krankenhaus unter Tel. 25122415 und die Polizei unter Tel. 25122213. Das Postgebäude mit Telefonamt liegt an der Ave. Patrice Lumumba, ein Internetcafé in der Rua Dr. Aranjo de la Cerda. Banken und eine Wechselstube findet man in der Hauptstraße Ave. 24 de Setembro. Am Markt warten zahlreiche Geldwechsler auf Tauschwillige. Seit der große Shoprite-Supermarkt vor den Toren des Stadt eröffnete, sind die kleineren Läden im Zentrum ins Hintertreffen geraten.

An- und Weiterreise
Zwischen Chimoio und Beira, Tete und Mutare (Zimbabwe) bestehen tägliche Buserbindungen. Die zwischen Maputo und Tete bzw. Nampula pendelnden Expressbusse legen in Chimoio eine Zwischenübernachtung ein

CHIMOIO

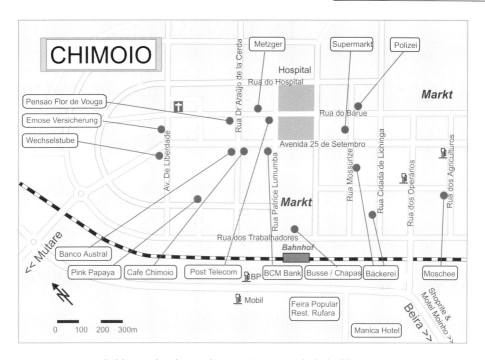

(mit Zustiegsmöglichkeit in beiden Richtungen). Der Busbahnhof liegt an der Avenida dos Trabalhadores gegenüber dem Bahnhof. Der 8 km außerhalb Chimoios gelegene Flughafen (Richtung Mutare, Tel. 25122242) wird nicht nach festem Fahrplan angeflogen. LAM-Flüge können in der Reiseagentur Agência Mafuia in der Rua dos Operários, Tel. 25122580, arrangiert werden.

Flughafen

Fahrtstrecke: Von Chimoio nach Mutare

4 km westlich von Chimoio zweigt links die Straße zum Flughafen ab. Nach insgesamt 22 km erreicht man die Abzweigung nach Tete (Beschreibung S. 230). 6 km weiter lädt direkt an der Straße das „Restaurant Estagem da Selva" zu einer Rast (schönes Gartenlokal mit Wiese, Pool und Souvenirladen). Die Asphaltstraße führt durch ein intensiv bebautes Gebiet, das mit Aufforstungen durchsetzt ist. Bei KM 37 liegt der Abzweig zur Staumauer des **Chicamba Real Stausees**. Der weit verzweigte, riesige See entstand durch die Stauung von Rio Revué und Rio Msika. Eine schmale Piste führt zur gut 16 km entfernten 125 m breiten Staumauer des „Barragem de Chicamba Real". Es gibt eine zweite Zufahrt zum Stausee, die 47 km westlich von Chimoio von der EN 6 abzweigt und nach 5 km Piste Casa Msika erreicht (siehe S. 224).

Chimoio – Mutare (Zimbabwe)

Gesamtstrecke: 99 km
Fahrzeit: ca. 2,5 Std. mit Grenzformalitäten
Zustand: gute Asphaltstraße
Tankstellen: in Manica

CASA MSIKA · MANICA

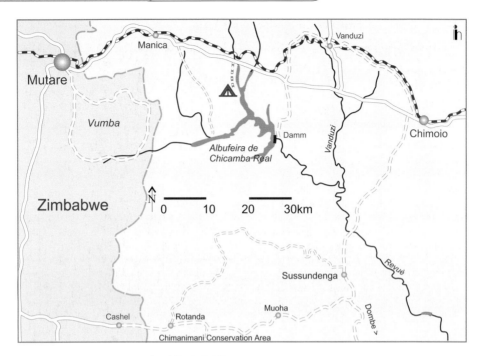

Casa Msika
Tel. 25166009, Fax 25122701. Beschauliche Ferienanlage eines ehemaligen Krokodilzüchters (Besitzerwechsel), direkt am Ufer des Sees gelegen. Chalets und Campingplatz mit viel Federvieh (Puten und Strauße), Ziegen und Krokodilteichen. Pool, Restaurant und Bar stehen auf einer Landzuunge im See. Preise: Chalet (3 Betten) 25 Euro, Zimmer (2 Betten) 16 Euro, Camping 2 Euro p P.

Nach 71 km Fahrt gelangt man in die letzte mosambikanische Ortschaft vor der Grenze: Inmitten der ansprechenden 750 m hohen, hügeligen Landschaft liegt die Kleinstadt **Manica** eingebettet. Sie wirkt auf Anhieb netter und nostalgischer als Chimoio. Die alten Häuser zeigen sowohl britische als auch portugiesische Einflüsse und zeugen von einer wohlhabenden Vergangenheit. Goldminen, eine Mineralwasserfabrik und der Kaffeeanbau stellen die wirtschaftliche Grundlage der ruhigen Gemeinde.

- **Manica Lodge:** Tel. 25162452. Neben dem städtischen Schwimmbad am westlichen Ortsrand gelegen, bietet diese einfache Anlage Rondavel für 15 €/DZ und 24 €/EZ.

Ausreise nach Zimbabwe

Die lebhafte Grenzstation Machipanda liegt 20 km westlich von Manica und ist täglich von 06.00-18.00 h geöffnet. Kurz danach erreicht man Mutare, die erste Stadt Zimbabwes mit guten Versorgungsmöglichkeiten (Hotel/ Camping, Banken, Supermärkte, Werkstätten).

Oben: Restaurant von Casa Msika

Abstecher in die Berge:
Von Chimoio nach Dombe und Espungabera

Südlich des Beira Korridors EN 6 schließen sich beeindruckende, kaum zugängliche Bergregionen mit der höchsten Erhebung des Landes, Monte Binga mit 2436 m, an. Nur wenige Straßen erschließen das abwechslungsreiche Gebiet. Auf abenteuerlicher Fahrt geht es dabei durch bizarre, wechselhafte Landschaften.

Von Chimoio nach Dombe und Espungabera (269 km)

Die Fahrt beginnt 4 km westlich von Chimoio an der Straße zum Flughafen. Durch eine flache, stark abgeholzte Region führt die breite Piste nach **Sussundenga** (früher Vila Nove de Vidigeira, 38 km). Die aufstrebende Stadt verfügt über mehrere Schulen, ein großes Hospital, Telefonamt – aber keine Tankstelle. 10 km weiter zweigt man an der Weggabelung nach links ab in Richtung Dombe. Die nun folgenden 80 km entlang der Ausläufer der Chimanimani-Berge im Planalto de Chimoio bis Dombe bieten extreme Kontraste. Zunächst geht es noch unspektakulär auf der 600 m hohen Ebene dahin, durch Dörfer, die ringsum alle Bäume abgeholzt haben. Dann kommt der Abstieg, eine kurvenreiche Fahrt durch die Berge. Hier zeigt sich ein Bild des Schreckens: Einzelne Hütten oder Kleinstdörfer schmiegen sich an die Berghänge. Der ganze Umkreis solcher menschlichen Behausungen ist ein schrecklicher Kahlschlag. Hunderte Bäume, die von ein, zwei Arbeitern umgeschlagen werden. Dann wird abgebrannt und später für kurze Zeit auf den steilen, unergiebigen Hängen Ackerbau betrieben. Wo die Menschen noch nicht zugeschlagen haben, offenbart sich ein herrlicher, dichter und uralter Wald. Nach einiger Zeit liegen die Hütten zurück und die Piste durchzieht eine menschenleere Bergregion, wo nur die parallel verlaufenden Strommasten die natürliche Umgebung stören. Hier liegt ein Abschnitt mit phantastischen Urwaldriesen, mit einem tropischen Paradies, das einem den Atem verschlägt. Gigantische Baumriesen drängen gen Himmel; Bäume, die Jahrhunderte alt sein müssen und anscheinend von einem besonderen Klima profitieren, welches dieses Wachstum ermöglicht. Über diese Bergwälder gelangt man schließlich ins Tiefland und erreicht nach 126 km Fahrt die Ortschaft **Dombe**. Hier gibt es Schulen, eine Polizei, ein Minenräumkommando, frisches Brunnenwasser, aber keine Tankstelle, obwohl in manchen Karten verzeichnet. Treibstoff wird manchmal aus Fässern verkauft.

Zerstörung alter Urwälder: siehe Bilder Seite 229

Vom Kahlschlag zu den beeindruckenden Baumriesen

Dombe ist zugleich Weggabelung. Entlang dem Rio Buzi führt eine breite Piste durch sumpfhaltige Busch- und Waldlandschaften nach Osten zur Fernstraße EN1. Die Straße lag wohl einst an der umkämpften Frontlinie, denn am Wegesrand liegen noch zahlreiche ausgebrannte Fahrzeugwracks. Die Bewohner der wenigen Dörfer, zumeist Mandao und Shona, sind scheu und zurückhaltend. Dombe liegt aber auch an der Straße nach Espungabera. Etwa 1 km westlich des Ortes verkehrt die handbetriebene **Fähre über den Rio Lucite**, einen Zufluss in den Rio Buzi. Gegen einen Betrag von ca. 1,50 € werden Fahrzeuge übergesetzt. Diese Fähranlegestelle hat eine kulturelle Besonderheit zu bieten: Flache Boote, die aus der abgezogenen Rinde eines mächtigen Baumes gefertigt werden. Sie dienen als eine Art

Tipp!

siehe Bild S. 227!

Provinz Manica — ESPUNGABERA

Sehr sehenswert! Wassertaxi für Fußgänger. Der Bootsmann steht aufrecht in der Rindenschale und stakt – den Gondolieri in Venedig gleich – mit einem langen Stecken in die Tiefe. Diese traditionelle Bootsbauart ist heute sonst nirgends mehr zu finden und wird im Naturhistorischen Museum von Maputo ausgestellt.

Von Dombe weiter nach Espungabera Am Südufer führt die EN 216 nun direkt auf die Berge zu. Die gut gepflegte Erdstraße durchquert zunächst schier endlose dichte Miombowälder. Nach 35 km setzt plötzlich für 17 km ein schmaler Asphaltbelag ein. Dann geht es wieder auf Lateritpiste weiter, nun aber durch eine grandiose Bergwelt mit viel Panorama. Die Männer tragen hier meist Pfeil und Bogen bei sich, um immer für die Jagd bereit zu sein. 67 km nach Dombe trifft man in Dakata erstmals wieder auf eine Schule und ein größeres Dorf. Danach

Immer höher in die Berge hinauf... zieht die Straße wildromantisch in die Berge hinauf, überquert klare, sprudelnde Flüsse und Bäche und lässt erahnen, welch atemberaubende Schönheit dieser Wegabschnitt einst bot, bis die Abholzung der Urwälder begann. Heute stehen nur mehr Reste dieser ehrwürdigen Wälder. Bei KM 100 hat man den höchsten Punkt auf einem Bergrücken erklommen (1000 m Höhe) und gerät an eine T-Kreuzung (GPS S 20.25.69 O 32.45.87). Der Blick streift weit ins flache mosambikanische Hinterland und zu den nahen Teeplantagen und großen bewässerten Feldern Zimbabwes hinüber. Die **Landesgrenze** liegt nach rechts nur 1,2 km entfernt auf einem einsamen Bergrücken (täglich von 06.00-18.00 h geöffnet, freundlich und sehr ruhig).

Grenzort Espungabera Links führt der Weg nach 4 km geradewegs in die Grenzstadt **Espungabera**. Obwohl ohne touristische Besonderheiten oder Sehenswürdigkeiten strahlt Espungabera etwas aus, das den meisten mosambikanischen Städtchen aufgrund der niedrigen Höhenlagen fehlt: es ist dieser Geruch von Pinienhölzern, es sind die Jacaranda-Alleen und hohen Eukalyptusbäume, es mögen auch die tief rote Lateriterde sein und die Bretterbuden. Ganz bestimmt sind es der andere Lichteinfall und die Kühle, die sich hier schon nachmittags einstellt. Auch Espungabera hat kaum Versorgungsmöglichkeiten und keinerlei Treibstoff zu bieten.

Siehe auch S. 228! Die Ortschaft liegt zu Füßen des 1234 m hohen Mount Selinda, der auf zimbabwischen Staatsgebiet liegt. Die Nebelwälder an seinen Hängen (Chirinda Forest) gelten als die südlichsten subtropischen Regenwälder

Info für Zimbabwe Afrikas. Das botanische Kleinod, in dem über 50 m hohe Mammut-Mahagonibäume (Durchmesser bis 5,25 m!) wachsen, steht in Zimbabwe unter Naturschutz. Unterkunft bieten dort hübsche Selbstversorger-Chalets und ein kleiner Campingplatz (Tel. Zimbabwe 00263-127-224116 oder 126-24841).

Weiterfahrt von Espungabera nach Süden Espungabera hat laut gängigen Landkarten eine Straßenverbindung nach Süden bis an den Rio Save. Wir haben dieser Strecke erkundet und folgendes recherchiert: Von Espungabera führt sie durch die fast vollständig abgeholzten Berglandschaften. Der Kahlschlag macht betroffen, insbesondere durch die nahen blühenden Plantagen Zimbabwes, die in krassem Kontrast zu den abgebrannten, kargen Böden Mosambiks stehen. Hier siedeln vor allem Shona, kaum jemand spricht portugiesisch oder englisch. Viele Frauen machen einen respektvollen Knicks, wenn wir vorbeifahren. Nach 18 km beginnt die kurze, steinige Pistenabfahrt. Nach etwa 8 km hat man den steilen Abstieg von über 900 auf 300 m bewältigt und fährt nun

ESPUNGABERA

entlang einer flachen, guten, sehr staubigen Sandpiste. Alle Furten und Brücken wurden 2001 erneuert. Fast wie eine Pistenautobahn führt die Straße durch das extrem einsame, wildreiche Buschland. Alle Männer sind hier mit Pfeil und Bogen bewaffnet. Sie jagen Kudus, Böckchen, Affen und Vögel. Nach 98 km Fahrt gelangt man im Dorf **Machaze** an eine Gabelung (GPS S 20.49.58 O 33.22.16). Die Hauptstraße führt in östlicher Richtung weiter bis Chipudie (KM 124) und bei KM 172 an eine T-Kreuzung unter einem mächtigen Baobab (GPS S 20.21.96 O 33.46.52). Man biegt nach rechts und erreicht nach weiteren 19 km die Fernstraße EN1 in Muxungue (191 km ab Espungabera, Anschlussstrecke s. S. 198).

Die Landkarten zeigen aber auch eine Straßenverbindung zwischen Espungabera und Massangena am Rio Save. Diese Direktverbindung wurde nach dem Bürgerkrieg nicht mehr aufrechterhalten. Die neue Zufahrt zum Save beginnt nun an der Gabelung im Ort Machaze (siehe oben). Eine Sandpiste wurde von hier durch das Dornbuschland direkt nach Süden gezogen, entlang der Strecke haben sich zahlreiche Dörfer angesiedelt, deren Bewohner ausgesprochen fröhlich sind. Viele Wohneinheiten verstecken sich hinter dichten Hecken. Fahrräder sind weit verbreitet, die Frauen benützen sie, um Wasser zu holen. Nach 58 km endet der Weg im Großdorf Chidoco (GPS S 21.19.19 O 33.16.91). Es gibt eine weiterführende Piste, die parallel zum Save bis nach Zimbabwe führt (eine „Grüne Grenze" sozusagen). Dabei kommt man nach etwa 30 km auf die Höhe von Massangena. Doch nur Einbäume verkehren an dieser Stelle, um Personen und Waren ans Südufer zu bringen. Fahrzeuge müssten den Save direkt durchqueren, was bestenfalls am Ende der Trockenzeit in Jahren mit sehr niedrigem Wasserstand möglich ist.

Bilder rechts: Rindenboote am Rio Lucite; Tanken aus Fässern in Dombe; Eukalyptusallee in Espungabera

227

AKTUELL VORGESTELLT:

Mount Selinda und Chirinda Forest

An der Grenze zwischen Zimbabwe und Mosambik an den südlichen Ausläufern der Chimanimani-Berge liegt ein wenig besuchtes, aber höchst beeindruckendes Kleinod, der Chirinda Forest am Mount Selinda. Hierbei handelt es sich um den südlichsten erhaltenen subtropischen Regenwald Afrikas. Richtig definiert ist er ein Nebelurwald mittlerer Höhenlage. Diese Waldart fand ursprünglich stärkere Ausbreitung im Planalto de Chimoio (in Zimbabwe werden sie Eastern Highlands genannt), doch waren genau die fruchtbaren, regenreichen Gebiete mittlerer Höhen das bevorzugte Agrarland der europäischen Siedler. Stück für Stück wurden die Urwälder abgeholzt und zu Kaffeeplantagen und Äckern umgepflügt. Wie eine Insel ist das botanische Juwel Chirinda Forest inmitten der fruchtbaren Agrarlandschaft erhalten geblieben.

Das Schutzgebiet umfasst 950 ha, wovon zwei Drittel mit Nebelurwald bedeckt sind. Seine Entstehung verdankt der Urwald der geographischen Lage und den Klimaverhältnissen. Mount Selinda ist eine 1234 m hohe Erhebung mit zwei Berghügeln. Die Umgebung liegt auf etwa 1000 m Höhe und fällt flach zum Indischen Ozean hin ab. Keine andere Bodenerhebung liegt zwischen Mount Selinda und der 400 km entfernten Meeresküste. Auf diese Weise wirkt der Berg wie eine Wettergrenze. Feuchte, schwere Luftmassen werden vom Indischen Ozean direkt an den Mount Selinda getrieben, wo sie sich heftig abregnen (durchschnittlich 1466 mm/Jahr). Am Abhang des Berges, etwa auf 1100 m Höhe, konnte sich so ein immergrüner Nebelwald mit 100-2000 Jahre alten Bäumen in bis über 50 m Höhe entfalten.

Viele seiner Pflanzen und Tiere kommen sonst nirgendwo in Mosambik und Zimbabwe vor, einige wenige sind sogar endemisch. Mehr als 100 verschiedene Baumarten sind vertreten, darunter afrikanische Mahagonibäume, Feigen, Eisenholz, aber auch Farne, Lianen, Orchideen und Moose.

Chimanimani Nationalpark (Zimbabwe)

Der 171 km² große Nationalpark ist ein Paradies für Wanderer und Bergsteiger, denen sich nach dem beschwerlichen Aufstieg die Schönheit dieser einsamen Gebirgslandschaft erschließt, ohne sie, wie in den europäischen Alpen, mit unzähligen, von Gondeln herauf beförderten Ausflüglern teilen zu müssen. Das Naturerlebnis und die körperliche Herausforderung beim Wandern, Bergsteigen oder Klettern stehen hier an oberster Stelle. Der Nationalpark ist vollkommen naturbelassen. Es wurden keine Straßen angelegt, lediglich mit Steinen markierte, unbefestigte Pfade durchziehen die urwüchsige Landschaft. Einzige menschliche Bauwerke sind das Basiscamp auf 1300 m Höhe und die Schutzhütte für Wanderer im Bundi Hochtal.

Nachdem man mit dem Aufstieg vom Basiscamp in das Bundi Hochtal mit der Schutzhütte den anstrengendsten Teil geschafft hat, sind alle anderen Wanderungen leichter zu bewältigen. Oft wandert man ohne große Steigungen. Eine beliebte Route führt von der Schutzhütte in gut 2 Stunden zum **Skeleton Pass**, der eine weite Aussicht nach Mosambik, an klaren Tagen sogar bis zum Indischen Ozean, gewährt. Viele Besucher wählen den dreistündigen Aufstieg auf den Gipfel des höchsten Berges, **Mount Binga** (2436 m), der in Mosambik liegt. Hier kann man den hohen Martin-Wasserfall in Mosambik sehen. Unterhalb des Gipfels eignet sich eine Wiese zum Campen. Ein 8 km langer Pfad, der teilweise durch Mosambik führt, bezwingt den 1893 m hohen Pass „The Saddle". Noch weiter südlich liegt die unberührte Haroni Gorge, eine wildromantische, aber reichlich unzugängliche Schlucht.

•**Reisezeit & Klima:** Beste Wandersaison sind die Monate von Juli bis September. Ab Ende September nimmt der Nebel zu, zwischen Mitte November und Ende März herrscht heftige Regenzeit. Typisch ist ein dichter Nieselnebel in den frühen Morgenstunden beim Basiscamp, der meistens wieder aufklart. In den Bergen besteht die Gefahr sehr schneller Wetterwechsel und Temperaturstürze.

•**Ausrüstung:** Mitzubringen sind: Leichter Rucksack, Schlafsack, warme Kleidung, Regenschutz, Taschenlampe, Wasserflasche, Sonnenhut, Erstehilfeset, ordentliche Wanderschuhe, Verpflegung, evtl. Kochutensilien, Kompass bzw. GPS. Das Wasser der Gebirgsbäche ist trinkbar.

Peace Parks Projekt III:
Grenzüberschreitender Nationalpark in den Chimanimani-Bergen

Das magisch klingende Chimanimani ist ein Shona-Ausdruck und bedeutet „im Gänsemarsch gehen". Dies bezieht sich auf die Schlucht des Musapaflusses am mosambikanisch-zimbabwischen Grenzverlauf, der hier so schmal wird, dass man die Passenge nur im Gänsemarsch bezwingen kann.

Die schroffen, bis zu 2436 m hohen Chimanimani-Berge sind ein Ausläufer des Ostafrikanischen Grabenbruchs und fallen nach Süden steil und abrupt in das flache Tiefland ab. Sie bestehen aus hellem, weichen Quarzit- und Sandstein, weshalb sie im Gegensatz zu den nördlichen Bergen des „Planalto de Chimoio" (Zimbabwe: Eastern Highlands) auffallend zerklüftet sind. Aus geologischer Sicht handelt es sich um drei parallele Höhenzüge in N-S-Richtung. An der östlichen Gebirgskette, welche die Grenze zwischen Mosambik und Zimbabwe bildet, liegen die höchsten Berggipfel: Binga (2436 m), Mawhenge (2399 m) und Domba (2215 m).

Das steile, nach Süden und Osten von Flachland umgebene Gebirge wirkt als Wettergrenze. Den häufigen Regenfällen verdanken die Berge ihre ungewöhnlich artenreiche Vegetation mit 45 endemischen Pflanzen. Dichte Bergwälder in den Hanglagen und offenes Grasland im Hochtal sind typisch. Heimisch sind außerdem seltene Baum- und Palmfarne, Berghibiskus, Orchideen, Aloen, Zedern, Gelbholz und Bergakazien. Die vielfältigen Landschaftsformen, ein wertvolles Vogelschutzgebiet, bieten auch scheuen Wildtieren, wie Blauduckern, Klippspringern, Rappen- und Elenantilopen, einen sicheren Lebensraum.

Oben: Trostloser Kahlschlag: Die herrlichen Bergurwälder werden rigoros abgeholzt

In Zimbabwe werden die Chimanimani-Berge schon seit Jahrzehnten geschützt (s. links); und in Mosambik nimmt die „Area Conservação Transfronteira Chimanimani" (Peace Parks-Modell) Dank eines Millionenkredits der Weltbank auch endlich Gestalt an. Naturfreunden stehen drei einfache, von Caretakern betreute Camps mit Hütten, Campinggelegenheit und Englisch-sprachigen Guides für **Wanderungen** oder mehrtägige **Treckingtouren** zur Verfügung. Chikukwa Camp und Mahete Camp, ideale Ausgangslager für Wanderungen, sind von Chimoio über Sussundenga und die ER 441 Richtung Rotanda erreichbar (Abzweig beim Dorf Chimbuwane). Das tief im gleichnamigen Wald gelegene einfache Moribane Camp liegt an der Straße von Sussundenga nach Dombe (EN 216). Wanderwillige sollten sich möglichst voranmelden; auch Transfers für Nichtmotorisierte lassen sich so arrangieren. Weitere Infos bietet Dr. Haas (www.africa-tour.de).

Infos für Camper und Wanderfreunde

Fahrtstrecke: Von Chimoio nach Tete

Chimoio – Tete

Gesamtstrecke: 387 km
Fahrzeit: ca. 5-7 Std.
Zustand: schlechte Asphaltstraße
Tankstellen: keine
Besonderheit: bis Changara sehr einsam

Die Fernstreckenverbindung verläuft größtenteils durch sehr einsame Berglandschaften, der Verkehr ist mäßig. Von Chimoio folgt man zunächst der EN 6 in Richtung Manica bis nach 22 km die EN 102 abzweigt. 12 km weiter durchquert man die Kleinstadt Nova Vanduzi. Anschließend geht die Fahrt über den Rio Púngoe weiter bis man nach insgesamt 144 km die malerische Ortschaft **Catandica** erreicht. Von hier bis Changara tauchen immer wieder sog. „Balancing Rocks" auf, scheinbar balancierende Granitblöcke, die wie spielerisch von Riesenhand übereinandergelegt wirken. Diese Gebilde entstanden in Jahrmillionen durch Erosion und tektonische Verschiebungen. Als besonders hartes Gestein blieben die isolierten Granitblöcke zurück, während die sie umgebenden Geröllschichten und weicheren Steine abgetragen wurden.

Oben: Straßenszene in Mittelmosambik: Ein schwerfälliger Lkw und Schlaglöcher im Asphalt

Bei KM 239 passiert man die Ortschaft Guro und kommt nach weiteren 17 km vor einem markanten Kegelberg an die beschilderte Abzweigung nach Mungári und Tambara (siehe Beschreibung S. 212). Die nächsten 54 km bis Changara fällt die ramponierte Schlaglöcherstraße beständig ab zum Sambesi-Tiefland (Ausbesserungsarbeiten sind im Gange).

Changara liegt an der Gabelung zur breit ausgebauten und viel befahrenen EN 103, die zwischen Tete und der Grenze nach Zimbabwe verläuft. Die Kleinstadt gehört bereits zur Provinz Tete; ein Polizei-Check-Point überwacht den lebhaften Verkehrsknotenpunkt (Vorsicht: häufige Radarkontrollen!). Die Tankstelle führt nur sporadisch Treibstoff. Hier kann man entweder links nach Nyamapanda an der Grenze zu Zimbabwe fahren (49 km, Öffnungszeiten täglich von 06.00-18.00 h, meist reger Betrieb) oder rechts weiter nach Tete.

Viele Lkws befahren die 95 km lange Strecke in die Provinzhauptstadt Tete. Doch für den Verkehr entschädigt die Fahrt durch eine **afrikanische Bilderbuchlandschaft**: Traditionelle Dörfer mit Rundhütten stehen zwischen riesigen, knorrigen Baobabs, von denen keiner den anderen gleicht. Nach Süden zeigt sich ein Mopanewald, im Westen begleitet den Reisenden ein Bergrücken. 56 km vor Tete liegt an der Brücke über den breiten, sandigen Rio Mazoe ein Großdorf, ansonsten ist die trockene Gegend kaum besiedelt. Von der Abzweigung nach Songo und dem Cahora Bassa Stausee ab (S. 235) sind es bis Tete nur noch 21 km. Der Übergang von der Baobabebene zur Stadt kündigt sich durch den Ziegenmarkt an.

PROVINZ TETE

Die Provinz der Baobabs

Die Provinz Tete ragt wie ein mosambikanisches Anhängsel tief in das Innere Afrikas und wird von ehemaligen britischen Kolonien, den Ländern Zimbabwe, Sambia und Malawi, umschlossen. Verkehrstechnisch orientiert sich die Provinz nach Süden, könnte aber landschaftlich und ethnologisch eher den nördlichen Landesteilen zugeordnet werden. Nur 7 Einwohner/km² bewohnen dieses 100 724 km² große Terrain, wovon die meisten den Nyanja und Nyungwe angehören. Viele Menschen dieser typischen Transitregion verstehen ein wenig Englisch. Die Provinz wird vom breiten Sambesi zweigeteilt, der hier zum 2660 km² großen Cahora Bassa See aufgestaut wurde. Fischindustrie und Bergbau (Kohle und Eisen) bilden die wichtigsten Wirtschaftszweige.

Schon gewusst? Portugiesische Geographen glaubten einst, Tete läge am "Hitzepol" der Südhalbkugel

Tete

Die rund 650 km flussaufwärts am Sambesi gelegene Provinzhauptstadt gilt als heißeste Stadt im südlichen Afrika. Mitunter heizt sich im Oktober/November die Sambesiniederung auf mehr als 50° C auf und verwandelt Tete an solchen Tagen in einen richtigen Glutofen.

Stadtgeschichte

Die geschichtsträchtige Stadt mit der 750 m langen Sambesi-Hängebrücke genießt schon seit Jahrhunderten eine strategische Bedeutung als Kreuzung großer Handelsstraßen. Mit hoher Wahrscheinlichkeit bereisten swahili-arabische Händler bereits seit dem 9. Jh. den Sambesi flussaufwärts bis zu den Cahora-Bassa-Stromschnellen und gründeten dort Handelsposten. Einem arabischen Dokument aus dem 12. Jh. zufolge lag hier die arabische Siedlung Dendema. Demnach scheint unwahr, dass die Portugiesen Tete 1531 gegründet haben, wie sie später behaupteten. Über Tete und Sena waren die Güter und Handelswaren Innerafrikas, später auch Sklavenkolonnen, zu den Häfen von Sofala und Angoche gelangt. Die Portugiesen eroberten und besetzten diese Handelsposten am Sambesi. 1572 kam es im Zuge der **Strafexpedition** unter Francisco Barreto nach der Ermordung von Goncalo da Silveira zu einem fürchterlichen Massaker an den Arabern (siehe S. 20). Danach scheint es nicht mehr viele Swahili-Araber am Sambesi gehalten zu haben. Um 1630 lebten etwa 20 Portugiesen in Tete. Zu dieser Zeit installierte Portugal das Feudalsystem der **Prazos**, das besonders entlang dem Sambesi zahlreiche Kleinstaaten-ähnliche Machtzentren hervorrief. Die Prazeiros führten sich wie Warlords auf; Selbstjustiz und Gewinnsucht kennzeichneten diese Epoche.

Gründungszeitpunkt Tetes bleibt umstritten

Unter dem strengen, selbstgerechten Regime der Prazeiros

Bis 1767 hatte man in Tete 2 Fortanlagen, ein Krankenquartier, ein Gefängnis und einen schmucken Gouverneurspalast errichtet. Etwa 30 Steinhäuser ergänzten damals die Siedlung. Die hier stationierten portugiesischen Soldaten waren zumeist degradiert worden; sie hatten sich irgendein Vergehen zuschulden kommen lassen und empfanden den Dienst in Tete als Strafversetzung. Bis in das letzte Jahrhundert blieben die Ortschaften am Sambesi die einzigen fest in portugiesischer Hand befindlichen Ländereien im Landesinneren.

Erst im Unabhängigkeitskampf, später im Bürgerkrieg: Tete lag immer an der Front

Im mosambikanischen Unabhängigkeitskampf spielte die Region wieder eine zentrale Rolle. Die Frelimo-Freiheitskämpfer hatten sich vom Norden des Landes bis in das Zentrum vorgearbeitet, wo sie den Beira-Korridor bedrohten und den Bau des Cahora-Bassa-Staudamms blockierten. Als die Kämpfe Tete erreichten, gingen die Portugiesen zum Gegenschlag über. Bei der „Operation Gordischer Knoten" stellten sich 35 000 Soldaten den Widerstandskämpfern entgegen und setzten sogar Napalmbomben ein. Die Frelimo antwortete mit einem zermürbenden Partisanenkrieg und operierte im Untergrund. Der ausbleibende Erfolg des portugiesischen Gegenschlags trotz ihrer militärischen Übermacht offenbarte damals die Ausweglosigkeit der Kolonialmacht und führte eine psychologische Wende im Befreiungskrieg herbei. Auch während des anschließenden Bürgerkriegs war Tete heiß umkämpft. Nirgendwo sollen mehr Landminen vergraben worden sein als in der Provinz Tete, wo der Cahora Bassa Staudamm eine Schlüsselrolle spielte. Die Renamo setzte alles daran, den Damm zu zerstören, aber die Frelimo hielt den Stausee unter Kontrolle (unter anderem durch breite Minengürtel).

Vorsicht!

Heute ist in Tete nichts mehr von den Kriegsjahren zu spüren. Sie ist eine typische Transitstadt, durch die zahlreiche Reisende kommen, ohne sich länger aufzuhalten. Allerdings gibt es in Tete unseres Erachtens nach eine hohe Straßenkriminalität. Autoaufbrüche bei ortsfremden Touristen kommen hier eher vor als in anderen Städten des Landes.

Achtung

Langsam fahren!

Vorsicht beim Befahren der **Sambesibrücke**: Am Nordufer befindet sich eine Polizeikontrolle, die u. a. darüber wacht, dass die Brücke nur mit 15 km/h befahren wird. Außerdem werden hier gerne die Versicherungspapiere überprüft. In Fahrtrichtung von Norden nach Süden ist ein Brückenzoll von 0,10 € pro Fahrzeug zu errichten, die Gegenrichtung ist gratis.

Info

Telefon und Internet

Wichtige Telefonnummern: Polizei 25223088, Krankenhaus 25222154. Post und Telefonamt (TDM) liegen nebeneinander an der Avenida da Liberdade; das Internet-Café MBC in der Ave. Julius Nyerere. Das Versicherungsbüro von EMOSE gegenüber dem Markt wickelt Auto-Haftpflichtversicherungen sehr zügig ab. Die Banken nahmen bisher weder Reiseschecks noch Euro in bar zum Wechseln entgegen.

Tanken

Vorsicht beim Tanken: die Tankzapfsäulen der BP-Tankstelle an der Avenida Julius Nyerere sind fehlerhaft und zeigen zu viele Liter an. Tete hat des öfteren Stromausfall. Dann stehen auch die Tankstellen still, außer der Zapfsäule gegenüber von Toyota, die mit einem eigenen Generator betrieben wird.

Einkehr und Sehenswertes

An der Uferfront des Sambesi, der einzigen Stelle Mosambiks, an welcher der breite Strom leicht zugänglich ist, laden einige Restaurants, Bars und Kneipen zum Verweilen ein. Am Flussufer nahe der Brücke liegen noch die Reste eines alten Forts. Das älteste Gebäude der Stadt, die Kathedrale von 1563 an der Avenida da Liberdade, wird heute nicht mehr benützt und ist dem Verfall preisgegeben.

TETE

Zufahrt zur Sambesibrücke in Tete

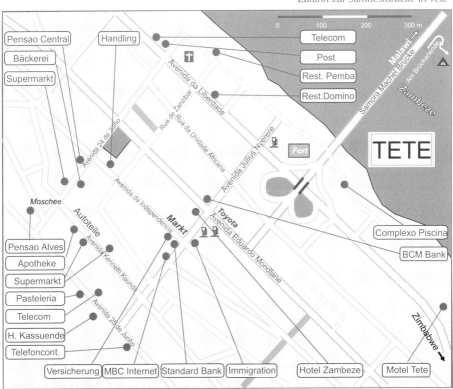

Abstecher: Missão de Boroma

Etwa 40 km flussaufwärts von Tete liegt die 1890 gegründete Missionsstation auf einem Hügel mit weitem Ausblick über die Flussebene. Besonders imposant ist die neubarocke Jesuitenkirche. Zur Unabhängigkeit Mosambiks verließen die Missionare die bis dahin blühende Station, heute ist sie aber wieder besetzt.

Der „Tete Run"

Als Tete Korridor bezeichnete man die Querverbindung von Zimbabwe nach Malawi via Tete während des Bürgerkriegs. Die wichtige Transitstrecke galt im Gegensatz zum Beira Korridor keinesfalls als sicher. Jahrelang schützten zimbabwische Militärkonvois die Verkehrsteilnehmer, dennoch kam es im einsamen, bewaldeten Hinterland immer wieder zu Überfällen auf die Konvois. „Hell Run", Höllenfahrt, nannten die Lkw-Fahrer diese mörderische Strecke. Wer es sich erlauben konnte, wählte lieber den langen Umweg durch Sambia, um sicher von Malawi nach Zimbabwe und umgekehrt zu gelangen. Heute sind keine Schüsse mehr aus dem Hinterhalt zu befürchten, aber dafür die Radarkontrollen der Polizei, die gerne zu schnell fahrende Ausländer zur Kasse bitten!

An- und Abreise

Flughafen: Tel. 25220010, LAM Tel. 25222056. Mehrmals pro Woche bestehen Flugverbindungen nach Maputo und Quelimane. Die Bahnverbindung nach Beira wurde stillgelegt.
Mietwagen bietet Buffalo Rent A Car in der Av. Josina Machel, Tel. 25223299.
Fernstreckenbusse von Transportes Oliveiras fahren mittwochs via Chimoio (mit Übernachtung) nach Maputo (ca. 28 Std. Fahrt, 30 €). TSL-Busse sind etwas preiswerter. Es bestehen tägliche Verbindung nach Zóbuè und zur malawischen Grenze. Bushaltestelle und Chapas-Treffpunkt liegen vor dem Hotel Kassuende in der Avenida 25 de Junho. Chapas fahren von hier bis nach Beira, Chimoio, Chitima und Songo.

Unterkunft

- **Hotel Zambeze:** Avenida Eduardo Mondlane, Tel. 25223100, Fax 25223002. Alteingesessenes Hotel mit klimatisierten Zimmern auf 7 Stockwerken. Preise: klimatisiert 10 €/DZ und 13 €/EZ, ohne Klimaanlage 6 €/DZ und 10 €/EZ.
- **Complexo a Piscina:** Av. da Liberdade, Tel. 25223079. Motel direkt an der Sambesibrücke mit sauberen, klimatisierten Zimmern, gutem Restaurant, Pool und großem Garten. Beliebte Anlage. Camping erlaubt auf kleinen Wiesenflächen im Garten. Preise: Zimmer für 9 €/DZ und 14 €/EZ, Camping 2 € pro Zelt.
- **Hotel Kassuende:** Avenida 25 de Junho, Tel. 25222531/25222374, Fax 25222424. Klimatisierte Zimmer, allerdings etwas unruhig. Preise: Ca. 11 €/DZ und 15 €/EZ.
- **Pensão Alves:** Avenida 25 de Junho, Tel. 25222523. Klimatisierte Zimmer, Restaurant, Bar. Preise: Ca. 15 €/DZ und 22 €/EZ.
- **Pensão Central:** Avenida 25 de Junho. Sehr einfache Pension, nur als Notunterkunft geeignet.
- **Tete Motel:** Tel. 252223498, Fax 25222625. Recht ordentliches Hotel mit klimatisierten Zimmern am Ortsausgang in Richtung Changara/Zimbabwe, direkt am Flussufer gelegen. Ca. 25 €/DZ.
- **Campingplatz „Jesus e bom":** Ein von der Reformationskirche unterhaltener, kleiner Campingplatz am nördlichen Sambesiufer mit schönem Blick auf Tete. Zufahrt: Direkt nach der Sambesibrücke rechts 300 m. Kein Restaurant, aber kalte Getränke erhältlich. Sehr freundlich und ruhig; dörfliche Atmosphäre. Preise: Knapp 2 € p. P. und 3 € pro Fahrzeug.

SONGO

Fahrtstrecke: Von Tete nach Songo

Man fährt zunächst von Tete am Ziegenmarkt vorbei in Richtung Changara/Zimbabwe. Nach 21 km zweigt inmitten einer Baobablandschaft die Teerstraße nach Songo rechts ab. Die nächsten 100 km bis zur Pistenabzweigung nach Estima bleibt die Landschaft noch eben und trocken. Außer den knorrigen Baobabs wachsen hier zahlreiche Bäume der typischen Sambesital-Vegetation. Besonders auffällig sind die weißen Kastanien „*Sterculia appendiculata*" und der „Pink Jacaranda" („*Stereospermum kunthianum*") mit seinen zarten, rosa Blüten (August-Oktober). Dann geht es direkt in die imposanten Bergen. 16 km weiter führt eine zweite Straße nach Estima. 2 km danach liegt ein Militärposten an einer Weggabelung und bewacht per Schranke die Straßen, die beide zum Staudamm führen. Die linke Straße führt entlang einer schmalen Fingerbucht zum Ugezi Fishing Camp und von dort kurvenreich und malerisch am Steilufer des Sees zur Staumauer. Die Ufer ragen derart steil und zerklüftet aus dem See, dass von keiner Stelle aus das wahre Ausmaß des Sees ersichtlich wird. Die rechte Straße zieht direkt bergauf nach Songo und von dort steil hinab in die schmale Schlucht, in der der Sambesi gestaut wurde. Obwohl durch den Damm gebändigt und teilweise überspült, wirkt die Schlucht sehr wild und gewaltig.

Songo

Die schmucke Kleinstadt verteilt sich ungeordnet über mehrere Kilometer auf einem 900 m hohen Bergplateau, jedoch ohne Ausblick auf den fast 600 m tiefer liegenden Stausee oder den Fluss. Alles wirkt ungemein aufgeräumt und ordentlich. Das Zentrum dieser weit verteilten Ortschaft markieren die Bank, die Tankstelle und der Supermarkt.

Die verschiedenen Ortsviertel tragen Namen afrikanischer Politiker: Bairro Patrice Lumumba heißt die Gegend, in der das Hospital und der Flughafen liegen, Bairro Seretse Khama nennt sich das Viertel am Ortsrand in Richtung Staumauer etc. Songo wurde für die Konstrukteure des Kraftwerks und der Staumauer gegründet, als 15 000 Arbeiter untergebracht werden mussten. Es bestehen tägliche Busverbindungen zwischen Tete und Songo.

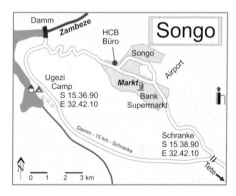

Tete – Songo (Cahora Bassa)

Gesamtstrecke: 154 km
Fahrzeit: ca. 2,5 Std.
Zustand: sehr gute Asphaltstraße
Versorgung: keine

Ugezi Tiger Lodge
Tel./Fax 25282049. Südafrikanische Leitung (Phil & Henni). Sehr gepflegte Touristenanlage 6 km von der Staumauer an einem schmalen, fjordähnlichen Seitenarm des Stausees. Die meisten Besucher kommen wegen des Fischens. Gemauerte Chalets, Safarizelte und Camping auf grüner Wiese unter riesigen Baobabs. Gute Sanitäreinrichtungen, Stromanschluss für Camper, hübsches, halb offenes Restaurant und Bar. Man kann Boote mieten oder die Kapentafischer nachts auf Tour begleiten. Preise: Chalets mit VP ab 22 € p. P., Safarizelte 13 € p. P., Camping ca. 3 € p. P., Bootsmiete 9 €/Std. (siehe Bild links).

Cahora Bassa Stausee (Albuferra de Cahora Bassa)

Die "Kebrabassa-Stromschnellen" des Sambesi oberhalb von Tete stellten vor der Stauung eine 96 km lange Folge von mehr als 60 unüberwindlichen Stromschnellen, Wasserfällen und 13 tosenden Katerakten dar. Bis dorthin ist der Sambesi schiffbar (470 km stromaufwärts). Schon David Livingstone musste vor den Stromschnellen kapitulieren und sie als nicht überwindbar akzeptieren. 1957 entdeckte eine Untersuchungskommission das große Potenzial der sog. Cabora Bassa Schlucht als Standort für einen Stausee. Zur Kolonialzeit trug die Schlucht des Sambesi den Namen "Cabora Bassa", was "Wo die Arbeit endet" bedeutet. Nach 1975 wurde aus dem Wort 'Cabora' ein 'Cahora'. Zur **Umsetzung des gewaltigen Stauprojekts** musste zunächst die Brücke in Tete über den Sambesi erbaut werden, um die benötigten Waren von Beira bis in das unerschlossene Hinterland zu befördern. Es fehlten Straßen und Unterkünfte. Die Umsiedlung von 24 000 Menschen war notwendig. Der eigentliche Baubeginn war deshalb erst 1969. Ganze 5 Jahre gingen ins Land, ehe die 303 m lange Staumauer errichtet war. Den 2660 km² großen See schließlich zu füllen dauerte von Dezember 1974 bis Mai 1975. Er gilt als **viert größter Stausee Afrikas** (nach Voltasee, Nassersee und Karibasee). Obwohl mit 270 km etwa gleich lang wie der Karibasee, hält der Cahora Bassa Stausee nur die Hälfte des Volumens. Das liegt in seiner relativ geringen durchschnittlichen Tiefe begründet, denn über die Hälfte des Sees ist weniger als 18 m tief. Der maximale Wasserdurchlauf beträgt 13 600 cbm/sek. Die fünf 415MW-Turbinen können theoretisch 2075 Megawatt Strom produzieren und gelten als potenziell größter afrikanischer Stromerzeuger. Von Anfang an war das gigantische Projekt für die Energieversorgung Südafrikas ausgelegt worden. Dazu kam es allerdings lange nicht: zuerst wegen der Unabhängigkeit Mosambiks und den daraus resultierenden eisigen Beziehung zwischen den beiden Ländern. Später, als Südafrika Strom von der Frelimo aufkaufen wollte, zerstörte die Renamo über 2000 Masten entlang der 1400 km langen Stromleitung nach Südafrika und vereitelte das Geschäft. Nach dem Krieg waren nur mehr 2 der 5 Turbinen funktionstüchtig. Heute arbeiten die Turbinen wieder und seit 1997 wird tatsächlich Strom nach Südafrika exportiert.

Das Stauprojekt war übrigens von Anfang an umstritten und gilt noch immer als **ökologisch** höchst **bedenklich**. Um die Industrie Südafrikas mit billigem Strom zu versorgen und gleichzeitig mit diesem Prestigeobjekt die Macht im Land zu demonstrieren, opferten die Portugiesen das ökologische Gleichgewicht am Unterlauf des Sambesi. Flora und Fauna des Sambesideltas sind von der Stauung, die den Sambesi reguliert und die saisonalen, fruchtbaren Überflutungen unterbindet, stark beeinträchtigt worden. Auch die Menschen leiden unter den Veränderungen; das Delta schrumpft und die Fischerei geht kontinuierlich zurück, weil die Fische ausbleiben.

1982 wurden im Stausee erstmals **Kapentafische** (*Limnothrissa miodan*) entdeckt, eine im Tanganjikasee endemische, nur rund 4-5 cm große Süßwasser-Sardinenart. Sie waren seit 1966 im 220 km flussaufwärts gelegenen Karibasee ausgesetzt worden und bildeten dort rasch die Grundlage

---

Schon gewusst?

Die Regierung plant 80 km flussabwärts von Cahora Bassa einen weiteren Staudamm, den "Mphanda Nkuwa Damm". Doch dafür müssen 100 000 Kleinbauern aus dem Flutgebiet weichen

Rechts: Blick auf die Staumauer und die steilen Berghänge der Cahora Bassa Schlucht

CAHORA BASSA

Staumauer	Stausee	Kraftwerk
Höhe 171 m	Länge max. 270 km	max. 5 x 415 Megawatt
Breite 303 m	Breite max. 30 km	Durchlauf 452 m³/sec.
Höhenmeter 331 m	Tiefe max. 140 m	
Betonmasse 450 000 m³	Volumen 63 km³	
	Fläche 2660 km²	

für einen neuen, florierenden Industriezweig. Niemand hatte für möglich gehalten, dass einige der Fische den Sog durch die Turbinen des Karibastauwerks überleben und quicklebendig in den Cahora Bassa Stausee gelangen könnten. Tatsächlich scheint es sich so zugetragen zu haben. Inzwischen hat man auch in Mosambik zögerlich angefangen, die äußerst proteinhaltigen Kapenta gewerbsmäßig abzufischen. Kapenta-Fischerboote fangen ihre Beute nachts mit flachen Rahmennetzen, die in etwa 20 m Tiefe ausgelegt werden. Mit starken Lampen werden die Fischschwärme angelockt und abgefischt.

Tipp: Besichtigungstour an der Staumauer
Mit einer Genehmigung der Betreibergesellschaft Hidro-Eléctrica Cahora Bassa (HCB) in Songo (das Büro liegt 6,2 km von der Staumauer entfernt auf der linken Straßenseite am Ortseingang von Songo, Tel. 25282221-4) darf man die abgesperrte Zone der Staumauer betreten und besichtigen. Die knapp **einstündige Führung** ist kostenlos, muss aber am Vortag angemeldet werden. Hierbei sind auch die Manager des Ugezi Camps sehr hilfreich. Die Tour ist höchst lohnenswert und gewährt Einblicke in das Innenleben und die unterirdischen Anlagen einer Staumauer, führt direkt zu den Turbinen und vermittelt eindrucksvoll die gewaltige Kraft, der dieses Bauwerk Stand halten muss.

Provinz Tete — CAHORA BASSA

Oben: Knorrige Baobabs bewachsen die unwegsamen Berge am Seeufer
Unten: Kapentafische werden auf diesen Bahnen zum Trocknen ausgelegt

Info: Rund um den Stausee

Vor allem am Südufer stehen breite Reihen mit Baumskeletten, weil hier das Ufer flacher und leichter zugänglich ist. Starke Winde und Stürme fegen häufig über den See hinweg, der allgemein als unberechenbar wildes Gewässer eingeschätzt wird. Rund um den See gibt es Tsetsefliegen, daher kann in dem kaum besiedelten Gebiet auch keine Nutztierhaltung betrieben werden. **Südlich des Sees** schließen sich zwischen Zumbo und Magoe zwei Jagdgebiete an, deren gemeinsame Grenze der Rio Messenguezi bildet. Klippspringer, Kudus, Schirrantilopen und Zebras sind hier scheu und selten geworden, ebenso Büffel, Elefanten, Elenantilopen und Löwen. Hyänen, Impalas und Leoparden sind dagegen zahlreich vertreten. Es heißt, rund 40 bis 50 km westlich von Songo beginne die „Wildlife Area" mit zahlreichen Wildtieren und einem großen touristischen Potenzial. Das Gebiet südlich des Stausees wird aber nur von wenigen Allradpisten durchzogen und selten befahren. In der Bucht von Magoe plant ein südafrikanischer Investor eine Lodge zu errichten. Existent ist bisher aber nur Skips Camp in der Bucht von Chicoa (kleine Bungalowanlage unter zimbabwischen Management).
In **Mucumbura**, 45 km westlich von Magoe, besteht ein offizieller Grenzübergang nach Zimbabwe (08.00-18.00 h), die Zufahrtswege sind ok.

Am **Nordufer des Sees** liegt das Bergland von Morávia, in dem der Bürgerkrieg heftig wütete. Die Gegend ist dicht bewaldet. Wichtigste Ortschaft ist hier **Zumbo** an der Grenze nach Sambia und Zimbabwe.

Vermutlich lebten schon um 1546-1600 einige Portugiesen an der Luangwamündung am Sambesi und gründeten dort die Enklave Zumbo. Danach scheint die Siedlung verfallen zu sein, aber um 1725 hatten sich in Zumbo wieder portugiesische Händler niedergelassen, weil eine große Sklavenroute hier entlang führte. Um 1750 soll Zumbo die größte portugiesische Siedlung am Sambesi gewesen sein mit etwa 80 Europäern. Ende des 18. Jh. lebten nachweislich schon rund 200 portugiesische Familien an der Luangwamündung. Dann aber entstanden neue Handelsrouten und der Blütezeit in der heißen Niederung folgte ein rascher Niedergang zu wirtschaftlicher Bedeutungslosigkeit. Nach Angriffen des Senga-Chiefs Mburuma, der Zumbo mehrfach attackierte und zerstörte, verließen die Europäer 1836 den Ort und zogen sich vom Luangwa zurück. Bei den späteren Grenzverhandlungen mit Cecil Rhodes und der BSAC wurde Zumbo als westlichste portugiesische Enklave anerkannt. Heute ist dieses kleine Dorf am Dreiländereck auf dem Landweg nur über die langwierige EN 221 via Fingoè zu erreichen. In unregelmäßigen Abständen verkehrt eine Personenfähre zwischen Songo und Zumbo. Die Grenze zu den Nachbarstaaten ist offen, allerdings nur per Einbaum passierbar.

Zumbo

Oben: Geschützt in den Bäumen werden Ernteerträge, wie Maniok und Erdnüsse, aufbewahrt

Fahrtstrecke: Von Tete nach Cassacatiza

Straße nach Sambia

Man verlässt Tete über die Sambesibrücke, lässt auch das SOS Kinderdorf und die alte Kaserne zurück, und gelangt nach 5 km an die Abzweigung der EN 221 nach Cassacatiza. Die neue, EU-finanzierte Asphaltstraße zieht sich durch eine Baobabebene und durchquert nach 28 km ein Dorf, in dem noch drei alte Frelimo-Panzer stehen. Dieses Dorf lag einst an der Front, von hier kämpften Frelimo-Soldaten gegen die Renamo in den Bergen. Kurz danach führt nach rechts eine Schotterpiste nach Mutema und Furancungo. An der Brücke über den Mayuzi (KM 51) hat die Straße schon 250 Höhenmeter erreicht. Nun folgt der steile, imposante Aufstieg aus dem Tiefland in die Berge. Bizarre Sterkulienbäume krallen sich an die Berghänge. Dann geht es durch hügeliges Gelände weiter, zumeist einsam durch Wald. Erste größere Ortschaft ist **Mandje** bei KM 111. Hier gibt es immerhin eine kleine Bar und einen Kiosk. 53 km weiter zweigt die EN 221 nach Westen in Richtung Fingoè und Zumbo ab. Die restliche Strecke wird wieder äußerst einsam. Nur wenige Dörfer liegen in dieser bewaldeten Berglandschaft. Trotz der guten Asphaltstraße ist auch der Verkehr nur mäßig. Nach 284 km Fahrt erreicht man **Cassacatiza**. Die Grenze ist täglich von 06.00-18.00 h geöffnet. Für die Einreise nach Sambia benötigen Deutsche, Österreicher und Schweizer ein Visum, das direkt am sambischen Grenzposten ausgestellt wird (25 U$ bzw. 150 Rand für die einmalige Einreise). 55 km nördlich der Grenze trifft man in Katete auf die Great East Road (Tankstellen) zwischen Lusaka und Chipata.

Tete– Cassacatiza
Fahrt zur Grenze nach Sambia
Gesamtstrecke: 284 km
Fahrzeit: ca. 4 Std.
Zustand: gute Asphaltstraße
Tankstellen: keine
Besonderheit: sehr einsam

Die Bergstrecke ist von Norden nach Süden imposanter, weil man den Panoramablick in die weite Tiefebene vor sich hat

ZÓBUE & CALOMUE

Fahrtstrecke: Von Tete nach Zóbuè u. Calómuè

Auf viel befahrener Strecke führt die EN 103 durch die Kleinstadt Moatize. Hier ist häufig eine Polizeikontrolle stationiert. Danach wird die Fahrt einsam. 106 km nordöstlich von Tete gabelt sich die Straße. Rechts geht es durch eine malerische Landschaft nach **Zóbuè** und weiter zur Grenze nach Malawi. Der Grenzort bietet einfache Unterkunft (Zóbuè Motel, Tel. 25222065) und Versorgungsmöglichkeiten. Es gibt keine Bank, aber dafür jede Menge Geldwechsler an der Straße.

Die Grenze ist täglich von 06.00-18.00 h geöffnet und wird von Privatfahrzeugen und Lkws rege frequentiert. Deutsche benötigen im Gegensatz zu Österreichern und Schweizern kein Visum für Malawi, das sich Angehörige beider Saaten am besten vorab besorgen sollten, da es an der Grenze sonst zu Schwierigkeiten kommen kann. In Malawi gelangt man auf guter Teerstraße über Mwanza nach Blantyre.

Wer nach **Calómuè** reisen möchte, um dort nach Malawi zu reisen, fährt an der Gabelung 17 km vor Zóbuè entlang der EN 223 nach Norden. Die Fahrt bleibt sehr einsam, gibt aber immer wieder schöne Ausblicke auf die bewaldete Berglandschaft frei. Einzige größere Ansiedlung ist **Ulongwé**, das ein kleines Hotel und einige Läden bietet. Die Grenze liegt nur wenige Kilometer südlich der malawischen Stadt Dedza. Sie ist täglich von 06.00-18.00 h geöffnet und weniger stark besucht als der Grenzübergang bei Zóbuè. Von Dedza erreicht man über eine 85 km lange Teerstraße die malawische Hauptstadt Lilongwe.

Straße nach Malawi

Info: Von Tete fahren Chapas in 3 Std. zur Grenze

Tete – Zóbuè u. Calómuè

Zu den beiden Grenzposten nach Malawi
Gesamtstrecke: 123 km nach Zóbuè, 277 km nach Calómuè
Fahrzeit: ca. 2 bzw. 4 Std.
Zustand: Asphaltstraßen
Versorgung: keine

Links: Einsame Fahrt durch hügelige Landschaft. Unten: Holzkohle und Baobabfrüchte werden am Straßenrand verkauft

Planalto de Angonia

Direkt nördlich von Tete, zwischen den beiden Fernstraßen nach Cassacatiza und Calómuè, liegt das angonische Bergland. Größte Ortschaft dieser einsamen, kaum zugänglichen Berge ist Furancungo an der EN 222, die das Gebiet durchquert. Das 1000-1500 m hohe Gelände weist ein angenehmes Klima auf, das sich gut für die bäuerliche Landwirtschaft eignet.

Blick in die Geschichte: David Livingstones „Zambezi Expedition"

Mit David Livingstone erwachte das Interesse an dieser Region

David Livingstone hatte das südliche Afrika bis zur angolanischen Küste von 1853-1856 erforscht und dabei die Viktoriafälle entdeckt. Nach seiner Rückkehr ist er in England ein berühmter Mann. Seine zweite Forschungsreise wird deshalb von der Regierung unterstützt und von mehreren Wissenschaftlern begleitet. Die 'Zambezi Expedition' reist mit dem offiziellen Auftrag, einen schiffbaren Weg nach Zentralafrika zu finden.

Am 14.05.1858 erreichen Livingstone und seine Begleiter die Sambesimündung und folgen dem Strom flussaufwärts. Am 08. September treffen sie in Tete ein. Zwei Monate später haben sie mit ihrem Dampfschiff Ma-Robert das östliche Ende der Cahora Bassa Schlucht erreicht, die Livingstone noch ungefähr 3 km weit befahren kann, ehe er einsehen muss, dass die Stromschnellen nicht befahrbar sind. Die tosende Hölle ist ein Vielfaches gewaltiger und zerstörerischer als Livingstone je geglaubt hatte. All' seine Pläne und die Erwartungen seiner Geldgeber basieren auf der Erschließung des Sambesi als See- und Transportweg ins Innere Afrikas. Doch nun muss er bestürzt erkennen, dass eine Befahrung der Cahora Bassa Schlucht mit keinem bekannten Schiff gelingen könnte. Die Zambezi Expedition ist damit de facto gescheitert, doch Livingstone belügt sich selbst und mit seinen verharmlosenden Berichten auch die Finanziers und die britische Regierung. Er behauptet wider besseren Wissens, ein leichtes Schiff vermöge bei Hochwasser die Schlucht zu bezwingen, obwohl schon der Morumbua Wasserfall unmöglich bewältigt werden könnte.

Schon gewusst?
Ameisen sind mit Wespen verwandt und Fleischfresser; Termiten sind dagegen Vegetarier und mit Kakerlaken verwandt.

Dann wendet er sich dem Shire/Chire zu, der vom Niassasee dem Sambesi entgegenströmt und sich bei Caia mit diesem vereint. 1863 wird die glück- und erfolglose Expedition zurück gerufen. Die gewaltigen Stromschnellen und Wasserfälle der Cahora Bassa Schlucht gehen indes 112 Jahre später mit der Stauung des Sambesi größtenteils für immer verloren.

Der Sambesi (Rio Zambeze)

Infos zum markantesten Strom im südlichen Afrika

Nach Kongo, Nil und Niger ist der Sambesi die Nummer 4 der afrikanischen Ströme und der bedeutendste Fluss im südlichen Afrika. Er entspringt im Norden Sambias, durchfließt riesige Flutgebiete, stürzt sich die Viktoriafälle hinab und wird anschließend zum Karibasee gestaut. Bei Zumbo, am Dreiländereck Mosambik, Sambia und Zimbabwe erreicht er rund 1000 km vor dem Ende seiner Reise Mosambik und wird erneut zu einem riesigen Stausee aufgestaut. Anschließend fließt er träge und bis zu 8 km breit dem Indischen Ozean entgegen. Die letzten 40-50 km verzweigt er sich zu einem riesigen trichterförmigen Delta.

Nur wenige Brücken überspannen diesen markanten Strom: einige kleine Holzbrücken nahe seinem Ursprung, wo er noch einem unscheinbaren Bach gleicht; später eine Fußgänger-Hängebrücke und die Brücken bei Victoria Falls und Chirundu. In Mosambik kann man den Sambesi nur in Tete und Vila de Sena überqueren, wenn man nicht die Motorfähre von Caia benützen will. Insofern stellt dieser beeindruckende Strom noch immer eine Barriere dar, die sich nur an wenigen Stellen überwinden lässt.

NORD-MOSAMBIK

Nordmosambik gliedert sich in die Provinzen Zambézia, Nampula, Niassa und Cabo Delgado. Es ist das Land riesiger, unberührter Wälder in einsamen Bergregionen, legendären Wildreichtums im hohen Norden und historischer Städte und Häfen. Wilde Flüsse, ursprüngliche Dörfer und imposante Missionsanlagen mit alten Kirchen birgt dieser wenig besuchte Nordteil des Landes. In seinem Westen schließt er an den fischreichen, von steilen Bergen umschlossenen Niassasee. Während der Regenzeit sind weite Bereiche Nordmosambiks noch immer völlig abgeschnitten.

TOP-Highlights in Nordmosambik

Teeplantagen & Landschaft bei Gurué
Lago do Niassa
Ilha de Moçambique
Ilha Ibo

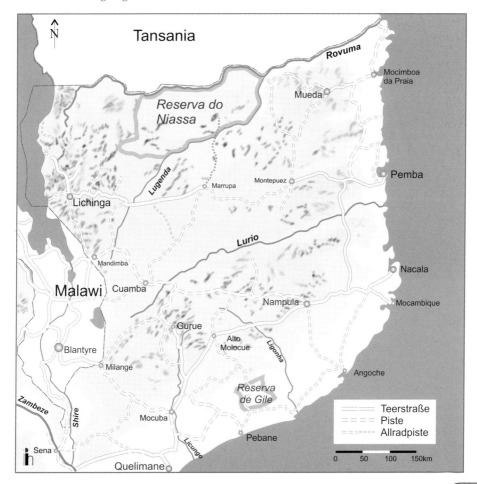

PROVINZ ZAMBEZIA

2005 wurden viele Pisten dieser Provinz erneuert

Mit 103 127 km² ist die zweit größte Provinz Zambézia etwa so groß wie Island. In diesem Landstrich zwischen den Flüssen Sambesi und Rio Ligonha gedeihen zahlreiche landwirtschaftliche Produkte, wie Teeplantagen und Kokospalmen. Die Bevölkerung setzt sich hauptsächlich aus Makua und Chuabo zusammen (29 Ew./km²), hält kulturelle Traditionen aufrecht und liebt eine scharf gewürzte Küche.

*Strecken-beschreibungen von Caia nach:
Beira S. 208
Inchope S. 216*

Fahrtstrecke: Von Caia nach Quelimane

Caia– Quelimane

Gesamtstrecke: 207 km
Fahrzeit: ca. 2,5-3 Std.
Zustand: Asphaltstraße
Tankstellen: nur in Niacuadala

Jenseits der Kneipen an der Fähranlegestelle am Nordufer des Sambesi (Chimuara) fährt man durch ein Reihendorf mit frischen Abholzungen für den Feldbau. Die Asphaltstraße erlaubt zügige Fahrt. Nach 41 km erreicht man die Kreuzung nach Mopeia/Chinde und Morrumbala (nach Westen besteht hier Fahrtmöglichkeit zur Autofähre über den Rio Chire bei Chipanga und weiter nach Mutarara am Sambesi, siehe S. 210). Danach folgt eine bewaldete Hügellandschaft fast ohne Dörfer. Nach insgesamt 110 Kilometern überquert man den breiten Rio Lualua. Die Landschaft wird abwechslungsreicher, herrliche Urwälder tauchen auf, die jedoch dem Kahlschlag der Dorfbewohner ausgesetzt sind, die vom Holzverkauf und Maniokanbau leben. Der Boden dieser Provinz gilt als fruchtbar, und in der Tat bauen die Makua hier eine große Vielfalt unterschiedlicher Gemüse und Hülsenfrüchte an. Besiedlung und Verkehr nehmen nun zu und kündigen die erste größere Ortschaft, Nicuadala, nach 165 km an. Hier zweigt die Stichstraße nach Quelimane ab. Die schmale Teerstraße ist als Fahrdamm durch eine sumpfige, baumlose Ebene gelegt worden. Sie erreicht nach 37 km Quelimane.

Zitat David Livingstones bei seinem Erstbesuch 1856:
"Quelimane muss lediglich des Sklavenhandels wegen gebaut worden sein, denn es würde nie jemandem auch nur im Traum einfallen, an einem so tief liegendem, schlammigen, vom Fieber heimgesuchten, von Moskitos wimmelnden Platz ein Dorf anzulegen, wenn es nicht um der Vorteile willen geschehen wäre, die er dem Sklavenhandel gewährt."

Quelimane

Früher reichte das Sambesidelta bis Quelimane

Schon lange vor Ankunft der ersten portugiesischen Seefahrer wurde der tiefe Flusshafen am Rio Cua Cua als arabische Handelsstation genützt. Denn bis zu seiner Versandung in den 1820er Jahren bildete dieser Flussarm den Hauptkanal zum Sambesi. Ursprünglich dehnte sich auch das Sambesidelta noch bis hier her aus. Vermutlich ist Quelimane (sprich „Kelimane") eine der ältesten Hafenstädte an der gesamten afrikanischen Ostküste. Mit Vasco da Gama tauchte 1498 erstmals ein Europäer an dieser von dichten Mangrovensümpfen umsäumten Flussmündung auf. Besonders viele Portugiesen ließen sich nicht hier nieder. Das anstrengende, feuchtheiße Klima machte den Aufenthalt unangenehm, zumal der etwa 10 km flussaufwärts gelegenen Stadt auch keine Meeresbrise Erleichterung verschafft.

Schon gewusst?
Man sagt, hier gibt es nur zwei Jahreszeiten: eine "sehr feuchte" und eine "unmöglich feuchte"!

QUELIMANE

War bis zum 17. Jh. vornehmlich Elfenbein über diesen Hafen gehandelt worden, so folgte anschließend der Sklavenhandel großen Stils. Als zu Beginn des 19. Jh. die Briten gegen die Sklaverei vorgingen und Portugal sich schließlich zur offiziellen Abkehr vom Menschenhandel genötigt sah, schleuste man die menschliche Fracht noch jahrzehntelang nachts aus dem wichtigsten portugiesischen Sklavenhandelsplatz in Quelimane. Die Lücke, die das allmähliche Ende des Sklavenhandels in Quelimane hinterließ, wurde durch den Nahrungsmittelhandel aus dem fruchtbaren Hinterland zur Versorgung portugiesischer Inselstützpunkte, wie Ilha de Moçambique, gefüllt. In der nun folgenden Epoche der Forschungsreisenden und Missionare entwickelte sich Quelimane zum **Einfallstor nach Innerafrika**. David Livingstone unternahm seine Entdeckungsreisen von hier aus und wurde 1858 zum britischen Honorarkonsul in Quelimane ernannt, was die Bedeutung des Hafens für die britischen Ambitionen in Sachen Kolonialismus unterstrich. Bis zur Entdeckung von Chinde am Sambesidelta (S. 215) blieb Quelimane vor allem für Großbritannien der wichtigste Hafen an der Ostküste Afrikas, obwohl der Rio Cua Cua längst zu einem nicht mehr durchgängig schiffbaren Altarm des Sambesi verstopft war (über rund 30 km war die Wasserverbindung unterbrochen, alle Waren mussten über diese Strecke mühselig per Land transportiert werden).

Zu Beginn des 20. Jh. lebten rund 10 000 Menschen in Quelimane, und aus dieser Zeit stammen auch die meisten der älteren Gebäude der Stadt. Eine klassische Altstadt, wie man sie aufgrund der langen Geschichte vielleicht vermuten möchte, hat die Hafenstadt nicht zu bieten. Mit fast 160 000 Einwohnern ist sie heute die viert größte Stadt des Landes und zeigt sich eher schmucklos. Quelimane wirkt dem Verfall näher als dem Wiederaufbau. Aber gerade dieser Umstand gibt der Stadt eine spezifische Atmosphäre. Die Zeit scheint einfach stillzustehen, irgendwo in der

Die feuchtheiße Stadt als Einfallstor nach Innerafrika

Schon gewusst?
Mosambikanische Redensart: "Quelimane lässt niemanden gleichgültig - entweder man liebt es, oder man liebt es nicht!"

Oben: Mangroven im Hafen von Quelimane am Rio Cua Cua

245

Provinz Zambézia — QUELIMANE

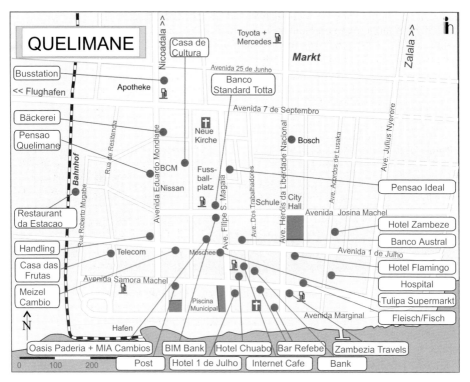

Chaotischer Verkehr: überall Fußgänger und Fahrradfahrer!

Vergangenheit auszuharren. So quirlig-bunt, tropisch-schwül und voller Menschen könnte sie auch irgendwo an der indischen Küste liegen. Während sie manche Besucher langweilt oder abstößt, gehört die Stadt für Leute mit einem Faible für Historie und Flair zu den Highlights des Landes.

Sehenswertes

Spezielle Sehenswürdigkeiten hat Quelimane an sich nicht. Aber eine ganze Reihe alter Gebäude und Relikte einer bedeutenden Vergangenheit, die es Wert sind, bei einem gemütlichen Stadtrundgang beachtet zu werden. Dazu gehört unserer Ansicht nach der alte Bahnhof, über den einst so viele Abenteurer, Eiferer und Forscher nach Afrika kamen, und der heute fast  still liegt. Die Justiz residiert in einem herrlichen Kolonialbau, auch das öffentliche Schwimmbad (Piscina) ist offensichtlich eine Einrichtung des viktorianischen Zeitalters. Weiter östlich entlang der Avenida Marginal steht die eher unscheinbare Kathedrale aus dem Jahr 1776 (siehe Bild). Von der Uferstraße aus blickt man auf Fischerboote und Holzkähne vor dichtem Mangrovensumpf.

QUELIMANE

Im Casa de Cultura finden gelegentlich Vorstellungen statt und wird über zahlreiche Aufführungen und kulturelle Events der Region informiert. Bekannt sind die Schlangentänzer aus Namarrói, die mit lebenden, eingefangenen Schlangen Ritualtänze demonstrieren.

Kultur

- **Hotel Chuabo:** Avenida Samora Machel, Tel. 24213181. Das zentral gelegene, achtstöckige Hotel ist die Nr. 1 am Platze. Klimatisierte Zimmer mit TV und Zimmerbar, aber kein Restaurant. Preise: ab 57 €/DZ und 84 €/EZ.
- **Hotel Flamingo:** c/o Restaurant da Estação, Rua R. Mugabe, Tel. 24213730/ 24215017, E-mail: sogetra@teledata.mz. Neues Mittelklassehotel mit 16 Zimmern und Pool. B&B 25 €/DZ und 42 €/EZ.
- **Pensão Ideal:** Avenida Filipe Samuel Magaia, Tel. 04-212731. Pension mit gutem Ruf, klimatisierte Zimmer, empfehlenswerte Küche. Preise: ca. 15 €/DZ und 20 €/EZ.
- **Hotel Primeiro de Julho:** Av. Filipe S. Magaia/Ecke Av. Marginal, Tel. 24213067. Zimmer mit Ventilatoren, freundlicher Service. Preise: ca. 17 €/DZ und 23 €/EZ.
- **Hotel Zambeze:** Avenida Acordos de Lusaka, Tel. 24212129. Einfaches Hotel mit klimatisierten Zimmern. Preise: ca. 17 €/DZ und 24 €/EZ.
- **Pensão Quelimane:** Avenida Eduardo Mondlane, Tel. 24212359/24212354, Fax 24212132. Einfache Pension mit Restaurant. Preise: ca. 12 €/DZ und 17 €/EZ.

Unterkunft

Campinggelegenheit und Bungalows zur Selbstversorgung gibt es am Praia do Zalala (S. 248)

Beliebte Lokale sind das Café Riviera (mit Zimmervermietung) an der Ave. Samora Machel/Ecke Ave. Filipe Samuel Magaia und die Lokale an der Ave. Marginal, wo man mit Blick auf Hafen und Fluss speist. Den schönsten Hafenblick im Sonnenuntergang genießt man vom Restaurant Refebe. Bei den europäischen Entwicklungshelfern steht das Restaurant/Pizzeria Da Estação an erster Stelle (die Pizza kommt tatsächlich aus einem Holzofen).

Restaurants

An der Ave. Samora Machel ist das Büro der Reiseagentur Zambezia Travels (Tel. 24213683, 24216174, www.zambezia-online.de) für deutsch-sprachige Rundreisen in Nordmosambik.

Info

Quelimane gilt als eine sichere Stadt für Touristen. Sie ist kein Durchgangsort, hat aber durch die hohe Präsenz internationaler Hilfsagenturen und kirchlicher Projekte zahlreiche ausländische Bürger. Hier herrscht in Anlehnung an die koloniale Vergangenheit mittags eine Siesta bis 15 Uhr.

Die **Versorgungslage** ist für eine Provinzhauptstadt eher dürftig. Viele Läden sind fest in asiatischer Hand. Fisch, Obst und Gemüse bekommt man im gut bestückten Supermarkt "Casa das Frutas" oder auf dem Markt. Der Großhändler Handling bietet Getränke und Tiefkühlfleisch. Die hiesige Garnelenfischerei hat zweimal jährlich Saison (März/April und August/September). Die beiden Wechselstuben bieten einen besseren Kurs als Banken, und wickeln die Geschäfte sehr zügig ab.

Allgemeine Infos

In Quelimane gibt es Fahrradtaxis, die man am Gepäckträger-Karton erkennen kann

Das städtische Krankenhaus ist unter der Tel. 24212914 zu erreichen, Notruf Tel. 197. Die Polizei erreicht man unter Tel. 24213131, Notruf Tel. 199. Im Marktbereich sollten Fremde sich vor Dieben in Acht nehmen, und Fahrzeuge nicht unbeaufsichtigt abstellen!

Quelimanes **Flughafen** liegt 3 km nordwestlich der Stadt (Tel. 24213054). LAM fliegt mehrmals pro Woche nach Beira, Nampula, Tete und Maputo (Stadtbüro neben Moschee und Tulipa Supermarkt, Tel. 24212800).

Der zentrale **Bushalteplatz** liegt an der Avenida Eduardo Mondlane. Hier starten täglich Busse und Chapas nach Mocuba (ca. 4 €) und Nampula (etwa 10 €). Nach Milange oder Caia gelangt man nur mit Chapas oder

An- und Weiterreise

Der Hafen soll bis 2007 massiv ausgebaut werden

sucht eine Mitfahrgelegenheit bei den Lkws. Innerhalb Quelimanes besteht ein **Taxidienst** und Mietwagenservice unter Tel. 24212637/24214472, Fax 24214061. Transportes Cocorico bietet einen **Transferdienst** zwischen Beira und Quelimane. Info und Reservierung in Beira bei Sr. Brandão (Tel. 23301174, abends 23362198). Die **Bahnstrecke** nach Mocuba wurde stillgelegt, nur Frachtzüge verkehren noch auf Kurzstrecken.

Abstecher zum Meer: Praia do Zalala

Auf einer 35 km langen Stichstraße gelangt man zum Strand von Zalala, dem nächst gelegenen Badestrand und Naherholungsgebiet von Quelimane (der Ave. Julius Nyerere stadtauswärts folgen). Die schmale Schlaglöcherteerstraße bietet auf voller Länge eine traumhafte tropische Szenerie, denn es geht größtenteils durch endlose Kokospalmplantagen, riesige Kapokbäume, Bambus, Mango- und Cashewbäume. Jede Menge Fahrradfahrer und Fußgänger mit allerlei Gepäck wetteifern mit den vielen Chapas um ein Vorwärtskommen. Es gestaltet sich zur Panoramafahrt erst durch einen nicht endenden Straßenmarkt und später durch Grashüttendörfer unter Palmenwäldern. Allein diese Fahrt lohnt den Ausflug ans Meer. Leider hat ein asiatisches Virus die Palmen dieser Provinz befallen, wodurch viele allmählich absterben.

Die Straße endet in Zalala, das sich als kleine Ansammlung von Ferienhäuschen entpuppt. Dazwischen bietet der Complexo Kass-Kass, ein Gartenrestaurant, die Vermietung von Zimmern in sehr einfachen Chalets an. Camping ist dort möglich für Zelte, Autos müssen am Wegesrand stehen (keine Umzäunung oder Abtrennung, keine Privatsphäre). Fischer verkaufen hier eimerweise preiswerte Garnelen und Fisch. Der kilometerlange Sandstrand an der flachen Küste wird von einem breiten Kasuarinenwaldgürtel gesäumt, um den starken Wind ein wenig abzuhalten.

- **Complexo Kass-Kass:** Tel. 24212302, Fax 24212132. Bungalows mit 4 Betten ca. 25 €, Campingpreis ist verhandelbar, ca. 1,50 €.

Fahrtstrecke: Von Quelimane nach Alto Molócuè

Zunächst kehrt man von Quelimane entlang der Dammstraße nach Nicuadala zurück (37 km, Vorsicht: Radarkontrollen!) In der nächsten Ortschaft Namacurra wird die Asphaltstraße zur ruppigen Schotterpiste, doch schon nach 28 km setzt sich bei der Abzweigung nach Olinga und Pebane (S. 250) der Asphaltbelag wieder fort. Kurz danach durchquert man die verfallene Kleinstadt Malei und erreicht nach 150 km Gesamtstrecke **Mocuba**. Die Stadt liegt an einem wichtigen Verkehrsknoten (Richtung Milange, S. 253) und genießt beachtliche Bedeutung für das Landesinnere der Provinz. Dementsprechend gut sind die Läden gefüllt, Pensionen und Restaurants konkurrieren miteinander; es gibt Banken und eine unscheinbare Tankstelle am südlichen Ortsrand. Am Markt halten die Chapas nach Milange, und an der steinernen, kolonialen Brücke über den breiten Rio Licungo am Nordende Mocubas warten die Chapas nach Nampula.

In der Umgebung von Mocuba gibt es heiße Quellen

Quelimane – Alto Molócuè

Gesamtstrecke: 339 km
Fahrzeit: ca. 6-7 Std.
Zustand: Schotter- und Asphaltstraßen
Tankstellen: in Nicuadala und Mocuba

69 km nördlich von Mocuba zweigt bei Nampevo die EN 231 nach Errego und Gurué ab (Beschreibung S. 254). 120 km weiter ist das Etappenziel erreicht. Das klimatisch angenehme, da höher gelegene Städtchen **Alto Molócuè** (sprich: „Molokwej") ist eine bedeutende Wegkreuzung und Raststation entlang der Straße nach Nampula. Einfache Versorgungsmöglichkeiten, eine Tankstelle und Unterkunft in den Pensionen Santo António und Fambuone stehen Durchreisenden zur Verfügung. Fortsetzung der Streckenbeschreibung nach Nampula S. 256.

Bilder : Straßenszene in Mocuba; Schneiderei ist Männerarbeit; Zigarettenverkäufer am Strand

Tour an die Küste: Praia de Pebane und Reserva do Gilé

Für diese Tour schlagen wir folgende Route vor: Von Quelimane via Olinga und Mulevala nach Pebane, von dort via Mualama von Süden nach Norden das Reservat Gilé durchqueren und über Uape nach Alto Molócuè. Die gesamte Tour verläuft auf Pisten, die sich in der Trockenzeit auch ohne Allrad befahren lassen.

Über Olinga und Mucobela zum Strand von Pebane

28 km nördlich von Namacurra liegt die unbeschilderte Abzweigung nach Olinga (GPS S 17.15.76 O 37.02.60). Man überquert den Rio Licungo und erreicht nach 53 km die verlassene, einst blühende Kleinstadt. Die nächsten 75 km führen durch sehr einsame Wälder, in denen Holzabbau betrieben wird. Von **Mucubela** sieht man zunächst nur das wie eine mittelalterliche Burg auf einem Hügel thronende portugiesische Gefängnis. Und wieder eine Begegnung mit der Vergangenheit: breite Straßenzüge, verfallene portugiesische Bürgerhäuser, Straßenlaternen, Ruinen. Die Bewohner, Lomwe, beziehen weder die alten Steinhäuser noch reißen sie sie ab. Sie bauen ihre Hütten einfach daneben. Auf Piste geht es weiter. Die Bäche und Flüsse dieser Gegend sind tropisch bewachsen. 67 km nach Mucubela erreicht man Pebane am indischen Ozean.

Schon gewusst?
Kulinarischer Tipp: Probieren Sie unbedingt einmal "Galinha Grelhada á la Zambezia", ein in Koksmilch eingelegtes Grillhuhn!

Pebane entpuppt sich als kleines Städtchen an der Bucht von Bajone, umringt von Mangroven und riesigen Kokospalmplantagen. Jede freie Stelle zwischen den Kokospalmen ist mit Maniokfeldern belegt. Der Küstenstreifen ist dicht besiedelt und stark islamisch geprägt. Ein deutlicher Kontrast zum eher einsamen Landesinneren, wo das Christentum mit all seinen Schattierungen – Kapuziner, Augustiner, Lusitanische Gemeinschaft etc. – dominiert. Früher war Pebane ein beliebter Ferienort für die weiße Kolonialverwaltung, doch seit Jahren ist es hier sehr ruhig. Das kleine Städtchen besitzt immerhin eine eigene Tankstelle, die einzige in einem riesigen Umkreis. Daher auch die Preissteigerung um 40% gegenüber Quelimane. Der Complexo Turismo im Ort liegt gleich neben der Disko und bietet kleine Bungalows (10 €) und Campinggelegenheit im Hof (knapp 2 € p. P.). Zum Strand fährt man noch einige Kilometer weiter, wo der Weg direkt am Meer endet (Vorsicht: Allrad notwendig für die sandigen Steigungen). Einzelne Kasuarinen trotzen dem Wind, kleine Fischerdörfer wurden in die Dünen gebaut. Man kann hier ebenfalls campieren.

Für die Weiterfahrt zum **Reserva do Gilé** (sprich: "schil<u>ee</u>h") kehrt man zur Gabelung 20 km vor Pebane zurück (GPS S 17.07.11 O 38.08.84) und wendet sich nach rechts. Diese Piste führt über Mualama nach Angoche und schließlich bis Nampula, ist aber wegen der Furt durch den Rio Ligonha nur während der Trockenzeit befahrbar. Wir befahren die Strecke nur bis kurz nach der Brücke über den Melela (ca. 30 km), wo beim "Posto de Mualama" die Zufahrt ins Reservat beginnt. Alternativ gibt es weiter östlich bei GPS S 16.52.65 O 38.20.11 einen unscheinbaren Weg, der ebenfalls ins Reservat führt und nach kurzer Zeit auf den Hauptweg trifft.

RESERVA DO GILÉ

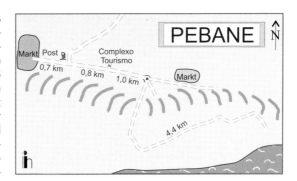

Auf schmaler Sandpiste geht es durch dichten Laubwald. Anfängliche Hütten weichen schnell zurück. Nach 12 km passiert man einen Wildhüterposten (GPS S 16.38.46 O 38.11.71). Dann fährt man wieder 27 km auf gut präparierter Waldpiste bis zur Abzweigung zum "Posto de Fiscal Zação de Lice", einem 6 km westlich am Rio Lice gelegenen Kontrollposten, der die Fischer überprüfen soll. Bis zum Hauptcamp "Posto de Nakololo" am Rio Malema sind nun noch einmal 36 km zu fahren. Von hier aus wurde das dreijährige EU-Projekt zur Entwicklung des Reservats geleitet (S. 252). Vom **Nakololo Hauptcamp** führt die Waldpiste nach 28 km zum Nordausgang beim "Posto de Namarrua" (GPS S 16.18.39 O 38.14.51), der bereits auf einem über 300 m hohen Gelände liegt.

Das 2100 km² große Schutzgebiet wird von den Flüssen Rio Molócuè und Rio Licé/Rio Melela umschlossen und liegt im Küstentiefland. Es ist fast durchgehend mit dichten Laubwäldern bedeckt, bietet nur wenige Lichtungen und kaum Höhenzüge.

Gilé ist das einzige unbewohnte Reservat Mosambiks, in allen anderen befinden sich Dörfer. Dennoch wird viel illegal gejagt, wodurch die Wildtiere sehr scheu geworden sind. Knapp 100 Elefanten beherbergt das Reservat, darüber hinaus einige Löwen und relativ viele Leoparden. Kudus und Schirrantilopen sind auch vertreten und in den Flüssen leben Hippos. Impala oder Giraffen kommen dagegen nicht im Gilé Reservat vor.

Bilder oben: Weggabelung im Wald des Reserva do Gilé; Abenteuerliche Brücke auf der nordwestlichen Zufahrt zum Reservat

Provinz Zambézia — RESERVA DO GILE

Ein 3-Jahres-Projekt für das Schutzgebiet

Ein italienischer Biologe war mit der Aufgabe betraut worden, innerhalb der Jahre 2000-2003 die Infrastruktur wieder herzustellen, Wildhüter auszubilden und im Park zu stationieren sowie ein Touristencamp am Rio Lice zu errichten, wo im Sinne des "**Ökotourismus**" Walking Safaris stattfinden sollten. Die Wege sind ausgebaut worden, doch fehlte es an den Scouts, um dem Hauptproblem, der intensiven Wilderei, Herr zu werden. Auch der Bau des Touristencamps ist bisher nicht in Angriff genommen worden.

Nordausgang bei Movimondo

14 km nördlich vom Ausgang beim "Posto de Namarrua" gelangt man über eine regelrechte Cashewbaum-Allee in **Movimondo** an eine Wegkreuzung. Rechts könnte man nun über Gilé nach Alto Ligonha fahren. Geradeaus geht es ins Edelsteingebiet Mosambiks nach **Uape** (23 km). In diesem Dorf, das durch seine erhöhte Lage einen tollen Weitblick genießt, wird dem Fremden überall der Handel mit Turmalin, Emerald und Aquamarin angeboten. Von Uape geht es entweder weiter ins 109 km entfernte Alto Molócuè oder in westlicher Richtung über Morrua (42 km) und Mulevale (weitere 48 km) nach Mugeba (erneut 60 km) an der Teerstraße nach Mocuba. Wer die zweite Route wählt, wird mit einer Panoramafahrt belohnt, insbesondere bei **Morrua**, wo die "PARE"-Mine Edelsteine abbaut. Ein riesiger Granitkegelberg überragt hier die liebliche, mit Fächerpalmen durchsetzte Landschaft. Der breite, klare Rio Melela durchströmt das Gebiet. Zwischen Morrua und Mulevale ist die Piste wellig und nach Regenfällen unter Umständen schwierig zu befahren. **Mulevala** zeigt sich wieder als verlassenes Kolonialstädtchen, in dessen Mitte neben dem Markt noch das burgähnliche Gefängnis steht.

Panoramafahrt durchs Hinterland

Unten: Milange. Blick auf das koloniale Büro der Stadtverwaltung

Tour ins Landesinnere: nach Milange und Gurué

In Mocuba zweigt die gut ausgebaute Piste nach Milange von der EN 1 ab. Die Erdstraße ist außer nach heftigen Regenfällen auch ohne Allrad gut befahrbar. Sie führt durch eine abwechslungsreiche Hügellandschaft und erreicht man nach 189 km die Grenzstadt **Milange**. Man findet in der lebendigen, 700 m hoch gelegenen Stadt eine kleine Pensão Esplanade mit Restaurant, eine Tankstelle und eine Filiale der BCM-Bank. Etliche Geldwechsler sprechen Passanten auf der Straße an, um den Umtausch von U$, Rand oder Malawi Kwacha anzubieten. In Hanglage thront das ehemalige Kolonialverwaltungsgebäude (Administração) über der Kleinstadt, wo man rechts neben dem Gebäude frisches Quellwasser aus einer Leitung schöpfen kann. Tropische Wälder, die jedoch stark abgeholzt und teilweise mit Eukalyptusbäumen ersetzt werden, säumen beiderseits der Lateritpisten die Wege. Die Grenzstation nach Malawi liegt nur 4 km außerhalb der Ortschaft, die Abwicklung verläuft in der Regel schnell und unkompliziert (täglich von 06.00-18.00 h). Jenseits der Grenze beginnt in Muloza eine Teerstraße, über die man nach knapp 30 km Fahrt durch attraktive Teeplantagen an den Hängen des Mount Mulanje (3001 m) die malawischen Stadt Mulanje erreicht und nach weiteren 85 km Blantyre, die größte Stadt Südmalawis.

Infos zu Milange (sprich "Milanschi")

Ausreise nach Malawi

Von Milange besteht die Möglichkeit, **nach Gurué**, dem Teeparadies Mosambiks und bekanntesten Highlight dieser Provinz zu fahren. Diese Piste ist gut ausgebaut und ermöglicht zügige Fahrt. Sie führt zuerst durch Jacaranda- und Eukalyptusalleen aus Milange heraus und durchquert dann eine sehr dicht besiedelte Tiefebene. An klaren Tagen genießt man dabei herrliche Ausblicke auf den mit 3001 m höchsten Berg im südlichen Afrika, den kurz hinter der Grenze in Malawi ruhenden Mulanje Mountain. Die vielen Reihendörfer sind erst nach Ende des Bürgerkriegs entstanden, als Tausende Flüchtlinge aus Malawi nach Mosambik zurück kehrten. Nicht alle konnten oder wollten in ihre Heimatdörfer ziehen, daher sind viele Dörfer entlang der grenznahen Straße entstanden, in denen der Maisanbau heute die wirtschaftliche Basis stellt. Die Flüchtlinge haben zum Teil über viele Jahre im englischsprachigen Malawi zugebracht. Namen wie „Grocery" oder „Tea Room" an den Hauswänden zeigen, dass manchen der Makua und Lomwe die portugiesische Sprache fremd geworden ist. Erst nach etlichen Kilometern Fahrt weicht die dichte Besiedlung zurück und tauchen in der Ferne die Berge rund um Gurué auf. Nach 105 km durchfährt man die kleine Ortschaft **Molumbo** mit einem Gefängnis, das noch aus der Kolonialzeit stammt und wie ein Fort mit Zinnen und Schießscharten besetzt ist. Auch ein verblichenes Wappen ziert noch den Eingang. Kurz nach dem Ort thront geradezu majestätisch die katholische Mission in erhabener Lage direkt an einem mächtigen Granitberg. Eine kurze, ausgewaschene Piste führt zur Kirche hinauf, wo man zwar den fortschreitenden Verfall der Mission erkennt, aber auch einen phantastischen Ausblick über die weite Ebene genießt. 56 km nach Molumbo gelangt man schließlich an die Gabelung zwischen Lioma und Gurué. Nach rechts sind bis Gurué nun noch 32 km zu fahren.

Fahrt von Milange nach Gurué: *Immer wieder markante Gebirgsstöcke und Felszähne in der weiten Naturlandschaft*

Schon gewusst?
Pro 1000 Höhenmeter nimmt die
- Sonnenstrahlung um 10-20% zu
- Temperatur um etwa 5° ab
- Luftfeuchtigkeit um 25% ab

Gurué

Leuchtend grüne Felder und hohe Berge als Kontrast zur Küstenregion

Das 730 m hoch gelegene Städtchen Gurué war einmal die landschaftliche Schatztruhe des Landes: Rundum bezaubern imposante Bergketten, eigentümliche Felsendome und Granitkuppen. An den Hängen des Monte Namúli liegen riesige leuchtend grüne Teeplantagen. Doch leider wird die üppige tropische Vegetation rücksichtslos abgeholzt, und die schmucke Kleinstadt verfällt zusehends. Totzdem lockt die milde Berglandschaft des Planalto Moçambicano mit seinem angenehmen Kontinentalklima zum Wandern oder Ausspannen nach einem längeren Küstenaufenthalt.

Vorsicht: Die Piste auf den Berg ist extrem zugewachsen und ausgewaschen

Mit 2419 m ist der Monte Namúli der zweit höchste Berg Mosambiks und eine stattliche Erscheinung. Für die Makua ist der Berg heilig, sie ehren ihn seit Menschengedenken. Das mächtige Bergmassiv ist sicherlich mit dafür verantwortlich, dass hier die höchsten Regenmengen ganz Mosambiks gemessen werden. In dieser tropisch-feuchten Umgebung gedeihen viele Getreide- und Gemüsesorten und besonders gut Tee.

Gurué bietet städtische Einrichtungen, wie Post, Telefonamt, Banken, eine Tankstelle, eine Apotheke, einen großen Stadtmarkt und diverse einfache Läden. Der Supermarkt neben dem PEP bietet Tiefkühlkost an. Ein beliebter Treffpunkt der Reisenden ist das Café Dominó im Zentrum.

Unterkunft

- **Pensão Gurué:** Tel. 24910050. Die mitten im Ortszentrum gelegene Unterkunft ist seit dem letzten Besitzerwechsel herunter gekommen und nur noch als Notquartier (Zimmer á 13 €/DZ, 11 €/EZ) bzw. für Camping im Garten zu empfehlen (3 € pP).
- **Motel Monte Verde:** Schräg gegenüber der Pensão liegt ebenso zentral dieses renovierte Motel, und bietet deutlich bessere Unterkunft zu moderaten Preisen.

Anreisealternativen nach Gurué

Zufahrt ab Nampevo

Gurué ist von allen vier Himmelsrichtungen aus erreichbar, allerdings nicht ohne gewisse Umstände. Am stärksten befahren und für Nichtmotorisierte am ehesten mit Chapas zu organisieren, ist die 120 km lange Anreise **ab Nampevo** über **Errego** entlang der EN 231. Die Bergstrecke ist frisch geteert und führt durch eine ansprechende Szenerie mit Felsendomen.

Zufahrt ab Mutuáli

Die gleiche Straße, EN 231, führt von Norden **ab Mutuáli** (entlang der EN 8 zwischen Cuamba und Nampula) nach Gurué. Die Abzweigung an der EN 8 ist nicht ausgeschildert, sie liegt östlich von Mutuáli bei der Mariensäule an der Primary School. Nach einsamer Fahrt durch dichte Wälder gelangt man nach 50 km in das kleine Verwaltungszentrum **Lioma**, wo am Ortsausgang ein ausgebrannter Panzer inmitten der kleinen Felder an die Schrecken des Bürgerkriegs erinnert. 19 km weiter gerät man an eine Gabelung, wo man sich links hält, um nicht nach Milange zu fahren, sondern nach weiteren 32 km das Teeanbauzentrum Gurué erreicht.

Zufahrt ab Cuamba

Wer direkt von **Cuamba** nach Gurué fahren möchte, gelangt über die ER556 an der Etarara Mission vorbei nach Correia (52 km), durchquert 1,3 km dahinter die Furt des Rio Lurio, und erreicht 25 km weiter die EN 231 zwischen Lioma/Mutuáli und Gurué (nach rechts 32 km).

Zufahrt ab Malema

Eine weitere Verbindungsstraße von der EN 8 nach Gurué wurde im Jahre 2000 konzipiert. Sie zweigt 13 km westlich **von Malema** nach Süden ab und verläuft als eine Abkürzung zur EN 231, auf die sie 15 km nördlich von Lioma trifft, ist aber in schlechtem Zustand (Stand Ende 2005).

Landschaftlich reizvoll ist auch die Anreise **von Alto Molócuè**. Entlang der EN 104 geht es ins 22 km entfernte Vacha. Dort zweigt man auf eine kleinere Piste nach Nauela ab, die schließlich nach Gurué führt.

Der Zustand der Pisten kann sich hier jederzeit zum Besseren und Schlechteren verändern. Die Deutsche Kreditanstalt für Wiederaufbau erneuerte 2004/2005 rund 800 km Pisten in der Provinz Zambézia. Dabei wurden die meisten Provinzstraßen berücksichtigt. Doch wie schnell diese Straßen ohne anschließende Wartung wieder verfallen, ist nicht absehbar. Erkundigen Sie sich möglichst direkt vor Ort.

Bilder von oben:
Beiderseits der Straßen Teeplantagen;
Kapelle in Gurué;
die Stadt Gurué vor dem
Monte Namúli

PROVINZ NAMPULA

Inselberge mit Gebirgszähnen, welligen Höhenzügen und bizarren Felsenzacken

Ausgesprochen kontrastreich zeigt sich die 78 197 km² große Provinz zwischen den Flüssen Rio Ligonha und Rio Lúrio. Gäbe es eine entsprechende Infrastruktur, wären die markanten, solitär stehenden Granitkuppen Nampulas ein Kletterparadies. In der relativ dicht besiedelten Provinz (38 Ew/km²) bilden die Makua die stärkste Volksgemeinschaft. Sie sind traditionelle Landwirte und bauen hauptsächlich Cashewnüsse, Baumwolle und Tabak an.

> **Fahrtstrecke: Von Alto Molócuè nach Nampula**

Alto Molócuè – Nampula

Gesamtstrecke: 265 km
Fahrzeit: ca. 3,5-4,5 Std.
Zustand: Asphaltstraße
Tankstellen: keine

(Vorherige Streckenbeschreibung bis Alto Molócuè siehe S. 249) Eine landschaftliche schöne Fahrt ohne spezielle Besonderheiten. Einige Kilometer nach Alto Ligonha überquert man den Rio Ligonha, der die Provinzgrenze zwischen Zambézia und Nampula markiert. Auf guter Straße geht es zügig bis in die Großstadt Nampula.

Nampula

Übersichtlicher Ortskern mit bürgerlichem Ambiente

Nampula ist eine vergleichsweise junge Stadt. Wegen ihrer verkehrsgünstigen Lage verlegten die Portugiesen 1935 die Provinzverwaltung von Ilha de Moçambique in diese Kleinstadt. Von da an blühte Nampula auf und wurde schon in den 1960er Jahren, als die Portugiesen hier Militär gegen die Frelimo-Freiheitskämpfer stationierten, zur geschäftigen "Kapitale des Nordens". Bis heute ist die Einwohnerzahl auf 200 000 angewachsen und Nampula als dritt größte Stadt des Landes unbestritten das bedeutendste Wirtschaftszentrum Nordmosambiks. Mit seinen breiten Avenidas wirkt Nampula dabei auch wohlgeordneter und bürgerlicher als vergleichbare Großstädte des Landes. Für den Reisenden bietet die Stadt neben einem ausgezeichneten Museum vor allem eine gute Versorgung und günstige Verkehrsanbindung.

Sehenswertes **Kathedrale**
Die Cathedral da Nossa Senhora Fátima an der Avenida Eduardo Mondlane ist ein massiver, weiß getünchter Bau aus dem frühen 20. Jh. Rundbögen und Zwiebeldächer auf den Doppeltürmen geben diesem Kirchenbau fast ein lateinamerikanisches Ambiente. Innen wirkt die katholische Kirche sehr luftig, und vor dem Eingang liegt ein breiter Vorplatz.

Tipp! **Museum der Ethnologie**
Dem ausgezeichneten ethnographischen Museum an der Avenida Eduardo Mondlane sollte man unbedingt einen Besuch abstatten. Es widmet sich mit zahlreichen Schaukästen, Ausstellungsstücken und Fotografien der Kunst

NAMPULA

und Kultur Nordmosambiks, vornehmlich der Makua und Makonde. Seine Mitarbeiter sind ausgesprochen freundlich und hilfsbereit. Das Museum ist dienstags bis samstags von 14.00-16.30 h geöffnet, freitags bis 18.00 h und sonntags von 10.00-12.00 h und 14.00-16.00 h. Montags ist geschlossen. Autofahrer dürfen ihr Fahrzeug direkt vor dem Eingang sicher abstellen. Der Eintritt beträgt etwa 3,20 Euro.

Makonde-Kooperative
Hinter dem Museum befindet sich eine kunsthandwerkliche Kooperative der Makonde-Holzschnitzer, wo man die Arbeiten direkt von den Künstlern erstehen kann.

Bilder von oben:
Das Zentrum von Nampula:
Breite Straßen und
schmucklose Gebäude;
Unten: Die Kathedrale Nossa Senhora
Fátima und ihr breiter Vorplatz

NAMPULA

Wichtige Adressen von A bis Z

Banken & Geldwechsel

Eine Wechselstube liegt zentral an der Avenida Samuel Kankhombe/Ecke Av. Eduardo Mondlane. Hier werden zügig Bargeldbestände (US$ und Rand) gewechselt. Reiseschecks nimmt die Standard Totta gegen hohe Gebühren an. Am ATM-Schalter der Banco Internacional de Moçambique (BIM) kann man mit VISA Bargeld abheben. Die BIM wechselt auch Euro-Bargeldbestände. Wichtig für ankommende Fluggäste: Am Flughafen von Nampula befindet sich keine Wechselstube.

*Bild links:
Junge Männer bieten auf offener Straße den Umtausch von "harten Währungen" in Meticais an*

Große Lebensmittelauswahl auf dem städtischen Markt

Einkaufen / Lebensmittelversorgung

Der zentrale Stadtmarkt von Nampula zwängt sich eng und quirlig auf kleiner Fläche, bietet dabei aber eine beeindruckende Fülle an frischem Obst und Gemüse. Er befindet sich an der Avenida Samuel Kankhombe/Ecke Rua Daniel Napatina (die BP-Tankstelle direkt gegenüber vertreibt Sprit von guter Qualität). Bei Fleisch- und Milchprodukten sowie Importwaren hat der neue Shoprite (gegenüber dem Hotel Brasilia) die Supermärkte an der Av. Samora Machel ausgestochen. Die beste Brot- und Gebäckauswahl offeriert die Bäckerei an der Avenida Samuel Kankhombe/Ecke Av. da Independência.

Immigration-Büro

Schon gewusst?
Vögel sind viel schlauer als bisher vermutet. Tauben können z. B. nachweislich über 700 Muster unterscheiden

Das Büro der Migração, wo man etwaige Visaangelegenheiten klärt, liegt an der Rua Monomatapa/Ecke Av. Francisco Mayanga.

Krankenhaus

Central Hospital: Tel. 26213001. Ambulanz Tel. 26213693.
Avenida Clinica: Tel. 26218090, Notruf 82457720, Rua Monomatapa

Polizei

Tel. 26425031/26213131, Notruftelefon Nr. 199.

Post Office & Internet

Das Hauptpostamt von Nampula befindet sich in der Avenida Samuel Kankhombe. Öffnungszeiten: Montags bis freitags von 07.45-12.00 h und 14.00-17.00 h, samstags von 07.45-12.00 h. Internetcafés befinden sich gegenüber der Post und in der Avenida 3 de Fevereiro.

NAMPULA

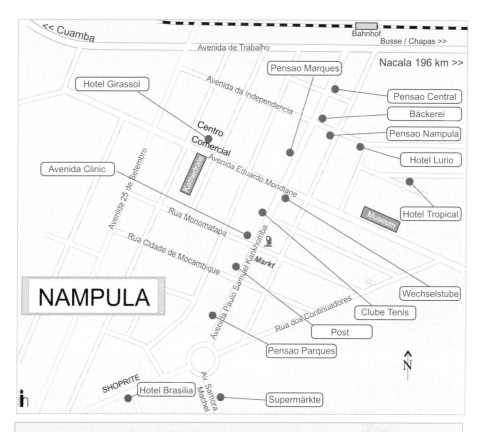

Unterkunft in Nampula

- **Hotel Tropical:** Rua Macombre, Tel. 26216359. Bestes, zentral gelegenes Hotel der Stadt mit klimatisierten Zimmern und Restaurant. Preise: B&B 40 €/DZ und 55 €/EZ.
- **Girassol Nampula:** Ave. E. Mondlane 326, Tel. 26216000, Fax 26217638. www.girassolhoteis.co.mz. Neues Hotel für Geschäftsreisende mit 28 klimatisierten Zimmern, Restaurant und Bar.
- **Hotel Bamboo:** Tel. 26217475, 2627838. Estrada de Rapale. Klimatisierte, gepflegte Bungalows am Stadtrand von Nampula, mit schönem Garten/Poolbereich und ausgezeichnetem Restaurant. Dieses Hotel ist von zahlreichen Lesern empfohlen worden. Zimmerpreis ca. 45 €.
- **Hotel Lúrio:** Avenida da Independência, Tel. 26212898. Großes, sauberes und freundliches Hotel der Mittelklasse in zentraler Lage. Preise: B&B ab 13 €/DZ und 18 €/EZ.
- **Hotel bzw. Pensão Nampula:** Avenida da Independência, Tel. 26212147. Etwas vernachlässigte Unterkunft, Zimmerpreis ca. 20 €.
- **Residencial Brasília:** Rua dos Continuadores, Tel. 26212126. Klimatisierte, sehr einfache Zimmer ab 20 €/EZ und 33 € pro DZ, aber mit ordentlichem Restaurant und freundlichem Service.
- **Pensão Marques:** Tel. 26212527. Ave. Paulo Samuel Kankhombe. Bei Backpackern sehr beliebtes Gästehaus mit Zimmern (tw. Aircon) ab 22 € und Ü im Mehrbettschlafsaal für 10 € pP.
- **Pensão Parque:** Tel. 26212307. Avenida Paulo Samuel Kankhombe. Einfache Pesion kurz vor dem Kreisel an der Rua dos Continuadores. Preise: ab 7 €/DZ.
- **Residencial Monte Carlo:** Rua Cidade de Moçambique, Tel. 26212789. Eine etwas herunter gekommene Absteige.

Restaurants	Die Auswahl an Lokalitäten ist in Nampula vielfältig. Empfehlenswert sind die Terrassenrestaurants im **Hotel Tropical** und gegenüber im **Restaurante Capricornico** sowie der **Clube Tennis** an der Ave. Samuel Kankhombe/Ecke Rua Daniel Napatina, wo man im Freien sitzen kann. Als Oase der Erholung mit schönem Garten, Pool und Bar gelten die Restaurants im **Clube de CVFM** (Rua 3 de Fevereiro in Bahnhofsnähe) und im **Hotel Bamboo**.
Telefon	Das Telefonamt für internationale Gespräche liegt an der Avenida Samuel Kankhombe zwischen der Post und der Pensão Marisqueira in einem Hintergebäude (ist leider kaum zu erkennen).

An- und Weiterreise

Flughafen & Flüge *Taxifahrt vom Airport ins Zentrum: ca. 2,50 Euro*	Der Flughafen liegt 4 km außerhalb in Richtung Nacala (1 km abseits der Fernstraße). Zahlreiche Chapas befahren diese kurze Strecke. Die nationale Fluggesellschaft LAM unterhält ein Büro in der Ave. Francisco Mayanga (Tel. 26213585/26212801) und am Airport (Tel. 26213322). Von und nach Maputo bestehen tägliche Flugverbindungen (Return ca. 190 Euro); nach Beira, Quelimane, Pemba, Tete und Lichinga mehrmals wöchentlich. Außerdem ist hier "Air Corridor" niedergelassen, die tägliche Flüge nach Quelimane, Beira, Maputo und Pemba anbietet (Tel. 26213333).
Bahnhof & Bahnverbindungen *Tipp für Bahnfahrer: Taschenlampe einpacken*	Bahnhof und Bahnlinien begrenzen das Stadtzentrum nach Norden (Av. do Trabalho). Jeden Di/Do/Sa verlässt ein Zug um 05.00 h die Stadt in Richtung Cuamba. Mit über 30 Stopps braucht die Diesellok für die reizvolle, 350 km lange Strecke 8-9 Stunden. Der Zug bietet eine 1. (10 €), 2. (8 €) und 3. Klasse (4 €) sowie einen Speisewagen. Von Cuamba fährt er jeden Mi/Fr/So um 05.00 h zurück. Autoverladung kostet ca. 100 Euro pro Strecke. Fahrkartenvorverkauf: Tel. 26212032 (manchmal nachmittags am Bahnhof, ansonsten nur beim Einlaufen des Zuges). Außerdem befährt dreimal wöchentlich ein Zug die Strecke Nampula-Nacala (6 Stunden Fahrt, ca. 2 €).
Busbahnhof & Busverbindungen *Info: Bei Fahrten mit Chapas nach Ilha de Moçambique muss man in Lumbo umsteigen*	Größte Busgesellschaft ist Transnorte, deren Terminal an der Av. Filipe Samuel Magaia liegt. Von hier und einer weiteren zentralen Bushaltestelle knapp 1 km östlich vom Bahnhof an der Av. do Trabalho starten die Busse und Chapas in östliche Richtung: nach Nacala, Ilha de Moçambique und Pemba. Die Abfahrtsstelle der Busse nach Süden und Westen (Ribáuè, Alto Molócuè, Mocuba und Quelimane) liegt etwa 2 km westlich des Bahnhofs an der Ausfallstraße Av. do Trabalho, kurz vor der unbeschilderten Abzweigung nach Ribáuè und Cuamba. Für die kürzeren Strecken nach Ilha de Moçambique, Nacala und Mocuba etc. muss man 3 bis 4 € berappen. Nach Pemba bezahlt man ca. 6 €, nach Quelimane etwa 10 €. Für die 600 km lange Strecke nach Quelimane benötigen die Busse zwei Tage. Auf der Fahrt dorthin wird in Alto Molócuè übernachtet, bei Fahrten von Quelimane nach Nampula verbringt man die Nacht in Mocuba. Oliveiras-Busse fahren freitags um 06.00 h vom Bahnhof ab nach Maputo (60 €, unterwegs zwei Übernachtungen).
Mietwagen	Am Flughafen unterhält die Agentur Imperial Car Rentals ein Büro. Tel. 26216312, Fax 26215760. Auch 4x4-Fahrzeuge erhältlich.

Abstecher: Angoche

170 km südöstlich von Nampula ruht ein alter Handelsplatz mit kolonialhistorischer Bedeutung wie im Dornröschenschlaf fern der Transitwege an einer Bucht des Indischen Ozean. Angoche war schon seit mindestens 1600 Jahren von arabischen Seefahrern angelaufen worden, um Handel mit den Einheimischen zu treiben. Die Ankunft der Portugiesen 1498 erschütterte bald das arabische Handelssystem, wollten die Europäer das lukrative Geschäft doch rückhaltlos an sich reißen. Zu diesem Zweck eroberte Portugal 1507 die größte arabische Handelsmetropole Sofala. Doch die Swahili-Araber beugten sich keineswegs den fremden Besatzern, sondern wickelten ihre Geschäfte nun über Angoche ab. Nur kurze Zeit ließen sich die Portugiesen derart an der Nase herum führen, dann nahmen sie Kurs auf Angoche, beschossen die Küstenstadt und legten sie in Schutt und Asche. Damit schien 1511 die kurze Blüte in Angoche schon wieder beendet.

Tatsächlich dümpelte das Leben hier bis in das frühe 19. Jh., als die vom Sklavenhandel profitierenden Portugiesen durch britische Patrouillenschiffe in Bedrängnis gerieten und nach Ersatzhäfen für die inzwischen illegalen Sklaventransporte suchten. Die flache Bucht blieb für die britischen Schiffe unzugänglich und eignete sich daher bestens für die heimlichen Geschäfte der Kolonialmacht. Angoche erlebte eine Wiederbelebung auf Kosten der menschlichen Ware. Das endgültige Ende des Sklavenhandels besiegelte jedoch auch das Schicksal von Angoche. Im 20. Jh. entdeckten die Kolonialeuropäer die kleine Bucht mit ihren Traumstränden und vorgelagerten Korallenriffen als Feriendomizil. Unabhängigkeitskampf und Bürgerkrieg setzten auch dieser Entwicklung ein jähes Ende, von dem sich Angoche bisher nicht wieder erholt hat.

Heutzutage nehmen nur wenige Reisende den langen Weg nach Angoche auf sich, um die stille Bucht und herrlichen Sandstrände zu genießen. Ab Nampula erfolgt die **Anreise** über Nametil (71 km). Die insgesamt 172 km lange Piste erfordert ein Allradfahrzeug. Alternativ kann man von Monapo via Liupo nach Angoche fahren (Allradpiste, 194 km). Vor allem ab Nampula befahren mehrmals wöchentlich Chapas die Strecke.

Angoche hat keine besonderen historischen Gebäude, strahlt aber ein starkes arabisches Flair aus. Mit den Dhaus kann man zur gleichnamigen Inselgruppe übersetzen, um dort zu schnorcheln. Freies Campieren am Strand sollte nirgends ein Problem sein, Unterkunft bietet auch eine Pension im Zentrum Angoches. Ein schöner Strand namens „Praia Nova" liegt 7 km nördlich von Angoche.

- **Pensão Oceânia:** Tel. 2672343. Das Gästehaus im Ort atmet ein wenig den Hauch der Geschichte.

Mogincual

Rund 100 km südliche von Ilha de Moçambique liegt dieses Küstendorf an der Mündung des gleichnamigen Flusses. Ab Nampula erfolgt die Anreise via Corrane und Liupo (158 km), ab Monapo besteht eine 104 km lange Verbindung via Quixaxe. Beide Strecken werden unregelmäßig von Chapas befahren. Die kleine Ortschaft ist nur wegen der dort ansässigen Ferienlodge ein touristischer Begriff.

- **Fim do Mundo:** Tel./Fax 26520017, www.fimdomundosafaris.com. Nicht unpassend bedeutet der Name „das Ende der Welt", denn hier liegt wirklich 'der Hund begraben'. Die Besitzer dieses Camps haben sich nun im Bay Diving in Nacala (siehe S. 264) niedergelassen. Derzeit ist Fim do Mundo geschlossen, kann aber auf Anfrage als Selfcatering-Camp gebucht werden. Für 2007 ist der Ausbau zu einer Lodge geplant.

Fahrtstrecke: Von Nampula nach Cuamba

Diese Straße ist derzeit so schlecht, dass kaum noch öffentliche Busse fahren

Die Fahrt von Nampula nach Cuamba, vor allem aber zwischen Namina und Iapala, ist ein landschaftlicher Hochgenuss, aber derzeit in jämmerlichem Zustand. Sie führt durch abwechslungsreiche Berge voller Zacken und Kegel, die aussehen, wie von forscher Kinderhand gezeichnet.

Nampula – Cuamba

Gesamtstrecke: 353 km
Fahrzeit: ca. 6-7 Std.
Zustand: derzeit sehr schlechte Allwetterpiste
Tankstellen: Malema (nicht immer gesichert), Mutuáli
Besonderheit: eine der schönsten Panoramastrecken im südlichen Afrika, sie soll ausgebaut werden

Die Straße EN 8 zweigt gute 2 km westlich von Nampula ab, ist jedoch nicht beschildert. Zunächst durchfährt man die dicht besiedelten Randgebiete, ehe es deutlich einsamer wird. Nach 64 km Fahrt taucht auf der rechten Seite ein riesiger Granithügel mit senkrechter Westwand auf, in der sich eine große Höhle befindet (leider führt kein Weg bis dorthin). Die Bergkulisse wird nun immer imposanter. Nach 123 km durchquert man die Bahnstation Ribáuè Gare mit kleinem, bunten Markttreiben. 12 km weiter, die durch eine atemberaubend schöne Landschaft mit malerischen, blaugrauen Spitz- und Kegelbergen und diversen alten Urwaldbeständen führen, erreicht man die Kleinstadt **Ribáuè** zu Füßen des mächtigen Monte Mepálue (1777 m). Die verfallenen Kolonialgebäude beiderseits der breiten Avenidas lassen noch gut erkennen, dass Ribáuè einst ein schmuckes Städtchen gewesen sein muss. In beeindruckender Landschaft auf milden 600 m Höhe gelegen mag sich hier für die Kolonialeuropäer einst ein angenehmes Leben abgespielt haben.

29 km weiter zweigt die EN 104 nach Iapala (8 km) und Alto Molócuè (105 km) ab. Die Bahnstation Iapala strömt mit ihren Ruinen der Bahnhofs-Pousada noch viel kolonialen Charme aus. Die Weiterfahrt nach Süden erfordert Allrad.

Oben: Die Fahrt nach Cuamba ist ein landschaftlicher Hochgenuss durch die bizarren Berge im Hintergrund

Auf einsamer Fahrt geht es weiter nach **Malema**, das 105 km westlich von Ribáuè inmitten prächtiger Berge und markanter Kletterfelsen liegt. Die lebhafte Kleinstadt, auch wieder mit einem gewissen "Wildwest-Charme" aus der guten alten Zeit ausgestattet, bietet die erste Tankstelle seit Nampula (allerdings häufig nur aus Kanistern erhältlich), eine kleine Bankzweigstelle und eine Lodge mit Bar und Bungalows. 13 km nach Malema zweigt eine neu konzipierte Abkürzung zur EN 231 nach Lioma und Gurué ab (siehe Beschreibung S. 254). Entlang der EN 8 erreicht man dagegen 51 km westlich von Malema die Ortschaft **Mutuáli**. Auch hier besteht die Möglichkeit, nach Gurué entlang der EN 231 zu fahren (die Abzweigung ist nicht ausgeschildert, sie liegt östlich von Mutuáli bei der Mariensäule an der Primary School).

Auf den restlichen 59 km Strecke bis Cuamba verlässt man bei der Brücke über den Rio Lúrio die Provinz Nampula; Cuamba liegt bereits in der Provinz Niassa (Beschreibung S. 313).

> **Schon gewusst?**
> Eine Termitenkönigin legt rund 30 000 Eier pro Tag – und das bis zu 20 Jahre lang!

Fahrtstrecke: Von Nampula nach Nacala

Auf guter Teerstraße geht die Fahrt durch lockeren Buschwald und Cashewplantagen. Vereinzelt ragen Granitfelsendome aus der hügeligen Landschaft. In den Dörfern werden Cashewnüsse und Holzkohle in hohen Säcken verkauft. Die Straße führt durch eine Region reger Missionstätigkeit.

Imposante Kirchen untermalen den religiösen Eifer, mit dem die Missionare zur Bekehrung der Afrikaner dem überall an der Küste verbreiteten Islam die Stirn boten. Ein beeindruckendes Beispiel dieser Anstrengungen ist die katholische Mission „Sanctuario de S. M. Mae do Redentor" aus dem Jahr 1941, die 13 km vor Namialo liegt. Eine prächtige, schattenspendende Mahagoni-Allee führt direkt auf das mit Außenmosaiken geschmückte Gotteshaus zu.

> **Nampula – Nacala**
> Gesamtstrecke: 190 km
> Fahrzeit: ca. 2-3 Std.
> Zustand: Asphaltstraße
> Tankstellen: in Namialo, Monapo
> Besonderheit: rege befahren

Namialo ist eine wichtige Wegkreuzung und entsprechend lebendig und geschäftig (Weiterfahrt nach Pemba S. 279). Etliche Chapas stoppen hier, um neue Fahrgäste aufzunehmen. Restaurants und Pensionen offerieren den Durchreisenden ihre Dienste. Viele LKW-Fahrer nützen Namialo als Übernachtungsplatz und um an einer der drei Tankstellen aufzutanken. Für Touristen bietet das eher chaotische Dorf mit seinen Fabriken und dem bunten Markt wenig Anreize zum Verweilen; sollte eine Übernachtung notwendig sein, so empfiehlt sich das Hotel Pousada Namialo. Es gibt hier auch ein Telefonamt für internationale Ferngespräche.

Die Weiterfahrt verläuft nun parallel zur Bahnlinie. Nach 27 km liegt etwas zurückgesetzt die engagierte katholische Mission **Carapira** mit beeindruckender Kirche, einem Gesundheitsposten und einer Wirtschaftsschule.

Oben: Katholische Missionskirche "Sanctuario de S. M. Mae do Redentor"

Die Asphaltstraße umgeht nach 35 km die Kleinstadt **Monapo** in einer weiten Schleife. Monapo war einst für seine fünf **Cashew-Fabriken** bekannt, die schließen mussten, als die Weltbank den freien Markt erzwang und die Schutzzölle für Cashews verbot. Fortan gingen die Nüsse als Rohstoff unbearbeitet nach Asien, Tausende verloren hier ihre Jobs als Schäler, und der einstige erfolgreiche Wirtschaftszweig in Mosambik brach zusammen. Eine Cashew-Misere dank der rigorosen "Entwicklungshilfe" von IWF und Weltbank, die inzwischen erkannt wurde, und der jetzt mit einer Wiederbelebung der Cashewverarbeitung entgegen gesteuert wird.

Kurz hinter dem Ort zweigt an einer Tankstelle die Stichstraße nach Ilha de Moçambique ab (57 km Teerstraße). Geradeaus gelangt man nach weiteren 63 km nach Nacala.

Nacala

Erst Anfang der 20. Jh. wurde das hervorragende Potenzial der Baia de Fernão Veloso als Tiefseehafen erkannt. 1947 machten man sich an den Ausbau desselben, der heute zu den tiefsten Naturhäfen der Welt zählt. Nacala ist als konstruierte, **moderne Hafenstadt** schmucklos, zweckmäßig und stets ein wenig steril geblieben. Aus touristischer Sicht ist die Stadt wenig interessant, wenngleich Nacala die beste Versorgungsstation zwischen Nampula und Pemba darstellt (vor allem im Vergleich zu Ilha de Moçambique!) und die Halbinsel Fernão Veloso einige schöne Strände bietet. Mehrere Restaurants, Supermärkte, ein ordentliches Krankenhaus (Tel. 26520346), Tankstellen und Werkstätten erleichtern den Alltag der 100 000-Einwohner-Stadt.

Unterkunft
- **Hotel Nacala:** Tel. 26526350/1, Fax 26526356 (auch Hotel Maiaia genannt). Neu renoviertes Hotel, vor allem für Geschäftsreisende ausgestattet. Sehr gutes Restaurant, klimatisierte Zimmer. B&B ab 35 €/DZ und 60 €/EZ.
- **Complexo Bela Vista:** Tel. 26520404. Einfachere Anlage mit Restaurant, Bar und Zimmern für 13 €/DZ und 15 €/EZ.
- **Bay Diving & Camping:** Tel./Fax 26520017, www.fimdomundosafaris.com. Etwa 9 km nördlich von Nacala in Richtung Fernão Veloso gelegen (bei der Abzweigung zum Flughafen in die gegenüberliegende Piste einbiegen und 1,5 km weiter fahren). Camping 5 €, Mehrbettzimmer 7 €pP, DZ 18 €, 2-Bett-Chalets 27 €, Tauchgänge à 30 € möglich. Liegt auf einer hohen Sandbank ohne Meerzugang in einer Bucht.

An- und Weiterreise

Dreimal wöchentlich fährt ein Zug zwischen Nampula und Nacala (6 Stunden Fahrt, etwa 3 €). Etliche Busse und Chapas bedienen ebenfalls diese viel befahrene Strecke (ca. 4 €), deren Haltestelle vor dem Hotel Nacala liegt. Viele Chapas fahren nur bis Monapo oder Namialo, wo man ohne lange Wartezeiten umsteigen kann.

Trotz der großen Geschäftigkeit im Hafen von Nacala bestehen keine regelmäßigen Fährverbindungen oder Passagierlinien. Um an die Strände von Fernão Veloso zu gelangen, fährt man von Nacala 15 km weiter bis zum Ende der Teerstraße. Hier reihen sich einige private Ferienhäuser an den Sandstrand, für Touristen bietet die Halbinsel voller Baobabs jedoch keine Einrichtungen. Über eine Piste ist von Nacala aus der Strand von Relanzapo erreichbar, der dem offenen Meer zugewandt im Nordosten der Halbinsel liegt.

Info: "Nacala Korridor"

Der Anschluss an das Fernstraßen- und Schienennetz Sambias ist geplant

Als Nacala Korridor wird die rund 800 km lange **Transitverbindung** zwischen Blantyre in Malawi und dem Indischen Ozean bezeichnet. 618 km dieser Strecke, die aus Bahnlinie und parallel verlaufender Fernstraße besteht, liegen dabei auf mosambikanischen Staatsgebiet. Für den Binnenstaat Malawi stellt dieser Korridor die günstigste Verbindung zum Ozean dar; gegenüber Durban in Südafrika oder Dar es Salaam in Tansania eine enorme Verkürzung der Transportwege. Der Schienenstrang wurde erst 1970 fertiggestellt, allerdings schon fünf Jahre später wegen des Krieges stillgelegt. 1989 hat man den Bahnbetrieb wieder aufgenommen und in den letzten Jahren die Strecke modernisiert und ausgebessert, vor allem zwischen Cuamba und der malawischen Grenze. Heute werden rund ein Fünftel der malawischen Güter über Nacala abgewickelt (etwa 185 000 Tonnen jährlich, wovon 70 % Importwaren und nur 30 % Exportprodukte ausmachen).

Die Umgebung von Ilha de Moçambique: Mossuril, Cabaceira & Chocas Mar

Ilha de Moçambique liegt der Bucht von Mossuril vorgelagert, auf deren Nordseite eine Landzunge in den Ozean ragt. Hier liegen diverse Fischerdörfer, Sandstrände und einige Relikte der kolonialen Vergangenheit. Die Zufahrt erfolgt von der Straße zwischen Monapo und Ilha de Moçambique. Die Piste zweigt 26 km östlich von Monapo ab. Nach 21 km Fahrt gelangt man nach Mossuril, einem Fischerhafen, in dem einige Dhaus liegen. Mehrere Kilometer hinter dem Ort gabelt sich die Piste, man hält sich hier rechts auf der Seite der Bucht. Der Weg durchquert Cabaceira Grande, wo die Gouverneure des 18. Jh. ein Landhaus hielten, das aber längst verfallen ist. Dafür steht noch die katholische Kirche Nossa Senhora de Remedios aus der gleichen Epoche, und die Mauerreste eines alten Forts kann man auch noch erkennen. Der Weg führt nun über eine schmale Landzunge zu derem Ende, Cabaceira Pequena genannt, wo eine alte Moschee und verlassene Häuser ruhen. Zwischen diesen beiden Teilen von Cabaceira liegt dem offenen Meer zugewandt Chocas da Mar.

- **Complexo Chocas da Mar:** Tel. 26212798. Strandanlage mit Restaurant und Bar an einsamem, weitem Sandstrand, der sich gut zum Surfen eignet. Camping wird gestattet, wenn auch nicht gerade favorisiert. Preise: 17 €/DZ, an den Wochenenden, wenn Ausflügler aus Nacala oder Nampula kommen, rund 10% Zuschlag.
- **Charrusca Mar Sol:** Tel. 26213302. Hübsche Bungalows unter Palmen am Meeresstrand á 25 €/Nacht (GPS-Daten S 14.58.32, O 40.44.92).

Die Bucht von Mossuril

Oben: Typisches Straßenrestaurant in Mosambik: Eine gut bestückte Bar und weißes Plastikgestühl

Ilha de Moçambique

Die kleine Insel soll die Geschichte im südlichen Afrika stärker beeinflusst haben als irgend ein anderer Ort

Sie ist eine der ältesten europäischen Siedlungen der südlichen Hemisphäre und soll mehr Einfluss auf die geschichtliche Entwicklung im südlichen Afrika genommen haben, als irgendein anderer Ort dieses Kontinents. Die kleine längliche Insel, die hier jedermann nur "Ilha" nennt (sprich [ilja]) ist weltgeschichtlich und kulturell betrachtet ein Prachtstück, und gewiss ein "Muss" für jeden Besucher Nordmosambiks. Zwei Drittel der Insel werden komplett als **Weltkulturerbe** eingestuft, kein Neubau stört das hervorragend erhaltene historische Stadtbild. Unterschiedlichste Kulturen sind sich hier begegnet und haben sich wechselseitig beeinflusst – Europäer, Inder (vor allem aus Goa), Afrikaner, Araber und Perser gaben sich hier ein Stelldichein. Auf einer Fläche von nur 2500 m x 600 m (an seiner breitesten Stelle) steht Ilha de Moçambique allegorisch für die Vielfalt Mosambiks, in kultureller, historischer und ethnischer Hinsicht.

Schon gewusst?
1992 stufte die UNESCO Ilha de Moçambiquel als Welterbe ein

Der erste Eindruck nach Ankunft auf der Insel ist dennoch eher ernüchternd: Schäbig, verkommen und viel zu dicht bebaut wirkt diese „größte Sehenswürdigkeit des Nordens". Verfallene portugiesische Pracht an allen Ecken und Enden – das ehrwürdige Hospital mit seinem schmiedeeisernen Portal; die stillgelegte Badeanstalt neben dem Fort, wo noch der Sprungturm über das schon lange trockene Becken ragt; der betagte Mercado oder die Parkbänke und Straßenlaternen. Irgendwie scheint zunächst alles dem schweigenden Verfall preisgegeben. Man fühlt sich wie in der Rumpelkammer eines Museums, in der die als nutzlos erachteten Relikte vergangener Epochen sich selbst überlassen bleiben.

Vielen erschließt sich Ihla erst auf dem zweiten Blick

Wenn sich aber das Auge an die fremden Eindrücke gewöhnt hat, die baufälligen Mauern und engen Gassen aufgenommen hat, öffnet sich der Blick für die Feinheiten. Dann erkennt man das mühevolle Renovieren alter Paläste, die herrlichen noch erhaltenen Portale, Schnitzereien und Ornamente. Und aus der ersten Befremdung entwickelt sich eine Faszination für die Einzigartigkeit dieser Insel und seine unverwechselbare Atmosphäre.

Abends wirkt die Szenerie noch fremdartiger

Abends wird die Szenerie besonders schön und bekommt einen unwirklichen, sehr orientalischen Touch. Entlang der Mittelstraße (Avenida 25 de Junho) werden zahlreiche Marktstände zwischen den prächtigen Bäumen mit ihren eigenwilligen Luftwurzeln aufgebaut. Im schimmernden Licht promenieren die Menschen, genießen die angenehme Abendkühle.

Noch etwas fällt auf entlang der Mittelstraße durch die Insel: die Wohnhäuser links und rechts der Straßen sind tiefer gelegt. Man sieht von der Straße hinab in die Wohnungen, deren Dächer sich auf gleicher Höhe mit den Straßen befinden. Manch große Papayapflanze erreicht gerade mal die Höhe der Straße; ein kurioser Anblick.

Die Bewohner von Ilha sind aufgeschlossener und selbstbewusster als auf dem Festland. Viele Kinder und Jugendliche sprechen Besucher offenherzig an, bieten mit guten Englischkenntnissen Führungen an oder wollen einen Übernachtungsplatz und Dhau-Trips vermitteln. Ein Großteil dieser Kinder sind Schüler der Internatsschule auf Ilha. Möglicherweise wegen seiner Insellage gilt Ilha de Moçambique als ausgesprochen sicher; Diebstahl kommt nur selten vor.

GESCHICHTE

Geschichtlicher Abriss

Als Vasco da Gama am 01.03.1498 zum ersten Mal auf die kleine Insel zusteuerte, befand sich hier schon seit annähernd 1000 Jahren ein swahili-arabischer Handelsstützpunkt. Ein Scheich namens Moussa Ben Mbiki herrschte damals auf der Insel, und die portugiesisch gefärbte Variante seines Titels prägte sich rasch als Ortsbezeichnung ein (für Jahrhunderte sollte Moçambique nur die Insel bezeichnen, erst viel später setzte sich der Name auch für die gesamte Kolonie durch). 1502 kehrte da Gama erneut auf die Insel zurück und schon 5 Jahre später hatten die Portugiesen ihren Eroberungsfeldzug entlang der ostafrikanischen Küste begonnen und vertrieben die Araber von der Insel. Ein erster Festungsturm (São Gabriel), eine Krankenstation und eine Kirche entstanden schon 1507, um das Eiland zu einem sicheren Zwischenlager für die Handelswaren auszubauen. Bis Mitte des 16. Jh. prosperierte Ilha zu einem der wichtigsten Versorgungshäfen für die portugiesischen Seefahrer auf dem Weg zu den Besitzungen im fernen Osten. 70 offizielle Vertreter des Mutterlands und bis zu 1000 portugiesische Händler und Seeleute hielten sich hier mitunter auf. Da lag es nahe, Ilha de Moçambique zur portugiesischen Hauptstadt an der afrikanischen Küsten auszubauen, worunter vor allem die Befestigung eines wehrhaften Forts verstanden wurde.

Vor Überfällen vom Festland, wo Afrikaner und Swahili-Araber eine beständige antiportugiesische Haltung einnahmen, bot die Insel ausreichend Schutz. Gefahr drohte Ilha de Moçambique dagegen vom offenen Meer. 1607 musste die Verteidigungsanlage seine Feuertaufe bestehen. Die Niederländer standen als aufblühende Seemacht in direkter Konkurrenz zu

*Oben:
Der erste Blick
auf Ilha de
Moçambique
von der
Zufahrtsbrücke
aus*

ILHA DE MOÇAMBIQUE

Oben: Dieser Blickwinkel zeigt den für Ilha typischen Kontrast zwischen einzelnen renovierten Gebäuden und den übrigen baufälligen historischen Palästen und Häusern

Portugal, das längst schwächelte und nach heftigen Seeschlachten eine überseeische Besitzung nach der anderen an die Holländer verlor. Am 29.03.1607 nahmen die niederländischen Kriegsschiffe Kurs auf Ilha de Moçambique. Sie zerstörten die Lehmstadt, plünderten die Insel, vermochten aber nicht das mächtige Fort einzunehmen, in dem sich die Portugiesen verschanzt hatten. Bis zum 13.05.1607 dauerte die **Belagerung Ilhas**, dann zogen die Holländer resigniert wieder ab. Die erste Schlacht zwischen Europäern auf afrikanischem Boden hatte mit dem Rückzug der erfolglosen Niederländer geendet. Doch schon im nächsten Jahr kehrten die beutelustigen Angreifer zurück. Mit 13 Schiffen, 277 Kanonen und 1840 Soldaten wollten sie nun endlich die strategische Versorgungsstation einnehmen (Ilha de Moçambique liegt an der schmalsten Stelle des mosambikanischen Kanals zwischen Madagaskar und dem Festland). Doch wie schon im Jahr zuvor hielten die Portugiesen ihre Stellungen und zeigte sich das Fort drei Monate lang als unbezwingbar. Mittels Zisternen innerhalb des Forts konnte ausreichend Trinkwasser aufgefangen werden, um die Soldaten für Wochen zu versorgen. Nach dieser Niederlage verzichtete Holland darauf, die Insel erneut anzugreifen. Statt dessen eroberten die Niederländer Handelsplätze weiter im Norden, wie Mombasa, die Portugal damit endgültig verlor.

Nach den niederländischen Belagerungen bauten die Portugiesen das Fort noch stärker als **Bollwerk gegen Attacken** von der See aus. So konnte auch eine englische Belagerung im Jahre 1628 den Portugiesen nichts anhaben. Um diese Zeit tauchten die ersten Priester des Dominikanerordens und Jesuiten auf, bauten Kirchen und 1640 ein Jesuitenkollegium. Doch die Ruhephase endete schon 1671. Diesmal kam der Angriff aus dem Norden, wo sich die Omanis zur arabischen Großmacht aufgeschwungen hatten und der Reihe nach die afrikanischen Küstenstädte überfielen. Ihre

GESCHICHTE

Streitkräfte attackierten und plünderten Ilha de Moçambique, die ganze Stadt ging in Flammen auf. Doch das Fort zu erstürmen und damit die portugiesische Herrschaft zu brechen, gelang auch den Omanis nicht. Nach dieser Belagerung umfing das Fort schließlich die **Aura der Unbezwingbarkeit**, und wurde tatsächlich zum einzigen sicheren Bollwerk Portugals an der langen ostafrikanischen Küste, in der sich die schwächelnde Seemacht immer wieder verschanzen konnte.

Keiner Seemacht gelang es jemals, die Festung einzunehmen

Die Sorge um die Expansionsgelüste der arabischen Nachbarn brachte Lissabon Mitte des 18. Jh. dazu, Portugiesisch-Ostafrika zur eigenständigen Kolonie zu erklären (die Besitzungen hatten bis dahin dem Gouverneur von Goa unterstanden), die Präsenz vor Ort zu stärken und die allzu mächtigen Kirchenvertreter aus dem Land zu weisen. Nach dem Rauswurf der Jesuiten 1752 zog der frisch ernannte Gouverneur von Ilha de Moçambique in das ehemalige Kollegium, das wie durch ein Wunder die schwere Plünderung von 1671 überstanden hatte. Das frühe und mittlere 18. Jh. sollte für Ilha zur größten **Blütezeit** werden, in der florierender Sklaven-, Gold- und Elfenbeinhandel zu großem Wohlstand führte. Mehr als zwei Drittel des gesamten Elfenbeinhandels wickelten die Portugiesen damals über Ilha de Moçambique ab. Getrübt wurde dieser wirtschaftliche Erfolg erst 1793 durch die Franzosen, die nun als nachfolgende Großmacht ihren Platz in der Welt geltend zu machen suchten und sich ebenfalls mit einer Belagerung Ilhas eine militärische Schlappe holten. Das Fort war noch immer uneinnehmbar, wie die Franzosen nach jahrelangen vergeblichen Übergriffen einräumen mussten. Mit dem Übergang ins 19. Jh. setzte für die Handelsmetropole – obwohl sie sich zunächst auch von den französischen Belagerungen erholte – der Niedergang ein. Die Sklaverei wurde unter Druck und Kontrollmaßnahmen Großbritanniens abgeschafft, der Elfenbeinhandel verebbte und politische Veränderungen, wie das Aufblühen der Kapprovinz, hatten eine allgemeine Neuausrichtung nach Süden zur Folge. Nicht länger Ostafrika lag im Brennpunkt des Geschehens, sondern Südafrika. Ilha de Moçambique geriet in eine Randlage. Buren und Engländer, die sich mit den Zulus an der afrikanischen Südspitze um das Land schlugen, wurden zur neuen Gefahr für Portugal. Die strategische Entscheidung, seine Hauptstadt nach Süden zu verlegen, erniedrigte Ilha de Moçambique nach fast 500 Jahren von der Kapitale zu einem Provinzstädtchen. Bis in die 1930er Jahre klammerte sich Ilha noch an den alten Pomp und die Pracht, genoss die privilegierte Lebensart, doch mit dem Umzug der Provinzverwaltung von Ilha nach Nampula geriet die Insel ein weiteres Stück ins Hintertreffen. Den eigentlichen **Todesstoß** versetzte der Ausbau des Tiefseehafens Nacala 1947 der Wirtschaft von Ilha de Moçambique. Seither sind vor allem die Araber wieder auf die Insel zurückgekehrt und prägen sie heute so stark, als wären sie nicht für ein halbes Jahrtausend auf das Festland verbannt worden. Rund 7000 Menschen bewohnen Ilha, ernähren sich unspektakulär vom Fischfang und Handel. Nur die alten Praças, die lusitanischen Paläste und das stille Fort bezeugen die geschichtsträchtige Vergangenheit dieses Ortes. Der lange Krieg hat auch verhindert, dass der Tourismus diese Schatztruhe entdeckt und umgestaltet bzw. verändert hat. Noch zeigt sich Ilha de Moçambique unverfälscht und authentisch.

Bald galt das Fort als unbezwingbar

Seit Mitte des 20. Jh. liegt Ilha im wirtschaftlichen Abseits

Besuch der Insel

Per Brücke auf die Insel...

Unser Tipp für die Brücke: Kleingeld bereithalten und den Beleg für die Rückfahrt aufheben!

Seit 1969 verbindet eine 3,5 km lange Brücke Ilha de Moçambique mit dem Festland. Zwei Steinquader auf beiden Brückenseiten begrenzen die Zufahrt für breite Fahrzeuge. Gänge Allradfahrzeuge können jedoch passieren. Die Brücke ist einspurig; über mehrere verbreitete Ausweichstellen regelt sich der zweiseitige Verkehr relativ einfach. Der Brückenzoll beträgt für die Hin- und Rückfahrt umgerechnet 0,70 € pro Pkw und 1,00 € für Minibusse und ist bei der Ankunft auf der Insel zu bezahlen.

Die Brücke ist täglich offen von 5-22 Uhr, und nur Sa auf So auch nachts

Bei der 3,5 km langen Fahrt über die Brücke steuert man direkt auf die kleine, beschaulich wirkende Insel zu, die vor allem im milden Nachmittagslicht von fremdartiger Schönheit ist. Je näher man ihr kommt, ums so deutlicher sind Verfall und Armseligkeit der sog. Lehmstadt zu erkennen.

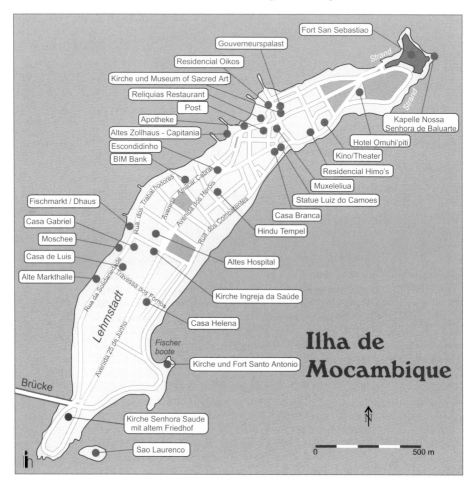

SEHENSWERTES

Erste Orientierung
Man betritt die Insel an ihrer Südspitze und befindet sich auf einer Art Vorplatz, von dem die drei längs die Insel durchlaufenden Straßen Rua da Solidariedade, Avenida 25 de Junho und Rua dos Combatentes beginnen. Hier schließt sich der Stadtteil Makuti an, die dicht besiedelte **Lehmstadt**, in der die meisten der rund 7000 Insulaner leben. Durch diesen Wohnbereich kommt man in die koloniale Altstadt, auch **Steinstadt** genannt. Der gesamt Altstadtbereich und das Fort stehen seit 1992 als Weltkulturerbe unter dem Schutz der UNESCO. Seither werden die alten Paläste, Plätze und Prachtbauten dieses Viertels allmählich liebevoll restauriert. Einige Gebäude, wie der Gouverneurspalast und die Kirche, erstrahlen wieder in altem Glanz, während zahlreiche architektonische Schätze noch dem Verfall ausgesetzt sind. Am Nordende der Insel schließt sich an die Steinstadt die legendäre, unbezwingbare Festung an.

Sehenswertes

Wir beschreiben die Sehenswürdigkeiten der Insel anhand eines imaginären Spaziergangs, beginnend an der Brücke zum Festland. Hier lohnt sich ein Besuch des alten Friedhofs an der Südspitze der Insel.

Inseltour
von Süden nach Norden

Alter Friedhof und Fort São Laurenço
Auf diesem kosmopolitischen, exponiert gelegenen Friedhof ruhen Angehörige aller Kulturen, die diese Insel seit Jahrhunderten bewohnt und beeinflusst haben. Die zum Teil verwitterten Grabsteine und alten Inschriften legen ein Zeugnis der bewegten Geschichte ab. Hier ruhen arabische Moslems, Afrikaner, Inder und Kolonialeuropäer friedlich nebeneinander. Nach Osten hin ist eine **kleine Koralleninsel** vorgelagert, die von hier aus gut einsichtbar ist. Auf dieser winzigen, steinigen Ilha de São Laurenço befindet sich seit dem 16. Jh. ein gleichnamiges, dreieckiges Fort. An seinen Ruinen nagt der Zahn der Zeit, dichtes Gebüsch wuchert zwischen dem stillen Mauerwerk. Bei Ebbe kann man für etwa eine Stunde zur Insel hinüber laufen, sollte aber Acht geben wegen der spitzen Korallen und Steine.

Kirche und Fort Santo Antonio
Für unsere Tour über die Insel gehen wir nun zuerst entlang der Ostküste (Rua dos Combatentes) zum Fort und der Kirche Santo Antonio, die sich an einer vorgelagerten Landzunge erheben. Beide Gebäude wurde schon im 16. Jh. erbaut, gingen aber bei den zahlreichen Plünderungen und Zerstörungen verloren. Das Fort wurde 1820 neu errichtet, die heutige Gestalt der Kirche stammt aus dem Jahre 1969. Der Platz vor der Kirche dient heute als Hafen für die ansässigen Fischer.

Moschee, Dhau-Hafen und Fischmarkt
Über die Travessa dos Fornos queren wir die Insel, um zur Westpromenade, der Rua da Solidariedade zu gelangen. Hier befindet sich der alte Mercado, nach Norden schließt sich die schmucke grüne Moschee an, und dahinter liegen der malerische Dhau-Hafen und der offene Fischmarkt. Vor allem frühmorgens, wenn die Dhaus von Festland eintreffen und nebenan die

Oben:
Eine Gasse im Inselkomplex, der als Weltkulturerbe unter Schutz steht.
Bis es dort so aussieht wie auf dem rechten Bild, ist noch viel Arbeit zu leisten

Fischer ihren nächtlichen Fang am Strand feilbieten, herrscht hier ein reges Treiben wie auf einem orientalischen Markt. Die Moschee ist erst 100 Jahre alt, wenngleich der Islam schon seit 1500 Jahren auf Ilha verbreitet ist. Außerhalb der Gebetsstunden darf man die Moschee betreten und das Minarett besteigen. Die Aussicht von oben über die Dächer der dicht bebauten Lehmstadt ist den Aufstieg wert!

Kirche Nossa Senhora de Saude

Fahren wir nun an die Mittelstraße Avenida 25 de Junho zurück, um der Kirche Igreja de Nossa Senhora da Saude einen Besuch abzustatten. Das katholische Gotteshaus aus dem 16. Jh. gehört zu den ältesten Gebäuden der Insel, ist aber baulich immer wieder verändert und erneuert worden. Sie wurde regelmäßig Opfer der Plünderungswellen.

Altes Hospital und Hindu Tempel

Gleich ums Eck stehen wir vor einem beachtlichen, Ehrfurcht gebietenden Kolonialgebäude mit schweren schmiedeeisernen Toren. 1877 eröffneten die Portugiesen in diesem stilvollen neoklassizistischen Palast das seinerzeit modernste Krankenhaus der Kolonie.

Folgt man nun der Avenida, die an mediterranen Plätzen, hohen Mauern und alten, südportugiesischen Bürgerhäusern mit schattigen Innenhöfen vorbei bis an den Platz der Republik führt, gewinnt man gute Eindrücke dieser eigenwilligen Inselstadt. Dabei sollte man nicht den eher unauffälligen Hindu-Tempel der indischen Gemeinde übersehen, den man außerhalb der Gebetsstunden besuchen darf. Hier gibt es einen Verbrennungsplatz für die Verstorbenen und eine freundliche, ruhige Gartenanlage.

SEHENSWERTES

Altes Zollhaus (Capetania)

De Weg führt uns nun wieder an die westliche Uferpromenade zum Landungssteg der Dhaus. Im Capetania, dem alten Zollhaus links vor dem Steg, konnten die Hafenbeamten sogleich die eintreffenden Waren begutachten und entsprechende Zölle erheben. Das Eingangsportal bewachen zwei Kanonen aus dem 19. Jh. und ein 3 m hoher Anker (siehe Titelbild dieses Reiseführers). Im Inneren sind zahlreiche Wracks der Barken untergebracht, mit denen man früher die großen Ozeanschiffe zu entladen pflegte. Auch die bis zur Unabhängigkeit ausgestellte Bronzestatue des Seefahrers Vasco da Gama wurde achtlos hier eingelagert.

Wir schlendern nun weiter entlang der Avenida da Republica direkt in den als Weltkulturerbe geschützten Komplex. Hier stehen die alten Handelshäuser und prächtigen Gebäude, ihr portugiesischer Baustil ist mit indo-arabischen Ornamenten vermischt. Am Restaurante Reliquiás vorbei führt die Straße auf einen locker bepflanzten Vorplatz und den Landungssteg der großen Schiffe zu, den Hauptplatz von Ilha de Moçambique.

Oben: Innenof im ehemaligen Gouverneurspalast, der wieder restauriert worden ist

Nachgefragt: Wie wird ein Weltkulturerbe ernannt?

Es wurden weltweit bisher 582 Kulturdenkmäler und 149 Naturerben in 129 Staaten unter besonderen Schutz gestellt. Afrika ist dabei unterproportional vertreten. Um eine solche Auszeichnung zu erhalten, die mit großzügigen finanziellen Hilfen für den Erhalt derselben, aber auch strengen Verpflichtungen seitens des Landes und der ansässigen Bevölkerung verbunden ist, müssen die Kultusminister der Länder entsprechende Vorschläge erarbeiten. Über das jeweilige Auswärtige Amt werden die Anträge an die **UNESCO** weitergereicht und auf die lange Liste der Anwärter gesetzt. Bis das UNESCO-Welterbekomitee über die Anträge in aufwändigen Verfahren schließlich entscheidet, vergehen in der Regel viele Jahre. Alle 6 Jahre führt die UNESCO Kontrollen bei den Welterben durch.

Gouverneurspalast (Palácio de São Paulo)

Als das schönste, rot angestrichene und hervorragend restaurierte Prachtgebäude auf dem Hauptplatz fällt der Palast des Heiligen Paulus sofort ins Auge. An dieser Stelle befanden sich mit dem São Gabriels Turm die ersten portugiesischen Bauten der Insel. Die St. Pauls Kapelle, die zum Palast gehört, steht auf den Grundmauern jenes Wehrturms aus dem Jahr 1507. Sie entstand zwischen 1618 und 1620.

Bis 1898 residierten hier die portugiesischen Gouverneure

Bevor jedoch der Gouverneurspalast erbaut wurde, stand hier seit 1640 ein Jesuitenkloster, welches später in ein Kollegium der Jesuitenpriester erweitert wurde. Wie durch ein Wunder überstand es auch die Zerstörungen während der Omani-Übergriffe von 1671. Nach der Verbannung der Jesuiten 1752 und der Ernennung Portugiesisch-Ostafrikas zur eigenständigen Kolonie, wodurch alsdann ein Gouverneurssitz auf Ilha de Moçambique einzurichten war, bauten die Kolonialherren den leerstehenden herrschaftlichen Jesuitenkonvent zu einem feudalen Palast aus. Als die Hauptstadt nach Laurenço Marques verlegt wurde und die Gouverneure ebenfalls umzogen, blieb der Palast Provinzverwaltern und überseeischen Regierungsbeamten vorbehalten.

Siehe Bild S. 273!

Im Innenhof des Palasts führt eine mit Statuen flankierte Freitreppe zur Residenz empor, in der ein **Sammelsurium an noblen Möbelstücken**, edlem Porzellan, üppigen Gemälden und Wandteppichen lagert. Mit Führung darf man durch die ehemaligen Wohnräume der Residenz wandeln und den verblichenen Pomp der Kolonialepoche betrachten. Sogar die Sänften, mit denen sich das Gouverneurspaar durch die gepflasterten Straßen tragen zu lassen pflegte, stehen unversehrt da. Wie ein privilegierter Gast des mächtigen Prinzipe von Ilha, so fühlt sich heute der unbedarfte Tourist bei einem Rundgang über die knarrenden Parkettböden. Der Blick nach draußen durch die mit schmiedeeisernen Gittern verzierten Fenster fällt auf mediterran anmutende Mosaikböden und Parkbänke an quadratischen Praças, auf denen dunkelbraune Kinder Fangen spielen. Hier treffen Historie und Moderne, Afrika und Europa, Armut und Reichtum aufeinander.

Tipp!

Tourist-Info

Im angeschlossenen Maritim-Museum im Erdgeschoss des Gebäudes sind Schiffsmodelle vergangener Tage zu sehen, unter anderem auch ein hölzernes Beiboot von Vasco da Gama. Auf keinen Fall sollte man einen Besuch des Inneren des Palasts und des Museums versäumen. Das Museum ist mittwochs bis sonntags von 08.00-12.00 h und 14.00-17.00 h geöffnet. Der Eintritt beträgt ca. 3,50 Euro. Im Palastgebäude ist heute auch die freundliche Touristeninformation untergebracht.

Miseriacorda Kirche und Museum der Heiligen Kunst

Gleich neben dem roten Palast schließt sich ein elegantes Gotteshaus an. Die weiß getünchte Kirche geht auf das Jahr 1535 zurück und beherbergt heute das Museum der Heiligen Kunst. Zwischen Statuen des Königshauses finden sich in dieser Ausstellungen zahlreiche kunstvolle Schnitzereien, sakrale Gemälde und Kirchenschmuck. Der Eintritt ist frei, um eine Spende wird gebeten. Geöffnet täglich von 09.00-12.00 h und 14.00-17.00 h.

SEHENSWERTES

Statue von Luis de Camoes
Am Ostufer der Insel, vor der beliebten Gästepension Casa Branca, wacht der verehrte Poet Luis de Camões (1524-1580) über dem Eiland. Er hatte sich mit der Beschreibung von Vasco da Gamas Entdeckungsfahrten verdient gemacht („Os Lusíadas" im Jahre 1572).

Altes Kinotheater
Wenn man von hier entlang der Uferstraße Rua dos Combatentes zum Fort hin schlendert, sieht man bald links das verblichene Kino und Theater von Ilha, das zu glorreicheren Zeiten gesellschaftlicher Treffpunkt und Tor zur weiten Welt war. Selbst Schönheitswahlen sollen hier stattgefunden haben. Heute ist es stillgelegt, weil sich nur wenige Insulaner den Besuch von Kino und Theater leisten könnten.

Nun ist es nur mehr ein kurzer Weg zum Fort, am alten Schwimmbad vorbei und über die begrünten Plätze zur Sekundarschule am westlichen Inselufer. Gleich hinter der Internatsschule geht die Stichstraße zum Eingang in die „unbezwingbare" Festungsanlage.

Weiter zum Fort

Fort (Fortaleza São Sebastião)
Bis zu diesem einzigen Eingang an der Westseite kann man auch mit dem Auto fahren. Ein Wächter passt dort während des Besuchs auf. Der gleiche Wachmann sperrt den Besuchern auch das Tor zur Kapelle auf, die außerhalb der eigentlichen Fortanlage an der äußersten Landspitze den Meeresstürmen trotzt.

Tipp für Autofahrer

Von außen ist die Anlage noch gut erhalten, im Inneren dagegen breitet sich der Verfall allmählich aus. Man betritt die Anlage durch ein prächtiges Eingangstor aus dem Jahr 1712. Innerhalb des Forts gelangt man mitten in den großen freien Innenhof mit dem ehemaligen Exerzierplatz. Ringsum lagen die alten Wohntrakte und Kasernen, auf der Südseite steht der Offizierspalast, zu dem ein breiter Treppenaufgang mit Veranda empor führt. Auf dem Dach der Kasernen kann man das Fort umkreisen. An manchen Stellen sind die Dächer eingebrochen, dort wachsen nun Papayastauden durch die Dachbalken in den Himmel. Etliche Kanonen, zum Teil noch auf hölzernen Gestellen platziert, ragen in alle Richtungen, als müssten sie noch immer eine Kolonie gegen fremde Kriegsschiffe verteidigen.

Das Fort wurde zwischen 1558 und 1620 erbaut. Die lange Bauzeit resultierte aus den ständigen Attacken und Belagerungen durch die Niederländer, denen die Anlage auch im unvollendeten Zustand trotzte. Für die 750 m langen und rund 12 m hohen Festungsmauern schiffte man die Granitblöcke eigens aus dem Mutterland heran. Zur Verteidigung der Insel dienten die stattliche Anzahl schwerer Kanonen, und um die Belagerungszeiten durchzustehen wurde das Regenwasser in Kanälen aufgefangen und ein enormes Wasserreservoir in einer unterirdischen Zisterne angelegt. Diese Zisterne hält bis heute Wasser und wird von den Insulanern nach wie vor genützt.

Das Fort wurde mit Granit aus Portugal erbaut

Provinz Nampula ILHA DE MOÇAMBIQUE

Oben: Trotzig hält seit fast 500 Jahren die kleine Kapelle allen Stürmen und Gefahren von See stand

Die Kapelle ist täglich von 06.00-18.00 h offen

Zuletzt fand das Fort in den 1970er Jahren militärische Verwendung, als im Unabhängigkeitskampf portugiesische Soldaten in den Kasernen wohnten. Heute ist die Anlage täglich bis 17.00 h zugänglich, eine Eintrittsgebühr in Höhe von knapp 2,00 Euro wird berechnet (inklusive der Führung durch einen versierten Guide).

Kapelle (Capela de Nossa Senhora de Baluarte)

Capela de Nossa Senhora de Baluarte gilt nicht nur als älteste Kirche des Landes, sondern zugleich als **das älteste europäische Gebäude auf der gesamten südlichen Hemisphäre**. Wie ein Gotteshaus wirkt diese kleine schlichte Kapelle aus den Jahren 1521/22 jedoch nicht, vielmehr erscheint sie als Trutzburg an der stets windumtosten, ungemütlichen nördlichen Landspitze der Insel. Die Bastion wurde im spätgotischen manuelinischen Stil erbaut. Die Vorhalle wird durch Rundbogen etwas aufgelockert, das Dach ist dagegen mit trutzigen Zinnen bewehrt. Verblichene Grabplatten von Bischöfen aus dem 16.-18. Jh. und einige Fresken, auf denen die portugiesischen Entdeckungs- und Eroberungsreisen abgebildet sind, schmücken das Innere der spartanisch gehaltenen Kapelle. Hier sind vor Jahren unbekannte menschliche Knochen gefunden worden, die seither in einer Schatulle aufbewahrt werden. Der Wächter hält sie Besuchern gerne geheimnisvoll unter die Nase. Wahrlich, die Kapelle ist kein Ort der Zuflucht oder Zuversicht, sondern von düsterer, unheimlicher Wirkung.

Unterkunft auf Ilha de Moçambique

- **Omuhipiti Hotel:** Tel. 26526351/26610101, Fax 26526356. Das früher als "Pousada" bekannte Ferienhotel wurde von der Polana-Hotelgruppe grundlegend renoviert und zum 4-Sterne-Touristenhotel ausgebaut. Sehr ruhige Lage an der Promenade zwischen dem Fort und der Altstadt. Zimmer mit Klimaanlage & TV. Spezialitätenrestaurant. Preise: B&B ca. 55 €/DZ und 85 €/EZ.
- **Casa Branca:** Tel. 26610076, Fax 26610089. Rua dos Combatentes. Sehr renommiertes kleines Gästehaus mit nur 3 Zimmern, benannt nach der weißen Hausfarbe; das Gebäude ist schon 300 Jahre alt. Gute Lage für Erkundungen zu Fuß. Mit Fahrradvermietung. Preise: B&B 15 €/DZ und 20 €/EZ. Die Besitzerin hat erweitert, im Nebenhaus **Muxeleliua** bietet sie originelle Zimmer zu den gleichen Preisen wie im Hauptgebäude.
- **Casa de Luis (Private Gardens):** Mira & Luis, Traversa dos Formos/Ecke Rua da Solidariedade. Backpacker-Zimmervermietung in einem alten Kolonialgebäude, im kleinen Garten ist Zelten gestattet. Übernachtung in Mehrbettzimmern ca. 5 € pP.
- **Escondidinho:** Tel. 26610078, www.ilhatur.co.mz. Av. A. Cabral. Empfehlenswertes Gästehaus unter französischer Leitung mit sauberen Doppelzimmern von 24-36 € (inkl. Bad, Ventilator, Mossi-Netz) und gutem Restaurant.
- **Residencial Himo's:** Rua dos Combatantes. Sehr ähnlich dem bekannteren Casa Branca: Drei Gästezimmer in altem Kolonialgebäude. Preise: 14 €/DZ und 18 €/EZ.
- **Residencial Oiko's:** Rua da Republica. Gästehaus neben dem Gouverneurspalast und Museum in ausgezeichneter Lage. Preise: 14 €/DZ und 20 €/EZ.
- **Casa Helena:** Traversa d. Formos/Ecke Av. 25 de Junho (in der Lehmstadt). Preise: 10 €/DZ, 13 €/EZ.
- **Casa Flora Maria Pinto de Magalhas:** Tel. 26610000. Gästehaus mit 3 Zimmern á 30 €.
- **Casa Dugong:** Frühstückspension mit 4 Zimmern im Nordteil der Insel. Buchbar bei "Dugong Adventures", die viele Wassersportarten anbieten (www.dugongadventures.com). B&B 25 €/DZ.

Neben den aufgeführten Pensionen eröffnen mit zunehmenden Besucherzahlen zahlreiche weitere kleine Privatunterkünfte und Gästehäuser. Kaum auf der Insel angekommen, wird man von Kindern angesprochen, die solche Unterkünfte vermitteln wollen. Es sollte daher unproblematisch sein, eine Übernachtung auf Ilha zu organisieren – sofern die Ansprüche nicht zu hoch geschraubt sind. Empfohlen werden besonders Casa Branca, Escondidinho und Casa de Luis.

Camping bietet sich auf der kleinen Insel schon wegen des Platzmangels nicht an. Abgesehen von kleinen Zelten, die man im Vorgarten mancher Pensionen aufstellen darf, muss man auf dem Festland neben der Brücke campieren:

- **Casuarina Camping:** Tel. 82446990. Auf dem Festland gegenüber Ilha direkt neben der Brücke gelegen (leicht abschüssiger Strand mit Kasuarinen). Mit Bar und Restaurant, kleinem Sandstrand und romantischem Blick auf die Insel; aber sehr einfachen Sanitäreinrichtungen (keine Duschen, kein fließendes Wasser). Preise: Camping 4 € pP, einfache Hütten 8 € pP.
- **Pensão Bela Vista:** Tel. 828064889. Ebenfalls auf dem Festland, rechts neben der Brücke nach Ilha, liegt dieses Gästehaus. B&B wird für 15 €/DZ und 22 €/EZ abgeboten.

Restaurants, Vergnügen und Versorgung

Nummer 1 der hiesigen Etablissements ist das stilvolle, angenehme **Restaurante Reliquiás** in der Rua de República (Tel. 26610092). Man ist überrascht, ein derart ansprechendes Restaurant zu entdecken, das im Familienbetrieb geführt wird und weithin bekannt ist. Früher geben die alte Haus an der westlichen Promenade als Warenlager und Fischladen, heute geben die Einrichtung und die Fotografien an den Wänden dem Lokal fast einen musealen Charakter. Selbst wenn man nicht einkehren möchte, sollte man sich dieses Lokal ansehen. Vermutlich wird man doch an einem der Tische im kühlen Innenraum oder auf der Terrasse Platz nehmen und den Klängen des Fado lauschen... Hinter dem Restaurant kann man mit sicherem Gefühl parken, und zum Baden im Ozean wird der Strandabschnitt vor dem Restaurant empfohlen (ist aber nicht jedermanns Sache, weil die Strände auf Ilha mangels flächendeckender Sanitäreinrichtungen als öffentliche Toiletten missbraucht werden). Als Alternative zu Reliquiás bieten sich auch das Restaurant im **Escondidinho** an, und **O Palador** am Mercado Municipal (hier jedoch nur bei Vorbestellung).

Informationen von A bis Z

Ärztliche Versorgung	Eine Apotheke findet man an der Rua da República, links vom Restaurante Reliquiás, eine zweite in der Ladenzeile der Avenida A. Cabral. Das Krankenhaus bietet höchstens eine einfache Grundversorgung.
Baden	Die besten Strände der Insel liegen beiderseits des Forts und direkt vor dem Restaurante Reliquiás. Aufgrund der mangelnden Hygienevorschriften auf Ilha werden die Inselstrände allerdings als öffentliche Toiletten benützt.
Fotografieren	Grundsätzlich ist das Fotografieren unproblematisch, viele der Halbwüchsigen und Kinder bitten Reisende sogar, sie strahlend abzulichten. Selbstverständlich sollten Würde und islamische Traditionen gewahrt bleiben. Vorsicht ist geboten bei allen offiziellen Gebäuden, wie Polizei, Hafen, Zollhaus etc. Im Zweifelsfalle sollte man einfach erst mal fragen, ehe man auf den Auslöser drückt.
Geldwechsel	BIM-Zweigstelle: Ave. Amilcar Cabral, Mo-Fr von 08.00-15.00 h (nur Bargeld-Wechsel und ein ATM-Schalter für VISA).
Lebensmittelversorgung	Außer für Fisch bietet die Insel wenig Einkaufsmöglichkeiten. Selbstversorger sollten sich schon in Nampula oder Nacala mit Lebensmitteln eindecken. Alternativ bieten die Inselrestaurants eine gute und breite Auswahl.
Touristeninformation	Im Gouverneurspalast hat die kleine Touristeninformation ihr Quartier bezogen. Die Angestellten erzählen bereitwillig über Sehenswertes und Informatives ihrer Insel; geben Hilfestellung bei der Quartiersuche und verteilen Prospekte. Außerdem werden hier **Fahrräder vermietet**. Öffnungszeiten: Mo-Fr von 09.00-12.00 h und 14.00-17.00 h.
Internet	Links vom Museum ist ein Internetcafé (08.00-20.00 h).
Transportmittel	Die Insel ist klein genug, um sie ohne Schwierigkeiten zu Fuß zu erkunden. Öffentliche Verkehrsmittel bestehen keine. An der Touristeninformation können Fahrräder gemietet werden. Wer mit dem eigenen Auto anreist, findet vor allem in der Altstadt ausreichende Parkmöglichkeiten. Obwohl die Insel als relativ sicher gilt, empfiehlt es sich, Fahrzeuge nicht unbewacht abzustellen. Eine gute Möglichkeit besteht hinter dem Restaurante Reliquiás.

An- und Weiterreise

Flug: In Lumbo, das 5 km entfernt auf dem Festland liegt, existiert ein Landeplatz, den Charterflüge nützen können. Reguläre Flugverbindungen bestehen nicht.

Busbahnhof & Busverbindungen: Zahlreiche Busse fahren täglich zwischen Nampula und Ilha de Moçambique. Fahrtdauer ca. 4 Stunden, Fahrpreis ca. 3 €. Busse können die schmale Brücke zur Insel nicht passieren, die Fahrgäste müssen daher an der Brücke auf eines der zahlreichen Pickups umsteigen (max. 0,50 €). Ebenso bedienen Chapas die Strecke Nampula - Ilha de Moçambique regelmäßig (hierzu muss man in Lumbo umsteigen). Die Haltestation auf der Insel ist der Wendeplatz direkt nach der Brücke, zwischen Tankstelle und altem Friedhof. Die Preise liegen in etwa bei denen der Busse. Wer von oder nach Pemba unterwegs ist, steigt in Namialo an der Wegkreuzung entsprechend um. Hier nehmen tagsüber beständig Busse und Chapas neue Fahrgäste in alle Richtungen auf. Die gesamte Strecke bis Pemba kostet rund 6 €.

Fahrtstrecke: Von Namialo nach Pemba

Ab Namialo geht es ziemlich direkt in nördlicher Richtung auf gutem Asphaltbelag. Landschaftlich bleibt es zunächst flach und eintönig. Nach 70 km durchfährt man Nacaroa und nach weiteren 85 km Namapa. Vor uns dehnt sich nun die breite Tiefebene des **Rio Lúrio** aus, den man 4 km weiter auf einer aus dem Jahr 1945 erhaltenen Steinbrücke überquert. Dieses träge, sandige Flussbett markiert die Grenze zur Provinz Cabo Delgado. Beiderseits sind die Flussufer während des Bürgerkriegs stark vermint worden, die Minenfelder wurden inzwischen abgesteckt und seit Sommer 2000 vom britischen HALO-Trust geräumt. Die gesamte Küstenregion vom Rio Lúrio nordwärts ist Wildgebiet. Elefanten, Hyänen und selbst Löwen kommen hier immer wieder vor.

Vorherige Streckenbeschreibung von Nampula nach Namialo S. 263

Namialo – Pemba

Gesamtstrecke: 339 km
Fahrzeit: ca. 4-5 Std.
Zustand: gute Asphaltstraße
Tankstellen: unterwegs keine

Durch schier endlose Cashewnuss-Plantagen, Baumwollfelder und Dörfer mit üppigen Mangobäumen, wo Bambusstauden und Holzkohle verkauft werden, geht es weiter bis **Metoro** (239 km ab Namialo), wo die EN 106 einen 90°- Knick macht und die EN 242 aus Montepuez auf unsere Straße trifft. Metoro bietet eine Tankstelle und einen vielversprechenden Container der Telecom, in dem man allerdings trotz der Aufschrift nicht international telefonieren kann.

Bei Chiure bildet der Lurio Wasserfälle, deren Besuch sich aber nur bei hohem Wasserstand lohnt

13 km nach Metoro erreicht man in Sunate eine weitere bedeutsame Weggabelung: Hier zweigt die EN 243 in nördlicher Richtung nach Mocimboa da Praia und Tansania ab. Geradeaus führt die Straße dagegen allmählich in die Küstentiefebene und endet nach 87 km in Pemba.

27 km vor Pemba liegt der Metuge-Abzweig, der auf einer ordentlichen Sandpiste nach Quissinga führt, dem Dhau-Hafen zu den Quirimba-Inseln (siehe Ilha Ibo, Quirimba Archipelago, S. 288).

Auf den letzten Kilometern vor der Stadt nimmt die Besiedlung deutlich zu. Eine riesige Saline am Ortseingang von Pemba, wo man schon gute Ausblicke auf die Bucht und die weißen Meeresstrände genießt.

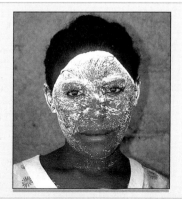

Weiße Masken

Je weiter man in das Land der Makua reist, um so häufiger begegnet man Frauen und jungen Mädchen mit weiß beschmierten Gesichtern. Diese Masken haben entgegen landläufiger Meinung keine kulturelle Bedeutung, sondern werden als Sonnenschutzmittel und zur Gesichtspflege aufgetragen. Die Frauen mahlen dafür das Holz des Msiro-Baumes (*Olax dissitiflora*) aus der Familie der Sauerpflaumenbäume) und mischen das Puder mit Wasser zu einer dicken Paste. Die Gesichtsmaske wird nur tagsüber getragen und soll die Haut weich halten. Abends waschen sich die Frauen und Mädchen die weiße Paste wieder ab.

PROVINZ CABO DELGADO

Top-Highlight:
Quirimba
Marine-
Nationalpark

Die nördlichste Provinz des Landes ist eine besonders widerspenstige. Die hier ansässigen Völker, hauptsächlich Makua, Yao und Makonde, gelten als ausgeprägt freiheitsliebend und eigenständig. In Cabo Delgado dauerte es am längsten, bis die Portugiesen Fuß fassen konnten, und später nahm hier der bewaffnete Unabhängigkeitskampf gegen die europäische Fremdherrschaft seinen Anfang. Mit 16 Einwohnern pro Quadratkilometer ist die 77 867 km² große Provinz nur dünn besiedelt. Heute beherbergt sie einen Marine-Nationalpark und einige der besten Tauchspots entlang der afrikanischen Küste. Der starke, historisch gewachsene arabische Einfluss ist im Küstenbereich überall spürbar.

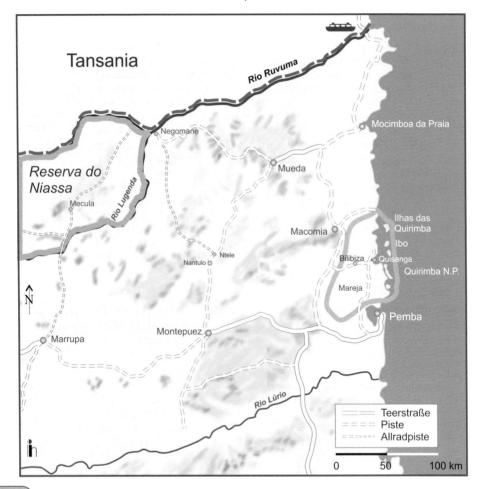

Pemba

Die riesige Inlandbucht Baia de Pemba ist in Art und Ausmaß einzigartig in Mosambik. Hinter einem nur 2,5 km breiten Eingang öffnet sich die Bucht landeinwärts zu einem 375 km² großen See, dessen durchschnittliche Tiefe 24 m bei 19 km Durchmesser beträgt. Pemba liegt am südlichen Eingang zur Bucht auf einer **erhöhten Landzunge**. Diese Lage über der türkisfarbenen Bucht und dem offenen, dunkelblauen Ozean, der von strahlend weißen Stränden gesäumt ist, geben Pemba ein besonderes Flair. Von fast überall bieten sich in der Stadt Ausblicke auf das Meer. Die gute Verkehrsanbindung und die berühmten Strände haben Pemba zu einem Lieblingsplatz der Entwicklungshilfeorganisationen und Baufirmen aufgewertet. Ist man als Tourist auf dem Weg nach Norden, wird von Pemba stets in sehnsuchtsvollen Tönen geschwärmt, die suggerieren, hier läge das Paradies in einer ansonsten wilden und abgeschiedenen Landesregion.

In Traveller-Kreisen gilt Pemba als wichtigste Anlaufstelle des Nordens

Von drei Seiten vom Meer umspült

Stadtgeschichte

Der erste Besiedlungsversuch reicht bis 1857 zurück, als Portugal hier ein landwirtschaftliches Zentrum aufbauen wollte, und dazu Land an 36 europäische Siedler vergab. Die Bodenqualität erwies sich jedoch als zu wenig fruchtbar und das Projekt versandete. Erst 1904 setzte in Porto Amelia, wie Pemba damals genannt wurde, eine städtische Entwicklung ein. Ausschlaggebend war die Verlegung des Hauptquartiers der Niassa Company von Ilha Ibo an diese Bucht. Die Konzessionsgesellschaft war damals zur Verwaltung und Ausbeutung der portugiesischen Gebiete nördlich des Rio Lúrio berechtigt. Innerhalb der nächsten 25 Jahre wuchs die Ortschaft zu einer 1600-köpfigen Gemeinde an, von denen 67 weißer Hautfarbe waren. Die weitere Entwicklung verlief kontinuierlich und unspektakulär. Während beider Kriege blieb Pemba von Zerstörungen relativ verschont. Die moderne Provinzhauptstadt regiert heute über eine sehr schwach entwickelte Region und genießt vor allem wegen dieses Gegensatzes eine große Bedeutung für den Norden des Landes. Die Einwohnerzahl der nördlichsten Großstadt Mosambiks ist inzwischen auf mehr als 50 000 angewachsen, Makua bilden die stärkste Volksgruppe.

Vorsicht: nicht zu verwechseln mit der Insel Pemba in Tansania!

Erste Orientierung

Die EN 106 läuft als Stichstraße direkt in das Zentrum Pembas. Erhöht zwischen Bucht und Ozean liegt das **moderne Geschäftszentrum** der Stadt. Es beginnt am Denkmal mit dem Globus an der Avenida 25 de Setembro. Diese Avenida und die Avenida Eduardo Mondlane bilden die Hauptgeschäftsstraßen der Stadt.

Landzunge an der Bucht von Pemba

An der nördlichen Landspitze schließt sich daran der älteste Stadtteil, die **Baixa mit dem Hafen,** an. Die berühmten Strände von Wimbe Beach liegen 5 km außerhalb von Pemba an der dem offenen Meer zugewandten Seite. Zwischen Pemba und Wimbe liegen verschiedene Bairros, einfache Vororte. Solche Bairros bestehen zumeist aus zahlreichen eng aneinander geschmiegten, schilfgedeckten Lehmhütten zwischen anmutigen Kokospalmen.

Sehenswertes

Pemba bietet keine Sehenswürdigkeiten, die es in klassischer Manier abzuklappern gilt. Vielmehr sind es Eindrücke und Stimmungen, die man sammeln und genießen kann. Als besonders erlebenswert stufen wir den offenen **Straßenmarkt** ein. Allein die exotische Szenerie der engen Gassen voller Marktstände zwischen den Lehm- und Bambushütten, umrahmt von unzähligen Kokospalmen, ist unvergleichlich. Hier wird besonders augenscheinlich, wie weit man sich vom Süden entfernt und Ostafrika genähert hat. Der Islam prägt Kleidung und Gebaren der Menschen; Swahili-Laute und ostafrikanische Musik klingen fremdartig in den Ohren, der Ruf des Muezzin im Hintergrund verstärkt diese Eindrücke. Im dichtem Gewühl wechseln hier Stoffe, Gewürze, Plastikschalen, Seife, Obst und Gemüse ihre Besitzer. Sehr eng geht es zu; es wird gedrängelt und geschoben, dazwischen versuchen hupend Fahrzeuge durch die Gassen zu gelangen. Ein Fest für die Sinne!

Schlendern Sie einmal über den Straßenmarkt!

Im kolonialen Stadtzentrum gibt es wenige Gebäude, die einer speziellen Erwähnung bedürfen. Der Regierungspalast wird bewacht und darf nicht fotografiert werden. Versäumen Sie nicht, in das **Hafenviertel** hinab zu fahren. Schon die Aussicht von der Rua No. III ist spektakulär: Hinter dem einfachen Hafenviertel liegen die Dhaus in der türkisfarbenen Bucht, die Szene wirkt wie aus längst vergangenen Zeiten. Der kleine Fischmarkt in der Altstadt hat schon bessere Zeiten erlebt, wie auch viele der baufälligen Gebäude und Mauern dieses Viertels.

Bilder: Hafenviertel und der malerische Straßenmarkt in Pemba

Das touristisch größte Potenzial hat natürlich **Wimbe Beach** (siehe S. 286).

PEMBA

An- und Weiterreise

Streckenbeschreibung von Pemba nach Montepuez: siehe S. 299

Flughafen & Flüge

Der Flughafen von Pemba liegt 3 km vom Stadtzentrum an der Straße nach Nampula (Tel. 27220463). Zahlreiche Chapas bedienen die kurze Strecke. LAM fliegt fast täglich nach Maputo (Return 250 Euro) und regelmäßig nach Nampula und Beira. Die Fluggesellschaft unterhält ein Büro am Flughafen und an der Ave. 25 de Setembro (Tel. 2722435, 27221251). Außerdem gibt es Direktflüge nach Pemba ab Johannesburg und Dar-es-Salaam.

Für Flüge nach Ilha Ibo (Quirimba Archipel) oder Mtwara in Tansania können Kleinflugzeuge gechartert werden. Man wende sich an die Reiseagenturen im Stadtzentrum oder in Wimbe.

Busbahnhof & Busverbindungen

Innerhalb von Pemba und nach Wimbe fahren Taxis (rund 2,50 Euro) und Chapas. Busse verkehren täglich zwischen Pemba und Nampula. Der Bushalteplatz für regionale Kurzstrecken liegt an der Ave. 25 de Setembro beim indischen Laden „Osman" nahe dem Globus-Denkmal. Fernstrecken, wie nach Nampula, Moçimboa da Praia und Mueda (jeweils ca. 5 €, ca. 7 Std. Fahrt) oder nach Montepuez (ca. 3 €, ca. 4 Std.) werden mit zahlreichen Bussen und Chapas ab dem zentralen Busbahnhof „Embondeiro" bedient. Er befindet sich noch ca. 1 km weiter stadtauswärts an der Ave. 25 de Setembro unter einem mächtigen Baobab.

Die Busse nach Nampula und Moçimboa da Praia halten darüber hinaus auch in Ortsmitte an der Haltestelle Desportivo (Ave. 25 de Setembro, gegenüber der Post).

Boot & Dhau

Trotz des geschäftigen Hafenbetriebs existieren keine regulären Passagierfahrten. Im Hafen lässt sich bei den Dhaus eine Mitfahrgelegenheit aushandeln. Für das Chartern einer Dhau, z. B. für eine Fahrt zum Quirimba Archipel, bezahlt man rund 18 €/Tag. Die Strecke ist weit – mindestens 10-12 Stunden dauert eine Dhau-Fahrt nach Ibo, wenn der Wind nachlässt auch bis zu 2 Tagen!

PEMBA

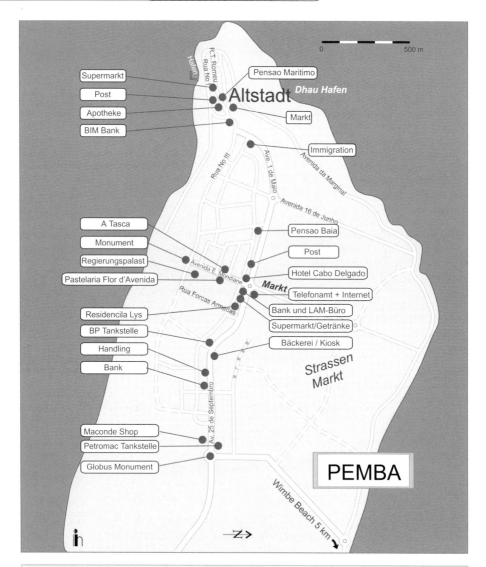

Unterkunft in Pemba

- **Hotel Cabo Delgado:** Tel. 27221552, Fax 27223552, Ave. Eduardo Mondlane. Bestes Haus am Platz (Mittelklasse) mit klimatisierten Zimmern, freundlichem Service und beliebtem Restaurant. Das Gebäude hat seine besten Jahre längst hinter sich, bietet aber immer noch angenehme, sichere Unterkunft im Zentrum von Pemba. Preise: B&B je nach Zimmer ab 14 €/DZ und 20 €/EZ.
- **Pensão Baia:** Tel. 27220153, Rua 1 de Maio. Backpacker-Pension, deren einfache Zimmer mit Ventilatoren ausgestattet sind. Das Restaurant wird gelobt, die Räumlichkeiten wirken etwas ungepflegt. Zimmerpreise: rund 15-20 €.
- **Residencial Lys:** Tel. 27220951, Rua 1 de Maio. Einfaches Gästehaus, 10 €/DZ, 18 €/EZ.

Wichtige Adressen von A bis Z

Die Farmácia Pemba befindet in der Altstadt zwischen Bank und Supermarkt.	**Apotheke**
Bargeldabhebungen per Kreditkarte sind möglich an den ATM-Schaltern der BIM-Bank, Banco Austral und im Nautilus Beach Resort in Wimbe. Bargeld (Euro, US$ und Rand) wechseln Banco Austral und Standard Bank. Reiseschecks werden kaum noch akzeptiert, mit viel Mühe evtl. noch bei BIM.	**Banken & Geldwechsel**
In der Altstadt befinden sich viele kleine indische Läden und ein verhältnismäßig gut bestückter Supermarkt mit Importwaren, Konserven, Kosmetika und Getränken. Im Zentrum bietet zwischen der Post und dem Hotel Cabo Delgado ein **Metzger** seine Waren an (eingeschränkte Auswahl). In der gleichen Straße befindet sich gegenüber der öffentlichen Telefone ein Supermarkt und Getränkeladen. Noch weiter stadtauswärts an der Ave. 25 de Setembro liegt der Großhändler „Handling", der südafrikanisches Bier, diverse Alkoholika und gefrorene Fleischwaren, wie Hühner, Rinderfilet und T-Bone-Steaks, in Großpackungen anbietet. Obst und Gemüse kauft man auf den Märkten. Es gibt zwei **Bäckerei**en im Zentrum: Eine einfache an der Ave. 25 de Setembro, und die Pastelaria Flor mit guter Auswahl an verschiedenen Backwaren an der Ave. Eduardo Mondlane, die sogar Kuchen und warme Gerichte serviert. Preiswerte portugiesische Küche gibt es im **Restaurant** Samar neben dem Hotel Cabo Delgado. Fisch bekommt man frühmorgens am Fischmarkt in der Altstadt oder fragt sich am Strand von Wimbe durch.	**Lebensmittelversorgung** *Auf dem Markt sollte man unbedingt handeln, hier werden Touristenpreise verlangt!*
Die Migração findet man am Ende der Avenida 1 de Maio, kurz vor der Altstadt. Visa-Verlängerungen sind möglich.	**Immigration**
Das städtische Krankenhaus liegt an der Ave. 1 de Maio/Ecke Rua Base Beira. Tel. 27220796/2722348.	**Krankenhaus**
Die Polizeistation an der Ave. 1 de Maio ist unter Tel. 2722830 und 27222652 zu erreichen.	**Polizei**
Das Hauptpostamt liegt an der Rua No I am Hafen. Eine Zweigstelle befindet sich an der Ave. 25 de Setembro neben dem Hotel Cabo Delgado.	**Post Office**
Reifenwechsel bietet die BP-Tankstelle in der Ave. 25 de Setembro. Neue Reifen gibt es beim Händler in der gleichen Straße, kurz vor dem Globusdenkmal. Leere Campinggasflaschen lassen sich bei "Vida Gas" nahe dem Hafen wieder auffüllen.	**Reifendienst & Gas auffüllen**
Entlang der Ave. E. Mondlane bieten Agenturen, wie Viatur (Tel. 27221431), Service und Informationen zum Buchen von Charterflügen, Dhau-Trips etc.	**Reiseagenturen**
Öffentliche Telefone befinden sich an mehreren Stellen im Stadtbereich, z. B. an der Rua 1 de Maio nahe der Kirche und in der Ave. 25 de Setembro schräg gegenüber dem Hotel Cabo Delgado. Internetzugang bieten das Telefonamt im Zentrum, "Skynet" neben dem Samar Restaurant und Hotel Cabo Delgado sowie in Wimbe "Super Wimbe" neben dem Hotel Caracol.	**Telefon und Internet**

Wimbe Beach

Oben:
Öffentlicher
Strand jenseits
von Wimbe

Was den weißen Strand von Wimbe, 5 km östlich von Pemba, so berühmt macht, sind seine Tauchgründe und die wiegenden Kokospalmen, die in der Kolonialzeit angepflanzt wurden. Die rauschenden Palmen am azurblauen Ozean befriedigen offensichtlich eine tiefe Sehnsucht nach dem klassischen Klischee. Inmitten dieses tropischen Kokoshains liegt die Bungalowanlage Nautilus, dahinter reihen sich private Ferienhäuser aneinander. An den Wochenenden wird Wimbe zum Rummelplatz der Sonnenhungrigen und Wasserratten, tönen aus den Lautsprechern Beat und Pop, gilt hier die uralte Regel vom „Sehen und gesehen werden". Wochentags bleibt es eher ruhig, obwohl Wimbe großes touristisches Potenzial nachgesagt wird, und einige Privatleute und Entwicklungshilfeorganisationen eifrig damit beschäftigt sind, neue Bungalows und Gästehäuser zu errichten. Ehe man sich versieht, hat man Wimbe auch schon durchquert und gelangt nach 2 km an Russel's Campingplatz. Kokospalmen stehen hier keine mehr, die gibt es nur mitten in Wimbe. Dafür schließen sich an den kleinen Ort riesige Cashewnuss-Plantagen an, und die Küsten sind mit Kasuarinen als Windschutz bepflanzt.

Reisezeit
Vorsicht:
Monsun!

Wimbe ist ganzjährig ein tropisches Wassersportparadies, allerdings bläst der Nordost-Monsun zwischen November und März beständig vom Meer her, was den Aufenthalt an den Stränden mitunter unangenehm macht. Beste Tauchsaison ist von Juni bis August, Buckelwal-Beobachtungen gelingen zwischen August und Oktober.

Das kulinarische Angebot von Wimbe teilen sich die Strandlokale Mar & Sol Restaurante, Wimbe Restaurante, Pemba Dolphin und das Restaurant im Complexo Nautilus. An den Wochenenden ist im Wimbe Restaurante Disco angesagt. Das Pemba Beach Hotel bietet üppige Buffets. **Restaurants**

Ein breites **Korallenriff** ist dem Strand direkt vorgelagert. Bei Ebbe liegt es fast frei und man kann bequem dorthin laufen. Wimbe gilt daher als prima Strandabschnitt zum Schnorcheln. Auf dem Gelände von Nautilus ist eine Tauchschule (CI Divers) untergebracht, die Tauchgänge ab 30 €, mehrtägige Kurse, Schnorcheln, Jet-Ski-Fahren, Windsurfen und Hochseefischen anbietet. **Wassersport** *Tauchen und Schnorcheln*

Im Obergeschoss des Complexo Nautilus beitet die Touristeninformation sehr engagierte Hilfe und Informationen für Reisende an. Im Pemba Beach Hotel findet man Kaskazini, eine Reiseagentur für Nordmosambik (www.kaskazini.com), wo Katamaranfahrten und Dhow-Safaris, aber auch mehrtägige Rundfahrten angeboten werden. **Tourist Info**

Lebensmittel sind im großen Supermarkt an der Hauptstraße erhältlich, abgesehen von frischem Fisch, Krebsen und Garnelen, die direkt am Strand verkauft werden (unbedingt handeln, die Preise haben ein klassisches Touristenniveau erreicht). In der Kooperative „Karibu Wimbe" stellen Makonde-Künstler ihre Kunstwerke aus. Die Schnitzereien kauft man hier direkt vom Erzeuger. Vorsicht in Wimbe: Es sind mehrfach Taschendiebstahl und Autoaufbrüche vorgekommen. **Gemischtes** *Makonde Kooperative Vorsicht!*

Unterkunft am Wimbe Beach

- **Pemba Beach Hotel:** Tel. 27221770, www.raniafrica.com und www.pembabeach.com. 4-Sterne-Luxushotel der Hotelkette Rani Resorts mit 62 klimatisierten Zimmern in moderner Architektur arabischen Stils, Pool, Restaurant & Cocktailbar, vielen Wassersportangeboten und Tauchschule. Preise: ab 85 €/DZ und 120 €/EZ. Bungalows zur Selbstversorgung kosten ca. 200 €/Nacht.
- **Complexo Nautilus:** Tel. 27221520, Fax 27223717, E-mail: nautilushtl@teledata.mz. Südafrikanische Leitung (Peter Jacobs). Ältere, schön eingewachsene Strandanlage, inzwischen zum 4-Sterne-Resort ausgebaut. Zwischen herrlichen Palmen reihen sich Rondavel am blütenweißen Sandstrand. Mit großer Bar und Terrassenrestaurant, Pool und Kasino. Die Rondavel kosten je nach Größe und Ausstattung zwischen 70 und 100 € (inklusive Klimaanlage, Kühlschrank, Satelliten-TV).
- **Complexo Turistico Caracol:** Tel. 27220147, www.centroturisticocaracol.com. Ansprechende zweistöckige Bungalows mit einem oder zwei Schlafzimmern und Klimaanlage oder Ventilator. Diese Anlage befindet sich hinter der Uferstraße mit Blick auf den schönsten Strandabschnitt von Wimbe. Während des unangenehmen Nordost-Monsuns wohnt man hier windgeschützter als im Nautilus. Preise: Die Bungalows kosten je nach Ausstattung 45-90 €/Nacht.
- **Russel's Camp:** Bekannt auch als "Cashew Tree Backpackers". Tel. 826862730 (Russel Bott), Russellbott@yahoo.com.au und pembamagic@yahoo.com. Ein Campingplatz mit A-Frame-Chalets 2 km außerhalb von Wimbe. Umzäuntes Gelände mit Restaurant & Bar, viel Schatten, einfachen Sanitäreinrichtungen und lockerer Backpacker-Atmosphäre. Camping kostet 3 € pP, Bett im Schlafsaal 8 €/Nacht, 4-Bett-Bungalow 32 €/Nacht.
Wildcampen empfiehlt sich in Wimbe nicht, denn meist kommt sogleich jemand vorbei, der als (vermeintlicher) Eigentümer dieses Landstriefens eine saftige Platzgebühr kassieren möchte.
- **Londo Lodge:** Internet: www.londolodge.com. 6 Luxuschalets an der Bucht von Pemba, aber weitab von Pemba/Wimbe, sehr ruhig und abgelegen. Anreise per Flug oder Bootstransfer. Die Übernachtung kostet zwischen 300 und 350 €/pP bei Vollpension.

Provinz Cabo Delgado — QUIRIMBA ARCHIPEL

Parque Nacional das Quirimbas

Eine stille Inselgruppe, umringt von Mangroven

Der erst 2002 gegründete Nationalpark Quirimba Archipel umfasst eine sich über 110 km entlang der Küste ausdehnende Inselgruppe mit **31 Mangroveninseln** unterschiedlicher Größe. Die meisten Inseln bestehen aus kaum mehr als dichten Mangrovengürteln, sind unbewohnt und ein Refugium für zahlreiche Vogelarten. Andere haben traumhafte Sandstrände.

Ein Drittel der Eilande sind Koralleninseln mit phänomenaler Unterwasserwelt

Auf den Hauptinseln Quirimba und Ibo leben insgesamt rund 8000 Menschen des Mwani-Volkes, einer stark arabisch geprägten Volksgruppe mit einer dem ostafrikanischen Swahili ähnlichen Sprache und sehr lebendigen Ritualen und Bräuchen. Das stille Archipel ist ein Paradies zum Tauchen und Tiefseefischen, weshalb in jüngster Vergangenheit auf mehreren Inseln kleine Luxusresorts, wie auf den Malediven, entstanden. Interessant ist vor allem die Insel Ibo, und das nicht wegen der Schätze des Ozeans, sondern als faszinierende "Geisterstadt" aus dem 18. Jh.

Ilha Ibo

Schon gewusst?
Die Quirimbas sind seit Oktober 2003 Weltnaturerbe. Der neue Park erstreckt sich über 110 km Küstenlänge und die weltbekannte St. Lazarus-Korallenbank. Der Nationalpark schützt 1500 km² Marinepark und 6000 km² Landfläche.

Ibo, diese seltsame Insel mit dem klingenden Namen, ist ein mangrovengesäumtes Eiland, das nach der portugiesischen Epoche in den Zustand zurückgefallen ist, in dem es seit vielen Jahrhunderten verharrte – eine arabisch geprägte Gemeinde aus Fischern, Händlern und Silberschmieden. Die stummen Zeugen der kolonialeuropäischen Herrschaft stehen jedoch alle noch da. Sie scheinen eine undefinierbare Ehrfurcht auszustrahlen, denn die meisten der **einst prächtigen Villen** stehen leer, während die Bevölkerung in ihren traditionellen Lehmhäusern wohnt. Die alte Stadt der Portugiesen dient heute nur noch als Kulisse.

Inselgeschichte

Die größeren Inseln des Archipels dienten seit dem 8. Jh. als arabische Handelsplätze. Im frühen 16. Jh. vertrieben portugiesische Eroberer die Araber von Ibo. 1523 zerstörten sie den islamischen Handelsplatz und ließen sich selbst dort nieder. Zunächst nannten die neuen Herrscher die Inselgruppe noch Ilhas Maluane nach einem Stoff, der hier gefertigt wurde. Die neuen Herrscher nahmen ihrerseits den Handel auf, errichteten Verwaltungsgebäude, und mit zunehmendem Wohlstand immer prächtigere Handelskontore und Villen. Die Dominikaner ließen sich auf Ibo nieder, um von hier aus im Land der Heiden ihren Glauben zu verkünden.

Tauchgänge in den Quirimbas bieten Begegnungen mit Seekühen, Meeresschildkröten, Walen, Haien und Delphinen

Die Menschen bauten Reis und Kokosnüsse an und trieben Handel mit Muscheln, Schildkrötenpanzern und Elfenbein. Viel später sollte das einträgliche Sklavengeschäft diese Wirtschaftszweige ablösen. Während Ilha de Moçambique zur Hauptstadt mit Residenz, militärischer Präsenz und einem Überseehafen prosperierte, blieb Ibo die kleine Handelsstation ohne überseeische Bedeutung, für die Lebensmittelversorgung der Hauptstadt aber unerlässlich. Das **Prazo-System** brachte mehrere afro-portugiesische Dynastien hervor, unter denen vor allem die Familien Moraes und Meneses die Macht auf den Quirimba Inseln ergriffen. Mitte des 18. Jh. war Ibo soweit gewachsen, dass man der Insel Stadtrechte verlieh und sie mit Festungsbauten schützte. Damals fürchteten die Kolonialherren ihre Besitzungen an

ILHA IBO

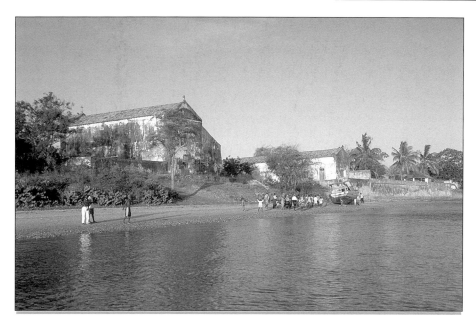

die Omanis und Franzosen zu verlieren, daher gaben sie sich viel Mühe, die Insel abwehrbereit zu sichern. Im späten 18. und angehenden 19. Jh. scheint Ibo seinen wirtschaftlichen Höhepunkt erlebt zu haben. In jener Zeit diente die kleine Insel wie Angoche und Quelimane als **Schlupfloch für den Sklavenhandel**, weil die britischen Patrouillenschiffe die niedrigen Gewässer des Archipels nicht befahren konnten. Die Händler belieferten nicht nur die Hauptstadt mit Nahrungsmitteln, sondern auch indische Läden und Krämer auf dem Festland. Nach dieser Zeit scheint es kontinuierlich stiller um Ibo geworden zu sein. 1897 folgte noch ein bedeutsamer Akt, als die Insel der mächtigen Niassa Company übertragen wurde. Aber schon 7 Jahre später verlagerte die Gesellschaft ihren Sitz nach Porto Amelia (Pemba), weil sie einen Tiefseehafen benötigte. Danach versank die Insel endgültig in Bedeutungslosigkeit. Wer es sich leisten konnte, verließ den Ort, um anderswo den Geschäften nachzugehen. Zurück blieben die Afrikaner und die verlassene Stadt.

Hier konnte der Sklavenhandel noch ungeniert fortgeführt werden

Sehenswertes

Wer mit einer Dhau nach Ibo übersetzt und sich nach stundenlangem Zickzackkurs durch die Mangrovengürtel der Insel endlich nähert, wird schon von weitem mit dem bezaubernden Anblick dieser Insel belohnt. Zwischen hohen Palmen erkennt man lusitanische Villen entlang der Promenade und die Festungsmauern an der Mole. Die Ortschaft wirkt bewohnt, als würden hier noch immer portugiesische Kaufleute auf die Ankunft eines Handelsschiffes warten. Erst wenn sich die Dhau langsam nähert und die Geräusche einer geschäftigen Stadt ausbleiben, auch nicht die zu einem städtischen Treiben gehörenden Menschen auftauchen, sondern die Dhau

Oben: Ankunft per Dhau: Ibo im warmen Licht der Abendsonne

Erster Eindruck lautlos am seichten Strand zwischen ein paar verzurrten Booten anlegt, wird deutlich, dass man sich einer Geisterstadt nähert. Durchgeschaukelt und mit verbogenen Knochen watet der Reisende ans Ufer. Neugierige Kinder sind das einzige Empfangskommando. Man steigt hinauf zur **Praça**, dem baumbestandenen Hauptplatz von Ibo und gerät in ein regelrechtes Freilichtmuseum. Hier stehen sich die Kirche aus dem Jahre 1752 und das alte Rathaus gegenüber, Handelskontore und Villen schließen sich daran an. Lauben, Veranden und filigrane Eisenverzierungen an den Portalen schmeicheln den Gebäuden. Hübsche, liebevoll gestaltete Gärten und Blumenbeete beweisen, dass die Menschen es verstanden, sich einzurichten. Manche Häuser sind frisch gestrichen und gepflegt, zahlreiche andere stehen seit Generationen unverändert da. Eine Promenadenstraße führt vom Praça aus in beiden Richtungen entlang des Ufers. Man schlendert durch die Geschichte, atmet ein wenig den Geist vergangener Zeiten, versucht sich vorzustellen, wie der Alltag einst auf dieser Enklave zwischen Mangroven und Meer funktionierte. Der besonderen Atmosphäre entzieht sich kaum ein Besucher Ibos.

Auf Ilha Ibo fahren keine Autos, nur ein Motorradtaxi

Rundgang auf Ibo In die lebendige Gegenwart gerät man unversehens im Bairro, der afrikanischen Wohnstadt, und dem Markt von Ibo. Hier liegen, schon etwas überwuchert die Reste eines Forts namens Santo António aus der Zeit um 1830-1847.

Wendet man sich dagegen vom Hauptplatz nach Norden, führt die Straße auf das offene Meer zu. Das knapp 250 Jahre alte Fortaleza São José, die kleinste der drei Festungsanlagen auf Ibo, bewacht noch immer den alten Landungssteg, obwohl dieser längst bedeutungslos geworden ist. Ein 15-minütiger Spaziergang bringt uns zum **Fortaleza São João Baptista**. 1791 wurde es im Nordwesten von Ibo als Bollwerk gegen Angriffe von hoher See errichtet und konnte bei Bedarf 300 Soldaten aufnehmen. Während der Belagerungen seitens der Niederländer und Omanis suchten die Inselbewohnern Unterschlupf in diesem Fort. Durch ein barockes, verwittertes Burgtor betritt man den bepflasterten Innenhof. Von hier gelangte man in die verschiedenen Bereiche der Anlage, wie Kasematten, Küchentrakt und Kapelle. Im Stil seiner Zeit weist das Fort den Grundriss eines Pentagons auf. Es ist die am besten erhaltene Festung auf Ibo. Steigen Sie zum alten Wehrgang hinauf, wo Schießscharten in die mächtigen Mauern eingelassen wurden. Jahrhundertelang wurde hier Ausschau gehalten nach feindlichen Schiffen, heute blicken die wenigen Besucher blinzelnd in die spiegelnde Weite des Ozeans. Bis zum Ende der Kolonialzeit diente das Fort als Gefängnis. Seither steht es leer und gilt als Nationaldenkmal.

Oben: An der letzten Gabelung zwischen Quissanga und der Dhau-Anlegestelle

Heute kann man manchmal nahe dem Eingang Silberschmieden bei ihrer feinen Arbeit, einer swahili-arabischen Tradition, zusehen. Die Armut zwingt die Handwerker dazu, sogar geschmolzene Münzen als Rohstoff zu verwenden.

Anreise zur Insel Ibo

Charterflug: Die schnellste Anreise zum Inselarchipel erfolgt per Flug. Ibo, Quirimba und die Inseln mit Luxushotels verfügen über Fluglandebahnen. Charterflüge kann man in Pemba arrangieren (One Way ca. 70 €/pP).

Motorboot: Ein wenig kostengünstiger setzt man ab Pemba per Motorboot nach Ibo über (Info und Reservierung bei den Reiseagenturen in Pemba/Wimbe), die Fahrt dauert aber mehrere Stunden.

Landweg & Dhau: Die mit Abstand preiswerteste und sicherlich auch stilvollste Variante ist die Anreise mit dem klassischen Verkehrsmittel, einer (in der Regel überladenen) Dhau. Um sich lange Tortur ab Pemba zu ersparen, reist man zunächst auf dem Festland bis Tandanhangue bei Quissanga an. Ab Pemba fahren regelmäßig Chapas nach **Quissanga** (sprich "Kischanga"), einem Hafenstädtchen 116 km von Pemba (am Hafen von Quissanga kann man günstigen Fisch und Langusten kaufen). Für die Strecke ist kein Allrad nötig. Die Sandpiste zweigt 27 km von Pemba in Richtung Metuge ab und führt in weitem Bogen um die Bucht von Pemba. Die ausgeschilderten Strände „Praia Mweve" und „Praia Bandar" können Sie getrost ignorieren, denn sie sind wenig attraktiv. Später kommt man an der Zufahrt zum Mareja Project (S. 292) vorbei. Nach 74 km gelangt man an die Mahate-Gabelung, wo es links nach Bilibiza und zur Teerstraße nach Macomia geht, geradeaus dagegen nach Quissanga (weitere 15 km). Der Dhau-Hafen nach Ibo liegt noch 6 km entfernt auf einer Landzunge beim Dorf „Bairro de Tandanhangue". Die Piste endet direkt an der Bootsanlegestelle unter einem riesigen Baobab. Hier liegen in einem schmalen Wasserweg zwischen den Mangroven mehrere Dhaus, die ständig zwischen Ibo und dem Festland pendeln. Passagiere bezahlen für die Fahrt weniger als 1,50 €. Wer eine Dhau für sich allein chartern möchte, muss 6-9 € bezahlen. Fahrzeuge können sicher untergestellt werden beim umzäunten Parkplatz von Kevin, einem Zimbabwer (ca. 2 €/Tag, mit Toilette und Kiosk).

Die Dhaus starten ihre Fahrt zu den Inseln immer auf dem Höhepunkt der Flut, kurz bevor die Ebbe kommt. Da sie von den Gezeiten und den Windverhältnissen abhängig sind, kann eine Fahrt nach Ibo zwischen 1 und bis zu 6 Stunden dauern. Um einer Fehleinschätzung vorzubeugen, sollte man sich vor Ort genau erkundigen, mit wie viel Fahrzeit zu rechnen ist. Während des Nordostmonsuns zwischen November und März müssen die Seeleute hart am Wind kreuzen und schwer gegen die Winde halten, was so eine Fahrt überaus ungemütlich und feucht werden lässt.

> **Schon gewusst?**
> UNICEF ließ 2005 43 000 imprägnierte Moskitonetze in den Distrikten Ibo, Quissanga und Montepuez verteilen

Anreise von Pemba nach Quissanga auf dem Landweg

Oben: Anlagestelle der Dhaus nach Ibo

Wichtige Infos & Unterkünfte

Im Quirimba Nationalpark fallen täglich pP 5 US$ **Eintritt** an, die direkt auf den Inseln bezahlt werden müssen. Einzig Ibo bietet preiswerte Übernachtungsmöglichkeiten (jedoch ohne gesichertem **Trinkwasser** - unbedingt selbst mitbringen), alle anderen Hotelanlagen sind Luxusherbergen. Richtige Badestrände gibt es auf Ibo nicht. Wer die Einsamkeit sucht, kann sich von Ibo per Dhau auf kleine, unbewohnte Inseln übersetzen lassen und dort Robinson Crusoe spielen.

Ilha Ibo

- **Casa da Senhora Janina:** Pension direkt am Strand mit einfachen, zweckmäßigen Zimmern á 16-20 € Zimmerpreis. Im Garten darf man für 3 € Zelten . Abendessen ist erhältlich.
- **Casa de Telecomunicaçoes:** Unbeschriftetes, frisch renoviertes Haus an der Straße zum Flugplatz, das saubere Zimmer á 12 € bietet. In der Nähe ist ein kleines Restaurant und die französische Tauchschule Scuba Dive, die Ausflüge für ca. 15 US$ anbietet.
- **Ibo Island Lodge:** Ehemals Bela Vista Lodge, die derzeit zur Luxushotel ausgebaut wird. Infos: siehe www.iboisland.com

Ilha Quirimba

Auf der Hauptinsel Quirimba sind die Reste portugiesischer Kokosplantagen und verlassene Gebäude zu sehen. Etwa 4000 Menschen bewohnen diese Palmeninsel. Bei Ebbe kann man sogar zu Fuß von Ibo herüber waten, braucht allerdings einen einheimischen Führer, um den Weg durch die dichten Mangroven zu finden. Ansonsten wird die Insel vor allem mit der deutschstämmigen Familie Gessner in Zusammenhang gebracht, die seit vielen Jahrzehnten hier ansässig ist. Sie leben von Viehzucht und Kokospalmenanbau und haben neben ihrer Residenz ein kleines Ferienhaus zu vermieten (VP ca. 60 € pP). Info & Vorabreservierung (unbedingt erforderlich) über Satellitentelefon Nr. 00873-762699543, Fax 762699544.

Nationalpark-Inseln mit einsamen Luxusresorts

- **Medjumbe Island Resort:** Internet: www.raniafrica.com. Eine sehr ruhige Luxusoase für Tauch- und Angelfreaks mit 12 klimatisierten, direkt am Strand verteilten Chalets. Mit Restaurant & Bar. Anreise per Charterflug ab Johannesburg oder Pemba. Preise: HP ab 220 €/DZ und 300 €/EZ.
- **Matemo Island Resort:** www.raniafrica.com. Zweites Projekt der arabischen Rani-Gruppe (aus der VAE). Hier werden den Tauchern 24 Zimmer im Luxusresort auf Ilha Matemo geboten. Preise: ebenfalls HP ab 220 €/DZ und 300 €/EZ.
- **Quilálea Island Lodge:** www.quilalea.com. Auf der kleinen Ilha Quilálea (auch "Coral Rock Island" genannt) liegt diese abgeschiedene, elitäre Lodge für Taucher und Hochseefischer mit neun Luxuschalets. Für VP 330 €/DZ (ohne Tauchen) eine höchst exklusive Angelegenheit

Auf dem Festland des Quirimba NP

- **Guludo Beach Lodge:** www.guludo.com. Zwischen Mucoje und Quissanga (ca. 80 km südlich von Mucoje und 1 km vom Dorf Guludo) liegt die Strandlodge mit 9 Bambushütten direkt am Ozean. Wassersport ist die Nummer 1, man kann aber auch Game Drives und Dorfbesuche unternehmen. Preise: VP kostet ab 160 €/DZ, Transfer ab Pemba 50 €/pP pro Strecke.
- **Mareja Project:** www.mareja.com. Ungefähr 20 km landeinwärts, zwischen Metuge und Quissanga, liegt dieses Community Conservation Project (75 km ab Pemba). Eine verfallene Farm aus der Kolonialzeit ist heute das Zentrum des Schutzgebietes. Zur Zeit sind erst ein Schlafsaal mit 10 Betten, ein Gästehaus mit Doppelzimmern (á 20 US$) und ein Campinggelände (10 US$) fertiggestellt, für die Zukunft geplant sind u. a. ein Restaurant, Baumhäuser und luxuriöse Fly Camps. Gäste sollen unter Führung der Community Pirschfahrten, Bush Walks und Wanderungen unternehmen. Die Miombo- und Küstenwälder sind Durchzugsgebiet von Elefanten und ein Vogelschutzgebiet.

Fahrtstrecke: Von Pemba nach Moçimboa da Praia

Die Strecke führt zunächst am Metuge-Abzweig nach Quissanga vorbei (bei KM 27) nach Suriate (87 km). Hier zweigt die EN 243 nach Norden ab. Bis Macomia ist die Straße geteert. Nach 83 km zweigt eine Piste nach Bilibiza ab, über die man nach Quissanga und zum Dhau-Hafen für Ilha Ibo gelangt (75 km).

Macomia liegt 108 km von Suriate etwas abseits der Straße. Obwohl nur ein kleiner Marktflecken mit einfachen Pensionen und einer Tankstelle, die Sprit zumeist nur aus Kanistern verkauft (Vorsicht: gepanscht!), gilt Macomia doch als wichtigster Stoppoverpunkt entlang dieser Strecke.

In Macomia endet der Teer derzeit. Es geht auf einer Schotterstraße mittlerer Güte weiter durch dünn besiedeltes Gebiet. Kurz vor der Brücke über den klaren Rio Messalo durchfährt man die Ortschaft **Chai**, die in den Herzen der Mosambikaner einen besonderen Platz einnimmt, denn hier begann am 25.09.1964 der bewaffnete Befreiungskampf gegen die Kolonialherrschaft. An diesem Tag attackierte die Frelimo erstmals eine Kaserne und rief alle Gleichgesinnten landesweit zu den Waffen, was im Norden der Kolonie rasch einen Flächenbrand entfachte. Ein kleines Monument erinnert in Chai an diesen Tag.

Spätestens ab hier tragen Männer immer häufiger Lendenschurze und Pfeil und Bogen. Die Menschen wirken reserviert, winken dem Autofahrer nicht mehr zum Gruße zu, umringen den Fremden aber, sobald er anhält. Es ist das **Land der Makonde**, über die so viele Legenden kursieren (siehe S. 298).

103 km nördlich von Macomia erreicht man **Diaca**. Das Dorf an der Weggabelung zwischen Mueda und Moçimboa da Praia war zu Zeiten des Bürgerkriegs von strategischem Interesse. Diaca bietet gutes Brunnenwasser, es empfiehlt sich, vor der Weiterfahrt am Dorfbrunnen schräg hinter der Schule die Reserven aufzufüllen. Eine neue Teerstraße führt von Diaca auf das Mokondeplateau nach Mueda (S. 296), die letzten 50 km nach Moçimboa da Praia sind dagegen voller Schlaglöcher.

Abstecher: Pangane / Pangani

Von Macomia führt eine Schotterpiste zur Küste hinab. Nach 48 km erreicht man Mucoje, und von dort geht es über eine 12 km lange Tiefsandpiste an die schmale, und von wiegenden Kokospalmen gesäumte Landzunge von Pangane. Die Szenerie ist wirklich malerisch.

- **Complexo Turistico do Hashim:** Campinggelegenheit und drei kleine Bungalows ganz am Ende der Straße direkt am Strand. Camping ca. 3 € pP.
- **Casa Suk:** Mitten im Ort beim Supermarkt bietet Casa Suk drei sehr einfache, zweckmäßige Zimmer und Campinggelegenheit für 5 €/DZ und 7 €/EZ.

Pemba – Moçimboa da Praia

Gesamtstrecke: 358 km

Fahrzeit: ca. 5-6 Std.

Zustand: Schotter- und Asphaltstraße

Tankstellen: Macomia, Moçimboa da Praia (oft aber auch nur aus Kanistern)

Maluane Wildlife Reserve

Das 330 km² große Schutzgebiet rund um die Inseln Vamizi und Rongui ist eine Partnerschaft der Londoner Zoologischen Gesellschaft, der mosambikanischen Regierung und der ansässigen Gemeinden. Tierschutz und Luxus-Tourismus (Motto: Safari + Beach) sind die Ziele. Das Projekt sieht dazu die Insellodges Macaloe Island, Rongui Island und Vamizi Island Lodges vor sowie eine Safari Lodge am Lake Macungue auf dem Festland. Infos siehe: www,maluane.com

Zur Info: Im Land der Makonde gibt es nur sehr wenige Tiefbrunnen, die meisten Dörfer versorgen sich mit Flusswasser oder aus einfachen Wasserlöchern. Am Tiefbrunnen von Diaca herrscht deshalb meist großer Andrang (siehe Bild S. 294)

Moçimboa da Praia

Die langgezogene Hafenstadt, dem "Sprungbrett nach Tansania", macht einen eher tristen Eindruck. Neben der kleinen Filiale von Banco Austral existiert ein reger Schwarzmarkt für tansanische Shillinge. Das Immigrationsbüro befindet sich nahe der Polizeistation im unteren Teil des Stadt, wo der Fischmarkt und ein malerischer Dhau-Hafen liegen. Hier findet man auch die nördlichste Poststation des Landes, und eine Tankstelle an der Ausfahrt in Richtung Palma. Ferner gibt es ein Internetcafé und ein Hospital (Tel. 27281153).

- **Hotel Nathalie:** Bungalows á 50 €/Nacht und Camping auf einem Hügel über der Bucht mit guter Aussicht und großen Bäumen, jedoch auch etwas Schräglage. Bar und Dusche/Toilette sind vorhanden. Kein Strand zum Baden, da dichter Mangrovenbewuchs.
- **Complexo Miramar:** Einfache, saubere Bungalowanlage am Strand mit Restaurant. Die Übernachtung kostet 7 €/DZ und 13 €/EZ.

Links: Junge Frau auf dem Weg zur Feldarbeit, mit Kind, Schirm und Hackebeil
Unten: Schlangestehen am Brunnen von Diaca

Fahrtstrecke: Von Moçimboa da Praia nach Mtwara

Die Strecke bis zur Grenze nach Tansania am Rio Rovuma wird erst seit Mitte des Jahres 2000 stärker befahren, seit eine moderne **Motorfähre** eine Überquerung des Grenzflusses mit Fahrzeugen ermöglicht. Bis in die jüngste Vergangenheit bildete der breite Rovuma eine unüberwindbare Barriere; lediglich per Kanu konnte man ins Nachbarland weiter reisen. Die neue Autofähre hat einen wirtschaftlichen Aufschwung für die abgelegene Region bewirkt. Doch nur wenige Chapas und Pickups bedienen die bergige Sandstrecke mit tiefen Gräben von Moçimboa da Praia bis an die Grenze regulär (etwa 6 Std. Fahrt mit Stopp in Palma, rund 3 €).

Ausreise nach Tansania

Einzige größere Ortschaft entlang dieser Strecke ist **Palma**. Die Kleinstadt liegt erhöht über der palmenbestandenen Baia de Tungue. Nach Norden wird die breite Bucht vom Cabo Delgado, dem „Schlanken Kap" begrenzt, das für die ganze Provinz zum Namesgeber wurde. Etwa 2 km unterhalb der Stadt dehnt sich direkt am Strand ein weiterer Stadtteil aus. Hier befinden sich der Hauptmarkt und das einfache Hotel Palma mit Zimmern ab 5 €. Wie in Moçimboa da Praia besteht auch in Palma ein reger Tauschhandel mit Tansania-Shillingen.

Moçimboa da Praia – Mtwara

Ausreise nach Tansania
Gesamtstrecke: 173 km
Fahrzeit: ca. 5-6 Std. reine Fahrtzeit (ohne Fähre und Grenzformalitäten)
Zustand: Allradpiste
Tankstellen: keine
Besonderheit: unregelmäßige Motorfähre

Links von der Kirche in Palma führt dann ein schmaler, eingewachsener Feldweg zum 44 km entfernten Grenzort Namuiranga (Zoll und Migração täglich von 08.00-16.00 h, GPS S 10.34.13 O 40.22.80), der noch etwa 5 km vom Rio Rovuma entfernt ist. **Bitte beachten:** Die tansanische Motorfähre kann wegen zu geringen Tidenhubs an 7-8 Tagen des Mondmonats nicht fahren, und an den übrigen auch nur bei Flut! Der Fahrpreis beträgt 25 US$ pro Fahrzeug. Fußgänger können auch mit Einbäumen übersetzen.

Vorsicht: unregelmäßige Motorfähre!

5 km nördlich des Rovuma liegt die tansanische Grenzstation Mwambo. Für die Einreise nach Tansania benötigen Deutsche, Österreicher und Schweizer ein Visum, das lt. offiziellen Angaben an allen Landesgrenzen erhältlich ist (30 €). Ein Gelbfieberimpfnachweis wird verlangt. Fahrzeughalter schließen entweder ein TIP ab (Temporary Import Permit) oder benötigen ein Carnet de Passage (Zollbürgschaftsdokument des Automobilklubs, auf dem Tansania extra aufgeführt sein muss). Es fallen eine Straßenbenützungsgebühr (20 US$) und eine Autoversicherung (ca. 50 US$) an. 37 km nach Mwambo erreicht man die südtansanische Stadt Mtwara.

Weiterreise nach Tansania

Von der Grenze fahren Buschtaxis bis Mtwara

Quionga - Kionga

Dieses kleine Dorf rund 20 km vor der Grenze nach Tansania wurde einst zum Spielball der kolonialen Interessen. Obwohl sich die Kolonialmächte Portugal und Deutschland 1886 auf die gemeinsame Grenze am Fluss Rovuma geeinigt hatten, behauptete Deutschland 1892, Portugal habe kein Anrecht auf das Land nördlich von Cabo Delgado, das 32 km südlich des Rovuma liegt. Zwei Jahre später nahm Deutschland das Dorf Kionga ein und besetzten ein 395 km² großes Gebiet. Im Ersten Weltkrieg vertrieb Portugal die Deutschen wieder und erhielt das sog. **Kionga-Dreieck** schließlich durch den Vertrag von Versailles endgültig zugesprochen.

Deutschland und Portugal stritten um ein kleines Stück Land

Das Hinterland:
Mueda und das Makonde Plateau

Landeinwärts von Moçimboa da Praia erstreckt sich das Makondeplateau. Die Teerstraße zwischen Diaca und Mueda erklimmt den Höhenzug, der sich 400 m über die Küstenebene erhebt und führt nach 50 km in die inoffizielle Hauptstadt der mosambikanischen Makonde-Volksangehörigen.

Mueda

Der Name Mueda steht für ein furchtbares Massaker der Portugiesen

Mueda hat sich in die Geschichte des modernen Mosambik eingegraben, wie kaum ein anderer Ort. Am 16.06.1960 verlor hier ein portugiesischer Verwalter die Nerven und ließ die Waffen seiner Soldaten auf Hunderte unbewaffneter, friedlicher Demonstranten richten, die an diesem Tag gegen den portugiesischen Landraub protestieren wollten. Mit einer unbegreiflichen Kaltblütigkeit ließ er 600 wehrlose Bauern hinrichten. Dieses Massaker verstärkte den Unmut der Afrikaner gegen die Portugiesen und führte die Menschen schließlich in den bewaffneten Befreiungskampf. Die Makonde waren damals die stärksten Sympathisanten der Frelimo. Portugal rächte sich für die Unterstützung der Guerillakämpfer mit der Zwangsumsiedlung von Tausenden Zivilisten in zentrale Kollektive, um deren Kontakte zur Frelimo zu unterbinden. Für den Mut zum Widerstand und zur aktiven Hilfe für die Frelimo-Soldaten hat den Makonde später niemand wirklich gedankt. Ihr Engagement im Befreiungskampf hat ihnen auch keine Vorteile

eingebracht. 40 Jahre nach Beginn der Massaker und Kämpfe sind die Makonde noch immer eine Randgruppe in der mosambikanischen Gesellschaft (siehe auch S. 298).

Nicht gerade offene Gastfreundschaft schlägt den wenigen Besuchern Muedas entgegen, aber auch keine Feindseligkeit oder Aggression. Es ist eher eine skeptische Zurückhaltung, wie eine Art Schutzmechanismus. Es ist hier schwieriger als anderswo in Mosambik, diese distanzierte Haltung aufzubrechen und ein breites Lachen oder freundschaftliches Lächeln zu ergattern.

Als Stadt lohnt Mueda kaum einen Besuch. Der Markt wirkt schmutziger als in anderen Städten, nur noch sporadisch fließt frisches Wasser aus dem Brunnen, die Tankstelle verkauft Treibstoff schon lange nur noch aus Kanistern. Trägt diese Stadt womöglich noch immer das Erbe seiner unseligen Vergangenheit mit sich herum? Ein Denkmal erinnert an das tragische Ereignis, auch ein Massengrab gibt es noch.

An- und Weiterreise mit öffentlichen Verkehrsmitteln: Zwischen Moçimboa da Praia und Mueda verkehren Chapas (2,50 €, ca. 2 Std. Fahrt), einmal täglich findet auch ein Transport von und nach Pemba statt (etwa 5 Std.).

Wer hier übernachten muss, findet saubere Zimmer in der einfachen Herberge Sanzala, nahe dem Massaker-Denkmal

---

Links: Auf dem Stadtmarkt von Mueda: Fremde werden kaum angesprochen, aber genau beobachtet

Oben: Muedas Tankstelle steht still. (Gepanschten) Treibstoff gibt es nur noch aus Kanistern

Aktuell vorgestellt: Die Makonde

Internationale Staatsgrenzen und der Rio Rovuma trennen das Volk der Makonde in einen tansanischen und einen mosambikanischen Teil. Beide Volksgruppen bewohnen einen Höhenzug, der jeweils Makondeplateau genannt wird. Der Überlieferung nach haben sich die Makonde wie kaum ein anderes Volk gegen Fremdherrschaft gewehrt. Die Portugiesen wagten sich lange nicht hierher, erst um 1920 gelangte der Höhenzug wirklich unter ihre Kontrolle. Der erste Missionar traute sich erst 1923 zu den Makonde, Jahrhunderte später als zu den benachbarten Makua. Allem Anschein nach versuchten die Makonde den Kolonialeuropäern auszuweichen. Durch den Krieg sind ca. 60 000 Menschen zu ihren Nachbarn nach Tansania geflohen, wo sie jedoch nicht auf Begeisterung stießen. Man sagt, die Makonde Tansanias betrachteten ihre mosambikanischen Verwandten als Angehörige niederen Ranges.

Nichtsdestotrotz waren es die Makonde aus Mosambik, die durch ihre **begnadete Kunstfertigkeit** das Volk in Kunst- und Sammlerkreisen weltberühmt machten. Ihre Schnitzkunst ging weit über das Fertigen von Haushaltsgegenständen und Schatullen hinaus. Aus sehr weichem, leichten Holz schufen sie Masken und Skulpturen, deren individuelle Ausdrucksstärke die Europäer überraschte und begeisterte, als sie erstmals damit in Kontakt kamen. Es entstand eine **immense Nachfrage** nach Makonde-Masken, die bald auf internationalen Auktionen bewundert und zu Höchstpreisen ersteigert wurden. Und damit setzte auch schon der Niedergang der originalen **Makonde-Kunst** ein: ein westlich orientierter Stil setzte sich durch, das weiche, nur wenig haltbare Holz wurde durch harte, resistente Holzarten ersetzt, die Motive richteten sich plötzlich nicht mehr nach der künstlerischen Eingebung oder der Tradition, sondern sollten den europäischen Geschmack bedienen. Die gierigen Händler bestellten ihre Waren ungeduldig und verführten die Holzschnitzer zu Massenproduktionen ohne künstlerischer Leidenschaft. So werden bis heute unentwegt Makonde-Kunstwerke produziert und feilgeboten, die zum großen Teil der Rubrik „Kitsch und Kommerz" zugeordnet werden müssen. Schlimmer noch, oft sind diese Kunstwerke gar nicht von Makonde gefertigt worden, sondern von den ebenfalls sehr geschickten Makua.

Um den Makonde gerecht zu werden, muss aber gesagt werden, dass sich neben dem Produktionsmarkt für den Touristen und Sammler auch eine eigenständige moderne Kunstrichtung entwickelt hat. Politische Motive etwa bei den Statuen, drücken sehr leidenschaftlich und unverblümt die Frustration und Lebensängste eines benachteiligten Volkes aus.

Die Makonde sind selbst bei ihren afrikanischen Nachbarn noch immer ein wenig gefürchtet. Für Südmosambikaner versinnbildlichen die Makonde Kampflust und Fremdartigkeit. Das mag an der **Traditionsverbundenheit** liegen, die diese Menschen ausstrahlen. Mankondefrauen tragen nach wie vor häufig Schmucknarben, spitz zugefeilte Zähne und weiß bemalte Gesichter. Die Männer sind meist mit Pfeil und Bogen bewaffnet unterwegs. Als schrecklich, wild und verschlossen gilt dieses Kleinbauernvolk. Und sie unterscheiden sich tatsächlich und sprechen überwiegend traditionellem Naturglauben zu – im Gegensatz zum streng patriarchalischen Islam bei den Küstenvölkern. Traditionelle Riten, strenge Kulte und Geheimbünde, darstellende Künste, Musik und Tanz sind zentrale Themen in der Welt der Makonde, denen sie sich unterwerfen und die sicherlich eine entscheidende Rolle bei der künstlerischen Entfaltung spielen.

MONTEPUEZ

Fahrtstrecke: Von Mueda nach Montepuez

Die EN 509 verlässt Mueda im Westen und steigt sofort steil vom 820 m hohen Plateau in die Tiefebene (auf 400 Höhenmeter) ab. Nach frischem Regen könnte dieser Abschnitt vorübergehend unpassierbar werden. Durch eine einsame, bewaldete Landschaft führt die Erdstraße zunächst über zahlreiche kleine Bäche und Flüsse, deren Holzbrücken alle intakt sind. Nach 30 km stößt man in der kleinen Ortschaft Canhangula auf Relikte des Krieges. Verfallene Kasernen und die Karosserie eines ausgebrannten Kampffliegers liegen beiderseits des Weges am Ortsrand. Anschließend wird es sehr einsam. Man gerät immer tiefer in dichte, hohe Wälder. Nicht alle der zahlreichen kleinen Brücken sind in Ordnung, teilweise benützt man die trockene Furt (bei Regen könnte es hier zu Problemen kommen). Die seltenen Dörfer existieren in großer Abgeschiedenheit. Allmählich beginnen Kastanienwälder mit gigantisch hohen, sehr gerade gewachsenen Exemplaren.

Mueda – Montepuez

Gesamtstrecke: 210 km
Fahrzeit: ca. 4-5 Std.
Zustand: Erdstraße, Allrad empfohlen, nach starken Regenfällen evtl. unbefahrbar
Tankstellen: keine

Oben:
Aus diesem Loch schöpfen die Kinder das Wasser für ihre Familie

Diese Besonderheit haben auch Geschäftsleute entdeckt und so wird entlang der ganzen Strecke intensiver Holzeinschlag betrieben. Bei Gesamtkilometer 87 umfährt man einen Berghügel mit bizarrem Baumbewuchs. 30 km weiter liegt ein Dorf namens **Ntele** (GPS S 12.22.82 O 38.59.18), wo eine abenteuerliche Allradzufahrt zum Niassa Wildreservat beginnt (siehe S. 318ff). Geradeaus geht es nun nach ca. 27 km zur Brücke über den Rio Messalo. 60 km weiter überquert man auch den parallel fließenden Rio Montepuez und gelangt schließlich in die gleichnamige Regionalstadt.

Montepuez

Montepuez ist das größte landwirtschaftliche Zentrum im Hinterland von Cabo Delgado. Alle wichtigen Verwaltungseinrichtungen sind vorhanden, ein Krankenhaus (Tel. 27251027), Tank- und beschränkte Einkaufsmöglichkeiten. Nach Pemba bestehen regelmäßige Busverbindungen (220 km, 3 €, ca. 4 Std.). Die Straße nach Westen in die Provinz Niassa wird derzeit ausgebaut. Die nächsten Tankstellen befinden sich erst wieder in Lichinga (536 Km) und Cuamba (446 Km); in Marrupa gibt es keinen Treibstoff (siehe Beschreibung S. 314-316).

Regionales Markt- und Verwaltungszentrum

- **Aurora Casa de Hospedes:** Französisches NGO-Projekt 5 km außerhalb von Montepuez in Richtung Pemba gelegen. Auf dem Gelände einer ehemaligen Kolonialfarm werden biologische Landwirtschaft betrieben, Mangowein produziert, Heilkräuter gezüchtet und ein botanischer Garten gepflegt. Das alte Bauernhaus wurde liebevoll renoviert und zum Gästehaus für Touristen ausgebaut, die auch ausgezeichnet bekocht werden. VP kostet 48 €/DZ, inklusive Ausflügen. Kontakt: aurora@teledata.mz und aurora-mozambique@hotmail.com, Tel. 826334150.

Übernachtungstipp!

PROVINZ NIASSA

Schon gewusst?
Elefantenhaut ist an den Schultern fast 4 cm dick

Niassa ist mit 122 176 km² fast so groß wie Österreich und die Schweiz zusammen und nimmt 14 % der Landesfläche ein. Dieses extrem dünn besiedelte Bergland (6 Ew./km²) am Niassasee grenzt an Malawi und Tansania. Im Osten und nach Süden schließen sich die Provinzen Cabo Delgado, Nampula und Quelimane an. Der herrliche See, bewaldete Berglandschaften, ursprüngliche Dörfer, in denen die Menschen von der Landwirtschaft leben und ein großer Wildreichtum sind die Besonderheiten dieser wenig besuchten Provinz.

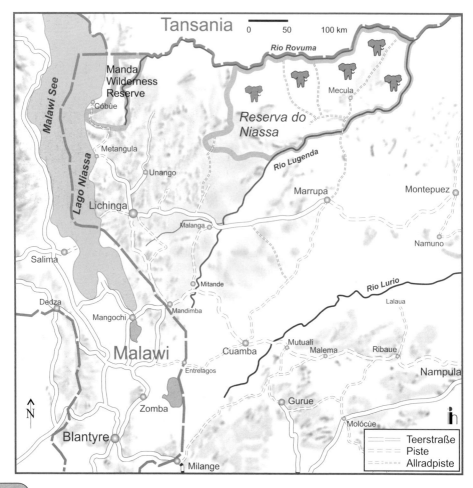

Fahrtstrecke: Von Mandimba nach Lichinga

Die Grenzstation Namwera liegt 58 km östlich der malawischen Stadt Mangochi. Die bergige Strecke zur Grenzstation wurde vor ein paar Jahren geteert. Die Ausreise aus Malawi ist unkompliziert und freundlich. Erst 7 km weiter erreicht man in Mandimba die Grenzstation von Mosambik.

Auch das Einreiseprozedere auf mosambikanischer Seite erfolgt zügig und routiniert, selbst eine Autoversicherung kann man hier inzwischen abschließen. Wie überall an den Grenzen wird trotz der Visa eine Einreisegebühr erhoben, die in Meticais zu bezahlen ist (ca. 2 € pP). Für das Zolldokument des Fahrzeugs werden rund 8,5 € berechnet. In Ermangelung einer Bank findet der Geldwechsel von Malawi-Kwacha, Rand und US$ auf offener Straße statt.

Mandimba – Lichinga

Von der malawischen Grenze bis Lichinga
Gesamtstrecke: 151 km
Fahrzeit: ca. 3 Std.
Zustand: regelmäßig gewartetete Erdstraße
Tankstellen: nur in Mandimba
Besonderheit: nach heftigen Regenfällen evtl. unpassierbar

Mandimba

Die Grenzstadt wird rege frequentiert. Der Ort bietet eine Tankstelle (mittags geschlossen), eine einfache Pension und eine Bar. Sowohl nach Lichinga als auch nach Cuamba verkehren regelmäßig Chapas von Mandimba (je Strecke etwa 4 €).

Die breite Erdstraße verläuft anfangs nahe der Landesgrenze durch ein sehr dicht besiedeltes Gebiet. Vermutlich haben sich erst nach dem Ende des Bürgerkriegs einige Tausend heimkehrende Flüchtlinge entlang der Straße niedergelassen und neue Dörfer gegründet. Teilweise ist kaum auszumachen, wo ein Dorf endet und das nächste beginnt. Jenseits der Straße aber, im bergigen Hinterland, ist es einsam. Nur die starke Abholzung der Bergwälder zeigt in erschreckendem Maße die plötzliche Überbevölkerung. Dieses Phänomen tritt seit einigen Jahren überall entlang der Grenze zu Malawi auf. Als Besonderheit fällt auf, dass viele der Wohnhäuser mit einem Sichtschutz aus Palisaden umgeben wurden.

Nach 62 km Fahrt durch diese Reihendörfer erreicht man **Massangulo** mit der Abzweigung nach Itepela. 2 km abseits steht hier die älteste katholische Kirche der Provinz. Obwohl in den meisten Karten noch als die kleinere Straße verzeichnet, verläuft die neu ausgebaute Straße nach Lichinga von Massangulo westlich über Lione. Die Straße führt nun auf das 1300-1400 m hoch gelegene Planalto de Lichinga. Die Besiedlung wird dünner und die Bergwälder wieder dichter. Nach 149 km Fahrt trifft man unversehens auf eine Teerstraße. Hier geht es nun nach links direkt ins Zentrum von Lichinga (2 km).

Oben: Dorfszene mit Papayapflanzen

Schon gewusst?
Die Kolonialherren sperrten in den 60er Jahren rund 80 000 Menschen in Niassa in bewachte Zwangslager, die sog. "Aldeamentos"

Lichinga

Als Hauptstadt der größten Provinz des Landes ist Lichinga (sprich "Lischinga") vergleichsweise klein und ruhig. Die Stadt trägt tapfer ihr Los, durch die geographische Randlage und ihre wirtschaftliche Bedeutungslosigkeit gegenüber den anderen Provinzkapitalen ständig im Hintertreffen zu sein. In Lichinga wird die **Abgeschiedenheit spürbar.** Hier reist man schneller, öfter und einfacher nach Malawi, als in irgendwelche anderen Landesregionen. Niassa ist eben "ab vom Schuss", das wird schon in der gemütlichen Provinzhauptstadt klar. Aber vielleicht sind Lichinga und ganz Niassa gerade deshalb so sympathisch. Die Stadt hat kein Museum und keine großartigen Baudenkmäler, keine besonderen Sehenswürdigkeiten und nur eine eingeschränkte Versorgungslage. Dennoch fühlt man sich hier wohl. Der Straßenverkehr ist minimal und gemütlich, Jacaranda-Alleen schmücken breite, saubere Avenidas, das Klima auf 1400 m Höhe ist angenehm mild. Immerhin gibt es seit Juli 2005 eine wichtige Erfolgsmeldung: den Anschluss an die Elektrizität vom Cahora Bassa Staudamm. Bis dahin musste Lichinga nämlich mit täglichen mehrstündigen Stromausfällen leben.

Die meisten der 80 000 Einwohner sind Yao. Bedeutende Minderheiten bilden die Nyanja und Makua; gering ist die Zahl der Asiaten und Weißen. Die Atmosphäre von Lichinga, das bis zur Unabhängigkeit Vila Cabral hieß, unterscheidet sich merklich von den anderen 12 Provinzhauptstädten Mosambiks. Hier ist man schon tief im Inneren Afrikas, das wenig gemein hat mit den Küstengebieten.

Zwei Abstecher:

Reserva do Sanga

Im Distrikt Sanga, der rund 150 km nördlich von Lichinga liegt (via Unango), haben IUCN und Worldwide Fund of Nature ein 6000 km² großes Gemeindeprojekt namens „Chipandje Chetu" ins Leben gerufen, dessen langfristiges Ziel der Erhalt von Natur, Wald und Wildbestand ist. Ein Ausbau des Camps Uzuzu, von dem aus Jagdsafaris stattfinden, sei auch in touristischer Hinsicht geplant, heißt es. Die Anreise erfordert Allrad, öffentliche Verkehrsmittel gibt es nicht. Info und Reservierung bei Serviço Provenciais de Florestas & Fauna Bravia, Tel. 27120917, Fax 27120557.

Abstecher: Meponda

Meponda ist der Lichinga nächst gelegene Küstenort am Lago Niassa. Eine reizvolle Erdstraße führt in 60 km vom Planalto de Lichinga auf Seehöhe hinab. Die Strecke wird täglich von Chapas befahren (2 €, ca. 1,5 Std.). Meponda ist ein unbedeutendes Dorf, sein Sandstrand allerdings ein beliebtes Ausflugsziel der Städter.

Unterkunft

- **Girassol Lichinga Hotel:** E-mail: girassollichingahotel@visabeiramoz.co.mz. Tel. 27121280, Fax 27121247. 4-Sterne-Hotel mit 72 klimatisierten Zimmern mit TV, Restaurant und Pool in der Ave. Filipe S. Magaia, das erst im August 2004 eröffnet wurde. Preise: 45 €/DZ und 75 €/EZ.
- **Pousada de Lichinga:** Tel. 27120176, Fax 27120177. Rua Filipe Samuel Magaia. Einfache Zimmer für 10 €/DZ und 15 €/EZ, zentral gelegen, mit Restaurant.
- **Chiwindi Hotel:** Tel. 27120385, Avenida Juluis Nyerere. Sehr einfaches Hotel in der Nähe des Marktes. Zimmerpreis ca. 10 €.
- **Complexo Turistico Quinta Capricórnio:** E-mail: quintakate@teledata.mz. Farmcamping mit Gästehaus in einer ruhigen Waldlichtung ca. 1 km vom Stadtzentrum (Zufahrt von der Hauptstraße beschildert, danach tendenziell links halten und bergab). Hier steht man idyllisch zwischen Ferkeln, Hühnern, Pferden und Kühen auf einer Campingwiese. Verkauf von Farmprodukten (Ziegenkäse, Eier, Marmelade etc.), hilfreiche Informationen für Reisende, unserer Ansicht nach die beste Adresse für Lichinga. Camping kostet knapp 3 €, Übernachtung im Gästehaus ca. 10 €. Einfache Sanitäreinrichtungen (Plumpsklo), aber mit heißen Duschen.

LICHINGA

An- und Weiterreise

Flugverbindungen

Der Flughafen von Lichinga liegt westlich der Stadt, Tel. 27120127. LAM unterhält ein Büro in der Rua da LAM, Tel. 27120434, und bietet derzeit tägliche Flugverbindungen zwischen Lichinga und Maputo (frühzeitig buchen, da meistens starker Andrang).

Busverbindungen

Die zentrale Haltestelle für Minibusse und Chapas liegt vor dem Markt. Hier starten vor allem frühmorgens die Chapas nach Mandimba (4 €) und Cuamba (7 €) sowie nach Meponda (2 €) und Metangula (4 €).

Eisenbahn

Die kleine Bahnstrecke nach Cuamba wurde privatisiert und sollte ausgebaut werden. Bislang fährt der Zug aber erst max. einmal pro Monat die beschwerliche Strecke.

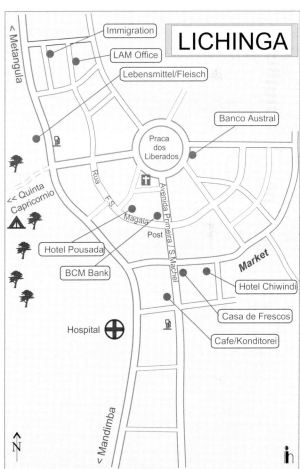

Oben: Straßenszene in Lichinga mit Jacarandabäumen

LICHINGA

Wichtige Adressen von A bis Z

Banken und Geldwechsel Banco Austral am Praça dos Liberados und BIM an der Primeira Avenida / Ecke Rua F. S. Magaia wechseln Bargelddevisen (Rand, Euro, US$). Reisechecks nimmt nur BIM entgegen und verlangt das Vorzeigen der Kaufbelege und hohe Gebühren. Öffnungszeiten der Banken in Lichinga: Montags bis freitags von 07.30-15.00 h. Alternativ zu den Banken besteht in Lichinga vor allem am Markt (Vorsicht geboten!) und bei asiatischen Läden ein Schwarzmarkt für Bargeld in US$, Rand und bedingt auch Malawische Kwacha. Der Kurs ist in Niassa zumeist besser als im restlichen Mosambik.

Immigration-Büro Das Büro der Migração liegt stadtauswärts in Richtung Metangula in der Rua Nachingwea, Tel. 27120446. Bei der Wirtschaftsschule biegt man rechts ab und die erste Straße erneut rechts zum Büro. Reisende, die von Likoma Island über Cóbuè einreisen, müssen sich hier offiziell anmelden.

Krankenhaus Das städtische Hospital liegt an der Straße nach Cuamba. Tel. 27120211.

Lebensmittelversorgung Obst und Gemüse kauft man auf dem relativ gut bestückten Markt. Frisches Brot gibt es bei der Pastelaria an der Primeira Avenida zwischen Post und Tankstelle. Im „Casa de Frescos" schräg gegenüber der Bäckerei vertreibt ein Metzger seine Produkte. Zwei kleine südafrikanische Lebensmittelläden mit Importwaren und tiefgefrorenen Fleischwaren liegen an der Ausfallstraße nach Metangula, nur kurz nach der Abzweigung zu Quinta Capricórnio, schräg gegenüber der Tankstelle.

Post, Telefon, Internet & Polizei Post und Telefonamt (TDM) sind am der Primeira Avenida /Ecke Rua F. S. Magaia zu finden, Öffnungszeiten: 07.30-17.30 h. Das Internetcafé "Bueno" befindet sich in der Via Matama. Die Polizei erreicht man unter Tel. 27120828.

Info:

MSF-Aids-Projekt
Der Schweizerische Zweig von "Ärzte ohne Grenzen", MSF, unterhält in Lichinga ein umfangreiches Aids-Projekt mit einem Tageshospital für 1500 Patienten. Vorsorgemaßnahmen und die Behandlung Erkrankter stehen im Mittelpunkt des Engagements, von dem MSF hofft, es 2008 an das örtliche Gesundheitsministerium übergeben zu können.

Restaurants Die feinste Adresse Lichingas ist das Restaurant im Hotel Girassol. Allgemein empfohlen wird auch das Restaurant "O Chambo" neben dem Markt. Ansonsten bekommt man in der Pousada zu essen, und eine angenehme Atmosphäre bietet auch das kleine Gartenlokal von Quinta Capricórnio.

Touristeninformation Eine Einrichtung dieser Art ist in Lichinga derzeit unbekannt. Am besten wendet man sich bei Fragen aller Art an die hilfreichen Besitzer von Quinta Capricórnio.

Treibstoffversorgung Lichinga bietet mehrere Tankstellen. Tipp: Beim Depot von „Petromac" am Ortseingang von Cuamba kommend kann man mitunter Treibstoff ab 200 Liter Mindestmenge etwas günstiger beziehen.

NIASSASEE

Wunderwelt Lago Niassa (Malawisee)

Der See ist 24 000 km² groß, an seiner längsten Ausdehnung 575 km lang und bis zu 85 km breit. 14 Zuflüsse speisen ihn, im Süden bildet der Shire den einzigen Ausfluss aus dem großen Gewässer. In Mosambik heißt der See nach seiner kolonialen Bezeichnung Lago Niassa. In Malawi, Tansania und international heißt er Malawisee. Wie immer man ihn nennen mag – es ist der drittgrößte See Afrikas und mit bis zu 700 m Tiefe der vierttiefste der Welt. Sein **spektakulärer Fischreichtum** begründet den weltweiten Ruhm des riesigen Binnengewässers: Zwischen 500 und 1000 verschiedene Fischarten werden hier vermutet, 359 endemische Fischarten wurden bereits registriert. Vor allem die zierlichen Buntbarsche aus der Zichliden-Familie haben dafür gesorgt, dass Aquarianer aus aller Welt den Lake Malawi/ Lago Niassa kennen.

Mosambiks Anteil beläuft sich auf 23 % der Wasserfläche mit einer rund 200 km langen, äußerst dünn besiedelten Küstenlinie am Ostufer. Nur sehr wenige Nyanja-Dörfer liegen zu Füßen der bis zu 1000 m hoch aufragenden, faltigen Berge am Uferrand. Im Gegensatz zu Malawi blieb die mosambikanische Uferzone bisher touristisch unterentwickelt.

Der See böte mit seinen sandigen Buchten und dem extrem klaren Wasser ein perfektes Ferien- und Badeziel, wären da nicht einige Gesundheitsrisiken. Zum einen darf man nicht vergessen, dass Krokodile und Flusspferde im See leben. Vor einem Bad im kühlen Nass sollte man sich vor Ort erkundigen, ob mit solchen Begegnungen zu rechnen ist. Weitaus verbreiteter ist jedoch die Sorge vor einer Bilharziose-Infektion (S. 337).

Traumhaft klares Wasser und Sandstrände

Oben: In Metangula ziehen die Fischer ihre riesigen Netze gemeinsam an Land

Provinz Niassa — NIASSASEE

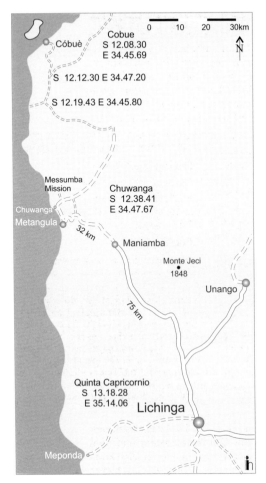

Eine Gewissheit, in bilharziosefreien Strand zu schwimmen, kann Ihnen im Grunde niemand geben, aber es existieren zahlreiche Untersuchungen, die darauf hinweisen, dass die Nordufer des Sees stärker infiziert sind als der Süden. Es heißt, einsame Strände, möglichst mit felsigem Ufer ohne Schilf und nicht in unmittelbarer Nähe zu Fischerdörfern, bieten eine gute Chance, bilharziosefrei zu sein.

Wer entdeckte wirklich den See?

Heute weiß man, dass sich David Livingstone gern seiner großartigen Entdeckungen gerühmt hat. Manchmal scheint er der Legendenbildung auch absichtlich nachgeholfen zu haben. So ist es zumindest fraglich, ob er tatsächlich als erster Weißer die Viktoriafälle des Sambesi entdeckte. Noch zweifelhafter wird seine Behauptung, der erste Europäer am Malawisee/Lago Niassa gewesen zu sein. Ein wohlhabender Reisender namens Gaspar Bocarra erblickte bei einer Reise ins Hinterland offensichtlich schon 250 Jahre vor dem britischen Missionar den riesigen Binnensee. Die Afrikakarte von de Lisle aus dem Jahr 1722 zeigt bereits einen See „Maravi" und 1727 taucht der See schließlich genau postiert auf der Karte von Jean Baptiste d'Anville auf – er war also schon spätestens seit dem frühen 18. Jh. bekannt. David Livingstone wandte sich 1859 dem Rio Chire und dem Niassasee erst zu, nachdem sich die Cahora Bassa Stromschnellen des Sambesi als nicht schiffbar erwiesen hatten. Man kann davon ausgehen, dass er zu diesem Zeitpunkt längst Kenntnis vom dem großen See hatte, zumal ihm auch die Karten vorlagen. In Tete traf er vor seiner Expedition den portugiesischen Händler Cardoso, der 1846 selbst an den See gereist war und Livingstone freimütig Informationen gab, ja sogar eine Karte zeichnete. Später verleugnete David Livingstone, je mit Cardoso gesprochen zu haben und behauptete gar, der Portugiese sei nie am See gewesen. Livingstone war sicher kein Mann, der sich persönlich bereichern wollte, doch strebte er verbissen nach Ruhm und Ehre. Zum Mittel des Zwecks scheint er es deshalb manchmal mit der Wahrheit nicht ganz so genau genommen zu haben.

Schon gewusst?

Unsichtbare Massenlager: 100 000 Termiten teilen sich einen Quadratmeter Fläche

Half David Livingstone der Legendenbildung bewusst nach?

METANGULA

Fahrtstrecke: Von Lichinga nach Cóbuè

Auf guter Teerstraße geht es über die stark abgeholzte Hochebene des Planalto de Lichinga in nördliche Richtung. Autos begegnet man wenigen, dafür um so zahlreicher Radfahrern. Wie in Reih' und Glied stehen die Lehmhäuser in den großen, sauberen Dörfern links und rechts der Straße. Nach 29 km zweigt eine Straße nach Unango ab (ebenfalls geteert), anschließend reduziert sich unser Asphaltband auf eine einspurige Bahn. Erst rund 40 km nach Lichinga beginnen wieder die dichten Miombowälder der Hochebene. Innerhalb dieses 40-km-Radius um die Stadt sind die Wälder längst dem Kahlschlag zum Opfer gefallen. Nach 75 km Fahrt endet der Teerbelag im Dorf **Maniamba**. Ab hier geht es auf gut ausgebauter Piste weiter, und nun schlängelt sich die Straße vom 1400 m hohen Plateau kurvenreich zum 900 m tiefer gelegenen See hinab. Es geht durch einsame, dichte Wälder, von Zeit zu Zeit springen Paviane über die Straße. Mit dem Ausbau der Straße wurde die Zufahrt nach Metangula verkürzt, man erreicht die Kleinstadt nun nach 107 km ab Lichinga. Besonders spektakulär sind die letzten Kilometer, in denen die Piste mit grandiosen Ausblicken auf den See steil und kurvig die trockenen Berge verlässt. Schon von Weitem erkennt man die auf einem kleinen Hügel liegende Kaserne mit Hafen und Schule, die Wohnhäuser schließen sich am seichten Uferstreifen an, zwischen Baobabs, Papayastauden und üppigen Mangobäumen. In **Metangula**, der Distrikthauptstadt und dem größten Ort am mosambikanischen Ufer des Sees, findet der einzige kommerzielle Fischfang statt. Die Ortschaft hat eine lange, düstere Geschichte als wichtigster Sklavenumschlagsplatz des Ostufers. In Nkhotakota an der gegenüber liegenden malawischen Küste wurden Zehntausende Sklaven alljährlich zusammengetrieben und mit Segelbooten nach Metangula transportiert. Von hier ging es in endlosen Karawanen weiter zu den Häfen am Indischen Ozean.

> **Lichinga – Cóbuè**
>
> Gesamtstrecke: 217 km
>
> Fahrzeit: 2-3 Std. bis Chuwanga, weitere 3-5 Std. bis Cóbuè
>
> Zustand: 75 km Teerstraße, 67 km gute Piste, Rest Allradpiste
>
> Tankstellen: keine
>
> Besonderheit: ab Chuwanga extrem einsam

> •**Complexo Turistico do Senhor Katawala** (auch **Complexo Cetuka** genannt): Hübsche, einfache Strandanlage in Chuwanga mit Bar, Restaurant, kleinen Hütten und Campinggelegenheit. Preise: Übernachtung in den einfachen Hütten am Strand 4 €/DZ und 6 €/EZ, Camping auf dem Gelände 2 €. Abseits darf man gratis am Strand campieren.

Von Metangula führt die Piste nun am Ufer entlang nach Norden. Dafür ist nicht viel Platz zwischen Seeufer und den steil aufragenden Bergen. 5 km nördlich von Metangula (Richtung Mechumua ausgeschildert) liegt das Fischerdorf **Chuwanga** mit einem breiten, feinen Sandstrand (GPS S 12.38.41 O 34.47.67). Höchstens an Wochenenden ist an diesem idyllischen Strand etwas los, dabei hat Chuwanga das, was andere als Geheimtipp bewerten: Einen unberührten gelben Sandstrand, klares Wasser, ein gastfreundliches Dorf zwischen bizarren Baobabs, eine ausgesprochen entspannte Atmosphäre und eine kleine Ferienanlage mit Bar.

Siehe Fotos auf S. 312!

Missão de Messumba

Ab 1882 tauchten die ersten Missionare und Priester der anglikanischen Kirche im Norden Mosambiks auf. Sehr rasch entwickelte sich Messumba zum zentralen Sitz der Anglikaner. Neben der mächtigen Kirche entstanden in der großen Missionsstation eine weithin bekannte Schule und ein namhaftes Krankenhaus. Mit der Unabhängigkeit des Landes wurde die Missionstätigkeit zurückgedrängt. Pater Paolo kehrte nach Portugal heim, Schule und Hospital wurden geschlossen, die Missionsgebäude verfallen. Einzig die imposante Kirche ist noch in Betrieb.

Weiterfahrt von Chuwanga nach Cóbuè:

Achtung: diese 105 km lange Strecke erfordert Allrad!

In Chuwanga wendet sich die Uferstraße wieder vom See ab ins Hinterland. Nach 2 km liegt links in Sichtweite auf einem Hügel die einst bedeutendste anglikanische Kirche Nordmosambiks (kurze, steinige Zufahrt mitten durchs Dorf zur Missão de Messumba).

7 km östlich von Chuwanga gerät man an eine Weggabelung, an der man nach rechts zur Straße nach Lichinga zurückkehren kann. Geradeaus geht es auf relativ breiter Piste durch eine besonders malerische Gegend. Abenteuerliche Brücken über zahlreiche kleine Zuflüsse in den See wechseln sich mit pittoresken Nyanja-Dörfern ab. Die Menschen sind ausgesprochen fröhlich und

Bambus schleppen für 1 €

Die Bambuswälder an der Straße nach Cóbuè sind ein gefragtes Gut in Malawi. Frauen und Männer aus dem armen Cóbuè laufen frühmorgens stundenlang die Piste ins Hinterland, wo sie mit Haumessern die extrem harten Bambusrohre hacken. Mehrere solcher bis zu 5 m langen Bambusstangen bündelt jeder zu einem festen Paket zusammen, das die geübten Läufer auf dem Kopf nach Hause transportieren. Per Einbaum werden die Stangen dann auf die malawische Insel Likoma gebracht. Für diesen Knochenjob bekommen die Mosambikaner dort umgerechnet 1 € pro „Bundle", also pro verschnürtem Paket.

aufgeschlossen, winken dem Durchreisenden lachend zu und drängen sich begeistert vor die Kamera, wenn man fotografieren möchte. Sie bemalen ihre Lehmhäuser mit Verzierungen, Ornamenten und Alltagsszenen, wie der Krokodiljagd und dem Hirsestampfen. Die Häuser stehen zum Schutz gegen Regenwasser auf kleinen Lehmsockeln und sind sauber verputzt. Anhand von Zierpflanzen werden Vorgärten abgesteckt, die säuberlich gefegt sind. Zwischen den Wohnhäusern wachsen Papaya und Mangobäume. Nach etwa 30 km hören die hübschen Dörfer schlagartig auf und die Piste wird schmäler. Man durchfährt nun ein sehr einsames Waldgebiet, wobei der Weg einen 900 m hohen Bergrücken erklimmt. Die Auffahrt ist reichlich ausgewaschen, doch auf dem Höhenzug, wenn der Weg einen deutlichen Knick nach Westen macht, geht die Fahrspur wieder in eine gut befahrbare, sandige und sehr schmale Waldpiste über. Bei KM 75 (ab Chuwanga) mündet von links ein Feldweg in unsere Piste (GPS S 12.19.43 O 34.45.80). Hier bitte geradeaus weiterfahren. Kurz danach erreichen wir die erste kleine Ansiedlung seit ungefähr 40 km. Ab jetzt tauchen von Zeit zu Zeit immer wieder kleine Dörfer im ansonsten dichten Wald auf, der nur hin und wieder von offenen Graslichtungen – sog. Dambos – durchsetzt ist. In der Ferne sind Berge auszumachen. Nach 90 km Fahrt (ab Chuwanga) steht man wieder an einer Gabelung (GPS S 12.12.30 O 34.47.20). Die rechte Fahrspur nimmt den beschwerlichen Weg nach Lupiliche nahe der tansanischen Grenze auf, unsere linke Spur nach Cóbuè wird indes nicht minder zur Tortur. Auf diesen letzten 15 km sind mehrere Höhenzüge zu überbrücken und 16 steinige Furten zu bewältigen! Spätestens hier wird jedem klar, wie gering Cóbuès Bedeutung heute eingeschätzt wird... Die holperige Strecke über Steine, felsige Abhänge und durch Bambusstauden ist eine echte Herausforderung für Fahrzeug und Fahrer.

Schon gewusst?
Wussten Sie schon, was "Niassa-Schnee" ist? Das sind die Seefliegen am Niassasee (siehe S. 312!)

Links:
Blick auf Metangula, den größten Ort am mosambikanischen Seeufer

Abstecher von Cóbuè: Likoma Island

Likoma und Chizumulu, die kleinere Schwesterinsel, liegen fern der Küste Malawis dem mosambikanischen Ufer direkt vorgelagert. Dass sie dennoch zu Malawi zählen, liegt an der britischen Missionstätigkeit seit 1885.

Likoma Island ist nur etwa 3 x 8 km groß (17 km²) und überwiegend flach und trocken, da sie wenig Regen erhält. Die wenigen Bäume wurden abgeholzt und verfeuert, nur die eindrucksvollen Baobabs blieben erhalten und einige gepflanzte Mangobäume. Die kaum besiedelte Insel hat viele schöne Strände und Buchten. Im Dorf Chipyela stehen einige einfache Unterkünfte zur Verfügung mit Übernachtungspreisen ab 5 Euro. Am einsameren Südteil der Insel findet man eine Tauchschule und Strandanlagen, wie "Mango Drift" und die Luxuslodge "Kaya Mawa" (All-Inclusive ca. 180 Euro/DZpP, 230 Euro/EZ, Wilderness Safaris). Auf der kleinen Schwesterinsel Chizumulu wohnt man viel günstiger im Backpacker-Paradies Wakwenda Retreat.

Ein Blick in die Geschichte: Kirche contra Kathedrale – Missionare rüsten auf

Nyasaland (heute Malawi) wurde zum Ende des 19. Jh. vor allem durch die Kirche kolonisiert und in britischen Besitz genommen. Zu einer Zeit, als die Besitzverhältnisse im Inneren Afrikas noch umstritten waren, markierten abgelegene Missionsposten die jeweilige europäische Einflusssphäre. 1885 wurde die Universities Mission nach schweren Rückschlägen in Nyasaland wieder aktiv und schickte Missionare an den See. Nach den schlechten Erfahrungen mit Sklavenhandel, Stammesfehden und Malaria errichteten sie ihre Basis auf der kleinen Insel Likoma, von der bis dahin niemand Besitz ergriffen hatte. Die eifrigen Kirchenvertreter errichteten zwischen 1903 und 1905 eine unverhältnismäßig mächtige Kathedrale. Die pompöse, neugotische **St. Peter's Kathedrale**, mit 100 m Länge und 25 m Breite in der gleichen Größe wie die Winchester-Kathedrale in England erbaut, überragt bis heute eindrucksvoll die flache Insel. Der Überlieferung nach wurde das Kruzifix über dem Altar aus dem Holz jenes Baumes geschnitzt, unter dem David Livingstones Herz nach seinem Tod in den Bangweulu-sümpfen Sambias begraben worden war. Das imposante Backsteingebäude mit herrlichen Glasfenstern wurde in den 1980er Jahren grundlegend renoviert und zählt zu den beeindruckendsten Bauwerken Malawis.

Doch mit dieser demonstrativen Geste erzürnten die auf Expansionskurs gerichteten Briten ihre portugiesischen Nachbarn. Portugal hatte ohne viel Präsenz oder tatsächliche Verhandlungen mit örtlichen Dorfhäuptlingen das gesamte Gebiet am Ostufer des Sees südlich des Rio Rovuma zur Kolonie Portugiesisch-Ostafrika erklärt. Dass nun ausgerechnet einen Katzensprung vor der Küste britische Missionare saßen und eine prächtige Kathedrale bauten, konnte den Portugiesen nicht gefallen. Also errichteten sie auch eine große – katholische – Kirche, und zwar direkt im Angesicht Likomas in Cóbuè! Noch heute stehen sich diese beiden Gotteshäuser unterschiedlicher Glaubensrichtungen und Baustile in diesem vergessenen Winkel Afrikas trotzig gegenüber.

Weiterreise nach Malawi (auf das Festland)

Likoma wird fahrplanmäßig samstags auf der Strecke Nkhotakota - Metangula - Cóbuè - Likoma und dienstags auf gleicher Strecke rückwärts vom malawischen Linienschiff Ilala angesteuert. Infos zur Ilala und dem Fahrplan: siehe S. 353. Preise: Metangula - Cóbuè ca. 12 Euro, Nkhata Bay - Cóbuè ca. 25 Euro). Alternativ bestehen mehrmals wöchentlich Motorbootverbindungen nach Nkhata Bay.

Cóbuè

Zwei Dinge prägen und überragen Cóbuè: die Ruine der Kirche und die nur 10 km vor der Küste liegende malawische Insel Likoma. Die abgelegene Ortschaft entpuppt sich als kleine Dorfgemeinschaft auf einer schmalen Landzunge. Nur wenige gemauerte Häuser sind auszumachen neben der mächtigen Kirche. Von dem Gotteshaus und dem anschließenden ehemaligen Kollegium stehen nur mehr die Außenmauern. Die Schulräume dienten der Frelimo in Kriegszeiten als Unterschlupf und Kaserne, und die direkte Umgebung war damals vermint worden. Auch wenn ein Minenräumkommando Cóbuè bereits offiziell gesäubert hat, ist anzuraten, sich rund um die eingefallenen Schulmauern nur vorsichtig fortzubewegen.

Cóbuè bietet wirklich nicht viel; selbst wohlwollend ausgedrückt ist hier „der Hund begraben". Die beschwerliche Anreise lohnt sich eigentlich nur für leidenschaftliche Afrikafahrer, die von hier aus die Insel Likoma besuchen wollen oder ein **Faible für Kuriositäten kolonialer Vergangenheit** haben (siehe links). Unterkunft finden Unerschrockene in einem einfachen Resthouse (ca. 4 € pro Zimmer), alternativ kann man am Strand campieren. Es gibt hier weder Lokale noch Einkaufsgelegenheiten, an vielen Tagen auch keine Boote, um nach Likoma überzusetzen. Ein Polizist hat hier für Recht und Ordnung zu sorgen, er ist zugleich der örtliche Immigration-Beamte. Die Ankunft von Fremden wird aber als willkommene Abwechslung freudig begrüßt.

Die Ansässigen werden nicht von Mosambik aus versorgt, sondern von Likoma Island. Mit der Insel herrscht reger Handel. Wenn es gelingt, ein Boot zu organisieren, kann man zur malawischen Insel übersetzen (im

*Oben:
Die Ruine der katholischen Kirche von Cóbuè, im Hintergrund die Insel Likoma*

*Bilder S. 312:
Zufahrt zum See von Lichinga;
Der Strand in Chuwanga*

Einbaum dauert das ca. 1 Std.). Ein Tagesbesuch wird Touristen auf beiden Seiten – in Cóbuè als auch auf Likoma – gestattet, ohne Visapflicht oder andere Einreiseformalitäten. Wer allerdings von Likoma über Cóbuè nach Mosambik einreisen möchte, muss sich sowohl beim Dorfpolizisten melden als auch später in Lichinga den Pass im Büro der Migração abstempeln lassen. Man sollte vor einer solchen Unternehmung jedoch bedenken, wie schwierig es sein dürfte, den weiteren Transport aus Cóbuè zu organisieren. Sporadisch fahren Boote zwischen Likoma und Metangula, die auf jeder Strecke auch in Cóbuè anlanden. Doch die Fahrt dauert 2 Tage und kann kaum im Vorfeld organisiert werden.

Manda Wilderness

Rund 15 km südlich von Cóbuè hat am Strand von Mchenga Nkwichi ein Australier ein Gemeindeprojekt auf die Beine gestellt und aus Naturmaterialien ein idyllisches Buschcamp errichtet. Herrlicher Strand und ein 2000 Jahre alter Baobab bilden die Kulisse. Besucher können Kanufahren, Wandern und mehrtägige Touren ins Hinterland unternehmen. Die einzige Zufahrt ab Cóbuè ist miserabel und gilt als nicht mehr befahrbar. So bleibt nur, sich von Cóbuè per Boot abholen zu lassen.

Nähere Infos zur **Nkwichi Lodge** unter www.mandawilderness.org, E-mail: mdw01@bushmail.net oder in Lilongwe/Malawi bei Ulendo Safaris, die das Camp vermarkten (E-mail: rob@ulendo.malawi.net, Tel. 00265-743501, Fax 743492). Preise: All-Inclusive ca. 120 €/DZ, hinzu kommen 12 € Gebühren für die Gemeinde. Camping wird nicht gestattet.

Rauchsäulen über dem See

Wer sich am Lago Niassa aufhält, kann gelegentlich eine Art riesige Rauchsäule über dem Wasser beobachten. Es handelt sich hierbei um Myriaden von **Seefliegen** (Chaoborus), die eine faszinierende biologische Funktion erfüllen. Bevor sie zu Fliegen heran reifen, halten sie sich monatelang als Larven unter Wasser auf. Dort sind sie ein schmackhafter Leckerbissen für große Fische. Um den gefräßigen Fischen zu entgehen, bleiben die Larven tagsüber 250 m tief in den sauerstoffarmen Regionen des Sees. Nachts tauchen sie auf und fressen in etwa 50 m Tiefe tierisches Plankton.

Die Seefliegen treten nur im nördlichen Teil des Sees auf. Wenn der Wind ungünstig steht, werden ganze Wolken der Fliegen an Land getrieben. Abermillionen von winzigen Fliegen schwirren dann durch die Luft und dringen überall ein, selbst durch Moskitonetze. Die Fliegen sind harmlos und solche Invasionen spielen sich auch nur selten ab. Sie sind sogar äußerst nahrhaft: In Cóbuè heißen sie Nkanga und werden zu Fladen verarbeitet.

Fahrtstrecke: Von Mandimba nach Cuamba

Die Strecke umfährt in einem Nordbogen das sumpfige Gelände der Lagoa Amaramba. Kurz nach Congerenge überquert man den Rio Lugenda, der dem Niassa Wildreservat später die schönsten Landschaftsszenen beschert, hier aber noch unscheinbar wirkt. Danach kreuzt die Bahnlinie zwischen Cuamba und Lichinga immer wieder die EN 8, ansonsten bleibt die Fahrt eher eintönig.

> **Mandimba – Cuamba**
>
> Gesamtstrecke: 160 km
> Fahrzeit: ca. 3-5 Std.
> Zustand: Erdstraße
> Tankstellen: nur in Mandimba und Cuamba
> Besonderheit: nach heftigen Regenfällen evtl. vorübergehend unpassierbar

Cuamba

Das mediterrane Kolonialstädtchen mit dem früheren Namen "Novo Freixo" lag von jeher an der Kreuzung wichtiger Fernstrecken und Handelswege. Mit dem Ausbau der Bahnverbindung zwischen Blantyre und Nacala wuchs die Bedeutung der Kleinstadt weiter. Heute herrscht hier mehr Geschäftigkeit und Trubel als in der Provinzhauptstadt Lichinga. Die wichtigsten Einrichtungen, wie Bankfiliale mit ATM-Schalter, Post und Telefonamt liegen an der Hauptstraße. Die Polizei ist unter Tel. 27162662 zu erreichen, das Krankenhaus unter Tel. 27162533. Das schönste Gebäude Cuambas ist der herrlich gekachelte Bahnhof.

- **Hotel Vision 2000:** Tel. 27162632, Fax 27162713. Hotel unter niederl. Leitung mit (Garten-)Restaurant in der Hauptstraße. Zimmer je nach Ausstattung 30-45 €/DZ.
- **Pensão São Miguel:** Tel. 27162701. Pension mit Restaurant, zentral beim Frelimo-Denkmal gelegen. B&B 6 €/DZ und 10 €/EZ. Camping wird gestattet.

Weiterreise mit öffentlichen Verkehrsmitteln

Zahlreiche **Chapas** fahren zwischen Cuamba und Nampula (6 €) sowie via Mandimba nach Lichinga (7 €). Der zentrale Halteplatz liegt sich am Mercado am südlichen Ortsausgang; Chapas halten auch am Bahnhof. Wer nach Gurué reisen möchte, fährt mit dem Zug bis Mutuáli und dort per Chapa weiter. Infos zur Bahnverbindung nach Nampula und Nacala: s. S. 260. Der Zug nach Liwonde/Malawi geht nicht durch. An der Grenze muss man die Züge wechseln und dazwischen 2 km zu Fuß laufen.

Weiterreise für Autofahrer

Piste nach Marrupa: s. S. 316. Direktverbindung nach Gurué: s. S. 254. **Ausreise nach Malawi:** Am westlichen Stadtrand von Cuamba zweigt die EN 225 ab. Nach 59 km biegt man am unbeschilderten 90°-Abzweig nach rechts. Die schmale Piste verläuft direkt neben der Bahnlinie ins 15 km entfernte **Entrelagos**, wo die Grenzabwicklung im Bahnhofsgebäude erfolgt. 2 km weiter liegt ein Police Check Point, 1 km dahinter die Malawi-Grenze Nayuchi (keine Bank/kein Mosambik-Visum bei Einreise).

Schmugglerparadies Chilwasee

Südlich des Grenzübergangs Entrelagos-Nayuchi, dort wo die Provinz Niassa an Zambézia und Malawi angrenzt, liegt in einem sumpfigen, flachen Gelände der nur wenige Meter tiefe malawische Chilwasee. Sein östliches Schilfufer bildet teilweise exakt die Grenze nach Mosambik. Wege und feste Ansiedlungen gibt es kaum in diesem Feuchtgebiet. Der perfekte Ort für den blühenden Schwarzmarkthandel! In Booten bringen die malawischen Händler begehrte Waren, wie Eisenteile, Fahrräder, Zement, Zucker und Bierbüchsen unbemerkt über den See und verkaufen sie in Mosambik mit satten Gewinnen. Anschließend kaufen sie Mais von den mosambikanischen Bauern, für den sie wiederum in Malawi gute Preise erzielen. Die Behörden schauen dem illegalen Treiben hilflos zu.

Fahrtstrecke: Von Lichinga nach Marrupa

Info: Die Strecke von Lichinga nach Pemba via Marrupa wird derzeit ausgebaut

Noch vor wenigen Jahren galt diese Straße als zeitraubende, schwierige Allradstrecke, doch seit 2 Jahren ist das Lichinga-Montepuez-Projekt im Gange, das eine weitere vernünftige Ost-West-Verbindung in Nordmosambik zum Ziel hat. Gute 200 km zu Beginn dieser Strecke sind bereits geteert, auf der weiteren Strecke sind Baumaßnahmen im Gange. Da die Straße zunächst über einen Höhenzug führt, bietet sich nach Süden ein großartiger Blick über die Tiefebene bis zu den fernen Bergen im Hintergrund. Bei KM 31 zweigt links die Straße nach Muembe ab, erst danach lassen dichte Besiedlung und die starke Abholzung der Wälder allmählich nach. Fast übergangslos wird es einsam, und man gerät unversehens in eine menschenleere, dicht bewaldete Berglandschaft. Mit jeder Kurve öffnen sich neue Ausblicke auf unberührte Bergwälder. Das Panorama ist atemberaubend. Nach etwa 70 km beginnt der Abstieg vom Planalto de Lichinga in die Tiefebene auf rund 600 m Höhe. Nur wenige, sehr einfache Dörfer liegen am Wegesrand. Die Menschen sind freundlich und zurückhaltend. Sie halten Nilgänse und Helmperlhühner als Nutztiere – Vögel, die sonst frei leben. Eher unbemerkt ist man nämlich inzwischen in eine sehr wildreiche Gegend geraten. Pelikane sieht man gelegentlich am Himmel; doch von den Elefanten, Hyänen und Löwen bekommt man in der Regel nichts mit. Die Dorfbewohner können aber viel von ihren Erlebnissen mit gefährlichen Wildtieren erzählen, die vor allem nachts durch die Dörfer ziehen.

Lichinga – Marrupa

Gesamtstrecke: 318 km

Fahrzeit: 1-2 Tage, stark abhängig vom Straßenzustand

Zustand: 200 km Teer, dann Trassierungsarbeiten (Piste wird geteert)

Tankstellen: keine

Besonderheit: neue Brücke über den Rio Luambala

An der Gabelung bei KM 102 zweigt eine Piste nach Nova Viseu und Mataca ab, das an der Westgrenze des Niassa Reservats liegt. Seit die zerstörten Brücken wieder repariert wurden, kann man hier in den Park gelangen.

120 km nach Lichinga erreichen Sie den **Rio Luambala**, der früher das größte Hindernis dieser Strecke ausmachte, weil die Brücke im Bürgerkriegs zerstört worden war. Die steinige, lange Furt konnte nur in der Trockenzeit befahren werden. Inzwischen wurde dieses Problem mittels einer neuen Brücke behoben.

Bilder oben: Auf der Fahrt nach Marrupa. Alte Furt durch den Rio Luambala (jetzt eine Brücke), und etliche kleine Holzbrücken

MARRUPA

Beiderseits des Rio Luambala liegt das Dorf Majune. Es wird von einer Bilderbuchlandschaft mit eigenwilligen Kegelbergen umrahmt. Nach 8 km erreicht man Malanga, ein großes Dorf, in dem vor allem seine riesigen Mangobäume auffallen (GPS S 13.28.15 O 36.08.14).

Majune

Info: Mitten im Dorf Majune zweigt eine Piste nach Massangulo ab. Diese Strecke führt über Malanga und Estação Catur nach Massangulo und von dort nach Mandimba bzw. nach Lichinga zurück.

Die Straße nach Marrupa führt nun deutlich nach Osten. Bei Gesamtkilometer 149 überspannt eine Steinbrücke den Rio Lugenda, den wir erst viel später wiedersehen werden (GPS S 13.28.80 O 36.18.19). Anschließend wird die Gegend wieder extrem einsam. Die kleinen Makua-Ansiedlungen liegen jetzt meist 20-30 km voneinander entfernt. Kleine Aussichtshügel mit Schattendächern über den Feldern dienen als Wachtürme gegen Wildtiere. Die dichten Buschwälder, durch die unsere Straße führt, sind fast eintönig zu nennen. Erste Tsetsefliegen tauchen auf. Bei KM 182 liegt eine wichtige Weggabelung (GPS S 13.31.67 O 36.35.21). Die breite, nach rechts mit „Mugoma 134 km" ausgeschilderte Piste führt zur EN 248 zwischen Marrupa (270 km) und Cuamba (ca. 245 km).

Rio Lugenda, der schönste Fluss im hohen Norden

Die direkte Route nach Marrupa hält sich für 10 km strikt nach Norden und knickt dann nach Osten ab. Zahlreiche kleine Bäche müssen auf Holzbalkenbrücken überquert werden, die sich aber in gutem Zustand befinden (siehe Bild links).

Weiter auf der direkten Route nach Marrupa

Die wenigen **Dorfdurchfahrten** werden zur Begegnung mit einer anderen Welt. Viele der Makuafrauen sind am Oberkörper voller Schmucknarben und Tätowierungen, einige tragen auch Nasenringe, und alle besitzen nur zerlumpte Kleidungsstücke. Schuhe trägt kaum jemand. Die Menschen leben hier offensichtlich vergessen vom Rest der Welt, ohne Anschluss an moderne Einrichtungen, wie Krankenstationen, Schulen und Supermärkte. Ihre Lehmhütten umgeben die Makua manchmal mit Palisadenzäunen. Selten sieht man ein kleine Kirche, in größeren Dörfern gibt es einen Fußballplatz und hängt die rote Frelimo-Fahne in der Dorfmitte.

Unvergessliche Begegnungen, die auch nachdenklich machen

Wie lange diese sympathische Rückständigkeit noch erhalten bleibt, wenn Dank der neuen Asphaltstraße Lkws vorbei düsen werden und die Isolation aufbrechen, vermag niemand vorauszusehen. Der Wandel ist absehbar und von der Bevölkerung sicherlich ersehnt. Es ist recht interessant zu erfahren, dass im Zusammenhang mit diesem Straßenprojekt u. a. 73 Wohnhäuser, 84 "Barracas", 150 Mangobäume, 2 Brunnen und 3 Schulen ermittelt wurden, die dem Straßenbau zum Opfer fallen und entspechend vergütet bzw. wieder aufgebaut werden müssen. Allein für diese "Vergütung entlang des Straße" sind etwa 400 000,00 US$ anvisiert.

Auch die restliche Strecke bleibt einsam und ereignislos. Flüchtende Paviane und gelegentliche Elefantenspuren lockern die Fahrt nach Marrupa ein wenig auf. Dann zieht die Straße kaum spürbar einen langen Höhenzug hinauf, die Besiedlung nimmt etwas zu und bei KM 318 ist endlich das Ziel erreicht.

Endspurt nach Marrupa

315

Marrupa

Seiner leicht erhöhten Lage auf einem 800 m hohen Plateau verdankt Marrupa eine gute Rundumaussicht. Die Kleinstadt zeigt trotz der offenkundigen wirtschaftlichen Bedeutungslosigkeit noch den Charme eines früheren Kolonialstädtchens. Dem allmählichen Verfall preisgegebene Villen umrahmen die großzügige Praça, deren elektrische Straßenbeleuchtung noch zu funktionieren scheint. Der kleine Markt ist Marrupas größte Sehenswürdigkeit: Hier werden die wenigen Produkte, die Marrupa nach langer, beschwerlicher Anreise erreichen, feilgeboten. Die Käuferschaft ist arm, das verraten schon die „Packungsgrößen". Speiseöl wird in Kleinstmengen in verknoteten Plastiktüten verkauft, außerdem winzige Eier, ein paar Tomaten, Zwiebeln und Maniokwurzeln (Cassava). Die Auswahl ist sehr bescheiden. Eine Offenbarung ist dann auch die „Tankstelle": Benzin wird in Marrupa ebenfalls auf dem Markt verkauft, in 0,3 l Flaschen! Insgesamt, beteuern die Burschen, würden sie ungefähr 5 l Benzin zusammen bekommen – nur soviel zur Spritversorgung... Damit wird ziemlich schnell klar, wie entlegen dieser Winkel ist und wie selten hier Fahrzeuge unterwegs sind. Große Hoffnungen liegen jetzt auf dem Ausbau der Fernverbindung Lichinga-Pemba, der auch Marrupa endlich an das moderne Mosambik anschließen könnte.

Marrupa ist – mit oder ohne Straßenausbau – eine wichtige Verkehrskreuzung. Eine ordentliche Piste, die EN 248, verlässt Marrupa in Richtung Cuamba (246 km). Die 218 km lange Piste nach Montepuez (S. 299) wird derzeit ausgebaut. Fast ohne jeden Verkehr, wenn man von einigen Traktoren absieht, ist der Allradweg nach Mecula im Niassa Reservat.

Schon gewusst?
Wissenschaftliche Erkenntnis 2005: Singvögel können bis zu 2000 Melodien erlernen

Oben: Fremde erregen auf dem Markt von Marrupa viel Aufsehen. Interessant sind die kleinen Verpackungseinheiten an den Verkaufsständen

RESERVA DO NIASSA

Fahrtstrecke: Von Marrupa zum Niassa Reservat

Sobald man Marrupa nach Norden verlässt, steigt die Piste wieder in die Tiefebene ab. Starke Auswaschungen an den vielen Steigungen und Neigungen zwangen jahrelang zu sehr langsamer Fahrt, doch seit 2002 wird die Piste von Zeit zu Zeit befestigt und repariert. Landschaftlich ist es hier recht ansprechend und viele kleine Dörfer bilden eine hübsche Abwechslung auf den ersten 20 km. Nach gut 30 km schlängelt sich die Piste durch eine markante Berglandschaft, in der einzelne **Felsendome** aufragen. Nach der Kleinstadt Namliche bei KM 46 öffnet sich die Landschaft etwas. Man verliert ständig an Höhe, ferne Granitkuppen und glatte Felsen ragen aus der ansonsten recht flachen Landschaft hervor.

Marrupa – Niassa Wildreservat
Gesamtstrecke: 142 km bis Mecula
Fahrzeit: 7-9 Std.
Zustand: Allradpisten, sollen aber deutlich ausgebaut werden
Tankstellen: keine

Dann tauchen die ersten Elefantenäpfel am Wegesrand auf. Nach 100 km steht man vor dem breiten Rio Lugenda. Träge umspült der Fluss flache Sandbänke, überall im Flussbett sind Elefantenspuren. Eine intakte **400 m lange Brücke** überspannt den anmutigen Lugenda. Auf der gegenüber liegenden Seite markiert das grüne Schild „**Reserva do Niassa**" den Beginn des Schutzreservats. Ein kleines Scoutcamp, Mboko Camp, liegt links der Brücke. Flussaufwärts werden in der direkten Umgebung der Brücke noch einzelne Landminen vermutet, flussabwärts gilt die Umgebung laut Aussage der Scouts als unbedenklich.

Der Pistenzustand verbessert sich, sobald man das Reservat betritt, denn für die Instandhaltung der Wege zeichnet sich der TUSK-Trust verantwortlich. Die Sandpiste führt durch Trockenbuschwald. Nach 16 km ist erhöhte Vorsicht geboten, denn man nähert sich einem der Dörfer, die innerhalb des Reservats von **Elektrozäune**n umschlossen sind. Bei schneller Fahrt bemerkt man die über der Piste herab hängenden Drähte nicht und klatscht mit der Windschutzscheibe dagegen. 5 km weiter, nach dem Ende des Dorfes, durchfährt man das andere Ende des umzäunten Gebietes (s. auch S. 64). Wenig später erreicht man eine Gabelung, die nach links zum Maputo Camp, dem Hauptcamp im Reservat führt, geradeaus geht es dafür durch ein weiteres, mit Elektrozaun umgebenes Dorf nach Mecula.

Bilder oben:
Parkgrenze des Niassa Wildreservats am Nordufer des Rio Lugenda.

"Die Jungs von der Tankstelle":
Spritverkäufer in Marrupa. Insgesamt können sie 5 l Benzin anbieten.

RESERVA DO NIASSA

Reserva do Niassa

Im nördlichsten Winkel Mosambiks liegt ein Wildschutzgebiet, das seit einigen Jahren in aller Munde ist, als man entdeckte, dass hier Tausende Wildtiere den langen Bürgerkrieg unbeschadet überstanden haben. Seither sprechen viele vom Niassa Reservat als einem der letzten unbekannten Geheimnisse Afrikas.

Allgemeines
LUWIRE (Lugenda Wildlife Reserve) managt die Pufferzone

Der Park liegt in einem 35 000 km² großen Waldgebiet zwischen den Flüssen Rovuma, Lugenda und Lusanhando eingebettet und grenzt im Norden direkt an Tansania. Wie eine Art Pufferzone schließen Jagdgebiete an das Schutzreservat. Die gesamte Region ist äußerst spärlich besiedelt.

Das Reservat steht unter der Verwaltung des kenianischen TUSK-Trust, dessen Hauptsitz und Verwaltungszentrum im Reservat beim Maputo Camp liegt. An mehreren Punkten entlang der Parkgrenzen wurden Scouts stationiert, die vor allem illegale Wilderei verhindern sollen. Auch die **elektrische Umzäunung der Dörfer** geht auf die Initiative des TUSK-Trust zurück.

Historische Entwicklung

Oben: Felsendome auf der Zufahrt zum Reservat

Das unwegsame Gebiet zwischen Rio Rovuma und Rio Lugenda im äußersten Norden der Kolonie wurde in den 1960er Jahren als Schutzgebiet ausgewiesen. Diese Entscheidung fiel damals nicht schwer, interessierte sich doch niemand für die abgelegene Gegend, in der die Tsetsefliegen wüteten und eine landwirtschaftliche Nutzung des riesigen Naturraums unmöglich schien. Dem Schutz der Elefanten und Spitzmaulnashörner sollte das Reservat dienen, zumindest auf dem Papier, denn sonst passierte nicht viel. In den 1970er und 80er Jahren geriet der Tierschutzgedanke angesichts des

Bürgerkriegs sowieso in der Hintergrund. Die Wilderei nahm in erschreckendem Maße zu, marodierende und hungernde Soldaten bedienten sich ebenfalls der Wildtiere wie in einem Supermarkt. Lange Zeit war vollkommen unbekannt, in welchem Zustand sich das Reservat befand und wie es um die Wildtiere stand. Nach dem Ende des Bürgerkriegs zeigte sich, dass die Nashörner ausgerottet waren. Die meisten anderen Tierarten jedoch, insbesondere bis zu **10 000 Elefanten**, hatten die Kriegsjahre fast unbeschadet überstanden. Vermutlich haben die geographische Abgeschiedenheit und die unangenehmen Tsetsefliegen viel zum Erhalt des Tierbestands beigetragen.

Erstaunlich viele Wildtiere hatten den langen Krieg unversehrt überstanden

Voller Enthusiasmus über diesen unerwarteten Tierreichtum engagierten sich mehrere private Investoren für das Niassa Reservat. Der kenianische TUSK-Trust erhielt den Zuschlag zum Aufbau einer vernünftigen Infrastruktur und Verwaltung des Parks. Nach Osten vergrößerte Mosambik das Schutzgebiet sogar um den gesamten Bereich bis an den Lugenda, der als das Jagdgebiet „**Zona Tambala**" bekannt war. Somit liegen nun auch Mecula und Gomba sowie einige weitere Dörfer inmitten des Reservats. Schätzungsweise 14 000 Makua siedeln hier. Die Parkverwaltung hat zusammen mit der Regierung ein Programm entworfen, wonach die Menschen nicht weichen müssen, die Wildtiere in ihrer Überzahl aber auch nicht eingesperrt werden. Statt dessen wurden die Dörfer großzügig mit Elektrozäunen umschlossen. Das Ziel heißt, den Menschen eine Lebensgrundlage in

Der Park wird vergrößert

Elektrozäune umschließen die Dörfer

Mecula
Die Kleinstadt zu Füßen eines hufeisenförmigen Bergmassivs ist das Zentrum des Reservats. Hier befindet sich eine Fluglandebahn, über die in unbekannter Zukunft einmal zahlende Gäste eingeflogen werden sollen. Ferner bietet Mecula die einzige Schule, Verwaltung und Krankenstation der ganzen Region. Der großzügige viereckige Hauptplatz, die Praça, hat eine elektrische Straßenbeleuchtung, die immer noch funktioniert. Aber erwarten Sie bitte nicht, einen Laden, einen Brunnen oder gar eine Tankstelle in Mecula zu finden!

Von Mecula führt eine **Stichstraße weiter nach Gomba am Rio Rovuma** (100 km). Von dort geht es allerdings nur noch zu Fuß oder per Boot weiter, weil Elefanten die ehemalige Piste nach Negomane, die durch ein Sumpfgelände führte, zertrampelt haben.

Alternativ besteht die Möglichkeit, auf nicht in Mosambik-Landkarten verzeichneten Wegen am Südufer des Rio Lugenda entlang zum Rio Luambeze und nach Cabo Delgado (Mueda oder Montepuez/Pemba) weiter zu fahren. Diese extrem einsame Allradpiste ist eine Herausforderung mit Expeditionscharakter. Interessierte finden genaue Wegbeschreibungen, einen entsprechenden Tourenbericht und GPS-Angaben auf unserer GPS-CD für Mosambik (s. S. 373 und hintere Umschlaginnenseite).

Provinz Niassa — RESERVA DO NIASSA

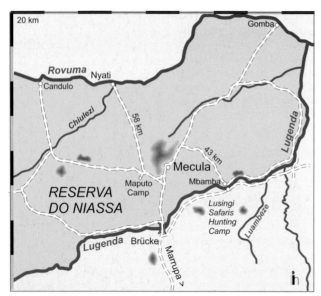

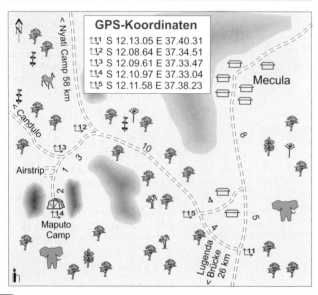

GPS-Koordinaten
- ⇧1.1 S 12.13.05 E 37.40.31
- ⇧1.2 S 12.08.64 E 37.34.51
- ⇧1.3 S 12.09.61 E 37.33.47
- ⇧1.4 S 12.10.97 E 37.33.04
- ⇧1.5 S 12.11.58 E 37.38.23

Nachbarschaft mit den Tieren zu ermöglichen. Der Tourismus spielt bei diesem Gedanken nur eine zweitrangige Rolle.

Verdrehte Welt:
Umzäunte Dörfer im Niassa Reservat

Mehrere Großdörfer mit je bis zu über 1000 Menschen liegen entlang der Straße nach Mecula und Gomba. Um die Menschen, vor allem aber ihre bestellten Felder, gegen marodierende Dickhäuter zu schützen, hat man sie kurzerhand eingezäunt. Mit mehreren Kilometern Durchmesser umschließen unauffällige Elektrozäune die Dorfgemeinschaften. Die Kabel befinden sich in Überkopfhöhe, aber tief genug, um von den Elefanten berührt zu werden. Unglaubliche 680 000 Volt Strom sind auf diesen Zäunen geladen! Dieser Stromstoß reicht laut Parkverwaltung gerade dazu aus, einem Elefanten den Besuch des Dorfes zu verleiden, verletzt ihn aber nicht. Das Modell, die Menschen einzuzäunen, während sich die Tierwelt frei bewegen kann, wurde zuerst in Zimbabwe erfolgreich getestet. Auch hier soll diese Methode ein faires Miteinander von Menschen und Tieren gewährleisten.

RESERVA DO NIASSA

Anreisevarianten und Wege im Park

Einzige offizielle Straßenzufahrt zum Niassa Reservat ist die beschriebene Straße ab Marrupa. Von Osten, von Mueda via Negomane, besteht keine Möglichkeit, per Fahrzeug in den Park zu gelangen. Dafür wurde die alte Querverbindung zwischen Mecula und Mataca an der Westgrenze des Parks wieder instand gesetzt.

Hauptzufahrt ab Marrupa

Neben der schlechten Zufahrt von Marrupa besteht die Möglichkeit, über das Mbamba Scoutcamp auf Sandpisten durch einsame Jagdgebiete nach Cabo Delgado (Mueda, Montepuez, Pemba) zu fahren. Diese auf keiner Karte verzeichnete Allradstrecke beschreiben wir auf unserer Mosambik-CD.

Auf Schleichwegen unterwegs

Innerhalb des Reservats sind die Pisten allgemein in besserem Zustand als die Zufahrtswege. Die Straße nach Marrupa sollte schon seit Jahren repariert werden, aber das Projekt scheiterte bislang an der Finanzierung.

Im Park fährt es sich besser

Das Nyati Scoutcamp an der Mündung des Rio Chiulezi in den Rovuma ist über eine 58 km lange Stichstraße zu erreichen (etwa 2-3 Std. Fahrt). Der breite Grenzfluss nach Tansania, Rio Rovuma, ist von dichtem Uferwald umsäumt. Für Tierbeobachtungen eignet sich die Region daher weniger gut als die offenere Landschaft am Rio Lugenda.

Fahrt bis an den Rovuma

Natur & Tierwelt

Zwischen 8000 und 10 000 Dickhäuter zählt der Reservat heute, wobei die Schätzungen stark schwanken, weil sich die Tiere über ganz Nordmosambik frei bewegen können. Elefantenbegegnungen sind weniger häufig, als diese Zahlen vermuten lassen, denn die Tiere wurden jahrelang bejagt und sind dem Menschen gegenüber scheu geworden. Auch die Bestandszahlen anderer Tierarten unterliegen derzeit nur Schätzungen. 5000 Ducker sollen in den dichten Wäldern leben, außerdem mindestens 2000 Büffel und 3000 Zebras. Flusspferde kommen im Lugenda und Rovuma selten vor, weil sie besonders stark gewildert wurden. Krokodile sind dagegen zahlreich. Kudus, Impala, Elen- und Rappenantilopen sind mit stabilen Populationen vertreten. Eine regionale Besonderheit sind die seltenen **Niassa-Gnus**. Unter den Jägern sind Löwen, Leoparden, Afrikanische Wildhunde und Hyänen zahlreich. Bemerkenswert artenreich ist die Vogelwelt mit rund 450 registrierten Spezies. Im östlichen Teil des Schutzgebietes, der Zona Tambala entlang dem Rio Lugenda, halten sich mehr Tiere auf als im dichten Buschwald des Westens.

Besucher sollten keine allzu hohen Erwartungen an die Pirschfahrten haben

Schon gewusst?
In Negomane, an der Mündung des Lugenda in den Rovuma, erinnert eine Gedenktafel an Dr. Livingstone, der auf seiner "Zambezia"-Forschungsreise bis hierher gelangt war

Die einst zahlreichen Spitzmaulnashörner gelten als ausgerottet. Trotz der Anwesenheit des TUSK-Trust ist die Elefantenwilderei noch immer ein Problem. Die weiten Waldgebiete sind mit einer Handvoll nicht motorisierter Scouts kaum zu kontrollieren.

Das Reservat ist dicht mit **Trockenbuschwäldern** bewachsen, die die Sicht erschweren. Die Oberfläche ist zumeist flach (300 m Höhe). Außer dem markanten halbkreisförmigen Berg, an den sich Mecula schmiegt, ragen nur wenige Granitberge aus dem Wald. Sumpfige Abschnitte mit dichtem Bambusbewuchs findet man an der Straße zum Nyati Camp. Die offene Flusslandschaft des Rio Lugenda mit den eigenwilligen Kegelbergen

Bild links: Die 400 m lange Brücke am Lugenda auf der Zufahrt nach Mecula

RESERVA DO NIASSA

Oben: Der Lugenda und die Menschen, die an seinen Ufern leben, gehören zu den schönsten Erlebnissen bei einer Reise durch den Norden Mosambiks

im Hintergrund, ist unserer Ansicht nach der landschaftliche Höhepunkt von Niassa. Ein Nachteil ist, dass die Flüsse Lugenda und Rovuma nur mühselig erreicht werden können und Wege für Pirschfahrten entlang dieser Gewässer fehlen. Man darf seine Erwartungen bzgl. der Tiersichtungen daher in diesem Park nicht zu hoch schrauben.

Unterkunft / Camps

Individualreisenden bietet das Maputo Camp einfache Campinggelegenheit (10 US$ pP). Im südlich angrenzenden 7200 km² großen Lugenda Wildlife Reserve liegen das Luwire Hunting Camp und das neue Lugenda Bush Camp von Rani Africa (Investoren aus den V.A.E., die auch Luxushotels auf den Quirimbas betreiben). Die vier Luxuszelte am Ostufer des Lugenda kosten ab 290 €/DZ und 400 €/EZ. Es bestehen Pläne für die Zona Tambala, am unteren Lauf des Lugenda weitere elitäre Touristencamps zu errichten, deren Klientel in das Reservat eingeflogen und rundum versorgt werden. Individualreisende für das abgelegene Schutzgebiet zu motivieren, erscheint den Verantwortlichen unrealistisch, und so zielen die Planungen nicht auf Selbstfahrer ab. Die wenigen Touristen, die derzeit auf eigene Faust in das Reservat fahren, werden freundlich begrüßt und dürfen sich ohne Einschränkungen frei bewegen. Die Scouts zeigen bereitwillig Übernachtungsplätze, können aber nicht mit Wasser, Lebensmitteln oder Treibstoff dienen. Der Fremde ist willkommen, aber ganz auf sich selbst gestellt. Ob sich diese freundliche Haltung Individualreisenden gegenüber ändert, wenn erst einmal Reiseunternehmen im Niassa Reservat aktiv werden, lässt sich noch nicht voraussehen.

SERVICE-TEIL

Planung vor der Reise .... S. 324
Klima S. 324, Reisezeit S. 325,
Reiseart: Verkehrsmittel (Mietwagen S. 327, Motorrad/Fahrrad S. 330, Öffentliche Verkehrsmittel S. 330)
Reiseagenturen: europäische Reiseveranstalter und örtliche Anbieter S. 331
Unterkünfte: Hotels, Pension oder Camping S. 332
Reiseroutenplanung S. 333, Reisen mit Kindern S. 334, Frauen allein unterwegs S. 334
Touristen-Informationsstellen S. 334
Ausrüstung: Dokumente, Kleidung, Sonstiges S. 335

Gesundheitsvorsorge .... S. 336
Malaria S. 336, Bilharziose/Hepatitis/Gelbfieber S. 337, Cholera/Schlafkrankheit etc. S. 338, Schlangenbiss S. 339,
Wie man auf Reisen gesund bleibt S. 340, Notfall-Vorsorge S. 341, Reiseapotheke / Tropeninstitute S. 341,

Rund ums Geld .... S. 342
Reisekosten & Preisgefüge S. 342, Landeswährung S. 343, Devisen und Zahlungsmittel S. 343,
Geldwechsel in Mosambik S. 344, Handeln – die Kunst des Feilschens S. 345

Wichtige Hinweise und Adressen .... S. 346
Einreisebestimmungen S. 346, Diplomatische Vertretungen S. 347,
Gefahren auf Reisen – die persönliche Sicherheit S. 348

Anreise nach Mosambik .... S. 350
Internationale Flugverbindungen S. 350, Anreise auf dem Landweg S. 351, Öffnungszeiten der Grenzübergänge
S. 352, Anreise per Mietwagen oder eigenem Auto S. 353, Anreise auf dem Seeweg S. 353

Transport vor Ort .... S. 355
Inlandflugnetz, Bahn / Bus

Reisetipps für den Alltag in Afrika .... S. 356
1) Begegnung mit den Mosambikanern S. 356.
2) Die sprachliche Verständigung / Glossar S. 358.
3) Essen und Trinken in Mosambik, Buschküche – Kochen am offenen Feuer S. 360.
4) Tipps & Infos für Autofahrer: Anforderungen, Verkehrskontrollen, Geländefahrzeuge, Buschbrände S. 364.
5) Wie gefährlich sind die Landminen in Mosambik? S. 369.
6) Unterwegs in den Nationalparks: Wie verhält man sich in der Wildnis? / Begegnung mit Wildtieren S. 370.
7) Mosambiks Strände im Direktvergleich S. 371.

Informationen von A bis Z .... S. 372
Ärzte & Apotheken, Airporttax, Betteln, Camping & Wildcamping, Eintrittspreise der Nationalparks, Feiertage,
Ferienzeiten, Fotografieren, GPS-Daten, Grenzen, Hotels, Internet, Kleidung, Kulturelles Leben, Landkarten,
Mahlzeiten, Maße & Gewichte, Nationalparks & Wildschutzgebiete, Notruf, Öffnungszeiten, Post, Preise, Sicherheit
& Gefahren, Souvenirs, Strände, Stromversorgung, Tauchen, Taxi, Telefon, Toiletten & Sanitäreinrichtungen, Touristen-
information, Trampen, Trinkgeld, Wasser, Wassersport, Zeitungen & Medien, Zeitverschiebung, Zoll

Literaturverzeichnis .... S. 378
Index .... S. 379
Verlagsprogramm / GPS-CD Mosambik .... S. 384

PLANUNG VOR DER REISE

Klima

Mosambiks Klima ist rand- bis subtropisch geprägt. Es wird in der Hauptsache von der Luftzirkulation des Indischen Ozeans beeinflusst und teilt sich jahreszeitlich in eine Trocken- und eine Regenzeit. Die heißeste und regenreichste Zeit liegt im ganzen Land zwischen Oktober und März, während die Monate von April bis September als kühlere Trockenzeit gelten. Besonders der Norden des Landes liegt im Monsunbereich und erhält zwischen Januar und März heftige Regenfälle. Durch die Nähe zum Äquator ist es in der nördlichen Hälfte von Mosambik ganzjährig warm. Nach Süden werden die Temperatur- und Feuchtigkeitsschwankungen ausgeprägter.

Während der Trockenzeit liegen die Tagestemperaturen in tiefliegenden Regionen um angenehme 23-27°C, in den Höhenlagen im Landesinneren etwas niedriger. Nachts frischt es vor allem in Südmosambik und in den Bergen des Hinterlands merklich ab. Während der Regenzeit erreichen die Tagestemperaturen etwa 28-34°C, in manchen Regionen, wie Tete, auch höhere Temperaturen. An der Küste weht meist eine erfrischende Brise, doch im Landesinneren kann sich die Luft regelrecht wie in einem Glutofen aufheizen. Die starken Monsunwinde vom Meer machen den Aufenthalt an der nördlichen Küste (um Pemba) zwischen November und Februar recht ungemütlich.

Der meiste Niederschlag fällt zwischen Dezember/Januar und März. Die häufigsten Regenfälle gehen über Gurué, Milange und die Provinz Manica nieder; aber auch Lichinga und das Makondeplateau erhalten reichlich Niederschlag. Die trockensten Regionen liegen im Südwesten, an der Grenze zu Südafrika und dem südlichen Zimbabwe (Great Limpopo Transfrontier Park). Die allgemeine Luftfeuchtigkeit ist während der Regenzeit deutlich höher als in den trockenen Monaten.

Doch selbst während der regenreichsten Monate bedeutet die Regenzeit kein permanenter Dauerregen. Es kommt vielmehr örtlich zu heftigen, meist kurzen Wolkenbrüchen, häufig regnet es sich auch nachts ab. Dazwischen liegen immer wieder lange Sonnenscheinstunden und auch ganz sonnige Tage.

PLANUNG: REISEZEIT

Klimatabelle

Ort Höhenmeter	Maputo 44 m	Beira 16 m	im Vergleich: München 518 m
Januar Tagesmitteltemperatur Niederschlag	26,3° C 169 mm	27,4° C 250 mm	-0,4°C 53 mm
April Tagesmitteltemperatur Niederschlag	23,5° C 56 mm	25,5° C 132 mm	8,5°C 75 mm
Juli Tagesmitteltemperatur Niederschlag	18,8° C 18 mm	20,5° C 33 mm	18,8°C 125 mm
Oktober Tagesmitteltemperatur Niederschlag	22,5° C 63 mm	25,0° C 41 mm	10,0°C 60 mm
Niederschläge/Jahr	802 mm	1573 mm	920 mm
Regentage /Jahr	64	84	173
Jahresdurchschnitt	22,8°C	24,5°C	9,2°C

(durchschnittliche Mittelwerte)

Die Wahl der Reisezeit

- **April bis August: "Der Südwinter"**

Gemeinhin wird der Südwinter als beste Reisezeit für Mosambik genannt. Das Klima ist beständig, freundlich und gut verträglich. Europäer akklimatisieren sich schnell in dieser Jahreszeit. Tagsüber genießt man einen klaren, wolkenarmen Himmel und angenehme Temperaturen, abends frischt es merklich ab. Ab Juni/Juli kann man problemlos alle Landesteile bereisen, die Verkehrswege sind nicht mehr beeinträchtigt. Von Ende Juni bis Ende Juli reisen zahlreiche Südafrikaner wegen der Schulferien an die Strände Südmosambiks. Nördlich von Vilankulo ist es aber auch zu dieser Zeit ruhig.

- **Ende August bis Oktober:**
  „Der Frühsommer"

Das Ende der Trockenzeit kündigt sich mit einem allmählichen Temperaturanstieg an. Die afrikanische Erde heizt sich in den Wochen vor dem ersten großen Regen auf, wodurch der Austrieb der Pflanzen beschleunigt wird. Hohe Tagestemperaturen bei niedriger Luftfeuchtigkeit sind jetzt typisch. Für Bergwanderungen in Manica und bei Gurué sind diese Wochen gut geeignet. Besonders empfehlenswert sind nun die Wildschutzgebiete, da sich das Wild um verbliebene Wasserstellen sammelt, ehe der Regen wieder üppige Wasserreserven bildet.

- **November bis März:**
  „Die sommerliche Regenzeit"

Zu Anfang bis Mitte November setzt die Regenzeit ein – keineswegs plötzlich oder unvorhergesehen. Es beginnt mit nächtlichen Regenfällen, die sich häufen und immer länger andauern. Der Beginn einer Regenzeit bedeutet meist noch keine Einschränkungen für die Verkehrswege; erst mit zunehmendem Regen, wenn der Boden nicht mehr richtig abtrocknen kann, weichen die Wege so stark auf, dass sie unpassierbar werden. Dann aber kann es tatsächlich Tage dauern, bis eine Piste wieder befahrbar ist. Dies betrifft vor allem den Norden des Landes, wo die Regenfälle heftiger sind und länger andauern.

PLANUNG: REISEZEIT

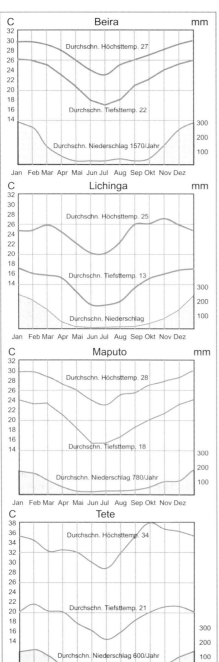

Die Küstenlinie Mosambiks erhält insgesamt weniger Regen als das Hinterland, weil die feuchten Wolken gerne rasch über die Küste hinweg ziehen und sich erst viel später, wenn sie auf die warmen Luftmassen über der Erde treffen, abregnen. Daher weist die Küstenlinie ein ozeanisches, das Hinterland aber ein kontinentales subtropisches Klima auf.

Die gesamte Küstenzone ist häufig sehr windig. Die meisten Strandlodges und -camps liegen deshalb geschützt hinter hohen Dünen oder Küstenbewuchs.

Nicht zu unterschätzen sind die **Meeresstürme** während der feuchten Monate. Schon ab Oktober setzen im Norden starke Dauerwinde ein, die den Aufenthalt an der Küste, wo man sich kaum gegen die feuchten Winde schützen kann, stark beeinträchtigen. Der Monat Februar bringt die Gefahr der **Zyklone**. Diese Wirbelstürme brauen sich auf dem offenen Ozean zusammen und fegen von Zeit zu Zeit über Madagaskar, die Komoren und die Küste von Mosambik hinweg. Zyklone treten vor allem an der mittelmosambikanischen Küste auf (zwischen dem Save und Quelimane).

Die letzten Jahre brachten auch regelmäßige massive Überschwemmungen nach Süd- und Mittelmosambik. Diese **Überflutungen** wurden durch starke Regenfälle im Inneren Afrikas ausgelöst, wodurch die Flüsse derart anstiegen, dass sie im mosambikanischen Flachland riesige Gebiete unter Wasser setzten (siehe auch S. 160).

Trotz der Regenzeit – vielleicht auch ein Beweis, dass man zu dieser Zeit trotz aller Unkenrufe reisen kann – hat Mosambik von Mitte Dezember bis Mitte Januar und noch einmal von im April Hochsaison. Dann nämlich haben die Südafrikaner wieder Ferien und reisen zu Hunderten an die schönen Strände ihres Nachbarlandes (siehe unten).

Die **Wassertemperaturen** des Indischen Ozeans sind ganzjährig angenehm warm. In der kühleren Saison von Mai bis Oktober betragen die Meerestemperaturen zwischen 22 und 28° C; von November/Dezember bis April erreichen sie 28 bis 31° C. Darüber hinaus ist ein Temperaturunterschied deutlich wahrnehmbar zwischen den kühleren Stränden im Süden, wie Ponta do Ouro, und denen im tropischeren Nordmosambik.

Noch ein **offenes Wort zur Reisezeit**: Während der südafrikanischen Ferien und an langen Wochenenden ist ganz Südmosambik touristisch überlaufen. Absolute Hochsaison sind die Monate April, Mitte Juni bis Mitte August, Ende September bis Anfang Oktober und Mitte Dezember bis Mitte Januar. Südlich des Rio Save sind dann fast alle Unterkünfte am Meer sehr voll und deutlich teurer.

PLANUNG: REISEART

Reiseart: Die Wahl des Verkehrsmittels

Ein ehrliches Wort vorab: **In Mosambik zu reisen, bedeutet fast immer, beschwerlich und wenig planbar unterwegs zu sein.** Während der Regenzeit wird das Vorwärtskommen sogar eingeschränkt. Wenig Verkehr, kaum Touristen, Sprachprobleme und eine Infrastruktur, die nach dem langen Krieg erst wieder im Aufbau begriffen ist – dies alles macht das Reisen in Mosambik **abenteuerlicher und spannender als anderswo**, ganz egal, ob man sich im Auto, mit öffentlichen Verkehrsmitteln oder gar per Fahrrad auf die Reise macht.

1) Eigenes Auto oder Mietwagen?

Die meisten Besucher Mosambiks – nämlich die Südafrikaner – reisen als Autotouristen ein. Sicherlich stellt das eigene Fahrzeug für alle Länder im südlichen Afrika die ideale Reiseart dar: man ist unabhängig, kann auch die abgelegenen Gebiete besuchen und dabei viel mehr Gepäck und Proviant aufnehmen. Vor allem für Touren in den Norden des Landes und alle Routen im Hinterland ist das eigene Gefährt fast unumgänglich. Aber nur wenigen Besuchern bietet sich die Möglichkeit, im eigenen Fahrzeug das Land zu bereisen, in der Regel wird man wohl einen Mietwagen reservieren.

Allradfahrzeuge sind relativ teuer in der Anmietung. Vor der Entscheidung, einen normalen Pkw oder ein Allradfahrzeug zu mieten, sollte die Routenplanung stehen. Wer sich fast ausschließlich entlang der Küste aufhalten möchte, benötigt nicht unbedingt ein Allradfahrzeug. Aus unseren Routenbeschreibungen im Reiseteil wird ersichtlich, bei welchen Strecken Geländefahrzeuge notwendig oder zu empfehlen sind. Wer bereit ist, auf den einen oder anderen Strandabschnitt zu verzichten, nicht in die Nationalparks fährt und sich nur zwischen Maputo und Beira bzw. Tete aufhält, kommt auch mit einem deutlich günstigeren Pkw gut zurecht. Dagegen sind für Touren in die Nationalparks und ins Niassa Wildreservat Allradfahrzeuge notwendig. Außerdem gibt ein vierradbetriebenes Fahrzeug auch ein sichereres Gefühl auf Pisten, selbst wenn die Strecke auch mit einem normalen Pkw befahrbar wäre.

Die **Treibstoffversorgung** im Land ist sehr unterschiedlich. Die Provinzhauptstädte und der Süden Mosambiks sind gut versorgt, je weiter man jedoch nach Norden reist, um so spärlicher werden die Tankstellen. Schließlich bekommt man in Cabo Delgado an manchen Orten an den Tankstellen nur noch Sprit aus Kanistern, der häufig mit Wasser verdünnt wurde. Wir weisen bei unseren Routenbeschreibungen explizit auf die Treibstoffversorgung jeder Strecke hin, wie auch auf die allgemeine Straßenbeschaffenheit. Für Touren ins Landesinnere sollte man auf jeden Fall ausreichend Benzinkanister mitnehmen, um stets auf Vorrat tanken zu können (siehe auch S. 364f, 367).

Leider zeigen die **Landkarten für Mosambik** einige Straßen, die nicht befahrbar sind. Zum Teil fehlen noch wichtige Brücken, die im Bürgerkrieg zerstört worden sind, oftmals ist der Straßenzustand so schlecht, dass man diese Wege nur extrem langsam passieren kann (max. 15 km/h). Andererseits werden inzwischen vielerorts im Land neue Fahrstraßen gebaut, die noch auf keiner der Karten verzeichnet sind. Die von uns erstellten Karten in diesem Buch weichen deshalb vereinzelt von den offiziellen Karten ab. Wo uns bekannt ist, dass Straßen definitiv nicht befahrbar sind, zeichnen wir sie auch nicht ein. Auf neue Straßen verweisen wir dafür im Reiseteil und ggf. auf unseren Karten.

Mietwagenanbieter: Im Zuge der neuen Möglichkeiten im Internet-Zeitalter organisieren viele Interessenten selbständig ein Fahrzeug in Afrika, was Vor- und Nachteile haben kann. Zwar ergattern findige Preisfüchse so manches Spezial-Mietwagenangebot zu Nebensaisonzeiten und haben viel Verhandlungsspielraum, wenn es um eine längere Mietdauer geht (ab 4 Wochen). Aber mit der Selbstbuchung vor Ort steigt auch das Risiko, im etwaigen Schadensfall in Probleme zu geraten, vor allem bei kleineren, regionalen Unternehmen. Deshalb ist es dort besonders wichtig, auch das sog. Kleingedruckte genau zu vergleichen. Wer auf Nummer Sicher gehen möchte, reserviert bei einem heimischen Reiseveranstalter, von denen wir die auf der nächsten Seite genannten empfehlen können.

Sehr beliebt sind Allradfahrzeuge mit Dachzelten, wodurch man sich die teuren Übernachtungskosten in Hotels und Pensionen sparen kann. Campingausrüstung, wie Kocher, Kühlbox, Stühle, Tisch und Geschirr, kann man i. d. R. dazu mieten. Allerdings sind solche Campingfahrzeuge bisher noch nicht in Mosambik buchbar.

(PLANUNG: MIETWAGEN)

Preisbeispiele für Mietwagen
(Preise pro Tag in Euro inkl. unbegrenzten Frei-KM)

Fahrzeugtyp	Mietdauer bis 21 Tage	Mietdauer ab 22 Tage
Pkw ohne Allrad	ab 42 Euro	ab 40 Euro
Toyota Hilux	ab 74 Euro	ab 70 Euro
4x4 Camper	ab 84 Euro	ab 80 Euro

Die genannten Preisbeispiele beinhalten unbegrenzte Freikilometer sowie eine Vollkasko-, Unfall- und Diebstahlversicherung; bei den Allradcampern auch die Campingausrüstung. Selbstverständlich können Leihwagen auch zu einem niedrigeren Grundtarif mit KM-Abrechnung gemietet werden. Wegen der großen Entfernungen empfiehlt es sich aber in vielen Fällen, einen Vertrag ohne Kilometergeld abzuschließen.

Mietwagen-Anbieter in Deutschland:

- **Nature Trekking:** Armin & Petra Bischoff GbR, Hauptstraße 29, 73110 Hattenhofen. Tel. 07164-14261, Fax 909460. E-mail: service@nature-trekking.com; Internet: www.nature-trekking.com
- **Anja Ostermann:** Kleverstr. 67, 40477 Düsseldorf, Tel./Fax 0211-5143032. E-mail: xosterman@aol.com, Internet: www.suedafrika-spezialist.de
- **AVIS** (Tel. 01805-5577), **Hertz** (Tel. 01805-333535) und **Europcar** (Tel. 01805-252525) sind als internationale Verleihfirmen auch in Afrika vertreten. Infos erhält man über die genannten Telefonnummern in Deutschland oder direkt:
- **AVIS:** Zimmersmühlenweg 21, 61387 Oberursel. Tel. 01805-557755, Fax 217711, Internet: www.avis.de. Internationale Verleihfirma, auch in Botswana, Südafrika, Namibia und Zimbabwe vertreten.
- **Hertz:** Ginnheimer Str. 4, 65760 Eschborn, Tel. 01805-333535, Fax 06196-937289, Internet: www.hertz.com. Internationale Verleihfirma, auch im südlichen Afrika vertreten.
- **Europcar:** Postfach 620240, 22402 Hamburg, Tel. 01805-800000, Fax 040-52018613, Internet: www.europcar.de. Internationale Verleihfirma, auch im südlichen Afrika vertreten.

Mietwagen-Anbieter in Südafrika:

- **Buffalo Campers:** P. O. Box 536, 2162 North Riding, Johannesburg, Südafrika. Tel. 0027-11-7041300, Fax-Durchwahl 4625264. E-mail: buffcamp@global.co.za, Internet: www.buffalo.co.za
- **Avis Truck Rentals:** Tel. 0027-39-9781368. Internet: www.sco.eastcoast.co.za/avistruck
- **Campers Corner Rentals:** P. O. Box 48191, Roosevelt Park 2129, Südafrika. Tel. 0027-11-7879105, Fax-Durchwahl 7892327. E-mail: campers@iafrica.com; Internet: www.campers.co.za
- **Britz Afrika:** P. O. Box 4300, Kempton Park, 1620, Johannesburg, Südafrika. Tel. 0027-11-3961860, Fax-Durchwahl 3961937. Email jburg@britz.com, Internet: www.britz.com
- **4X4Camper:** Rolf Burkhardt, Tigerpoort, 0040 Pretoria, SA. Tel./Fax 0027-82-8888438. E-mail: 4x4@gonet.co.za, www.4x4camper.de, Dt. Leitung.
- **P. F. A. 4x4 Hire:** Tel. 0027-11-4723453, Fax 6742606. Internet: www.pfa4x4hire-safaris.co.za

Mietwagen-Anbieter in Mosambik (Maputo):

- **Avis:** Maputo. Tel. 21495445, Av. J. Nyerere/Ecke Av. Mao Tse Tung sowie am Flughafen. Tel. 21465140, 21465490. www.avis.com
- **Hertz:** Am Flughafen von Maputo Tel. 21465534, Büro in der Av. 24 de Julho Tel. 21326078, im Hotel Polana Tel. 21494982. www.hertz.com
- **Inter Rent:** Av. Mao Tse Tung 1516: Tel. 21418873. E-mail: info@interrent.co.mz
- **Europcar:** 1380 Av. Julius Nyerere im Hotel Polana, Tel. 21497338, Fax 21497334, E-mail: europcar@virconn.com sowie am Flughafen Tel. 21466172, Fax 21466123. www.europcar.com
- **Expresso Rent-A-Car:** Av. Martires de Mueda 707: Tel. 21493619, Fax 21493620, E-mail: budget@virconn.com.
- **Imperial:** Av. Mao Tse Tung 346: Tel. 21315343, Fax 21493540. www.imperial.ih.co.za

PLANUNG: MIETWAGEN

Oben: Dieser Oldtimer in Mutarara hat sich schon lange nicht mehr bewegt...

Tipps und Infos: Worauf Mietwagenfahrer achten sollten

- **Mietvoraussetzungen**: Das Mindestalter beträgt je nach Mietwagenanbieter 21–25 Jahre. Voraussetzung sind der Nationale und ein Internationaler Führerschein sowie der Besitz einer Kreditkarte, mit der die Kaution hinterlegt wird.
- **Versicherungen**: Die Haftpflichtversicherung (Third Party Insurance) ist zwingend vorgeschrieben. Zusätzlich werden in der Regel eine Unfallversicherung (Personal Accident Insurance bzw. Seguro) und eine Diebstahlversicherung (Theft Protection) abgeschlossen. Außerdem wird eine Voll- oder Teilkaskoversicherung (Collision Damage Waiver) angeboten.
- **Fahrzeugausrüstung**: Der Mietwagen sollte unbedingt mit zwei Ersatzrädern und Ersatzbenzinkanistern ausgestattet sein. Ferner gehören folgende Gegenstände ins Auto: Wagenheber, Radmutterkreuz, Elektrokompressor oder Handpumpe für die Reifen, Spaten, Starthilfekabel, Abschleppseil/Bergegurt, Werkzeugkasten und Fahrzeughandbuch. Ggf. Campinggasflasche checken, ob gefüllt. Als Ersatzteile bzw. Betriebsmittel sollten ein Keilriemen, Bremsflüssigkeit, Motoröl und ggf. Schläuche mitgeführt werden.
- **Fahrzeugcheck bei Abholung**: Wagenheber, Allradantrieb, Kupplung und Bremsen auf ihre Funktionsfähigkeit prüfen; Bereifung des Fahrzeugs, Wasserstand, Batterie und Ölstand checken.
- **Bei Vertragsabschluss zu klären**: Wie verhält sich der Vermieter bei Pannen; inwieweit besteht ein Rückholservice; schließt die Versicherung irgendwelche Regionen/Gebiete aus und welche Schäden, z. B. an der Windschutzscheibe sind abgedeckt? Lassen Sie sich für etwaige Grenzüberschreitungen ein schriftliches Permit Ihres Vermieters ausstellen!
- **Bei Vertragsabschluss schriftlich verankern**: Mögliche vorhandene Fahrzeugschäden, damit man nicht später dafür zur Verantwortung gezogen wird; die aktuelle Kilometerzahl; ggf. Einwegmieten; ggf. Permit für Grenzübertritte und entsprechende Versicherungsunterlagen.

Bitte beachten Sie ferner die Hinweise für alle Autofahrer, S. 364ff und für den Grenzübertritt mit Mietwagen, S. 353.

PLANUNG: REISEART

2) Motorrad & Fahrrad

Als überwiegend flaches Land mit geringem Verkehrsaufkommen ist Mosambik durchaus motor- und fahrradfreundlich zu nennen, wären da nicht die halsbrecherisch fahrenden Lkws und Busse und die weiten Entfernungen. Auf Afrikas Straßen gilt das Recht der Größeren und Stärkeren – der kleinere Verkehrsteilnehmer hat auszuweichen. Als Zweiradfahrer ist man dabei zwangsläufig immer an letzter Stelle. Die hohen Tagestemperaturen tun ihr übriges, besonders auf schwierigen Sandstraßen, wo man nur mühsam voran kommt. Vor allem als Fahrradfahrer sollte man diese Belastungen nicht unterschätzen.

3) Öffentliche Verkehrsmittel: Busse, Bahn und per Anhalter

In Ländern, die ein niedriges Verkehrsaufkommen und nur wenige in Privatbesitz befindliche Autos haben, kommt dem preiswerten öffentlichen Verkehr eine besonders wichtige Bedeutung zu. Mit öffentlichen Verkehrsmitteln reisen in Mosambik vor allem jüngere europäische Touristen und natürlich die Einheimischen. Südafrikanische Touristen sind meist im eigenen Auto unterwegs. Der große Vorteil vom Reisen mit öffentlichen Verkehrsmitteln liegt neben den deutlich günstigeren Preisen in der Nähe zu Land und Leuten. Auf langen Busfahrten oder im Zug schließen viele Reisende Bekanntschaften und gewinnen Einblicke in den Alltag ihres Gastlandes. Allerdings fordert diese Reiseart auch erhöhte Flexibilität von den Besuchern. Längere Wartezeiten in der Mittagshitze, überfüllte Fahrzeuge, Reifenpannen auf einsamer Strecke oder eintönige Fahrten gehören in Afrika auch dazu.

Per Bus: Es gibt in Mosambik viele einfache **Überlandbusse**, die meist hoffnungslos überfüllt sind, jede Menge Gepäck auf dem Dach transportieren und an vielen Stellen halten. Teurer und komfortabler sind die **Fernstreckenbusse** und **Expressbusse** zwischen den Großstädten, die nur wenige Stopps einlegen und nur so viele Fahrgäste aufnehmen, wie Sitzplätze zur Verfügung stehen. Alle Busse fahren nach regulären Fahrplänen und kosten rund 3 Euro bei Strecken bis 3 Fahrstunden bzw. 10-12 Euro bei 10-15 stündigen Fahrten.

Fernstreckenverbindungen innerhalb Mosambiks werden von den beiden größten Busunternehmen Oliveiras Transportes und TSL Busses angeboten, die sich in Routen, Preisen und Leistung recht ähnlich sind. Sie bedienen vor allem die südlichen und zentralen Landesteile zwischen Maputo, Tete, Chimoio und Beira.

Per Chapa: Sammeltaxis oder Minibusse werden in Mosambik „Chapas" genannt. Sie stellen das dichteste Verkehrsnetz des Landes. Chapas fahren zu geringfügig höheren Fahrpreisen als Busse und ohne feste Routen und Abfahrtszeiten. Die Fahrziele werden von den Kassierern an den Haltestellen ausgerufen. Man bezahlt einen Festpreis und quetscht sich auf die überfüllten Sitzbänke. Im Norden Mosambiks sind Chapas zumeist die einzigen öffentlichen Verkehrsmittel. Dabei kann es sich um Minibusse als auch um Kleinlaster handeln. Fast immer sind sie heillos überfüllt und das Gepäck turmhoch auf dem Dach fest gebunden.

In großen Städten, wie Maputo und Beira, befahren Chapas auch das Stadtgebiet und die nähere Umgebung. Nördlich von Beira, wo nur noch wenige Busse verkehren, stellen diese privaten Fuhrunternehmen das wichtigste öffentliche Verkehrsmittel überhaupt dar, mit dem man auch abseits der Hauptrouten reisen kann. Die Verkehrssicherheit dieser Fahrzeuge ist meistens fragwürdiger als der Fernstreckenbusse. Da manche Fahrer neben einem waghalsigen Fahrstil auch eine Neigung zum Alkoholkonsum auszeichnet, sollte man sich angewöhnen, möglichst nur vormittags mit Chapas unterwegs zu sein; vor allem aber nächtliche Fahrten zu meiden. Hat man die Wahl zwischen Bus oder Chapa, entscheidet man sich besser für den Bus. Er ist sicherer, bequemer, bietet mehr Fahrkomfort und einen halbwegs regulären Fahrplan.

Per Bahn: Die wenigen Bahnstrecken des Landes sind preiswert und werden von vielen Touristen geschätzt. Vor allem die 350 km lange Panoramabahnstrecke von Malawi via Cuamba nach Nampula gilt unter Bahn-Fans als empfehlenswerte Alternative zur Straße (S. 260). Bei Nachtfahrten sollte man stets eine Taschenlampe dabei haben, denn es gibt meistens kein Licht in den Waggons.

Per Anhalter: Weltweit besteht ein gewisses Sicherheitsrisiko, zu Fremden in ein Fahrzeug zu steigen, welches ansteigt, wenn man alleine (noch dazu als Frau) reist, sich in einsamen Gegenden aufhält, die Landessprache nicht versteht oder der Fahrer alkoholisiert ist. Deshalb sollte stets vorgezogen werden, im öffentlichen Bus oder per Chapa zu reisen. Mosambikanische Nebenstraßen haben oft so wenig Verkehr, dass der Anhalter stundenlanges Warten einkalkulieren muss, ja in abgelegenen Regionen sogar tagelang vergeblich auf eine Mitfahrgelegenheit wartet. Einheimische LKW-Fahrer nehmen vor allem in abgelegenen Gebieten regelmäßig Passagiere auf; verlangen aber meist die gleiche Gebühr für die Mitfahrgelegenheit, wie sie in einem Bus zu bezahlen wäre. Auch Privatfahrer freuen sich über einen Unkostenbeitrag.

PLANUNG: REISEAGENTUR

4) Pauschal reisen mit einer Reiseagentur

Campingrundreisen bieten südafrikanische Reiseveranstalter ab 700 Euro für 16 Tage bzw. 1000 Euro für 3 Wochen (ab/bis Durban oder Johannesburg). Deutsche Reiseveranstalter bieten die Touren komplett mit Fluganreise an, teilweise auch mit deutschsprachiger Reiseleitung. Kategorien: P = Preiswert, M = Mittelklasse, L = Luxus

Europäische Reiseveranstalter

Abenteuer auf Achse: Spreestr. 66, 42697 Solingen. Tel. 0212-77919, Fax 2681803, E-mail: info@aaachse.de, www.aaachse.de. Jugendliche Campingsafaris P

Aquarius Tauch- und Kulturreisen: Lange Gasse 18, 92224 Amberg, Tel. 09621-250991, Fax 250992. E-mail: kontakt@aquarius-dc.de. Tauchreisen in Mosambik M

Travel Team Africa: Adolph-Roemer-Str. 25, 38678 Clausthal Zellerfeld, Tel. 05323-93710, Fax 937119. E-mail: Info@TravelTeam.de, www.travelteam.de. M

Afrikareisen Eggestein: „Unterwegs in Afrika", 37075 Göttingen, Goßlerstr. 35, Tel./Fax 0551-3793750. E-mail: afrikareisen@hotmail.com www.unterwegsinafrika.de Angebote zu Rundreisen und Mietwagen M

Jacana Reisen: Willibaldstr. 27, 80689 München, Tel. 089-5808041, Fax 5808504, E-mail: jacana@t-online.de Hochwertige Reisen und Unterkünfte M, L

Spillmann Reisen: Bahnhofplatz, 74321 Bietigheim-Bissingen, Tel. 07142-97880, Fax 978397. E-mail: info@spillmann.de. Tauchreisen in Mosambik M

African Special Tours: Gronauer Weg 31, 61118 Bad Vilbel, Tel. 06101-583053, Fax 583054, E-mail: info@ast-reisen.de M, L

Studiosus Reisen: Riesstr. 25, 80992 München, Tel. 089-500600, Fax 50060100, E-mail: info@studiosus.com Studienreisen M,L

Karawane Reisen: Postfach 909, 71609 Ludwigsburg, Tel. 07141-28480, Fax 284255, www.karawane.de Rundreisen M, L

Outback Africa: Am Wohld 30a, 24109 Kiel, Tel. 0431-5332626, Fax 53778787, E-mail: info@outbackafrica.de. www.outbackafrica.de. Rundreisen M, L

Abendsonne Afrika: Zur unteren Mühle 1, 89290 Buch, Tel. 07343-929780, www.abendsonneafrika.de M, L

Veranstalter in Zimbabwe

Shamiso Tours: Dt. Leitung, Campingsafaris und Rundreisen mit Unternehmenssitz in Zimbabwe, P.O.Box 1135, Marondera, Fax 00263-79-24483, www.shamisotours.com Kat. P

Veranstalter in Südafrika

Mozambique Tours & Travel: Durban 4001, Südafrika, Tel. 0027-31-3032190, Fax 3032396. E-mail: mit@iafrica.com, Internet: www.mozambiquetravel.co.za. P-L

Mozambique Connection: Johannesburg, Südafrika, Tel. 0027-11-8034185, Fax 8033861. E-mail: res@mozconcom. Internet: www.mozon.com. Spezialisiert auf Lodges & Trips in Mosambik; Kat. P-L

Drifters: P. O. Box 48434, Roosevelt Park 2129, Cape Town, South Africa. Tel. 0027-11-4861224, Fax 0027-11-4861237. E-mail: res@drifters.co.za. Mobile Campingsafaris; Kat. P, M

Karibu Safaris: Südafrika, Tel. 0027-31-5639774, Fax 5631957, Internet: www.karibu.co.za. Mobile Campingsafaris der Mittelklasse, Kat. M

The Mozambique Travel Centre: Südafrika, Johannesburg, Tel. 0027-11-7013756/6591766, E-mail: moztrav@mweb.co.za. Kat. P-L

Mozambique Travel Service: Tel. 0027-13-7512220, www.mozambiquetravelservice.com Kat. P-L

Mozambique Tourism: Tel. 0027-11-8039206, Internet: www.mozambiquetourism.co.za. Kat. P-L

Veranstalter in Mosambik

Euro Travel: Rua General Pereira á Eca 78, Maputo. Tel. 21497403, Fax 21494462, E-mail: eurotravel@teledata.mz Preiswerte Reiseangebote für Mosambik; Kat. P-L

Mextur: Avenida 25 de Setembro, 1226, Maputo. Tel. 21428427/8/9, Fax 21428430. E-mail: mextur@emilmoz.com. Rundreisen, Mietwagen, Flugreservierungen, Visa-Service, Transfers. Kat. P-L

Mozambique Adviser: Av. Ahmed Sekou Touré 1034, Maputo. Tel. 21309677, Fax 21302054, E-mail: mozambique@adviser.co.mz. Reiseangebote für Mosambik; Kat. P-L

Kaskazini: Reiseagentur für Nordmosambik mit Sitz in Pemba, Tel. 823096990, www.kaskazini.com

Zambezia Travels: Reiseagentur für Nordmosambik mit Sitz in Quelimane, www.zambezia-online.de

PLANUNG: UNTERKUNFT

Die Unterkünfte:
Hotel, Pension oder Camping

Abgesehen von Maputo, wo Unterkünfte aller Kategorien angeboten werden, weist die Hotellerie in Mosambik einen eher niedrigen Standard auf. Ausnahmen bilden nur die Firstclasshotels und Strandlodges der Bazaruto und Quirimba Inseln und einige Ferienressorts an der Küste. Wer sich auf Rundreise durch Mosambik begibt, wird über kurz oder lang mit dem schwachen Angebot an Übernachtungsmöglichkeiten im Landesinneren konfrontiert. Die meisten Hotels wurden schon zur Kolonialzeit gegründet und strahlen oft noch ein wenig dieses vergangenen portugiesischen Flairs aus.

Die **Strandanlagen** entlang der Küste sind zum großen Teil für südafrikanische Touristen ausgerichtet und werden oftmals auch von Südafrikanern geleitet. Der hygienische Standard, die Sanitäreinrichtungen und das Angebot für Gastronomie und Freizeit sind in diesen Anlagen meistens besser als bei mosambikanischen Hotels oder Bungalows, dafür aber auch teurer.

Eine typische mosambikanische Unterkunft ist die **Pensão**. Diese kleinen Hotels in Privatbesitz, manchmal auch **Residencial** genannt, verfügen oft nur über Gemeinschaftsbäder, in denen es nicht einmal überall fließend Wasser gibt. Sie werden im Familienbetrieb aufrecht erhalten. Die Einrichtungen sind ziemlich einfach, die Besitzer aber oft bestechend freundlich und bieten ordentliche Hausmannskost.

Insgesamt ist das Preisgefüge für Unterkünfte aller Art eher teuer. Kaum ein einfaches Zimmer ist unter 15 Euro zu bekommen, meistens muss man sogar mit dem Doppelten rechnen. Vor allem im Vergleich zu den Nachbarländern scheinen die Preise in Mosambik überteuert. Selbst **Campingplätze** bleiben davon nicht verschont, zählen aber zum günstigsten Angebot. Campingplätze oder Bungalowanlagen zur Selbstversorgung (teilweise mit Küchen und Kühlschrank), heißen „**Complexo Turistico**" oder „**Campismo**". Überhaupt ist Camping nicht nur als Preisalternative zu sehen, sondern bietet nicht selten einen höheren hygienischen Standard als ein einfaches Hotel. An den Stränden haben sich längst zahlreiche Camping- und Bungalowanlagen zur Selbstversorgung etabliert. Außerdem ist man mit der eigenen Campingausrüstung immer auf der sicheren Seite: findet man im Landesinneren kein Übernachtungsquartier, so kann man doch fast überall gut kampieren, wenn man die Einheimischen um Erlaubnis fragt (siehe hierzu auch "Camping & Wildcamping" auf S. 372).

PLANUNG: ROUTEN

Reiserouten–Planung

Eine genaue, gut durchdachte Routenplanung ist für eine erfolgreiche Reise in diesem rückständigen, vom langen Bürgerkrieg gezeichneten Land empfehlenswert. Die meisten Besucher beginnen ihre Mosambikreise im Süden, vor allem in der Hauptstadt Maputo. Eine Standardroute ist die küstennahe Strecke bis nach Vilankulo und den Bazaruto Inseln. Hier findet der meiste Tourismus statt. Das Hinterland wird dagegen kaum besucht. Rucksackreisende zwischen Ostafrika und Südafrika "hangeln" sich entlang der Küste durch ganz Mosambik mit längeren Aufenthalten in den klassischen Anlaufstellen, wie Quelimane, Ilha de Moçambique und Pemba. Der Tete-Run stellt noch immer eine Transitstrecke zwischen Südafrika/Zimbabwe und Malawi dar. Nordmosambik wird wegen der schwächeren Infrastruktur viel seltener besucht als der Süden des Landes. In den Norden Mosambiks reisen die meisten von Malawi aus. Es bietet sich für Nichtmotorisierte der Zug über Cuamba nach Nampula an, der durch eine der schönsten Landschaften Mosambiks führt. Von Nampula ist das Schmuckstück Ilha de Moçambique leicht erreichbar. Ein reizvoller, abwechslungsreicher Kurztrip ab Malawi – sozusagen zum "Hineinschnuppern" – ist die Fahrt nach Lichinga und weiter an den Lago Niassa (Metangula). Eine typische Rundreiseroute durch den Südteil verläuft von Maputo über Vilankulo und den Gorongosa NP nach Mutare in Zimbabwe (was man in 10 Tagen bewältigen kann). Für einen Rundweg durch Nordmosambik über Nampula, Ilha de Moçambique, Ilha Ibo und Pemba mit Rückfahrt über Cuamba und Gurué oder Lichinga sollte man mindestens 2-3 Wochen ansetzen.

Bild links: Aguia Negra Lodge, Vilankulo

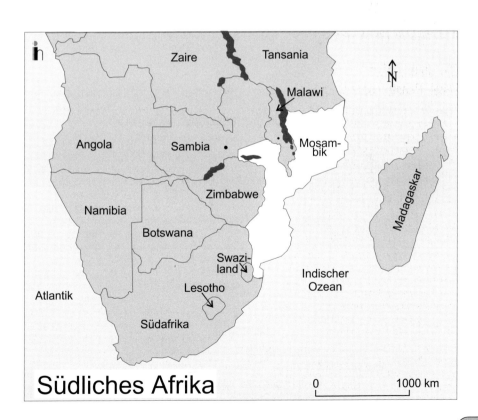

Südliches Afrika

(PLANUNG: INFORMATION)

Reisen mit Kindern

Generell spricht nichts gegen Reisen nach Mosambik mit Kindern, wie es zahlreiche Familien aus Südafrika alljährlich praktizieren. Allerdings reisen Familien mit Kindern fast immer mit einem Auto, was sie unabhängig macht und großzügig Proviant und Gepäck mitzunehmen ermöglicht. Diese Vorteile wiegen bei Kleinkindern um so stärker, denn die Versorgung mit kleinkindgerechten Lebensmitteln oder Windeln ist außerhalb Maputos sehr dünn. Mosambikaner sind ausgesprochen kinderfreundlich und begegnen ihnen überall geduldig und liebevoll.

Nicht von der Hand zu weisen ist jedoch die medizinische Lücke, die außerhalb Maputos klafft. Die meisten südafrikanischen Familien bleiben nicht zuletzt deshalb hauptsächlich an den Stränden Südmosambiks, von denen sie im Zweifelsfall rasch nach Südafrika zurückkehren können.

Welche Strände für Kinder besonders geeignet sind, finden Sie im Reiseteil beschrieben sowie auf der Strandtabelle auf S. 371.

Frauen allein unterwegs

Alleinreisende Frauen werden in Mosambik in der Regel ohne Belästigungen reisen können, wenn sie sich gewisse Standardverhaltensweisen aneignen: Die Kleidung nicht aufreizend wählen, sondern z. B. die Beine bedeckt halten und auf einen freizügigen Ausschnitt verzichten, der irrtümlich falsch verstanden werden könnte. Nur tagsüber unterwegs sein, nächtliche Fahrten oder Spaziergänge meiden und möglichst nicht per Anhalter fahren, vor allem nicht auf einsamen Strecken. Bei Männerbekanntschaften Zurückhaltung üben und sich eher reserviert geben. Diese Regeln gelten im Grunde weltweit. Mosambik hat wie fast alle Länder Schwarzafrikas keinen schlechten Ruf bei alleinreisenden Frauen, da hier die Toleranz und Achtung gegenüber fremden Frauen auch ohne männlicher Begleitung hoch ist. Erfahrene weibliche Afrikareisende erfinden beim Small Talk mit Einheimischen gerne einen Ehemann und Kinder, die nur gerade abwesend sind, wodurch die Situation für Afrikaner viel mehr allgemeinverständliche Normalität erhält, als die Geschichte einer selbstbewussten emanzipierten Single-Frau auf Reisen.

Hilfreiche Adressen & Informationsstellen vor Ort

- **Business Information Centre (BIP):** Av. Eduardo Mondlane/Ecke Av. F. O. Magumbwe, Tel. 21492622, 21490200, Fax 21492322. E-mail: bip@teledata.mz. Eine Informationsstelle für Geschäftsleute, in der es vorrangig um politische Bildung geht.
- **Fremdenverkehrsamt: Empresa Nacional de Turismo (ENT):** Maputo, Avenida 25 de Junho, 300, Maputo. Tel: 2142 72 04, 2142 13 05, Fax: 2143 00 58, 2142 66 23. E-mail: entur@virconn.com. Offizielles Touristenbüro von Maputo, aber leider nicht allzu hilfreich. Die Angestellten verteilen Werbebroschüren und das Monatsmagazin "Que Passa? – What's on in Maputo", in dem Infos und Adressen für Touristen stehen.

Dankeschön!

Ein herzliches Dankeschön an:

Ulrike und Günther Zanner aus Bergheim bei Salzburg in Österreich

für die Fotos auf S. 84 l. und S. 95 u.;

PLANUNG: AUSRÜSTUNG

Reiseausrüstung

Persönliche Dokumente

Das wichtigste Dokument ist der gültige **Reisepass**. Packen Sie außerdem den **Internationalen Impfpass** und ggf. einen **Internationalen Führerschein** ein. Von allen Dokumenten sollte man immer **Kopien** dabei haben und an getrennten Plätzen verwahren. Flugtickets nicht vergessen und wichtige Rufnummern für Notfälle (die Servicenummern der Kreditkarten, Reiseschecks, Auslandskrankenversicherung). Es empfiehlt sich, nur einen Teil der Reisekasse als Bargeld mitzuführen, den Rest per Kreditkarte vor Ort abzuheben (näheres siehe S. 342, 344).

Kleidung

Generell ist die in den Tropen angenehme Baumwollbekleidung angebracht. Man kleidet sich eher sportlich und salopp. Auf Safaris in die Wildgebiete im Hinterland trägt man das klassische "Safarioutfit" in Khaki- und Naturfarben und knöchelhohe, bequeme Lauf- oder Wanderschuhe. Am Strand sind bequeme Freizeitkleidung und Sandalen oder Badeschlappen üblich. Auf alle Fälle sollte man neben der leichten Sommerkleidung auch einen dicken, wärmenden Pulli oder eine warme Jacke einpacken. Regenschutz, Sonnenhut und Badebekleidung dürfen auch nicht fehlen. Nur in den Firstclasshotels und eleganten Restaurants der Hauptstadt wird nach Sonnenuntergang der sog. Formal Dress erwartet, d. h. lange Hose und möglichst Jackett und Krawatte für Herren.

Mosambikanerinnen tragen – von jungen Frauen in Maputo abgesehen – keine Shorts oder Miniröcke. Während der Oberkörper mit einer Trägerhemd bereits anständig bekleidet ist, sollten die Beine bis zu den Knien bedeckt bleiben. An den Stränden, in Wildgebieten und touristischen Orten hat man sich zwar längst an Touristinnen in kurzen Hosen gewöhnt, doch in den Städten oder auf dem Land bilden nackte Frauenbeine einen ungewohnten Anblick. Daher ist es geschickter, als Touristin in der Öffentlichkeit jenseits von Strand & Safari längere Hosen oder weite Röcke und Kleider zu tragen.

Sonstiges

Fotoausrüstung mit Ersatzbatterien und genügend Filmen, Ladegerät für Kameraakkus, Fernglas, Sonnenbrille, Kopfbedeckung, Taschenlampe, Feuerzeug, Taschenmesser, Flaschenöffner, Wasserflasche, Nähzeug, Adapter für Steckdosen, Wörterbuch, Landkarten, Reiseführer, Lesestoff, Reiseapotheke, ggf. Ersatzteile, ggf. Mikropur (Tabletten oder Pulver) zur Entkeimung des Trinkwassers, ggf. Zelt, Schlafsack und **Moskitonetz** (für die Tropen empfohlene Maschenweite: 1,2x1,2 mm bzw. 180-200 mesh/square inch). Für längere Dhaufahrten sind ein Kopftuch als Sonnenschutz und wasserdichte Taschen für die Fotoausrüstung eine feine Sache. Ferner möchten wir Mosambikreisenden auch das Einstecken von Toilettenpapier ans Herz legen, weil die Benützung desselben in islamischen Regionen nicht üblich ist.

Geschenke & Mitbringsel

Falls Sie Geschenke für die Menschen Ihres Urlaubsziels einpacken wollen, so schenken Sie möglichst Dinge, die in Afrika nützlich sind: an erster Stelle der Beliebtheitsskala stehen Schuhe und Kinderkleidung. Danach kommt Kleidung aller Art (warum also nicht am Ende der Reise einen Teil des Gepäcks zurücklassen?) und Schreibstifte. Männer freuen sich über Zigaretten, Fahrradflickzeug, Taschenmesser und Taschenlampen. Sehr sinnvoll sind auch Naturalien, wie frische Orangen, Salz und Reis, besonders in kargen, armen Gebieten.

Verteilen Sie die Geschenke bitte nicht wahllos, sondern nur an Menschen, mit denen Sie in Beziehung stehen. Es gilt stets abzuwägen zwischen einer möglicherweise sogar beschämenden, peinlichen Situation für den Beschenkten und sinnvoller Hilfsbereitschaft. Auch sollte man bedenken, dass allzu freigiebiges Schenken die Bettelei fördert. Deswegen ist ausgerechnet das beliebte Beschenken von Kindern wenig sinnvoll: nicht selten verzichten Kinder auf den Schulbesuch, wenn sie die Touristen als einträgliche Geldquelle entdeckt haben. Damit entsteht ein nicht beabsichtigter Kreislauf. Wer einem Kind etwas Gutes tun möchte, sollte lieber seine Mutter beschenken.

GPS-Satellitennavigation

Satellitennavigationsgeräte gehören mittlerweile schon zur Standardausrüstung der meisten Selbstfahrer in Afrika. Auch ohne GPS-Gerät sind unsere beschriebenen Touren machbar, denn wir legen Wert darauf, anhand der genauen Reiseroutenbeschreibungen ein Auffinden aller Sehenswürdigkeiten auch ohne den Einsatz eines GPS-Gerätes zu ermöglichen. Dennoch erweisen sich die GPS-Geräte zur Absicherung bei anspruchsvollen Routen als ungemein nützlich. Wir haben daher zahlreiche Koordinaten ermittelt, um der besseren Übersichtlichkeit wegen auf den Landkarten platzieren. Alle GPS-Angaben folgen dem Kartendatum WGS 84. Zur Vereinfachung haben wir die letzte Ziffer gerundet. Geringfügige Abweichungen von ca. 10-30 m sind aufgrund von Messungenauigkeiten möglich. Darüber hinaus stellen wir eine umfassende Auswahl der bei unseren Recherchen ermittelten GPS-Daten mit Detailskizzen und Extremroutenbeschreibungen auf unserer Mosambik-GPS-CD zur Verfügung (siehe S. 385).

GESUNDHEITSVORSORGE

Auch die schönste Reise ist verdorben, wenn man unterwegs krank wird. Bevor Sie nach Afrika reisen, sollten Sie deshalb an einen **Besuch beim Tropenarzt** denken, besonders wenn es sich um Ihre erste Reise ins tropische Ausland handelt.

Zu einer rundum gesunden Afrikareise gehört zunächst auch eine „**gesunde**" **Lebenseinstellung**. Medien und umsatzorientierte Apotheker zeichnen gelegentlich ein überzogenes Bild von den Gefahren Afrikas. Ein gesunder Mensch mit intaktem Immunsystem wird auch in Afrika mit allerlei Bakterien und Viren fertig bzw. kommt auf einer durchschnittlichen Reise mit vielem gar nicht in Berührung. Auch die psychische Einstellung und das Zutrauen in den eigenen Körper sind von Bedeutung. Viele Krankheiten lassen sich durch ein **vernünftiges, vorbeugendes Verhalten** vermeiden. Dazu zählen: Sich vor zu starker Sonneneinstrahlung schützen, täglich auf genügend Flüssigkeitszufuhr achten (über den Durst hinaus trinken, damit der Urin stets hell gefärbt ist), auf Nahrungsmittel von zweifelhafter Herkunft verzichten, kein ungefiltertes Wasser zu sich nehmen (auch nicht zum Zähneputzen), selbst kleine Wunden ernst nehmen, für ausreichend Schlaf sorgen, bei Unpässlichkeit, wie Magenproblemen, Ruhepausen einlegen, krassen Temperaturunterschieden mit angemessener Kleidung begegnen und nur gut durchgebratenes Fleisch zu sich nehmen. Darüber hinaus sollte man sich natürlich unbedingt über typische Krankheiten des tropischen Afrika informieren und entsprechend vorbeugen. Das zentrale Thema Nr. 1 ist sicherlich die Frage nach der Malariagefahr und -vorsorge.

Malaria

Malaria ist eine Blutinfektion, die durch den Stich der infizierten, weiblichen Anopheles-Mücke übertragen wird. Während die Mücke Ihr Blut abzapft, dringen die Malariaparasiten in die Blutbahn und wandern in die Leber. Dort vermehren sie sich, werden von Zeit zu Zeit ausgeschüttet (Fieberattacke) und zerstören die roten Blutkörperchen. Es gibt **vier Malariaarten**: Malaria Tertiana, Malaria Quartana, Malaria Ovale und Malaria Tropica. Die drei ersten Arten verbleiben in der Leber und können bei Nichtbehandlung zur chronischen Erkrankung führen. Lebensgefährlich, und leider auch die häufigste Erkrankung in Afrika, ist die **Malaria Tropica**. Wenn die Diagnose rechtzeitig gestellt und behandelt wird, ist jedoch jede Malaria heilbar. Pro Jahr werden in der BRD rund 900 „importierte" Malariainfektionen gemeldet, wovon ein großer Teil im tropischen Afrika erworben wurde. In Mosambik tritt Malaria landesweit auf, vor allem in niedrigen Höhenlagen. Während und direkt nach der Regenzeit ist das Risiko einer Malariaerkrankung deutlich größer als zum Ende der Trockenzeit. **Der beste Schutz vor Malaria ist die Vorbeugung**: Mückenstiche vermeiden, unbedeckte Hautstellen mit Insektenschutzmitteln einreiben (von Zuhause mitbringen oder vor Ort besorgen), Moskitospiralen verwenden, abends hautbedeckende Kleidung tragen, sich in moskitogeschützten Räumen aufhalten und unter einem Moskitonetz schlafen. Moskitonetze werden in hochwertigen Lodges und Hotels gestellt, auch bei gemieteten Dachzelten gehören sie zur Ausstattung. Sicherheitshalber sollte man sich eines von Zuhause mitbringen (siehe S. 335).

Zur medikamentösen Vorbeugung (**Prophylaxe**) wird von deutschen Ärzten die Einnahme von Mefloquin (Lariam) empfohlen (hoher Schutz vor Malaria Tropica, aber nur bis zu 3 Monate lang anwendbar, da starke Nebenwirkungen und evtl. auch Unverträglichkeit), die WHO empfiehlt eine Kombination aus Chloroquin (Resochin) und Proguanil (Paludrine). Für Kurzzeitreisen bis zu 4 Wochen gibt es neuerdings auch das leider sehr teure Medikament **Malarone**, welches ähnlich guten Schutz bietet wie Lariam, aber deutlich weniger Nebenwirkungen verursacht. Viele Reisende (vor allem Viel- und Langzeitreisende) bevorzugen, auf medikamentöse Vorbeugung zu verzichten, und dafür ein Stand-By-Präparat mitzunehmen, welches bei malariaverdächtigen Symptomen eingenommen wird. Dazu eignen sich Medikamente wie Malarone oder Lariam. Seit einiger Zeit stehen auch die Heilmittel Artenam und Riamed zur Verfügung. Näheres zum Thema Malaria finden Sie auf unserer Homepage www.hupeverlag.de. Die Entscheidung über die Art der Prophylaxe muss aufgrund der Reisezeit, des konkreten Reiseziels, der Reisedauer und auch des Reisestils individuell – am besten nach Absprache mit einem **versierten Facharzt** – getroffen werden. Das größte Malariarisiko besteht zwischen Januar und Mai, das geringste zwischen Juli und Oktober.

GESUNDHEIT

Eine Prophylaxe bietet keinen 100%igen Malariaschutz; doch eine trotzdem ausbrechende Erkrankung verläuft dann meistens etwas flacher. Leider vergrößert eine Prophylaxe aber auch das Risiko der Spätdiagnose, weil die Erreger schlechter im Blut identifizierbar sind. Der goldene Weg wurde also noch nicht gefunden, was die Malaria angeht, und erfordert eine eigenverantwortliche Entscheidung des Reisenden.

Kommt es zu einer **Malariainfektion**, treten die ersten Symptome 8 bis 20 Tage nach dem Mückenstich auf. Typisch sind vor allem hohe Fieberanfälle, die nach einigen Stunden wieder abklingen. Weitere Symptome sind Kopf- und Gliederschmerzen, schweres Krankheitsgefühl, aber auch Brustschmerzen und Schüttelfrost-Schwitzanfälle. Einzige sichere Diagnose ist der Nachweis von Parasiten im Blut. Die örtlichen Krankenhäuser sind meistens rasch in der Lage, eine Malariainfektion zu diagnostizieren. Generell wird hier pragmatisch gehandelt nach dem Motto: jedes unklare Fieber gibt Anlass zu Malariaverdacht, bis das Gegenteil bewiesen ist. Folglich schreitet man im Zweifelsfall lieber auch ohne „Beweis" zur Malariabehandlung, als durch lange Untersuchungen Zeit zu verlieren.

Da eine Prophylaxe das Ausbrechen der Malaria unter Umständen nur verzögert, kann es auch noch Wochen nach der Rückkehr aus Botswana zur Erkrankung kommen. Wenden Sie sich deshalb bei fiebrigen Krankheitsanzeichen gleich an einen Tropenfacharzt, um eine mögliche Fehldiagnose zu vermeiden. Sicherheitshalber sollten Sie bei entsprechenden Krankheitsfällen Ihren Arzt auch noch nach mehreren Monaten auf die zurückliegende Urlaubsreise aufmerksam machen.

Bilharziose

Bilharziose ist eine chronische Infektionskrankheit, die man sich weltweit in tropischen Gebieten in stehendem oder leicht fließendem Süßwasser mit Uferbewuchs einhandeln kann. In dieser Umgebung lebt eine spezielle Wasserschnecke, die als Zwischenwirt der Erreger fungiert. Als torpedoförmige Zerkarien lösen sie sich von der Wasserschnecke, um im Wasser menschliche Haut aufzuspüren und unbemerkt zu durchbohren. Über die Venen nisten sie sich dort im Darm oder der Blase ein und wachsen zu Würmern heran, die bis zu 15 Jahre lang überleben können. Die Symptome einer chronischen Infektion sind Fieber, Schwachheit und erst sehr spät blutiger Urin. Bei Touristen wird eine Erkrankung meistens erst bemerkt, wenn routinemäßig nach einer Fernreise eine Untersuchung beim Facharzt gemacht wird (Antikörper sind aber erst mehrere Wochen nach der Infektion erkennbar). Die recht unkomplizierte Behandlung besteht heute aus einer Einmaldosierung mit dem Medikament Biltricide. Um eine Schistosomiasis-Infektion zu vermeiden, sollten Sie nicht in stehenden oder nur schwach fließenden Gewässern baden. Grundsätzlich können alle Gewässer Mosambiks bilharziosegefährdet sein. Der Niassasee galt lange Zeit als bilhariosefrei, doch diese These ist nicht mehr haltbar. Dennoch tritt der Erreger immer nur örtlich an bestimmten Uferbereichen auf; nicht im offenen, tiefen Gewässer und nicht an Uferabschnitten, wo die Wirtsschnecke nicht vorkommt. Eine verbindliche Aussage, welche Bereiche unbedenklich sind, wird aber auch vor Ort niemand treffen können.

Gelbsucht / Leberentzündung

Hepatitis A wird durch mangelnde Hygiene und infizierte Nahrungsmittel (Wasser, Salate, Obst) übertragen. Die Leberinfektion ist nicht lebensbedrohlich, aber langwierig in der Ausheilung. Die schwerwiegendere, seltenere Hepatitis B (Serumhepatitis) wird dagegen durch direkten Blutkontakt oder den Austausch von Körperflüssigkeiten übertragen. Neben den allgemein gültigen Vorsorgemaßnahmen besteht die Möglichkeit einer passiven Immunisierung gegen Hepatitis A für einige Monate durch die Injektion von Immunglobulinen (Stärkung des Immunsystems).

Daneben gibt es eine aktive Immunisierung durch den Impfstoff Twinrix. Dies ist eine Doppelschutzimpfung für Hepatitis A und B. Es handelt sich dabei um eine Dreifachinjektion (die zweite Injektion nach 1 Monat, die dritte nach 6 bis 12 Monaten), die zwar teurer ist (pro Injektion ca. 70 Euro), aber dafür 100% igen Schutz gegen beide Krankheitsformen für bis zu 10 Jahren gewährt.

Gelbfieber

Mosambik ist kein Gelbfieber-Risikogebiet. Bei Einreise aus einem Infektionsgebiet (z. B. Ost- und Zentralafrika) nach Mosambik ist die Schutzimpfung jedoch vorgeschrieben und wird teilweise bei der Einreise an den Landesgrenzen überprüft.

Gelbfieber ist eine schwere, häufig tödlich verlaufende Virusinfektion der Leber. Sie wird durch die Aedes-Stechmücke übertragen. Die Inkubationszeit beträgt 3 bis 6 Tage, die Symptome sind Erbrechen, Kopf- und Gliederschmerzen, hohes Fieber, Schüttelfrost und innere Blutungen. Für Touristen besteht nur ein geringes Infektionsrisiko, hauptsächlich in Dschungelgebieten. Durch die sehr empfohlene Schutzimpfung sollte man sich bei Reisen in solche Gebiete sicherheitshalber vor der Krankheit schützen (10-Jahres-Schutz).

GESUNDHEIT

Cholera

Die Bazillus-Infektion überträgt sich durch unzureichende Hygieneverhältnisse und unsauberes Wasser. Sie gilt als Armutskrankheit. In sehr unterentwickelten Lebensbereichen (Slums) breitet sie sich schnell als Epidemie aus, in hygienisch einwandfreier Umgebung kommt sie praktisch nicht vor. Die Symptome sind starker Durchfall mit Erbrechen und Bauchkrämpfen, die Behandlung erfolgt mittels Antibiotika. Die Schutzimpfung gilt als umstritten, wenig wirksam und hat unangenehme Nebenwirkungen. Das Infektionsrisiko eines Touristen wird auch nur auf 1:500 000 geschätzt.

Weitere Krankheiten

Tollwut ist eine lebensgefährliche Infektion, die durch den Biss eines infizierten Tieres auf den Menschen übertragen wird. Der beste Schutz ist Vorbeugung. Tollwutbefallene Tiere verhalten sich auffällig: Zahme Haustiere werden aggressiv und scheu, Wildtiere wirken ungewöhnlich zahm. Sich vorbeugend gegen Tollwut zu impfen, wird vor allem Tierpflegern und Tierärzten in betroffenen Ländern angeraten.

Seit einigen Jahren ist die **Tuberkulose** wieder auf dem Vormarsch, weil sie eine typische Folgeerkrankung bei Aidspatienten ist. Eine Übertragung kann nur bei lang anhaltendem Kontakt und geschwächtem Immunsystem erfolgen, daher gelten Urlauber als wenig gefährdet.

Typhus ist eine Infektionskrankheit, die auf ähnliche Weise wie die Cholera ausgelöst werden kann. Umsichtige Selbstversorger sind kaum gefährdet, an Typhus zu erkranken. Rucksackreisende sind eher betroffen. Es gibt eine Schluckimpfung mit Impfschutz von ca. einem halben Jahr.

Vor **Diphtherie** und **Tetanus**, gefährlichen Krankheiten, die in Europa ebenso vorkommen, sollte man sich unbedingt auch ohne Afrikareise alle 10 Jahre per Impfung schützen. Gegen **Polio** (Kinderlähmung) sollte man ebenfalls die Grundimmunisierung auffrischen.

Durchfall gehört zu den häufigsten Krankheitserscheinungen bei Fernreisen, aber es handelt sich in den meisten Fällen um harmlose Reaktionen des Körpers (bei ungewohnter Nahrung, Klimabelastungen, unreinem Wasser).

Aufgrund der hohen **Aids**-Rate im südlichen Afrika sollte man sich hier mehr denn je vor einer Übertragung der Immunschwächekrankheit in Acht nehmen. Statistisch betrachtet ist jeder 7. Mosambikaner infiziert. Geschlechtsverkehr mit Unbekannten birgt ein hohes Risiko, sich dabei selbst zu infizieren. Eine Übertragung durch Mückenstiche ist nicht bekannt, auch durch normale soziale Kontakte kann man sich nicht anstecken. Die Gefahr geht allein vom Austausch von Körperflüssigkeiten aus, durch Sex, Bluttransfusionen oder infizierte Nadeln und Spritzen. Landesweit werden im medizinischen Bereich normalerweise sterile Einwegspritzen verwendet, vorsichtshalber kann man auch einige Spritzen von zu Hause mitbringen. Blutkonserven werden zwar seit Jahren auf Aids getestet, doch ist nicht bekannt, wie strikt die Kontrollen sind. Aids heißt in Mosambik übrigens „SIDA".

Viel schneller als man erwartet, handelt man sich auch in Afrika eine **Erkältung** ein. Meist werden die starken Temperaturrückgänge in der Nacht und der kühle Wind an der Meeresküste unterschätzt oder zu exzessiv von der Klimaanlage Gebrauch gemacht.

Meningokokken-Meningitis: Der eitrigen Hirnhautentzündung, einer bakteriellen Tröpfcheninfektion, die in Mosambik und anderen Ländern Schwarzafrikas von Zeit zu Zeit epidemieartig auftritt, lässt sich durch eine Schutzimpfung begegnen. Die Krankheit kann im schlimmsten Fall rasch zum Tode führen und muss schnellstens mit Penicillin behandelt werden. Die einmalige Schutzimpfung mit Totimpfstoff wirkt für 3 Jahre. Lt. dem Münchner Tropeninstitut wird Touristen eine Schutzimpfung aber nur im Falle einer Epidemie angeraten.

Erkrankungen mit dem **Ebola-Virus** treten immer wieder als örtlich begrenzte Epidemien in West- und Zentralafrika auf (1995 in Zaire, 2000 in Uganda, jedoch noch nie in Mosambik). Für Reisende besteht grundsätzlich nur ein sehr geringes Risiko, da die Infektionen ausschließlich bei engem Kontakt mit infektiösen Ausscheidungen erfolgt.

Die **Schlafkrankheit** ist eine Trypanosomen-Infektion, die gelegentlich durch die **Tsetsefliege** (*Glossina species*) übertragen wird. Sie bricht allerdings bei Menschen nur sehr selten aus und führt auch erst nach Monaten bis Jahren zu schweren Krankheitserscheinungen. Eine Infektion ist daher sehr unwahrscheinlich, allerdings stellen die schmerzhaften Stiche eine arge Plage dar. Schutz vor den aggressiven Tsetsefliegen bietet vor allem angepasstes Verhalten: helle Kleidung, Insektenschutzmittel verwenden, wenig Bewegung, Rauch (Rauchen oder Moskitospiralen aufstellen). Die Tsetsefliege ist in Mosambik vor allem in den nördlichen Wildschutzgebieten anzutreffen. Sie tritt nur tagsüber auf und ist ähnlich den Moskitos in der trockenen, heißen Jahreszeit seltener. In Städten und Ortschaften kommt dieses Insekt praktisch nirgends vor, auch nicht an den Meeresküsten.

GESUNDHEIT

Viele Menschen fürchten sich unbegründet sehr stark vor **Schlangenbissen**. In der Regel wird man kaum einer Schlange begegnen, da sie rechtzeitig die Flucht ergreift. Sollte es dennoch zu einem Schlangenbiss kommen, den jede Schlange nur zur Verteidigung ausführt, wäre es von großem Vorteil, die Schlange zu identifizieren. Nur wenige Schlangen Mosambiks sind für den Menschen lebensgefährlich giftig, und ihr Gift wirkt auf unterschiedliche Weise. Kobras, Mambas, Trugnattern und Vipern sind im südlichen Afrika mit etwa 40 Arten vertreten, von denen einige harmlos, andere gefährlich bis tödlich giftig sind. Außer der Puffotter flüchten alle Schlangen, sobald man sich ihnen nähert und greifen nur im Verteidigungsfall an. Ein Großteil aller tödlichen Unfälle passiert durch die sehr träge **Puffotter**, deren Gift eine zellenzerstörende Wirkung hat, weil sie sich, anstelle zu flüchten, bewegungslos zu tarnen versucht. Kommt man ihr unbemerkt zu nahe, greift sie schließlich an. Kobras und die Schwarze Mamba dagegen haben ein fatales Nervengift, und das Gift von Boomslang und Vipern wirkt hemotoxisch (es wird die Blutgerinnung zerstört). Falsche **Behandlungsmethoden** können ein Schlangenbissopfer mitunter mehr gefährden als der eigentliche Biss. Am wichtigsten ist es, das Opfer ruhig zu stellen, damit sich die Blutzirkulation verlangsamt. Der Patient sollte viel Flüssigkeit zu sich nehmen. Ferner können in Erste-Hilfe-Geübte ggf. bei dem betroffenen Körperteil eine Stauung anlegen (frisches Blut kann in den gebissenen Körperteil fließen, infiziertes Blut aber nicht zum Herzen zurück). Laien dürfen die Wunde nur vorsichtig säubern (nicht aufschneiden oder aussaugen!), verbinden und möglichst kühl halten. Nun gilt es, den Verletzten schnellstmöglich in eine Klinik zu bringen. Schlangenserum mitzunehmen empfiehlt sich schon aus organisatorischen Gründen nicht (es muss konstant gekühlt werden) und kann auch nur eingesetzt werden, wenn die Schlange eindeutig identifiziert wurde. Dies wiederum ist in den meisten Fällen sehr schwierig, da Giftschlangen in ihren verschiedenen Lebensstadien in zahlreichen Farbvariationen auftreten. Als grobe Richtlinie: Schlangen mit Querstreifen oder Ringelmuster sind meist giftige Arten, während längs gestreifte Schlangen eher harmlos sind. Schlangen, die ihren Oberkörper aufrichten und drohend „fauchen" sind meist den gefährlichen, sehr giftigen Arten zuzurechnen. Giftige Vipern, zu denen auch die Puffotter zählt, erkennt man am kurzen, dicken Körper und einem dreieckigen Kopf.

Auch die nachtaktiven **Skorpione** greifen nur an, wenn sie sich bedroht fühlen. Sie scheinen in windigen Nächten aktiver zu sein als bei Windstille. Rund 100 verschiedene Arten kommen im südlichen Afrika vor. Der Stich ist für gesunde Erwachsene nicht lebensbedrohlich, aber sehr schmerzhaft. Um zu vermeiden, dass ein Skorpion auf nächtlicher Wanderung es sich im warmen Schuh gemütlich macht, lässt man grundsätzlich keine Schuhe im Freien stehen bzw. klopft sie vor dem Anziehen aus. Bei Walking Safaris kann man sich evtl. **Zeckenbisse** einhandeln. Dagegen – und gegen Schlangen und Skorpione – schützen hohe Schuhe bzw. Stiefel.

Verhalten bei Biss- und Stichwunden

Die meisten Schlangenbisse sind nicht tödlich. Die Bissstelle schmerzt und schwillt an. Wenn viel Gift injiziert wurde, kommt es zu Übelkeit, Erbrechen, Kopfschmerzen und Herzjagen. Panikreaktionen und Schockzustand sind oft gefährlicher als das Gift selbst, daher ist oberste Priorität: Ruhe bewahren! Wenn man die Schlange nicht identifizieren kann, gilt als grobe Faustregel:

• Bissstelle stark geschwollen und schmerzhaft: Vermutlich ein Blut- und Gewebegift; eher Puffotter/Viper (Vgl. Bild S. 97). Keine Stauung anlegen, sofort zum Arzt.

• Kaum Schwellung oder Blutung, unscheinbare Wunde: Vermutlich ein Nervengift; eher Kobra/Mamba. Oberhalb der Bisswunde sofort Stauung anlegen (frisches Blut kann in den gebissenen Körperteil fließen, infiziertes Blut aber nicht zum Herzen), notfalls abbinden. Sofort zum Arzt, es zählt jede Stunde!

Sonstige Maßnahmen: Wunde mit desinfizierender Lösung reinigen. Sog. Schlangensets (kleine Sauggeräte zum Absaugen der Wunde) eignen sich zur Anwendung innerhalb der ersten fünf Minuten nach dem Biss. Niemals eine Wunde mit dem Mund absaugen! Betroffenen ruhig stellen, er sollte möglichst viel trinken.

Aktuell: Im Würgegriff der Python

Am 11.01.01 berichtet die Frankfurter Allgemeine Zeitung vom Südafrikaner Lucas Sibanda, der auf einem schmalen, entlegenen Weg von einer Pythonschlange angegriffen worden war. Das Tier schlang sich um den 57-jährigen und versuchte, sein Opfer zu Tode zu würgen. „Mir war klar, dass ich mich von diesem Monster nur befreien konnte, wenn ich es direkt unterhalb des Kopfes beißen würde", wird Sibanda zitiert. Durch Beißen, Treten und Schlagen habe er sich aus dem Würgegriff befreit und schließlich die Schlange mit einem Knüppel erschlagen. Die Haut der Pythonschlange schmückt nun als Trophäe sein Haus bei Pretoria.

GESUNDHEIT

Wie man auf Reisen gesund bleibt

Essen & Trinken

Ein bekanntes Sprichwort zur Ernährung in tropischen Gefilden lautet: „Cook it, boil it, peel it – or leave it"; zu deutsch: Was du nicht kochen oder schälen kannst, solltest du nicht essen. Mit dieser strikten Einstellung, die quasi alle frischen nicht schälbaren Salate und Früchte verbietet, liegt man gewiss im sicheren Bereich. Aber so streng muss man es nicht angehen. Sehr gründlich in sauberem Wasser gewaschene Lebensmittel dürfen durchaus auch dann auf den Speisezettel, wenn sie sich nicht schälen oder vorher kochen lassen. Aus eigener Erfahrung können wir bestätigen, uns bisher im südlichen Afrika keine gesundheitlichen Beschwerden durch den Verzehr von z. B. (selbst zubereiteten) grünen Salaten eingehandelt zu haben.

Vorsicht dagegen bei Muscheln! Hier kann man sich leicht den Magen verderben. Viele Reisende meiden ebenso frische Eier. Unserer Erfahrung nach sind die Eier aus den städtischen Supermärkten unproblematisch; von Eiern, die auf offenen Märkten stundenlang in der Sonne liegen, sollte man die Finger lassen. Beim Fleisch gewöhnt man sich an, es stets gut durchgebraten zu verzehren. Wer sich selbst versorgt, achtet beim Einkauf auf Frische und Geruch der Waren und verzichtet im Zweifelsfall lieber.

Die Herkunft der Lebensmittel ist freilich nicht erkennbar beim Besuch von Restaurants. Hier gilt die alte Regel: Riecht es gut aus der Küche? Hat das Lokal Besucher oder ist es leer? Muss man hier warten, bis die Speisen zubereitet sind (ein Zeichen für frische Zubereitung), oder kommst das bestellte Gericht augenblicklich? Empfehlungen oder Warnungen von anderen Touristen sind präventiv hilfreich.

Wasser - Gefahrenquelle Nr. 1

Mindestens so vorsichtig wie beim Essen sollte man bei der Wahl des Trink- und Brauchwassers sein, weil man sich über verunreinigtes Wasser am schnellsten Krankheiten einhandeln kann. Das Leitungswasser in Mosambik ist für den daran nicht gewohnten europäischen Organismus nicht unbedenklich trinkbar! Es muss stets abgekocht bzw. durch Zugabe von Micropur-Pulver oder -Tabletten entkeimt werden. Für den täglichen Wasserbedarf wird in den größeren Städten des Landes stilles Mineralwasser in handlichen Plastikflaschen verkauft, nicht jedoch auf dem Lande. Die Umsicht mit dem Wasser darf freilich nicht beim Zähneputzen vernachlässigt werden. Es gilt: nur Mineralwasser oder vorab gereinigtes Wasser darf in den Mund gelangen!

Man verzichtet also auch strikt auf Eiswürfel in kühlen Getränken - ganz egal, wo man sich aufhält. Ebenso lässt man die Finger von Speiseeis. Auch wenn es einen gut durchgefrorenen Eindruck macht, könnte es zwischenzeitlich schon angetaut gewesen sein. Die notwendige durchgehende Kühlkette ist in einem tropischen Land wie Mosambik nicht gewährleistet.

Ein wichtiger Rat ist jedoch von den Tropen vollkommen unabhängig: Viel trinken! Wer Durst verspürt, hat eigentlich schon einen Mangel, den der Körper anzeigt – gesund ist, stets so viel zu trinken, dass sich kein Durstgefühl einstellt. Deswegen sollte man auch immer eine gefüllte Trinkflasche bei sich haben.

Gefahren durch Wildtiere

Die Wahrscheinlichkeit, mit einem tollwütigen Tier in Kontakt zu kommen, mag gering sein. Da man sie aber nicht ausschließen kann, sollte man als vorsichtiger Reisender unbekannte Tiere nicht anfassen oder füttern. Hautverletzungen durch Tierbisse können sich auch ohne **Tollwutgefahr** leicht infizieren.

Begegnungen mit **Schlangen** sind in der Regel viel seltener, als Touristen glauben, da die Reptilien fast immer frühzeitig die Flucht ergreifen, sobald sie durch die Bodenvibration eine Störung spüren. Kommt es dennoch zu einer unerwarteten Begegnung, verhält man sich möglichst ruhig, zieht sich langsam zurück und gibt der Schlange damit Gelegenheit, blitzartig die Flucht zu ergreifen. Vorsicht beim **Feuerholzsuchen**: Äste immer erst mit dem Fuß anstoßen, da sich in Astlöchern gerne **Skorpione** aufhalten.

Verhaltenstipps bei Wildtieren: siehe S. 370. Die größte gesundheitliche Gefahr geht allerdings von den unscheinbaren Insekten aus. Das Risiko einer Malariainfektion ist bei nachlässig angewandten Vorsichtsmaßnahmen ungleich größer, als das, irgendwelchen Krokodilen, Löwen oder tollwütigen Elefanten über den Weg zu laufen!

Am Strand und im Wasser

Haie kommen praktisch überall entlang der mosambikanischen Küste vor. Hainetze, die unter Wasser zum Schutz der Badestrände in Südafrika angebracht wurden, kennt man in Mosambik nicht. Einen natürlichen Schutz bieten jedoch die vielen Stränden in Mosambik vorgelagerten Korallenriffe. An solchen Riffen befinden sich auch die meisten der touristisch entwickelten Badestrände.

Man sollte in Afrika **niemals barfuß** laufen. Zum einen kommen Sandflöhe vor, die zwar nicht gefährlich sind, aber lästig in der Ausheilung, wenn sie ihre Eier unter der Fußsohlenhaut ablegen. Sehr unangenehm können aber auch Fußverletzungen durch scharfe Korallensplitter, Glasscherben oder Muscheln sein.

GESUNDHEIT

Flussufer und Tümpel im Landesinneren können theoretisch stets von **Krokodilen** bewohnt sein. Krokodilattacken auf Touristen sind glücklicherweise selten, denn der Kraft und Reaktionsschnelligkeit dieser Panzerechsen sind Menschen in der Regel nicht gewachsen. Allen Gewässern nähert man sich daher mit Vorsicht, erkundigt sich evtl. bei den Einheimischen nach möglichen Wildtieren (Krokodil heißt auf portugiesisch „Jacaré") und badet dort nicht ahnungslos! **Flusspferde** sind seltener und auffälliger als Krokodile. Für Kanufahrer stellen sie dennoch eine ernst zu nehmende Gefahr dar, da sie Boote und Menschen angreifen, die sich ihrem Territorium nähern.

Genereller Hinweis: Da sich die empfohlenen Vorsorgemaßnahmen jederzeit ändern können, empfehlen wir, etwa 6-8 Wochen vor Reiseantritt bei einem Tropenfacharzt bzw. den **Tropeninstituten** in Berlin (Tel. 030-301166), München (089-21803517), Heidelberg (Tel. 06221-562905), Tübingen (Tel. 07071-2060), Leipzig (Tel. 0341-9724971) oder Hamburg (Tel. 040-311820) nach aktuellen Informationen zu fragen.
Für **Österreich**: Wien, Tel. 01-40490360, für die **Schweiz**: Basel, Tel. 061-2848111
Literaturtipp: „Wo es keinen Arzt gibt" von David Werner, Reise KnowHow Verlag

Notfall-Vorsorge

Um im Falle eines (Not-)falles im Ausland versicherungstechnisch abgedeckt zu sein, sollte jeder Reisende eine **Auslandskrankenversicherung** abschließen. Sie wird von zahlreichen Versicherern angeboten, die Jahresgebühren sind mit rund 15 Euro sehr günstig. Vergleichen Sie aber vor Abschluss die Leistungen. Wichtig für Afrikareisende sind ein kostenloser **Rückholservice** und die Erstattung möglichst hoher **Bergungskosten**. Gerade bei den Bergungskosten haben viele Reisende, die sich ausreichend versichert glauben, eine klaffende Lücke. Denn die Bergung/Evakuierung eines Verletzten aus der abgelegenen Wildnis kann teuer werden, wenn man sich vorstellt, dass der Einsatz eines Kleinflugzeugs oder Helikopters erforderlich werden kann.

Wer vor Ort medizinische Leistungen in Anspruch nimmt, muss die Kosten zunächst selbst begleichen und reicht nach Rückkehr die ausführliche Rechnung des Arztes bei der Versicherung ein (auf der Rechnung muss neben der Adresse des Rechnungsstellers der Name des Patienten, das Datum, die Behandlung und die Währung vermerkt sein). Bei stationärem Aufenthalt in einem Krankenhaus ist der Versicherer sofort zu informieren. In solchen Fällen werden die Kosten meistens direkt zwischen der Versicherung und dem Krankenhaus abgerechnet.

Reisemedizinische Informationen im Internet: www.fit-for-travel.de, www.reisevorsorge.de, www.meine-gesundheit.de

Reiseapotheke

(Vorschläge zum Inhalt einer Notfallapotheke gemäß Bayerischem Gesundheitsamt)

Beschwerden	Substanz (Medikament)
Fieber, Entzündung, Schmerzen	Paracetamol, Acetylsalicylsäure (Aspirin)
Insektenstiche	diverse Repellentien, Chlorphenoxamin-Creme
Kreislaufanregung	Etilefrin, Norfenefrin
Durchfall	Elektrolyt-Glukose-Präperate, Hefe-Präperate, Loperamid (Imodium)
Erbrechen & Übelkeit	Metoclopramid (Paspertin)
Bauchkrämpfe	Butylscopolamid
Augenentzündung	Tetrazyklin-Augentropfen
Harnwegsinfektionen	Antibiotika, Nieren-Blasentee
Malaria	siehe S. 336f
Ohrenentzündung	Acetylsalicylsäure (Aspirin), Phenazon

Außerdem: Kleine Schere, Sicherheitsnadeln, Rasierklinge, Fieberthermometer, Pinzette, Pflaster, Verbandszeug, Desinfektionsmittel, ggf. Allergie- und Magentabletten, Magnesiumpräparat, evtl. Einwegspritzen.

RUND UMS GELD

Reisekosten & Preisgefüge

Mosambik ist – wie die meisten Länder Afrikas – keinesfalls ein Billigreiseland. Die Reisekosten variieren je nach Reiseart so stark, dass eine pauschale Kostenveranschlagung unmöglich ist. Im Reiseteil führen wir die anfallenden Kosten, wie Unterkünfte, Verkehrsmittel, Eintritte etc., auf. So lässt sich individuell eine realistische Kostenplanung erstellen.

Mosambikanische **Unterkünfte** sind – gemessen am Gegenwert und im Vergleich mit den Nachbarländern – teuer. Die unterste Hotelkategorie, für die man oft nicht einmal fließendes Wasser oder ein eigenes Bad bekommt, liegt bei Zimmerpreisen bis 13 Euro. Die Mittelklasse liegt bei 25-50 Euro pro Zimmer und nach oben sind die Preise offen. Backpackerunterkünfte mit Mehrbettzimmern für unter 10 Euro pro Nacht sind dünn gesät. Die Ferienanlagen an den Stränden verlangen meist zwischen 5 und 9 Euro pro Campinggast, Bungalows zur Selbstversorgung mit 2 Betten bieten sie ab 20 Euro pro Nacht an (aktuelle Preise werden jeweils im Reiseteil genannt).

Auch die **Gastronomie** kann man in Mosambik nicht gerade preiswert nennen. Egal, in welchem Etablissement man zu speisen beabsichtigt, rund 5-8 Euro muss man für ein Hauptgericht ansetzen. Selbstversorger kommen dagegen deutlich preiswerter durchs Land, denn die Lebensmittelpreise für einheimische Produkte sind günstig. So kosten die portugiesischen Brötchen rund 0,04 Euro, frischer Fisch 2 Euro/kg, Garnelen je nach Region 1,5 bis 5 Euro/kg, Kokosnüsse nur 3 Cent. Im Laden kostet 1 Bier 0,50 Euro, im Lokal 0,80 Euro. Soft Drinks sind etwas billiger.

Die **öffentlichen Verkehrsmittel** sind in Mosambik dagegen verhältnismäßig günstig. Busse kosten rund 3 Euro bei Strecken bis 3 Fahrstunden bzw. 6-10 Euro bei 10-15-stündigen Fahrten. Um so tiefer muss man dagegen für einen Mietwagen in die Tasche greifen. Nur Vielverdiener können sich die angebotenen Allradfahrzeuge leisten. Natürlich spart man als Autofahrer mit Campingausrüstung während der Tour gegenüber den Touristen, die jeden Tag auf Hotel und Restaurant angewiesen sind. Die Treibstoffpreise liegen bei 1,00-1,40 Euro pro Liter Benzin und 0,80-1,00 Euro pro Liter Diesel.

Info: Preisauszeichnungen in diesem Buch

Wir haben die meisten Preise in Euro genannt, um eine rasche Kalkulation zu ermöglichen und etwaige inflationsbedingte Wechselkursschwankungen auszugleichen. Bis auf wenige Ausnahmen, die wir explizit nennen, sind jedoch vor Ort alle Beträge in der Landeswährung Meticais zu begleichen. Eine Ausnahme bilden Firstclasshotels, die ihre Rechnungen in sog. „harter Währung" ausstellen. Wer möchte, kann in Backpacker-Lodges wahlweise auch mit US$ und in südafrikanische Strandanlagen mit Rand bezahlen.

RUND UMS GELD

Die Landeswährung

Noten und Münzen

Die mosambikanische Währungseinheit heißt **Metical**, in der Mehrzahl Meticais (sprich [m̱etikaisch]). Bis zum 01.07.2006 entsprach 1 Metical (MT) 100 Centavos (CT). Die sind jedoch so wenig wert, dass man nicht mehr mit Centavos rechnete. Als unterste Einheit hatten sich 1000 Meticais eingebürgert, die als "Mil" oder als "Conto" bezeichnet werden.

Zum 01.07.06 führte Mosambik eine Währungsumstellung mit neuen Banknoten und Münzen durch. Der alte Metical (MT) wurde im Verhältnis 1:1000 durch den Neuen Metical (MTn) ersetzt, der Centavo (CT) durch den Cent (CTn). Während der Übergangszeit von 01.07.- 31.12.06 laufen beide Währungen parallel bei doppelter Preisauszeichnung. Während des Kalenderjahres 2007 sollen alle alten Noten und Münzen bei den Banken in die neue Währung umgetauscht werden. Ab 2008 ist nur noch ein Umtausch in der Zentralbank möglich.

Die alten Noten und Münzen (bis 31.12.06): Es gibt Banknoten zu 1000, 5000, 10 000, 20 000, 50 000, 100 000, 200 000 und 500 000 MT sowie Münzen zu 1000, 5000 und 10 000 MT. Allen alten MT-Banknoten gemein ist ihr zumeist schlechter, sehr abgegriffener Zustand.

Die neuen Noten und Münzen (ab 01.07.06): Es gibt neue Scheine zu 1000, 500, 200, 100, 50 und 20 Meticais, und neue Münzen zu 10, 5, 2 und 1 MTn und 50, 20, 10, 5 und 1 Cent. Alle neuen Banknoten tragen auf der Vorderseite eine Abbildung vom ersten Präsidenten Samora Machel, und auf der Rückseite Motive der Fauna Mosambiks.

Die **Inflation**srate des Metical ist trotz boomender Wirtschaftslage verhältnismäßig groß. Vom Frühjahr 2005 zum Frühjahr 2006 verlor der Metical fast 25 % seines Wertes. Daher schwankt auch der **Wechselkurs** ständig. Stand bei Redaktionsschluss im Juli 2006:

10 000,00 MT bzw. 10,00 MTn entsprechen 0,30 Euro. 1 Euro entspricht 33 636,00 MT/33,64 MTn.

Ein- und Ausfuhr von Meticais sind verboten. Der Rücktausch von MT/MTn in Devisen ist aufwändig und nur möglich gegen Vorlage der Umtauschbelege. Schon aus diesem Grund sollte man stets alle Umtauschbelege bis zur Ausreise aufheben.

Tipp: In ganz Mosambik herrscht notorischer Kleingeldmangel. Heben Sie stets kleine Scheine auf, um entsprechende niedrige Beträge bezahlen zu können.

Devisen & Zahlungsmittel

Devisen

Landesweit sind US-Dollar die am meisten anerkannte Einheit und Tauschwährung. In Südmosambik (bis Vilankulo) nimmt jedoch der südafrikanische Rand die erste Stelle ein. Teilweise werden hier die Campingplätze und Bungalowanlagen in Rand ausgewiesen, weil die Besitzer und auch ihre wichtigste Klientel Südafrikaner sind. Die Verbreitung des Rand nimmt nach Norden zwar ab, bleibt aber auch darüber hinaus eine bekannte und beliebte Währung. Auch unsere Euro-Noten lassen sich inzwischen bei den meisten Wechselstuben und Banken problemlos eintauschen (besonders in den touristischen Zentren).

In Mittelmosambik, von Tete bis Beira, war früher der Zimbabwe-Dollar (Z$) begehrt; aber dies ist seit dem Verfall des Z$ nicht mehr der Fall. In der Provinz Niassa kann man vereinzelt Malawi-Kwacha (MKw) eintauschen.

Unsere Empfehlung: Für Südmosambik Bargeld in Rand und Euro und für Nordmosambik Bargeld in US$ und Euro bereithalten.

Geldwechsel-Tipp: Wer von Europa aus via Johannesburg nach Mosambik reist, kann dort am Flughafen zu günstigen Konditionen als in der BRD Rand einwechseln, die später in Mosambik gute Dienste leisten.

Vorsicht bei US$: US-Dollar-Noten aus älteren Druckjahren(vor dem Druckdatum 1995) werden aufgrund der vielen Fälschungen zunehmend unbeliebter und teilweise auch von den afrikanischen Banken nicht mehr angenommen! Daher besser nur mit neuen Scheinen und kleineren Stückelungen, als den fälschungsanfälligen 100-US$-Noten, nach Mosambik reisen.

Kreditkarten

Die Akzeptanz von Kreditkarten nimmt in den letzten Jahren ständig zu. Mittlerweile kann man in allen Provinzhauptstädten des Landes und in touristischen Zentren **ATM-Bankautomaten** finden, an denen sich den kleinen Plastikkarten Bargeld abheben lässt. Bitte beachten Sie, dass das Automatennetz von Süden nach Norden kontinuierlich abnimmt und außerdem von Bank zu Bank unterschiedliche Gebühren und Bestimmungen gelten (z. B. bzgl. der maximalen Höhe von Geldabhebungen pro Tag/Woche). Manchmal sind die Geräte auch "out of Order", so dass man sicherheitshalber stets ausreichende Bargeldreserven mit sich führen sollte.

An den meisten ATM-Schaltern der BIM-Bankfilialen kann man mit **VISA** und **EC-Karte (MAESTRO)** Geld abheben.

RUND UMS GELD

Diners- und Amexco-Kreditkarten sind in Mosambik nahezu überflüssig.

Die meisten Reiseagenturen, viele Hotels, Restaurants und Souvenirläden und auch größere, moderne Einkaufszentren akzeptieren bargeldlose Zahlungen. Unserer Erfahrung nach sind Kreditkarten zumindest für solche Zahlungen von großem Wert, wenngleich wir uns nicht gerne ausschließlich auf Kreditkarten verlassen, um an Bargeld zu kommen – dafür sind die ATM-Schalter zu störanfällig und die Gebühren zu hoch. Besser ist eine Kombination aus Kreditkarte und Bargeld (Euro, Rand, US$, siehe oben) mitzuführen.

Reisechecks

Reisechecks gleich welcher Währung werden von Mosambiks Banken kaum noch akzeptiert. Sofern eine Filiale überhaupt bereit ist, Schecks anzunehmen, fallen meistens horrende Gebühren an. Wechselstuben lehnen Schecks in der Regel rigoros ab. Vorsicht: Meistens verlangt die Bank zusätzlich, die Kaufbelege der Reiseschecks im Original einzusehen. Wir raten daher von Reisechecks für Mosambik gänzlich ab. Wer es dennoch ausprobieren möchte, sollte sie in US$ oder Rand ausstellen lassen, andere Währungen komplizieren das Prozedere womöglich noch weiter. Am gängigsten sind noch die Reisechecks der Institute VISA/Mastercard und Thomas Cook.

Unsere persönliche Empfehlung: Mit Kreditkarte und Bargeld in den Währungen Euro, US$ und Rand anreisen und frühzeitig den größten Teil der benötigten Reisekasse in Meticais einwechseln. Das erspart Ärger und Laufereien. Besonders bei Reisen nördlich des Sambesi sollte man stets ausreichend einheimische Währung bei sich haben, und dabei auch auf Noten in kleinen Stückelungen achten. Da ein Rücktausch von Meticais praktisch unmöglich ist, sollte man den Geldbedarf möglichst gut kalkulieren, und nicht zuviel umtauschen.

Tipp: Wer von Europa aus via Johannesburg nach Mosambik reist, kann dort am Flughafen zu günstigen Konditionen Rand einwechseln, die später in Mosambik gute Dienste leisten.

Vorsicht: US-Dollar-Noten aus alten Beständen (vor 1995) werden aufgrund der vielen Fälschungen zunehmend unbeliebter und teilweise auch von Banken nicht mehr angenommen! Daher besser nur mit neuen Scheinen und kleineren Stückelungen, als die fälschungsanfälligen 100-US$-Noten, nach Mosambik reisen.

Auf der Reise

Geldwechsel in Mosambik

Banco International de Moçambique (BIM) und Banco Standard Totta sind am besten auf den Devisentausch eingerichtet. In größeren Städten und touristischen Regionen wird der Geldumtausch zügig abgewickelt, im wenig besuchten Landesinneren kann sich daraus allerdings auch eine längere Aktion entwickeln. Stromausfälle oder fehlender Kontakt zur Zentrale, um dort die aktuellen Wechselkurse zu erfragen, können das Vorhaben bei kleinen Filialen erheblich verzögern und den Reisenden stundenlang festhalten. Am besten vermeidet man häufiges Wechseln und tauscht vorausschauend schon in den Provinzhauptstädten genügend mosambikanisches Bargeld ein.

Neben den Banken etablieren sich an touristischen Orten Wechselstuben, die bedeutend professioneller, schneller und zu längeren Öffnungszeiten Bargeld wechseln. Darüber hinaus liegen die Umtauschraten bei Wechselstuben häufig sogar etwas höher als bei den Banken, die teilweise recht hohe Kommissionsgebühren einfordern (möglichst immer Vergleiche einholen!).

Trotz der recht stabilen Währung existiert ein **Schwarzmarkt** in Mosambik. Vor allem an den Grenzen und grenznahen Städten werden für Bargeld (US$, Rand) bis zu 10% bessere Raten als bei den Banken geboten. Dieser Vorgang ist offiziell illegal. Nichtsdestotrotz geschieht er manchmal vor den Augen des Gesetzes, z. B. wenn Touristen an den Grenzen zum Geldwechseln auf die Straße geschickt werden, damit sie die Einreisegebühr bezahlen können...

Aufbewahrung des Geldes

Die großen Geldbeträge trägt man am sichersten direkt am Körper (Bauchgürtel, Brustbeutel etc.) und hält stets einen kleineren Betrag griffbereit in einer Geldbörse. So muss man nicht vor Zuschauern an sein Geldversteck und könnte die Geldbörse im Falle eines Raubüberfalls bereitwillig aushändigen. Vor Ort nimmt man zur Verwahrung der persönlichen Dokumente und Finanzen falls vorhanden den Hotelsafe in Anspruch (niemals unbewacht im Zimmer lassen). Autoreisenden bieten sich zahlreiche knifflige Versteckmöglichkeiten, die dem Handschuhfach unbedingt vorzuziehen sind!

344

Handeln – die Kunst des Feilschens

Supermärkte, Restaurants und die meisten Geschäfte haben auch in Mosambik Festpreise. Aber auf den Märkten wird der Preis von Lebensmitteln, Souvenirs und Andenken aller Art oftmals ausgehandelt. Das ist gängige Praxis und für die Beteiligten in aller Regel eine Art Volkssport. Feilschen ist also kein Zeichen von Geiz, sondern sozusagen des Käufers Verpflichtung. Die Preise sind sehr variabel und hängen von der Tagesstimmung und der aktuellen finanziellen Situation des Händlers ab. Die meisten Afrikaner sind äußerst geschickte Kaufleute, die eine Menge Show bei den Verhandlungen einsetzen und viel Menschenkenntnis beweisen.

Wie viel man jeweils vom angebotenen ersten Preis herunter handeln kann, lässt sich nicht pauschal sagen. Die oft empfohlene Richtlinie, nach der der reelle Preis ca. 50-70 % des ersten Angebots beträgt, halten wir für irreführend. Sie mag in touristischen Regionen ihre Berechtigung finden, wo die Preise durch ahnungslose Urlauber teilweise astronomisch in die Höhe schnellen (z. B. für frischen Fisch und Garnelen). Man kann in einer Stadt den 10-fachen Preis des reellen Wertes genannt bekommen und an der nächsten Straßenecke plötzlich den ehrlichen Einheimischenpreis erhalten, der kaum noch Spielraum für das Handeln lässt. Hier hilft einfach nur Fingerspitzengefühl. Am besten fragt man verschiedene Händler auf unterschiedlichen Märkten nach den Preisen für die begehrte Ware und prägt sich das Preisgefüge ein. So erhält man mit der Zeit eine Vorstellung vom Preisniveau. Unserer Erfahrung nach neigen Männer stärker zum Fordern überhöhter Preise als Frauen. Wenn man auf dem Markt nach dem Einkauf vom Gemüsehändler noch ein, zwei Produkte gratis „obendrauf" erhält, ist dies oft ein Zeichen dafür, dass er mit Ihnen ein gutes Geschäft gemacht hat. Der Fairness halber gibt er Ihnen noch etwas dazu. Alles in allem gilt es, den schwierigen Mittelweg zu finden zwischen dem pedantischen Geizkragen, der den Afrikanern die Freude, an einem ahnungslosen Touristen ein wenig besser als sonst zu verdienen, nicht gönnt, und dem naiven Grünschnabel, der sich unverhältnismäßig stark „übers Ohr hauen lässt".

Kunsthandwerk & Souvenirs

Wenn Sie geschickt handeln wollen, brauchen Sie Zeit, ein wenig Schauspielkunst und möglichst Routine im Ritual des Feilschens. Sie sollten sich immer erst einen Preis nennen lassen. Setzen Sie nun Ihren Preis deutlich niedriger an, als Sie zu zahlen bereit sind, denn jetzt wird zwischen dem geforderten und Ihrem gebotenen Preis weiter verhandelt. Der Händler wird die Hände über dem Kopf zusammen schlagen, Empörung zeigen und von seinem Ruin jammern. Spielen Sie mit, markieren Sie den Desinteressierten, und wenn Sie zu zweit sind, kann Ihr Partner durch scheinbares Drängeln zum Weitergehen die Verhandlungen beschleunigen. Nähern Sie sich langsam an die Summe, die Sie zu zahlen bereit sind, an. In der Hochsaison, bei gesicherter Nachfrage, handelt es sich schwieriger. Da stellt sich ein Händler eher die Frage, ob er das begehrte Stück bei geringerem Profit abgibt, oder ob er lieber auf den nächsten Touristen wartet, der vielleicht viel mehr dafür bezahlt.

Sie werden vermutlich nicht erfahren, ob Sie einen ordentlichen Preis bezahlt haben, oder ob sich der Händler insgeheim ins Fäustchen lacht. Man kann aber davon ausgehen, dass ein Händler nur dann verkauft, wenn er noch etwas daran verdient, denn Verluste wird er freiwillig nicht machen. Ein guter Kaufabschluss ist der, bei dem beide anschließend zufrieden sind.

WICHTIGE HINWEISE UND ADRESSEN

Einreisebestimmungen

Visa

Deutsche, Österreicher und Schweizer benötigen für die Einreise nach Mosambik ein Visum. Dazu sind ein Visaantrag auszufüllen (dieser ist in portugiesisch und englisch verfasst), zwei Passfotos beizulegen und mit dem Reisepass einzureichen, der noch mindestens 3 Monate Gültigkeit ab dem Einreisedatum aufweisen muss. Es wird auf dem Visaantrag nach einer Buchungsbestätigung der touristischen Reise gefragt. Wer keine Reisereservierung vorweisen kann, schickt eine Kopie der Flugbuchung, einer evtl. Mietwagenreservierung oder als Selbstfahrer des Zolldokuments Carnet de Passage. Zumindest in der BRD wickeln die Konsulate die Visaanträge zügig und sehr kooperativ ab.

Gebühren in der BRD:

Transitvisum	(2 Tage):	Euro 20,00
Einfachvisum	(bis 30 Tage)	Euro 30,00
	(bis 60 Tage)	Euro 40,00
	(bis 90 Tage)	Euro 50,00
Mehrfachvisum	(bis 90 Tage)	Euro 60,00

Obige Preise gelten bei einer Standardbearbeitungszeit von ca. 1-2 Wochen. Eine Expressbearbeitung in 2-3 Tagen verteuert die Gebühren um je 10 Euro.

Info: Visaanträge können als PDF-Datei im Internet bei Visumzentralen, wie www.visum-centrale.de, heruntergeladen werden.

Visa beantragen in afrikanischen Nachbarländern: Die mosambikanischen Konsulate in den Nachbarstaaten stellen rasch und unbürokratisch Touristenvisa aus. Es werden jeweils 2 Passfotos benötigt. Die Gebühren für ein Einfachvisum à 30 Tagen liegen in etwa bei 11 Euro (Bearbeitung innerhalb einer Woche). Expressbearbeitung innerhalb von 3 Tagen kostet ca. 16 Euro, bei Bearbeitung innerhalb von 24 Stunden bzw. am selben Tag kostet das Visum ca. 20 Euro. Sehr gute Meldungen erreichen uns aus Nelspruit/Südafrika, wo die Visa meistens innerhalb eines Tages für 85 Rand (ca. 11 Euro) ausgestellt werden.

Achtung: Seit Sommer 2001 genehmigt Mosambik das "**Visum bei Einreise**" für Touristen. Diese Regelung findet nach unserer Erfahrung aber nur an stark frequentierten Grenzen im Süden Anwendung (Südafrika, Swaziland, Fluganreise aus Südafrika); bei den kleineren Grenzstationen im Norden (nach Sambia, Malawi und Tansania) jedoch nicht. Im Dezember 2004 wurde die Visa-bei-Einreise-Regelung zunächst gestoppt, seit Sommer 2005 werden die Visa bei Einreise aber wieder ausgestellt. Sie kosten 25 US$ pP für die einmalige Einreise, es sind keine Fotos nötig, und die Ausstellung erfolgt je nach Grenze und Verkehrsaufkommen zwischen sehr zügig und bis zu 2 Stunden Wartezeit. Im Reiseteil nennen wir die Handhabung der einzelnen Grenzposten.

Visaverlängerung: Touristenvisa können im Land bei der jeweiligen „Migração" in den Provinzhauptstädten auf bis zu 90 Tage verlängert werden. Versäumen Sie die Frist möglichst nicht, denn auf jeden Tag Aufenthalt mit abgelaufenem Visum stehen bis zu 100 US$ Strafe.

> Nach mosambikanischem Gesetz sind Touristen verpflichtet, stets den Reisepass bei sich zu tragen. Ersatzweise kann es auch eine notariell beglaubigte Kopie sein.

HINWEISE & ADRESSEN

Einreiseprozedur
Trotz eines bereits erteilten Visums wird bei der Einreise am Migração-Schalter eine Einreisegebühr von ca. 2,50-5,00 Euro fällig. Diese Gebühr variiert von Grenzstation zu Grenzstation, ist aber offiziell und wird quittiert.
Nur gelegentlich wird bei der Einreise nach ausreichend Geldmitteln oder dem Rückflugticket gefragt. Bei Einreise aus einem **Gelbfieber**-Infektionsgebiet (Zentral- und Ostafrika) wird ein Gelbfieber-Impfnachweis verlangt. Nachdem einige Staaten, wie Südafrika, Sambia und Malawi, Gelbfieberkontrollen verstärken, sollte man auch in Mosambik bei Einreise auf dem Landweg mit einem Gelbfiebercheck rechnen.

Zollbestimmungen: Bei der Einreise nach Mosambik müssen alle Devisenbestände (Bargeld und Reiseschecks) beim Zoll deklariert werden. Autofahrer benötigen einen Internationalen Führerschein, die Fahrzeugpapiere und lassen sich beim Zoll eine vorübergehende Einfuhrgenehmigung ausstellen (siehe S. 353). Jagdwaffen, Boote und Haustiere unterliegen der Genehmigungspflicht, ehe sie eingeführt werden dürfen.

Auswärtiges Amt:
Werderscher Markt 1, D - 10117 Berlin
Tel. 030-5000-0, Fax 030-500-3402,
www.auswaertiges-amt.de

Diplomatische Vertretungen in Europa
Botschaft der Republik Mosambik
(Embaixada da República de Moçambique)
Stromstraße 47, D - 10551 Berlin
Tel. 030-39876500
Fax 030-39876503
E-mail: emoza@aol.com
www.mosambik-botschaft.de
Mo-Fr von 09.30-12.30 h

Honorargeneralkonsul der Republik Mosambik
Herr Siegfried Anton Lingel
Bayerstr. 33, D - 80335 München
Tel. 089-59998116
Fax 089-59998109
Zuständig für die Länder Bayern, Sachsen, Sachsen-Anhalt, BaWü und Thüringen (mit Visaausstellung)
Mo-Fr: 09.00-14.00 h

Honorarkonsul der Republik Mosambik
Mission Permanente de la République Moçambique
13, Rue Gautier J. - A.
CH - 1201 Geneve/Genf
Tel. 0041-22-9011783

Diplomatische Vertretungen in Afrika

Mosambik
Botschaft der Bundesrepublik Deutschland
Embaixada da República Federal da Alemanha
Rua Damião de Góis 506, Maputo
Tel. 00258-21492714/21482700
Fax 00258-21492888
Bereitschafts-Tel. 00258-82-3033300
E-mail: germaemb@tvcabo.co.mz
www.maputo.diplo.de
Besuchszeiten: Mo bis Fr 09.00-12.00 h

Südafrika
Embassy of Mozambique, Pretoria 0001, P. O. Box 40750, 199 Becket Street, Arcadia 0083, Tel. 0027-12-3437840, Fax 3436714. Mo-Fr von 08.30-12.00 h.
Embassy of Mozambique, Johannesburg, 252 Jeppe Street, Cape York Bldg., 7th floor, Tel. 0027-11-3272938, Fax 3360133. Mo-Fr von 08.30-12.00 h.
Embassy of Mozambique, Durban, 320 West Street, 5th fl., Tel. 0027-31-3040200, Fax 3040774. Mo-Fr 08.30-12.00 h.
Embassy of Mozambique, Nelspruit, 64 Bester Street, Tel. 0027-13-752739, Fax 7551207. Mo-Fr 08.30-12.00 h.

Zimbabwe
Embassy of Mozambique, Harare, 152 Herbert Chitepo Ave., P. O. Box 4608, Tel. 00263-4-790837, Fax 732898. Mo-Fr von 08.00-11.30 h.

Malawi
Embassy of Mozambique, Lilongwe 3, P.O.Box 30579, Commercial Bank Bldg., African Unity Ave., Tel. 00265-784100, 784696, Fax 781342. Mo-Fr von 08.00-12.00 h.
Embassy of Mozambique, Blantyre, Masauko Chipembere Highway (früher Kamuzu Highway), Nunes Bldg., Tel. 00265-643189. Mo-Fr von 08.00-12.00 h.

Swaziland
Embassy of Mozambique, Mbabane, P.O.Box 1212, Highlands View, Princess Drive Road, Tel. 00267-43700, Fax 43692. Mo-Fr von 08.00-11.00 h.

Sambia
Embassy of Mozambique, Lusaka, Kacha Road, Plot 9592, Northhead, P. O. Box 34877, Tel. 00260-1-220333/239135, Fax 220345. Mo-Fr von 08.00-12.00 h.

Tansania
Embassy of Mozambique, Dar-es-Salaam, P.O.Box 9370, 25 Garden Ave., Tel. Tansania-51-116502, Fax 116502. Mo-Fr von 09.00-12.00 h.

SICHERHEIT & GEFAHREN

Gefahren auf Reisen - die persönliche Sicherheit

Wer eine Reise in exotische, untouristische Länder unternimmt, stellt sich irgendwann auch die Frage nach dem möglichen Sicherheitsrisiko eines solchen Unternehmens. Mosambik ist da keine Ausnahme, im Gegenteil – war dieser Staat doch lange Jahre nur durch die Schlagzeilen des Krieges, der Armut und schließlich der Flutkatastrophe in den westlichen Medien präsent. Man fragt sich, in welcher moralischer Verfassung eine Gesellschaft nach blutigen Kriegsjahren ist und wie sie auf wohlhabende Besucher reagieren mag. Man tut sich vielleicht auch schwer, die mögliche Gefahr, die von Landminen ausgeht, einzuschätzen. So verharren viele zwischen Neugier und Faszination für ein so wenig vom Tourismus "verdorbenes" Land, und der Furcht vor möglichen Gefahren oder Risiken. Deshalb haben wir uns entschlossen, die Rubrik „persönliche Sicherheit" als eigenen Punkt anzusprechen. Schließlich ist Unkenntnis die Hauptursache für dieses diffuse, unwohle Gefühl vieler Leute, bevor sie Mosambik kennen lernen.

Der klassische **Diebstahl** ist sicherlich das größte Risiko, dem Reisende in Mosambik ausgesetzt sind. Der unauffällige Gelegenheitsdiebstahl ohne Gewaltandrohung, der schnelle Klau, das ist die häufigste Form der Schädigung. Also kein aggressiver Angriff, sondern ganz einfach ein unbemerktes Verschwinden von Hab und Gut. Um die Situation besser einzuschätzen, sollte man sich einmal in die Einheimischen versetzen. Für die meisten Afrikaner ist ganz einfach jeder Tourist steinreich. Schon der Umstand, sich eine Reise um die halbe Welt um des Reisens Willen leisten zu können, weist jeden Tourist als reich aus. Allein die Summe, die ein Tourist bei sich hat, ist mehr Geld, als die meisten Mosambikaner jemals verdienen werden. Es ist also vollkommen unsinnig zu glauben, dass man als Jugendlicher mit alten Klamotten und einem schmalen Reisebudget weniger zur Zielscheibe potentieller Diebe wird als ein wohlhabender Urlauber. Seien Sie sich bewusst, dass Sie stets auffallen, wo immer Sie auch auftauchen, und dort möglicherweise Begehrlichkeiten wecken, um diesen durch umsichtiges Verhalten vorzubeugen. Touristen sind weltweit leicht erkennbare und ziemlich gut kalkulierbare Opfer, denn sie sind in der Regel ortsunkundig, häufig gutgläubig und fast immer unbewaffnet.

Vor allem im Gedränge auf Bushaltestellen und Märkten ist oberste Vorsicht vor geschickten Langfingern geboten. Auf Märkte geht man also ohne jegliche Wertsachen, ohne größere Bargeldbestände, Schlüssel und Dokumente. An den Bushaltestellen haben Rucksackreisende meistens ihr gesamtes Gepäck dabei und können sich in dieser Situation nur durch Aufmerksamkeit und vorausschauendes Verhalten schützen. Auch typische Touristenecken erhöhen das Risiko, Opfer von Taschendiebstahl zu werden. Steht ein Hotelsafe zur Verfügung, verwahrt man alle Dokumente und die größeren Geldbestände dort. Wer seine Wertsachen mit sich führen muss, sollte diese grundsätzlich direkt am Körper tragen. Besser als die leicht erkennbaren Brustbeutel sind Bauchgurte geeignet. Man kann das Geld auch in mehrere Einzelposten aufteilen. Auf keinen Fall darf man sein Versteck in der Öffentlichkeit zeigen. Deswegen hält man stets eine Geldbörse bereit mit ausreichend Geldmitteln für den Tag. Sollte diese gestohlen werden, ist der Verlust nicht allzu hoch. Alle verzichtbaren Wertsachen bleiben sowieso gleich zu Hause, denn sie haben auf Reisen nach Mosambik nichts verloren.

Bewaffnete Überfälle sind in Mosambik glücklicherweise seltener, als die Gerüchte vermuten ließen. In Traveller-Kreisen wird oft vor den Großstädten Maputo und Beira gewarnt. Unseres Erachtens nach sind die Städte Johannesburg, Harare oder Nairobi für Touristen deutlich riskanter als irgend ein Ort in Mosambik. Richtig ist, dass die potentiell größten Gefahren in den anonymen Großstädten lauern. Dieses weltweite Phänomen trifft auch auf Mosambik zu. Wer jemals Opfer eines offenen Raubangriffs wird, sollte sich sofort bereitwillig von seinen Wertsachen trennen. „Lieber 5 Minuten lang ein Feigling, als ein Leben lang tot" lautet ein weises Sprichwort. Wer in solchen Fällen vorgesorgt hat, die Wertsachen am Körper trägt und griffbereit einen einigermaßen gefüllten Geldbeutel aushändigen kann, hat eine gute Chance, nur den Geldbeutel zu verlieren.

Die Gefahr von **Autodiebstahl** betrifft nur einen Teil der Reisenden. Früher kam es in Mosambik immer wieder zu Raubüberfällen, um Autos zu erbeuten. Sie spielten sich meistens nachts und entlang der Fernstrecken, vorzugsweise zwischen Maputo und Durban bzw. Johannesburg und entlang des Beira-Korridors, ab. Heute sind solche Überfälle selten geworden. Nichtsdestotrotz besteht in Südmosambik ein Markt für gestohlene Neuwagen und neuere Geländefahrzeuge. Vor vermeintlichen Überfällen schützen sich Autofahrer, indem sie grundsätzlich nicht nachts fahren und auch nicht anhalten, wenn irgend jemand am Straßenrand gestikuliert (außer der Polizei natürlich). Viele Autofahrer verschließen Türen und Fenster bei Fahrten innerhalb der Großstädte. Größer ist die Gefahr eines heimlichen Autodiebstahls. Es gilt: Fahrzeuge werden grundsätzlich nirgends unbewacht abgestellt! In Maputo und Beira muss man einen sicheren

SICHERHEIT & GEFAHREN

Parkplatz finden, die öffentlichen sind nicht verlässlich. Ältere Fahrzeuge oder seltene Automarken sind nicht besonders attraktiv für Autodiebe (im Gegensatz zu neuen Luxuskarossen, wie BMW und Mercedes oder Toyota-Allradfahrzeugen), werden aber dennoch gerne aufgebrochen und ausgeraubt. So sehr der Rucksacktourist auf seinen Bauchgurt und Rucksack aufpassen muss, hat der Autofahrer eben sein Fahrzeug zu hüten.

Verkehrsunfälle gehören besonders zum Risiko derer, die viel mit Chapas und Bussen unterwegs sind. Meistens handelt es sich um Reifenpannen oder Motorpannen, wenn die Fahrt am Straßenrand unterbrochen wird. Aber es besteht ein erhöhtes Unfallrisiko, wenn die Fahrer alkoholisiert hinter dem Steuer sitzen. Zu einem offenkundig angetrunkenen Fahrer darf man nie ins Fahrzeug steigen. Je später die Tageszeit, um so eher sind die Fahrer angetrunken, also lieber vormittags reisen. Stehen Bus und Chapa zur Verfügung, würden wir in der Regel aus Gründen der Verkehrssicherheit den Bus vorziehen. Wer selbst mit einem Auto unterwegs ist, legt besser die deutsche Mentalität ab, sein Recht durchsetzen zu wollen. Hier hat das größere und stärkere Fahrzeug Recht. In Zweifelsfall ist die missachtete Vorfahrt weniger schlimm als ein Unfall, den man hätte vermeiden können.

Immer wieder kursieren wilde Geschichten von mosambikanischen **Polizeikontrollen**, die einzig zum Ziel hätten, den Touristen Geld abzunehmen. Das schlechte Image entstand zu sozialistischen Zeiten, als Fremde suspekt waren und gerne polizeilich überprüft wurden. Inzwischen hat sich die politische Landschaft in Mosambik deutlich gewandelt und die Regierung Polizei und Militär zu einem kooperativen Verhalten gegenüber Touristen angehalten. Missbrauch und Korruption im Dienst werden nun geahndet. Unsere persönlichen Erfahrungen während der Recherchen zu diesem Buch bestätigen die Horrorgeschichten nicht. Kontrollen sind zahlreich (im südlichen Mosambik), aber stets haben wir nach Vorzeigen der Dokumente ohne Schwierigkeit weiterreisen können. Negativmeldungen gibt es allerdings neuerdings aus der Region Xai-Xai. Bitte beachten Sie hierzu auch unsere Erläuterungen zu den Verkehrskontrollen auf S. 366.

Auch zum Thema **Landminen** haben wir auf S. 66 und S. 369 eigene Absätze erstellt. Über dieses Thema ist schon viel Unsinn verbreitet worden (z. B. dass man beim Urinieren eine Landmine auslösen könne...). Die Gefahr wird als schlimmer empfunden, als sie für den Reisenden ist. Das mag an der Unsichtbarkeit liegen und der verbreiteten Unkenntnis über die Situation im Land. Die Hauptstraßen und touristisch erschlossenen Strände Mosambiks wurden inzwischen von Landminen gesäubert. Verbliebene Minenfelder wurden größtenteils markiert. Gefahrenbereiche sind vor Ort in der Regel bekannt,

deshalb fragt man im Falle eines Falles, z. B. wenn man irgendwo campieren möchte, die Einheimischen nach „Minas perigosas" (gefährlichen Minen). Für Touristen ist das Risiko eines Verkehrsunfalls auf alle Fälle höher als das eines Unfalls mit einer Landmine.

Was das erwähnte Vermeiden von Begehrlichkeiten angeht, ist als **Verhaltenskodex** zu verstehen. Man protzt nicht mit seinen Werten, zeigt nicht freizügig prall gefüllte Geldbeutel oder edle Kameraausstattungen herum. Lieber verstaut man die teuere Kamera in einem unauffälligen Beutel, der Unkundigen nicht den Wert des Geräts verrät.

Kriminologen wissen längst, dass es einen bestimmten **Opfertypus** gibt, der Gewaltdelikte magisch anzuziehen scheint, während andere Personen sicher und unbelästigt gleiche Situationen erleben können. Potentielle Opfer wirken unsicher, ängstlich und schwach. Für den Reisenden heißt dies, sich möglichst immer zuversichtlich und selbstbewusst zu geben. Man strahlt aus, die Situation im Griff zu haben. Vor allem alleinreisende Frauen sollten sich dieses Verhalten zu eigen machen. Erfahrene Reisende gehen sogar in Städten, wo sie die Orientierung verloren haben, so weit, nicht hilflos mit dem Stadtplan durch die Gegend zu laufen, sondern nur von Zeit zu Zeit unauffällig nach Weg und Ziel zu forschen. Provokantes Gehabe und Zurschaustellung der körperlichen Leistungskraft ist natürlich auch nicht der gewünschte Weg, vielmehr geht es darum, unauffällig selbstbewusst aufzutreten.

Die persönliche Sicherheit kann auch durch **eigenes Fehlverhalten** beeinträchtigt werden. Beim Reisen in unterentwickelten Ländern sollte man immer im Gedächtnis behalten, wie verheerend z. B. ein Sportunfall enden kann. Tauchen, Klettern und Motorradfahren sollten hier nur Geübte! Anfängererfahrungen macht man besser zu Hause, wo etwaige Unfälle sachgerecht behandelt werden können. In Afrika beenden selbst harmlose Unfälle, wie Verstauchungen, rasch eine lang ersehnte und teure Fernreise.

Zum „eigenen Fehlverhalten" gehört ein Wort zu Thema Drogenkonsum. Besitz, Handel und Konsum von **Drogen** sind in Mosambik illegal. Dennoch können sich Interessierte Marihuana an einigen Stränden und Ortschaften des Landes beschaffen. Wer jedoch mit Drogen erwischt wird, hat die Aussicht auf einen langen Aufenthalt im mosambikanischen Knast und nur wenig Hilfe seiner Botschaft zu erwarten.

Alles in allem empfinden wir persönlich Mosambik als ebenso sicher und angenehm, wie z. B. Malawi, Sambia, Botswana und Tansania. Wer sich an die empfohlenen Sicherheitsvorkehrungen hält und stets mit offenen Sinnen reist, sich auch nicht scheut, auf den eigenen Instinkt zu vertrauen, der wird mit großer Wahrscheinlichkeit sicher durch Mosambik reisen.

349

ANREISE NACH MOSAMBIK

Interkontinentale Flugverbindungen

Direktflüge nach Maputo von Europa aus bietet fünfmal wöchentlich die mosambikanische Fluggesellschaft Linhas Areas de Moçambique (LAM) in Kooperation mit der portugiesischen Linie TAP.

Zahlreiche internationale Fluggesellschaften, wie LH, BA, KLM, EK und SAA, fliegen mehrmals wöchentlich bis täglich von europäischen Städten nach Johannesburg (Südafrika), das als regionales Flugdrehkreuz fungiert. Von hier bestehen täglich zahlreiche Weiterflugmöglichkeiten nach Maputo und zu anderen Zielen Mosambiks.

Preislich mitunter sogar günstiger ist die Alternative über das Drehkreuz Dar-es-Salaam in Tansania (ebenfalls mit KLM, BA und EK). Von dort bietet LAM Weiterflüge nach Pemba, Nampula und Maputo an.

Seit August 2005 bietet Kenya Airways zweimal wöchentlich eine Verbindung zwischen London bzw. Amsterdam und Maputo an, via dem Drehkreuz **Nairobi**.

Die Flugpreise variieren zum Teil beträchtlich je nach Saison und Fluggesellschaft (ab 700,00 Euro). Auskunft bieten das Internet und Flugreisebüros.

Flugverbindungen innerhalb Afrikas

Ab Südafrika: Ab Johannesburg bestehen tägliche Flugverbindungen nach Maputo und Vilankulo sowie mehrmals wöchentlich nach Beira, Nampula und Pemba. Vom Kruger-Mpumalanga Airport KMIA bei Nelspruit gibt es Flüge nach Maputo, Inhambane und Vilankulo (return ab 330 Euro). Von Durban gelangt man mit Swazi Express Airways jeden Mo/Mi/Fr über Swaziland nach Vilankulo. Zudem gibt es Charterflüge nach Vilankulo und zu den Bazaruto Inseln (z. B. mit Pelican Air, www.pelicanair.co.za ab JNB oder KMIA). **Ab Dar-es-Salaam** bestehen 4 x wöchentlich Flüge nach Pemba, und 3 x nach Maputo und Nampula. **Von Malawi** aus wird die Strecke Lilongwe-Nampula angeboten. Wöchentlich besteht eine Verbindung von **Harare/Zimbabwe** nach Beira und Maputo.

Flughafen Maputo

Maputo International Airport liegt etwa 8 km vom Stadtzentrum entfernt (im Taxi 8-10 Euro). Der Flughafen bietet keine Gepäckaufbewahrung. Fluginformationen: Tel. 21465074/21465829. Weitere Intenationale Flughäfen: Beira, Nampula, Pemba und Vilankulo.

ANREISE

Anreise auf dem Landweg

Im Reiseteil werden alle Grenzübergänge detailliert beschrieben. Hier eine Übersicht:

Anreise von Südafrika

Per Bus & Minibus: Täglich fahren Fernstreckenbusse mehrerer Unternehmen zwischen Johannesburg und Maputo mit Halt in Nelspruit (Zustieg möglich). Je nach Bus kostet die gesamte Fahrt zwischen 20 und 30 Euro. Expressbusse, die zügiger unterwegs sind und mehr Komfort bieten sind teurer als Fernstreckenbusse. Reservierungsadressen in Maputo siehe S. 135, Kontakte in Südafrika:

- **Panthera Azul:** Von Johannesburg, Tel. 0027-11-3377438, täglich ab dem Park Station via Nelspruit nach Maputo. Von Durban, Tel. 0027-31-3097798, jeden Mi/Fr/So ab dem Durban Station via Swaziland nach Maputo.
- **Translux:** Johannesburg. Tel.0027-11-7743333. Abfahrt täglich 08.00 h ab Rissik Street/Ecke Walmarans Street. Pretoria-Maputo ebenfalls täglich. Info: www.translux.co.za
- **Tropical Air/ Intercape:** Johannesburg. Tel.0027-11-3379169 und 0027-21-3804400. Info: www.intercape.co.za. Mehrmals täglich Busse zwischen Johannesburg und Maputo.
- **Expresso Tours:** Expressbusse zwischen Maputo und Johannesburg, Tel. in Maputo 21431662/4, Fax 431665, E-mail: extours@milmoz.mz.

Minibusse bzw. Chapas fahren von Maputo und Johannesburg jeweils zur Grenze, wo sie anschließend wieder umkehren. Grenzgänger müssen an der Landesgrenze also die Fahrzeuge wechseln. Es herrscht reger Betrieb, die Wartezeiten sind daher nie lange. Ab Johannesburg kostet die Gesamtfahrt nach Maputo rund 15 Euro, ab Nelspruit etwa 12 Euro.

An die Grenze Ponto do Ouro fahren dagegen keine öffentlichen Verkehrsmittel. Nicht motorisierte Touristen finden am ehesten zu Ferienzeiten oder an den Wochenenden eine Mitfahrgelegenheit bei den zahlreichen südafrikanischen Urlaubern.

Per Bahn: Tägliche Zugverbindungen bestehen von Johannesburg über Nelspruit zur mosambikanischen Grenze. Dort fährt man nach den Formalitäten im überfüllten Bummelzug nach Maputo weiter (tägl. gegen 12 h Uhr Abfahrt, Ankunft in Maputo gegen 16.30 h).

Der sog. Komati-Zug fuhr früher zwischen Maputo und Johannesburg. Die Strecke ist verkürzt worden, der Zug kehrt nun an der südafrikanischen Landesgrenze wieder um. Info & Reservierung (für 1. und 2. Klasse notwendig): Maputo Tel. 21429659/21431269, Fax 21427746, www.cfmnet.co.mz. In Johannesburg Tel. 0027-11-7732944.

Zweimal wöchentlich verbindet der **Trans-Lubombo-Express** in knapp 23-stündiger Fahrt Durban mit Maputo. Abfahrt in Durban via Empangeni und Swaziland ist jeden Dienstag und Freitag um 19.30 Uhr, Ankunft Maputo gegen 18.15 Uhr am nächsten Tag. Abfahrt Maputo jeden Donnerstag und Sonntag um 09.30 Uhr, Ankunft Durban um 07.30 Uhr. Vorausbuchung notwendig, in Durban Tel. 0027-31-3617621. Kosten pro Strecke ca. 25 Euro, ab Swaziland bis Maputo etwa 9 Euro.

Anreise von Zimbabwe

Per Bus: Der wichtigste Grenzübergang zwischen Zimbabwe und Mosambik liegt bei Mutare in Machipanda/Manica. Von hier führt der Beira-Korridor in die zweitgrößte Stadt des Landes. Die Strecke wird von zahlreichen Überland- und Minibussen befahren, in unregelmäßigen Abständen auch von Panthera Azul-Bussen (in Beira Tel. 23326564/23323564). Ebenfalls stark frequentiert ist der Grenzübergang Cuchamano-Changara/Nyamapanda. Hier verläuft der legendäre Tete-Run zwischen Zimbabwe und Malawi. Alle Fernstreckenbusse zwischen Harare und Blantyre bieten Aus- und Zustiegsmöglichkeit in Tete.

Nur wenig Verkehr wird über die Grenzen Mucumbura und Espungabera/Mt. Selinda abgewickelt (keine öffentlichen Verkehrsmittel).

Per Bahn: Eine Einreise per Bahn ist derzeit nicht möglich, weil die Verbindung Mutare-Beira eingestellt wurde.

ANREISE

Anreise von Sambia

Per Bus: Der Ausbau der Straße zwischen Cassacatiza und Tete hat die Anreise via Katete in Sambia deutlich vereinfacht. Doch fahren keine öffentlichen Verkehrsmittel entlang dieser einsamen Strecke (nur private Minibusse). Die Grenze Luangwa/Zumbo liegt an der Mündung des Luangwa in den Sambesi. Eine Überfahrt ist nur per Einbaum möglich. Von Zumbo bestehen keinerlei öffentliche Verkehrsmittel zur Weiterreise, daher kann diese Einreisevariante wenig empfohlen werden.

Anreise von Malawi

Per Bus: Einzige Grenzstation zwischen Malawi und Mosambik, die von Fernstreckenbussen bedient wird, ist Mwanza/Zóbuè am Tete-Run. Minibusse fahren außerdem zu den Grenzübergängen Dedza/Ulongwe, Mulanje/Milange, Nayuchi/Entrelagos und Chiponde/Mandimba. Überall muss man die Grenze zu Fuß überqueren und anschließend ein neues Sammeltaxi ergattern. Malawis südlichste Grenze in Nsanje/Vila Nova da Fronteira eignet sich eigentlich nur für Selbstfahrer, weil hier kaum Verkehr existiert. Autofahrer können über diese Grenze allerdings rasch zur Brücke über den Sambesi in Vila de Sena gelangen und in Richtung Beira weiterfahren.

Per Bahn: Von Liwonde fährt ein Zug zur Grenzstation Nayuchi. 2 km weiter liegt die mosambikanische Grenze Entrelagos, von wo ein anderer Zug nach Cuamba fährt (siehe S. 313). Von Cuamba besteht tägliche Weiterreisemöglichkeit mit dem 3-Klassenzug nach Nampula und Nacala (diese Strecke zählt zu den Empfehlungen für Zugfreunde, weil sie in rascher Fahrt durch eine Panoramalandschaft führt).

Anreise von Swaziland

Per Bus: Die Grenzstation Lomahasha/Namaacha liegt 77 km von Maputo entfernt. Mehrmals wöchentlich fahren Expressbusse (siehe S. 135) zwischen Maputo und Mbabane, Swaziland. Minibusse und lokale Langstreckenbusse fahren ab 4-5 Euro zwischen Mbabane oder Manzini und Maputo. Ferner besteht die Möglichkeit, Expressbusse zwischen Durban und Maputo zu nutzen, die via Swaziland fahren. Seit 2005 ist auch der neue Grenzübergang Mhlumeni/Goba offen.

Anreise von Tansania

Per Bus: Mit Fahrzeugen besteht nur ein einziger Grenzübergang zwischen Tansania und Mosambik: Die Grenze bei Namiranga und Mwambo am Rio Rovuma mittels tansanischer Motorfähre. Der Fahrpreis beträgt 25 US$ pro Fahrzeug. Fußgänger können auch mit Einbäumen übersetzen. Die Motorfähre kann wegen zu geringer Tidenhubs an 7-8 Tagen des Mondmonats nicht fahren, und an den übrigen auch nur bei Flut (siehe S. 295). Zwischen den beiden Städten Moçimboa da Praia in Mosambik und Mtwara in Südtansania verkehren unregelmäßig Minibusse zur jeweiligen Grenzstation am Rovuma.

Eine weiterer, sehr kleiner Grenzübergang liegt in Moçimboa da Rovuma, etwas weiter stromaufwärts. Diese Grenze kann nur im Einbaum passiert werden, beiderseits des Flusses existieren praktisch keine öffentlichen Verkehrsmittel und nahezu kein Privatverkehr. Der Übergang muss daher aus touristischer Sicht vernachlässigt werden. Angeblich plant die mosambikanische Regierung eine Brücke bei Negomane zu errichten, deren Bau aber noch keine Gestalt angenommen hat.

Öffnungszeiten der Grenzübergänge

Südafrika:	Ressano Garcia/Lebombo	06.00-22.00 h	
	Ponta d'Ouro/Kosi Bay	08.00-17.00 h	
	Pafuri (GKG Transfrontier Park)	08.00-16.00 h	
Swaziland:	Namaacha/Lomahasha	07.00-20.00 h	
	Mhuleni/Goba	07.00-20.00 h	
Zimbabwe:	Mecumbura/Mucumbura	06.00-18.00 h	
	Espungabera/Mt. Selinda	06.00-18.00 h	
	Cuchamano-Changara/Nyamapanda	06.00-18.00 h	(Tete Run)
	Machipanda/Manica, Forbes-Mutare	06.00-18.00 h	(Beira Korridor)
Sambia:	Cassacatiza/Chanida	06.00-18.00 h	
	Luangwa/Zumbo	08.00-15.00 h	
Tansania:	Namiranga/Mwambo	08.00-16.00 h	
Malawi:	Ulongwe/Dedza	06.00-18.00 h	
	Mwanza/Zóbuè	06.00-18.00 h	(Tete Run)
	Milange/ Mulanje	06.00-18.00 h	
	Chiponde/Mandimba	06.00-18.00 h	
	Nayuchi/Entrelagos	06.00-18.00 h	

ANREISE

Anreise per Mietwagen oder eigenem Auto

Für die Einreise mit einem Fahrzeug verlangen die mosambikanischen Behörden folgende Dokumente:

1) Der Fahrer muss zusätzlich zum nationalen einen **Internationalen Führerschein** und den **Internationalen Zulassungsschein** mit sich führen.

2) Als Zolldokument wird in Mosambik das Carnet de Passage des ADAC anerkannt, wenn das Land handschriftlich vom ADAC im Dokument eingetragen wurde. Anstelle eines Carnets stellt der mosambikanische Zoll an der Grenze ansonsten eine vorübergehende **Importlizenz** für das Fahrzeug aus, die „Bagagem verificada Importação" heißt (englisch: Import Licence oder Import Permit). Dieser Zollschein ist max. 30 Tage gültig und kostet bei Fahrzeugen bis 5 Tonnen Gewicht etwa 3 Euro. Der Betrag ist zahlbar in Meticais, Rand oder US-Dollar, wobei der Betrag in Meticais meistens deutlich günstiger ist als in den anderen beiden Währungen. Die Zollabwicklung verläuft im Allgemeinen routiniert und unproblematisch.

3) Ferner ist für alle Fahrzeuge eine **Haftpflichtversicherung** (Seguro) abzuschließen. An den gängigen Grenzstationen sind Versicherungsagenten (z. B. von EMOSE) stationiert, andernfalls sollte man dies in der nächstgelegenen Provinzhauptstadt nachholen. Die Gebühren sind nach Gewichtsklassen gestaffelt, in Meticais, Rand oder US-Dollar zu bezahlen, und scheinen je nach Grenzposten völlig zu variieren. Eine 30-tägige Versicherung kostet bei Fahrzeugen bis 3,5 Tonnen zwischen 16 und 20 Euro, bei schwereren Fahrzeugen 25-30 Euro. Motorräder und Fahrräder werden für 5 Euro versichert. Auch hier gilt wieder: zahlt man in Meticais, ist der Betrag niedriger, als wenn man in US-Dollar zahlt. Besondere Angaben zu einzelnen Grenzübergangsstellen finden Sie jeweils im Reiseteil.

Per Mietwagen: Wer mit einem Mietwagen aus einem der Nachbarstaaten nach Mosambik einreisen möchte, sollte dringend vorab mit dem Vermieter abklären, ob die Einreise nach Mosambik gestattet und versicherungstechnisch abgedeckt ist. Der Vermieter muss die Zollpapiere, eine Einverständniserklärung ("Letter of Authorization"), die Internationale Zulassung ("Blue Book") und ggf. die Versicherungsunterlagen dem Fahrer aushändigen. Der Grenzzöllner stellt dann bei Einreise das oben beschriebene Temporary Import Permit aus.

Anreise auf dem Seeweg

Trotz der 2700 km langen Meeresküste und einiger wichtiger Seehäfen bestehen keine regulären Schiffsverbindungen nach Mosambik, bei denen Passagiere aufgenommen werden. Ab Durban (Südafrika) fahren allerdings regelmäßig Frachtschiffe nach Ostafrika, die unterwegs in Maputo, Beira etc. anlegen.

Entlang der ostafrikanischen Küste verkehren zahlreiche arabische Dhaus. Es besteht die theoretische Möglichkeit, in Südtansania eine Dhau zu chartern und sich auf diese Weise nach Mosambik (Moçimboa da Praia oder Palma) übersetzen zu lassen, was allerdings ein zeitraubendes Abenteuer bedeutet.

Eine mögliche Anreisevariante für verwegene Individual-reisende stellt der **Niassasee** dar. Das malawische **Linienschiff Ilala** fährt wöchentlich von Monkey Bay bis in den Norden des Sees und auf beiden Strecken auch zur Insel Likoma und den beiden mosambikanischen Häfen Cobué und Metangula.

Es werden drei verschiedene Klassen angeboten, und man kann in der 1. Klasse durchaus von einer kleinen Kreuzfahrt sprechen. Luxus darf man nicht erwarten, doch eine vernünftige Verpflegung, ein großes Sonnendeck mit einer Bar, einen Salon und saubere, zweckmäßige Kabinen. Die schönste Kabine ist die *Owner's Cabin* mit herrlicher Aussicht und eigenem Bad. Die 6 Standardkabinen verfügen über zwei Betten, ein Waschbecken und gemeinsame Dusche/Toilette. Im Fahrpreis ist Frühstück enthalten.

Die Tickets werden ab einen Tag vor der Abfahrt in Monkey Bay ausgestellt und in Malawi-Kwacha berechnet. Buchungsbüro: **Malawi Lakes Services**, Ilala-Bookings, P.O.Box 15, Monkey Bay. Tel. 00265-587311, Fax 587359, E-mail: ilala@malawi.net. Die Fahrt nach Cobué kostet ab Nkhata Bay oder Nkhotakota rund 32 Euro in der Standardkabine. www.malawi-travel.com.

Weitere Infos: Fahrplan der Ilala S. 354, Reiseteil S. 310

Fahrplan der Ilala

HAFEN	ANKUNFT	ZEIT	ABFAHRT	ZEIT
Monkey Bay			Freitag	10:00
Chilinda	Freitag	12:10	Freitag	13:40
Makanjila	Freitag	16:00	Freitag	17:30
Chipoka	Freitag	20:15	Freitag	22:00
Nkhotakota	Samstag	05:30	Samstag	07:00
Metangula (M)	Samstag	10:30	Samstag	12:00
Cobué (M)	Samstag	15:45	Samstag	17:00
Likoma	Samstag	17:25	Samstag	19:30
Chizumulu	Samstag	20:45	Samstag	25:45
Nkhata Bay	Sonntag	05:00	Sonntag	07:00
Usisya	Sonntag	09:20	Sonntag	11:00
Ruarwe	Sonntag	11:50	Sonntag	12:50
Tcharo	Sonntag	13:40	Sonntag	14:00
Mlowe	Sonntag	15:20	Sonntag	16:00
Chilumba	Sonntag	18:30	Montag	02:00
Mlowe	Montag	04:30	Montag	05:30
Tcharo	Montag	06:50	Montag	07:50
Ruarwe	Montag	08:50	Montag	10:00
Usisya	Montag	10:50	Montag	12:30
Nkhata Bay	Montag	14:45	Montag	20:00
Chizumulu	Montag	23:30	Dienstag	02:00
Likoma	Dienstag	03:15	Dienstag	06:15
Cobué (M)	Dienstag	06:40	Dienstag	08:30
Metangula (M)	Dienstag	12:15	Dienstag	14:15
Nkhotakota	Dienstag	17:45	Dienstag	19:20
Chipoka	Mittwoch	02:50	Mittwoch	04:00
Makanjila	Mittwoch	06:45	Mittwoch	08:00
Chilinda	Mittwoch	10:15	Mittwoch	12:00
Monkey Bay	Mittwoch	14:00		

(M) = Häfen in Mosambik, alle anderen: Malawi

Fahrpreise für einfache Fahrtstrecken:

Von Monkey Bay nach:	Owner's Cabin	Standard Kabine
Nkhotakota	75,00 Euro	57,00 Euro
Nkhata Bay	85,00 Euro	75,00 Euro
Likoma Island	90,00 Euro	68,00 Euro
Chilumba	150,00 Euro	115,00 Euro
Von Nkhata Bay n. Likoma	35,00 Euro	25,00 Euro

TRANSPORT VOR ORT

Das Inlandflugnetz

Die staatliche Fluggesellschaft **LAM** bietet ein dichtes Flugnetz innerhalb des Landes an. Außer Inhambane, Xai-Xai und Tete sind alle Provinzhauptstädte per Linienflug mit LAM erreichbar. Die Flüge sind in der Regel wegen der starken Nachfrage deutlich überbucht. Teilweise muss man sich schon monatelang im Voraus um eine Flugreservierung bemühen. Diese sollte man zwischenzeitlich mehrmals rückbestätigen und zusätzlich sehr frühzeitig am Flughafen erscheinen; damit steigt die Wahrscheinlichkeit, einen Platz zu bekommen. Wer im Land einen Flug reserviert, kann die Zahlung in Meticais, Rand oder US-Dollar leisten. Kurzfristig werden immer wieder Spezialangebote mit deutlich günstigeren Tarifen offeriert. Kontakt: Linhas Areas de Mocambique in Maputo, Av. 25 de Setembro, Tel. 21326001, Fax 21465134; Av. Mao Tse Tung/Ecke Av. Julius Nyerere Tel. 21490590/ 21496101, Fax 21496105; am Flughafen Tel. 21465074. Reservierungen Tel. 21465810/8. Internet: www.lam.co.mz. Weitere Zweigstellen im Land: siehe im Reiseteil.

LAM bietet tägliche Flüge zwischen Maputo und den Städten Beira, Vilankulo, Nampula, Lichinga, Chimoio und Pemba sowie einige Flüge nach Quelimane.

Von Nampula aus besteht seit 2004 Konkurrenz für LAM durch die private Airline "**Air Corridor**", die Flüge zwischen Quelimane, Beira, Maputo und Pemba anbietet.

Charterfluggesellschaften sind in Maputo, Vilankulo, Beira, Quelimane, Nampula und Pemba ansässig (siehe Reiseteil). Sie bieten teilweise feste Routen und Termine, z. B. zur Insel Inhaca oder den Bazaruto Inseln, können aber auch für individuelle Ziele reserviert werden. Bei Interesse wendet man sich entweder direkt an die Gesellschaft oder an ein örtliches Reisebüro (s. S. 132).

> **Preise bei Inlandflügen ab Maputo:**
> nach Pemba ab 130 Euro, nach Beira ab 85 Euro, nach Nampula ab 100 Euro (jeweils billigste Angebote für One-Way-Flüge, die mindestens 7 Tage vorab gebucht werden müssen)

Bahnverbindungen

Nur wenige Bahnstrecken hat das große Land zu bieten. Die wichtigsten Strecken sind von Maputo zur Grenze nach Südafrika (Ressano Garçia) und die Strecke von Nacala über Nampula nach Cuamba und Malawi (der Nacala-Korridor). Auf den mosambikanischen Bahnstrecken stehen ein bis drei Beförderungsklassen zur Verfügung. Die erste Klasse bietet, so es sie gibt, komfortable Abteile und oft auch einen Speisewagen. In der zweiten Klasse fährt man auch noch ganz ordentlich, die dritte Klasse ist fast immer hoffnungslos überfüllt.

Für den Reisenden bietet sich vor allem die Bahnstrecke Cuamba-Nampula bzw. Nacala an, auf der sogar Fahrzeuge transportiert werden können (siehe S. 260 und 313). Die anderen Strecken halten einem Vergleich zur Busfahrt nicht stand. Zugabfahrten sind stets sehr pünktlich, man sollte 1 Stunde vorher da sein. Wir empfehlen die Mitnahme einer Taschenlampe, da oft kein Licht in den Waggons brennt.

Busverbindungen

Ein festes Netz an komfortablen Fernstreckenbussen verkehrt zwischen Maputo und Beira, Beira und Chimoio und zwischen Tete und Beira bzw. Chimoio (mit Haltestellen in zahlreichen größeren Ortschaften entlang dieser Routen). Preise und Abfahrtsorte sind im Reiseteil gelistet. Große Gepäckstücke werden gesondert in Rechnung gestellt (Rucksäcke ca. 1 Euro). Eine Vorreservierung der Busse ist nicht nötig, es empfiehlt sich aber, frühzeitig an der Bushaltestelle zu erscheinen. Die meisten Abfahrten liegen in den frühen Morgenstunden, Nachtfahrten wurden aufgrund vieler Unfälle landesweit verboten. Den besten Sicherheitsstandard und Komfort bieten die teureren Expressbusse.

Die größten Busunternehmen heißen Oliveiras Transportes (vor allem Routen von Maputo nach Swaziland und nördlich bis Vilankulo) und TSL. Grundsätzlich ist das Busnetz im Süden des Landes besser und dichter, nach Norden nimmt es kontinuierlich ab.

Bitte berücksichtigen: Blockierte Straßen oder Schienen, Reparaturarbeiten oder Wetterkapriolen können bei Bahn und Bus jederzeit zu starken Verspätungen oder Fahrtunterbrechungen führen.

REISE-TIPPS

für den Alltag in Mosambik

➤ 1.) Begegnung mit den Mosambikanern

Für Mosambik kann man keine allgemeingültigen Tipps bzgl. der zwischenmenschlichen Begegnungen und Kontakte geben. Je nach Landesregion gibt es sehr große Unterschiede. Im Süden, in der Hauptstadt Maputo und den Küstenstädten bis Vilankulo, sind die Mosambikaner viel selbstbewusster und extrovertierter als im Rest des Landes. Das persönliche Outfit (Kleidung, Accessoirs und Frisuren) ist in Südmosambik von großer Bedeutung. An Touristen hat man sich hier inzwischen gewöhnt und pflegt einen legeren Umgang.

Das Landesinnere ist fast überall dünn besiedelt und arm. Das Leben in den Dörfern des Hinterlands ist sehr viel rückständiger als an der Küste. Touristen sind eine Seltenheit. Daher verhalten sich die Menschen in der Regel viel unsicherer und zurückhaltender gegenüber Fremden, ja manchmal sogar devot.

In Nordmosdambik ist es wieder ganz anders. Hier, wo vor allem Makua leben, nähern sich die Menschen Fremden gegenüber wieder viel ungenierter und mit unverhohlener Neugier. Es kann dem Reisenden passieren, dass er stundenlang von einer Menschentraube umringt wird, die sich keiner seiner Bewegungen entgehen lassen möchte. Englischkenntnisse sind eher die Ausnahme.

Überall jedoch zeigen die Menschen die angenehmen afrikanischen Charakterstärken Fröhlichkeit, Situationskomik und Gastlichkeit. Sprachschwierigkeiten werden mit kollektivem Einsatz gemeistert und fast wie eine sportliche Herausforderung angesehen.

An dem jahrzehntelangen angespannten Verhältnis zwischen Südafrika und seinen Nachbarstaaten mag es liegen, dass Mosambikaner in der Regel weniger positiv auf Südafrikaner zu sprechen sind als auf Europäer. In vielen Situationen werden europäischen Touristen größere Sympathien entgegen gebracht. Deutschland ist besonders beliebt und bekannt, weil viele Mosambikaner einst in der DDR arbeiteten und lebten. Die meisten haben gute Erinnerungen daran bewahrt. Und sprechen noch nach mehr als 10 Jahren ein ausgesprochen gutes Deutsch mit leichtem Akzent.

Wir haben die Erfahrung gemacht, dass viele Mosambikaner bereitwillig und stolz erklären oder zeigen, wofür der Fremde Interesse zeigt. Weil es sich oft um Dinge handelt, die für sie selbstverständlich sind, amüsieren sie sich dabei köstlich. Im Gegenzug sind sie dankbar, wenn man dann auch etwas aus der eigenen Heimat, dem eigenen Alltag, zum Besten gibt. Eine lockere, fröhliche Kommunikation wird überall geschätzt.

TIPPS FÜR DEN ALLTAG

Anhand der Leserzuschriften und Anfragen zu unseren Reiseführern fällt uns auf, dass viele Reisende, die bisher ausschließlich in Namibia, Botswana oder Südafrika unterwegs waren, eine Scheu vor anderen Ländern Afrikas haben. Man kann diese Länder und Mosambik, wo Weiße in deutlicher Unterzahl sind, in der Tat nicht miteinander vergleichen. Wer bisher nur in den oben genannten Ländern unterwegs war, mag daher durchaus anfangs Schwierigkeiten mit der Umstellung haben. So ist Mosambik nur bedingt für Leute geeignet, die in Afrika ausschließlich Kontakt zu Weißen suchen. Man mag sich in Südmosambik noch entlang der Strände von weißem Lodgebesitzer zu weißem Campingplatzbesitzer hangeln, aber im Landesinneren und überall nördlich von Vilankulo sind direkte Kontakte zu den Einheimischen unumgänglich – und machen einen besonderen Reiz der Reise aus!

Verhaltenstipps

Jenseits der Badestrände ist **ordentliche Kleidung** ein Zeichen des Respekts gegenüber dem Gastland. Offenkundig wohlhabende Touristen – denn wer sich einen Urlaub leisten kann, ist für Mosambikaner reich – in zerrissener, verdreckter oder nachlässiger Kleidung wird mit Unverständnis zur Kenntnis genommen. In der afrikanischen Gesellschaft ist es üblich, die persönliche wirtschaftliche oder soziale Stellung mit sichtbaren Attributen zu unterstreichen; durchaus auch, um sich als gebildeter oder erfolgreicher Bürger von der großen Masse abzusetzen. Ein Schullehrer, Doktor oder Staatsbeamter wird stets auf eine tadellose Erscheinung wert legen. Lumpen sind hier etwas für Bettler und Arme; wer es zu etwas gebracht hat, zeigt dies mit sauberer, modischer Kleidung. Deshalb ist den Menschen ein allzu lässiges Auftreten von Touristen unbegreiflich.

Für Frauen besteht darüber hinaus auch ein gesellschaftlicher **Kleiderkodex**. Zwar sind nackte Arme und Schultern völlig unproblematisch, dafür sollten die Beine einer Frau zumindest bis zum Knie bedeckt sein. Es bringt Ausländerinnen, die sich nicht an diese Kleiderordnung halten, in Mosambik kaum wirklich in Bedrängnis oder peinliche Situationen, aber man stößt sich eben daran und empfindet die „Nacktheit" als schamlos.

Ein richtiges Tabu sind **Zärtlichkeiten** zwischen Mann und Frau in der Öffentlichkeit. Eng umschlungene Touristenpaare fallen auf und werden in der mosambikanischen Kultur als unanständig empfunden. Wenig Anstoß erregt dagegen, wenn befreundete Männer (keine Homosexuellen) Händchenhalten. Homosexuelle und Lesben leben in Mosambik weitgehend inkognito, denn Politik und Gesellschaft empfinden die gleichgeschlechtliche Liebe immer noch als höchst peinliche Krankheit.

Touristen und das **Fotografieren** gehören zusammen. Wo immer Touristen in Afrika auftauchen, wollen sie die exotische, wilde Welt auf Zelluloid bannen. In manchen Regionen, wie z. B. am Lago Niassa, stellen sich die Menschen begeistert in Pose, um mit auf das Bild zu kommen. Anderswo sind sie stolz und fühlen sich geehrt, wenn man sie fotografieren möchte. Es gibt aber auch Menschen, die nicht fotografiert werden wollen. Dies ist unbedingt zu respektieren.

Sprachschwierigkeiten sind kein Argument, um mangelnde Kontaktbereitschaft zu erklären. Wer sich Mühe gibt, wird ohne Worte auskommen und den Menschen ein Lächeln abringen. Es gibt Leute, die können ohne eine gemeinsame Sprache miteinander kommunizieren. Afrikaner zeigen die Bereitschaft dazu fast immer, während wir diese Spontaneität und Situationskomik kaum je gelernt haben. Versuchen Sie ungeniert, sich mit Gesten verständlich zu machen. Eine große Hilfe können Bilder und Bücher darstellen. Wir erinnern uns an einen Abend in einem abgelegenen Dorf, in dem niemand portugiesisch oder englisch sprach. Mit Hilfe unseres Tierführers kam rasch ein fröhliches „Gespräch" in Gang, bei dem wir erfuhren, welche Wildtiere die Dorfbewohner fürchten bzw. jagen und verzehren.

TIPPS FÜR DEN ALLTAG

➤ 2.) Die sprachliche Verständigung

Portugiesisch ist eine schnell gesprochene romanische Sprache und unseren mitteleuropäischen Ohren in der Regel wenig vertraut. Geschriebene Texte sind sehr viel leichter zu "verstehen" als das gesprochene Portugiesisch, bei dem die Worte gerne direkt aneinander gehängt werden und für Ungeübte schwer verständlich bleiben.

Die **Aussprache** der Buchstaben und Silben weist folgende Besonderheiten auf:

"ã"	wird wie ein nasaliertes "a" gesprochen
"ç"	wird vor "a", "o" und "u" wie "s" ausgesprochen
"c"	wird vor "e" und "i" wie "s" gesprochen, vor "a", "o" und "u" jedoch wie "k"
"ch"	entspricht dem deutschen "sch"
"g"	wird vor "e" und "i" wie im Wort "Garage" gesprochen, bleibt vor "a", "o" und "u" aber ein "g"
"j"	wird wie ein weiches "sch" gesprochen
"lh", "nh"	werden wie "lj" und "nj" gesprochen
"Qu"	wie "k", vor "e" und "i" wird das "u" meist nicht ausgesprochen
"v"	wird immer wie ein "w" gesprochen

Grußformeln und Höflichkeiten   *Portugiesisch*   *Aussprache*

Deutsch	Portugiesisch	Aussprache
Guten Tag / Guten Morgen (bis 12.00 Uhr mitags)	Bom dia	"bom dia"
(ab 12.00 Uhr mittags)	Boa tarde	"boa tarde"
Guten Abend / Gute Nacht (ab 18.00 Uhr)	Boa noite	"boa noithe"
Auf Wiedersehen – Tschüß	Adeus – Tchau	"adejusch, tschau"
Bitte – Danke	Faz favor – Obrigado/a	"fasch fawor – obrigado/a"
Gern geschehen (auf ein "Danke")	De nada	"de nada"
ja – nein	sim – não	"sijm – nao"

Fragen

Deutsch	Portugiesisch	Aussprache
Wie geht's?	Como etsá?, como vai?	"komo (e)schta?, komo wai?"
Wo ist ...?	Onde fica...?	"ondsche fika...?"
Warum...?	Porque...?	"porke...?"
Wieviel kostet es?	Quanta custa?	"kwanta kusta?"
Was...?	O que...?	"o ke...?"
Wann...? / Um wievel Uhr?	Quando...? A que hora?	"kwando? a ke ora?"
Wie heißt du?	Como te chamas?	"komo te schamas?"

Antworten

Deutsch	Portugiesisch	Aussprache
Alles klar!	Tudo bem!	"tudo bej"
Entschuldigung...	Desculpe,...	"deschkulpe"
Ich weiß (es) nicht	Não sei	"nao sej"
Ich verstehe (es) nicht	Não entendo	"nao entendo"

Diese Wortbeispiele sind hilfreich, können aber nur sehr grobe Anhaltspunkte geben und kein Portugiesisch-Wörterbuch ersetzen, das bei keiner Mosambikreise fehlen sollte.

Siehe auch: **Namen von Speisen und Getränken: S. 360, 361 / Wildtiernamen S. 95**

TIPPS: VERSTÄNDIGUNG

Glossar: Typische Ausdrücke & Begriffe in Mosambik und dem südlichen Afrika

A-Frame Chalet	Chalet mit dem langgezogenen Spitzdach, wie ein „A"
alcatrão – asfalto	Teerbelag – Asphaltbelag
Bairro	Stadtviertel
Batelão	Fähre
B&B	Bed and Breakfast, Frühstückspension
Biltong	Trockenfleisch in Streifen, Spezialität aus Südafrika
Boerewors	„Burenwurst", fettreiche, gerollte Grillwurst
Boma / Lapa	Haupthaus, zentraler Mittelplatz (z. B. auf einer Lodge)
Braai	Grillen, Barbecue (südafrikanischer Begriff)
Bush	Wildnis
Caminhão	Lkw
Campsite / Campismo	Camping- oder Zeltplatz
Chapa	mosambikanisches Sammeltaxi
Coutada	Jagdgebiet
Dhau	arabisches Segelboot, engl. Dhow
Escola	Schule
Four Wheel Drive	Allradantrieb (port.: tracção de quatro rodas)
Fullboard/ Pensão completa	Vollpension
Game	Wild(-tiere)
Game Drive	Pirschfahrt zur Wildbeobachtung
Gasolina – Gasóleo	Benzin – Diesel
Guide/Guia	Reiseleiter, Safari-Leiter
Kill	Riss eines Raubtieres
Kraal	traditionelle, umschlossene Wohneinheit
Lift	Mitfahrgelegenheit (umgangssprachlich)
Machibombo	Bus
Mealie-Meal	Maismehl
Mercado	Markt
Migração	Einwanderungsbehörde
Minas	Landminen
Pensão	Kleines, privat geführtes Hotel
perigo	Gefahr!
peri peri	(auch piri piri) sehr scharf (Peperoni)
Praça	öffentlicher, meist zentraler Platz
Praia	Strand
Régulo	Dorfvorsteher in Mosambik
Rondavel	runde Hütte/Ferienhaus

TIPPS FÜR DEN ALLTAG

➤ 3) Essen und Trinken in Mosambik

Im südeuropäisch geprägten Mosambik kommt der Nahrungsaufnahme eine viel wichtigere Bedeutung zu als in den ehemals britischen Nachbarländern. In Mosambik isst man interessanter, stärker gewürzt und oft in mehreren Gängen. **Vorspeisen** heißen hier Entradas und bestehen gerne aus Garnelen, Salaten oder Suppen, wie die berühmte Schellfischsuppe "sopa de mariscos". Typische **Hauptgerichte** entlang der Küste sind natürlich Fisch (peixe) und Meeresfrüchte, wie Garnelen (camarão), Langusten (lagosta) und Tintenfisch (lulas) sowie Huhn (frango) und Rindfleisch (carne de vaca). Als Beilagen werden vor allem Reis (arroz), Pommes Frites (batatas fritas) und der afrikanische Maisbrei (posho) gereicht. Gemüse variiert nach Saison. Gerne werden Bohnen (feijão) verarbeitet, aber auch junger Spinat (espinafre), Erdnüsse (amendoim), Avocados (abacate), Kürbisse (abóbora), Tomaten (tomate) und Zwiebeln (cebola). Frische Blattsalate (alface) und Salatgurken (pepino) gibt es fast nur in Großstädten, wo die Kühlung leicht verderblicher Waren aufrecht erhalten werden kann. Vor allem im Landesinneren bildet Maniok (mandioka), der im englischsprachigen Raum Cassava heißt, das Hauptnahrungsmittel der Einheimischen. Der bittere Geschmack ist für Europäer sehr gewöhnungsbedürftig. Maniok hat sich auch nie als Nahrungsmittel der Weißen in Afrika durchsetzen können. Auf den einheimischen Speisekarten werden z. B. "Galinha piri piri" (Scharfes Huhn), "Lulas grelhadas" (gegrillte Tintenfischringe), "Feijoada" (Bohneneintopf), "Salada de pera abacate" (Avocadosalat) angeboten. Als **Nachtisch** sind Süßwaren (doces), Pudding (puddim) und Eiscreme (gelado sorvete) typisch, wobei man vom Speiseeis die Finger lassen sollte (siehe S. 340). Neben Fisch und Gemüse beeinflussen zahlreiche Obstsorten die mosambikanische Küche. Ananas (abacaxi), Papaya (popo), Kokosnüsse (coco), Melonen (melão), Mangos (manga) und Bananen (banana) werden nicht nur frisch gegessen, sondern auch intensiv bei der Zubereitung von Hauptgerichten verarbeitet. Das Resultat ist in den meisten Fällen eine Gaumenfreude.

Zum **Frühstück** und als Beilage beim Hauptessen werden portugiesische Brötchen (paozinhos) gereicht, die Reisende mit Broterfahrung in den englischsprachigen Nachbarländern begeistern werden. Belegte Brötchen werden „pregos" genannt, warme Sandwiches heißen „bauru" oder „sanduíche".

Bei den **Getränken** fasst man Limonade, Coca Cola und Sprite unter dem Sammelbegriff refrescos oder sodas zusammen. Mineralwasser (água mineral) kennt man in der Regel nur als stilles Wasser. Wein wird in Flaschen (garafas) serviert, es gibt einheimische und portugiesische Sorten an Weißwein (vinho branco) und Rotwein (vinho tinto). Preiswerter Tischwein heißt Vinho da mesa. Der einheimische Wein ist kräftig und hat fast schon sherryähnlichen Charakter. Südafrikanische und portugiesische Weine sind in Restaurants, Hotels und einigen Supermärkten erhältlich. Beliebtestes Volksgetränk ist das Bier (cerveja). In Mosambik werden die lokalen Marken „Manica", Laurentina und „2M" (sprich „doschemme") gebraut und eine Reihe südafrikanischer Marken in Lizenz (z. B. Castle und Amstel). Daneben sind zu etwas höheren Preisen die originalen Biermarken Südafrikas in Dosen erhältlich.

Die Situation für Selbstversorger

In Maputo und Beira ist das Lebensmittelangebot sehr gut. Die umsatzstarke südafrikanische Lebensmittelkette Shoprite öffnet derzeit der Reihe nach in den meisten Provinzhauptstädten Filialen und hebt damit die Vielfalt deutlich an. Obst und Gemüse aus der Region sind landesweit auf den Märkten zu bekommen. Das Angebot variiert ganz nach Saison. Importierte Dosen mit Gemüse, Obst, Gulasch etc. gibt es in den größeren Städten. Es besteht ein dichtes Netz an Bäckereien, die allerdings manchmal schwer zu finden sind, weil sie sich gerne in unscheinbaren Gebäuden befinden. Problematisch wird es, wenn man Frischeprodukte sucht, die einer konstanten Kühlung bedürfen. Milch und Milchprodukte sind nur in größeren Städten erhältlich. Eier gibt es zwar auch auf ländlichen Märkten, doch weiß man hier nicht, wie lange diese schon in der Sonne auf einen Käufer warten. Fleisch ist ebenfalls schwierig zu bekommen. Die kleineren Metzgereien sind nicht jedermanns Sache und bieten nicht immer hochwertige Waren. Wer sich statt dessen an der Küste mit Fisch durchschlagen möchte, muss seine Kaufbereitschaft am besten schon am Vortag bekannt machen. Es spricht sich schnell herum, dass Touristen Fisch oder Meeresfrüchte kaufen möchten, und die Fischer kommen am nächsten Tag mit ihrem Fang vorbei. Es lohnt sich auch, am Strand direkt die bei Flut zurückkehrenden Fischer abzufangen. Ansonsten versucht man auf den Fischmärkten seine Mahlzeit zusammenzustellen. Einen Preislevel vermögen wir bei Fisch und Garnelen nicht zu geben, weil die Preise zu stark nach Region und Saison variieren. Von Norden nach Süden steigen die Preise mit der Anzahl der potentiellen Käufer (=Touristen). Bei Garnelen rangiert der Kilopreis zwischen 1,50 und 6 Euro, beim Fisch liegt er bei 2 Euro.

TIPPS: ESSEN & TRINKEN

Deutsch	Portugiesisch	Deutsch	Portugiesisch
Speisekarte	o cardápio	Getränk	a bebida
Suppe	a sopa	Bier	a cerveja
Eintopf	o ensopado	Mineralwasser	a água mineral
Soße	o molho	inklusive Bedienung	serviço incluido
Nudeln	as massas	kurz gebraten	mal passado
Beilagen	a guarnição	gut durchgebraten	bem passado
Ananas	o abacaxi	„medium"	ao ponto
Kokosnuss	o coco	Rechnung	a conta
Orange	a laranja	Hackfleisch	a carne moida
Zitrone	o limão	Rumpsteak	o bife inteiro
Melone	o melão	gebraten / gegrillt/frittiert	assado/grelhado/frito
Kopfsalat	o alface	Steak/Lende/Filet	o bife/o lombo/o filé
Erbsen	as ervilhas	Huhn	o frango
Gemüse	o legume	Fleisch	a carne
Knoblauch	o alho	Öl	o óleo
Kartoffel	a batata	Karotte	a cenoura
Blumenkohl	a couve-flor	Früchte/Obst	as frutas
Käse	o queijo	Brot	o pão

TIPPS FÜR DEN ALLTAG

Buschküche – Kochen am offenen Feuer

Kochen am offenen Feuer macht viel Spaß und bietet echte Lagerfeuerromantik. In Mosambik stehen auf vielen Campingplätzen "Braai-Plätze" (Grillvorrichtungen), wie in Südafrika, Namibia oder Zimbabwe zur Verfügung. Ganz wie in den Nachbarländern erfreut sich auch hier das Kochen und Grillen am Lagerfeuer leidenschaftlicher Beliebtheit.

Leider können wegen der großen Hitze und dem starken Verrußen zum Kochen keine normalen Töpfe und Pfannen verwendet werden, sondern man benötigt schweres, hitzebeständiges **Kochgeschirr**, wie z. B. die Emailletöpfe der Fa. Kango, die in Südafrika in vielen Supermärkten verkauft werden, in Mosambik aber nur in den größeren Städten erhältlich sind.

Als **Grundausstattung** für ein erfolgreiches Kochen am Lagerfeuer empfehlen wir: Einen mittelgroßen Topf, eine Pfanne, Bratenwender, Arbeitshandschuhe zum Anfassen der heißen Töpfe, Grillrost (wird im südlichen Afrika in großen Supermärkten verkauft), Grillanzünder, Feuerzeug, Alufolie.

Feuerholz und Kohle: In Teilen Mosambiks wird Feuerholz am Straßenrand verkauft. In Waldgebieten sammelt man tagsüber trockene Äste und Zweige am Wegesrand (mit Vorsicht wegen der Skorpione und möglicher Landminen). Offenkundig per Axt abgeschlagene und zum Trocknen liegengelassene Äste gehören jedoch den Einheimischen. Nur Holz, welches knackt, brennt auch gut; biegsames Holz ist noch zu feucht. Idealerweise hat man auch einen Sack Grillkohle dabei, denn besonders an den Meeresküsten herrscht oft starker Wind. Mit Kohle lässt sich dann leichter ein Feuer entfachen und Hitze zum Kochen entwickeln. Grillkohle kann man praktisch überall kaufen, in ländlichen Gebieten säckeweise, auf städtischen Märkten in handlichen Portionen.

Anregungen für die Buschküche

• Garnelen spanische Art: eisgekühlt mir frischer Zitrone und Avokado

• Garnelen in Knoblauch-Peri-Peri-Buttersoße mit frischem Weißbrot

• Fisch oder Garnelen mit Tomaten, Paprikaschoten, Bananenstücken und frisch gerösteten Cashewnüssen in einer feurigen Soße, dazu Reis

• Fisch gegrillt oder in Alufolie gebacken

• Eier mit Speck und Zwiebeln, besonders schmackhaft mit Bratkartoffeln

• Steak (T-Bone oder Lende) gegrillt, mit gekochten Germsquashes (Kürbisart) und Kartoffeln in Alufolie, dazu etwas Butter

• Mais–Thunfisch–Salat: Mais- und Thunfischkonserven gibt es im Lande (darauf achten, dass man nicht Cream-Mais-Dosen, sondern körnigen Mais kauft). Dazu Zwiebeln und, falls verfügbar, grüne Paprika. Gewürzt mit Salz, Pfeffer, etwas Öl, Zitronensaft oder Essig

• Afrikanischer Farmersalat aus geraspeltem Weißkraut und Karotten

• Reisfleisch: Reis, Zwiebel, Paprika, Frühstücksspeck (Bacon) oder Rindfleisch, Mais, Tomaten (aus der Dose). Gewürzt mit Knoblauch, Paprika, Chillies

• Afrikanisches Gulasch: Kartoffeln, Paprika oder Bohnen, viele Zwiebeln, Tomaten und Fleisch. Kräftig würzen mit Knoblauch, Chillies, Paprika

• Gegrillte Hähnchenteile mit Gemüse-Risotto

• Nudelreste (Spaghetti) eignen sich gut mit Salz, Pfeffer, Ei und Butter abgeröstet zum Frühstück

• Hühnertopf mit Kartoffeln, Zwiebeln, Paprikaschoten, Tomaten, Knoblauch, Oregano, Thymian und Basilikum

• Weißbrot: Schmeckt besser, wenn man es am Feuer kurz aufröstet, oder als Knoblauchbrot zum Steak

• Maiskolben: Kochen bis sie weich sind, mit Salz, Pfeffer und Butter servieren

• Gurkensalat ist immer eine erfrischende Beilage

• Banane in Honig gebacken

• Als Zwischenmahlzeit eignet sich Käse mit Salzgebäck

• Zum Frühstück: H-Milch mit Getreideprodukten, wie Corn Flakes etc.

• Germsquashes und Butternut: Weit verbreitete afrikanische Kürbisarten, sehr lange auch ohne Kühlung haltbar, die ca. 20 Min. gekocht werden müssen (zuvor halbieren und die Kerne entfernen). Passen gut zu Kartoffeln und Fleischgerichten. Leicht salzen oder mit Zimt bestreuen.

Kokos-Info: Bei Kokosnüssen mit glatter Oberfläche isst man das weiße Fruchtfleisch, haarige Kokosnüsse werden getrunken. Die Früchte kosten an der Küste etwa 5-10 Euro-Cent pro Stück.

Wichtig! Damit das Essen nicht zum Reinfall wird: Prüfen Sie vor dem Kochen unbedingt das Wasser auf Verunreinigungen und Eigengeschmack! Selbstversorger sollten deshalb stets größere Wasserreserven von guter Qualität mit sich führen.

TIPPS: ESSEN & TRINKEN

Ein paar Tipps für die weitere Küchenausstattung

Dinge, die man besser von zu Hause mitbringt:
Ihre bevorzugten Gewürze, wie Salatkräuter, Paprikagewürz, Pfeffer
Hochwertigen (Balsamico)-Essig,
Fertigsoßen und Fertigsuppen (gibt es vor Ort, schmecken aber ungewohnt)
Cappucchino/Espresso-Fertigbeutel, Trinkschokolade
Kartoffelpürre-Pulver, abgepackte Fertigkuchen (z.B. hitzebeständige Sorten von Bahlsen in Alufolie verpackt)
abgepacktes Schwarzbrot (Pumpernickel),
Müsliriegel, Vitamintabletten für Getränke
evtl. Gulaschkonserven bzw. Schmalzfleischkonserven, die man verfeinern und zu Nudeln oder Reis servieren kann
Streichwurst in Frühstücksportionen, Speck und Rauchfleisch verpackt
evtl. H-Sahne für feine Soßen

Dinge, die man gut vor Ort besorgen kann:
Currymischungen und andere indische Gewürze
Grillsoßen, Tee, löslicher Kaffee, Milchpulver
Speiseöl, Zucker, Nudeln, Reis, Marmelade und Honig

Tipps für die Lagerung

Als Vorratsbehälter eignen sich verschraubbare Plastikdosen.

Tiefkühlbeutel schützen Kühlbox oder Kühlschrank vor tropfendem Fleisch, denn erfahrungsgemäß sind allgemeine Plastikfolien stets undicht.

Obst und Gemüse lagert man am Besten in einem halboffenen Naturkorb.

Um tagsüber frischen Fisch oder Meeresfrüchte zu transportieren eignet sich eine abwaschbare Plastikschale.

Info: Woran man frischen Fisch erkennt

Jeder, der auf Fischmärkten einkauft, kennt das Problem: wie erkenne ich, ob der Fisch noch ganz frisch ist oder schon lange auf einen Käufer wartet?

Es gibt folgende Merkmale:

Die Kiemen sind nur bei frischem Fisch dunkelrosa bis rot.

Wenn man den Fisch am Kopf fasst und waagrecht hält, muss er fest "stehen bleiben".

Die Augen müssen nach außen gewölbt sein (je flacher die Augen, um so älter ist der Fisch).

Lebende Langusten sind dann noch frisch und fit, wenn sie beim Hochheben den Schwanz nach oben stellen.

Ein offenes Wort: Prawns werden fast immer aus Inhassoro oder Nova Mambone angeliefert, auch wenn man sie direkt auf dem Markt von Tofo kauft!

Bild links: Dieser Schnappschuss veranschaulicht, wohin die Kleidung der deutschen "Altkleidersammlung" geliefert wird!

TIPPS FÜR DEN ALLTAG

➤ 4.) Tipps & Infos für Autofahrer

Fahren im Gelände macht Spaß! Sandige Flussbette zu durchqueren, Allrad und Differenzialsperren einzusetzen und den Wagen über einfachste Holzbrücken zu lenken, gehört für manche zu den Höhepunkten einer Afrikareise. Bevor man sich auf das große Abenteuer stürzt, sollte man sich jedoch mit den Tricks und Tücken vertraut machen.

Verkehrsregeln

- Höchstgeschwindigkeit: Auf Hauptstraßen: 70 bzw. 100 km/h. In Ortschaften und Nationalparks: 40 km/h. Viele Radarkontrollen auf der EN1!
- Es herrscht Linksverkehr und besteht Anschnallpflicht (auch auf den Rücksitzbänken!).
- Es gilt trotz Linksverkehr die Rechts-vor-Links-Regel.
- Es besteht striktes Alkoholverbot beim Autofahren.
- Jedes Fahrzeug muss 2 Warndreiecke mitführen.
- Kreisverkehr: In den Städten gibt es anstelle von Kreuzungen manchmal „Rotunden/Roundabouts". Die Fahrzeuge im Kreisverkehr haben Vorfahrt gegenüber denen, die in den Kreisverkehr einbiegen wollen.
- Wenn an einer Kreuzung jede Zufahrtsstraße ein Stoppschild hat, darf der zuerst losfahren, der als Erster die Kreuzung erreichte.
- Einspurige Teerstraßen: Bei Gegenverkehr weicht man mit dem linken Reifen auf die linke Schotterspur aus.
- "SIGA" bedeutet "Go"!, "DESVIO" ist eine Umleitung.

Checkliste für Ersatzteile & Werkzeug

Ersatzteile: 2 Ersatzräder, Starthilfekabel mit Klemmen, Sicherungen, Keilriemen, Zündkerzen, Ölfilter, Treibstoff-Filter, Motoröl, Zündkontakte/Verteilerfinger

Bergungshilfen: Bergegurt/Abschleppseil, Spaten/Axt, Schäkel

Werkzeug für Reifenpannen: Radmutterkreuz, Wagenheber, Holzunterlage, 12-Volt-Kompressor oder Handluftpumpe, Reifenflickzeug, Reifendruckprüfer

Sonstiges Werkzeug: Draht, Isolierband, Stromkabel, Schlauchschellen, Schrauben & Muttern, Gummischlauch, Klebstoff, Dichtmasse, Kriechöl, Spanngurte, Taschenlampe, Batteriemessgerät

Allgemeine Wartungsmaßnahmen

Wer sich mit einem Auto in Mosambik auf Reisen begibt, sollte zumindest Grundkenntnisse der Fahrzeugtechnik beherrschen, um kleinere Pannen selbst beheben zu können. Zu den regelmäßigen anfallenden Wartungsmaßnahmen zählen:

- Bremsen und Reifenzustand regelmäßig prüfen. Eine Reifenpanne bei hoher Geschwindigkeit kann bei Schlauchreifen verheerende Auswirkungen haben.
- Luftfilter regelmäßig überprüfen und ggf. ausklopfen.

Afrikaspezifische Ratschläge

In Afrika legen viele Fahrer bei Pannen **statt Warndreiecken** Zweige an den Straßenrand und verhindern ein Abrollen des Fahrzeugs durch das Unterlegen von **großen Steine**n. Diese bleiben oft auch dann noch liegen, wenn das hängengebliebene Fahrzeug schon fort ist.

Auf Überlandstraßen sind viele Lkws, Busse und Fahrzeuge mit **hoher Geschwindigkeit** unterwegs. Die langen, geraden Strecken durch eintönige Buschlandschaften verführen zum Rasen. Viele schwere Unfälle durch unerwartete Schlaglöcher, Wildwechsel, riskante Überholmanöver und Ausbrüche durch Schleudern lassen sich auf überhöhtes Tempo zurückführen. Rechnen Sie bei Gegenverkehr immer mit überhöhter Geschwindigkeit und einem übermüdeten Fahrer, der womöglich auch Kurven schneidet. Außerdem scheint auf den Fernstraßen das Recht des Größeren zu gelten: Busse und Lkws beanspruchen oft mehr als die Hälfte der Fahrbahn. Als kleineres Fahrzeug muss man immer defensiv fahren und vorsichtig ausweichen können.

Planen Sie nicht zu **lange Tagesetappen**. Pistenfahrten strengen an, eintönige Teerstraßen ermüden – in beiden Fällen lässt die Reaktionsfähigkeit nach.

Wenn der **Motor** zu **überhitzen** droht, hilft es, das Warmluftgebläse einzuschalten.

Legen Sie die typisch deutsche **Autofahrermentalität** ab und führen Sie sich stets vor Augen, welch verheerende Folgen ein Autounfall in der Wildnis Afrikas haben kann.

Wenn Sie noch keine **Geländeerfahrung** haben, tasten Sie sich vorsichtig an die ungewohnten Bedingungen heran, damit das Abenteuer Spaß macht und nicht zum teuren Lehrstück wird!

Nach Regenfällen sind nasse Erdstraßen oft gefährlich glitschig. Auch manche Zufahrten zu Fähren sind steil und rutschig und daher immer vorsichtig zu befahren.

Geländefahrten ermüden stärker, da sie die volle Konzentration erfordern. Außerdem ist der Spritverbrauch höher, besonders im Sand.

Vorsicht bei **Schlaglöchern**: Manchmal werden diese nur mit Teer ausgepinselt anstatt wirklich ausgefüllt. Vor allem können Schlaglöcher jederzeit unvermutet auftreten; Warnhinweise sind selten.

TIPPS: AUTOFAHREN

Typische Gefahren für Autofahrer

Nachtfahrten: Fahren Sie grundsätzlich nicht nachts. Besonders die Hauptstraßen gelten wegen des hohen Risikos, bei schlechter Sicht Menschen oder freilaufende Tiere zu überfahren, als gefährlich. Auch Straßenschäden, wie Schlaglöcher oder unbefestigte Seitenränder sind im Dunkeln kaum zu erkennen.

Wildtiere: Wildwechsel ist praktisch überall außerhalb der Städte möglich, außerdem stellen zahlreiche Nutztiere am Straßenrand und sogar mitten auf der Fahrspur ruhend eine erhebliche Kollisionsgefahr dar. Aufgeschreckte Hühner gehören in ländlichen Regionen zur Tagesordnung. Dagegen schützt nur langsames, vorausschauendes Fahren!

Fahrradfahrer: Vorsicht bei Fahrradfahrern: viele fahren in der Straßenmitte oder zu zweit nebeneinander und registrieren von hinten kommende Fahrzeuge erst sehr spät. Dann weichen sie mitunter unkontrolliert aus. In unklaren Situationen besser rechtzeitig hupen.

Fahren im Konvoi: Wenn man mit zwei Fahrzeugen unterwegs ist, muss der Hintermann stets aufpassen, ob Passanten, Fahrradfahrer oder Tiere, die vor dem ersten Wagen ausgewichen sind, nicht plötzlich wieder zur Straßenmitte laufen, weil sie das zweite Fahrzeug nicht wahrgenommen haben.

Besondere fahrtechnische Anforderungen

Im Sand steckengeblieben?

Folgende Maßnahmen sind anzuwenden:
1) Schaufeln (vor den Reifen, wenn der Wagen aufsitzt auch unter dem Fahrzeug), bei Bedarf auch die Mittelspur vor dem Wagen etwas abtragen
2) Reifendruck auf ca. 0,8-1,0 bar reduzieren
3) Wenn möglich, kurz zurücksetzen, um den Wagen freizustellen. Mitfahrer dabei anschieben lassen
4) sobald ein Reifen durchdreht: stoppen! Erneut Sand schaufeln
5) Falls vorhanden, Differentialsperre(n) zuschalten
6) Notfalls Wagen an einer Seite hochbocken und Sandblech oder Hölzer unterlegen
7) Schließlich zügig mit Anschieben, Allrad und Sperren durchfahren
8) Anschließend Reifendruck wieder erhöhen, da sonst Gefahr droht, die Reifen durch Dornen und Wurzeln aufzuschlitzen.

Wasserdurchquerungen

Bevor man sein Auto in überspülte Furten oder Tümpel lenkt, sollte man die Fahrspur untersuchen. Vorausgehend und mit einem Stecken kann man ertasten, ob der Untergrund fest ist und wie tief das Wasser wird. Schließlich durchquert man die Wasserstelle im Allradmodus zügig, aber ohne Hast. Hauptsächliche Gefahr ist ein Steckenbleiben inmitten des Gewässers, wodurch Wasser in den Motor dringen und diesen beschädigen könnte. Im Zweifelsfalle kehrt man besser um und verzichtet auf das feuchte Abenteuer.

Fahren auf Schotterpisten (Gravel Road)

Wellblech-Rüttelpisten sind am sichersten ganz langsam zu fahren. Nur Fahrer mit ausreichend Pistenerfahrung dürfen sich in höhere Geschwindigkeitsbereiche vorwagen. Geschwindigkeiten über 80 km/h sind lebensgefährlich! Schlechte Stoßdämpfer wirken sich auf Schotterpisten besonders fatal aus. Der Wagen kann blitzartig ausbrechen und unkontrollierbar werden. Nicht selten kommt es dann zu Überschlägen. Halten Sie auf allen Pisten immer genügend Abstand zum Vordermann und verzichten Sie auf riskante Überholmanöver bei schlechter Sicht (z. B. Staubwolken). Es besteht erhöhte Steinschlaggefahr während des Überholens und bei Gegenverkehr.

Fahren auf Erd- und Sandpisten

Bei Fahrten auf Pisten durch dichten Busch ist auf spitze Wurzeln und Baumstümpfe Acht zu geben, die im Nu die Reifen aufschlitzen können. Ähnliches passiert auch bei trockenem Dorngestrüpp. Querrillen und tiefe Löcher auf den Pisten erlauben oft nur ein langsames Vorankommen. Nach Regenfällen sind Erdstraßen gefährlich glitschig, ihre Oberfläche wird zur "Schmierseife" und birgt bei schneller Fahrt unerwartete Schleudergefahr.

Schlammstrecken befahren

Im Gegensatz zum Tiefsandfahren sollte man bei Schlammstrecken den Reifendruck nicht reduzieren. Evtl. kann man die schlammigen Spuren vor der Durchfahrt mit Ästen auslegen. Schlammstellen befährt man im Schritttempo. Vorsicht: Auch vermeintlich abgetrocknete Schlammpassagen können unter der trockenen Oberfläche immer noch weich sein. Außerhalb der Regenzeit sind Schlammstellen glücklicherweise selten.

TIPPS FÜR DEN ALLTAG

Verkehrskontrollen

Verkehrskontrollen kommen in ganz Mosambik vor. Meist handelt es sich dabei um einen einzelnen Beamten, der am Straßenrand den Verkehr kontrolliert und von Zeit zu Zeit Verkehrsteilnehmer zum Halten auffordert. Einige Polizisten haben offenkundig eine Vorliebe für Ausländer. Immer wieder gibt es Phasen, in denen sich Kontrollen an Touristen häufen. So geriet die touristische Region Xai-Xai und Inhambane in den Ruf häufiger "polizeilicher Wegelagerei gegenüber ausländischen Autofahrern". Beliebte Vorwürfe waren überhöhte Geschwindigkeit im Ort und das "Fahren auf der Gegenfahrbahn bei Schlagloch-Ausweichmanövern", für die hohe Bußgelder gefordert wurden. 2005 ging die Regierung gegen diese Machenschaften vor, woraufhin es seither in Südmosambik zu deutlich weniger Vorfällen kommt.

Kontrollen führen sowohl Zivilpolizisten durch (z. B. an Distrikt- oder Provinzgrenzen) als auch Verkehrspolizisten. Die Zivilpolizei in grauen Uniformen kontrolliert die Pässe und Visa. Verkehrspolizisten, die vor allem Fahrzeugkontrollen durchführen und die Fahrzeugpapiere prüfen wollen, erkennt man an der marine-weißen Uniform.

Wer in eine Kontrolle gerät, wird zuerst nach den entsprechenden Ausweisdokumenten gefragt. In der Regel sind dies der Reisepass mit Visum, der Internationale Führerschein, Internationale Fahrzeugpapiere, der Zoll-Importschein und die Kfz-Versicherung. Ferner wird kontrolliert, ob alle Insassen (auch auf den Rücksitzen!) angeschnallt sind und ggl. nach den obligatorischen beiden Warndreiecken gefragt. Hartnäckige Kontrolleure führen sogar einen Lichtfunktionstest durch. Wenn alle Papiere in Ordnung sind, man sich keinem der potenziellen Vergehen schuldig gemacht hat und nicht zu schnell gefahren ist (viele Radarkontrollen!), gibt es keinen Grund, irgendwelche Bußgelder zu fordern. Die meisten Polizisten verhalten sich sogar ausgesprochen korrekt gegenüber Touristen. Bei unseren Recherchereisen haben wir oft erlebt, dass Einheimische gestoppt und überprüft, wir aber bei den Kontrollen durchgewunken wurden. Am besten ist Vorbeugung: Vor allem bei Ortsdurchfahrten entlang der EN1 frühzeitig die Geschwindigkeit drosseln und deutlich unter der erlaubten Höchstgeschwindigkeit bleiben, stets angeschnallt fahren und ordnungsgemäß blinken. Sollte man dennoch in misstrauische oder auf ein Vergehen lauernde Polizisten geraten, empfiehlt sich folgende Verhaltensweisen: Jedem Beamten des Landes gegenüber verhält man sich freundlich, höflich und zurückhaltend, wodurch er sich als Respektsperson anerkannt fühlt. Dann kann es helfen, sich als europäischer Tourist zu erkennen zu geben. Europäische Touristen sind in Mosambik beliebter als z. B. Südafrikaner. Ist ein Polizist sehr hartnäckig und kommt es zu Schwierigkeiten, so empfiehlt es sich, den Beamten in ein freundliches Gespräch zu verwickeln. Ob die Straße ebenso schlecht weiter geht oder endlich besser wird, wo die nächste Tankstelle kommt, wann es hier zuletzt geregnet hat und ob er schon einmal deutsche Touristen getroffen hat... Je mehr man fragt, um so schneller bringt man die Situation in eine lockere Gesprächsatmosphäre, und ein Tourist, der das Land und seine Bewohner lobt, schmeichelt auch dem Staatsdiener. Wer dem Beamten sympathisch ist, den lässt er einfach schneller weiterfahren. Bleiben Sie standhaft, wenn Sie sich nichts zu Schulden kommen lassen haben! Tatsächliche Verkehrsvergehen berechtigten die Beamten natürlich zur Ahndung und müssen bezahlt werden.

Sollte es zur Bußgeldzahlung kommen, sind alle Beamten verpflichtet, sich namentlich auszuweisen, eine Quittung auszustellen, und sie dürfen nur Beträge in der lokalen Währung verlangen. Weigern Sie sich, ohne Quittung Geld zu bezahlen! Wenn US$ verlangt werden, ist dies ein Zeichen polizeilicher Wegelagerei und illegal! In zweifelhaften Fällen sollte man seine Dokumente dem Beamten möglichst nur vor die Augen halten, sie aber nicht aus den Händen geben, sonst könnte es heißen "Geld oder Papiere".

Verhalten von Tieren auf der Fahrbahn

Bei Überlandfahrten muss man immer mit Tieren auf den Straßen rechnen.

Esel werden ihrem Ruf gerecht und bleiben teilweise stoisch mitten im Weg stehen.

Rinder entfernen sich nur langsam. Als Herdentiere folgen sie einander, oft ist ein Abbremsen notwendig.

Ziegen entfernen sich in der Regel rechtzeitig zum nächstgelegenen Straßenrand. Vorsicht jedoch bei jungen Ziegen.

Hunde können Autos schlecht einschätzen und entfernen sich häufig zu spät von der Fahrbahn.

Hühner rennen panisch davon, drehen aber gerne während der Flucht wieder um, um zurück auf die Straße zu laufen.

Affen rennen schon in weiter Entfernung davon.

TIPPS: AUTOFAHREN

Besondere Autofahrer-Hinweise für Mosambik

Treibstoffversorgung: Auf den Hauptstraßen in Südmosambik besteht ein immer dichter werdendes Netz an Tankstellen. Doch je weiter man nach Norden oder ins Hinterland gerät, um so spärlicher wird es. Am besten tankt man bei jeder Gelegenheit voll (im Reiseteil werden die Tankstellen jeweils genannt). Für sehr abgelegene Touren z. B. nach Nordmosambik sollte man eine Reichweite von 1000 km einplanen, benötigt also entsprechende Tanks oder Kanister zur Aufbewahrung (im Norden kam es 2005 zu massiven Treibstoffengpässen). Sonntags haben viele Tankstellen geschlossen. Bitte bedenken Sie, dass sich der Spritverbrauch auf Erd- und Sandstraßen gegenüber dem auf Asphaltstraßen erhöht. **Treibstoffpreise**: Nicht einheitlich, am billigsten in Maputo, Beira und Nacala; je weiter davon entfernt, um so teurer. Beispiel: Maputo ca.1,00 Euro/l Benzin, Tete 0,90 Euro/l. Diesel (heißt in Mosambik Gasoleo) ist rund 20 % billiger als Benzin (heißt Gasolina). Bleifrei (sem chumbo) gibt es derzeit nur in Maputo, Xai-Xai, Maxixe und Beira.

Benzinqualität: Vielerorts, aber ganz besonders im Norden, lässt die Spritqualität gelegentlich zu wünschen übrig. Fahrzeuge, die Superbenzin benötigen, bemerken dies durch Klingeln des Motors bei niedriger Drehzahl. Für solche Fälle kann ein sog. Octan-Booster, den man dem mangelhaften Benzin beimischt, hilfreich sein. Bei gepanschtem Benzin (Benzinverkauf aus Kanistern) hilft dies jedoch auch nicht mehr. Unser Tipp: Immer noch einen Kanister mit hochwertigem Benzin in Reserve halten, den man im schlimmsten Fall zum Verdünnen verwenden kann.

Der **Straßenzustand** sowohl der Asphaltstrecken als auch der Erd- und Schotterpisten kann sich in Mosambik rasch ändern. Er ist vor allem abhängig von der Reisezeit und von Dauer und Ausmaß der Regenzeit. Die Regenmonate zwischen Dezember und April setzen den meisten Straßen massiv zu. Es entstehen Schlaglöcher, brechen Randstreifen ab, steiniger Untergrund wird freigelegt und Schlammstellen treten auf. Mitunter schwellen die Flüsse so stark an, dass sie Brücken wegspülen oder Wegstrecken überfluten; in schlimmen Fällen ganze Landstriche unter Wasser setzen. Nach der Regenzeit müssen diese Schäden erst mühevoll wieder repariert werden. Da ist es ein wenig Glückssache, welche Straßen den Vorrang bekommen und zuerst „gegradet" oder ausgebessert werden. Zum Ende der Trockenzeit, vor dem nächsten Regen, sind die meisten Straßen wieder mehr oder weniger in Ordnung gebracht worden. Nun kommt noch hinzu, dass für größere Instandsetzungen und Ausbauprojekte einzelner Strecken in der Regel internationale Finanzhilfen gesucht werden. Welche Straße dabei wann in den Genuss sachgerechter Erneuerung kommt, ist nicht vorausseehbar. Wir können bei den Streckenbeschreibungen im Reiseteil daher nicht für den Bestand unserer Angaben garantieren. Vielmehr handelt es sich um Bedingungen, die wir bei unseren Recherchen auffinden und um Erfahrungen aus jahrelangem Reisen in Mosambik. Grob gesagt sind die Straßenbedingungen im Süden besser und verlässlicher als im Norden. In den vergangenen Jahren sind in Mosambik immense Anstrengungen im Straßenbau erbracht und etliche Straßen und Pisten hervorragend ausgebaut worden. Die meisten Strecken, besonders im Süden und Zentrum, sind im Augenblick daher in sehr gutem Zustand, doch kann sich die Beschaffenheit mit einsetzender Regenzeit rasch ändern. Wir möchten allen, die ausgefallene Touren planen, raten, sich zusätzlich vor schwierigen Strecken vor Ort nach der Befahrbarkeit zu erkundigen.

Karten für Mosambik: Wir empfehlen als beste Mosambikkarte: Mosambik - Malawi 1:1200 000, Reise-Know-How Verlag 2004, ISBN 3-8317-7138-3. Auch gut ist die Karte Mozambique 1:2 Mio., Cartographia, ISBN 963 352 952 2 CM (Ungarn, Budapest). Die Karte ist identisch mit der des Ravenstein Verlags, die nicht mehr verfügbar ist. Viele Straßenkarten orientieren sich noch an alten Vorgaben, die bis in die Kolonialzeit zurück reichen. Teilweise sind Straßen verzeichnet, die nicht mehr befahrbar sind, dafür fehlen neue Strecken völlig. Nicht gerade detailliert, aber insgesamt recht zuverlässig ist die Michelin-Karte. Die russischen Karten sind nur aus topographischer Sicht hilfreich. Bei allen von uns erstellten Karten in diesem Reiseführer legen wir besonderen Wert auf reale Straßenverhältnisse. Daher weichen sie auch vereinzelt von den offiziellen Karten ab. Wo uns bekannt ist, dass Straßen nicht befahrbar sind, zeichnen wir sie auch nicht ein. Auf die neuen Straßen verweisen wir dafür im Reiseteil und auf den Karten. Achtung: Selbst manche der in der Michelin-Karte verzeichneten Pisten erlauben nur eine Durchschnittsgeschwindigkeit von 20-30 km/h. Unbedingt bei der Planung berücksichtigen!

TIPPS FÜR DEN ALLTAG

Besonderheit: Geländefahrzeuge

Allradmodus (4x4)

Bei den meisten Geländewagen kann man zwischen dem normalen 2-Rad-Antrieb und dem Vierradantrieb wählen. Durch einen einfachen Riegelmechanismus werden auch die Vorderräder angetrieben. Man schaltet den Allradmodus nur bei Bedarf dazu, weil das Fahren mit 4x4-Antrieb deutlich mehr Treibstoff verbraucht. Bei Fahrzeugen mit manuellen Freilaufnaben empfiehlt es sich, bei abwechslungsreichen Wegstrecken, wo sich Allradpassagen mit normal befahrbaren Abschnitten abwechseln, die Freilaufnaben auf die Position „Locked" einzustellen. Bei schneller Fahrt auf guten Straßen sollen die Naben dagegen immer auf „Free" eingestellt sein (also auf reinen 2-Rad-Antrieb).

Zusätzlich wird zwischen „4 WD High" und „4 WD Low" unterschieden. **„Low"** bezeichnet eine Getriebeuntersetzung zum Anfahren in extrem steilem Gelände oder zum Befreien aus Tiefsand und Schlamm. Die Übersetzung **„High"** wird für das konstante Fahren im Allradantrieb verwendet.

VW-Allradbusse (Synchro) haben einen integrierten Allradmodus, der sich bei Bedarf automatisch zu- und abschaltet.

Differenzialsperren

Das kurzfristige Einsetzen der „Diff Locks" verhindert erfolgreich das Durchdrehen einzelner Räder und kann in kniffligen Situationen wahre Wunder wirken! Bei starken Steigungen im Gelände, bei Schlamm oder Tiefsand geben die Sperren dem Fahrzeug manchmal gerade den nötigen Halt, um sich aus der Problemsituation zu befreien. Differentialsperren dürfen jedoch nur kurz eingesetzt werden, denn sie machen das Fahrzeug schwer manövrierfähig. Das Lenken ist stark eingeschränkt, und mit den vorderen Sperren ist quasi nur noch ein Geradeausfahren möglich.

Achtung Mietwagenfahrer: Da es unterschiedliche Allradsysteme gibt, ist es wichtig, sich beim Mietwagenanbieter vor Antritt der Reise kundig zu machen.

Ein Allrad funktioniert nicht, wenn die Freilaufnaben auf „Free" oder „Unlocked" stehen!

Wenn der Busch brennt...

Buschbrände gehören in Mosambik zum Alltagsbild. Es beginnt direkt nach der Regenzeit mit dem frühen Abbrennen. Durch den nächtlichen Feuchtigkeitsniederschlag und eventuell noch auftretende kleine Regenschauer wächst erneut frisches Gras auf der abgebrannten Fläche. Das späte Abbrennen zum Ende der Trockenzeit soll wiederum gewisse Bäume zum frühzeitigen Ausschlagen bringen und die mit trockenem Gras bestandenen Flächen frei machen, um bei den ersten Regenschauern den frischen Graswuchs zu beschleunigen. Dass das Feuer zu Afrika gehört, kann man leicht an den Bäumen erkennen. Fast alle Baumarten sind schwer entflammbar, manche brauchen sogar das Feuer, um ihre Samenkapseln zu öffnen.

Wer im September die öden, abgebrannten Waldflächen sieht, kann sich kaum vorstellen, dass die gleiche Landschaft wenige Monate später in tropisches Grün verwandelt wird. In der afrikanischen Tradition haben die Brände jedoch noch mehr Funktionen. Sie reduzieren Ungeziefer, vertreiben Schlangen und ermöglichen Feldanbau (Brandrodung für Wanderfeldbau wird immer noch angewandt). Kein Afrikaner wird versuchen, einen Buschbrand zu löschen, es sei denn, die eigenen Hütten sind bedroht. Leider werden aber auch Urwälder in Brand besetzt, deren Ökosystem nicht an regelmäßige Brände gewöhnt ist. Und das alljährliche **Abbrennen der Wälder** ist auch nicht zu vergleichen mit den periodischen natürlichen Buschbränden (es entwickeln sich beim Abbrennen höhere Brandtemperaturen). Die Natur wird durch das jährliche Abbrennen auf Dauer überstrapaziert.

Für den Touristen sind die Brände in den seltensten Fällen wirklich bedrohlich. Die Feuer fressen sich langsam durch die Landschaft. Es verbrennen aber nur das Gras und das Unterholz mit dem Laub der Bäume. Nur wenige Bäume fangen richtig Feuer. In der Regel kann man an einem Buschbrand problemlos zügig vorbeifahren, denn der Feuerstreifen ist nur wenige Meter breit. Dahinter qualmt es noch, gelegentlich hat ein umgestürzter Baum Feuer gefangen und kokelt noch mehrere Tage weiter.

TIPPS: LANDMINEN

➤ 5) Wie gefährlich sind die Landminen in Mosambik?

Weitere Infos auf S. 66!

Meldungen über die im Bürgerkrieg vergrabenen Landminen verunsichern Reisende immer wieder. Wir haben uns viel Mühe beim Recherchieren nach genauen Informationen gegeben. Wieviele Landminen liegen noch in der mosambikanischen Erde? Findet man sie in allen Landesteilen und Provinzen? Inwieweit ist die Minenräumung vorangeschritten, wo vielleicht sogar schon abgeschlossen? Ist es richtig, dass die schwere Flut von Februar 2000 bereits markierte Minenfelder weg gespült und einzelne Minen somit wieder freigelegt hat? Viele Fragen haben sich uns gestellt, von denen manche nicht und andere nur teilweise beantwortet werden konnten. Hier die derzeit aktuellsten Auskünfte:

Alle Überlandstrecken wurden in den letzten Jahren nach Minen überprüft, die meisten **Minenfelder** inzwischen **geräumt**. Wo die Räumung noch aussteht, sind die Minenfelder deutlich markiert und mit rotweißen Absperrbändern umzäunt (siehe Bild unten). Auch die touristisch erschlossenen Strandgebiete wurden gesäubert.

Minen können theoretisch überall vergraben worden sein, doch entspräche dies nicht den beabsichtigten Kriegszwecken. Sowohl die Renamo als auch die Frelimo haben Landminen zur Kriegsführung eingesetzt. Während die Regierungssoldaten Minengürtel zum Schutz von Kasernen, wichtigen Brücken, Staudämmen und einigen Ortschaften anlegten, versuchte die Guerilla mit dem Einsatz von Landminen die Bevölkerung zu zermürben und die Infrastruktur zu destabilisieren. Deshalb verminte die Renamo gezielt die Umgebung von Gesundheitsposten, Schulen und manchen Wegkreuzungen. Außerdem gab es entlang der Außengrenzen Mosambiks **Minengürtel**, um die Flucht zu erschweren. Regionen, die heftig umkämpft waren, sind stärker vermint worden als ruhigere Gebiete. Die Umgebung von Maputo, der Großraum Tete mit dem Cahora-Bassa-Staudamm, die Gorongosa-Berge (ehemaliges Hauptquartier der Renamo) und der Beira-Korridor zählen zu den stark betroffenen Regionen, im Gegensatz zum Norden (Niassa und Cabo Delgado).

Seit 1993 sind Tausende Minenräumer in Mosambik damit beschäftigt, die heimtückischen Kriegswaffen zu entdecken und entfernen. Der britische HALO-Trust mit Sitz in Quelimane ist vor allem im Norden aktiv. Von Inhambane aus operiert die ursprünglich französische Gruppe Handicap International. Die norwegische People's Aid hat ihre Basis in Tete, und die ehemalige UNOMOZ sitzt in Maputo. Die internationalen Hilfsgemeinschaften haben ihre Aktionen aufeinander abgestimmt und weite Bereiche des Landes von Minen „gereinigt". Derzeit sind noch **einige Hundert Fachleute** mit der Minenräumung in Mosambik beschäftigt. Man geht davon aus, dass die Arbeit in ca. 2 Jahren abgeschlossen werden kann. Natürlich bedeutet dies keine Garantie für absolute Sicherheit. So wie auch bei uns noch mehr als ein halbes Jahrhundert nach dem letzten Krieg Bomben und Minen gefunden werden, wird man auch in Mosambik künftig mit solchen Funden und möglichen Unfällen rechnen müssen.

Die vielen Gespräche vor Ort und unsere eigenen Recherchen begründen unseren Eindruck, dass die Gefahr der Landminen für Touristen einigermaßen kalkulierbar ist. **Wichtigster Rat** ist, nicht in Dickicht, Wälder oder Wiesen zu laufen bzw. zu fahren, die jungfräulich wirken. Bleiben Sie stets auf Wegen, Fahrspuren, Pfaden, bestellten Feldern etc. Abgesteckte Minenfelder erkennt man an rotweiß bemalten Pfosten oder Klebebändern in den gleichen Farben und Warnschildern („Perigo Minas"). Ferner sollte man sich nicht scheuen, die Einheimischen nach einer möglichen Minengefahr zu befragen („Têm minas perigosas aqui?" oder „Onde são minas perigosas?"). Die Anwohner wissen sehr genau darüber Bescheid und es tut gut, in den allermeisten Fällen ein verneinendes „Não! Não têm" zu hören. Ländliche, schwach besiedelte Gebiete bergen ein geringes Minenrisiko. Sehr vorsichtig sollten Sie aber grundsätzlich bei strategischen Brücken und in der Umgebung von militärischen Anlagen sein. Aus eigener Erfahrung können wir bestätigen, dass sich die Angst vor den Landminen mit jedem Tag der Reise schmälert, an dem man aufmerksam durch das Land reist und viel mit den Einheimischen über dieses Thema spricht. Immer wieder ist uns z. B. beteuert worden, die Minen seien längst geräumt und hier "kein Thema mehr" – wir sollten uns eher vor der Malaria in Acht nehmen.

TIPPS FÜR DEN ALLTAG

➤ 6) Unterwegs in den Nationalparks: Wie verhält man sich in der Wildnis?

Verhaltenstipps

Bei **Pirschfahrten** und im Camp verhält man sich möglichst leise und defensiv. Lassen Sie sich nicht täuschen; wenn Sie keine Tiere sehen, heißt das nicht, dass Sie nicht selbst genau beobachtet werden!

Ganz, ganz wichtig: **Niemals** im offenen Zelt oder unter freiem Himmel schlafen! Raubtiere greifen keine geschlossenen Zelte an. Dagegen führt leichtsinniges Verhalten, wie Schlafen in unverschlossenen Zelten, leider immer wieder zu Todesfällen, weil Raubkatzen Schlafende aus dem offenen Zelt zerren können.

Lassen Sie über Nacht keine **Nahrungsmittel** im Freien liegen und deponieren Sie diese auch nicht im Zelt, sondern ausschließlich im Fahrzeug. Nachts können die Gerüche Hyänen und Elefanten anlocken, tagsüber richten Meerkatzen und Paviane ein Chaos an, um an die begehrten Nahrungsmittel zu gelangen. Hyänen zerbeißen übrigens auch spielend Kühlboxen und Schuhe.

Versorgung: In keinem der Parks sind Lebensmittel und Treibstoff erhältlich. Auch Pannendienste, Wechselstuben und öffentliche Verkehrsmittel sucht man vergebens. Man ist folglich ganz auf sich allein gestellt und sollte auf entsprechende Ausrüstung und großzügige Reserven (vor allem bei Sprit und Wasser) achten.

Wildtier-Gefahren: Alle Tiere haben eine Fluchtdistanz, die man nicht unterschreiten darf. Reizen oder provozieren Sie die Tiere nicht (siehe rechts). An **Flussufern** ist immer erhöhte Vorsicht geboten wegen der Krokodile, die unbemerkt aus dem tiefen Wasser schnellen können.

Joggen Sie niemals im Busch und entfernen Sie sich nicht allein vom Camp oder Auto. Achten Sie ganz besonders auf kleine Kinder, deren Rennen oder Schreien Raubtiere reizen könnte.

Buschbrände können im trockenen Gestrüpp durch kleinste Funken ausgelöst werden. Lagerfeuer sind vor Verlassen des Camps daher stets sorgfältig zu löschen. Vorsicht auch mit Zigarettenkippen!

Hilfsbereitschaft im Busch ist eine generelle, manchmal lebensrettende Grundregel. Es sollte selbstverständlich sein, sich gegenseitig in der Wildnis bei Pannen oder Krankheitsfällen zu helfen.

Besten Schutz gegen Bisse und Stiche von **Schlangen**, **Skorpionen**, **Spinnen** oder **Zecken** bieten feste, knöchelhohe Schuhe. Eiserne Regel: Im Busch niemals barfuß laufen! Siehe dazu auch S. 339 und 340.

Ungeschützte Begegnung mit Wildtieren

Elefanten: Handelt es sich um eine Herde mit Kälbern, der man zu nahe gekommen ist, ist sofortiger langsamer Rückzug angesagt, hier besteht höchste Gefahr. Bullen sind weit weniger aggressiv und selbstsicherer. Elefantenattacken passieren meist, weil der Mensch die Körpersprache des Elefanten nicht richtig eingeschätzt hat. Fächelnde Ohren und ein schwingender Rüssel sind noch keine Gefahr. Ein verärgerter Elefant legt die Ohren an und den Rüssel nach unten. Spätestens wenn dunkle Feuchtigkeit aus der Drüse zwischen Augen und Ohren tritt, wird es ernst und es ist mit einem Angriff zu rechnen. Fordern Sie sie nie heraus, denn wütende Elefanten laufen deutlich schneller, als ein Mensch flüchten kann.

Büffel: Die bulligen Tiere sind in Gemeinschaft sehr viel friedfertiger als alleine. Größere Herden flüchten meist vor dem Mensch, ein Einzelgänger zögert jedoch nicht, sofort in Angriff überzugehen. Bei unerwarteten Begegnungen sofort den Rückzug antreten, notfalls auf einen Baum flüchten.

Flusspferde: Kanuten müssen sich vor ihnen sehr in acht nehmen, Fußgänger begegnen ihnen kaum. An Land grasende Hippos sind gefährlicher, wenn sie ihren Fluchtweg abgeschnitten wähnen. Also sich nie zwischen einem Hippo und seinem Gewässer aufhalten!

Löwen: Für alle Großkatzen gilt: Der natürliche Trieb, davon zu rennen, ist die schlechteste Wahl in einer prekären Situation. Wenn Sie Löwen begegnen, sofort stehenbleiben und dann einen langsamen Rückzug einleiten. Bleiben Sie als Gruppe eng beisammen, zeigen Sie weder Angst noch Aggression. Sollte es zu einem Angriff kommen, versuchen Sie die Tiere mit Lärm und drohenden Bewegungen abzuschrecken.

In den Nationalparks wurden zum Schutz der Natur, Tierwelt und seiner Besucher Regeln aufgestellt:

Für **Autofahrer**: Höchstgeschwindigkeit ist 40 km/h, querfeldein Fahren ist nicht erlaubt. Tiere haben generell Vorfahrt.

Dass man seinen **Abfall** überall dort, wo keine Abfallbehälter zur Verfügung stehen, selbst wieder mitnimmt, sollte selbstverständlich sein.

In Nationalparks darf man **nach Sonnenuntergang** nicht mehr unterwegs sein.

Tiere und Pflanzen sind geschützt. Füttern und Belästigen der Wildtiere ist streng verboten.

STRÄNDE

➤ 7) Mosambiks Strände im Vergleich

Ort	Strandbeschaffenheit	Wasserqualität	Fischversorgung
Ponta do Ouro	Sehr feinsandig und sauber, eher flach	Glasklar und sauber vorgelagertes Riff, Wellengang	Keine Fischerdörfer oder Fischverkauf am Strand
Bilene	Sehr flache Lagune	Seicht und ohne Wellen, da Lagune; kindersicher	Ferienort ohne Fischerdörfer u. Fischverkauf
Xai-Xai	Lange, gelbe Sandstrände mit Dünen	Gefährliche Strömung, starke Wellen bei Flut, Riff vorgelagert	Manchmal Verkauf von Austern und Fisch
Chidenguele	Steilküste mit hohen Dünen	schnell tief werdend, Riff vorgelagert, Schnorcheln!	Kaum Direktverkauf am Strand
Tofo	Kleine Bucht, Sandstrand, viele Besucher	Starke Strömung und Wellen, sauberes Wasser	Fischer verkaufen Fisch, Garnelen, Krabben
Barra	Flacher "Quietschstrand", malerisch	Sehr sauber, wenig Wellen, Riff vorgelagert	Kaum Direktverkauf am Strand
Morrungulo	Weißer Strand mit Steinen und Korallen	Relativ sauber, Wellengang, Riff vorgelagert	Keine Fischerdörfer oder Fischverkauf am Strand
Vilankulo	Weicher, weißer Sand, nur schmaler Strand	Sauber, bei Ebbe riesige Sandbänke	Fischer verkaufen Fisch, Garnelen, Krabben
Inhassoro	Breiter weißer Sandstrand	Sauber, schnell tiefer, oft Wellengang, Seegras	Fischer verkaufen direkt am Strand Fisch, Garnelen, Krabben
Zalala	Breiter Sandstrand mit Kasuarinenwald	Oft trübes Wasser	Fischer verkaufen Fisch, Garnelen, Krabben
Pebane	Einsamer Sandstrand	Sauber, flach, wenig Wellen	Fischer verkaufen Fisch, Garnelen, Krabben
Pemba	Breiter Sandstrand mit Kasuarinenwald	Seegras, Riff sehr nah (Schnorcheln sehr gut)	Fischer verkaufen Fisch, Garnelen, Krabben

INFORMATIONEN VON A BIS Z

Ärzte und Apotheken

Außerhalb Maputos sind Hospitäler, Krankenstationen und Apotheken meist nur mit dem Nötigsten ausgestattet. Vielfach fehlt es an Medikamenten, auch ist die Krankenversorgung nicht flächendeckend gewährleistet. Deshalb sollten Reisende eine Notfallapotheke und Medikamente, die sie regelmäßig brauchen, mitnehmen. In ernsten Fällen sollte man sich nach Südafrika oder nach Hause evakuieren lassen (vor der Reise eine Auslandskrankenversicherung abschließen, s. S. 341). Medizinische Behandlung und Medikamente werden in Mosambik direkt abgerechnet, müssen also vom Patienten beglichen werden. Nach der Rückkehr kann man diese Ausgaben von der Versicherung einfordern. Dafür muss die Rechnung mit Adresse der Klinik oder des Arztes, Name des Patienten, Datum, Währungseinheit und der Diagnose und Behandlung versehen sein. Die Behandlungskosten liegen in der Regel deutlich unter denen Westeuropas. In Notfällen können Medikamente über den Kurierweg des AA angefordert werden bei der Kaiser-Apotheke in Bonn, Tel. 0228-635744.

Airporttax

Die Flughafensteuer beträgt bei Inlandsflügen 8 US$ und bei Internationalen Fernstreckenflügen 20 US$. Zahlbar nur in US$.

Betteln

Von Zeit zu Zeit kommt es vor, dass Kinder oder Erwachsene, manchmal sogar Polizisten und Beamte, Touristen anbetteln. Der Bettelei muss niemand gegen seinen Willen nachgeben; man kann in der Regel auch höflich Nein sagen, ohne dass jemand verärgert reagiert.

Camping & Wildcamping

Offiziell darf man in Mosambik nur auf ausgewiesenen Campingplätzen campieren. Die gibt es aber fast nur entlang der Küsten und in einigen Städten. Im wenig besiedelten Landesinneren ist Wildcampen unproblematisch. Am besten fragt man höflich im Dorf um Erlaubnis und lässt sich evtl. einen günstigen Platz zeigen. Dies kann ein Fußballplatz am Dorfrand sein, ein nicht bestelltes Feld, eine breite Weggabelung etc. Dorfübernachtungen bedeuten aber auch "Kontakt zum Dorf". Die Menschen sind gastfreundlich, neugierig und kontaktfreudig. Als Fremder, der sich vor den Menschen ausbreitet und dort übernachtet, stellen Sie in dieser Situation die Attraktion dar (wie ein fahrender Zirkus). Je kleiner das Dorf ist, um so angenehmer wird die Übernachtung. Je größer und anonymer die Ortschaft ist, um so eher wird man von einer Menschentraube umringt und angestarrt. Dies können Sie umgehen, indem Sie die Zugehörigkeit zu einer Art Gastfamilie, zu einem Familienclan, suchen. Auf diese Weise stehen Sie unter deren Schutz und erlangen mehr Privatsphäre gegenüber anderen Dorfbewohnern. Haben Sie eine Gastfamilie, auf deren Grund Sie kampieren, sollten Sie beim Abschied möglichst einige wertvolle Naturalien, wie Orangen, Brot, Zigaretten etc. verschenken. Übrigens: Die Frage, ob in der Umgebung Gefahr durch Landminen (minas) bestehe, können die Einheimischen am besten klären.

Campingplätze werden im Reiseteil explizit genannt.

Eintrittspreise der Nationalparks

Die Eintrittspreise variieren stark von Fall zu Fall (siehe Reiseteil).

INFOS VON A BIS Z

Feiertage

01. Januar:	Neujahr
03. Februar	Heldentag (Todestag von Eduardo Mondlane)
07. April	Frauentag (Todestag von Josina Machel)
01. Mai	Tag der Arbeit
25. Juni	Unabhängigkeitstag
07. September	Tag des Sieges
25. September	Tag der Revolution
04. Oktober	Tag des Friedens
10. November	Maputo Tag (Feiertag nur in Maputo)
25. Dezember	Weihnachtsfeiertag

Bewegliche und sonstige Feiertage:

Ostern (Karfreitag und Ostermontag), der 26. Dezember und der 19. Oktober (Samora Machels Todestag) sind keine offiziellen Feiertage. Dennoch bleiben viele Einrichtungen und Geschäfte an diesen Tagen geschlossen. Außerdem werden in bestimmten Regionen islamische Feiertage gefeiert. Indische und arabische Läden haben dann geschlossen.

Schulen, Banken, Ämter und Behörden haben an Feiertagen geschlossen, Supermärkte und Tankstellen teilweise auch, mitunter aber auch vormittags geöffnet.

Ferienzeiten

An den Stränden Südmosambiks herrscht vor allem während der südafrikanischen Ferienzeiten Hochbetrieb, während die mosambikanischen Ferien kaum ins Gewicht fallen. Auf S. 326 werden die typischen Ferienzeiten der südafrikanischen Schulen genannt.

Fotografieren

Die besten Lichtverhältnisse zum Fotografieren bieten die Monate von Ende der Regenzeit bis in den August. Für die diesige Luft, die ab August/September einsetzt, empfiehlt sich der Einsatz eines Polfilters. Auch leisten UV-Filter gute Dienste, und bei Sonnenuntergang- oder Teleaufnahmen erzielt man mit einem Stativ gute Ergebnisse. Menschenaufnahmen gelingen am Besten mit Blitzlicht (auch bei Tage). Die schönsten Aufnahmen entstehen morgens oder spät nachmittags, wenn die schräg stehende Sonne alles in ein sanftes Licht taucht.

Wir empfehlen, ausreichend Filmmaterial und Ersatzbatterien mitzubringen. Vor Ort sind diese Dinge nur in größeren Städten zu bekommen und darüber hinaus möglicherweise überaltet. Da Mosambik ein heißes, staubiges Reiseland ist, sollte man auch an entsprechenden Staub- und Hitzeschutz für die Fotoausrüstung denken. Wasserdichte Schutzbehälter sind am Meer und bei einer Dhau-Fahrt sehr nützlich.

Zum Thema **Fotomotive**: Öffentliche Einrichtungen, wie Häfen, Bahnhöfe, Flughäfen, Regierungssitze sowie alle militärischen Fahrzeuge, Personen und Gebäude dürfen nicht fotografiert werden. Zwar lockern sich die Bestimmungen zusehends, doch sollte man im Zweifelsfalle unbedingt erst fragen, ehe man solche Objekte ablichtet. Noch herrscht bei manchen offiziellen Stellen ein ausgeprägtes Misstrauen gegenüber fremden Fotografen, die sich für solche Motive interessieren.

An dieser Stelle möchten wir auch daran appellieren, umsichtig und erst nach erteilter Erlaubnis Menschen zu fotografieren. Die meisten Mosambikaner lassen sich gerne fotografieren, wenn man sie höflich fragt. Ein Nein muss man aber ebenso akzeptieren. Der ab und zu auftauchenden Forderung, für das Foto zu bezahlen, sollte man nicht nachgeben, sondern lieber auf die Aufnahme verzichten. Erinnerungsfotos sind freiwillige Geschenke, die beide Beteiligten ehren, aber kein Geschäft. Eine riesige Freude macht man den Fotografierten, wenn man später einen Abzug der Bilder schickt. Leider wird dies aber allzu oft versprochen und nicht eingehalten. Bieten Sie dies also nur an, wenn Sie auch ernsthaft dazu bereit sind. Wer eine **Sofortbildkamera** dabei hat, erntet meist helle Begeisterung, wenn man sofort einen Abzug davon verschenken kann.

GPS-Daten

GPS-Daten für Mosambik auf CD: siehe S. 335 und 384. Die Mosambik-GPS-CD aus dem HUPE-Verlag ist eine Ergänzung zum Buch für Reisende, die abgelegene Touren in die Wildnis planen. Sie beinhaltet auf Recherchen ermittelte Wegpunkte, zusätzliche Extremstreckenbeschreibungen und weitere detaillierte Landkarten bzw. Wegskizzen, die den Rahmen eines Reiseführers sprengen würden.

Grenzen

Grenzöffnungszeiten und Infos zur Grenzabwicklung siehe "Anreise auf dem Landweg", S. 352. Alle Landesgrenzen werden zusätzlich im Reiseteil beschrieben.

Hotels

Alle Unterkünfte (Hotels, Pensionen, Camps, Campingplätze, Bungalows etc.) sind im Reiseteil beim jeweiligen Ort verzeichnet.

INFOS VON A BIS Z

Internet

Auf unserer Homepage **www.hupeverlag.de** veröffentlichen wir alle touristisch relevanten, Mosambik betreffenden Neuigkeiten oder Änderungen und nennen empfehlenswerte ausgewählte Links zu anderen Pages. Außerdem steht via Internet unser **kostenloser Hupe-News-Service** zur Verfügung. Die Internetadressen der Reiseanbieter und örtlichen Camps oder Hotels werden jeweils im Reiseteil dieses Buches genannt.

Gerade in den afrikanischen Ländern, die so oft unter schlecht funktionierenden Telefonleitungen leiden, bildet das Internet eine hervorragende und viel genützte Kommunikationsform. Die meisten Reiseanbieter, Hoteliers oder Campingplatzbesitzer sind inzwischen über das Internet erreichbar. Internetcafés sprießen in den Ortschaften geradezu aus dem Boden und werden jeweils im Reiseteil genannt. Backpackerunterkünfte bieten zunehmend auch einen E-mail-Service für Reisende an.

Kleidung

siehe Ausrüstung, S. 335

Kulturelles Leben

Vor allem in den mosambikanischen Städten findet ein reiches Kulturleben statt. Die Angebote und Kontaktadressen werden jeweils im Reiseteil genannt. Mit Abstand am breitesten gefächert sind Kulturveranstaltungen in Maputo, wo ständig Theatervorstellungen stattfinden und Tanzgruppen und Musikbands auftreten.

Landkarten

Das staatliche Verkaufsbüro für mosambikanische Landkarten befindet sich in Maputo. **DINAGECA:** Im Direktorat für Geographie und Kartographie an der Av. Josina Machel vertreibt das Amt Detaillandkarten des Landes, die man allerdings offiziell nur mit einem Begründungsschreiben erhält. Weitere Angaben zu weltweit erhältlichen Karten siehe Literaturliste S. 378 und unsere Beschreibung auf S. 367.

Leider zeigen ältere Landkarten für Mosambik zahlreiche Straßen, die nicht befahrbar sind. Zum Teil fehlen noch wichtige Brücken, die im Bürgerkrieg zerstört worden sind, manchmal ist der Straßenzustand so schlecht, dass man diese Wege nur extrem langsam passieren kann (max. 15-20 km/h). Selbst die Michelin-Karte weist einige nicht existente Straßen auf. Andererseits werden inzwischen vielerorts im Land Straßen gebaut, die noch auf keiner der Karten verzeichnet sind. Die von uns erstellten Karten in diesem Buch weichen deshalb bewusst vereinzelt von den offiziellen Karten ab.

Mahlzeiten

siehe Praxistipps S. 360ff

Maße und Gewichte

In Mosambik sind die metrischen Maße und Gewichte üblich. Ältere (britische) Landkarten oder Bücher verwenden aber noch die englischen Maßeinheiten.

1 mile	=	1,609	km
1 foot	=	30,480	cm
1 square mile	=	2,590	km^2
1 gallon (brit.)	=	4,546	l
1 yard	=	0,914	m
1 inch (Zoll)	=	25,400	cm
1 acre	=	40,470	a bzw. 4046,8 m^2

Die Formel zur Umrechnung von Fahrenheit in Grad Celsius lautet: Fahrenheit minus 32, multipliziert mit 5, dividiert durch 9 ergibt den Wert in Grad Celsius.

F	32	41	50	59	68	77	86	95	104
C	0	5	10	15	20	25	30	35	40

Nationalparks & Wildschutzgebiete

Die Behörde für Naturschutz sitzt in Maputo: Direção Nacional de Fauna e Flora Bravia: 333, Av. Zedequias Manganhela. Tel. 01-431789.

Notruf

Notruftelefonnummern der Polizei und Krankendienste (soweit vorhanden) sind im Reiseteil bei den Provinzhauptstädten veröffentlicht.

Öffnungszeiten

Einheitliche Öffnungszeiten existieren nicht, aber grobe Richtlinien (nähere Angaben siehe jeweils im Reiseteil):

Geschäfte:	Mo–Fr:	07.30-12.30 h
	und	14.00-17.30 h
	Sa:	09.00-13.30 h
	und	15.00-19.00 h
Gr. Supermärkte:	Mo–Sa:	tw. bis 19.00 h,
		manche auch sonntags
Ämter/Behörden:	Mo–Fr:	08.00-12.30 h
	und	14.00-17.30 h
Post:	Mo–Fr:	07.30-12.30 h
	und	14.30-17.00 h
	Sa:	07.30-12.00 h
Banken:	Mo–Fr:	07.30-15.00 h,
in kleinen Ortschaften nur		07.30-11.00 h

INFOS VON A BIS Z

Post

Die Gebühren für Briefe und Postkarten nach Europa sind sehr niedrig und der Service einigermaßen zuverlässig, solange keine dicken Briefe, die Wertsachen oder Geld enthalten könnten, verschickt werden. Luftpostbriefe nach Europa sind etwa eine Woche unterwegs, wenn man sie in größeren Städten zur Post bringt. An abgelegeneren Orten kann es ein Vielfaches länger dauern.

Preise

Zum allgemeinen Preisgefüge in Mosambik siehe S. 342, zu den gängigen Zahlungsmitteln und Währungen S. 343. Aktuelle Wechselkurse veröffentlichen wir monatlich auf unserer Homepage www.hupeverlag.de.

Sicherheit & Gefahren

Siehe dazu „Persönliche Sicherheit", S. 348

Souvenirs

Souvenirjäger finden in Mosambik vor allem kunsthandwerkliche Erzeugnisse, wie Holzschnitzereien (Makonde-Kunst), Bastmatten und Korbwaren (Inhambane, Cabo Delgado), Batiken entlang der Küste und Silberschmuck (Querimba Archipel). Die Waren werden entweder direkt an der Straße oder auf den großen Stadtmärkten, in Kooperativen und in Maputo auch in Kunstgalerien und Souvenirläden angeboten.

Strände

Die rund 2700 km lange Meeresküste Mosambiks bietet kilometerlange, einsame Sandstrände, die zu den schönsten Afrikas zählen. Zahlreiche intakte Korallenriffe lagern vor den Küsten und tragen dazu bei, dass diese Gebiete als hervorragende Tauchgründe gehandelt werden. Die einsamen Strände werden oft nur durch kleine Fischerdörfer und Palmenhaine unterbrochen.

Die Fernstrecken in Mosambik verlaufen alle soweit im Landesinneren, dass die Strände über unterschiedlich lange Stichstraßen angefahren werden müssen. Welche Strände sich vor allem zum Baden oder für Wassersport eignen oder wo mit Strömungen zu rechnen ist, haben wir im Reiseteil beschrieben sowie auf S. 371 dargestellt unter: "Mosambiks Strände im Direktvergleich".

Stromversorgung

220/240 Volt Wechselstrom. Ein mitgebrachter universaler Adapter oder südafrikanischer Dreipolstecker, wie sie in Maputo verkauft werden, sind empfehlenswert. Teilweise gibt es auch Euro-Steckdosen. Viele Strandresorts haben keinen Stromanschluss, manchmal wird dort ein Generator für die Abendstunden eingesetzt. Deshalb gehören bei einer Mosambikreise eine Taschenlampe, Kerze, Zündhölzer und ein Feuerzeug ins Gepäck.

Oben: Drei Freunde aus der Provinz Niassa

INFOS VON A BIS Z

Tauchen

Die mosambikanischen Tauchgründe zählen zu den besten der Welt. Herrliche intakte Korallenriffe und eine enorme Vielzahl an Meerestieren im warmen tropischen Gewässer begründen diese Klassifizierung. Zehn verschiedene Haie sowie Wale, Dugongs, Delfine und Meeresschildkröten lassen sich hier beobachten.

Die meisten Regionen sind noch vollkommen unberührt. Professionelle Tauchschulen (PADI) und Anbieter für erfahrene Tauchgänge gibt es nur an ausgewiesenen Stellen (siehe Reiseteil). Die beliebtesten Tauchspots bieten die Bazaruto Inseln und Ponta do Ouro.

Taxi

Taxis stehen nur in Beira und Maputo zur Verfügung.

Telefon

Festnetz: Inlandgespräche kann man von Telefonzellen (telefone pública) tätigen. **Internationale Ferngespräche** müssen über die staatliche Telekomgesellschaft TDM abgewickelt werden, die in den Provinzhauptstädten Büros und im restlichen Land ein relativ dichtes Netz an "Telefoncontainern" unterhält. Internationale Verbindungen werden dort rasch hergestellt, ein 3-Minuten-Gespräch kostet ca. 4 Euro. Wer von einem Hotel aus telefoniert, bezahlt ein Vielfaches mehr. **Telefonkarten** (und Kartentelefone) gibt es nur in Maputo, sie können für regionale Gespräche in die Nachbarländer verwendet werden, nicht jedoch für Ferngespräche nach Europa.

Handys: Das lokale Mcell-Netz ist im raschen Aufbau. Mit den deutschen Netzen von D2, O2 und E-Plus ist man in den Städten und entlang der EN1 fast lückenlos auf Empfang. Auch T-Mobile Austria und SWISSCOM haben Verträge mit Mosambik abgeschlossen. Mcell verteilt auch SIM-Karten.

Mosambiks Cell-Phone-Nummern haben seit Sommer 2005 keinen Area-Code mehr, sondern nur noch eine Einzelnummer aus 9 Ziffern.

Ländervorwahl:
Von Mosambik in die BRD:	0049
Von der BRD nach Mosambik:	00258
Von Mosambik in die Schweiz:	0041
Von der BRD nach Mosambik:	00258
Von Mosambik nach Österreich:	0043
Von der BRD nach Mosambik:	00258
Von Mosambik nach Südafrika:	0027
Von der BRD nach Mosambik:	09258

Städtevorwahlen in Mosambik:

Seit Sommer 2005 gibt es ein neues Vorwahlsystem, das direkt in die Anschlussnummer intergriert ist.

Maputo	21	Gurue	24
Beira/Sofala	23	Inhambane	293
Quelimane	24	Pemba	272
Nampula	26	Tete	252
Nacala	26	Xai-Xai/Gaza	282
Chimoio/Manica	251	Lichinga	271

Toiletten & Sanitäreinrichtungen

Die sanitären Einrichtungen werden in Mosambik oft nur niedrigen Ansprüchen gerecht. Die Toilette besteht nicht selten aus einem Loch im Boden, anstelle einer Wasserspülung steht ein Eimer Wasser daneben. Toilettenpapier sollte man besser stets bei sich haben. Manchmal verbirgt sich hinter der Duschkabine auf Campingplätzen oder in einfachen Pensãos ebenfalls nur ein großer Wassereimer mit Schöpfkelle, mit der man sich das feuchte Nass über das Haupt schüttet.

Touristeninformation

Die wenigen örtlichen Touristeninformationsstellen werden jeweils im Reiseteil genannt, z. B. in Maputo, Pemba und Ilha de Moçambique. In Deutschland und seinen Nachbarländern gibt es kein mosambikanisches Fremdenverkehrsamt. Die Möglichkeiten, über das Internet Informationen aller Art einzuholen, werden immer besser. Auf unserer Homepage www.hupeverlag.de veröffentlichen wir empfehlenswerte Links zu Mosambik-Pages.

Trampen

siehe S. 330

Trinkgeld

Ein kleines Trinkgeld wird überall erwartet, wo jemand einen besonderen Service oder eine Gefälligkeit leistet. In Restaurants ist der Service in der Regel nicht im Preis enthalten. Die Höhe des Trinkgelds sollte sich stets nach der erbrachten Leistung und den Landesverhältnissen richten, also der Situation angemessen bleiben. 5-10% sind in Restaurants sicherlich die Obergrenze, üblicherweise rundet man den Betrag geringfügig auf. Führen Sie sich den monatlichen Durchschnittslohn von 50-70 Euro vor Augen, um einen passenden Weg zu finden.

INFOS VON A BIS Z

Wasser

In den meisten Fällen ist das Leitungs- oder Brunnenwasser in Mosambik nicht bedenkenlos trinkbar für Europäer. Am besten gewöhnt man sich an, das Wasser entweder stets abzukochen bzw. durch Zugabe von Micropur-Pulver oder -Tabletten zu entkeimen, oder zum Trinken und Zähneputzen ausschließlich Mineralwasser zu verwenden. In den größeren Städten des Landes wird einheimisches stilles Mineralwasser in handlichen Plastikflaschen verkauft, nicht jedoch auf dem Lande.

Selbstversorger sollten **stets genügend Wasserreserven** mitführen, denn gerade im Landesinneren gibt es nicht überall Brunnen! Vielerorts schöpfen die Menschen ihr Wasser noch aus dem Fluss.

Wassersport

Die langen Meeresküsten sind ein Dorado für Wassersportler. Wer nicht mit vollständiger Ausrüstung anreist, kann diese bei den Ferienanlagen mieten. Viele Resorts bieten Schnorchel, Flossen, Tauchgerät, Surfbretter, Motorboote, Fischereibedarf etc. an. Als Surferparadies gelten die Strände von Tofo und Ponta do Ouro, Schnorcheln empfiehlt sich an Stränden, denen ein Riff vorgelagert ist, wie in Pemba. Hochseefischen ist vor allem bei Südafrikanern beliebt, die oftmals mit eigenen Booten nach Mosambik anreisen.

Zeitungen

Größte Tageszeitung ist die in Maputo publizierte „Notiçias" mit der Sonntagsausgabe „Domingo". In Beira erscheint zusätzlich die Tageszeitung „Diário". Als Wochenzeitung ist vor allem „Tempo" verbreitet. Monatlich werden das mosambikanische Wirtschaftsmagazin „Economia" und die englischsprachigen Afrikamagazine „New African" und „African Business" veröffentlicht, vierteljährlich erscheint das informative BBC-Produkt „Focus on Africa".

Zeitverschiebung & Tageslicht

In Mosambik gilt MEZ + 1 Stunde. Während der mitteleuropäischen Sommerzeit besteht also kein Zeitunterschied, im Winterhalbjahr ist uns Mosambik um eine Stunde voraus. Mosambik schließt sich mit dieser Zeitzone den Nachbarländern im südlichen Afrika an. Da das Land jedoch an der Ostgrenze der Region liegt, bedeutet dies für Mosambik, dass es hier besonders früh hell und wieder dunkel wird. Tageslicht hat das Land im Juni/Juli zwischen ca. 05.30 und 16.30h, im Dezember von ca. 04.30 und 17.30h. Sonnenauf- und -untergang erfolgen rasch mit kurzen Dämmerungszeiten.

Zoll

Alle Gegenstände des persönlichen Bedarfs können zollfrei eingeführt werden. Dazu zählen, neben Kleidung und Toilettenartikeln, auch die Fotoausrüstung mit Filmen, Videokamera, Fernglas, Reiseschreibmaschine, Kofferradio, Kinderwagen, Sport- und Campingausrüstung.

Jagdwaffen dürfen nur mit Lizenz eingeführt werden, für Haustiere wird neben der Tollwutimpfung ein amtstierärztliches Zeugnis verlangt.

Für die Heimreise: Die EU-Reisefreigrenzen bei der Rückkehr aus Afrika lauten: Bei der Einreise dürfen pro Person 200 Zigaretten, 2 l Wein, 1 l Spirituosen, 50 g Parfüm und 500 g Kaffee zollfrei eingeführt werden. Es besteht Einfuhrverbot für alle Fleischprodukte aus afrikanischen Ländern.

Achtung bei **der Einfuhr von Trophäen** und geschützten Produkten (alle Elefantenprodukte, Reptillederprodukte, Schildkrötenteile, Muscheln etc.): Vor Ort ist eine Ausfuhrgenehmigung erforderlich, um Trophäen legal aus dem Land zu exportieren. Aber trotz dieser afrikanischen Ausfuhrgenehmigung macht man sich wegen des Artenschutzgesetzes sehr schnell bei der Einfuhr solcher Produkte in die EU strafbar! Vorsicht ist vor angeblich echten CITES-Zertifikaten geboten (Ausfuhrgenehmigungen), die manche Händler ausstellen, denn diese werden vom EU-Zoll nicht anerkannt, wenn es sich um streng geschützte Produkte handelt.

Weitere Informationen zum Thema Artenschutz und Zoll erhalten Sie im Internet unter www.ofd-nuernberg.de (Oberfinanzdirektion Nürnberg) und www.bfn.de (Bundesamt für Naturschutz).

LITERATUR

Literatur zu Mosambik

(e) = englischsprachig   (d) = deutschsprachige Literatur

Reiseführer

- Guide to Mozambique (1997): Bradt Publications, Briggs, Phil. (e)
- Mosambik: B. Skrodzki (1996), Berlin, Eigenverlag (d)
- Mozambique: Globetrotter Travel Guide, Mike Slater (1997). London. (e)
- Mozambique: Traveller Survival Kit (1999). Adam Lechmere (e)

Pflanzen und Tiere (Bestimmungsführer)

- Palgrave, Keith Coates (1993): Trees of Southern Africa, Struik-Verlag, Cape Town. (sehr empfehlenswer!) (e)
- Säugetiere Afrikas (1977), BLV, München. (d)
- The Birds of Southern Mozambique (1996): Philip A. Claney, African Bird Book Publishing, SA   (e)
- Pflanzenreich der Tropen (1981): Schröder Verlag. (d)
- Frandsen, Robin: Säugetiere des südlichen Afrika (1993): Sandton, South Africa. (d)
- Smithers, Reay: Land Mammals of Southern Africa (1996): Southern Book Publ., SA. (e)
- Stuart, Christ & Tilde: Field Guide to the Mammals of Southern Africa (1989): Struik-Verlag, Cape Town. (e)
- Lindsay, Gordon: Roberts' Birds of Southern Africa (1996), CTP Book Printers, Cape Town. (sehr empfehlenswert) (e)
- Field Guide to Roberts' Birds of Southern Africa (1996), CTP Book Printers, Cape Town. (e)
- Newman, Kenneth: Birds of Southern Africa (1994): Macmillan, UK. (Tipp: Sehr empfehlenswert!) (e)
- Sinclair, Ian: Field Guide to the Birds of Southern Africa (1996): Struik-Verlag, Cape Town. (e)
- Barlow, T. & Wisniewski, W.: Kosmos Naturreiseführer Südliches Afrika (1998): Kosmos Verlag (d)

Geschichte

- Geschichte Afrikas (1997): Iliffe, John. C.H.Beck Verlag (d)
- Wotte, Herbert (1973): David Livingstone: Brockhaus, Leipzig, (d).
- Ki-Zerbo, Joseph (1981): Die Geschichte Schwarz-Afrikas: Fischer Verlag, Frankfurt (d)
- Pakenham, Thomas: The Scramble for Africa. (1991): Avon Books, New York. (e)
- Ansprenger, Franz: Politische Geschichte Afrikas im 20. Jh. (1992): Beck'sche Reihe. (d)
- Newitt, Malyn (1993): A History of Mozambique: Indiana University Press (e)
- Newitt, Malyn: A History of Mozambique (1995): Wits University Press, Südafrika (e)
- Christie, Iain: Machel of Mozambique (1988), Zimbabwe Publishing House, Harare. (e)

Allgemeines (Wirtschaft, Gesellschaft)

- Länderbericht Mosambik (1995): Statistisches Bundesamt, Wiesbaden. (d)
- Explizit: Frauen in Afrika (1993): Horlemann Verlag, Bad Honnef. (d)
- Länderheft Mosambik Nr. 49 (2003), Missionswerk der Evangelischen Kirche in Bayern

Romane und Reiseberichte

- Henning Mankell: "Der Chronist der Winde" ,1995, Paul Zsolnay Verlag in Wien sowie im Bertelsmann-Club, "Kennedy's Hirn" 2005   (d)

Literatur aus Mosambik

- Barlett, R. (1995): Short Stories from Mozambique. COSAW Publishing, Johannesburg (e)
- Couto, Mia: Voices Made Night, African Writers Series (e)
- Chiziane, Paulina: "Liebeslied an den Wind", "Das siebte Gelöbnis", "Wind der Apokalypse", Brandes&Apel Verlag

Landkarten

- Mosambik - Malawi 1:1 200 000, Reise-Know-How (2004), die aktuelleste und beste Straßenkarte
- Michelin-Karte 955: Afrikas Süden, 1 : 4 Mio., Michelin, Paris. Verlässliche Straßenkarte
- Afrika Süd 1 : 4 Mio., RV-Verlag, München. Übersichtskarte südliches Afrika
- Freytag & Berndt Autokarte (2002): 1 : 2 Mio., ISBN 3-7079-0262-5
- Cartographia: 1 : 2 Mio., ISBN 963 352 952 2 CM (Budapest).
- ITM Mozambique (2001): 1 : 1,9 Mio., ITMB Publishing, ISBN 1-55341-335-0
- Globetrotter Travel Map (2002): 1 : 2,3 Mio., New Holland Publishers, UK, ISBN 1-85974-569-5
- Russische Generalstabskarten (1: 0,5 Mio. und 1: 0,2 Mio.) vertreibt Fa. Därr, Theresienstr. 66, 80333 München, Tel. 089-282032, Fax 282525 (allerdings auf kyrillisch.)

INDEX

A

Abholzung 65, 225f, 229
Adler 104
Afrikanische Kastanie 70
Afrikanischer Regenbaum 73
Afrikanischer Wildhund 90
Aids 43, 45, 338
Akazien 70f
Albizia 71
Allradmodus 368
Alltag der Menschen 48, 50, 56
Alto Molócuè 249, 254, 256
Analphabeten 47
Angoche 17, 250, 261
Animismus 44
Anreise / Ausreise
 auf dem Seeweg 353f
 per Mietwagen 353
 Malawi 241, 253, 301, 310, 352ff
 von Sambia 240, 352
 von Südafrika 137, 351
 von Swaziland 137, 352
 von Tansania 295, 352
 Zimbabwe 224, 230, 239, 351
Arbeitslosigkeit 57
Armut 49, 51
Artedif 123, 133
Artenschutzgesetz 377
Ärzte & Apotheken 372
Ausrüstung 335
Auswärtiges Amt 347
Autofahrer 327, 364, 370

B

Bahn 330, 351, 335
Bahnverladung von Autos 313
Baia dos Cocos 185
Bambus 73, 309
Banhine NP 154, 158f
Baobab 72, 176
Barra, Ponta da 167, 183, 371
Barrakudas 144, 194
Bartholomäo-Diaz-Punkt 190
Baumwollanbau 33, 56, 58
Bazaruto Archipel 105, 190ff
Begegnung
 mit den Menschen 315, 356
 mit Wildtieren 370
Beira 200ff
Beira Korridor 36, 199, 216
Bela Vista 140f, 147
Benguerra 193
Benzinqualität 367

Berguhu 108
Bestandszahlen (Wildtiere) 221
Betteln 372
Bevölkerung 42, 174
Bildung 47
Bilene, Praia do 151f, 371
Bilharziose 337
Binga, Mount 228f
Blauducker 82
Boane 141
Boroma, Mission 234
Botschaften 132
 von Mosambik 347
Brandrodung 59
Büffel 86, 213f, 221, 321, 370
Büffelreservat 214
Buntbarsche 305
Buren 29
Busse 135, 330, 355
Buschbrände 368, 370
Buschhörnchen 93
Bushbaby 95
Buzi, Rio 198, 208, 225

C

Cahora Bassa 214, 230, 235ff
 Kraftwerk 39
 Schlucht 242
 Staudamm 36, 69, 71, 232
 Stromschnellen 30, 60
Caia 209, 216, 244
Calómuè 241
Camping
 Campingausstattung 327
 Campingplätze 129, 188, 332
 Wildcamping 372
Canxixe 211
Casa de Cultura 130, 247
Casa Lisa 150
Casa Msika 223f
Cashew-Fabriken 263
Cashewbäume 58, 76
Cassacatiza 240
Cassava 77
Catandica 230
Catembe 140
Chai 35, 293
Chamäleon 96
Changamire-Dynastie 15, 22
Changara 230
Chapas 136, 330
Checkliste für Autofahrer 364
Chemba 211
Chicamba Real Stausee 223

Chicualacuala 155
Chidenguele 177
Chidoco 227
Chieftainship 15, 48
Chigubo 158f
Chilwasee (Malawi) 313
Chimanimani NP (Zimb.) 228
Chimanimani-Berge 225, 229
Chimoio 222f
Chinde 215
Chipanga 244
Chiramba 211
Chire, Rio 210, 242, 244
Chirinda Forest 228
Chissano, Joachim A. 40, 52
Chitengo Camp 218
Chocas Mar 265
Chokué 155f, 158, 160
Cholera 338
Chongoene 177
Chupanga 213
Chuwanga 307, 308
Cóbuè 308ff, 353f
Combretum 71
Costa do Sol 117, 123
Coutada 16 156f
Couto, Mia 55
Covane 195
Cuamba 260, 262f, 313, 316

D

Dattelpalme, Wilde 74
David Livingstone
 29f, 211, 236, 242, 244, 306
Dedza (Malawi) 241
Delagoa Bay 29, 112
Delfine 143
Delphine 100
Devisen 343
Dhau
 179ff, 189, 271, 283, 291
Dhlakama, Afonso 40
Diaca 293, 296
Difaqane 28
Differenzialsperren 368
Dokumente 335
Dombe 225, 229
Dondo 199, 208
Dorfgemeinschaften 48
Drogen 349
Ducker 82, 321
Dugong 100, 192, 194
Durchfall 338, 341

379

INDEX

E

Einreisebestimmungen 346
Eintrittspreise 372
Eisenbahnbrücke in Sena 210
Eisvögel 107
Elefanten 78f, 147, 149, 221,
　251, 314, 318ff, 370
Elektrozäune *(Elefanten)*
　64, 317ff, 157, 320
Elenantilope 84
Elfenbeinhandel 18, 64
EMOSE 144, 232, 353
Entwicklungshilfe 63
Ernährung 340, 360ff
Errego 249, 254
Ersatzteile & Werkzeug 364
Espungabera 226
Essen und Trinken 360ff
Eulen 108
Euro 342f
Expressbusse 330

F

Fächerpalmen 74
Fähre
　am Incomáti 139
　am Lucite 225
　am Rovuma 295, 352
　am Sambesi 209
　nach Catembe 140
Fahrradfahrer 330
Fahrzeugausrüstung 329
Fahrzeugcheck 329
Farbkätzchenstrauch 71
Feiertage 373
Feilschen 345
Feira Popular 120, 130, 222
Felsendome 254, 317
Ferienzeiten 373
Feuerholz 362
Fieberakazien 70, 176
Fim do Mundo 261
Fingoè 239, 240
Fischfang 59, 305
Fischmarkt 123, 271
Fischversorgung 363, 371
Flamingos 105
Flammenbaum 72
Flüchtlingscamps 185
Flugcharter 132, 354
Fluggesellschaften
　132, 206, 354
Flughäfen 61, 134, 350
Flughafensteuer 372
Flugverbindungen 350, 355
Flusspferde 81, 221, 305,
　321, 341, 370
Flutkatastrophe 41, 67, 160, 198
Fortaleza 120, 275, 290
Fotografieren 357, 373
Frankoline 108
Frauen
　allein unterwegs 334
　in Mosambik 50
Frelimo 35ff
Friedensabkommen 40
Fruchtfolge 59
Furancungo 240f
Fußball 55
Fußspuren (Tiere) 103
Futi-Channel 145, 149

G

Gabelracken 110
Galagos 95
Gastronomie 342, 360f
Gaukler 104
Gazareich 28, 31
Gefahren für Autofahrer
　Sand, Schotterpisten, Schalmm,
　Wasserdurchfahrten 365
Geier 105
Gelbfieber 337, 347
Geldwechsel 344
Gepard 89
Geschenke 335
Gesichtsmasken, weiße
　170, 279
Gesundheit 336ff
Gesundheitswesen 45
Gilé 250f
Ginsterkatze 92
Giraffe 80
Giryonda Border 156f
Glanzstare 109
Glossar 359
GL-Transfrontier Park 154, 156f
Gnu 85
Goldhandel 14
Gomba 319
Gorongosa 39, 199, 209, 216
Gorongosa NP 41, 64, 79,
　168, 211, 217ff
Gorongosa-Berge 105
GPS-Daten 335, 373, 384
Grautokos 108
Great Zimbabwe 14
Grenzen 352, 373
Guijata Beach Camp 185

Gungunhana 31
Gurué 249, 253ff, 262, 313

H

Haie 340
Hammerkopf 106, 161
Hepatitis 337
Homoine 40
Honigdachs 92
Hotels 332, 373
Hungerstatistik 49
Hüttensteuern 31f
Hyäne 90
Hyänenhund 90

I

Ibisse 107
Ibo 288ff
Ilala-Schiff 310, 353f
Ilha de Moçambique
　23, 263, 266ff
Ilha Medjumbi 292
Ilha Quirimba 292
Ilha Xefina 123
Impala 86
Inchope 199
Incomáti River Camp 139
Infektionskrankheiten 338
Inhaca 117, 138
Inhambane 179ff
Inhaminga 208
Inhamitanga 209
Inharrime 177
Inhassoro 190, 371
Inselberge 68
Internet 11, 133, 206, 232,
　285, 341, 374
Itepela 301

J

Jacaranda 72
Jagdsafaris 64
Jesuiten 19, 27, 268
Jofane 195

K

Kaffernbüffel 86
Kaffernhornraben 109
Kannibalismus 25
Kapentafische 236f
Kapokbaum 73
Karakal 91
Kasuarinen 72

INDEX

Kiebitze *107*
Kinder, Reisen mit *334*
Kindersterblichkeit *46*
Kionga-Dreieck *295*
Kleidung *335, 357, 374*
Klima *324f*
Klippspringer *82*
Kochen am offenen Feuer *362*
Kokospalmen *74, 177f*
Komatipoort *137*
Kongo-Konferenz *31*
Korallenriffe *68, 340*
Kormorane *106*
Körpersprache (Elefanten) *79*
Kosi Bay (SA) *141, 144*
Kraniche *107*
Kreditkarten *344*
Kriminalität *131, 232, 348*
Krokodile *96, 192, 305, 341*
Kudu *83*
Kulturzentrum *130*
Kunsthandwerk *345*

L

Lacerda *27*
Lago Niassa *69, 305f, 333*
Ländervorwahl *376*
Landkarten *133, 237, 367, 374, 378*
Landminen *41, 66f, 349, 369*
Landwirtschaft *58*
Langusten *363*
Lebenserwartung *43*
Leberwurstbaum *72*
Leopard *89*
Lichinga *302f*
Lichtenstein-Kuhantilope *85*
Licungo, Rio *250*
Ligonha, Rio *250, 256*
Likoma Island (Malawi) *310f*
Limpopo, Nationalpark *156f*
Limpopo, Rio *150, 154, 160*
Lioma *254, 262*
Literatur *55, 378*
Löffler, Afrikanischer *107*
Lohnniveau *57*
Lomahasha *137*
Lomwe *42*
Louis Trichardt Memorial *121*
Lourenço Marque *31, 113*
Löwe *88, 370*
Lualua, Rio *244*
Luambala, Rio *164, 314*
Lubombo-Schutzgebiet *148*
Lucite, Rio *170, 227*

Lugenda, Rio *173, 315, 318, 321f*
Lungenfisch *102*
Lúrio, Rio *279*

M

Mabalane *155*
Mabote *195*
Macai *150f, 155*
Macaneta *117, 139*
Machaila *155, 158f*
Machaze *227*
Machel, Samora *36f, 40*
Macomia *291, 293*
Maculuve *195*
Magaruque *194*
Magoe *239*
Mahagonibäume *70, 226*
Mahlzeiten *374*
Majangue *155*
Majune *315*
Makonde *42, 52f, 130, 174, 296ff*
Mak.-Kooperative *205, 257, 287*
Makonde Plateau *296, 324*
Makua *42*
Malaria *336ff*
Malawi *241, 253, 301, 310, 352*
Malawisee
   siehe Lago Niassa
Malei *249*
Malema *254, 262*
Malerei *52*
Maluane WR *293*
Manda Wilderness *312*
Mandimba *301*
Mandje *240*
Mangobaum *76*
Mangroven *65, 75, 102, 214, 244, 288*
Mangusten *92*
Manhiça *150*
Maniamba *307*
Manica *224*
Maniok *77*
Mankell, Henning *54*
Mapai *155*
Mapinhane *185*
Maputaland *141*
Maputo *54, 112ff, 162*
Maputo Camp *317f*
Maputo Elephant Reserve *79, 145ff*
Marabu *107, 221*
Maringuè *211*
Marracuene *139*
Marromeu *209, 213*

Marrupa *299, 316*
Marxismus *37*
Massangena *158, 195, 227*
Massangulo *301, 315*
Maße und Gewichte *374*
Massinga *185f*
Massingir *156*
Mausvögel *108*
Maxixe *178*
Mazoe, Rio *230*
Mecula *319f*
Medizin, Traditionelle *46*
Meeresschildkröte *101, 144, 192*
Meeresstürme *326*
Meerkatzen *94*
Mepálue, Monte *262*
Meponda *302*
Metangula *307, 353f*
Meticais *343*
Metoro *279*
Metuge *293*
Mietwagen *260, 327ff, 353, 368*
Mietwagenagenturen *134*
Migração *132*
Mikropur *335*
Milan *104*
Milange *253*
Milibangalala Camp *147*
Minenopfer *66f, 349, 369*
Miombowald *69*
Missão de Messumba *308*
Mitfahrgelegenheit *330*
Moatize *241*
Moçimboa da Praia *293f*
Mocuba *249, 252*
Mogincual *261*
Molumbo *253*
Monapo *263*
Mondlane, Eduardo *35*
Monsun-Winde *13f, 16*
Montepuez *299, 316*
Mopanewald *70*
Morrua *252*
Morrungulo *186, 371*
Moskitonetz *335f*
Mossuril *265*
Motorrad *330*
Mount Selinda *105, 226, 228*
Movimondo *252*
Mualama *250*
Muanza *208*
Mucubela *250*
Mucumbura *239*
Mueda *35, 293, 296ff, 299*
Mugoma *315*
Mukwa *73*

381

INDEX

Mulanje *253*
Mulevala *250, 252*
Mungári *212, 230*
Mungazine *140*
Mural *53, 124*
Museum
   Ilha de Mocambique *274*
   Inhambane *181*
   Maputo *118*
   Nampula *256*
Musik *52*
Mutarara *210, 244*
Mutema *240*
Mutuáli *254, 262*
Muxungue *198, 227*
Mwene Mutapa *15, 19, 21*

N

Nacala *263f*
Nacaroa *279*
Nachtleben *130, 205*
Nachtschwalben *109*
Namaacha *137*
Namatanda *199*
Namialo *263, 279*
Nampevo *249, 254*
Nampula *256ff*
Namuiranga *295*
Namúli, Monte *254*
Namwera (Malawi) *301*
Nashörner *87*
Nashornvögel *108*
Nationalparks *65*
Naturschutz *64f 149, 156f, 329*
Negomane *321, 352*
Nektarvögel *110*
Nelkenrevolution *36*
Niassa Reservat *64, 299f, 314, 317, 321f*
Nicuadala *244, 249*
Niederschläge *324ff*
Nilwaran *99*
Nkomati-Abkommen *38*
Notfall-Vorsorge *341*
Nyala *83*
Nyamapanda *230*

O

Öffentliche Verkehrsmittel *330, 342*
Öffnungszeiten *374*
   Grenzen *352*
Ökotourismus *64, 252*
Olinga *249f*
Oribi *82*

P

Paindane Beach Camp *185*
Palma *295*
Palmen *73f*
Pangane *293*
Papageien *110*
Paviane *94*
Peace Parks *65, 147f, 156, 195, 229*
Pebane *249f, 371*
Pelikane *105, 221*
Pelzrobben *101*
Pemba *279ff, 371*
Perlhühner *108, 314*
Pferdeantilopen *84*
Pinguine *105*
Pinselohrschweine *80, 221*
Pirschfahrten *370*
Planalto de
   Angonia *241*
   Chimoio *225*
   Lichinga *301, 307, 314*
   Moçambicano *254*
Polizeikontrollen *349, 366*
Polygamie *51*
Pomene *186*
Ponta do Ouro *141f, 144, 371*
Ponta Malongane *141, 144*
Ponta Mamóli *141*
Portugiesisch *44, 47, 358*
   Ausdrücke *361*
   Tiernamen *95*
Post *375*
Praia de Jangamo *185*
Prazo *23f, 231, 288*
Preise *342, 375*
   Nationalparks *372*
Prophylaxe (Malaria) *336*
Puffotter *99, 339*
Púngoe, Rio *199, 200, 216*

Q

Quallen *144, 161*
Quelimane *244ff*
Quirimba Archipel *288, 291ff*
Quissanga *291*
Quissico *177*

R

Rappenantilope *84*
Rebhühner *108*
Regenzeit *324f*
Reiher *106*

Reiseapotheke *341*
Reisekosten *342*
Reisepass *335, 346*
Reiserouten *333*
Reisechecks *344*
Reiseveranstalter *331*
Reisezeit *131, 325*
Religion *44*
Renamo *37, 39, 211, 216f*
Reserva de Marromeu *213*
Reserva do Gilé *250f*
Reserva do Niassa *318*
Reserva do Sanga *302*
Reserva dos Elefantes do Maputo *145*
Ressano Garcia *137*
Rhodes, Cecil *30, 201, 239*
Ribáuè *262*
Rindenboote *170, 225, 227*
Rio Savane Camp *208*
Rovuma *27, 295, 318f, 321f*

S

SADC *57*
Salamanga *141, 146*
Salazar, Antonio *33*
Samangoaffe *95*
Sambesi *214, 236, 239, 242*
   Sambesibrücke in Tete *231f*
   Sambesidelta *69, 213f*
   Sambesifähre *209*
Sandpisten *365*
Santa Carolina *190, 192*
Santo Antonio *271*
Save, Rio *160, 195, 227*
Save-Brücke *185, 198*
Schakal *90*
Schildkraben *110*
Schirrantilope *83*
Schistosomiasis-Infektion *337*
Schlafkrankheit *338*
Schlammspringer *102*
Schlangen *99, 339f, 370*
Schleiereule *108*
Schliefer *86*
Schmarotzermilan *105*
Schotterpisten *365*
Schreiseeadler *104*
Schulen *47*
Schwarzmarkt *344*
Seefliegen *312*
Seekuh *100*
Selbstversorger *360*
Sena *14, 18ff, 25, 210f*
Serval *91*

INDEX

Shaka Zulu 28
Shona 44
Sicherheit, persönliche 344, 348
Silveira, da 19, 231
Sklavenhandel 25ff, 244f, 261, 269, 289
Skorpione 339, 370
Sofala 13f, 16, 28, 208
Songo 235
Soshangane 28, 31, 181
Souvenirs 345, 375
Sportfischen 194
Sprachen 44, 357f
Springhase 93
Spuren von Wildtieren 103
Staatsform 55
Stabheuschrecken 97
Stachelschwein 93
Städtevorwahl 376
Steinantilope 82
Strände 166, 371, 375
    Maputo 117
    Ponta do Ouro 143
Straßenbau u. -zustand 367
Straßenkinder 54, 125
Stromversorgung 375
Südafrikanischer Seebär 101
Sukkulenten 73
Suni 192
Sussundenga 225
Swaziland 137, 352

T

Tambara 211, 230
Tanz 53f
Tansania 295, 352
Tätowierungen 52, 315
Tauchen 376
    Wimbe 287
    Maputaland 144
    Tauchgründe 62, 194
    Tauchschulen 142
Taxis 136, 376
Teatro Avenida 54, 130
Teeplantagen 226, 254
Telefon 376
Termiten 96
Tete 14, 18, 22, 30, 231ff
Tete Run 234
Tica 199
Tierwelt 196
Tofo, Praia do 184, 371
Toiletten 376
Tollwut 338, 340
Tourismus 62
Tourist Info 278, 334, 376
Traditionelle Heiler 45f
Trans-Lubombo-Express 351
Treibstoffversorgung 327, 367
Trinkgeld 376
Trinkwasser 45
Trockenzeit 324f
Tropeninstitute 341
Trophäen 377
Tsetsefliege 59, 338
Tuberkulose 338
Turakos 109
Two Mile Reef 194
Typhus 338

U

Uape 252
Überschwemmungen 160, 326
Ugezi Tiger Camp 235
Uhus 108
Ulongwé 241
Unango 307
UNESCO 191, 273
UNOMOZ 40, 63

V

Vasco da Gama 16, 267
Vegetationsformen 69
Verhalten
    in der Wildnis 370f
    von Tieren 366
    Verhaltenskodex 349
    Verhaltenstipps 357, 370
Verkehrskontrollen 366
    Maputo 131
Verkehrsnetz 61
Verkehrsregeln 364
Verkehrsunfälle 349
Versicherungen
    für Fahrzeuge 353
    Krankenversicherung 341
Viehhaltung 59
Vila de Sena 210
Vila Nova de Fronteira 210
Vilankulo 187ff, 371
Visa 346
Vögel 104, 109
Völkerverschiebungen 12, 28

W

Wachteln 108
Waffenstillstand 40
Wahlrecht 34
Währungen 343
Waldbestände 65
Wale 100
Wanderarbeiter 32f
Wartungsmaßnahmen 364
Warzenschwein 80
Wasser 340, 362, 371, 377
Wasserbock 85, 221
Wasserdurchquerungen 365
Wassersport 377
Wasservögel 105
Watvögel 105
Webervögel 110
Wechselstuben 344
Weltkriege 32f
Weltkulturerbe 191, 266, 273
Weltrekorde bei Tieren 89, 97, 101
Wiederaufbauprogramme 56
Wildbestand 64
Wilderei 79, 195, 319
Wildschutzgebiete 65
Wildtier-Gefahren 340, 370
Wimbe Beach 281, 286
Winkerkrabbe 102, 161
WWF 191

X

Xai-Xai 152f, 160, 371

Z

Zalala, Praia do 248, 371
Zambeze
    siehe Sambesi
Zambezi Expedition 30, 242
Závora 177
Zebra 87, 321
Zebramanguste 92
Zecken 370
Zeckenbisse 339
Zeitungen 377
Zeitverschiebung 377
Ziegenmelker 109
Zimbabwe 224, 230, 239, 351
Zimbabwe da Manyikeni 195
Zinave Nationalpark 185, 195
Zitundo 141
Zóbuè 241
Zoll 347, 353, 377
Zona Tambala 319, 321f
Zonguene 150
Zumbo 239f
Zwangsarbeit 31, 33f, 50, 56
Zyklone 326

Das sagt die Presse zu unserem Reiseführer "Reisen in Mosambik"

"Wenn es um Afrika geht, gehören die Autoren des Münchner Verlages Hupe zu den Experten. So auch für Mosambik. Das umfangreiche Reisebuch präsentiert alle Landesteile und Wildschutzgebiete des Landes für Individualreisende. Viele der empfohlenen Routen werden erstmals beschrieben (mit GPS-Daten!) Auch die detaillierten Landkarten und Ortspläne findet man sonst nirgends. Und weil die Autoren sich den Menschen des Landes einfühlsam wie unvoreingenommen nähern, gerät das informative Buch auch zum kurzweiligen Lesebuch"

Rhein Main Presse

"Einen besseren und aktuelleren Reisebegleiter für dieses afrikanische Land wird man vergeblich suchen"

Rhein-Neckar-Zeitung

"Kurz: ein überzeugender Reisebegleiter für Natur und Abenteuer – kompetent und umfassend"

Hamburger Abendblatt

"Wie auch die anderen Afrikabücher des Verlags besticht er durch sorgfältig recherchierte Rundum-Information, manche Beschreibungen von Städten oder Landschaften sind sogar Pionierleistungen..."

FAZ

"Dass gerade der Individualtourist und Selbstfahrer stets im Mittelpunkt steht, offenbart sich auch bei den Tipps im Service-Teil"

Leipziger Volkszeitung

"Wer Mosambik auf eigene Faust erkunden möchte, kommt an diesem Reiseführer kaum vorbei"

Westfälische Nachrichten